U0837426

中国地质调查成果 CGS 2018－004
“十三五”国家重点出版物出版规划项目

南美洲地质矿产与矿业开发

SOUTH AMERICA GEOLOGICAL MINERALS AND MINING DEVELOPMENT

陈玉明　张　潮　陈秀法　陈喜峰
赵宏军　崔敏利　张伟波　王秋舒　等编著
吴林强　王靓靓　元春华

中国地质大学出版社
CHINA UNIVERSITY OF GEOSCIENCES PRESS

内容简介

本书是作者多年在南美洲从事勘查实践和实地调查基础上的综合研究成果。本书系统地收集了南美洲地质矿产、资源开发、矿业政策、投资环境等资料，总结了南美洲主要构造单元/成矿区带、优势矿产资源、成矿地质背景和成矿规律，结合国内经济发展对能源和矿产资源的需求，重点介绍了油气、铜、金银、铅锌、锡、铁、锂、铀和铝土矿等矿种的典型矿床、成矿规律、勘查开发程度，以及在南美洲经营的主要矿业公司；以成矿规律认识为基础，分析了优势矿产的资源潜力，圈定成矿远景区；分析对比了南美洲各国矿业投资环境，总结了矿业开发领域有利的和不利的因素等。

本书内容丰富，资料和信息翔实可靠，可供从事境外矿产资源勘查、投资以及境外地质矿产研究、教学相关人员参考使用。

图书在版编目(CIP)数据

南美洲地质矿产与矿业开发/陈玉明等编著．—武汉：中国地质大学出版社，2018.7
ISBN 978-7-5625-3968-1

Ⅰ．①南…
Ⅱ．①陈…
Ⅲ．①矿产-南美洲②矿产资源开发-南美洲
Ⅳ．①F477.061

中国版本图书馆CIP数据核字(2016)第327115号

南美洲地质矿产与矿业开发 陈玉明 **等编著**

责任编辑：王凤林　马　严　　选题策划：毕克成　刘桂涛　张晓红　　责任校对：张咏梅

出版发行：中国地质大学出版社(武汉市洪山区鲁磨路388号)　　邮编：430074
电　　话：(027)67883511　　传　　真：(027)67883580　　E-mail：cbb @ cug.edu.cn
经　　销：全国新华书店　　Http：//cugp.cug.edu.cn

开本：880毫米×1230毫米　1/16　　字数：911千字　印张：28.75
版次：2018年7月第1版　　印次：2018年7月第1次印刷
印刷：武汉中远印务有限公司

ISBN 978-7-5625-3968-1　　定价：298.00元

如有印装质量问题请与印刷厂联系调换

序一

南美洲是全球成矿规律研究的热点地区，也是全球矿产勘查投资的重点地区。区内石油、天然气、铜、金、银、铁、铝土矿、铅锌、锡、锂和铀等优势矿产在全球占有重要地位。欧、美、加、日、澳、韩等国家早已在此谋篇布局，竞相寻求将南美洲作为其全球资源配置战略安全的主要地区。

当前，我国正处于新型城镇化、工业化和农业现代化进程的关键期，是全球进口矿产品需求最大的国家。如何长期、安全和可持续地获取我国紧缺的矿产品已成为国家探索的前沿课题之一，也是制定国家经济社会发展战略的必要依据。南美洲资源禀赋较好，与我国互补性强，各国与我国双边关系互动良好。双方已在能源和矿产资源领域开展了卓有成效的合作，未来具有更好的合作前景。

中国地质调查局和中央地质勘查基金管理中心最近10多年来在南美洲开展了20余项国际地学合作研究，积累了丰富的地质矿产、矿业开发、矿业法律和投资环境等基础资料。这对我国开展国际合作，勘查开发南美洲矿产资源，全力支撑国家能源资源安全保障具有重要的现实意义。作者在系统收集、整理和研究已有资料的基础上，结合在南美洲国际合作中获得的第一手研究成果，编写完成了本专著。

本专著系统地介绍了南美洲自然地理概况，区域地层、岩浆活动和构造演化；总结了区域能源和重要矿产资源特征，划分出三级成矿区带，概述了区域成矿作用与构造演化的关系，深化了对南美洲成矿规律的认识；梳理了各国矿产勘查与矿业开发现状，阐述了南美洲优势矿产资源的分布、成矿规律、典型矿床、勘查开发和资源远景；分析和对比了南美洲各国矿业开发状况和矿业投资环境，是第一部全面、系统论述南美洲地质、矿产和矿业开发的综合性著作。

本人热诚祝贺这部富有地域特色的《南美洲地质矿产与矿业开发》专著的出版。本专著无论对于政府制定全球资源配置战略还是矿业企业投资南美矿业，抑或专家学者开展南美地质矿产研究都具有重要的参考价值。同时向为国际地学交流合作作出突出贡献的作者表示由衷的敬意！

裴荣富

2017年12月22日

序二

在中国地质调查局发展研究中心组织编写《南美洲地质矿产与矿业开发》专著即将出版之际，本人有幸率先阅读这一鸿篇巨著，受益匪浅。

众所周知，南美洲成矿条件优越，矿产资源非常丰富，铜、铁、锰、铝、金、银、铅、锌、钴、锡、锑、钒、铋、铌、锂、钾盐及油气资源等，都在世界上占有非常重要地位，拉美的铜储量约占世界总储量的50%，仅在安第斯成矿带，已发现的、开采的和未发现的铜矿资源总量，可达13×10^8t以上，显示出巨大的铜矿成矿与找矿潜力。南美地区又是世界上卤水锂资源最丰富的地区，约占世界卤水锂资源的67%，主要分布在普纳高原，构成了世界最大的卤水锂资源区，被称为世界“锂三角”地区。南美洲的优势矿产资源又多为我国短缺的重要战略资源。新世纪以来，随着我国经济建设与社会发展加速，能源与重要矿产资源的利用强度大幅攀升。石油、天然气、铀、铁矿石、铜、铝土矿、镍、铬铁矿、铅、锌、锡、钾盐等矿产的国内保障程度下降，对外依存度不断攀升。近10多年来，我国石油、铁矿石、铜、铝土矿、镍、铬铁矿、钾盐等的进口量，占世界贸易量的1/3～2/3。我国铁矿石消费需求虽然已经到达高峰，但仍将保持高位。据预测，到2030年，我国大部分重要大宗矿产和能源资源，如铝、铅、锌、铜、镍、铬铁矿、钾盐、油气等，需求量将陆续到达消费高峰，然后在高位上运行。虽然近年来，我国步入调整经济结构、保持中高速发展的新常态，但是，由于南美洲的优势矿产资源与我国具有很强的互补性，能源和矿产资源一直是中拉经贸合作的最主要领域，这一态势在相当长的时期内仍将会持续发展。因此，我国地学界、矿业界及经济学界对南美洲地质矿产与矿业开发有着浓厚的兴趣，《南美洲地质矿产与矿业开发》专著的出版为大家提供了不可多得的参考文献。

该专著是自2003年以来，在中央“走出去”战略指引下，中国地质调查局启动境外地质矿产调查工作成果的一部分。中国地质调查局发展研究中心在南美地质调查工作的基础上，根据实际地质调查工作成果和收集的资料，组织从事南美地质矿产研究的部分人员编写此书。

综观全书，内容丰富，资料详实，颇具特色。该专著不仅介绍了南美洲自然地理、政治经济概况和成矿地质背景、成矿区带与成矿规律，并提供了一批重要的典型矿床，对南美洲矿产勘查与矿业开发的现状、找矿潜力和矿业投资环境进行了较全面的分析。该专著的出版不仅对从事境外矿业开发人员全面深入了解南美洲的地质矿产和矿业开发的现状与前景、促进中国与南美洲各国的矿业合作有重要价值，而且可供从事地质矿产、矿业开发和矿业经济研究者参考。开卷有益，特作此序。

姚书振

2016年9月7日于武汉

前 言

南美洲是拉丁美洲的主体，位于南半球西部，共有12个独立国家：哥伦比亚、委内瑞拉、圭亚那、苏里南、厄瓜多尔、秘鲁、玻利维亚、智利、阿根廷、巴拉圭、乌拉圭、巴西，还有法属圭亚那和马尔维纳斯群岛。南美洲各国正致力于推进经济结构调整和产业升级，处于发展的关键期。而中国已进入全面建成小康社会的决胜阶段，以创新、协调、绿色、开放、共享的发展理念为引领，正推动经济社会发展转型升级。国内外的学者认为，"快速发展的中国经济实力，正在快速转化成新型大国的外部影响力，一个成功的经济体是一种重要的吸引力来源"(Joseph，2006)，"从而极大地密切了中国与地理上相距最远的拉丁美洲之间物质、信息、人际的联系"，"也促进了双方在心理上的迅速接近"(吴白乙，2015)。

在"走出去"战略和"两种资源、两个市场"的背景下，2003年以来，中国地质调查局启动境外地质矿产调查国际合作工作。通过"地质矿产调查评价专项""商务部援外资金""国外矿产资源风险勘查资金"等渠道，依托国际合作平台，以资料收集、数据库建设、系列图件编制、地质-地球化学填图和航空物探等为技术手段，编制了安第斯等重要成矿区带基础地质矿产图件，分析研究重要成矿带成矿规律与资源潜力，调查评价重点地区资源潜力，建设全球矿产资源信息系统，为境外地质矿产工作提供信息服务。同时，在阿根廷、巴西和秘鲁等资源丰富国家的重点(典型)地区，以我国具有优势的地球化学方法和遥感地质为先导，开展综合地质调查，并取得了一系列研究成果，为政府决策提供了坚实的支撑，为企业和地勘单位"走出去"提供了形式多样的信息服务，与合作国建立了良好的合作关系，并取得了良好的合作调查研究成果。根据在南美洲从事多年地质调查和矿产勘查工作经验，我们对中南合作有切身体会。

1. 中南合作是双方的内在需求

进入21世纪，和平、发展、合作、共赢成为时代潮流。世界多极化和经济全球化成为各国谋求合作发展的大背景和总趋势。中国与南美洲国家虽然相距遥远，建交也比较晚(1970年智利是第一个与中国建立外交关系的南美洲国家)，但中国与南美洲各国有共同的梦想和追求，双方在政治、经济、人文等领域的交流与合作发展迅速，实现了跨越式发展。尤其在经贸领域发展更快，中国已成为南美洲第二大贸易伙伴国和第三大投资来源国，南美洲则成为全球对华出口增速最快的地区。中南经济互补优势明显，南美洲国家资源丰富，发展条件得天独厚，中国长于技术、制造，市场广阔，资本积累丰富，双方合作前景广阔，潜力巨大。中国与南美洲国家加强互利合作，有利于推动各自经济社会的可持续发展，也有助于推动建立持久和平、共同繁荣的和谐世界，符合双方的共同利益。2015年1月在北京举办了包括南美洲国家在内的中国-拉共体论坛首届部长级会议，会议发表了

《北京宣言》《中国与拉美和加勒比国家合作规划(2015—2019年)》《中拉论坛机制设置和运行规则》三大成果文件,双方将共同致力于政治上真诚互信、经贸上合作共赢、人文上互学互鉴、国际事务中密切协作、整体合作和双边关系相互促进的五位一体新格局,打造携手共进的人类命运共同体,中南合作是双方内在的需求。

2. 南美洲国家需要新型中南关系

20世纪80年代,南美洲国家普遍面临债务危机和经济困难。以美国为首的西方债权国借机向南美洲国家推行所谓的"华盛顿共识"。"华盛顿共识"发源于美国的新自由主义政治经济思潮,反对国家对经济的干预,主张完全市场化的自由市场经济,并以此所谓的"共识"为基本原则推行了南美洲国家市场经济改革,核心是缩减政府开支、企业减税、竞争性的汇率制度、金融和贸易自由化、减少政府干预、国企私有化和私有财产保护等。在实行这种改革的10年里,南美洲国家经济平均增长率仅为3%,远低于同期东亚地区发展中国家的6.5%~7.5%。导致南美洲国家宏观经济的脆弱性加大,国家产业竞争力和经济调控能力下降,因此这一阶段被称为"失去的十年"。在矿业领域,2003年成立国际矿业治理机构,所提出的"采掘业透明度倡议",也体现着发达国家主导的新自由主义思想。对于发达国家的这些新自由主义包装,南美洲国家普遍都抵触。中国经济与西方不同的发展方式和近30年的快速发展,在南美洲国家产生了巨大影响,他们渴望与中国发展新型的中南合作关系,"拉美梦"与"中国梦"协同发展,积极应对经济发展的新挑战。

3. 矿产资源在中南合作中占重要地位

能源和矿产资源一直是中南经贸合作的最主要内容。新世纪以来,随着我国经济建设与社会发展加速,能源与重要矿产资源的利用强度大幅攀升。石油、天然气、铀、铁矿石、铜、铝土矿、镍、铬铁矿、铅、锌、锡、钾盐等矿产国内保障程度下降,对外依存度不断攀升。近10多年来,我国上述的能源和矿产资源的进口量约占世界贸易总量的1/3~2/3。随着我国钢铁、铜、铝、铅、锌等重要矿产品产能大幅增加,近年来国内产能过剩,有的甚至严重过剩。2014年,我国经济结构开始调整,步入了从高速增长到中高速发展的新常态,但对能源及矿产资源的刚性需求仍存在。我国铁矿石消费量虽然已经到达高峰,煤炭也接近峰值,但都仍将保持高位。据预测,到2030年,能源矿产和大部分重要大宗矿产,如石油、铝、铅、锌、铜、镍、铬铁矿、钾盐等,需求量将陆续到达消费高峰,并在高位上运行。

南美洲矿产资源丰富,与我国具有很强的资源互补性。南美洲的油气、铁、锰、铜、铝、铅、锌、钴、锡、锑、钒、铋、铌、锂、金、银、钾盐等在世界上占有非常重要地位,其中多为我国短缺的重要战略资源。南美洲的铜储量约占世界总储量的50%,仅在安第斯成矿区,已发现的、开采的和未发现的铜矿资源总量可达13×10^8t以上,显示出巨大的铜矿找矿潜力。南美洲是世界上卤水锂资源最丰富的地区,约占世界卤水锂资源的67%,主要分布在普纳高原,被称为世界"锂三角"地区。矿产品贸易在我国与南美洲国家贸易中占有重要地位。

4. "两洋铁路"建设展现中南合作良好远景

"两洋铁路",即横跨南美洲大陆的巴西和秘鲁,连接太平洋和大西洋两岸的铁路建设项目是中国与巴西、秘鲁的重要合作项目，既能带动当地经济发展，提升基础设施水平，又将为加强双边矿产资源合作提供良好远景。“两洋铁路”经过南美洲的重要成矿区带：以铁、锰、铝土矿、云母及多种稀有金属为主的巴西高原和圭亚那高原；主要产有色金属、石油、硝石和硫磺的安第斯山区；赤道至35°S之间多种有色金属矿产成矿带；从秘鲁南部至智利中部世界最大的斑岩型铜矿带；玻利维亚境内储量仅次于东南亚的东科迪勒拉锡矿带，其中铅、锌、铋、钼、银、锑等也非常丰富，仅秘鲁的铋矿储量就居世界第二位。“两洋铁路”穿过的盆地和平原区，矿产资源也很丰富。石油主要分布在安第斯山北段的山间构造谷地或盆地中，奥里诺科平原东部和亚马孙平原西部的石油也较重要，中部平原矿产资源以沉积型矿产为主。这些矿产的开发受交通条件的制约，“两洋铁路”的规划和建设对沿线大宗矿产的开发利用是极大利好。

5. 介入南美洲矿业的最好时机已经出现

矿产资源分布的不均性，决定了世界任何国家都无法完全依赖本国的矿产资源实现自身的经济发展，都需要进行全球资源优化配置。21世纪初我国经济的高速增长，带动了世界经济的快速发展和矿产品价格的快速上升。这场“矿业盛宴”持续了10年，全球矿产资源消费快速增长，资源勘查持续繁荣。从2008年开始，全球金融危机导致全球经济危机，全球矿业也进入了调整—衰退期。

在国际、国内的大背景下，全球矿产品价格大幅度下跌，主要资本市场矿业股股价下跌，初级勘查公司市值大幅缩水、融资困难，跨国矿业公司也面临资金紧张，矿业公司不景气状况继续蔓延。全球矿业市场目前正处于多年不遇的收购良机，这为我国企业“走出去”勘查、开发矿产资源提供了难得的机遇。历史经验表明，矿业高潮泡沫最大的时候往往是圈套，而能抓住矿业低谷介入，提前布局，就能把握住历史性机遇。

为使我国从事境外矿产资源勘查开发企业对南美洲的地质矿产和矿业开发有系统的了解，促进中国与南美洲各国的矿业合作，中国地质调查局发展研究中心在南美地质调查工作的基础上，根据国际合作成果和收集的资料编写了本书。

本书共14章。第一章南美洲的基本情况，包括自然地理、人文地理、政经简况、南美洲国家与中国的关系、优势资源及其与中国的互补性、中国企业在南美洲矿业开发中的现状等。第二章区域地质，包括地层、岩浆活动、构造及其演化。第三章矿产资源，包括矿产资源分布特征、成矿区带划分，并论述了成矿地质特征、成矿时空演化。第四章矿产勘查与矿业开发，从南美洲各国的地质工作程度、矿产勘查、矿业开发和主要矿业公司等方面，介绍南美洲矿业勘查和矿业开发的状况。从第五章到第十三章，分别介绍了南美洲的石油、天然气、铜、金、银、铅、锌、锡、铁、锂、铀、铝土矿等重要能源和矿产资源的地质和成矿规律、典型矿床、勘探开发和资源远景。第十四章矿业投资环境，重点介绍南美洲各国的矿业管理机构和管理，详细介绍了矿业权设置和管理办法、矿业法律、矿业税收和矿业投资环境分析，并评述其对矿产勘探、矿业开发和矿业经济的影响。

本书由中国地质调查局发展研究中心境外地质矿产研究部组织编写，具体分工如下：前言，陈玉明；第一章，陈玉明、陈秀法；第二章，张潮、陈玉明、赵宏军；第三章，张潮、陈玉明；第四章，陈秀法、陈玉明；第五章，吴林强；第六章，张潮、陈玉明、元春华；第七章，崔敏利；第八章，张伟波；第九章，陈喜峰；第十章，赵宏军；第十一章，王秋舒；第十二章，陈秀法；第十三章，陈喜峰；第十四章，陈玉明、陈喜峰。最后由陈玉明和张潮统稿。

致谢

本书是“海上丝绸之路重点地区有色金属资源潜力评价（项目编号：DD20160118）”“中阿合作阿根廷地球化学填图与资源潜力分析（项目编号：12120115068401）”“南美巨型成矿带重要矿床地质背景、成矿作用和找矿潜力研究项目（项目编号：12120114092901）”和“中阿合作阿根廷西北部地区1∶25万地球化学调查（阿根廷西北部地区铜（金）矿资源潜力调查与评价）（项目编号：10262A002，201210A06200202）”项目的主要研究成果。中国地质调查局和发展研究中心的严光生、徐勇、蔡纲、施俊法、向运川、刘大文和叶锦华等对本书的编写给予了极大的关注和指导，裴荣富院士和姚书振教授为本书作序，吴传璧、邱瑞照、卢民杰、项仁杰、戴自希、宋国明、王淑玲、高光明、肖庆辉等专家多次审阅本书，并修改文稿或给出修改意见。郑愉林、张超、王橹玺等协助清绘了部分图件并协助查阅了部分文献。不同专家编写了南美洲国家和地区的国别报告并提供了详细的参考资料：巴西和乌拉圭，王靓靓；阿根廷和哥伦比亚，陈玉明；智利、苏里南和玻利维亚，赵宏军；秘鲁和厄瓜多尔，陈秀法和高光明；委内瑞拉，陈玉明和元春华；巴拉圭和法属圭亚那（地区），张伟波；圭亚那，程志中。由于篇幅所限，本书没有收入南美洲的国别报告。本书的出版是各位作者和专家共同努力的结果。由于资料来源的多元性和作者的水平所限，不足之处敬请读者指正。

Foreword

South America, the main part of Latin America, lies in the western part of the southern hemisphere. There are 12 independent countries: Colombia, Venezuela, Guyana, Suriname, Ecuador, Peru, Bolivia, Chile, Argentina, Paraguay, Uruguay, Brazil, French Guiana and the Malvinas Islands. All countries in South America are working hard to promote economic restructuring and industrial up grading in the current crucial period of development, while China has entered the decisive phase of building a well – off society in an all – round way, being guided by the development concept of innovation, coordination, greenness, openness and sharing and pushing forward the transformation and upgrading of economic and social development. Scholars both at home and abroad think that "the rapidly developing economy of China is rapidly transforming into an external influence of a new powerhouse. And a successful economy is an important source of attraction" (Joseph, 2006). "This greatly enhances the physical, information and interpersonal relations between China and South America that are geographically far apart" and "promoted the rapid psychological closeness of both parties" (Wu Baiyi, 2015).

Under the strategy of "Going Global" and against the backdrop of "Two Resources and Two Markets", since 2003, the China Geological Survey (CGS) started the investigation of overseas geology and mineral resources. Through the funding channels of "Special Fund for Geological and Mineral Investigation and Evaluation", "Aid Fund by Ministry of Commerce", "Foreign Mineral Resources Risk Exploration Funds"and relying on the international cooperation platform, CGS compiles basic geologic mineral maps in important metallogenic belts such as Audes orogen, analyzes and studies metallogenic regularity and resource potentials of important metallogenic belts, investigates and assesses resource potentials in key areas, constructs a global information system for mineral resources and provide information services for overseas geology and mineral work by technical means of data collection, database construction, series map making, geo – geochemical mapping and aero – geophysical prospecting. At the same time, in the key (typical) regions of multipleresource – rich countries, CGS uses the advantageous geochemical methods and remote sensing geology of our country as the guide to conduct comprehensive geological surveys and obtain a series of research results, which provided solid support for government decision – making and providing a variety of information services for enterprises and geological survey units to "Go Out". CGS has established good relationships of cooperation with the partner countries in South America. Good results are achieved. Based on geological survey and mineral exploration experience in South America, we have summarized the following best practices of Sino - South America cooperation.

1. Sino - South America Cooperation: An Inherent Demand of Both Sides

In the 21st century, peace, development, cooperation and win - win solutions have become the trends of the times. In theincreasingly multi - polar world and globalized economy, all countries have been seeking cooperative development. Although China and South American countries are far apart and the establishment of diplomatic relations is relatively late (in 1970, Chile was the first South American country to establish diplomatic relations with China), China and South American countries all have their common dreams and aspirations. Both sides have made rapidpolitical, economic and cultural exchange and cooperation and achieved leapfrog developments together. In particular, China has become the second largest trading partner and the third largest source of investment in South America, while South America has grown to the fastest - growing region in the world in terms of exports to China. China and South Americaare obviously complementary in economy. South American countries are rich in resources and have naturally favorable conditions for development. China excels at technology, manufacturing, vast market and rich capital accumulation. The cooperation prospects of the two sides are bright and have great potentials. Strengthening mutually beneficial cooperation between China and South American countries is conducive to promoting the sustainable social and economic development of both sides as well as contributing to the establishment of a harmonious world of lasting peace and common prosperity, which is in the common interests of both sides. In January 2015, the first ministerial meeting of China - Latin American Community Forum was held in Beijing, convening the South American countries. The three major outcome documents of *the Beijing Declaration on the First Ministerial Meeting of China - Latin America Forum*, *The Cooperation Plan between China and the South American and Caribbean Countries* (2015 - 2019) *and the Establishment and Operational Rules for China - Latin America Forum Mechanism* were promulgated. Both sides will work together to have sincerity and mutual trust in politics and win - win cooperation in economy and trade, learn from each other culturally and work closely together in international affairs and promote the overall cooperation and bilateral relations in this five - in - one new pattern of cooperation, fostering a community of going forward hand in hand. Sino - South America cooperation is an inherent demand of both sides.

2. South American Countries Need A New Type of Sino - South America Relationship

In the 1980s, the majority of South American countries faced the debt crisis and economic difficulties. The U. S. - led western creditors took the opportunity to promote the so - called Washington Consensus to South American countries. The Washington Consensus originated in the neo - liberal political and economic trends of the United States, opposing the state's intervention in the economy and advocating a fully free - market economy.

The core of the market economy reform in South American countries, which is based on this consensus, is less government expenditures, less corporate tax cuts, a competitive exchange rate system, financial and trade liberalization, less government intervention, privatization of state - owned enterprises and protection of private property. In the 10 years since this reform was implemented, the average rate of economic growth in South American countries was only 3%, well below the 6.5%～7.5%of the developing countries in East Asia at the same period. This period was called "the Lost Decade" of South America for its vulnerable macroeconomic growth and declining national industrial competitiveness and economic control of the South American countries. In the field of mining, an international mining agency, established in 2003 launched the "Extractive Industries Transparency Initiative", also embodying the neo - liberal ideas dominated by developed countries. This initiative representing the neo - liberal mentality was promoted by developed countries and generally aroused resentment among South American countries. The different modes of development of the Chinese economy and the West as well as the rapid development of China in the past 30 years have had a tremendous impact on the countries of South America. They dying to develop a new type of Sino - South America cooperation with China. The coordinated development of "South American Dream" and "Chinese Dream" should actively work together to rise to new challenges of economic development.

3. Construction of "Two Oceans by Railroad" Shows Good Prospects of Sino - South AmericaCooperation

The "Two Oceans by Railroad" connects Brazil and Peru across the continent of South America. The railroad construction project linking the Pacific Ocean to the Atlantic Ocean is an important cooperation project between China and Brazil and Peru. It can boost the local economic development and upgrade the infrastructure level, as well as provide good prospects for strengthening bilateral cooperation in mineral resources. The Railroad passes through important metallogenic belts in South America: the Brazilian Plateau and the Guyana Plateau rich in iron, manganese, bauxite, mica and various rare metals, the Andesmainly producing nonferrous metals, petroleum, saltpeter and sulfur, a variety of non - ferrous metal mineralization belts between the equator and the 35° latitude and the world's largest porphyry copper beltstretching from southern Peru to central Chile; Bolivia's mine reserves are second to the eastern Cordilleratin ore belt in Southeast Asia. South America is also rich in lead, zinc, bismuth, molybdenum, silver, antimony, etc. and just the bismuth ore reserves in Peru rank second in the world. The basin and plains crossed by the "Two Oceans by Railroad" also have abundant mineral resources. Oil is mainly distributed in mountainous tectonic valleys or basins in the northern section of the Andes, and oil is also important in eastern Orinoco plain and western Amazonian plains. In Central Plains, resources are mainly sedimentary minerals. The development of these minerals is constrained by the traffic conditions. The planning and construction of the "Two Oceans by Railroad" are extremely favorable to the development and utilization of the bulk mineral resources along the line.

4. Mineral Resources Play An Important Role in Sino - South America Cooperation

Energy and mineral resources have always been the most important part of Sino - South America economic and trade cooperation. Entering into the new century, with the acceleration of economic construction and social development in our country, energy and important mineral resources have been being utilized more intensely. Our mineral resources such as oil, natural gas, uranium, iron ore, copper, bauxite, nickel, chromite, lead, zinc, tin and potash have been decreasing, and the dependence on foreign countries keeps rising. In the past 10 years, China's import of energy and mineral resources above - mentioned account for 1/3～2/3 of world trade. Even so, with the substantial increase in the production capacity of China's major minerals such as iron and steel, copper, aluminum, lead and zinc, overcapacity prevailed in China in recent years and is even very serious for some minerals. In 2014, China's economic restructuring entered a new normal of medium - to - high growth from a period of rapid development but there is still a rigid demand for energy and mineral resources. Although China's iron ore consumption has reached its peak and that of coal is also approaching its peak, but both will remain high. It is predicted that by 2030, thedemand for energy and most major bulk minerals such as oil, aluminum, lead, zinc, copper, nickel, chromite and potash will all reach the peak of consumption and will run at a high level.

South America is rich in mineral resources and is quite complementary with China. The oil and gas, iron, manganese, copper, aluminum, lead, zinc, tin, antimony, vanadium, bismuth, gold, silver and potassium salt occupy a very important place in the world, most of which are important strategic but insufficient resources for our country. Copper deposits in South America account for about 50% of the world's total reserves. The total amount of copper resources discovered, exploited and undiscovered only in the Andean metallogenic belt, is more than 13×10^8t, indicating huge copper prospecting potentials. South America have the world's most abundant lithium brine resources, accounting for about 67% of the world's total, mainly distributed in the Puna Plateau, known as the world's lithium triangle. The mineral trade occupies an important position in the trade between our country and South American countries.

5. South America is a Hot Area of Mining Development Worldwide at Present

The uneven distribution of mineral resources determines that any country in the world is not able to be fully self - sufficientin mineral resources to achieve its own economic development. All countries need to rely on the optimization of global resources allocation. The rapid economic growth of our country in the early 21st century drove the rapid development of the world economy and the rapid opening of the prices of mineral products. This "mining feast" lasted 10 years, witnessing the rapid growth of global consumption of mineral resources and on - going booming resource exploration. Starting from 2008, the global financial crisis led to the global economic crisis, making the global mining industry also enter a period of adjustment - recession.

Against the international and domestic backdrop, the prices of global mining products dropped drastically. The stock prices of mining stocks in major capital markets plunged. The market capitalization of primary exploration companies shrunk dramatically and financing difficulties were encountered. Multinational mining companies also faced financial constraints. The downturn of mining companies continued. There is a rare opportunity in-years in the global mining market in terms of acquisition. The market remains low, which provides good opportunities for mining enterprises to enter the "going global" prospecting and mineral resources development. Historical experience shows that the biggest bubbles are often hidden in the mining boom, and those that can seize the mining lows for intervention and plan in advance, can seize the historic opportunity.

To promote mining cooperation between China and all South American countries, Development Research Center (DRC)of CGS compiled this book on the results of the actual geological survey and collected information.

The book consists of 14 chapters. Chapter 1 introduces the basic situation of South America, including natural geography, political economy, the relations between South American countries and China, superior resources of South America and their complementarity with China. Chapter 2 presents an overview of regional geology in South America, including stratigraphy, magmatism, tectonic unit division, features of major tectonic units, and tectonic evolution. Chapter 3 focuses on the mineral resources in South America, including the distribution of mineral resources, metallogenic belt division, and discusses the geological characteristics of mineralization and temporal and spatial evolution of mineralization. Chapter 4 is a briefing on mineral exploration and mining development in South America from the aspects of geological work, mineral exploration, mining development and major mining companies in South America. The focus is the role played by Chinese enterpriseson exploration of mineral resources in South America. From Chapter 5 to Chapter 13, we introduce the geological and metallogenic regularity, typical deposits, exploration and development of resources and vision of the key mineral resources of South America such as oil, natural gas, copper, gold, silver, iron, bauxite, lead, zinc, tin, lithium and uranium. Chapter 14 is on the mining investment environment, focusing on the mining management agencies and management of countries in South America, detailing the mining rights and management practices, mining law, mining tax and mining investment environment analysis, and commenting on its impact on mineral exploration and mining development and mining economy.

This book is compiled by the Overseas Geology and Mineral Resources Research Department of DRC, CGS. The specific division of work is as follows: Preface by Chen Yuming; Chapter 1 by Chen Yuming and Chen Xiufa; Chapter 2 by Zhang Chao, Chen Yuming and Zhao Hongjun; Chapter 3 by Zhang Chao and Chen Yuming; Chapter 4 by Chen Xiufa and Chen Yuming; Chapter 5 by Wu Linqiang; Chapter 6 by Zhang Chao,

Chen Yuming and Yuan Chunhua; Chapter 7 by Cui Minli; Chapter 8 by Zhang Weibo; Chapter 9 by Chen Xifeng; Chapter 10 by Zhao Hongjun ; Chapter 11 by Wang Qiushu; Chapter 12 by Chen Xiufa; Chapter 13 by Chen Xifeng; Chapter 14 by Chen Yuming and Chen Xifeng. Finally Chen Yuming and Zhang Chao unified the draft.

Acknowledgments

This book represents main research results of *Potential Evaluation of Non - ferrous Metal Resources in Key Areas of Maritime Silk Road* (Project Number: D20160118), *Sino -Argentina Cooperation on Geochemical Mapping and Resource Potential Analysis of Argentina* (Project Number: 12120115068401),*Research on Geological Background, Mineralization and Prospecting Potential of Important Mineral Deposits in South America* (Project Number: 12120114092901)and *Sino - Argentina Cooperation on* 1 : 250,000 *Geochemical Survey in Northwestern Argentina* (*Potential Survey and Evaluation of Copper* (*Gold*) *Resources in Northwest Argentina*) (Project Number: 10262A002, 201210A06200202). Yan Guangsheng, Xu Yong, Cai Gang, Shi Junfa, Xiang Yunchuan, Liu Dawen, Ye Jinhua and other leader from CGS and DRC of CGS gave great attention and guidance to the compiling of the book. Pei Rongfu, a famous academician, and Yao Shuzhen, Editor - in - chief, wrote the book preface and Wu Chuanbi, Qiu Ruizhao, Lu Minjie, Xiang Renjie, Dai Zixi, Song Guoming, Wang Shuling, Gao Guangming, Xiao Qinghui and other experts reviewed the book several times and revised the manuscript or gavecomments on how to revise. Zheng Yulin, Zhang Chao, Wang Luxi, etc. helped fair draw some of the maps and check out some documents. Different experts prepared country reports for South American countries and provided detailed references: Brazil and Uruguay by Wang Liangliang; Argentina and Colombia by Chen Yuming; Chile, Surinam and Bolivia by Zhao Hongjun; Peru and Ecuador by Chen Xiufa and Gao Guangming; Venezuela by Chen Yuming and Yuan Chunhua; Paraguay and French Guyana (region) by Zhang Weibo; Guyana, Cheng Zhizhong. Due to space constraints, this book does not have a overall report on South America. The merits of the book are the joint efforts of all the authors and experts. Because of the diverse sources and the limitations of the author, readers can feel free to correct the inadequacies.

目 录

Content

第一章　南美洲概况与中南关系

南美洲位于南半球西部，东临大西洋，西濒太平洋，北界巴拿马运河与北美洲相连，南隔德雷克海峡与南极洲相望。海岸线长约 28 700km，陆地面积约 $1782\times10^4 km^2$，占世界陆地总面积的 12%，位列亚洲、非洲和北美洲之后，为世界第四大洲。南美洲人口 4.1 亿，约占世界总人口的 5.6%(表 1-1)。

表 1-1　南美洲各国国土面积与人口概况

国家	国土面积(km^2)	国土面积在南美洲所占比例(%)	人口(千人)	人口在南美洲所占比例(%)
阿根廷	2 780 400	15.61	43 431	10.59
玻利维亚	1 098 581	6.17	10 800	2.63
巴西	8 515 700	47.79	204 259	49.82
智利	756 102	4.24	17 508	4.27
哥伦比亚	1 138 910	6.39	46 736	11.40
厄瓜多尔	283 561	1.59	15 868	3.87
法属圭亚那(地区)	83 534	0.47	250	0.06
圭亚那	214 969	1.21	735	0.18
巴拉圭	406 752	2.28	6783	1.65
秘鲁	1 285 216	7.22	30 444	7.44
苏里南	163 820	0.92	579	0.14
乌拉圭	176 215	0.99	3341	0.81
委内瑞拉	912 050	5.12	29 275	7.14
合计	17 815 810	100.00	410 009	100.00

注：数据引自 CIA factbook，人口为 2015 年 7 月数据[法属圭亚那(地区)数据引自维基百科，人口为 2013 年数据]。

南美洲共有 12 个国家：巴西、阿根廷、秘鲁、智利、玻利维亚、委内瑞拉和哥伦比亚、厄瓜多尔、乌拉圭、巴拉圭、圭亚那和苏里南，还有法属圭亚那和马尔维纳斯群岛(图 1-1)。

第一节　自然地理

一、气候与植被特征

纵贯南美洲南北的安第斯山脉将南美大陆分成两大气候带，西侧是温带海洋性气候，东侧为温带大陆性气候。在横向上，东侧的温带大陆气候带还可进一步分成热带雨林气候和热带草原气候。北部亚

图 1-1　南美洲行政区划图

马孙平原纬度低，温暖湿润，平均温度26℃左右，属热带雨林气候；亚马孙平原南北两侧的巴西高原和圭亚那高原，除沿海地区外，夏季高温多雨，冬季气候干燥，属热带草原气候。南美洲西部则为热带沙漠气候和地中海气候，呈带状分布；安第斯山脉为高山气候。

南美洲不同地区的年降水量差异巨大，总体上以安第斯山为界，东部湿润，雨量丰富，而西部干旱。东北部亚马孙流域是世界上降雨量最丰富的地区，年平均降水量大于2000mm。安第斯山西侧的秘鲁、智利，沿太平洋海岸带的年降水量小于50mm，其中智利的阿塔卡马沙漠是世界最干旱的地方，局部创造了400多年没有降雨的世界纪录。

南美洲植被类型复杂多样，垂直和水平分带明显，大体可分成北、中、南3段。北段处于低纬度区，属于热带植物区，在低地和低坡地带，终年高温，年平均气温在27℃以上，年降水量多超过2000mm，植被以热带雨林为主；由东向西，进入高山区，气候和植被类型依次更替，直至高山冰雪带，垂直分带谱系完整。中段自北向南气温差增大，降水量减少，主要反映干旱特征。南段处于中、高纬度带，表现为温凉湿润特征，最冷月平均气温低于－10℃；南纬35°以南的安第斯山东侧，是巴塔哥尼亚高原，植被主要是灌木、稀疏矮草、矮生仙人掌和一些有刺、硬叶禾本科草类，具有南方独特的植物特征。

二、地形

南美大陆总体轮廓呈尖端向南的长三角形，依地形特征，可分为3个南北向纵列带：西部为狭长的安第斯山（高山区），东部为波状起伏的高原（高原区），中部为广阔的平原低地（平原区）。

（一）高山区

安第斯山是世界最长的山脉，纵贯南美大陆西部，从巴拿马一直延伸到阿根廷的火地岛，穿越阿根廷、玻利维亚、秘鲁、厄瓜多尔和哥伦比亚等国，全长约8900km，一般宽约300km，素有“南美洲脊梁”之称。许多山峰海拔6000m以上，山顶终年积雪，是南美洲诸多重要河流的发源地。阿空加瓜峰（Aconcagua）海拔6960m，为西半球最高峰。安第斯山中段的尤耶亚科火山，海拔6739m，是世界上最高的活火山。安第斯山系属白垩纪末开始的安第斯造山运动形成的年轻褶皱山系，是新生代地壳板块运动的结果，历经多次褶皱、抬升、断裂、岩浆侵入和火山活动，地壳活动至今仍在继续。

安第斯山区是世界上最重要的有色金属和贵金属成矿区之一，主要矿产有铜（智利和秘鲁）、锡（玻利维亚）、银、铅和锌（玻利维亚和秘鲁）、金（秘鲁、厄瓜多尔和哥伦比亚）、铂和祖母绿（哥伦比亚）、铋（玻利维亚）、钒（秘鲁），以及煤和铁（智利、秘鲁和哥伦比亚）。最突出的是铜矿，从秘鲁南部至智利中部，为世界最大的斑岩型铜矿床产区。整个安第斯山脉的东侧，石油产区广布。

在历史上，安第斯高原曾经历过一系列较长的古代文明时期，创建了独具特色的印加文明。雄伟壮观的安第斯山脉曾是南美洲的最早开发地区，中段山区保留着古代印加帝国的许多文化遗迹。居民主要为印欧混血种，其次为印第安人克丘亚族和艾马拉族。

（二）高原区

1. 巴西高原（Planalto Brasileiro）

巴西高原位于巴西境内，北邻亚马孙平原，西接安第斯山麓，南连拉普拉塔平原，东临大西洋，面积500×10^4km，是世界上面积最大的高原，约占巴西国土面积的一半以上。高原海拔300～1500m，地势南高北低，地面起伏平缓。著名的马尔山脉和曼蒂凯拉山脉等位于高原东部边缘，与海岸平行；其中马尔山脉的班代拉峰是巴西第三高峰，花岗岩、片麻岩、片岩、千枚岩、石英岩等古老基底岩系出露地表。

因各部分的具体构造、隆升和岩性等情况不同，巴西高原的地形特征具明显差异。东部（圣弗朗西斯科河以东）属大西洋地盾，曾经历元古宙的褶皱运动和新近纪的断裂抬升作用，发生过长期侵蚀和准平原化过程，形成了现今波状起伏的高原；特别坚硬的石英岩、片岩等出露地表，表现为脊状山岭或断块山。圣弗朗西斯科河东侧的爱斯宾哈索山，是较典型的脊状山岭；大西洋沿岸的曼蒂凯拉山和马尔山，则是断块山的代表。西部属巴西地盾，为广阔的高原。中东部的戈亚斯高原，广泛出露着古老的结晶岩，表现为波状起伏的上升准平原。中西部是马托格罗索高原，具有桌状高地特征，地上覆有近水平层的白垩纪砂岩。

巴西高原森林、草原，矿产及水力资源非常丰富。这里不仅是巴西的农牧业重要产地，铁、锰、金刚石，以及铅、锌、铬、镍、锡、云母等矿藏也很丰富。以伊塔比拉为中心的"铁四角地区"，是世界著名的优质铁矿区。

2. 圭亚那高原(Guiana Plateau)

圭亚那高原位于南美洲东北部，地处奥里诺科河以南，亚马孙河以北，包括委内瑞拉南半部、圭亚那全部、巴西北部和哥伦比亚东南的一部分，是南美洲第二大高原。圭亚那高原与巴西高原虽被亚马孙河所隔断，但两者的地质构造相似。基底岩系主要是太古宙的花岗岩、片麻岩和片岩，经侵蚀形成海拔300～400m的丘陵状高原。局部地区上覆中生代和新生代的水平沉积岩层。地势从东南向西北倾斜，南部边缘岩性坚硬，地形较陡，一般海拔1000～1500m。罗赖山为本高原的最高峰，海拔2771m。高原主体的南缘为奥里诺科水系和亚马孙水系的分水岭。高原上铝土矿储量丰富，产于古老结晶岩风化残积层中，属红土型铝土矿。水力资源丰富，位于圭亚那高原西北部的安赫尔瀑布，为世界上落差最大的瀑布。全区年平均降水量在2000mm以上。无旱季，大多为热带雨林。

3. 巴塔哥尼亚高原(Patagonia Plateau)

巴塔哥尼亚高原北起南纬36°的科罗拉多河，南到火地岛，西接安第斯山，东临大西洋，面积$79\times10^4km^2$，占阿根廷国土面积的28%，包括内乌肯、里奥内格罗、丘布特、圣克鲁斯4省和火地岛行政区，是自然地理环境比较独特的地方。巴塔哥尼亚高原西接安第斯山脉，雪峰与火山映照，冰川同密林交错，辟有多处国家公园和自然保护区。巴塔哥尼亚东部是辽阔的荒漠和半荒漠高原。地形自西向东呈阶梯状下降，东部以陡峭的悬崖峭壁为特点，最东到达大西洋。受古代冰川及现代干旱气候的影响，地表多冰蚀谷、冰碛丘、冰缘湖积冰水沉积物，以及多种风蚀、风积地貌。

巴塔哥尼亚高原气候条件恶劣，风力强盛，常有时速超过110km的狂风，尘暴不断，素有"风土高原"之称。7月平均气温0～4℃，1月12～20℃。降水稀少，全区年均降水量不超过300mm，自西向东呈递减趋势。

独特的构造特征和复杂的地质条件，造就了巴塔哥尼亚高原良好的自然资源环境和丰富的矿产资源。巴塔哥尼亚是阿根廷石油最具开发前景的地区，近年来，又在沿海大陆架找到更丰富的石油、天然气资源。目前，以里瓦达维亚为中心的巴塔哥尼亚地区，已成为阿根廷最大的石油基地，产量占全国石油总产量的60%以上。巴塔哥尼亚南端的里奥图尔比奥，是阿根廷最大的煤矿区，全国的工业用煤几乎全由这个煤矿供应。此外，巴塔哥尼亚地区的火地岛、圣胡安及高原山脉区，还蕴藏着丰富的泥煤。巴塔哥尼亚中部有丰富的铀矿，在丘布特省已发现并建成洛斯阿尔多贝斯等铀矿。丘布特省还蕴藏着丰富的铝土矿。里奥内格罗省的塞拉格兰德有一座大型铁矿，中国的中冶集团正在开采。此外还有钼、铜、锌、铅、石灰、耐火黏土和陶土等矿产。

(三)平原区

1. 亚马孙平原(Amazon Basin)

亚马孙平原位于南美洲北部，亚马孙河中下游，介于圭亚那高原和巴西高原之间，西接安第斯山，东濒大西洋，跨巴西、秘鲁、哥伦比亚和玻利维亚4国，面积达$560\times10^4km^2$，是世界最大的冲积平原。亚马孙平原西宽东窄，西经60°以西最宽，达1280km，地势低平坦荡，大部分在海拔150m以下；平原中部的马瑙斯海拔仅44m；东部更低，逐渐接近海平面。亚马孙平原的基础是南美陆台的亚马孙坳陷，经第四纪抬升成陆后，其上的沉积物由亚马孙河的干、支流冲积而成。亚马孙平原的河漫滩约占平原面积的10%，由松软的近代冲积层组成，地势特别低下；河漫滩之外，在45～60m的陡岸之上，为高位平原，表层物质由第三纪（古近纪＋新近纪）和第四纪的砂与黏土组成，已呈部分固结状态。

亚马孙平原植物茂盛，种类繁多，特有物种占1/3。林海中积蓄着$8\times10^{8}m^{3}$木材，约占世界木材蓄积总量的1/5。亚马孙平原的野生动物种类非常丰富，而且数量繁多。热带雨林中栖息着猴子、树獭、蜂鸟、金刚、鹦鹉、巨大蝴蝶和蝙蝠。亚马孙河中生活着凯门鳄、淡水龟，以及水栖哺乳类动物，如海牛、淡水海豚等。陆地生活着美洲虎、细腰猫、貘、水豚、犰狳等。另有2500种鱼类和1600多种鸟类。

亚马孙平原人烟稀少，总人口约1500万，包括生活在密林中的100 000印第安人。20世纪60年代以来，已有计划地组织移民和发展农牧业，开发自然资源，建成了贯通全境的亚马孙公路。矿藏主要有石油和金。

亚马孙平原全境属热带雨林气候，为世界上面积最广的赤道多雨区。终年受赤道低气压带控制，盛行上升气流，多对流雨。年平均气温27～28℃，年平均降水量在2000mm以上。

2. 潘帕斯草原（Pampas Estepa）

潘帕斯草原包括阿根廷北部和乌拉圭全境，以阿根廷首都布宜诺斯艾利斯为中心，北连格连查科草原，南接巴塔哥尼亚高原，西抵安第斯山麓，东达大西洋岸。"潘帕斯"一语源于印第安丘克亚语，意为"没有树木的大草原"。这里的植被是南美洲比较独特的一种类型，以禾本科草类为主，广布红化黑土。

潘帕斯气候温和，夏无酷暑，冬无严寒，属温和湿润的亚热带季风性湿润气候，有利于农牧业发展。降水量由东向西递减，东部年降水量常在900mm以上，四季分配亦较均匀。潘帕斯草原现已大部分开垦成农田和牧场，草原有良种牛羊，盛产小麦、玉米、饲料、蔬菜、水果、肉类、皮革等，是阿根廷最重要的农牧业区。在此集中了阿根廷2/3的人口、4/5的工业生产、2/3以上的农业生产，成为阿根廷政治、经济、交通和文化的心脏地区。

三、主要水系与典型山峰

南美洲水系以科迪勒拉山系的安第斯山为分水岭，东、西分属于大西洋水系和太平洋水系。太平洋水系源近流急，多从东向西独流入海；大西洋水系大多源远流长、支流众多、水量丰富、流域广阔，总体方向是从西向东。南美洲河流众多，较为著名的有亚马孙河、奥利诺科河及拉普拉塔河。其中，亚马孙河是世界上流程最长、流域最广、流量最大的河流之一。南美洲水系内流区域很小，内流河主要分布在中西部的荒漠高原和阿根廷的西北部。南美洲除最南部外，河流终年不冻。南美洲多瀑布，安赫尔瀑布落差达979m，为世界落差最大的瀑布。南美洲水力蕴藏量估计为$46\ 700\times10^{4}$kW，约占世界水力蕴藏量的16.9%。已开发的水力资源为560×10^{4}kW，约占世界水力资源总开发量的3.6%。

南美洲湖泊不多，安第斯山区的荒漠高原地区多构造湖，如的的喀喀湖、波波湖等；南部巴塔哥尼亚高原区多冰川湖。内流区多内陆盐沼，形成了世界最大的锂三角区，并富产硼和盐。最大的湖泊是的的喀喀湖和马拉开波湖。的的喀喀湖为世界具航运价值的最高湖泊，海拔3812m，面积$8290km^{2}$，长约177km，宽约56km，最深处475m。马拉开波湖位于委内瑞拉境内，北端临海，经塔夫拉索湾与委内瑞拉湾相连，长约210km，面积约$13\ 210km^{2}$。

（一）河流

1. 亚马孙河（Rio de Amazonas）

亚马孙河干流发源于秘鲁境内安第斯山中段科罗普纳山的米斯米雪峰，海拔5240m。源头为冰川融汇而成的湖泊，向东注入大西洋，流程达6400km。亚马孙河的支流有上千条，长度超过1000km的支流就有20多条，多发源于3000m以上的安第斯山脉，与干流共同组成亚马孙河水系，总长达60 000余千米，流域面积 $705\times10^4km^2$。亚马孙河流域西高东低，南高北低，因赤道附近多雨，水量终年充沛，是世界上流域最广、流量最大的河流。上游山高谷深、坡陡流急，水力资源丰富。例如，干流源头的1000km 河道落差就达 5000m，形成一系列急流瀑布。下游支流汇集，形成两条巨大支流，进入亚马孙平原后，流速缓慢、曲流发达，近入海口的河宽约 240km，最后经马拉若岛流入大西洋。干流两岸多为安第斯山冲积层和内陆冲积层，北面是崎岖的圭亚那高原，南面是较低的巴西高原。整个流域覆盖 8 个国家：巴西、秘鲁、厄瓜多尔、哥伦比亚、委内瑞拉、圭亚那、苏里南、玻利维亚，但大部分在巴西境内。巴西亚马孙河滋润着广袤的土地，孕育着世界最大的热带雨林，使这片地域成为世界公认的最神秘生命王国，巴西人自豪地把亚马孙河称为"河海"。

2. 拉普拉塔-巴拉那河(Rio de la Plata - Parana)

拉普拉塔-巴拉那河是南美洲仅次于亚马孙河的第二大河，是个庞杂的水系，由上游的格兰德河和巴拉那伊巴河，干流巴拉那河和拉普拉塔河，以及铁特河、巴拉那帕内马河、伊瓜苏河、萨拉多河、巴拉圭河和乌拉圭河等主要支流组成，全长 4100km，总流域面积 $310.3\times10^4km^2$，流经巴西、玻利维亚、巴拉圭、乌拉圭和阿根廷 5 个国家。在拉普拉塔河入海口，多年平均流量 25 370m^3/s，年径流量 $8000\times10^8m^3$。

巴拉圭河是巴拉那河最大的一条支流，发源于巴西西南部帕雷西斯山脉的东南坡，经巴西、玻利维亚、巴拉圭和阿根廷，在科连特斯附近注入巴拉那河。巴拉圭河全长近 2550km，流域面积 $109.5\times10^4km^2$，年平均流量 4550m^3/s，年均径流量 $1435\times10^8m^3$。该河的雨季洪泛区面积超过 $30\times10^4km^2$。轮船可从河口上行 400 多千米，到达巴拉圭首都亚松森。

格兰德河是巴拉那河的源流之一，发源于巴西东南部曼蒂凯拉山的西北坡，在博凯纳附近与巴拉那伊巴河汇合后，称为巴拉那河。格兰德河全长 1300km，流域面积 $14.3\times10^4km^2$，年平均流量 2100m^3/s，年均径流量 $662\times10^8m^3$。巴拉那河的另一条重要源流是巴拉那伊巴河，发源于米纳斯吉拉斯州境内的卡尔穆附近，上游多为高山峻岭，在鲁比内亚附近注入巴拉那河。全长 1200km，流域面积 $23.8\times10^4km^2$，年平均流量 3000m^3/s，年均径流量 $946\times10^8m^3$。

伊瓜苏河是拉普拉塔-巴拉那河中游的一条重要支流，发源于巴西东南部马尔山的西北坡，在巴西、巴拉圭和阿根廷三国交界之处的伊瓜苏市汇入巴拉那河。该河全部在巴西境内，全长 1320km，流域面积 $6.9\times10^4km^2$，年平均流量 1400m^3/s，年均径流量 $442\times10^8m^3$。伊瓜苏河的落差大于 800m，沿河有 70 个瀑布，最大的伊瓜苏瀑布高 82m，距河口仅 23km。

3. 奥里诺科河(Río Orinoco)

奥里诺科河是南美洲的第三大河，发源于委内瑞拉与巴西交界的帕里马山脉，呈弧形绕行于圭亚那高原西、北部边缘，最后向东注入大西洋，长 2410km，流域面积 $88\times10^4km^2$。其范围包括委内瑞拉国土的 4/5 和哥伦比亚国土的 1/4。

奥里诺科河上游水流湍急，沿途接纳本图阿里河、瓜维亚雷河等。中游(圣费尔南多—阿亚库乔港)干流在圣费尔南多折向北行，在哥伦比亚与委内瑞拉之间形成长达 420km 的界河，主要支流有比查达河和托莫河等。下游(阿亚库乔港以下)自帕埃斯港起折向东北，流经奥里诺科平原，地势低平，河面展宽，主要支流有梅塔河、阿普雷河和卡罗尼河。奥里诺科河流域年降水量在 1400mm 以上。全河通航里程 1000km 以上，海轮可上溯至玻利瓦尔城，河轮可通至阿亚库乔港。

奥里诺科河流域的西部和北部位于安第斯山脉和沿海山脉，该区属于活动造山带，其特点是坡陡峰高，最高处达到 5000m 左右。流域中部途经安第斯山脉的前陆盆地、断陷盆地和沉积盆地，形成了奥里诺科大平原的冲积扇，以及稳定的圭亚那高原。

奥里诺科河流域属于热带干湿季气候，主要受赤道槽的季节性波动与北方信风相互作用的影响。年最高气温约为 38℃，最低气温为 18℃左右。奥里诺科河流域有丰富的石油、铁、铝土等矿藏，还有极其丰富的水力资源，但由于流域内人烟稀少，森林茂密，交通不便，除在下游主要支流(卡罗尼河)进行了大规模水电开发，在上游一些小支流进行小水电开发外，该流域仍保持着原始状态。

（二）山峰

1. 阿空加瓜峰（Aconcagua）

阿空加瓜峰位于科迪勒拉山系南段的安第斯山脉，海拔6960m，是南美洲第一高峰（图1-2）。地理位置在阿根廷门多萨省西北端，临近智利边界，其西翼延伸到智利圣地亚哥以北的海岸低地。在瓦皮族语中，阿空加瓜是“巨人瞭望台”的意思。

图1-2　阿空加瓜山（主峰在白云升起处）

阿空加瓜峰是世界最高的死火山。科迪勒拉山系为一年轻的褶皱带，新生代以来构造活动十分强烈，其内高于5700m的火山就有18座，构成环太平洋火山带的重要组成部分。阿空加瓜峰因第三纪沉积岩层褶皱隆升而成，伴有岩浆侵入和火山作用，峰体主要由火山岩构成，峰顶为安山岩。东、南侧雪线高4500m，冰雪厚达90m左右，发育有现代冰川。山麓多温泉，附近著名的自然奇观印加桥为疗养和旅游胜地。起自阿根廷首都布宜诺斯艾利斯的铁路，穿越附近的乌斯帕亚塔山口，抵达智利首都圣地亚哥。

2. 罗赖马山（Monte Roraima）

罗赖马山位于巴西、委内瑞拉和圭亚那三国交界处，是南美洲北部帕卡赖马山脉的最高峰，海拔2810m，由砂岩构成，为边缘陡峭、顶部平坦的桌状山地，长约14km、宽5km，是奥里诺科河系、亚马孙河系以及圭亚那众多河流的发源地。

罗赖马山属于圭亚那地盾边缘的中新元古界盖层，是南美洲最古老的盖层之一。圭亚那地盾在太古宙就已稳定，最老的岩石称为伊马塔卡杂岩，由（34～37）亿年深变质的片麻岩、麻粒岩和紫苏花岗岩组成。圭亚那地盾最早在太古宙抬升成为古陆，到了中新元古代，古陆的南部地区发展为宽阔的浅海和三角洲地带，在距今（16～10）亿年的漫长地质历史时期内，沉积了巨厚的碎屑岩层，主要是罗赖马群石英砂岩。此后，包括罗赖马群和依玛塔卡杂岩在内的圭亚那地盾，一直处于稳定抬升的状态，几乎没有受到大的构造运动影响，因此这套古老地层才完好地保存至今。中生代时，冈瓦纳超大陆解体，罗赖马群砂岩被后期辉绿岩侵入，同位素测年为（1.8～1.6）亿年。

3. 尤耶亚科火山（Volcán del Llullaillaco）

尤耶亚科火山位于智利北部与阿根廷接壤的安第斯山中段，海拔6739m，是世界上最高的活火山，山顶终年积雪。火山体呈锥形，由层状的稠密熔岩流、火山灰和岩石碎片等喷发物组成。非常黏滞的熔岩在陡峻的地表形成熔岩流，其表部比中心冷却得更快，在缓慢下流的过程中，上层冷却，垂直前进方向形成一系列貌似堤墙的平行脊，被称为“流堤结构”。

尤耶亚科火山处于活动状态，有人类历史以来，曾记录到3次喷发活动。最近一次爆发发生于1877年，现在火山口还在不断向外冒热气。在尤耶亚科火山6700m的高峰处，1998年发掘出印加遗址，其中有许多史前的古器物以及3个保存完整的孩童尸体和陪葬品，因此该火山成为世界最高的考古点。

四、自然与文化遗产

南美洲特有的气候、地形和地质演化造就了一系列自然景观名胜，如地质地貌、山川瀑布、矿产和化石等。独特的人文历史留下了大量宝贵的人文资源，如古迹建筑、文化艺术、风土人情等。截至2016年2月，联合国教科文组织支持的世界地质公园网络(GGN)在南美洲有两家，分别位于巴西和乌拉圭两国。世界遗产委员会收录的南美洲自然遗产共有21处，分布在阿根廷、巴西、哥伦比亚、秘鲁、苏里南、厄瓜多尔、玻利维亚；文化遗产47处，分布在阿根廷、巴西、智利、哥伦比亚、苏里南、厄瓜多尔、玻利维亚、秘鲁、乌拉圭；文化与自然混合遗产两处，均分布在秘鲁(图1-3)。

1. 伊瓜苏瀑布(Cataratas del Iguazu)

伊瓜苏瀑布位于阿根廷、巴拉圭和巴西3国交界处，在伊瓜苏河流入巴拉那河之前的上游23km处，是世界三大瀑布之一。此处的伊瓜苏河宽1500m，河面像个大湖泊，呈“U”字形(图1-4)。前进中的河流陡然遇到一个深断裂大峡谷，河水顺峡谷顶部和两边奔腾而下，瀑布总宽度3000～4000m(是北美洲尼亚加拉大瀑布的4倍，比非洲维多利亚大瀑布还宽)，凸出的岩石将河水切割成大大小小270多个瀑布，平均落差80m，平均流量1756m^3/s，春季丰水期最大流量可达13 000m^3/s，景象极为壮观。伊瓜苏大瀑布的岩层形成于1.2亿年前，现已成为南美洲最诱人的地质公园。从阿根廷欣赏瀑布，浪花飞溅，水流湍急，气势恢弘；从巴西境内欣赏瀑布，水雾缭绕，清新自然，视野开阔；两处景色迥异，各为一幅精美的山水画，吸引了世界各地的游客。1984年，伊瓜苏瀑布被列为世界自然遗产。

2. 阿根廷冰川国家公园(Parque nacional de los glaciares de Argentina)

阿根廷冰川国家公园位于安第斯山脉南段东侧的巴塔哥尼亚高原，西与智利相连，南与火地岛相望，属圣克鲁斯省。冰川公园所在的冰川湖名为阿根廷湖，面积达1414km^2。公园内有49条冰川，均发源于巴塔哥尼亚冰原。最著名的是莫雷诺冰川，冰舌阔面5km，平均高于阿根廷湖水面74m，相当于25层楼高，冰川厚度最大为170m，绵延30km，有20万年历史(图1-5)。身临其下，似一堵巨大的“冰墙”，可感受冰川时代的气息。公园的气温平均10～17℃，冬天最冷可至零下17℃。莫雷诺冰川以30cm/d的速度向前推进，夏季时常可看到“冰崩”奇观：一块块巨大的冰体落入阿根廷湖，一声声巨响震耳欲聋，令人屏息凝注，但很快，一切又都归于平静。1945年，阿根廷将此地列为国家公园加以保护，1981年被列入联合国世界自然遗产。1988年之前，通常每四年才发生一次冰崩，由于全球变暖，近些年来冰崩日益频繁。2012年3月2日的那次著名崩塌，形成冰川拱门，拱门上方冰体渐渐支撑不住时，便轰然崩塌。2016年3月发生的莫雷诺冰川大冰崩，更是宏伟壮观，吸引了全世界的关注。

3. 巴西卡皮瓦拉山地质公园(Serra da Capivara National Park)

卡皮瓦拉山地质公园位于巴西塞阿拉州南部，地处赤道附近，濒临大西洋，面积5000km^2。该公园属沉积岩地区，主要以古化石著称，是观察卡皮瓦拉山盆地丰富地貌的最佳地点，2005年12月被纳入世界地质公园。公园景点既可供人欣赏，也可供研究动植物群和自然水资源。

在卡皮瓦拉山地质公园内，从地表就能看到白垩纪沉积岩，含有重要的珍贵化石，尤卡古生物博物馆共搜集了该区7000多件化石，每年接待约18 000名参观者，包括研究人员和学者。

图 1-3　南美洲自然与文化遗产分布图

1. 卡塔赫纳的港口、要塞和古迹群；2. 蒙波斯圣克鲁斯历史中心；3. 洛斯卡蒂奥斯国家公园；4. 哥伦比亚咖啡文化景观；5. 马尔佩洛动植物保护区；6. 铁拉登特罗国家考古公园；7. 圣奥古斯丁考古公园；8. 科罗及其港口；9. 加拉加斯大学城；10. 卡奈依马国家公园；11. 帕拉马里博历史内城；12. 中苏里南自然保护区；13. 基多城；14. 桑盖国家公园；15. 昆卡的洛斯·里奥斯的圣阿娜历史中心；16. 昌昌考古区；17. 阿比塞奥河国家公园；18. 瓦斯卡兰国家公园；19. 查文(考古地点)；20. 卡劳尔-苏佩圣城；21. 利马历史中心；22. 马努国家公园；23. 马丘比丘历史保护区；24. 库斯科城；25. 纳斯卡和胡马纳潘帕斯的线条和地画；26. 阿雷基帕城历史中心；27. 亚马孙河中心综合保护区；28. 圣路易斯历史保护中心；29. 迪诺罗尼亚岛；30. 卡皮瓦拉山国家公园；31. 奥林达城市历史保护中心；32. 圣克里斯托弗城的圣弗兰西斯科广场；33. 塞拉多保护区：韦阿代鲁斯高原国家公园和埃马斯国家公园；34. 萨尔瓦多湾历史保护中心；35. 戈亚斯城历史中心；36. 巴西利亚；37. 潘塔奈尔保护区；38. 大西洋沿岸热带雨林保护区；39. 蒂阿曼蒂那城历史中心；40. 潘普利亚现代建筑；41. 孔戈尼亚斯的仁慈耶稣圣殿；42. 欧鲁普雷图历史名镇；43. 里约热内卢：山海之间的卡里奥克景观；44. 大西洋东南热带雨林保护区；45. 伊瓜苏国家公园(巴西)；46. 瓜拉尼人聚居地的耶稣会传教区；47. 诺尔·肯普夫·梅卡多国家公园；48. 蒂瓦纳科：蒂瓦纳科文化的精神和政治中心；49. 奇基托斯耶稣会传教区；50. 萨迈帕塔考古遗址；51. 苏克雷古城市；52. 波托西城；53. 印加路网；54. 亨伯斯通和圣劳拉硝石采石场；55. 瓦尔帕莱索港口城市历史区；56. 塞维尔铜矿城；57. 奇洛艾教堂群；58. 乌马瓦卡谷；59. 伊瓜苏国家公园(阿根廷)；60. 伊斯奇瓜拉斯托/塔兰帕亚自然公园；61. 科尔多瓦的耶稣会街区和庄园；62. 瓦尔德斯半岛；63. 平图拉斯河手洞；64. 冰川国家公园；65. 耶稣会传教所；66. 弗莱本托斯文化工业景区；67. 科洛尼亚-德尔萨克拉门托城的历史城区

图 1－4　伊瓜苏河宽阔的河面呈“U”字形

图 1－5　莫雷诺冰川全景(姜作勤摄)

卡皮瓦拉山地质公园的另一个主要组成部分是查韦斯矿山，展示石膏层资源和所构成的白垩纪时代地貌。在离新奥林达镇 3km 的薄石灰岩内，含有无脊椎动物、脊椎动物和植物化石。在离米骚维查镇(Missao Vecha)4km 的地方，有著名的巴塔台拉河(Batateira)大峡谷，特点是拥有巨厚的沉积岩、瀑布和大规模植被。在米骚维查镇东南部 6km 的地方，有一片“化石森林”，平均海拔高度 360m，其内有大量的树干化石。

4. 阿根廷伊斯奇瓜拉斯托/塔兰帕亚自然公园(Parque Nacional del Ischigualasto/Talampaya)

伊斯奇瓜拉斯托/塔兰帕亚自然公园，是两个彼此毗邻的公园，位于阿根廷西北部圣胡安省和拉里奥哈省之间的沙漠地带。距今(2.45～2.08)亿年的整个三叠纪时期，这里的河流、湖泊和沼泽生成了大量的大陆沉积物和大面积的洪水冲积平原。该区地层记录了三叠纪大陆沉积物的完整演化过程，湖泊和沼泽中有大量植物化石，部分植物已经成为煤层，其他化石则完好地保留了植物原本的形状、脉络和纹理。伊斯奇瓜拉斯托自然公园的化石层中，有已知最早的恐龙遗骸，记录了从三叠纪早期的恐龙祖先到三叠纪后期恐龙时代的演变过程。在沉积物中最常见的是火山沉积岩层。该区气候干燥，表面崎岖不平，当地人称之为“月亮谷”(图 1－6)。

图 1-6 “月亮谷”

5. 秘鲁纳斯卡地画国家公园(Nazca lines)

纳斯卡地画也称纳斯卡线条,出现在秘鲁南部的纳斯卡荒原上,是存在了 2000 年的一大谜局。大地之上镶刻着绵延数千米的线条,构成数以百计的各种巨大生动图案,包括 18 只鸟、一只 46m 长的细腰蜘蛛、一只约 300m 长的蜂鸟、一只 108m 长的卷尾猴、一只 188m 长的蜥蜴、一只 122m 长的兀鹫、一个巨大的蜡烛台在俯视着大地。这些图案中,只有兀鹫是当地的土产,如亚马孙河蜘蛛、猴子、鲸鱼等其他动物,似乎与寸草不生的荒漠格格不入。有些图案描绘得十分精致,如蜘蛛图案,在右脚基部还画有生殖器官。

纳斯卡平原上最常见的是黄沙和黏土,上面铺着一层薄薄的火山岩和砾石,长期的风吹日晒使它们发黑变暗,成为所谓的天然黑板。古纳斯卡人刮去表面几厘米褐色岩层,露出下面苍白的泥土,形成平均宽度为 10～20cm 的槽状线条。如果在其他气候条件下,这些线条也许会因侵蚀作用在数月内被蚀掉,但纳斯卡是地球上最干燥的地区之一,加之几乎没有强风,为纳斯卡线条保留至今提供了条件。

纳斯卡线条(地画)的用途一直争论不休,比较公认的说法是:它们是古纳斯卡人分配水源的标志,那些图案是不同家族的族徽。

6. 秘鲁的马丘比丘古城(Machu Picchu)

马丘比丘古城建于古印加帝国时期,在帝国都城库斯科西北 120km 处,全城面积约 $9\times10^4 m^2$,位于海拔 2400m 的山脊上。大约在 12 世纪,秘鲁库斯科谷地的印第安部落逐渐强盛起来,开始向外扩张。14 世纪时统治了安第斯山脉北部山区,建立起强大的奴隶制国家——印加帝国。16 世纪初,鼎盛期的印加帝国疆域,北起现今的哥伦比亚边境,南至现今的智利中部,西濒太平洋东海岸,东达亚马孙丛林和现今的阿根廷北部。印加帝国雄霸一方,信奉太阳神,人口多达 1200 万,建都库斯科,有完善的农业体系,掌握当时先进的有色金属冶炼、加工技术。据推测,马丘比丘城堡不是普通城市,而是贵族庄园或宗教活动场所,居住人数在高峰时也不超过 750 人。古城外围是层层梯田,城区由 200 座建筑和 109 个石梯组成,把山坡与城区连接起来。城区规划井然,北部多为庄严的宫阙神殿,南部是作坊、居室和公共场所。

马丘比丘古城被列入全球十大怀古圣地名单,是世界上为数不多的文化与自然双重遗产之一。1981 年被秘鲁政府定为历史保护区,1983 年被联合国教科文组织定为世界遗产。2007 年,马丘比丘印加遗址与中国长城、约旦佩特拉古城、巴西基督像、墨西哥奇琴伊查库库尔坎金字塔、意大利古罗马斗兽场、印度泰姬陵一起,列为世界“新七大奇迹”(图 1-7)。

图 1-7 俯瞰马丘比丘全貌

第二节 人文地理

一、社会发展简史

印第安人是南美洲文明的开拓者，雄伟壮观的安第斯山脉中段高原区，是南美洲古文明发祥地，创建了独具特色的印加文明，保留着古印加帝国的许多文化遗迹。早在公元 10 世纪前后，居住在这里的印第安人部族——印加人，以秘鲁南部的库斯科为中心建立了印加帝国。到 15 世纪鼎盛时期，农业已相当发达，栽培玉米、豆类、马铃薯、木薯等作物，驯养骆马和羊驼，水利灌溉工程、交通驿道、建筑、手工业等也达到较高水平。光辉的印加文化是人类物质和精神文明的重要组成部分。在印加帝国以外，人口较集中的地区是哥伦比亚、智利南部和巴拉圭。南美洲的土著民族，传统上被划归蒙古人种的美洲支系，分布于南北美洲各国。哥伦布发现“新大陆”时，误以为到达印度，因此将当地土著居民称作“印第安人”(Indios)。

16 世纪初，葡萄牙、西班牙殖民者开始入侵。葡萄牙侵占了巴西，西班牙统治了巴西以外的南美广大地区。16 世纪末，英国、法国和荷兰殖民者经过激烈争夺，分割了圭亚那地区和近海一些岛屿。从此，南美洲进入了长达 300 年的殖民统治时期。西班牙先后建立了 3 个总督辖区：秘鲁(包括现在的秘鲁和智利)、新格拉纳达(包括现在的哥伦比亚、厄瓜多尔和委内瑞拉)和拉普拉塔(包括现在的阿根廷、玻利维亚、巴拉圭和乌拉圭)。葡萄牙在巴西建立了总督区。殖民者用暴力推行各种奴役制度，强迫印第安人在种植园或矿山劳动，大肆掠夺南美洲的土地和金银财富。印第安人的家园被破坏，古文明遭摧毁，人口锐减。为补充劳动力的不足，殖民者又从非洲贩入大量黑奴。宗主国实行重商主义政策，强迫殖民地人民专门生产能在国际市场牟取暴利的少数几种农、矿产品，导致社会产品单一，经济畸形发展。随着移民大批涌入，西班牙、葡萄牙等国的社会制度、风俗习惯、宗教信仰和文化传统也传播到南美各地，西班牙语和葡萄牙语也逐渐取代印第安语，成为普遍使用的正式语言。居民组成也变成了主要为印欧混血种，其次为印第安人的克丘亚族和艾马拉族。

南美洲人民为争取自由和解放进行了长期英勇的斗争。1810 年，武装起义的烈火燃遍整个南美洲，经过 10 多年的浴血奋战，终于推翻了西班牙和葡萄牙殖民统治。至 1826 年，相继建立起 10 个民族独立国家。独立后，当地土生土长的白人地主阶级掌握了国家政权，实行具拉美特色的"考迪罗"式军事独裁统治，维护封建剥削和大庄园土地所有制，经济发展缓慢。英、美等国乘虚而入，将各国变成他们的原料供应地，商品和输出资本的倾销场。特别是美国，于 19 世纪末崛起后，凭借其经济实力和有利地理位置，成为南美洲的霸主。第二次世界大战后，南美洲国家带头发起反对超级大国海洋霸权的斗争，掀起了以收回民族资源为主要内容的国有化浪潮，并积极推行地区经济一体化。1966 年和 1975 年，前英属圭亚那和荷属苏里南先后独立，摆脱殖民统治。现在，除法属圭亚那以及英国同阿根廷争议的马尔维纳斯群岛（英称福克兰群岛）外，南美洲共有 12 个独立国家。

二、民族与文化

南美洲民族成分比较复杂，源于特殊的文化发展史。南美洲文化原以印第安人文化为主，西班牙和葡萄牙殖民者的入侵带来拉丁文化，并长期居于主导地位，故南美洲又称拉丁美洲。欧洲殖民者入侵后，导致印第安人大量死亡，为补充劳动力又引进黑奴，使本区居民的血统十分复杂。有印第安人、白人、黑人，以及各种不同的混血型，印欧混血型最多。而印第安文化并未因此而消失，它与欧洲拉丁文化和非洲黑人文化既冲突又融合，形成了合成文化，使南美洲的文化更加丰富。同时应该提到，悠久的印第安文化发明过玛雅文字，天文学研究的造诣也相当深，为世界提供了玉米、番薯、西红柿、烟草、可可等作物。遗憾的是，由于殖民者迫害、杀戮印第安人，毁灭印第安文化，致使现在残存的古代文明已经不多。好在已有的研究成果越来越引起考古界的关注，美洲国家也开始大力发掘古代印第安文化，保护这份世界遗产。

南美洲的人口分布不平衡，特点是高度集中在少数大城市，西北部和东部沿海地区人口稠密，而广阔的亚马孙平原却是世界人口密度最小的地区之一，每平方千米不到一人。由于历史原因，直到现在，大多数印第安人生活在偏僻的农村，许多人仍住在原始的房屋里。他们保留着传统的生活习俗，至今喜欢用质地粗糙的陶罐、石碗、木勺做饭；喜欢采集草药治病，或点燃烟熏，或煮汤沐浴；喜穿富有本民族特色的传统服装，成为印第安人的明显标志。例如，尤卡坦半岛的玛雅妇女，不分老幼，都身着宽松的白色绣花裙，头戴色彩艳丽的鲜花；男人则身穿宽松的白色衣裤，头戴草帽，脚穿草编凉鞋。中部高原上的印第安妇女，爱穿绣花罩衫和竖条纹的宽大长裙，上身披一种叫"雷博索"的多用披巾，既可遮阳，也可御寒，还可背小孩、包东西。

南美洲的语言环境复杂多样。巴西的官方语言为葡萄牙语，法属圭亚那官方语言为法语，圭亚那官方语言为英语，苏里南官方语言为荷兰语，其他国家的官方语言则为西班牙语。印第安居民较多的地区一般使用印第安语。印第安人经过两万多年的分化，产生了许多不同的民族和语言，分属十几个语系，土著语言达 1700 多种，使用较广的是纳华特语、玛雅语、克丘亚语、瓜拉尼语、艾马拉语等。

南美洲居民绝大多数信天主教，少数信基督教。印第安人相信"万物有灵论"，他们崇敬自然，对自然界的一草一木、一山一石都报以敬畏之心，但印第安人的这种信仰相当程度上已被欧洲基督教同化。在大多数部落，部落酋长对外代表部落，仅负责对外事务，主要与联邦或当地政府打交道；但酋长任命权在宗教领袖，在对内事务上，更要听命于宗教领袖。

第三节 政经简况

一、行政区划与政治制度

南美洲按地理区划分为4组：北部诸国，包括圭亚那、苏里南、法属圭亚那（地区）、委内瑞拉和哥伦比亚；安第斯山中段诸国，包括厄瓜多尔、秘鲁、玻利维亚；南部诸国，包括智利、阿根廷；东部国家，包括巴西、乌拉圭、巴拉圭。

欧洲殖民者统治拉丁美洲300多年。19世纪初，席卷拉美的独立战争胜利后，西班牙、葡萄牙的殖民统治被推翻。独立战争期间及独立后，大多数国家采用中央集权制，少数国家采用联邦制，如巴西（1889年至今）、阿根廷（1853年至今）、委内瑞拉（1864年至今）和哥伦比亚（1863—1886年）。

1. 国家政体

南美洲各国采用的政体以总统制为主，可区分为3种情况。

总统制政体：被多数南美国家采用，总统既是国家元首，又是政府首脑，行使国家最高行政权力。总统独立于议会之外，定期通过公民直接或间接选举产生；总统只向人民负责，不对议会负责；内阁各部部长由总统任命，对总统负责；总统定期向议会做政府工作报告；总统对议会通过的法案有否决权，但无权解散议会。

拉美总统制国家的宪法中一般规定政权机构实行立法、行政、司法三权分立，3种权力相互牵制和均衡。通常，这些国家的行政权高于立法权和司法权。立法权对行政权和司法权进行制约，主要包括：议会有权审理总统和部长等高级官员的渎职罪；有权批准总统对最高法院法官、驻外使节、武装部队高级军官的任命等。行政权对立法权和司法权进行制约，主要包括：总统有权否决法案，有些国家，如阿根廷等，还规定副总统兼参议院议长，总统有权提名最高法院法官的任命等。司法权对立法权和行政权进行制约，主要包括：最高法院有权解释法律，宣布议会通过的法律因违宪而无效，有权对政府机构实行宪法监督，有权宣布联邦政府的某些活动为非法，有权审理总统及政府高级官员的违法案件等。

议会制政体：议会制国家同总统制国家一样，行政权占主导地位。但与总统制不同，总理拥有广泛的权力。在南美洲，仅有苏里南采用这种政体。该国独立后，废除了原有的一些殖民机构，由本国官员取代宗主国官员，但中央机构及其相互关系基本原封不动地保留着。因此，它的议会制与西欧国家的议会制有许多相似之处。

混合制政体：把总统制和议会制结合在一起的政体。目前，在拉美仅有秘鲁采用混合制政体，其特点是，部长会议（政府）同总统和议会的关系具有双重性，部长会议既对总统负责，又对议会负责。与其他总统制国家的总统相比，秘鲁总统没有某些“应享的”权力，例如，议会没有授予他否决权，特赦权也不由总统行使，只有在议会休会期间，总统才有特赦权。但是，秘鲁总统仍是国家权力机构的重要环节，他有权维护国内秩序和国家安全，参加制定法律、颁布法令等；在部长会议发生权力争执时，他有权做出裁决。

2. 职权划分

政府是拉美各国最重要的机构，拥有极其广泛的权力：①执行法律；②制定和执行政策；③政府行政首脑代表国家处理外交关系，任命驻外使节，接受外国来使，对外宣战、媾和缔结条约等；④掌管军队、警察和监狱，主管司法行政事务；⑤掌管行政机构，任免官吏和主管官吏事务；⑥参与立法，主要形式是向议会提出法案；⑦编制并向议会提出预算，调节和干预经济事务；⑧主管文化、教育、卫生、社会福利及宣传方面的工作；⑨决定大赦、特赦、减刑、刑罚执行的免除与恢复权利；⑩根据选举法组织选举工作；⑪颁赐荣典，授予荣誉职务和称号等。

议会是专门行使立法权的国家机关，即制定、修改和废止法律的权力。在议会与政府和法院之间，建立起一种互相分立、制衡和分权的关系，从而构成完整的国家组织体系，即代议制政体。南美国家议会的立法权包括：立法创议权（即提出法案的权力），讨论、修改、通过或不通过法案的权力等。议会的立法活动要经过一定的程序，一般来说，立法程序主要有几个阶段：①提出法案；②审议；③表决；④公布法律。

司法权一般由最高法院及其各级法院行使。通常，拉美国家的司法机构主要指法院，广义的司法机构还包括检察机构，如总检察院或最高检察院、检察院等。拉美国家各级法院和检察机关，是代表国家进行审判和追究刑事责任并提起公诉的机构。

二、经济地理简况

（一）南美洲经济发展简史

哥伦布发现“新大陆”以前，拉美大陆上存在着多种类型的经济活动。在阿根廷等地，印第安人主要从事狩猎和捕鱼；在亚马孙河流域的雨林中，土著人以刀耕火种为生。西班牙殖民者的到来，使南美洲的经济结构发生了重大变化。独立战争对拉美的对外经济关系产生了重大影响，但受殖民地式经济与大地主制的影响，独立后并未出现经济起飞，南美洲各国还是发展中国家。第二次世界大战使拉美经济受到巨大的外部冲击。一方面，欧洲国家忙于战事，减少了工业制成品的生产；另一方面，战火影响了洲际运输线，拉美国家难以进口工业制成品。这使拉美国家更加感受到发展本国工业的必要性和迫切性。因此，第二次世界大战后，主要拉美国家进一步加快了工业化进程，其他国家的工业化进程也开始起步。

1960 年代是拉美采取“进口替代”的阶段，通过保护国内市场，建立国有企业，完善基础设施，利用外国资本开发和利用本国石油和矿产资源，开展区域经济一体化等举措，取得了显著成效。但是，随着国有化运动和进口替代发展模式的弊端逐渐显现，加上欧美国家的制裁，到 1980 年代，终于使拉美陷入了大萧条以来最为严重的债务危机和经济危机。债务危机爆发后，拉美国家以控制国内总需求为基本手段，以对外改善国际收支状况、消除外部失衡，对内控制通货膨胀和实现经济复苏为目标，开始实施由国际货币基金组织制订的紧缩计划。为此，拉美国家采取了以下措施：①压缩进口；②削减公共部门开支；③紧缩货币政策，冻结物价和工资。这一紧缩性调整计划的成效具双重性。压缩进口后，虽然国际收支状况得到改善，但生产活动陷入萧条。由于削减公共部门开支，社会发展项目受到不利影响，通货膨胀率依然居高不下，此外，冻结工资后，人民生活水平得不到提高。

随着紧缩性调整计划失效，拉美国家被迫寻求摆脱危机的其他措施。在“华盛顿共识”的影响下，自 1980 年代后期开始，拉美国家终于实施了以贸易自由化和国有企业私有化为主要内容的经济改革。国有企业私有化的主要形式有以下几种：第一，直接出售，即把企业直接出卖给私人投资者；第二，公开上市，即把企业的股份在国内股票市场上出售，有时也在国际市场上出售；第三，管理人员和雇员购买，即把国有企业直接出售给本企业的工人或管理人员；第四，合资，即把国有企业的部分产权直接出售给私人投资者，其余部分由政府保留，出售的那部分通常会成为一个新的公司；第五，特许经营权和租赁，即私人公司在特定时间内（通常为 15～30 年），向国有企业租赁资产并接管其经营活动。

进入 1990 年代后，拉美的改革不断深化，许多国家开始在税收、金融、劳工制度和社会保障制度等领域进行改革。经济改革增强了拉美各国的国民经济活力，但也产生了以下副作用：第一，由于收入分配不公越来越明显，社会问题日益严重；第二，随着国内市场的开放，许多竞争力弱的民族企业陷入困境；第三，降低贸易壁垒后，进口大幅度增加，从而使国际收支经常项目处于不利地位；第四，国有企业私有化使私人资本和外国资本的生产集中不断加强。此外，私有化使失业问题更为严重。

(二)主要国家经济发展特点

南美各国的经济发展不完全相同。这里以巴西和阿根廷为例,介绍主要国家的经济发展特点。

巴西作为“金砖国家”之一,综合实力居拉美首位,其经济结构接近发达国家水平,服务业产值和就业人口长期保持在50%以上。巴西工业基础较雄厚,有较完整的工业体系,主要有钢铁、汽车、造船、石油、水泥、化工、冶金、电力、建筑、纺织、制鞋、造纸、食品等。核电、通信、电子、飞机制造、信息、军工等已跨入世界先进行列。可耕地面积约 $1.525\times10^8hm^2$($1hm^2=0.1km^2$),已耕地 $4250\times10^4hm^2$,牧场 $1.77\times10^8hm^2$。咖啡、蔗糖、柑橘产量和出口量世界第一。大豆、牛肉、鸡肉产量世界第二,出口量世界第一。1967—1974年,巴西经济创造了年均增长10.1%的“巴西奇迹”。而到1980年代,受高通货膨胀的困扰,经济出现了停滞甚至严重衰退。从1990年代开始,巴西经济向外向型模式转轨。1994年,政府实施了“雷亚尔货币稳定计划”,有效地解决了高通货膨胀问题,并在此基础上进行宏观经济结构改革,大力推进私有化。1997年后,由于受亚洲和俄罗斯金融危机的冲击,巴西经济发展受阻。1999年初,巴西金融市场剧烈动荡,政府被迫放弃1994年以来实行的固定汇率制,货币大幅贬值,经济受到重创。其后,受国内电力危机、大选因素和阿根廷经济危机影响,金融市场波动频繁,加之国际经济大环境不景气,巴西经济增速缓慢,通货膨胀率和失业率均有所上升。卢拉政府上台后,采取稳健的经济政策,金融形势趋于稳定,外资流入加大,生产恢复增长,就业岗位增加,经济实现强劲复苏。2011年,巴西的经济规模首次超过英国,成为全球第六大经济体。但2015年巴西经济陷入衰退,再次被英国超过,变成全球第七大经济体。随着2016年罗塞夫总统被罢免,巴西经济的前景更加迷茫。

阿根廷是仅次于巴西的南美洲第二大国,经济基础好,是世界粮食和肉类的主要生产和出口国之一。阿根廷工业基础较好,主要有石油、化工、电力、钢铁、水泥、纺织、皮草和食品加工等产业。核电、轧钢、屠宰和食品部门技术比较先进。阿根廷是拉美最早发展核技术的国家,1974年第一座核电站投产,第二座于1982年建成,1983年开始生产浓缩铀。阿根廷自然条件优越,土地肥沃,雨量充沛,适合发展农牧业,是世界上农牧业较发达的国家之一,素有“粮仓肉库”之称。农牧业人口占全国人口的21%,拥有农业耕地 2100×10^4hm,60%的畜牧业集中在雨量充沛、牧草茂盛的潘帕斯草原。农牧业产品除满足本国需要外,还大量出口大豆、玉米、小麦、豆粕、葵花粕等农副产品。阿根廷是世界上最主要的牛肉生产国和出口国之一,年产牛肉 230×10^4t,其中约10%用于出口。20世纪初,阿根廷从单一畜牧业国家发展成发达的农牧业国家,同时也开始发展现代化工业。第二次大战后,美国资本大量涌入,造成阿根廷经济严重依赖美国。1960年代,阿根廷国民生产总值以每年约5%的速度增长。1970年代中期,受世界经济危机和国内政局动荡的影响,经济停滞不前。进入1980年代后,由于债务危机加剧,阿根廷始终未能摆脱经济危机的困扰。1989年梅内姆上台执政后,开始实行新自由主义经济政策,全面实行私有化,大力吸引外资,开放对外贸易。1991年实行1比索兑1美元的固定汇率,通货膨胀得到有效控制,经济出现明显好转,年均增长率达7%。1995年,受墨西哥金融危机影响,经济出现负增长。2001年,阿根廷全面爆发经济、政治和社会危机,同年底,政府宣布停止偿还外债,阿根廷第一次外债违约。2002年基什内尔政府上台后,宣布废除与美元的固定汇率制,实行浮动汇率制。但由于经济增长乏力,债务负担沉重,问题没有解决。此后,阿根廷政府于2005年和2010年两次推出债务重组方案,但美国“秃鹫基金”拒绝接受。2012年底,美国联邦法院做出了有利于“秃鹫基金”的判决。2014年7月30日,阿根廷再次发生主权债务违约,标准普尔将阿根廷的债信评级下调至“选择性违约”。

(三)南美洲产业布局

1. 制造业

南美多数国家的制造业以轻工业为主体,较发达的是肉类加工、制糖、饮料、皮革、纺织、服装等部门。重工业有钢铁、汽车、化工、橡胶、电器、机械等产业,集中在巴西、阿根廷、委内瑞拉、智利、秘鲁、哥伦比亚等国家。

2. 农业

农业在南美各国经济中具有重要意义。

南美洲是许多栽培植物的原产地，例如，可可、向日葵、菠萝、马铃薯、木薯、巴西橡胶树、烟草、金鸡纳树、玉米、番茄、巴拉圭茶、辣椒等。在南美洲大部分国家，多数人从事农业生产，但一些国家的粮食生产仍不足自给，还需进口。在南美洲种植业中，经济作物占据绝对优势，向世界提供所需的绝大部分咖啡、香蕉、蔗糖，以及大量的棉花、可可、剑麻等。许多农产品居世界重要地位：甘蔗、香蕉、咖啡均占世界总产量的 20.5%，其中，巴西的可可产量居世界第三位；剑麻产量居第二位；巴西木薯产量居世界第一位。东南部的阿根廷等国则大量出口肉类和粮食，牛、羊的总头数在世界上占重要地位。

3. 林业

南美洲森林面积约 92 000×10^4 hm^2，占全洲总面积的 50%以上，约占世界森林总面积的 23%，盛产红木、檀香木、铁树、木棉树、巴西木、香膏木、花梨木等贵重林木。草原面积约 44 000×10^4 hm^2，约占全洲总面积的 25%，占世界草原总面积的 14%。

4. 渔业

南美洲渔业资源丰富，秘鲁沿海、巴西沿海为南美洲两大渔场，秘鲁和智利是世界著名的渔业国。智利北部沿海和巴西东南部沿海盛产金枪鱼，智利和秘鲁沿海盛产沙丁鱼、鳕鱼和鲸，巴西、阿根廷沿海还盛产鲈、鲻、鳀、鲭、鳕等鱼类。

5. 油气业和矿业

南美洲矿产资源非常丰富，油气业和矿业是南美经济的重要支柱产业。优势矿产资源是石油、天然气、铜、铁、锂、金、银、铅、锌、锡和铝土矿。

此外，南美洲地区还蕴藏着丰富的镍、铌、钛、重晶石、铼、硒、碘、钼、铋、铌铁、钽铁、硼、钨、镉铬、钯、钾盐等矿产资源，这些矿产的产量在世界也占有重要地位。

（四）南美洲基础设施一体化

南美洲各国具有相似的政治—经济发展历史，进入新世纪后，为整合和协调各国优势产业的发展，参考主要国家的经济发展经验，提出了南美洲基础设施一体化的重要举措。

2000 年 8 月，阿根廷、巴西、智利等 12 个南美国家元首，在巴西利亚联合发表会议公告，其中提出了“南美洲基础设施一体化行动计划”。同年 12 月，在乌拉圭首都蒙德维的亚召开南美部长会议，正式提出了“南美洲基础设施一体化倡议”和“2000—2010 行动计划”。

“南美洲基础设施一体化倡议”规划了 10 个一体化和发展轴心，在交通、能源和通信 3 个领域，设置了 13 类 579 个一体化优先项目，其中：机场 1 个，桥梁 7 座，过境通道 2 个，内河港口 6 个，海港 4 个，物流中心 6 个，边境口岸 13 个，公路 6245km，铁路 7342km，航道 8950km，天然气管道 1500km，输电线路 644km。预计投资总额为 1633 亿美元。该计划的实施，为南美洲基础设施和区域便利奠定了基础，被认为是“西半球最富有想象力和活力的区域性基础设施发展规划”（谢文泽，2015）。

第四节　中南关系和矿业开发

一、国家关系

1970 年，智利第一个与中国建交。此后，中国与南美洲诸国的关系，开启了近 50 年不断发展与深化的历程。

中国与南美洲国家密切往来具备坚实的现实基础。一方面,由于国际金融危机负面影响延续至今,以资源出口为主的南美洲国家受到了较大冲击,经济复苏缓慢。另一方面,中国同其他新兴市场经济体一起,成为推动经济全球化进程的重要力量。中国经济保持长期高速增长,也使南美洲国家加强同中国合作成为明智的选择。随着近年来中南高层交往不断密切,政治互信不断深化,经贸合作取得了丰硕的成果,贸易、投资、金融三大领域合作,更成为双方经贸往来的重要引擎。

进入21世纪,中国与南美洲国家关系呈现全面快速发展的良好态势。特别是2008年国际金融危机爆发后,中国与南美洲国家发挥各自优势,同舟共济,共克时艰,双方关系实现了跨越式发展。近几年,双方在延续传统友好往来的基础上,开展了更为频繁的互动。中国对南美洲国家的重视程度,提升到了一个新的层面。

2014年7月,习近平主席访问巴西、阿根廷和委内瑞拉,决定中拉双方建立平等互利、共同发展的全面合作伙伴关系,正式建立中拉论坛,并迅速落实。习主席代表中国倡议:共同构建"1+3+6"合作新框架,推动中拉务实合作,使双方关系在快车道上全面深入发展。"1"是"一个规划",即以实现包容性增长和可持续发展为目标,制定《中国与拉美和加勒比国家合作规划(2015—2019年)》,实现各自发展战略对接。"3"是"三大引擎",即以贸易、投资、金融合作为动力,推动中拉务实合作全面发展。双方应该发挥贸易对中拉经济增长的重要促进作用,优化贸易结构,促进拉美国家传统优势产品和高附加值产品对华出口,并在服务贸易、电子商务等领域扩大合作,力争实现中拉贸易规模在10年内达到5000亿美元。"6"是"六大领域",即以能源资源、基础设施建设、农业、制造业、科技创新、信息技术为合作重点,推进中拉产业对接,推动中拉互利合作深入发展。

中国与南美洲国家的合作,有力推动了国际秩序朝着更加公正合理的方向发展。随着中南双方经济结构和发展模式的调整,双方未来的发展协同效应将更加凸显,经贸合作的空间和领域将更加广阔。

南美各国出口中国的商品以农产品和矿产品为主,中国出口南美各国的以电器产品、电子产品和机械设备为主。按与中国贸易额占该国贸易总额的比例将南美各国与中国的贸易关系分为三类,占比分别为0%~10%、10%~20%、20%以上(图1-8)。与中国贸易额占该国总贸易额大于20%的国家是智利和乌拉圭。智利出口中国的主要为农产品和矿产品,从中国进口的主要是电器产品、电子产品和核反应材料等。乌拉圭与中国的双边贸易额总量虽然只有44亿美元,但是占该国总贸易额的22.18%,主要的贸易也是矿产品和电子产品。

与中国贸易额占该国总贸易额比重在10%~20%的国家有巴西、秘鲁和阿根廷三个南美的主要国家。这几个国家出口中国的主要是农产品和矿产品,从中国进口的主要是电器、电子产品和机械设备。

与中国贸易额占该国总贸易额比重在0%~10%的国家有委内瑞拉、哥伦比亚、厄瓜多尔、苏里南、巴拉圭、圭亚那和玻利维亚。哥伦比亚和厄瓜多尔出口中国的主要是矿物燃料和石油,委内瑞拉出口中国的主要是石油和矿石,这些国家从中国进口的主要是电子产品、电器产品、核反应材料等。

根据《中国统计年鉴》资料表明,2014年中国和南美国家货物贸易总额达1929亿美元,其中,中国对南美各国的出口额为835亿美元(表1-2),从南美国家的进口额为1094亿美元(表1-3)。中国对巴西的出口占中国对南美国家(地区)出口的比重高达41.7%,位于其后的分别是智利、阿根廷、委内瑞拉和哥伦比亚,这五国之和占到出口总额比重的80%以上。

南美国家(地区)对中国的出口贸易也集中于几个国家。巴西作为南美地区最大的国家,其自然资源非常丰富,对中国的出口贸易在南美各国中占有重要地位。2014年,巴西对中国的出口额占南美地区的47.2%,位于其后的分别是阿根廷、智利、委内瑞拉、秘鲁,这5个国家之和的比重占南美地区近90%。

中国从南美进口的主要是资源密集型产品,例如,从阿根廷主要进口动植物产品,从巴西、智利主要进口矿产品和动植物产品,从哥伦比亚、委内瑞拉主要进口矿产品和金属产品。中国向南美出口的主要产品为机电产品、纺织产品、化工产品、金属制品及其杂项制品。

图 1－8　中国与南美洲国家贸易关系

表 1-2　2006—2014 年中国对南美国家(地区)出口额(单位:百万美元)

国家	2006 年	2007 年	2008 年	2009 年	2010 年	2011 年	2012 年	2013 年	2014 年
阿根廷	2004	3566	5055	3483	6116	8503	7869	8750	7680
玻利维亚	58	97	197	0	173	385	352	631	706
巴西	7380	11 372	18 807	14 119	24 460	31 837	33 420	35 895	34 890
智利	3109	4416	6187	4928	8025	10 817	12 599	13 105	13 017
哥伦比亚	1496	2261	2988	2396	3820	5839	6229	6826	8043
厄瓜多尔	714	942	1547	1004	1496	2224	2614	2966	3245
法属圭亚那	2	3	3	5	7	13	15	14	13
圭亚那	82	65	71	59	83	133	200	160	167
巴拉圭	327	466	764	514	1051	1248	1336	1356	1396
秘鲁	1009	1679	2774	2099	3550	4653	5332	6188	6100
乌拉圭	402	616	1028	820	1478	2002	2413	2323	2458
委内瑞拉	1698	2833	3366	2812	3649	6522	9304	6064	5657
苏里南	43	67	103	96	114	136	189	174	176

资料来源:中国国家统计局,《中国统计年鉴》2015 年。

表 1-3　2006—2014 年中国对南美国家(地区)进口额(单位:百万美元)

国家	2006 年	2007 年	2008 年	2009 年	2010 年	2011 年	2012 年	2013 年	2014 年
阿根廷	3700.00	6334.00	9361.00	4317.00	6804.00	6256.00	6561.00	6086.00	5247.00
玻利维亚	46.39	56.36	150.60	0	189.10	273.50	324.00	276.00	493.00
巴西	12 909.00	18 341.00	29 863.00	28 276.00	38 125.00	52 394.00	52 329.00	54 299.00	51 653.00
智利	5736.00	10 281.00	11 173.00	12 911.00	17 953.00	20 569.00	20 627.00	20 708.00	20 986.00
哥伦比亚	264.00	1096.00	1125.00	979.00	2103.00	2395.00	3157.00	3620.00	7599.00
厄瓜多尔	87.20	142.00	849	763	507	579.90	938.00	775.00	1065.00
法属圭亚那	0	0	0	0	0.01	0	0.03	0.08	0.01
圭亚那	17.70	18.10	17.40	10.80	17.30	14.50	26.00	21.00	40.00
巴拉圭	53.70	19.70	25.30	27.50	45.90	44.49	48.00	44.00	128.00
秘鲁	2908.00	4338.00	4492.00	4451.00	6385.00	7857.00	8466.00	8408.00	8141.00
乌拉圭	270.00	342.00	624.00	734.00	1152.00	1413.00	1911.00	2466.00	2629.00
委内瑞拉	2638.00	3024.00	6567.00	4382.00	6713.00	11 738.00	14 543.00	13 120.00	11 320.00
苏里南	3.95	3.06	3.66	11.90	13.20	15.90	23.00	28.00	53.00

资料来源:中国国家统计局,《中国统计年鉴》2015 年。

二、矿业开发

1. 矿产资源的互补性

新世纪以来,我国经济建设与社会发展加速,能源与重要矿产资源利用强度大幅攀升,石油、天然气、铀、铁矿石、铜、铝土矿、镍、铬铁矿、铅、锌、锡、钾盐等重要资源,国内保障程度下降,对外依存度不断攀升。2015 年,我国石油对外依存度首次超过 60%,达 60.6%;天然气为 32.7%;铁矿石对外依存度首次超过 80%,达 84%(中国钢铁工业协会,2016)。2014 年,我国铜对外依存度为 75%。近 10 多年来,我国石油、铁矿石、铜、铝土矿、镍、铬铁矿、钾盐等进口量占世界贸易量的 1/3～2/3。虽然我国铁矿石消费需求已经到达高峰，煤炭也接近高峰，但都仍将保持高位。预测到 2030 年，大部分重要大宗矿产和能源资源，如铝、铅、锌、铜、镍、铬铁矿、钾盐、石油等，将陆续到达消费高峰，然后在高位上运行。

南美洲矿产资源十分丰富，铜、铁、锰、铝、金、银、铅、锌、钴、锡、锑、钒、铋、铌、锂、钾盐及油气资源等，都在世界上占有非常重要的地位，其中多有我国短缺的重要资源，委内瑞拉的石油和天然气，智利和秘鲁的铜矿，玻利维亚、智利和阿根廷的锂矿，巴西的铁矿和铝土矿等，产量和资源量在世界都占有重要地位，与中国具有资源互补性(表 1－4)。

表 1－4　南美洲重要矿产资源

矿种	单位	世界储量	南美重要资源国	世界排名	储量占世界的比例(%)
石油	$\times 10^8$ t	2398	委内瑞拉	1	17.5
天然气	$\times 10^{12}$ m^3	187.1	委内瑞拉	8	3.0
铁矿石	$\times 10^8$ t(矿石)	1900	巴西	2	16.3
铜	$\times 10^4$ t	70 000	智利	1	29.9
			秘鲁	3	9.7
铝土矿	$\times 10^8$ t	280	巴西	3	9.3
			圭亚那	6	3.6
			苏里南	9	2.1
铅	$\times 10^4$ t	8700	秘鲁	4	8.0
锌	$\times 10^4$ t	23 000	秘鲁	4	7.0
镍	$\times 10^4$ t	8100	巴西	3	11.2
钾盐	$\times 10^8$ t	95	巴西	4	3.0
			智利	8	1.4
锂	$\times 10^4$ t	2308	玻利维亚	1	39.0
			智利	2	23.0
			阿根廷	3	6.8

注：矿产数据来自美国地质调查局，油气数据来自 BP。

2. 矿业开发

1992 年，中国首钢以 1.18 亿美元的价格，收购了秘鲁的国营马尔科纳铁矿公司 98.8%的股权。该铁矿位于秘鲁西南部的太平洋东海岸，西经 74°55′—75°18′，南纬 15°08′—15°26′，北距利马 520km，行政上隶属伊卡省纳斯卡县管辖。矿权区面积 670km^2，包括马尔科纳铁矿和胡斯塔铜矿，铁矿储量 15.5×10^{8}t。首钢作为有战略眼光的矿业投资者，成为在南美矿业领域“吃螃蟹”的首个先行者，拉开了中国在南美洲矿业投资的序幕。中国首钢的这次投资曾多受诟病，诸如管理体制、购买价格、购买时机和投资方式等，甚至在南美地区被视为家常便饭的工人罢工，也成了媒体和管理机构指责的口实。但从 2000 年开始，随着矿产品价格高涨，大宗矿产资源紧俏，国内钢铁企业被迫高位买入矿产品，高价位介入境外矿产资源，首钢的此次收购又被视为“最有战略眼光”的矿业投资，是中国矿业企业境外收购的最成功案例。尤其是 2004 年在马尔科纳铁矿矿权区内发现了胡斯塔铜矿，铜金属资源量达 256×10^{4}t，为这次收购锦上添花。

随着我国“两种资源，两个市场”战略的实施，中铝、紫金矿业、五矿、江铜、宝钢、中信集团、武钢、铜陵有色、中铁建、成都天齐，以及大量民营资本，也加入到南美洲矿业投资的行列，投资项目越来越多，投资额度日益提高。2014 年 8 月，五矿有色金属股份公司(简称“五矿资源”)牵头，与中国国信国际投资有限公司、中信金属有限公司组成联合体，最终以 70.05 亿美元交割价，从深陷债务危机的铜矿贸易巨头嘉能可手中购买了拉斯邦巴斯铜矿，这也是中国迄今为止最大的海外矿业项目。

截至 2015 年底，中资企业在南美的矿业项目共有 31 个(表 1－5，图 1－9)，从投资对象国看：项目最多的为秘鲁和智利，各有 8 个；随后依次为，巴西 6 个，玻利维亚 3 个，厄瓜多尔 3 个，阿根廷 2 个，圭亚那 1 个。从中资企业投资的矿种看：最多的是铁矿，共 12 个项目，其中，智利 5 项，巴西 4 项，秘鲁 2 项，阿根廷 1 项；第二是铜矿，共有投资项目 7 项，其中，秘鲁 4 项，厄瓜多尔 3 项；再次是金矿，共有 4 个投资项目，智利 2 项，秘鲁和阿根廷各 1 项；锂矿 2 个项目，智利和玻利维亚各 1 项；锌矿 2 项，都在玻利维亚；银矿 1 项，位于秘鲁；磷矿和铌矿各 1 项，都在巴西，锰矿 1 项，位于圭亚那。南美日渐成为中国矿业企业"走出去"的重要目标区域。

表 1－5　中资企业在南美的矿业投资项目

序号	项目英文名称	主要矿种	所在国家	所属中国公司	中国公司权益份额(%)
1	Matthews Ridge	锰	圭亚那	重庆市博赛矿业集团	100
2	Panantza	铜	厄瓜多尔	铜陵有色等	90
3	Mirador	铜	厄瓜多尔	铜陵有色	100
4	Panantza - San Carlos	铜	厄瓜多尔	中铁建等	100
5	Rio Blanco	铜	秘鲁	紫金矿业等	79.9
6	Galeno	铜	秘鲁	五矿有色金属股份公司	100
7	Toromocho	铜	秘鲁	中铝国际	100
8	Las Bambas	铜	秘鲁	五矿资源，国信国际投资，中信金属	100
9	Marcona	铁	秘鲁	首钢	100
10	Pampa de Pongo	铁	秘鲁	南金兆集团	100
11	Antaymarca	银	秘鲁	紫金矿业等	100
12	Conaviri	金	秘鲁	紫金矿业等	100
13	Oruro (Yuguang) Smelter	锌	玻利维亚	河南豫光金铅股份公司	100
14	Coipasa Salt Flat	锂	玻利维亚	中信集团	NA
15	Potosi (Yuguang) Smelter	锌	玻利维亚	河南豫光金铅股份公司	100
16	Corumba	铁	巴西	武钢	参股
17	Chapadao	磷	巴西	洛钼集团	100
18	Catalao de Goias	铌	巴西	洛钼集团	100
19	Sudeste System	铁	巴西	武钢	参股
20	Itaminas	铁	巴西	有色金属华东地质勘查局	100
21	Agua Limpa	铁	巴西	宝钢	50
22	Salares 7	锂	智利	成都天齐	51
23	Burritas	铁	智利	江苏辉泰	100
24	Osornina	铁	智利	江苏辉泰	100
25	Oso Negro	铁	智利	文峰河北实业有限	NA
26	Harvest	金	智利	中色地科	100
27	Totoral	金	智利	中色地科	100
28	Renacer - Ornella	铁	智利	江苏辉泰	100
29	Chile Yilong	铁	智利	顺德日新等	100
30	Veladero	金	阿根廷	山东黄金	50
31	Sierra Grande	铁	阿根廷	中冶	70

注：NA 为没有数据。

图 1－9　中国在南美洲投资的主要矿业项目分布图

3. 国家在“走出去”方面的作用

矿产资源分布的不均匀性，导致世界上没有哪个国家仅靠自己的资源来进行经济建设，经济大国尤其如此。作为全球第二大经济体的中国，在经济全球化总趋势中，“走出去”开发和利用“两种资源、两个市场”是必然的选择。

从企业层面上看，“走出去”对外矿业投资具有周期长、难度大、专业性强、风险多的特性，然而，从国家层面上看，企业行为也包含着国家的整体利益。因此，需要有全球视野和全球资源配置意识，制定国家长远的境外矿业战略规划。在顶层设计中，不能仅考虑企业层面的局部利益，而要根据国家经济发展不同阶段对资源和环境的需求，结合国家产业政策，制定国家境外矿业投资战略，并建立完善的管理体制来保障实施，做到科学部署，突出重点，有选择、分领域地开展境外矿业投资活动。只有这样，才能保证企业对外直接投资的竞争优势和国家的整体利益。同时，我们也应该清醒地认识到，国际矿业竞争的垄断地位已经形成，那些投资环境好、资源禀赋佳的优势项目，已经被发达国家的跨国公司所垄断。我国矿业和矿产勘查业“走出去”，面临的是有较多风险的国家和项目，更需要国家从政治、经济和外交等多方面给予支持。

在世界上，国家通过提供资金做境外基础性、战略性前期调查，引导企业跟进做境外商业性勘查开发，以一定方式组织境外矿业勘查开发活动，在保证企业收益的同时，满足国家整体战略需要，使国家利益最大化，已经有很多成功经验。例如，日本陆地面积狭小，经济和社会发展所需的矿产资源极其匮乏，尤其是石油、天然气、铜、锌等主要矿产资源几乎全部依赖进口。然而，20 世纪 60～90 年代，日本经济奇迹般地实现了长达 30 年持续高速增长，没有受到国内矿产资源极其匮乏的影响，主要原因是日本较成功地制定了全球资源战略，获取海外矿产资源。在 1960 年代，日本就成立了专门机构具体组织实施海外矿产资源的勘查和开发利用活动；1990 年代以来，日本通过制定“全球矿产资源战略”，建立起国际矿产品贸易、投资并购和境外风险勘查等多元化的海外矿产资源获取渠道，实现了全球矿产资源战略布局，为其国民经济发展建立起稳定的矿产资源供应保障体系，弥补了其国内矿产资源的不足。为保障这个战略的实施，日本有一条完整的组织措施：“经济产业省”代表日本政府，具体参与海外矿产资源勘查、开发利用活动的组织实施；日本石油天然气金属矿产机构（JOGMEC）负责具体实施海外矿产勘查活动，为日本矿业公司投资海外矿产资源开发提供全面服务与援助；还有 4 个机构参与实施，日本国际协力银行负责金融，日本贸易保险公司负责保险，日本国际合作组织负责国际合作，产业技术综合研究所地质调查综合研究中心负责信息和技术。这样一来，就形成了从政府部门到专门实施机构，结构合理、配置齐全、分工明确，涉及金融、保险、国际合作和技术援助等方面的机构保障体系，有效地保证了国家战略的组织实施。

相比较而言，我国“走出去”开发矿产资源的战略，不是由一个专门机构来具体组织实施，发改委、财政部、国土资源部和商务部等政府部门，都有管理海外矿产资源勘查和开发工作的相应职能。多部门分管体制，导致各部门工作衔接不畅，境外矿产资源勘查开发活动无序、无规则、无指导和不协调现象；而且从总体上讲，更缺少金融机构、保险机构、国际合作机构和技术援助机构的配合与保障。

作为世界上最大的发展中国家，我国既有强大的经济实力和政治实力，也有独特的全国动员力和组织实施力，完全有能力借助国家的政治经济整体实力，对目标资源国产生更多影响，为企业创造更有利的投资环境和条件。为更好贯彻我国“走出去”开发矿产资源的战略，宜在相关政府部门主导下成立一个专门的组织实施机构，从我国国情出发，根据目前的战略执行现状、存在问题和未来趋势，以满足国家发展需求和适应国际矿业市场发展趋势为导向，吸纳金融、贸易、保险、信息与技术支撑机构的参与，统筹我国海外矿产资源的勘查和开发活动，形成实施我国矿业“走出去”战略的组织和支撑体系。进而在我国各相关政府部门、组织实施机构和矿业企业之间，形成紧密配合、良性互动、各自发挥优势的组织体制与机制，将会有力地提高我国勘查和开发海外矿产资源的整体竞争力与成功率。同时，为了更好地鼓励我国矿业企业“走出去”的积极性，提高它们在国际矿业市场上的竞争力，我国应在信息、金融服务、外汇管制、税收优惠、审批等方面，进一步完善相应的支持政策措施（陈喜峰等，2014）。

例如，南美的锂资源，主要分布在玻利维亚、智利和阿根廷三国交界的“锂三角”地区。在玻利维亚，政府严格控制最大的乌尤尼锂矿的开发，只允许外国公司和科学家以科学顾问的形式协助研究，只是到最后阶段，才允许外资企业以技术转让的形式参与开发。作为国家层面，应该发挥我国的技术和资金优势，组织国内研究机构和企业参与前期研究，在该矿的前期研究中占一席之地，为后续介入开发利用奠定基础。智利也将锂作为战略矿产，并限制只能由政府或国有企业开采。按照智利现行法律，矿业公司只能开采自己新找到的矿床，不能开发已知的成熟矿山。而前期找矿风险大、周期长，只靠企业之力难以实施，需要国家利用国外风险勘查资金等多种形式介入，引导企业后续开发，才能在智利锂矿的勘查与开发中大有作为。

南美洲锂三角地区是世界卤水锂资源最丰富的地区，资源禀赋好，镁锂比值低，开采工艺简单，占有了该区的锂资源就在未来新能源金属方面占据了有利地位。与其在高位接单，不如提前布局，占得先机。国家在矿业“走出去”方面可以发挥更大的作用。

第二章　区域地质

南美洲大陆由两个一级大地构造单元组成，东部是稳定的南美地台，西部是活动的安第斯造山带（图 2－1）。南美地台可进一步划分为 6 个次一级大地构造单元，即 3 个古老的前寒武纪地盾和 3 个陆内凹陷盆地，地盾分别为西北部的圭亚那地盾、中部的中巴西地盾和东南部的大西洋地盾；盆地分别为索里莫斯-亚马孙盆地、帕纳伊巴盆地和巴拉那盆地（图 2－1）。安第斯造山带可划分为北安第斯造山

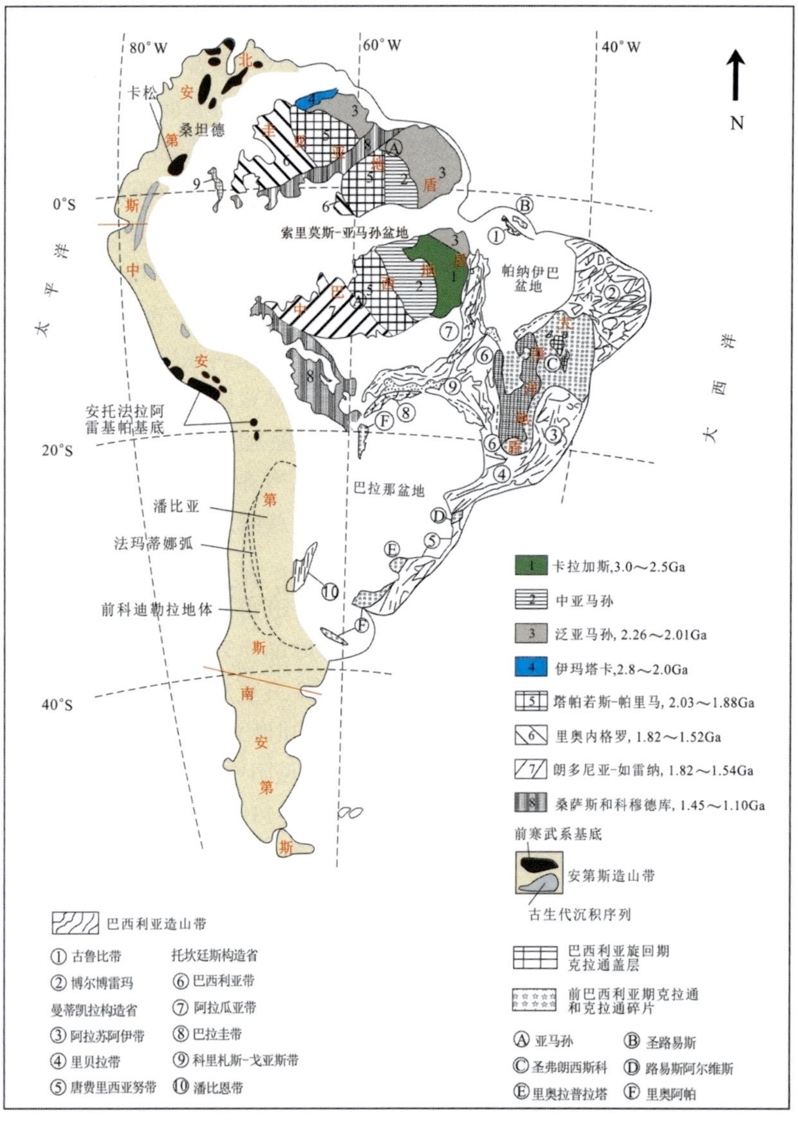

图 2－1　南美洲构造单元示意图（据 Chew et al，2007；Zappettini，2005 修编）

注：图中安第斯造山带红色线条示意北、中和南安第斯造山带界线，分别位于瓜亚基尔断裂（Grijalva fault）（3°S 附近），智利南部瓦尔迪维亚（Valdivia，39°S 附近）

带、中安第斯造山带和南安第斯造山带(图 2-1)。各构造单元均有其独特的沉积作用、火山-岩浆作用和构造演化史。本章将按时间顺序梳理总结各地质历史时期的沉积演化、火山-岩浆活动和构造演化，分析其对各类矿产资源的控制作用。

第一节　地　层

南美洲大陆地层自太古宙至新生代均有发育，但出露面积不一。南美地台出露了南美洲大部分的太古宇和古元古界；地盾与盆地边缘主要出露古生界，中-新生界多出露于沉积盆地内。安第斯造山带较少出露太古宇和中元古界，其内前寒武系结晶基底以新元古界为主；古生界出露面积较广，沿安第斯造山带发育，尤以中安第斯造山带出露面积最大。中-新生界也多发育于各类沉积盆地内。

一、太古宇

太古宇大部分出露于南美地台，主要为中-新太古界的一套变质岩系，而安第斯造山带相对出露较少(图 2-2)。

圭亚那地盾出露南美地台最古老的岩层，其呈东西向带状分布于委内瑞拉、圭亚那地区北部及其邻区，为一套中高级变质岩：片麻岩、麻粒岩和紫苏花岗岩等，如著名的伊玛塔卡杂岩，其年龄为 3400～3700Ma，也有学者对此持异议，认为其形成于元古代(Zappettini，2005)。此外，位于圭亚那地盾的圭亚那和苏里南地区的卡纽库(Kanuku)群和弗拉瓦脱(Farawatra)群等出露年龄超过 2700Ma 的变质岩；中巴西地盾的帕拉、卡拉加斯、戈亚尼亚西部、巴伊亚和杰基等地区发现了太古宙变质基底(表 2-1)，如卡拉加斯杂岩年龄在 2500～3000Ma 之间，其原岩为一套具棘刺结构的超镁铁质岩和枕状玄武质岩，是该地盾最老的基性地壳，经历了 2900Ma 和 2600Ma 的构造热事件(董永观等，2013)。

大西洋地盾的圣弗朗西斯科陆块、路易斯阿尔维斯陆块、里奥拉普拉塔陆块以及博尔博雷玛构造省和托坎廷斯构造省等均出露太古宇中高级变质岩。其中，尤以圣弗朗西斯科陆块发育较为典型，其主要由 6 个较小地块组成，分别为加维昂(Gavião)、瓜南比-科伦蒂纳(Guanambi - Correntina)、热基耶(Jequie)、迈里(Mairi)、塞里尼亚(Serrinha)和瓦瓦(Uaua)。以圣弗朗西斯科陆块的加维昂(Gavião)和铁四角地区(Quadrilatero Ferrifero)出露面积最大(图 2-2)，由花岗岩类-绿岩带组合而成，可能与泛亚马孙造山运动有关(Zappettini，2005)。岩性主要由片麻岩、角闪岩、TTG[(Trondhjemite(奥长花岗岩)、Tonalite(英云闪长岩)和 Granodiorite(花岗闪长岩)]等组成。铁四角地区为绿岩带区，其内赋存著名的阿尔戈马型铁建造(BIF)。圣弗朗西斯科盆地结晶基底亦为一套由变质砂岩、粉砂岩、千枚岩和板岩等组成的太古宇，上覆元古宇、古生界和中生界，其岩性、沉积相和构造演化等见表 2-2。

二、元古宇

1. 南美地台

元古宙南美地台发育陆内凹陷盆地，即亚马孙盆地、帕纳伊巴盆地和巴拉那盆地，其内元古宇沉积地层序列没有出露(图 2-2)。地台最老的沉积盖层是上古元古界，分布在圭亚那地盾南部(表 2-3)和中巴西地盾中北部(表 2-4)，为一套陆相和海相碎屑岩以及中酸性火山岩和火山碎屑岩，其与下伏结晶基底呈不整合接触关系。该时期苏里南地区出露主要地质体年龄与岩性特征见表 2-3。中巴西地盾铁四角地区米纳斯超群岩性特征及其形成环境见表 2-4，表明南美地台在古元古代以稳定的浅海沉积为主，已形成了稳定的陆壳。

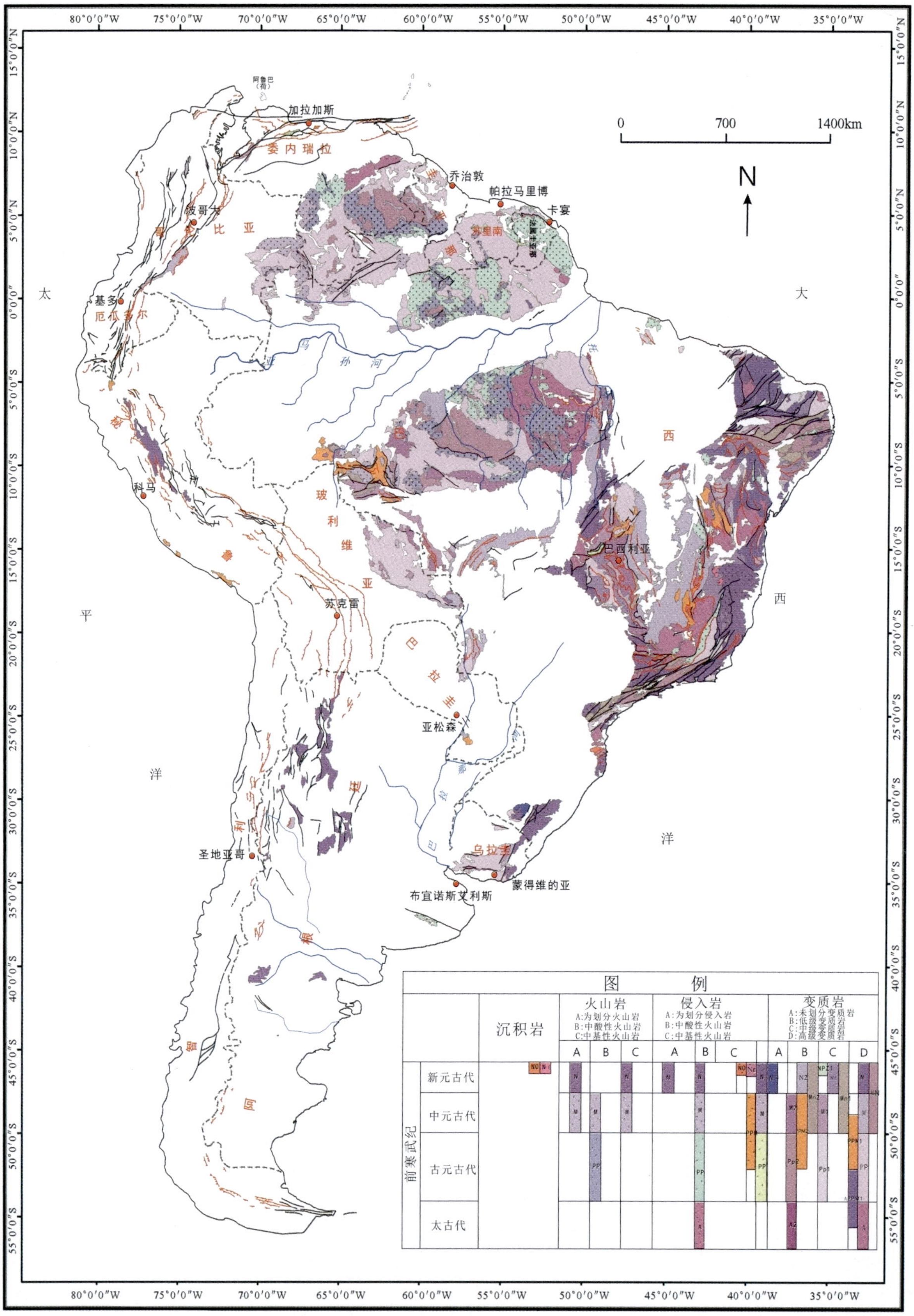

图 2-2　南美洲前寒武系基底分布示意图(据 Schobenhaus C& Bellizzia A,2001 修编)

表 2-1　亚马孙克拉通部分地质体同位素年龄(Cordani et al, 2000)

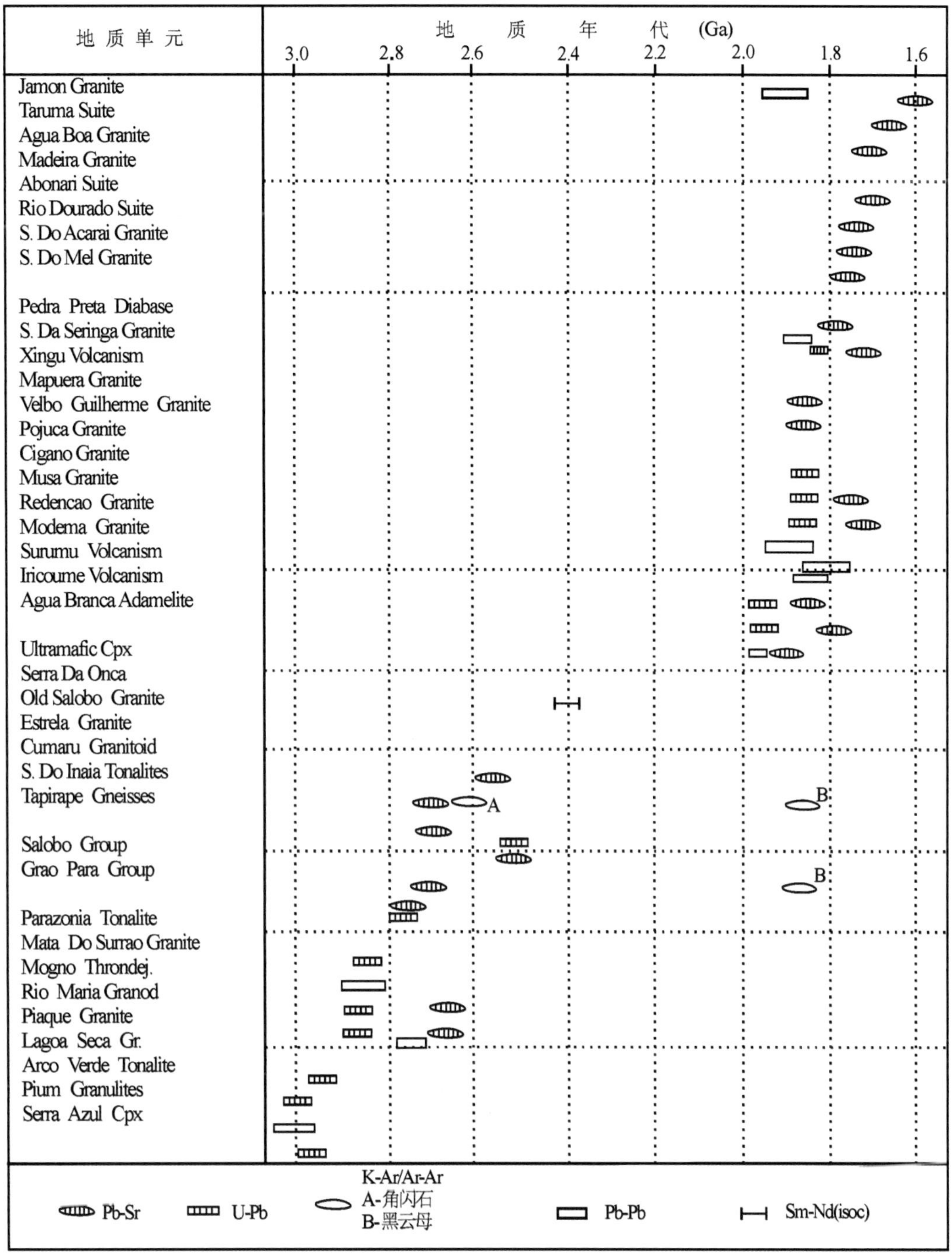

自新元古代拉伸纪到埃迪卡拉纪，伴随罗迪尼亚超大陆拉张裂解，在南美地台形成了陆相-海相沉积环境。该时期沉积地层以大西洋地盾圣弗朗西斯科陆块最为典型，下部地层为马卡乌巴斯群，主要分布在陆块南部，为一套含砂泥质碎屑和碳酸盐沉积的地层，部分地区底部发育冰碛物，年龄介于 1000～950Ma 之间。上部地层为班布伊群，自下而上分别为冰成砾岩、滨海相沉积物、含叠层石碳酸盐和沉积岩，年龄范围为 680～610Ma(表 2-2)。新元古代沉积地层与晚寒武世—早三叠世红层接触，随后发育大量与冈瓦纳大陆裂解有关的玄武质熔岩。

表 2-2　圣弗朗西斯科盆地综合地层柱状图(据庞正炼,2012)

年代地层	时间(Ma)	地层 群	地层 组	岩性	沉积相	构造演化
中生界	112	Areado群		泥岩、粉砂岩、砾岩	风化/湖泊相、冲积相	前陆
	132			页岩	浅海相	
古生界	245	Santa Fe群				
	323			泥岩、砾岩	冰河/冰湖相	
新元古界	570		Tres Marias组	砾岩、泥质粉砂岩	深海相	
		Bambui群	Serra da Sudade组	页岩、粉砂岩	浅海相	
			Lagoa do Jacare组	砂质灰岩、页岩		
			Serra de Santa Helena组	砂岩、钙质泥岩、页岩		
			Sete Lagoas组	页岩、粉砂岩、砂质灰岩、白云岩		
	930		Carrancas组	砾岩、混积岩	冰河	被动大陆边缘-断陷
中元古界	950	Macaubas群	Paranoa组		浅海相	
			Tarras Vazante组			
			Paracatu组		冲积/河流相	
	1350		Jequitai组		陆相冰川沉积	
古元古界	1500	Espin-haco群		页岩、泥岩、砂岩、白云岩	浅海相	断陷
	1750			变质砂岩	河流相	
				火山碎屑岩	火山碎屑岩沉积	
太古宇	>1800	基底		变质砂岩、粉砂岩、千枚岩、板岩等变质岩	变质岩	

2. 安第斯造山带

安第斯造山带缺失太古宇,区域前寒武系结晶基底主要以新元古界为主,部分地区出露中元古界,如玻利维亚 Belen 地区(图 2-2)。整体而言,区域元古宇出露较少,主要分布在北安第斯造山带委内瑞拉梅里达(Merida)、内华达、佩里哈(Perija)等地区(图 2-2、图 2-3)。哥伦比亚佩里哈、桑坦德(Santander)、基坦姆(Quetame)、卡松(Garzon)、马拉莫拉斯-锡布度(Mazamorras - Sibundoy)(图 2-2、图 2-3),厄瓜多尔科迪勒拉雷尔地区(Cordillera real)亦有少量出露。区域岩性主要为千枚岩、片岩、片麻岩、混合岩和大理岩等,局部发育麻粒岩、斜长角闪岩等。前人研究表明,上述元古宇主要包括两个岩石构造单元,分别为低中级变质泥岩-变质碎屑岩单元和薄层花岗质正片麻岩单元,后者岩层内可见斜长角闪脉岩,指示拉斑玄武岩地球化学特征。在中安第斯造山带,秘鲁、智利海岸科迪勒拉和东科迪勒拉部分地区,以及阿根廷北部科迪勒拉地区出露元古宇(图 2-2、图 2-4)。智利莫莱纳地块(Sierra Moreno)和梅吉利奈斯(Mejiliones)等岩层主要由片麻岩和混合岩构成;在阿根廷科迪勒拉地区,地层岩性主要为变质硬砂岩和板岩,形成于晚元古代。巴塔哥尼亚地台区元古宇广泛出露于巴里洛切(Bariloche)地区,呈南北向带状分布(图 2-2),构成了巴塔哥尼亚科迪勒拉变质基底,岩性主要为片麻岩、混合岩和云母片岩等,其中,Rio Limay 基底岩石 Rb-Sr 等时线年龄为 1190±16Ma。其南部地区目前没有发现前寒武系变质基底。

表 2-3　圭亚那地盾苏里南地层表(天津地质矿产研究所,1983)

1	Corantijn群	白垩纪—全新世	主要为未固结砂和黏土
2	Apatoe粒玄岩	二叠纪—三叠纪 227±10Ma	易变辉石粒玄岩岩脉
	前寒武纪尼克里变质幕的剪切作用和糜棱岩化作用，1200±100Ma		
	阿瓦纳维罗粒玄岩	前寒武纪1800～1500Ma	含紫苏辉石的易变辉石辉长岩和粒玄岩床和岩脉
3	罗兰马组	前寒武纪1650～1600Ma	水下石英质砂岩和砾岩，局部具凝灰岩夹层
	外-亚马孙造山旋回的酸性深成-火山岩浆作用		
4	花岗岩类		花岗岩、花岗闪长岩和石英闪长岩，局部夹淡色花岗岩
5	达尔巴纳流纹岩	前寒武纪1810±40Ma	轻微变质流纹-英安质熔岩和凝灰岩（包括火山灰凝灰岩）
	外-亚马孙造山旋回地槽阶段的褶皱和变质作用		
6	马罗威尼群	前寒武纪	地槽变沉积岩和变火山岩
	阿尔米纳组和罗斯皮尔组（东苏里南）及斯通组（西苏里南）		复理相型（阿尔米纳组）和磨砾相型（罗斯皮尔和斯通组）变沉积岩，包括片岩、千枚岩、石英岩、硬砂岩、亚硬砂岩和砾岩
	戴高杰辉长岩（？）	相对年龄和成因不明	古老辉长岩（和超基性岩？）侵入体
	帕拉马加组（东苏里南）和马塔比组（西苏里南）	1890±90Ma	基性和酸性喷出岩以及碎屑和化学变沉积岩，包括细碧岩、玄武岩和基性凝灰岩；流纹岩和英安岩；以及片岩、千枚岩和石英岩
7	弗拉瓦脱群和科罗尼群	前寒武纪，相对年龄和成因不明（古老基底？）	紫苏花岗麻粒岩、混合岩化片麻岩和堇青石-矽线石片麻岩（与较年轻糜棱岩化花岗片麻岩和基性侵入岩伴生）

三、古生界

1. 南美地台

南美地台古生界主要分布于“三盾三盆”之地盾与盆地的交界地带，如圭亚那地盾与亚马孙盆地的边缘，中巴西地盾与巴拉那盆地的边缘等(图 2-5)。这些盆地构造较为简单，均与沉积旋回有关。各盆地出露最老的古生界为奥陶纪的一套海进—海退沉积旋回沉积岩，出露面积较小，主要集中在亚马孙盆地北缘与圭亚那地盾交界处。在亚马孙盆地南缘与中巴西地盾交界处亦有少量出露，岩性为碎屑岩和蒸发岩-碳酸盐岩。志留系、石炭系和二叠系等与奥陶系分布范围相似。其中，石炭系—二叠系为陆相地层，其内发育典型冈瓦纳植物群，指示其处于陆地-海洋过渡沉积环境。石炭纪发育冰川沉积和火山碎屑沉积；早二叠世末期，海西运动使海水全部退出南美大陆。

表 2-4　中巴西地盾铁四角地区米纳斯超群地层表（古太古界）（天津地质矿产研究所，1983）

超群	群	组	岩　　性	沉积环境	大致的最大厚度（m）
米纳斯（Minas）	侵塔科罗密（Itacolomi）	未分	标准地区：正英岩、原石英岩（Protoquartzite）、砾岩、砂砾岩原石英岩、千枚岩、千枚状石英岩	近海（Paralic） 磨拉石	2000? 1000?
			～～～～～ 角度（？）和侵蚀不整合～～～～～		
	皮拉西卡巴（Piracicaba）	萨巴拉（Sabara）	绿泥片岩和千枚岩、变凝灰岩、灰瓦岩、似冰碛砾岩、石英岩、少量铁建造	优地槽复理石	>3000
			～～～ 局部侵蚀和（？）微角度不整合 ～～～		
		巴勒依罗（Barreiro）	千枚岩和石墨质千枚岩	稳定陆架（岩席——Blanket）	150
		塔伯斯（Taboes）	正石英岩	稳定陆架（岩席）	410
		弗科多符尼尔（Fecho do Funil）	石英岩质千枚岩 白云质千枚岩 硅质白云岩	稳定陆架（岩席）	410
		瑟卡底诺（Cercadinho）	含铁石英岩、石英岩、砂砾岩 千枚岩、含铁千枚岩、少量砾岩和白云岩	稳定陆架（岩席）	600
			～～～～～～ 局部侵蚀不整合 ～～～～～～		
	伊塔比拉（Itabira）	冈达勒拉（Gandarela）	白云岩和少量灰岩、白云质铁英岩-铁英岩-白云质千枚岩、凝灰质绿片岩	稳定陆架（岩席）	600
		卡乌厄（Caue）	铁英岩（氧化相铁建造）、白云质铁英岩、千枚岩、白云岩凝灰质绿片岩和变质燧石	稳定陆架（岩席）	>350
	卡拉萨（Caraca）	巴塔塔尔（Batatal）	千枚岩、石墨质千枚岩、少量变质燧石和氧化相铁建造	稳定陆架（岩席）	250
		莫依达（Moeda）	近海相：正石英岩、砾岩、砂砾岩、千枚岩 岩席相：绢云母石英岩、石英千枚岩、原石英岩	稳定陆架	1000

2. 安第斯造山带

古生界主要出露于北安第斯造山带委内瑞拉卡帕罗、梅里达以及哥伦比亚玛卡列纳、佩里哈（图 2-3）；中安第斯造山带中南部秘鲁、智利海岸科迪勒拉和东科迪勒拉等地区（图 2-4、图 2-6），尤以东科迪勒拉出露最为广泛，包括秘鲁马尔科纳、皮斯科（Pisco），阿根廷西北部普纳（Puna）、梅吉利奈斯、库亚尼亚（Cuyania）和智利尼亚（Chilenoa）等地区（图 2-4）。对比图 2-2 和图 2-4 可见，其分布范围与前

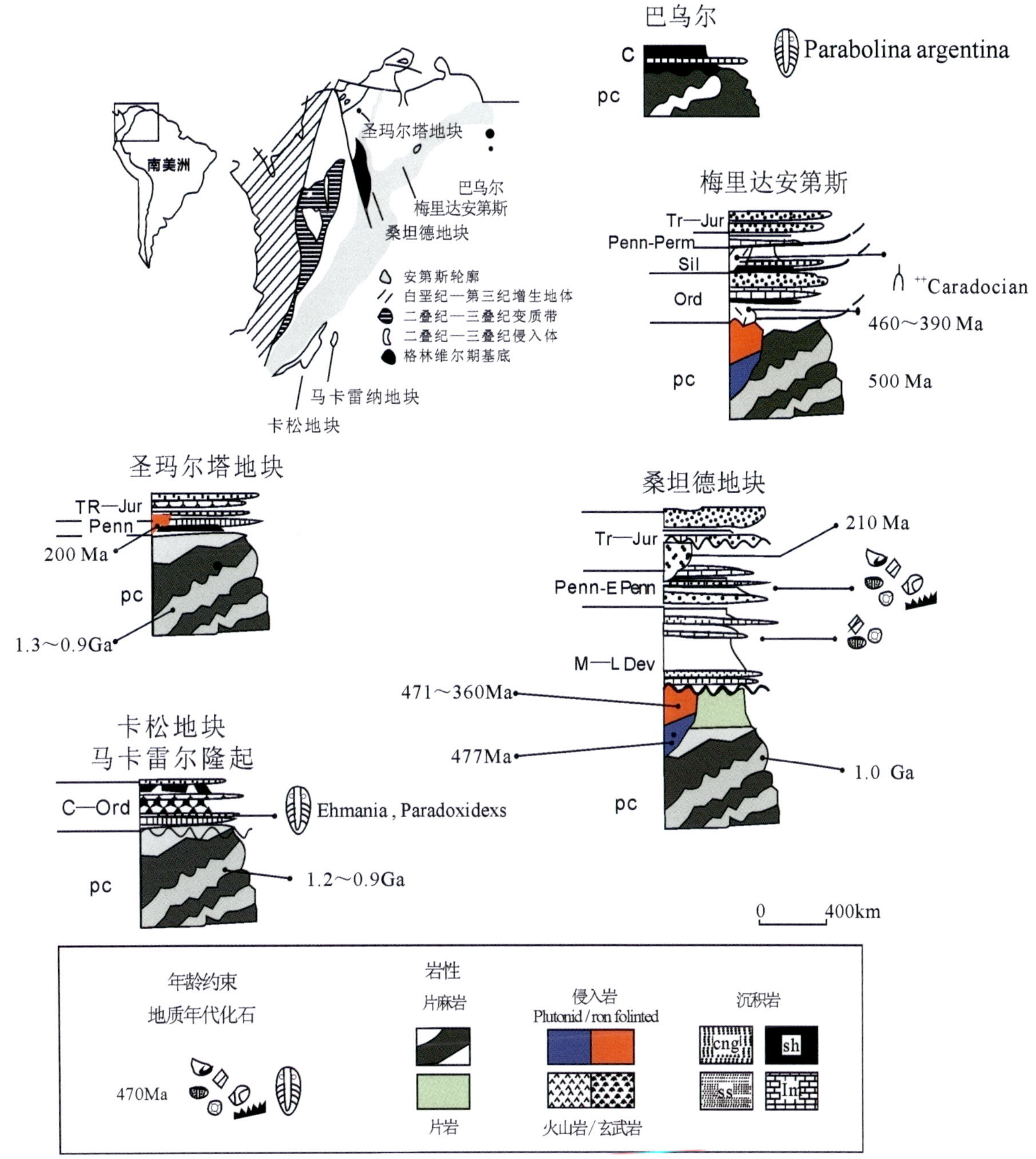

图 2-3 北安第斯造山带结晶基底(Restrepo-Pace & Cediel,2010)

寒武系大致相似,较后者稍广,两者共同组成了安第斯造山带基底。古生界以秘鲁和智利东科迪勒拉奥陶系、志留系和泥盆系出露面积最大,其他地区和时代地层呈零星出露(图 2-4)。下古生界主要为一套海相细碎屑沉积岩,岩性主要为页岩、粉砂岩、砂岩和碳酸盐岩等,具复理石特征,指示浅海相沉积环境(图 2-5)。地层中生物化石较为丰富,常见三叶虫、腕足类和晚奥陶世笔石等化石,如佩里哈地区,泥盆系 Rio Cachiri 组由超过 1300m 厚的夹层状页岩和砂岩组成,夹有少量层状生物灰岩,含有 Givetian 到 Frasnian 动物群和植物群化石(卢民杰等,2013)。上古生界主要由互层的红色砂岩、页岩和砾岩等组成(图 2-5),夹含纺锤虫灰岩,属磨拉石沉积。二叠系为砂、页岩互层,底部为石英岩(图 2-6)。

除此之外,在中安第斯造山带中南部地区下古生界中夹有火山熔岩岩层。上述地层发育有千枚岩、片岩、片麻岩、角闪岩和结晶灰岩等，指示其已经历中低级变质作用。北安第斯造山带上古生界主要以细碎屑沉积岩为主；中安第斯造山带中南部地层中火山质成分增多，并具有浊流沉积特征。巴塔哥尼亚地台于晚元古代形成变质基底，在石炭纪增生成为陆缘地块，志留纪开始沉积被动陆缘沉积地层。古生界地层在阿根廷巴塔哥尼亚以南地区出露范围最大，主要岩性为硬砂岩、泥质岩等，部分地区岩石经历中高级变质作用，如库斯阿门(Cushamen)地区。

四、中生界

自中生代开始，南美洲发育多个不同类型沉积盆地，包括南美地台东缘与大西洋分裂有关的大陆边缘盆地、裂谷盆地等；与安第斯造山带有关的前陆盆地、板内拉张盆地、山间盆地、弧前盆地和挠曲盆地等。根据 Zappettini(2005)与卢民杰等(2013)研究，现将其总结概述如下：

1. 南美地台

中生界主要出露于南美地台沉积盆地内，为陆间坳陷盆地、大陆边缘盆地、板内裂谷盆地和离岸边缘盆地等。

陆间坳陷盆地主要包括索里莫斯-亚马孙盆地、帕纳伊巴盆地、查考-巴拉那盆地等(图 2-7)。其构造沉积史简单，发育大量中生代玄武质熔岩。巴拉那等盆地中发育白垩纪碎屑沉积物。

大陆边缘盆地、板内裂谷盆地和离岸边缘盆地多展布于南美地台离散大陆边缘部位(图 2-7)，可以划分为 3 个区域，分别为中大西洋区域(位于亚马孙河以北)、赤道大西洋区域(自亚马孙河到巴西东北角)和南大西洋区域(自巴西东南角至南美大陆最南端)。

中大西洋区域发育圭亚那盆地和卡西珀-福斯杜亚马孙(Cacipore - Foz do Amazonas)盆地等，形成于晚三叠世到早侏罗世之间，其内出露晚三叠世火山岩、粒玄岩以及白垩纪—更新世海进—海退沉积旋回。赤道大西洋区域转换带发育扭张裂谷，控制着区内帕拉-马拉尼昂(Para - Maranhao)/巴雷里尼亚斯(barreirinhas)盆地、塞尔拉(Ceara)盆地和离岸波蒂瓜尔(Off - shore Potiguar)盆地等，出露白垩纪至更新世地层。各盆地沉积地层主要包括陆相、三角洲相和海相的砂岩、页岩和灰岩等。除阿根廷南部相对较早外(约在晚三叠世到早侏罗世)，南大西洋区域裂谷作用整体开始于晚侏罗世，区域发育塞尔希陪-阿拉格斯(Sergipe - Alagoas)盆地、库穆鲁沙蒂巴(Cumuruxatiba)盆地、阿尔马达(Almada)/科马努(Camamu)/亚库皮(Jacuipe)盆地以及伯南布哥-帕拉伊巴(Pernambuco - Paraiba)盆地等，沉积地层主要为下白垩统到更新统浅海碎屑岩和灰岩等。

在南美地台陆上区域，大西洋裂谷控制着衰退裂谷盆地以及盆地内构造沉积事件。Tacutu、玛拉诺(Marajo)、波蒂瓜尔(Potiguar)和雷康卡沃-托卡诺-雅托巴(Reconcavo - Tucano - Jatoba)等裂谷盆地下部发育侏罗纪溢流玄武岩，含有白垩系红砂岩和湖沼沉积物。大陆边缘盆地如萨拉多(Salado)、科罗拉多(Calorado)、罗森-彼德巴尔德斯(Rawson - Peninsula de Valdes)、圣豪尔赫湾(Golfo de San Jorge)和圣胡利安-北马尔维纳斯(San Julian - Malvinas Norte)等发育白垩系，其下伏流纹火山岩以及与该火山岩同期岩层，上白垩统局部出露被动大陆边缘海相沉积物。

板内裂谷盆地主要为萨尔塔-洛马斯奥尔梅多(Salta - Lomas de Olmedo)盆地，形成于早白垩世，分布于阿根廷西北部和玻利维亚南部，发育有萨尔塔组碱性玄武岩、砂岩等。该组赋存 Cu - Pb - Zn 及 U - V 矿床。

2. 安第斯造山带

中生代以来，伴随纳斯卡板块向南美板块俯冲造山，安第斯造山带内形成了前陆盆地、板内拉张盆地、山间盆地和弧前盆地，其内出露的中生界一般平行于安第斯造山带，呈带状展布，与新生界共同构成了造山带的主体地层(图 2-8、图 2-9)。岩性主要为巨厚火山岩和火山碎屑岩，其次为红色砂岩等陆相红层。海相沉积岩分布相对较为局限(卢民杰等，2013)。

界	系	统	岩石地层单元	厚度(m)	地层柱状图	描述
新生界	第四系	全新统	Aluviales Eluviales / Grupo Andahua	±80	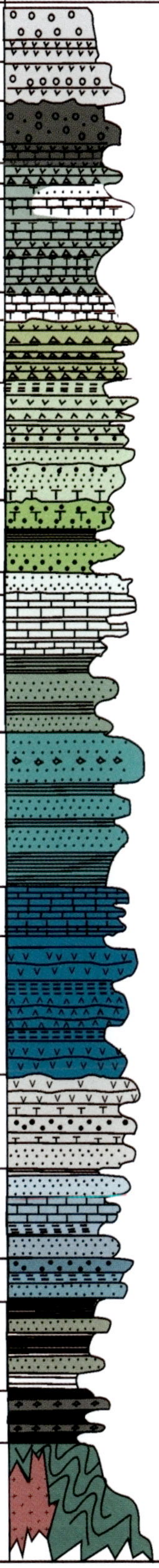	河流沉积物包括石灰华平台 冲积沉积物和泥潭
			Volcanico Santo Tomas	±60		安山岩及英安质熔岩 安山岩脉及火成碎屑岩 ～～～ 不整合面
			Morrenas	±100		冰山沉积物
		更新统	Formacion Yauri	±50		
			Grupo Barroso: Formacion Capilluna	150 / ±2000		长石砂岩、凝灰岩、火山砾及砾岩 互层的凝灰岩、安山熔岩和用砾岩 安山熔岩和凝灰岩和角砾岩交叉岩 ～～～ 不整合面
		上新统	Grupo Barroso: Formacion Sencca			英安岩和流纹岩的混合凝灰岩 凝灰岩、砂岩及用岩 凝灰岩、角砾岩 砂岩、凝灰岩 再沉积层 ～～～ 不整合面
	新近系	中新统	Fm.Maure / Fm.Aniso	±60		
		中新统 Sup.	Formacion Alpabamba	±300		熔岩、角砾岩、凝灰岩及交叉的砾岩 ～～～ 不整合面
		中新统 Inf.	Formacion Castrovirreyna / Grupo Nasca / Grupo Tacaza	±2500		凝灰岩 砂岩 泥岩 砾岩 安山岩脉 英安岩 角砾岩 火山碎屑岩 凝灰岩 火山碎屑岩 砾岩
	古近系	渐新统	Grupo Huanca / Formacion Sotillo	±1000		碎屑状沉积物、砂岩、碎屑岩、角岩和火山碎屑岩 ～～～ 不整合面
中生界	白垩系	上	Formacion Seraj			砂岩、钙质砂岩与石灰岩
		中	Formacion Arcurquina (Fm.Forrobamba Fm.Ayavacas)	±700		橙灰色石灰岩与燧石结核
		中	Grupo Murco (Fm.Mara)	±400		紫红色碎屑岩及石英砂岩层理 褐黄色中粒砂岩 碎屑岩及杂色砂岩
	白垩系 / 侏罗系	下 / 上	Grupo Yura	±2200		白色细粒石英砂岩 暗灰色石灰岩 砂岩、浅灰色石英砂岩 碎屑岩及黄绿色角岩 暗灰色或灰色碎屑岩 灰褐色石英砂岩
	侏罗系	中	Formacion Socosani	300		灰色石灰岩和泥岩
		下	Formacion Chocolate	±1000		安山岩脉及火山角砾岩 沉积层 ～～～ 不整合面
中生界 / 古生界 晚古生界	三叠系 / 二叠系	下 / 上	Grupo Mitu	250		安山熔岩、碎屑岩及角砾岩 砾岩和红色砂岩
古生界 晚古生界	二叠系 / 石炭系	下	Grupo Tarma-Copacabana	50-500		互层的钙质砂岩、红色角岩和钙质岩 浅灰色石灰岩和燧石结核
	石炭系		Grupo Ambo	200		绿色石英砂岩和灰色角岩 砂岩与红色角岩 ～～～ 不整合面
	泥盆系		Grupo Cabarillas	±3000		灰色碎屑岩和有层理的砂岩 砂岩和碎屑岩
古生界 早古生界	奥陶系		Formacion Ongoro	150		黑色板岩及细粒石英岩 ～～～ 不整合面
新元古界			Complejo Basal de la Costa	?		片麻岩和变质钾长花岗岩 英云闪长岩-花岗闪长岩长花岗

图 2-4 中安第斯造山带地层柱状图(高光明等,2016)

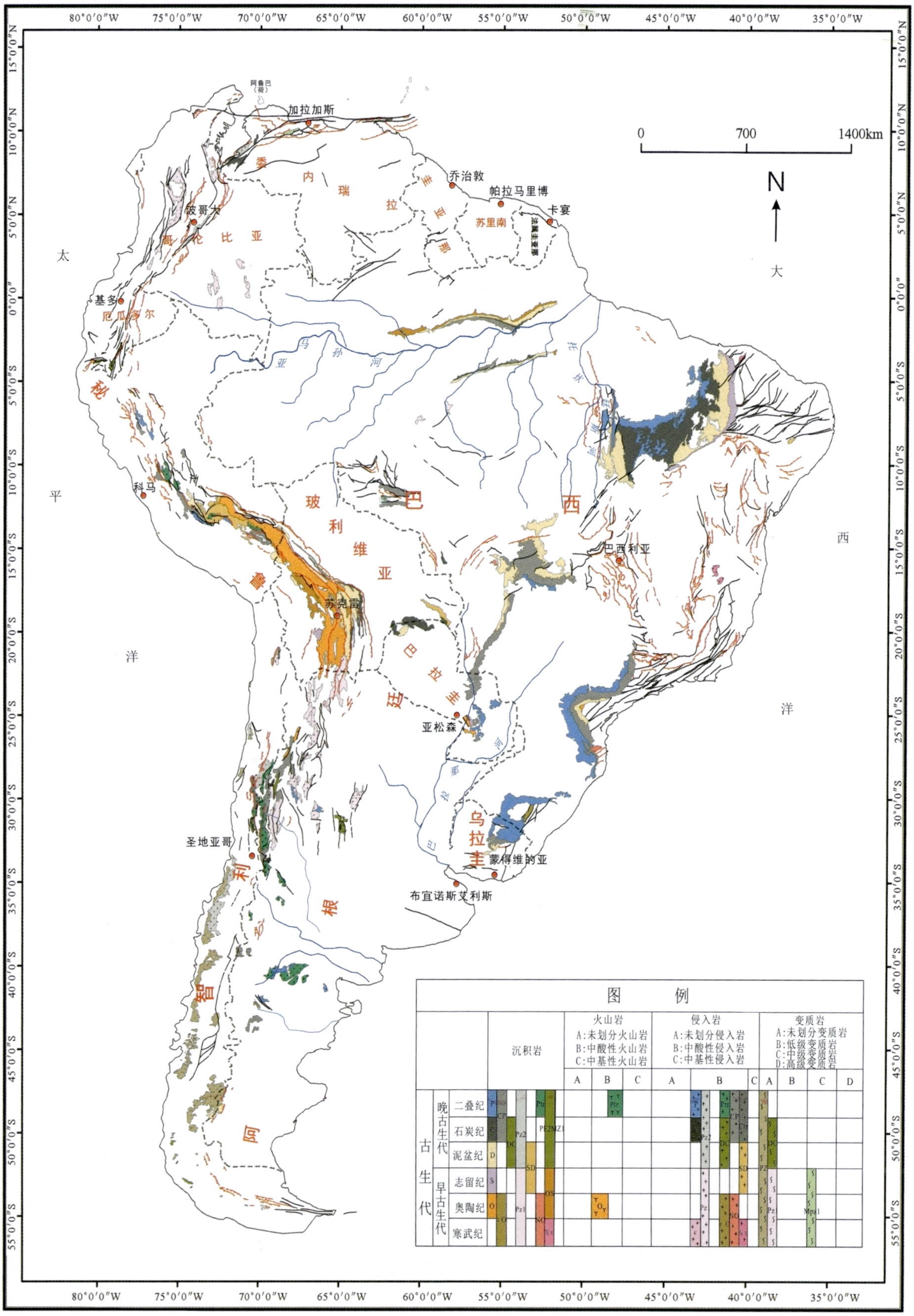

图 2-5　南美洲古生代沉积岩、火山岩、侵入岩和变质岩分布示意图（据 Schobenhaus C& Bellizzia A，2001 修编）

界	系	统	岩石地层单位	厚度(m)	地层柱状图	岩性描述
新生界	第四系	全新统	Recientes	60		风积物，海洋沉积物
		更新统	Marinas	80		砾岩与透镜状凝灰质砂岩
	新近系	上新统	Sencca	90		砂砾岩、泥岩及灰色的凝灰质砂岩，接近顶部含有白色凝灰岩
		中新统	Millo	840		砂岩与薄层泥灰岩互层
			Gamana	300		土黄色长石砂岩、砾岩及绿色页岩
	古近系	渐新统	Sotillo	100		砾岩、粉砂岩
中生界	白垩系	中新统	Yura	753		上部为灰白色石英岩与灰黑色页岩，下部为炭质页岩夹砂岩和石英岩
	侏罗系	上	Guaneros	800		砂岩、页岩、泥灰岩夹火山角砾岩和安山岩，底部为钙质灰岩、砂页岩
		中	Socosani	100		灰岩夹页岩
		下	Chocolate	1000		安山岩、灰岩与钙质砂岩互层
古生界	二叠系	上	Mitu	904		砂岩、页岩互层，底部为石英岩
	石炭系	上	Tarma	709		灰色砂岩与页岩互层，局部含石英岩，底部为石灰岩夹页岩、砂质板岩
新元古界			海岸基岩带	未知		前寒武纪片麻岩、片岩，局部有细碧角斑岩等变质岩组合

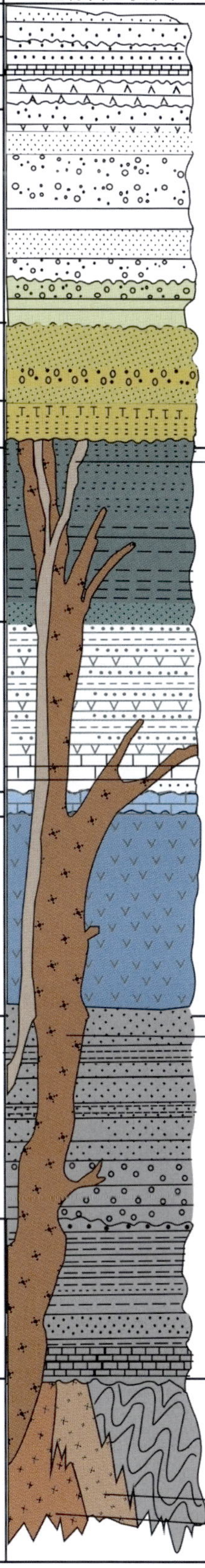

图 2-6 秘鲁区域地层柱状图(高光明等,2016)

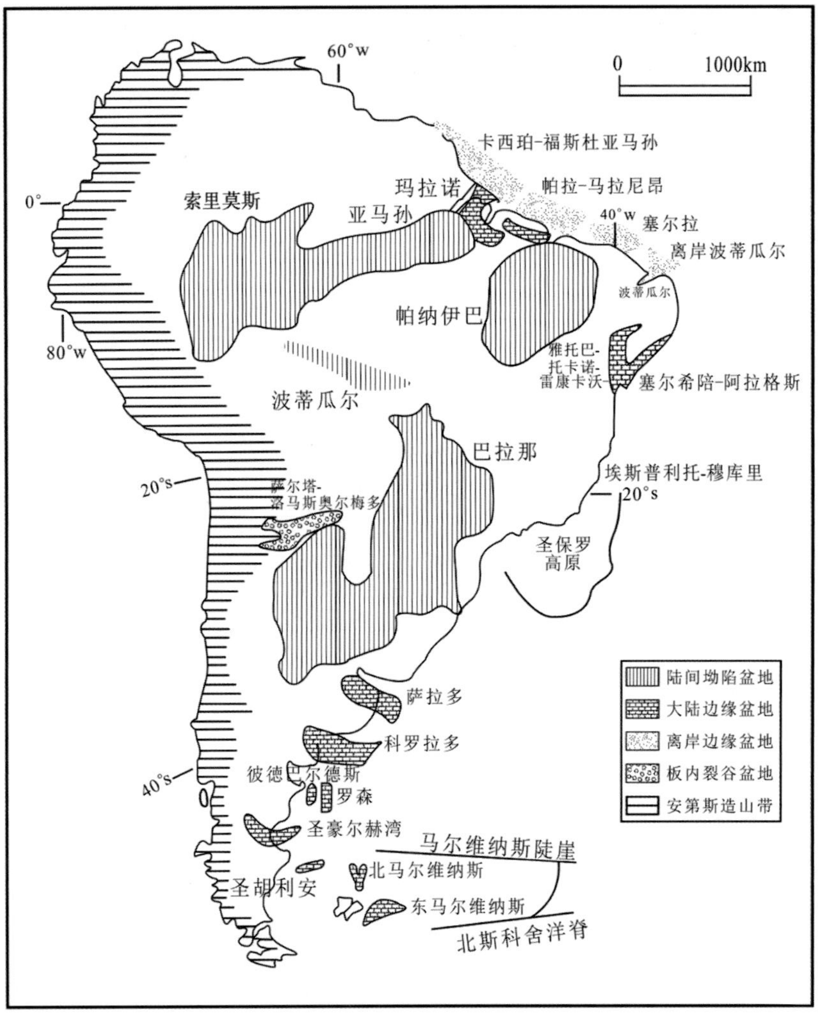

图 2-7　南美地台沉积盆地(Milani & Thomaz filho, in Cordani et al, Eds, 2000)

沿安第斯造山带各山脉分布有亚诺斯-巴里纳斯-阿普尔(Llanos - Brinas - Apure)、马拉尼翁-乌卡亚利-阿克里(Maranon - Ucayali - Acre)、玛德莱德迪奥斯-贝尼-查考(Madre de Dios - Beni - Chaco)和内乌肯(Neuquen)等前陆盆地。

亚诺斯-巴里纳斯-阿普尔盆地分布范围包括委内瑞拉安第斯山脉和哥伦比亚以东地区，其形成于三叠纪至侏罗纪的裂谷活动，沉积地层主要包括上白垩统到更新统一套浅海相和陆相沉积地层。委内瑞拉境内部分三叠系经历变质作用，形成了蓝片岩相变质岩。

马拉尼翁-乌卡亚利-阿克里盆地在经过元古代堆积和二叠纪抬升后，其中生代地层表现出一系列海进和海退旋回特征，三叠纪—早侏罗世为一套蒸发岩、灰岩和页岩地层，指示海相沉积环境，上覆地层为陆相红砂岩。而白垩纪和马斯特里赫特期分别再次发生海侵事件，发育一套海相沉积地层；与沉积作用同时进行的，是白垩纪—古近纪早期的火山作用，形成了一个火山岩盆地，其在 Libertad - Ica 地区发育钙碱性火山岩序列，年代学研究表明，Leonia - Graciela 长英质熔岩年龄为 69.71±0.18～68.92±0.16Ma(锆石 U - Pb)，Mala 山谷玄武岩年龄为 67.6Ma(全岩 $^{40}Ar-^{39}Ar$)，其内发育火山成因的块状硫化物矿床(图 2-10)。至新生代，伴随安第斯造山带形成，盆地内发育陆相沉积岩地层。

玛德莱德迪奥斯-贝尼-查考盆地沿海岸科迪勒拉，以及西、东科迪勒拉、次科迪勒拉带展布，主要位于秘鲁和玻利维亚南部，向东至中巴西地盾边缘，于侏罗纪沉积形成一套红色砂岩，白垩纪发生海侵事

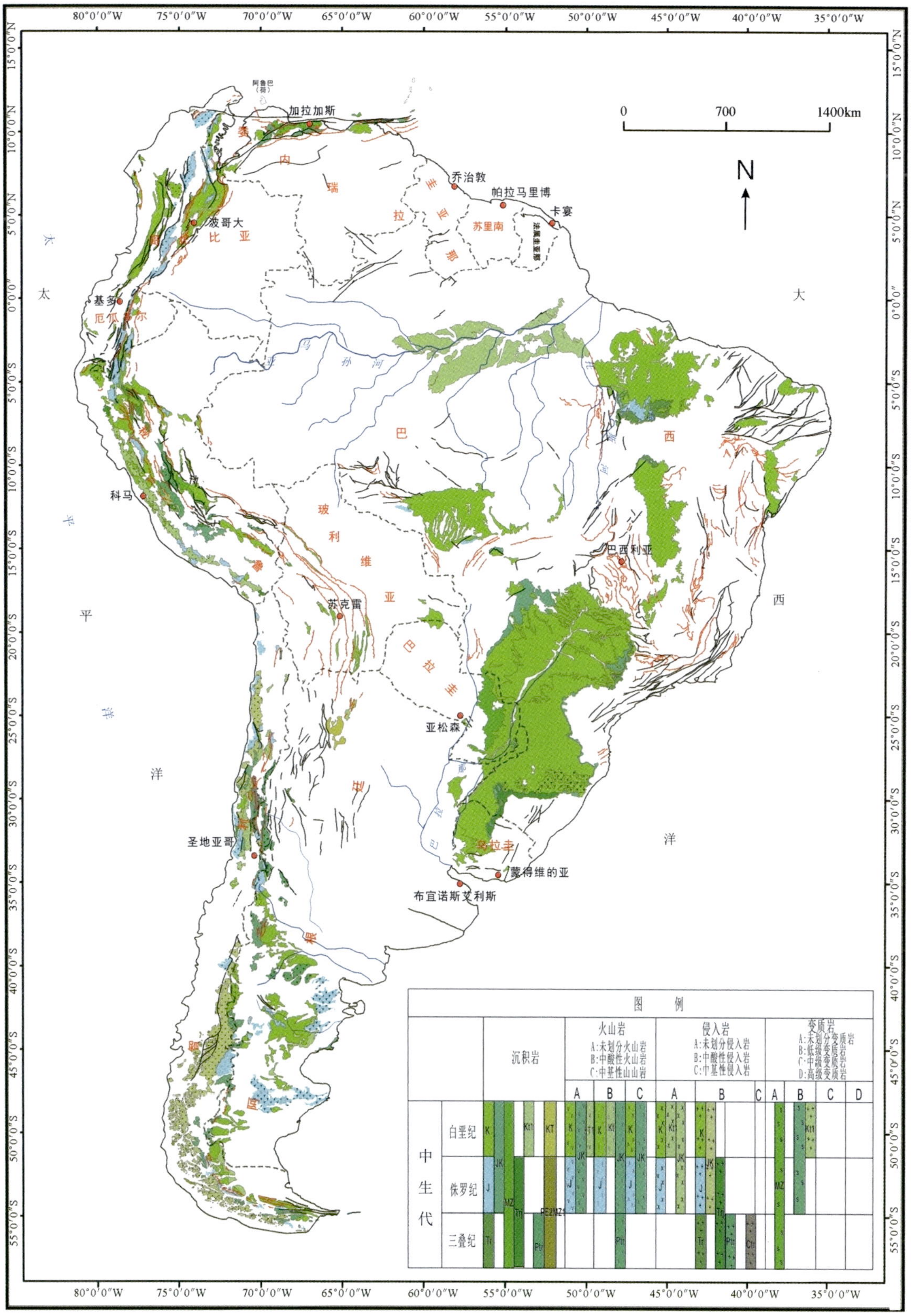

图 2-8　南美洲中生代沉积岩、火山岩、侵入岩和变质岩分布示意图
（据 Schobenhaus C& Bellizzia A，2001 修编）

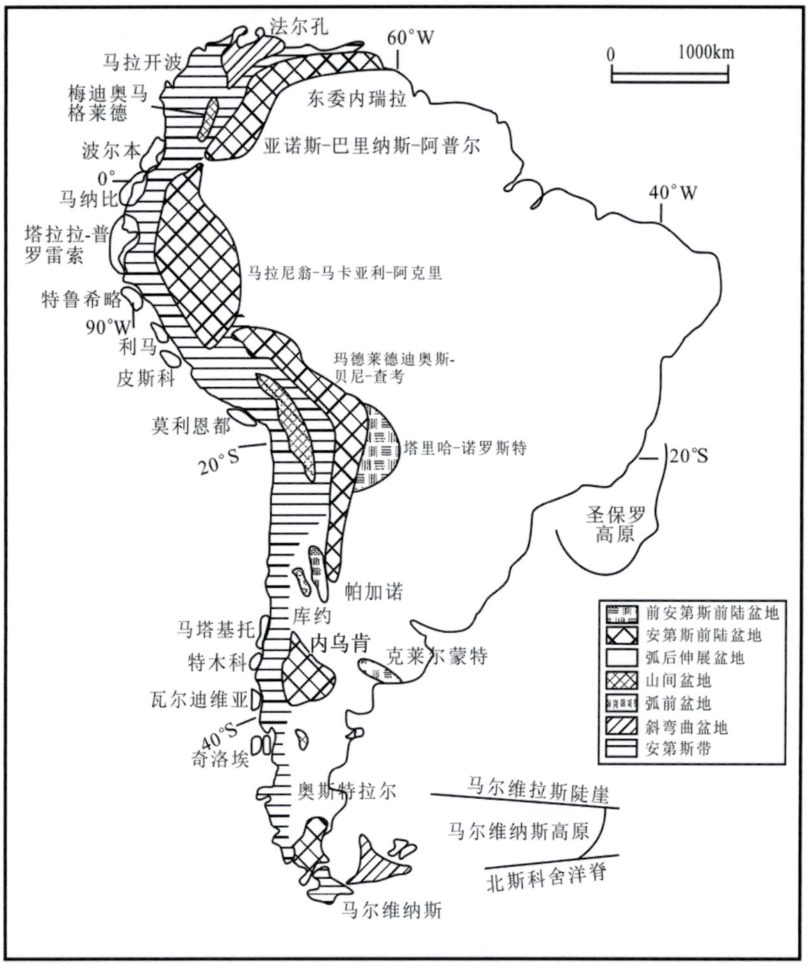

图 2-9　安第斯造山带汇聚大陆边缘沉积盆地(Milani & Thomaz filho, in Cordani et al, Eds, 2000)

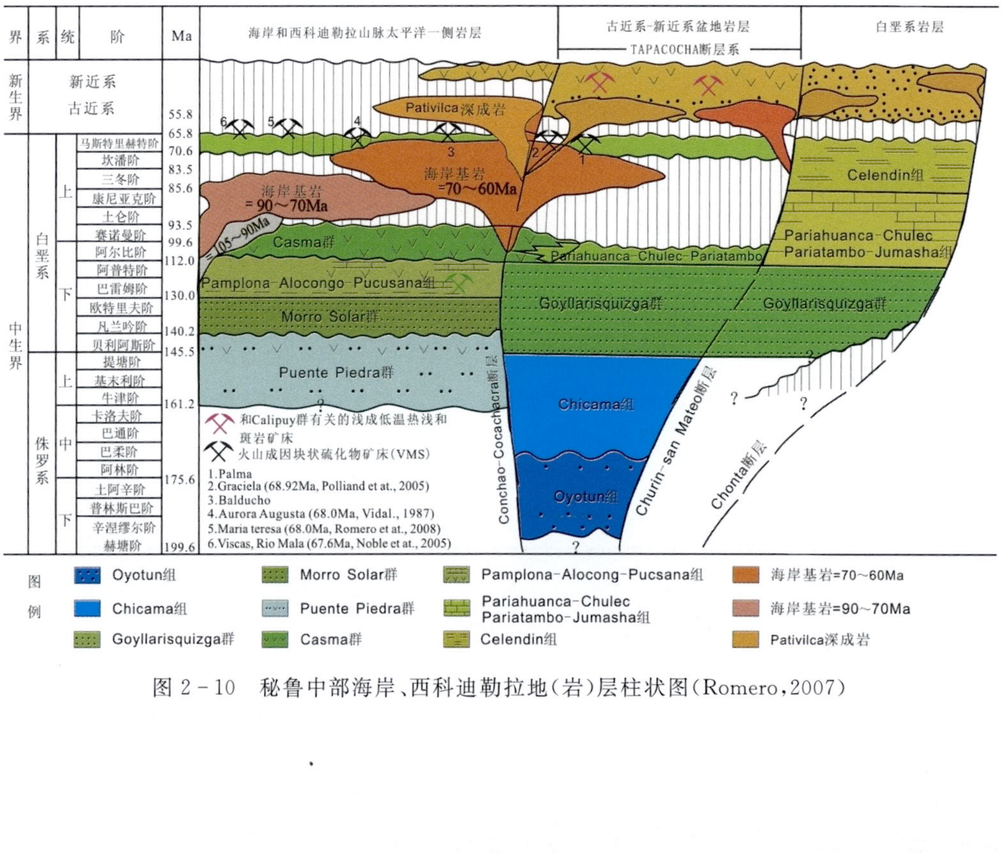

图 2-10　秘鲁中部海岸、西科迪勒拉地(岩)层柱状图(Romero, 2007)

件，形成一套海相沉积岩，晚白垩世发育碱性玄武岩。新生界主要由陆相砂岩和砾岩组成，厚度超过5000m。中生界在智利出露较好，分布范围较广，整体为一套浅海相碎屑沉积岩系以及火山-沉积岩系。侏罗系—白垩系分布于海岸山带，主要为中-酸性陆相-浅海相火山岩、火山碎屑岩和灰岩，具有多次海进与海退沉积旋回特征。三叠系出露较少，仅在安第斯造山带前缘的奇卡马和奇拉河谷间出露扎纳群，岩性主要为安山岩和火山碎屑岩，夹有少量海相砂岩、页岩和灰岩，最大厚度约为3000m。侏罗纪岩浆弧及弧后盆地在科波亚波地区出露Punde de Cobre地层，岩性主要为火山质安山岩、灰岩、石英岩、砂岩和页岩等，为铁氧化物铜金型矿床和铁氧化物型（火山喷溢型磁铁矿-赤铁矿）矿床的主要赋矿层位，以La Negra组最为典型；而南部圣地亚哥地区出露的Veta Negra地层则属同期异相地层，该地层岩性主要为浅海相-陆相沉积岩和火山沉积岩系，赋存有智利曼陀型铜、银矿床。白垩系主要由陆相和海相沉积物组成，岩性为石英岩、灰岩和泥岩等。

内乌肯盆地主要位于阿根廷境内，其内发育晚三叠世—晚白垩世海相到陆相地层，以库依组、门多萨组和马拉圭组为代表。受安第斯造山带影响，该盆地在新生代发育弧后岩浆作用和薄皮构造。奥斯特拉尔盆地形成于晚侏罗世，发育酸性火山岩沉积，夹有勒迈尔岩组和雅干岩组海相沉积地层。其上覆岩层为海相沉积岩和冲积砂岩。白垩纪发育完整的海进和海退旋回沉积地层。

安第斯造山带内山间盆地主要包括梅迪奥马格莱德（Medio Magdalena）盆地和高原盆地。梅迪奥马格莱德盆地位于哥伦比亚北部，底部为三叠系—侏罗系陆相红色砂岩和火山岩，其上覆白垩系海相沉积岩。第三系（古近系＋新近系）为火山碎屑沉积物，厚度超过4000m。高原盆地主要位于玻利维亚，向南延伸到阿根廷境内，向西到达智利境内。其内最老地层为白垩系，上覆第三系（古近系＋新近系）同造山期砂岩、页岩、灰岩和蒸发盐岩，以及第四系碎屑沉积岩和湖相蒸发盐岩。

安第斯造山带弧前盆地主要发育在大陆西缘海沟、陆坡和岩浆弧之间，自北向南依次发育波尔本（Borbon）、马纳比（Manabi）、塔拉拉-普罗雷索/瓜亚基尔湾（Talara－Progreso/Golfo de Guayaquil）、特鲁希略（Trujillo）、利马（Lima）、皮斯科（Pisco）、莫利恩都（Mollendo）、马塔基托（Mataquillo）、特木科（Temuco）、瓦尔迪维亚（Valdivia）以及奇洛埃（Chiloe）等盆地。上述各盆地的形成时代与地层特征较为相似，下面将以塔拉拉-普罗雷索盆地为例进行阐述。该盆地位于厄瓜多尔和秘鲁沿海地区，底部为白垩系海相沉积岩。在新近纪，由于洋-陆俯冲碰撞引起区域沉降、碰撞和抬升演化，发育海相和陆相沉积地层，主要岩性有杂砂岩、砂岩和页岩等。

五、新生界

自新生代以来，伴随安第斯造山带持续上升，在上述山间盆地和山麓地带发育陆相碎屑岩和火山岩系。古近纪以来，因地处热带环境而广泛发生红土化作用，并发育与红层有关的铝土矿和层状铜矿床。前者如巴西、圭亚那、苏里南和委内瑞拉的红土型铝土矿；后者如Cusco和Sicuani地区始新统—渐新统红层中赋存的层状铜矿床，主要位于Sicuani地区Kayra组和Cusco地区Soncco组（图2－11）。第四纪有3～4期冰川作用，南部巴塔哥尼亚高原大部分地区被大陆冰川覆盖。此外，沿地台东缘圭亚那、巴西、乌拉圭和阿根廷等大西洋海岸发育第四系海岸沉积物，以海滩砂为主，富集重矿物如独居石、钛铁矿、金红石、锆石和钛铁矿等。

安第斯造山带新生界主要发育在上述前陆盆地、板内拉张盆地（如北安第斯造山带马拉开波和委内瑞拉东方盆地；南安第斯造山带马尔维纳斯盆地）、山间盆地、弧前盆地等，主要为海相沉积、陆相碎屑沉积和火山沉积，以发育范围广、沉积地层巨厚为特征，是造山带内主要地层（图2－12）。上文已有阐述，不再赘述。新生界与斑岩铜矿和浅成低温热液型金银多金属矿有密切关系。

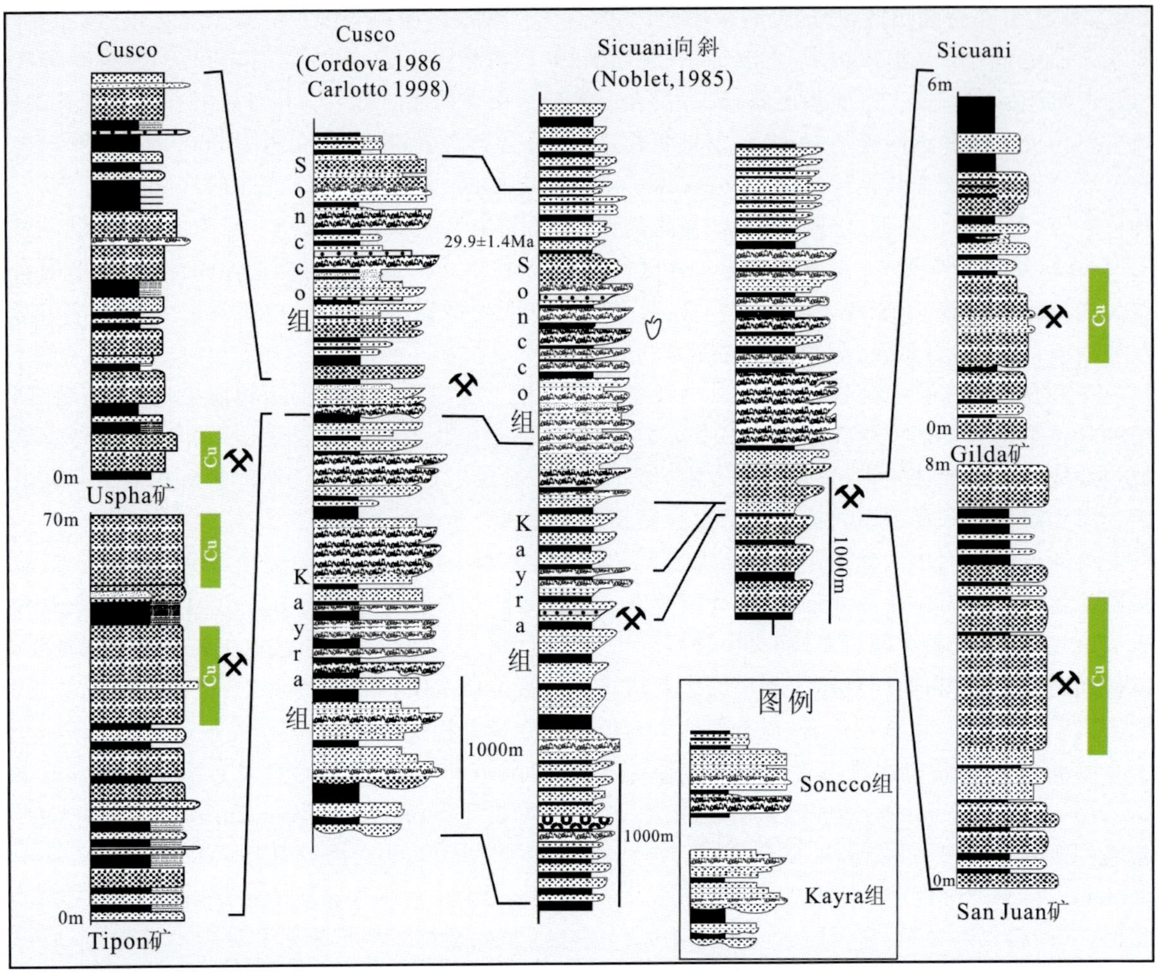

图 2-11　Cusco 和 Sicuani 地区始新世—渐新世红层柱状图与其赋存的层状铜矿床(Loza,2004)

第二节　岩浆活动

南美洲各地质历史时期均有岩浆活动,其在南美地台和安第斯造山带形成时代与出露范围差异较大。南美地台岩浆活动主要集中在前寒武纪,尤以元古代火山-岩浆活动最为强烈,古生代以来,特别是中-新生代以来,岩浆活动较弱。安第斯造山带自前寒武纪至新生代均有岩浆活动,以中-新生代岩浆活动最为强烈,是环太平洋火山-岩浆岩带重要组成部分。本节将根据南美地台和安第斯造山带构造-岩浆演化历史,按时间顺序分别梳理其岩浆活动事件,并简要阐述岩浆活动与成矿作用之间的关系。

一、太古宙

太古宙岩浆岩主要出露于中巴西地盾东部,部分零星出露于圭亚那地盾北部和大西洋地盾北部,岩性主要有超镁铁质、镁铁质岩和花岗质岩(图 2-2)。太古代岩浆岩以中巴西地盾桑塔纳瑞亚科、兴谷和匹乌姆等杂岩体最为典型,以古太古代 TTG 为核部,周围发育中-新太古代片麻岩。新太古代岩浆岩主要为布拉科(Plaque)花岗岩体、圣若泽度坎佩斯特列(San Josedo Campestre)花岗岩体、凯优马尔廷

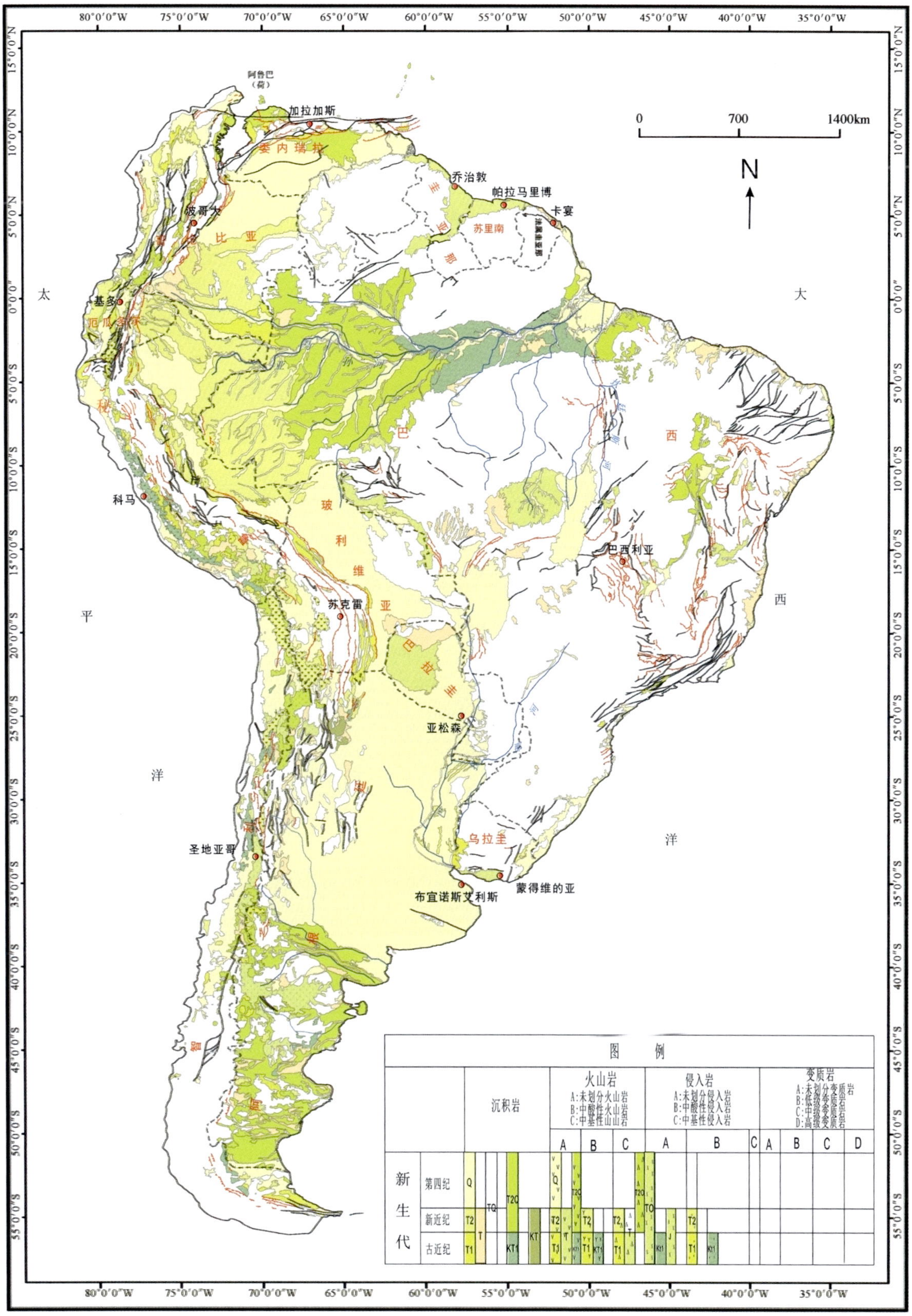

图 2-12 南美洲新生代沉积岩、火山岩、侵入岩和变质岩分布示意图

(据 Schobenhaus C& Bellizzia A,2001 修编)

斯(Caio Martins)花岗闪长岩及佛洛雷斯塔尔(Florestal)花岗岩体等。邦热苏斯闪长变质岩是中巴西地盾最老的岩体,锆石 U-Pb 年龄 3500～3400Ma。部分岩体同位素年龄见表 2-1。

安第斯造山带没有出露太古代岩体。

二、元古宙

南美地台火山-岩浆活动主要集中在早元古代和中元古代,形成了规模巨大、种类复杂的火山岩、次火山岩和侵入岩。晚元古代岩浆活动减弱,仅发育同造山期花岗岩和脉岩等侵入岩(图 2-2)。

古元古代早期岩浆活动形成了火山岩-次火山岩、镁铁质-超镁铁质岩构成的绿岩带,晚期(2200～1800Ma)有花岗闪长岩、英云闪长岩、石英二长岩和花岗岩等侵入岩,随后又发生玄武质岩浆作用、长英质火山作用,产有大量非造山花岗岩,如安吉库杜迪亚斯(Angico do Diad)碳酸盐杂岩体、瑟拉得伊缇乌巴(Serra de Itiuba)正长岩体等。中元古代发育有中酸性火山岩、长英质深成岩和镁铁质-超镁铁质深成岩带,同期亦发育大量侵入岩,如奥长环斑型碱性岩(1750～1450Ma)、花岗岩、石英二长岩、花岗闪长岩和英云闪长岩(1590～1490Ma)等。晚古生代,受巴西利亚构造旋回影响,区域发生强烈褶皱,形成了同造山期花岗岩以及岩脉等侵入岩,其延伸方向与构造线走向一致。

安第斯造山带元古宙岩浆岩构成了其前寒武纪主要变质结晶基底(图 2-2、图 2-6)。元古宙岩浆岩主要活动于中元古代(1.2～0.9Ga)和新元古代。中元古代岩浆活动与格林维尔造山旋回有关,即劳伦古大陆与亚马孙古陆碰撞事件;新元古代岩浆活动与罗迪尼亚超大陆裂解以及冈瓦纳大陆裂谷作用有关。上述岩浆岩主要出露于安第斯造山带北部,沿主科迪勒拉山脉西侧展布,包括哥伦比亚卡松地区(Garzón)、桑坦德地区,以及厄瓜多尔中南部,如委内瑞拉 Valera 花岗岩(593±16Ma)和 Rio Caparo 花岗岩(615±30Ma)(图 2-3)。造山带中部岩浆岩主要沿海岸科迪勒拉带零星出露;在南部主要出露在巴里洛切南部,该地区 Cerro Mogote 花岗岩锆石 U-Pb 定年约为 1500Ma。安第斯造山带元古宙岩浆岩岩性主要为花岗岩、花岗闪长岩、英云闪长岩、石英闪长岩、闪长岩和少量基性—超基性岩,以及中基性火山岩等。大部分岩体经历过不同程度变质作用。

三、古生代

南美地台显生宙岩浆活动较弱,古生代仅奥陶纪和泥盆纪发育少量花岗质岩石,中生代的岩浆活动与裂陷作用有关(图 2-5)。

安第斯造山带古生代岩浆活动可划归为两期构造-岩浆事件(Zappettini, 2005)。早古生代岩浆活动与法玛蒂娜(Famatinian)构造演化有关;晚古生代岩浆活动则与冈瓦纳大陆造山运动(在北段为阿勒格尼大陆造山运动)有关。两者在分布范围和岩石类型等方面均有很大不同。

早古生代岩浆岩主要包括中-酸性花岗岩到花岗闪长岩,以及基性—超基性岩。中酸性花岗质岩类主要分布在造山带北部和中部,北部以委内瑞拉梅里达东南部,哥伦比亚佩里哈、桑坦德、Floresta 和 Quetame 等地区最为典型(图 2-3);中部主要出露于秘鲁西南海岸带(图 2-4、图 2-6),玻利维亚东科迪勒拉山脉,阿根廷萨尔塔省、胡胡伊省、圣地亚哥德斯代罗省等地区。如秘鲁西南沿海岸带展布的圣尼古拉斯(San Nicolas)花岗岩岩基,岩性主要由花岗岩和花岗闪长岩构成,呈岩基状侵入于前寒武系片岩、片麻岩中。阿根廷早古生代中-酸性岩浆岩分为岛弧岩浆岩和碰撞后岩浆岩。基性—超基性侵入岩主要呈条带状展布于阿根廷萨尔塔省和卡塔马卡省等地,侵入到潘比亚地块与库亚尼亚地块拼合带,以及库亚尼亚地块与智利尼亚造山带拼合带中。岩浆活动时间主要为 515～450Ma。

晚古生代主要发育与冈瓦纳造山运动有关的长英质岩浆岩,其活动规模和分布范围较早古生代有所扩大,岩石类型也趋于多样化。造山带北段委内瑞拉梅里达、哥伦比亚南部等地区发育 S 型深成花岗质岩石,梅里达地区侵入岩受断裂控制明显,沿断裂走向展布,侵位年代为 290～225Ma。造山带中段玻利维亚和秘鲁科迪勒拉东段、智利中北部、阿根廷内乌肯省等地区均出露该时期岩浆岩（图 2 - 4）。智利北部和阿根廷内乌肯省发育晚石炭世和晚二叠世—三叠纪花岗岩侵入体和流纹岩熔岩露头。智利中部 Choiyoi 火山岩包括玄武岩、安山岩、英安岩、流纹岩和浅成侵入体，可能代表了该带最早斑岩侵入体，形成时代为 310～250Ma；Elqui 地区出露钙碱性花岗闪长岩和石英闪长岩岩基。阿根廷 Colanguil、La Ramada、阿空加瓜山和 Cordon del Portillo 等地区也零星出露钙碱性花岗闪长岩和石英闪长岩岩基。造山带南段科迪勒拉东侧也出露少量晚石炭世—早二叠世石英闪长岩和其他花岗质岩石。

四、中-新生代

中-新生代南美地台岩浆活动较弱，岩浆活动多集中在安第斯造山带（图 2 - 8、图 2 - 10）。

由于纳斯卡板块持续向南美大陆俯冲造山，使得中-新生代安第斯造山带岩浆活动异常活跃，自晚三叠世至新近纪持续发育岩浆活动，均为安第斯造山运动产物。基于岩浆活动与板块俯冲有密切联系，该时期安第斯造山带各段火山-岩浆作用时代、岩性以及分布特征也各有特点，初期形成岩浆弧、弧后盆地环境，并逐渐演化为陆块周缘大陆弧环境。

（一）北安第斯造山带

北安第斯造山带中生代火山-岩浆作用时代集中于晚侏罗世—早白垩世，以拉斑玄武岩系为主。晚三叠世—侏罗纪和白垩纪岩体分别分布于东、中科迪勒拉；古近纪和新近纪岩体主要沿太平洋展布，呈现出自西向东成岩时代逐渐变老的趋势。

（二）中安第斯造山带

中安第斯造山带是中-新生代火山-岩浆作用强度最为强烈的地区，自晚三叠世至今持续不断活动（图 2 - 8、图 2 - 10），在东科迪勒拉、安第斯高原、西科迪勒拉和海岸科迪勒拉形成了宽广的火山岩带，岩性主要为钙碱性火山岩。该段成岩时代与北段不同，自西向东逐渐变新。秘鲁南部和智利北部海岸科迪勒拉发育规模巨大的花岗质侵入岩，岩性主要为闪长岩类、石英二长岩及少量辉长岩等。除上述火山岩和花岗质岩基外，该段亦发育浅成—超浅成中酸性斑岩侵入体，主要岩性为石英斑岩、花岗斑岩、花岗闪长斑岩、英安斑岩、二长斑岩、正长斑岩等，与带内该期铜、钼、金多金属矿化关系密切，是最重要的成矿母岩（图 2 - 10）。综合 Carlotto 等（2009）等前人的研究成果，将中安第斯造山带构造-岩浆-成矿事件总结概述如下：

1. 东科迪勒拉

东科迪勒拉出露中安第斯造山带较老的岩浆岩，在秘鲁中部、南部较为发育。

秘鲁中部东科迪勒拉出露二叠纪—三叠纪侵入岩，形成一个北西-南东走向的侵入带，以 Machupicchu 岩基（黑云母 Rb - Sr 年龄 246±10Ma，Egeler & De Booy，1961）和 Quillabamba 岩基（锆石 U - Pb 年龄 257±3Ma；Lancelot，1978）为代表，岩性为粗粒花岗岩，发育斑岩-矽卡岩型 Cu - Mo - Zn、Au - Cu - Pb - Zn 和 U - Ni - Co - Cu 矿床。

在秘鲁南部东科迪勒拉的东南部 Putina 盆地中，二叠纪—三叠纪发育 Aricoma 花岗岩（锆石 U - Pb 年龄 234±9Ma；Dalmayrac et al，1980）；三叠纪—晚侏罗世，发育拉伸环境下的花岗岩；渐新世—中新世发育花岗质岩浆岩（28～23Ma）；中新世—上新世，发育英安斑岩（16～11Ma）、Macusani 凝结凝灰岩质火山岩。上述侵入岩发育 Sn - Cu - W 矿床和浅成低温热液型 Ag - Pb - Zn 矿床。

2. 安第斯高原

普纳高原作为安第斯高原的重要组成部分，区域发育多期岩浆活动。玻利维亚东南部出露晚三叠世—早侏罗世花岗岩和花岗闪长岩（225～180Ma），其内赋存钨矿床和网脉状锡矿床（Lehmann，

1985)。阿根廷西北部与玻利维亚南部普纳高原早白垩世发育与裂谷作用有关的萨尔塔组碱性玄武岩，其内发育沉积型铜矿床等。渐新世—中新世火山-岩浆岩出露于玻利维亚胡拉卡和阿根廷萨尔塔地区，岩性为安山质凝灰岩、安山岩、英安岩和流纹安山岩(26～16Ma)，其内发育浅成低温热液金、银矿床。中新世阿根廷西北部发育以 El Queva 和 Farallon Negro 火山杂岩体为代表的弧后岩浆岩，其内赋存斑岩 Cu - Au、Cu - Mo 矿床和浅成低温热液多金属矿床(Zappettini，2005)。

3. 西科迪勒拉

西科迪勒拉岩浆活动自古新世一直持续至上新世。

古新世—始新世，秘鲁南部-智利北部西科迪勒拉西缘，发育与侵入体有关的斑岩型 Cu - Mo 矿床和多金属矿床。Toquepala 地区发育火山杂岩体(Toquepala 群)，为陆缘火山弧的一部分，主要岩性为流纹岩，K - Ar 年龄 70～59Ma(Benavides，1999)。其上覆 Moquegua 组为陆相沉积岩层，赋存熔结凝灰岩岩流，K - Ar 年龄 25.3～22.8Ma(Tosdal et al，1981；Quang et al，2005)。早中新世，该区沉积 Huaylillas 组熔结凝灰岩岩流、流纹岩和流纹英安岩(23～17Ma)。Toquepala 群被后期深成杂岩体侵入，岩性为闪长岩、花岗闪长岩、花岗岩、石英二长岩和英安岩，侵位时间晚白垩世—古近纪早期(Satchwell，1983)，K - Ar 年龄 58.44±0.36Ma(Zweng & Clark，1995)，主要分布于 Cuajone 和 Quellaveco 地区。在古新世发生三次主要成矿事件，最早期成矿事件(65～60Ma)与 Laramide 事件一致(Carlotto，1998)，最晚期成矿事件(55～48Ma)与 Cusco 地区地壳构造事件一致，该事件标志始新世—渐新世红色岩层沉积事件(Carlotto，2005)。中期成矿事件(60～55Ma)在时间上与 Inca 0 或 Inca I 挤压事件一致(Williams，1992)，这一事件在玻利维亚发生在 59.5～58.2Ma，在那里引发前陆地区的一次重要折叠运动；在秘鲁南部和智利境内引发了重要的古新世铜成矿事件(Camus，2003)。在 Ataspaca 地区，深成岩体二长闪长岩侵入到侏罗纪火山岩和沉积岩层中，侵位时间为中-晚渐新世(France，1985)，黑云母 K - Ar 年龄 40.65±0.88Ma(Clark et al，1990)。始新世—渐新世，秘鲁南部西科迪勒拉北缘、西科迪勒拉和高原边界上的 Andahuaylas - Yauri 地区，发育与侵入岩有关的斑岩-矽卡岩型 Cu - Mo - Au - Zn - Fe 矿床。该区矿化作用在时空上与钙碱性 Andahuaylas - Yauri 岩基有关，岩基侵位发生在始新世—早渐新世(48～30Ma；Carlotto，1998)，侵位于秘鲁南部中生代古盆地北缘及其与 Cusco - Puno 构造高原分界线上，即 Cusco - Lagunillas - Mañazo 断层西及其延伸断层 Abancay - Andahuaylas - Totos。该岩基包括两个阶段侵入岩：第一阶段侵入岩以闪长岩和堆晶成因辉长岩为特点的镁铁质岩石，侵位时间是 48～43Ma；第二阶段侵入岩是依次侵入第一阶段侵入岩的花岗闪长岩和石英二长岩，侵位年龄为 42～30Ma(Carlotto，1998，2002)。

智利北部晚始新世—早渐新世斑岩侵入体地质特点与秘鲁南部非常相似，侵入体内发育有 Chuquicamata 和 Escondida 等超大型矿床。始新世—中新世，秘鲁中部高原，在西科迪勒拉东部、Ayacucho 与 Cerro de Pasco 之间，发育始新世—中新世岩浆-成矿事件(Bissig et al，2008)，出露钙碱性侵入岩和火山岩，多与矿化有关，主要发育斑岩型 Cu - Mo 矿床、矽卡岩型 Cu - Pb - Zn 矿床和浅成低温热液型 Au - Ag - Pb - Zn 矿床。Cerro de Pasco 地垒以西出露岩浆杂岩体，由安山质为主的岩株和火山岩构成(Cobeñas，2008)。

中新世，秘鲁中北部西科迪勒拉(5°～12°S)，发育斑岩侵入体，其内赋存斑岩型 Cu - Mo(Au)矿床、矽卡岩型 Pb - Zn - Cu(Ag)矿床，浅成低温热液型多金属矿床，与晚中新世侵入岩有关的 W - Cu 矿床。该地区没有出露大规模火成岩，仅发育一定种类和数量的中新世小型侵入体，具典型钙碱性特征，年龄 24～4Ma。岩性主要为花岗闪长岩、钙碱性二长岩，发育斑岩型-矽卡岩型矿床，中性熔岩在该区北部与中新世浅成低温热液型多金属矿产占主导地位。可进一步划分成三期岩浆事件：22～20Ma、18～13Ma 和 10～5Ma(Quispe et al，2008)。智利北部西科迪勒拉(8°～10°S)Blanca 地区 W - Cu 矿床与 Blanca 花岗岩类基岩(晚中新世)有关，该基岩为 S 型强过铝质、富含钠，岩性为英云闪长岩-闪长岩、淡色花岗岩类、石英闪长岩，K - Ar 年龄 13.7～2.7Ma(Petford & Atherton，1992)。最古老的闪长岩和英云闪长岩侵位年龄 13～10Ma(锆石 U－Pb、Ar－Ar),而构成基岩主要部分的淡色花岗岩侵位年龄 6～5Ma(Mukasa,1984;Petford & Atherton,1992;Atherton & Petford,1996)。

中新世—上新世,秘鲁中南部西科迪勒拉(12°30′～18°S)发育火山弧,形成了浅成低温热液型 Au－Ag 矿化,受 Chonta、Condoroma－Caylloma 和 Cincha－Lluta 等北西-南东走向断裂控制,成矿年龄 7～1Ma。

4. 海岸科迪勒拉

秘鲁-智利海岸科迪勒拉,发育早-中侏罗世—白垩纪斑岩体。在秘鲁段 Tambo－Ilo 地区出露 Punta Coles 超单元侵入体,岩性主要为闪长岩、石英闪长岩和花岗闪长岩,角闪石 K－Ar 年龄为 182±4Ma(Sánchez,1983),$^{40}Ar-^{39}Ar$ 年龄分别为 186±8.75Ma(Clark et al,1990a)和 196±4Ma(Bechinsal et al,1985)。其又被后期白垩纪海岸 Toquepala 岩体侵入,岩性为闪长岩、英云闪长岩和二长闪长岩。马尔科纳地区发育早侏罗世—全新世弧火山岩和弧深成岩,IOCG 矿化主要集中于中侏罗世,在 Mina Justa 矿化年龄为白垩纪(Chen,2008)。该区 Rio Grande 组底部发育阿连阶-巴袭阶流纹岩、安山岩(Romeuf et al,1993);顶部发育安山岩。Jahuay 组为一安山岩序列,上覆岩层中赋存英安斑岩,时代为蒂托-启莫里奇阶。在 Acari－Cobrepampa 地区,海岸基岩侵位时间约为 100Ma(K－Ar 年龄,Cobbing,1978;Rb－Sr 年龄,Sánchez,1982),Acari 地区岩性为闪长岩,Cobrepampa 地区为二长岩、二长花岗岩。Tia Maria 地区位于 Cocachacra 市以北 Cachuyo 一带,发育斑岩侵入体(160～145Ma,Clark et al,1990a),以 El Fiscal 岩体最为典型,其内赋存斑岩型 Cu－Mo 矿床。

Pucará－Zamora 地区发育晚侏罗世深成侵入岩、火山岩,主要出露在秘鲁 Jaén 和 San Ignacio 及厄瓜多尔 Zamora 之间的区域,侵入岩岩性总体上是二长岩和 I 型钙碱性花岗闪长岩,年龄为 190～140Ma(Rb－Sr、K－Ar 年龄,Litherland et al,1994)。该地区 Misahualli－Colan 弧由基性—酸性熔岩和火成碎屑岩,以及花岗闪长岩质岩类组成,侵位事件发生在中-晚侏罗世,由哥伦比亚-厄瓜多尔段洋壳俯冲形成,发育斑岩-矽卡岩型 Cu－Au 矿床,如厄瓜多尔 Chinapintza、Nambija 和 Napintza,以及秘鲁境内的 Huaquillas、Hualatll 和 El Tambo。

秘鲁中南部—智利中北部海岸地带和西科迪勒拉西缘,发育早白垩世侵入岩和火山岩,属于岛弧-陆相火山岩系列。秘鲁西部盆地火山岩遍布整个秘鲁海岸,绵延达 1000km(Jaillard et al,1990)。盆地火山岩又被后期海岸基岩侵入,海岸基岩出露长度超过 1600km,最大宽度 65km(Haederle & Atherton,2002),是由数个钙碱性-拉斑玄武岩构成的侵入岩系列,岩性主要为英云闪长岩到花岗闪长岩,可进一步划分为数个单元和超单元(Pitcher,1985)。其主要分布于 3 个区域,从北到南依次为 Lima 区域岩体(106～37Ma)、阿雷基帕区域岩体(106～80Ma)、Toquepala 区域岩体(190～57Ma)(Pitcher,1985;Mukasa,1986a),该区域发育的 IOCG 矿床与岩浆活动有关(Sillitoe, 2003)。

晚白垩世期间,秘鲁北部 Lancones 盆地和秘鲁南部—智利北部发育斑岩侵入体,其内赋存斑岩型 Cu－Mo 矿床。在 Lancones 盆地内,Los Linderos 斑岩型 Cu－Mo－Au 成矿区,花岗闪长岩侵入体锆石 U－Pb 年龄为 88.4Ma(Winter,2008);Piura 斑岩带(晚白垩世—古新世;Pitcher,1978)沿海岸基岩出露的最北部向南延伸,其内深成侵入岩和次火山岩中发育斑岩型铜矿床和浅成低温热液型金矿床、矽卡岩型矿床(Ríos,2004)。秘鲁南部 Canete 地区—智利北部地区,发育晚白垩世侵入岩(80～68Ma),岩性主要为英云闪长岩和花岗闪长岩,上述岩体又被更晚期石英二长岩、英安岩的小岩株及斑岩岩脉侵入。晚白垩世(—始新世)除发育斑岩带外,在海岸地带和西科迪勒拉之间的 Huaraz－Casma－Trujillo 地区(9°30′～10°S),Canta 地区(11°～11°30′S)、Saramarca－Nazca－Ocoña 地区(14°30′～17°S)、Ancash 地区(9°～10°S)和 Huancavelica－Ayacucho 地区(14°～15°S)等区域发育与花岗岩类侵入体有关的 Au－Pb－Zn－Cu 矿床;在 Lancones 盆地边缘和西科迪勒拉 Libertad－Ica 地区(9°～13°S)发育火山岩,岩性为安山岩或安山-玄武岩到流纹英安岩,偏钙碱性,高钾(Atherton et al,1985;Soler,1991a)。其内赋存火山成因块状硫化物型 Pb－Zn－Cu 矿床(图 2－10)。

(三)南安第斯造山带

南安第斯造山带火山-岩浆作用时代主要为晚侏罗世一晚白垩世。火山岩主要为钙碱性系列岩石。侵入岩主要为巴塔哥尼亚花岗岩岩基,该岩基自北向南可划分为两部分。北部为北巴塔哥尼亚岩基(NPB),主要出露于佩纳斯湾(Penas),走向北北东,岩性主要为角闪黑云石英闪长岩和花岗闪长岩。基岩中脉岩年代学研究表明,其中部脉岩形成于始新世—上新世,边部岩脉较老,为早白垩世。南部为南巴塔哥尼亚岩基(SPB),走向北北西,与北部岩基不同,其中部深成岩体为早期产物,而边部为晚期产物。主体部分不发育中新世或上新世岩体。

前人通过成岩成矿年代学研究表明,安第斯造山带中-新生代斑岩侵入可划分为5期,分别为晚三叠世(250～190Ma)、白垩纪(132～73Ma)、古新世—始新世(65～50Ma)、始新世晚期—渐新世(43～31Ma)和中新世中期—上新世早期(12～4Ma)(图2-13)。其中,后四期斑岩体与成矿关系密切,越往后期,岩浆成分越向酸性、富钾和富铝演化,如在玻利维亚、秘鲁、智利和阿根廷西北部东科迪勒拉,与多金属矿化有关的岩体以过铝质侵入岩和次火山杂岩为主。

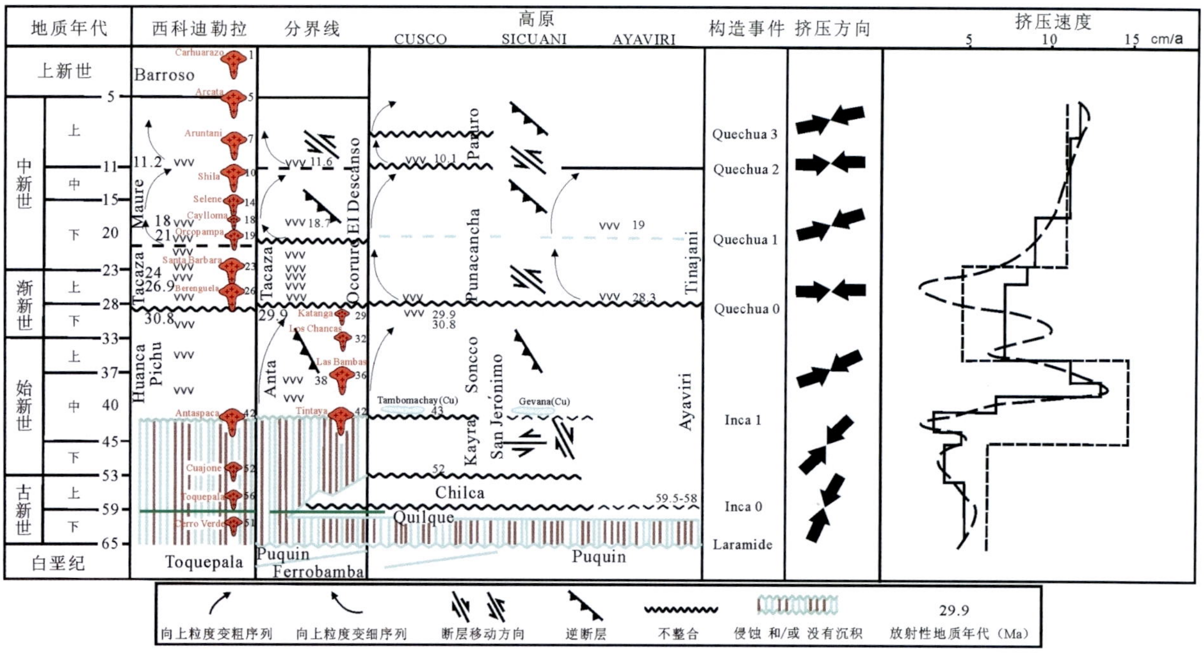

图2-13　安第斯造山带秘鲁段晚白垩世—上新世构造-岩浆事件(Carlotto et al,2005)

第三节　构造及其演化

一、构造单元划分

南美洲自太古代至新生代经历了复杂的构造演化,形成了两个Ⅰ级构造单元,即东部稳定的南美地台和西部持续活动的安第斯造山带,两者具有各自独特的构造特征(图2-1)。

南美地台由亚马孙、圣弗朗西斯科、里奥拉普拉塔等陆块,以及一些小地块及其之间的造山带组成。陆块内部构造较为简单,而陆块间造山带内构造则异常复杂。各陆块内构造主要作为各时代岩体的边界。南美地台自太古代至古生代经历了多次构造旋回，依次为泛亚马孙(Transamazon)造山旋回、格林维尔(Grenville)造山运动、巴西-泛非(Brasiliano - Pana Africana)造山运动、冈瓦纳(Gondwanan)造山运动等，各陆块相继碰撞拼合形成复杂造山带，如桑萨斯(Sunsas)、纳马夸-纳塔尔(Namaqua - Natal)、卡瑞里斯维尔和斯(Cariris Velhos)、博尔博雷玛(Borborema)、托坎廷斯(Tocantins)、曼蒂凯拉(Mantiqueira)等(图 2 - 14、图 2 - 15)。自巴西-泛非造山旋回结束后，南美地台前寒武纪陆块几乎没有再受到其他构造作用影响。

安第斯造山带呈南北向展布于南美洲西缘，为中-新生代活动陆缘增生造山带。其形成主要与太平洋板块向南美板块俯冲碰撞有关，构造线总体呈近南北走向，在南纬 5°左右(秘鲁北部)构造线略向西弧形突出，在南纬 18°左右(秘鲁和智利交界处)构造线略向东弧形突出，总体上略微呈“S”形弯曲的构造线形态。研究表明，强烈挤压分别发生于晚侏罗世、早白垩世末和晚白垩世末，形成强烈褶皱和逆冲断层，为断裂和强烈火山-岩浆活动时期，其间发育山间盆地和大陆边缘盆地。始新世—早渐新世时构造活动达到顶峰，板块之间俯冲碰撞作用使陆缘遭受强烈构造变形，形成了褶皱山系，并导致南美大陆向西增生，形成增生型大陆边缘。伴随着俯冲作用，产生强烈而广泛的中-酸性火山-岩浆作用，同时，也为铜、铁、金、多金属矿化创造良好的成矿构造环境(图 2 - 16)。

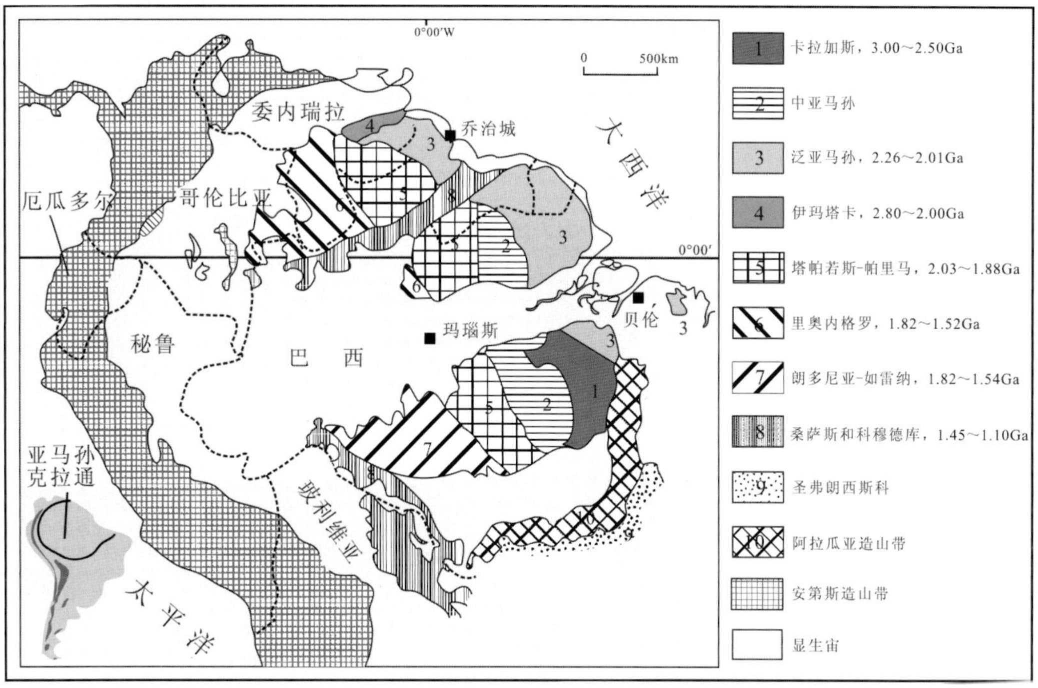

图 2 - 14 南美地台圭亚那地盾和中巴西地盾构造单元划分(Zappettini, 2005)

(一)南美地台

南美地台可进一步划分为 6 个次一级大地构造单元，即“三盾三盆”，在此不再赘述。圭亚那地盾、中巴西地盾和大西洋地盾分别按其构造演化、岩性特征等又进一步细分出若干Ⅲ级构造单元(图 2 - 14、图 2 - 15)，具体见第三章相关章节。

1. 地盾区

地盾区主要由陆块和陆块间造山带组成(图 2 - 14、图 2 - 15)，陆块内岩石岩性主要为一些中高级变质岩、如片麻岩，麻粒岩和紫苏花岗岩等，均已在 1700Ma 之前固化。

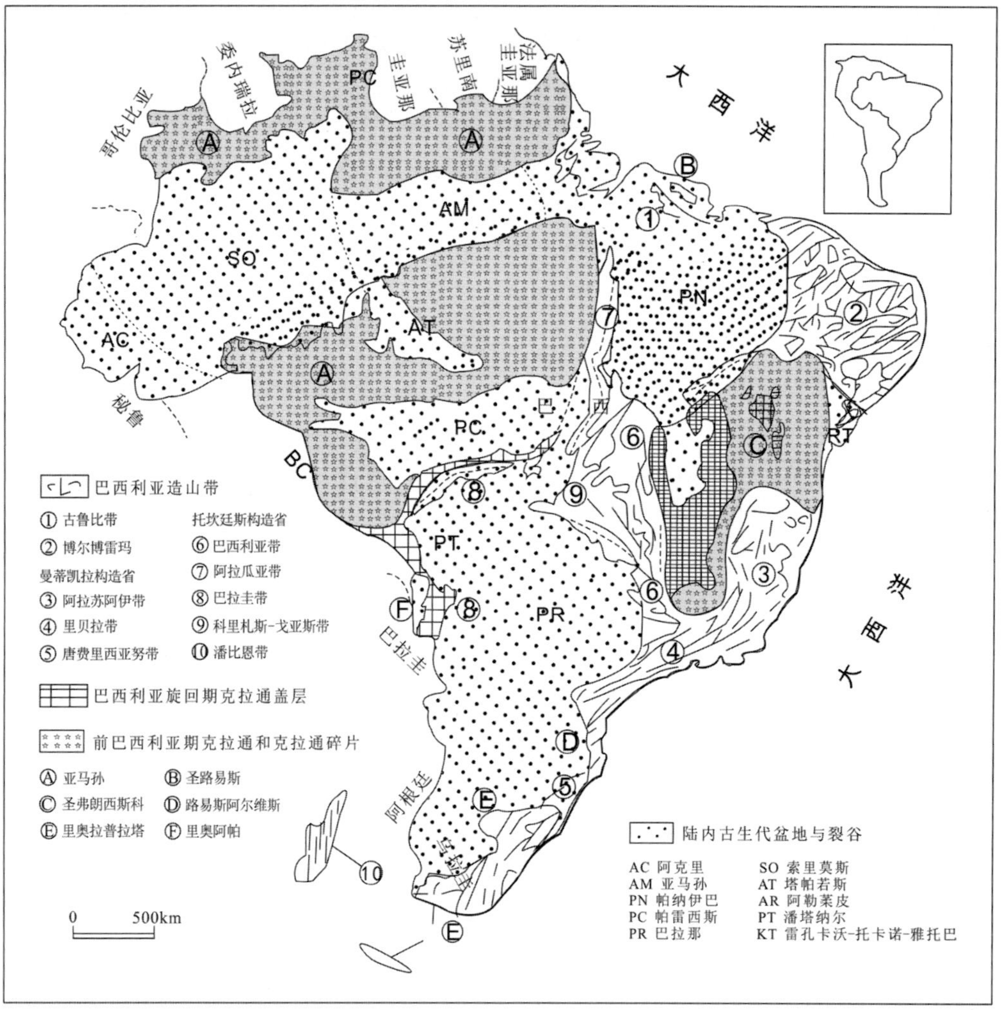

图 2-15　巴西造山带构造单元划分(Zappettini, 2005)

圭亚那地盾和中巴西地盾之间被索里莫斯-亚马孙盆地覆盖,两者基底是相互连通的,共同构成亚马孙(Amazon)陆块。其中,圭亚那地盾由泛亚马孙(2260～2010Ma)、中亚马孙(太古代?)、塔帕若斯-帕里马(Tapajos - Parima,2030～1880Ma)和里奥内格罗(Rio Negro,1820～1520Ma)等Ⅲ级构造单元组成。中巴西地盾则由部分泛亚马孙、卡拉加斯(Carajas)、朗多尼亚-茹雷纳(Rondonia - Juruena,1820～1540Ma)、阿拉瓜亚造山带(Araguaia Orogenic Belt)等Ⅲ级构造单元组成。

大西洋地盾包含四个陆块,自北向南依次为圣路易斯(Sao Luis)陆块、圣弗朗西斯科(Sao Francisco)陆块、路易斯阿尔维斯(Luis Alves)陆块和里奥拉普拉塔(Rio de la Plata)陆块。上述各陆块自元古代至古生代经历了泛亚马孙(Transamazon)、格林维尔(Grenville)、巴西-泛非(Brasiliano - Pana Africana)、冈瓦纳(Gondwanan)等造山运动(Zappettini, 2005),形成了纳马夸-纳塔尔(Namaqua - Natal)、卡瑞里斯维尔和斯(Cariris Velhos)、博尔博雷玛(Borborema)、托坎廷斯(Tocantins)和曼蒂凯拉(Mantiqueira)等构造省,部分构造省又由多个造山带组成,如曼蒂凯拉构造省位于圣弗朗西斯科地块和里奥拉普拉塔地块之间,也可进一步划分为阿拉苏阿伊(Aracuai)、里贝拉(Ribeira)和唐费利西亚努(Dom Feliciano)等元古代造山带(图 2-15)。陆块和造山带发育铁、锰、金、铜、铅和锌等矿产。

2. 盆地区

3个主要沉积盆地自北向南依次为索里莫斯-亚马孙盆地、帕纳伊巴盆地、巴拉那盆地,前文已对其进行了详细介绍,在此不再赘述(图 2-7、图 2-8)。考虑到三个沉积盆构造特点,以及所发育矿床类型

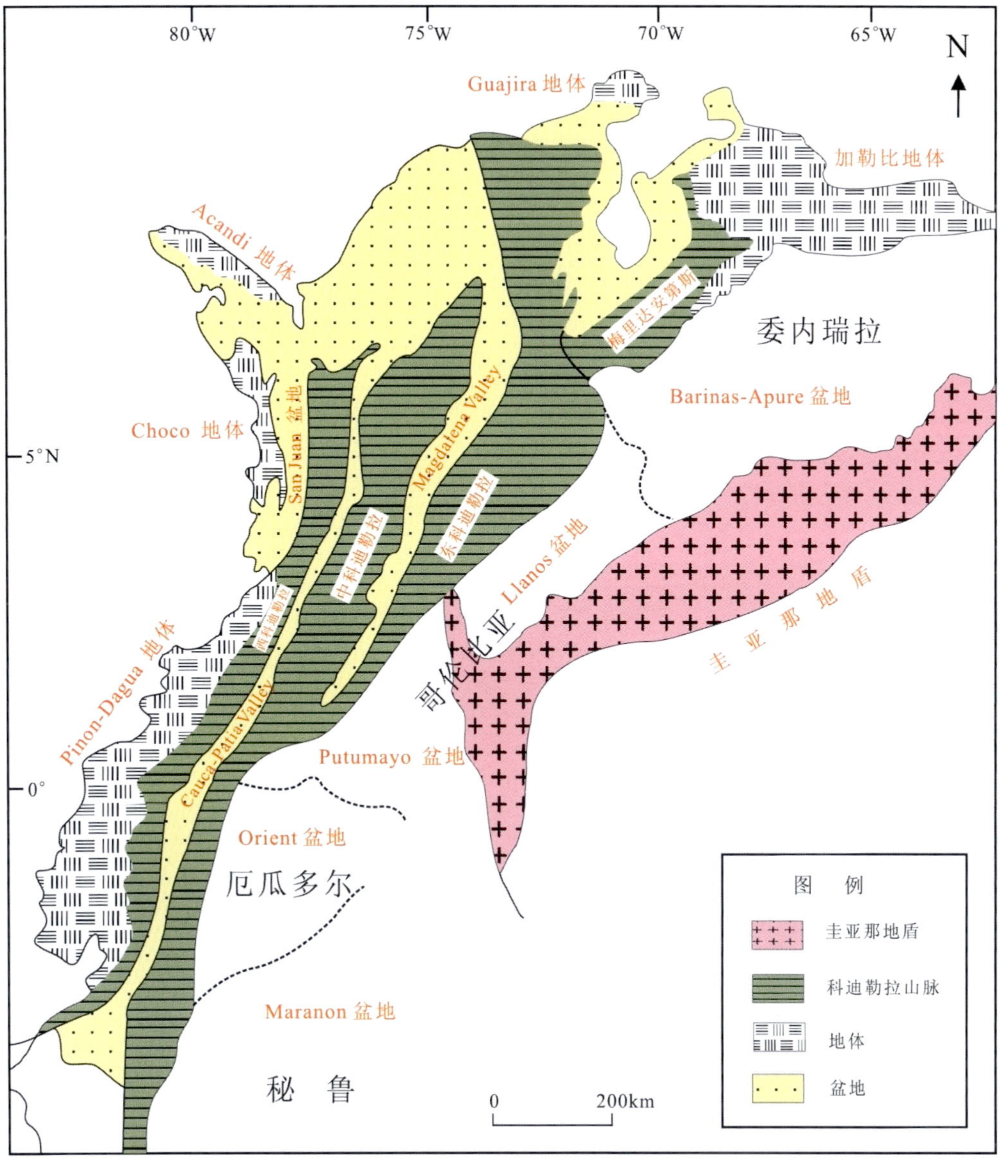

图 2-16　北安第斯造山带构造单元(Ramos & Aleman, in Cordani et al, Eds, 2000)

等因素，将 3 个盆地划分为 3 个Ⅱ级构造单元，本文不再进一步细分。

(二)安第斯造山带

通过地质、地球物理和地球化学等特征，安第斯造山带可划分为 3 个次一级构造单元，自北向南依次为北安第斯造山带、中安第斯造山带和南安第斯造山带(图 2-1)(Gansser, 1973; Roperch et al, 1987; Aleman & Ramos, 2000)。中、北安第斯造山带分界线在厄瓜多尔境内的瓜亚基尔断裂(Grijalva fault)(3°S 附近)；中、南安第斯造山带分界线在智利南部瓦尔迪维亚(Valdivia, 39°S 附近)。上述三者内部还可做进一步的细分，具体见第三章相关章节。

1. 北安第斯造山带

北安第斯造山带包括委内瑞拉、哥伦比亚和厄瓜多尔大部分，目前俯冲的大洋板块年龄为 23～10Ma(中新世)，中生代火山岩主要为玄武安山质-安山质，且有大量的由蛇绿混杂岩组成的洋壳残片

(增生楔)出露。在中安第斯造山带,目前俯冲的大洋板块年龄为 50～30Ma(始新世—早渐新世),火山岩主要为安山质-英安质,两者之间地质、地球物理和地球化学特征存在较大差异。北安第斯造山带按地质特征可进一步划分为增生地体、火山岩带和山间盆地等构造地貌单元(图 2-16)。其中,增生地体分布于大陆边缘,多为外来地体,主要有加勒比地体、乔科(Choco)地体、皮诺-达瓜 (Pinon - Dagua)地体等。火山岩带主要形成于中、新生代,分别为西科迪勒拉带、中科迪勒拉带和东科迪勒拉带。火山岩带东界为鲍德亚奈恩断裂带(Borde Ilanern),断裂以东为圭亚那地盾,西界为皮诺-达瓜、乔科等增生地体。山间盆地分布于火山岩带间,形成时代为古近纪—新近纪,与弧后拉张有关,主要有马拉开波盆地、考卡-帕迪亚(Cauca - Patia)盆地和马格达莱纳(Magdalena)裂谷盆地等。

2. 中安第斯造山带

中安第斯造山带以厄瓜多尔的瓜亚基尔断裂带为北界,以智利南部瓦尔迪维亚(Valdivia,39°S 附近)为南界,包括厄瓜多尔南部、秘鲁、玻利维亚全境和智利、阿根廷中北部等地区(图 2-17)。其南界瓦尔迪维亚为纳斯卡板块和南极洲板块的过渡区域,其内发育海底转换断层。瓦尔迪维亚北部属于纳斯卡板块,其向南美大陆俯冲角度较为平缓,为 25°～30°(Bourgois et al,1996),俯冲速率约为 8cm/a;

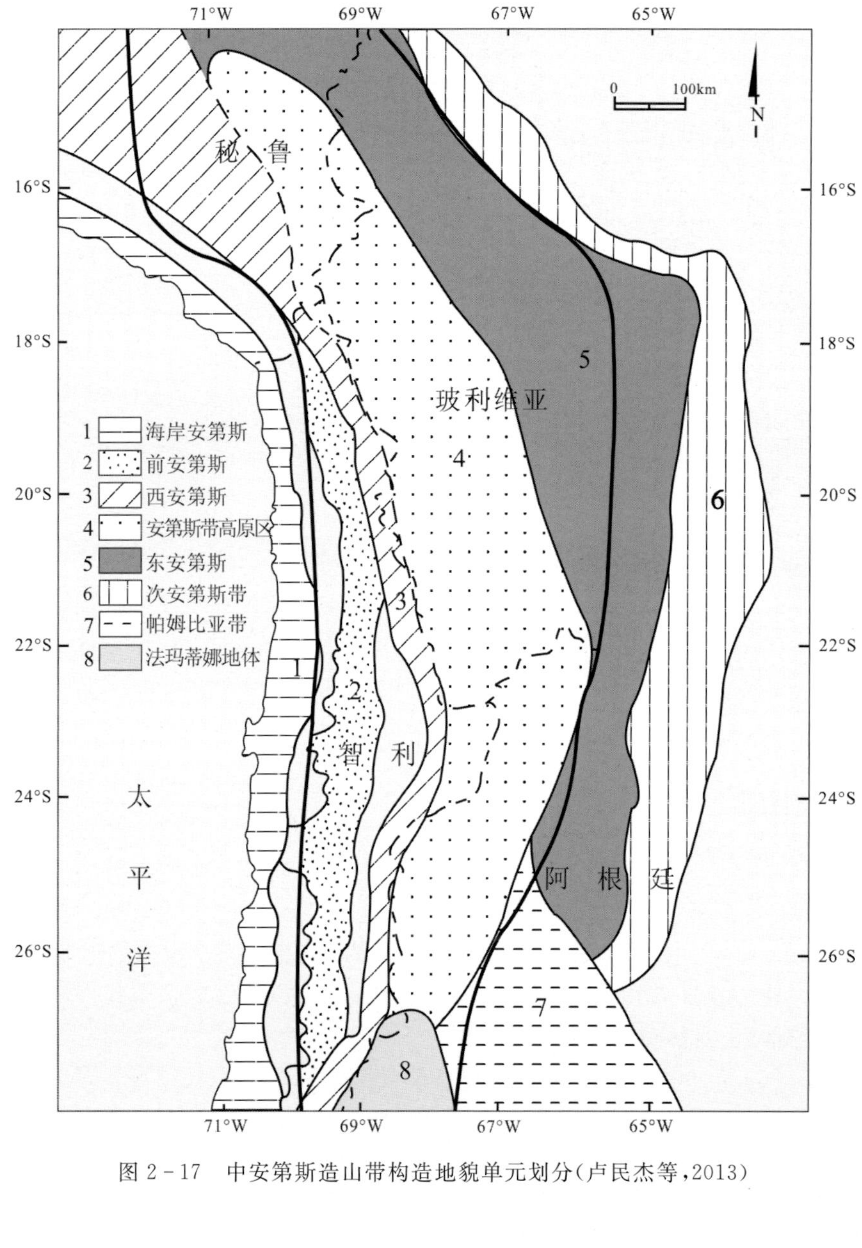

图 2-17 中安第斯造山带构造地貌单元划分(卢民杰等,2013)

南部属于南极洲板块，其俯冲速率较慢，仅 2cm/a，俯冲角度未知。地质特征也表明，中、南安第斯造山带发育不同类型的火山弧。根据基底组成、构造和火山-岩浆作用特征，中安第斯造山带可划分为两个亚带，即中北段安第斯造山带（3°～23°S）和中南段安第斯造山带（23°～39°S）（Zappettini，2005）。其中，中北段包括厄瓜多尔南部、秘鲁、玻利维亚全境和智利北部；中南段包括智利北部和阿根廷中北部。中安第斯造山带可划分为 8 个次一级构造单元，即海岸安第斯带、前安第斯带（弧间盆地）、西安第斯带、安第斯高原区、东安第斯带、次安第斯带、帕姆比亚地体和法玛蒂娜地体（图 2－17）。其中，秘鲁境内的中央凹陷与多梅科山系为海岸安第斯与西安第斯的分界线；新生代火山链形成的安第斯高原带，为东、西安第斯的分界线。沿其走向，前安第斯带和安第斯高原带均逐渐趋于尖灭消失。

3. 南安第斯造山带

南安第斯造山带包括瓦尔迪维亚以南所有区域（图 2－18），总体走向近南北向，在最南端逐渐过渡为近东西向，这被认为是受到南极洲板块向南美大陆俯冲所致。由于火山岩带向南逐渐尖灭消失，东、西科迪勒拉逐渐合并形成了安第斯主山脉。根据其构造和火山-岩浆作用差异，南安第斯造山带可进一步划分为增生地体、岩浆岩带等构造单元（图 2－18）。其中，增生地体形成于古生代—早中生代，主要包括邱诺斯（Chonos）变质杂岩体、玛德莱德迪奥斯（Madre de Dios）地体和安第斯东部变质杂岩体（EAMC）等。岩浆岩带主要为南安第斯造山带中部发育的巴塔哥尼亚岩基，依据成岩年龄、岩体特征等，该岩基又可进一步分为北巴塔哥尼亚岩基和南巴塔哥尼亚岩基。

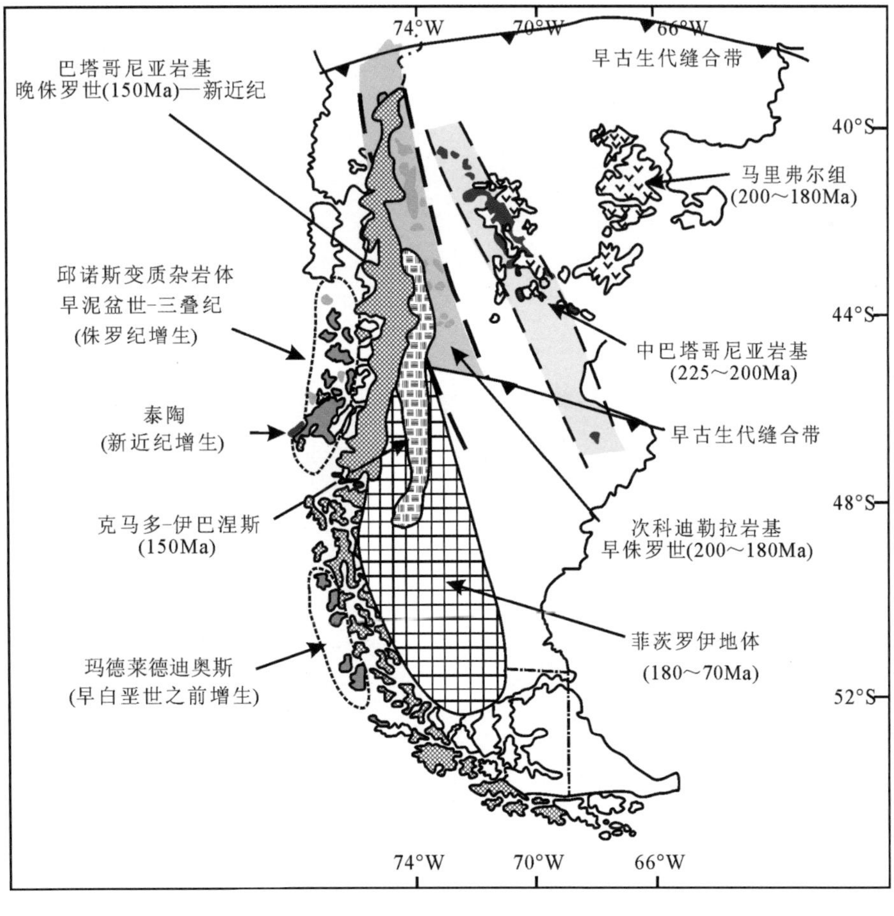

图 2－18　南安第斯造山带构造-岩浆岩带（Zappettini，2005）

二、主要构造单元特征

(一)南美地台

1. 地盾区

地盾区主要包括亚马孙、圣弗朗西斯科、拉普拉塔、圣路易斯、路易斯阿尔维斯等陆块,以及陆块之间的造山带,如博尔博雷玛、托坎廷斯(Tocantins)和曼蒂凯拉(Mantiqueira)等。

亚马孙陆块为全球最大的陆块之一,包括周边造山带在内,亚马孙地块面积约 $430\times10^4km^2$,其被索里莫斯-亚马孙盆地(Solimoes - Amazonas basin)一分为二。亚马孙陆块大部分形成于元古宙,仅卡拉加斯(Carajas)形成于太古代,伊玛塔卡(Imataca)和北罗赖马(Roraima)形成于古元古代。陆块周边广泛分布前寒武纪造山带,如太古代中亚马孙构造省,古元古代伊玛塔卡(Imataca)构造带,塔帕若斯-帕里马构造省[Tapajos - Parima,(20.3~18.8)亿年]、里奥内格罗构造省[Rio Negro,(18.2~15.5)亿年]、朗多尼亚-茹雷纳构造省[Rondonia - Juruena,(18.4~15.6)亿年]和桑萨斯构造省[Sunsas,(14.5~11.0)亿年](图 2-14)。

圣弗朗西斯科陆块北部地区主要形成于太古代,如加维昂地块(Gavião)、热基耶(Jequie)、塞里尼亚(Serrinha)和里奥卡平(Rio Capim)等,由一系列中-高等变质岩组成。其中,加维昂地块(Gavião)已发现南美洲最古老的岩石。南部铁四角地区(Quadrilatero Ferrifero)米纳斯超群含有丰富的高品位铁矿石。在陆块南部,则于 2170~2000Ma 发生过碰撞事件。整个陆块周围分布着新元古代与巴西-泛非运动有关的造山带,如博尔博雷玛、托坎廷斯(Tocantins)和曼蒂凯拉(Mantiqueira)等(图 2-15)。其中,托坎廷斯又可进一步划分为巴西利亚(Brasilia)、阿拉瓜亚(Araguaia)、巴拉圭(Paraguay)、克里札斯-戈亚斯(Crixas - Goias)和潘姆皮恩(Pampean)造山带;曼蒂凯拉又可划分为阿拉苏阿伊(Aracuai)、里贝拉(Ribeira)、唐费利西亚努(Dom Feliciano)造山带(图 2-15)。

拉普拉塔陆块主要形成于元古代(2200~2000Ma),主要包括塔夸伦博-里比拉(Tacuarembo - Ribera)、尼科佩雷斯(Nico Perez)、彼德拉斯阿尔塔斯帕(Piedras Altas)、布宜诺斯艾利斯和坦迪利亚(Tandilia)。

圣路易斯陆块为西非陆块的一部分,形成于古元古代(2200~2100Ma),基底为深成侵入岩。在南部,新元古代巴西旋回时形成了古鲁比(Gurupi)造山带(图 2-15)。

上述各构造单元发育的地层、岩浆岩和构造等地质体特征详见第三章第二节相关内容。

2. 盆地区

南美地台主要发育 3 处陆内坳陷盆地,自北向南分别为索里莫斯-亚马孙盆地、帕纳伊巴盆地和巴拉那盆地(图 2-1)。上述盆地构造沉积较为简单,早期主要为晚奥陶世海进—海退沉积旋回,在索里莫斯-亚马孙盆地和帕纳伊巴盆地发育硅酸盐碎屑岩和蒸发岩-碳酸盐岩。晚元古代沉积与晚寒武世—早三叠世红层接触。中生代广泛发育与冈瓦纳大陆解体有关的玄武质熔岩。三大盆地中均发育白垩纪冲积物、风积物以及河流冲积物。新生代巴拉那盆地为安第斯造山带前陆盆地,其内发育 Chaco 群,沉积物厚度超过 2000m。

(二)安第斯造山带

1. 北安第斯造山带

北安第斯造山带包括加勒比海安第斯地区、布卡拉曼加地区和北部火山带地区,主要位于厄瓜多尔、哥伦比亚和委内瑞拉等国家。其由数个增生地体、中-新生代火山岩带和山间盆地组成(卢民杰等,2013)。增生地体主要有加勒比地体、乔科地体、皮诺-达瓜地体等。可见科迪勒拉山脉不同主山系的各分支，自西向东分别为西科迪勒拉、中科迪勒拉和东科迪勒拉（图 2-16）。其中，该带火山-岩浆活动期具有自西向东逐渐变老的趋势：火山-岩浆活动时代在西科迪勒拉、中科迪勒拉和东科迪勒拉，分别为晚中生代—古近纪—中新世、晚中生代—古近纪和三叠纪—侏罗纪，以玄武安山质-安山质为主。这反映太平洋板块俯冲具有仰冲逐级后退的特点。山间盆地主要有马拉开波、考卡-帕迪亚（Cauca-Patia）和马格达莱纳等裂谷盆地。本部分主要引用卢民杰等（2013）有关观点和内容，将该带进一步划分为如下次一级构造单元。

（1）增生地体。增生地体主要分布于该带大陆边缘，多属于外来地体。

加勒比地体：位于委内瑞拉北部，构成委内瑞拉加勒比山脉，其基底为古生代的片麻岩等深变质岩系，中生代地层为浅变质沉积岩和变火山岩，有大量晚侏罗世—白垩纪的杂岩侵入，如 El Tinaco 杂岩、Villa de Cura 杂岩等，地体内存在有各种各样的蛇绿岩混杂岩，主要为橄榄岩、纯橄榄岩、斜方纯橄岩、蛇纹石岩、辉石岩以及一些相关的辉长岩和基性火山岩等。该地体可能为加勒比板块在古新世到早始新世（60～50Ma）向南美大陆发生仰冲形成的增生地体。

乔科地体：出露于哥伦比亚北部和委内瑞拉南部，主要由 78～72Ma 形成的大洋玄武岩（宝杜山脉）构成，在该地体的北部出露有 Baudo 洋壳岩石，属于异地地体，于 13～12Ma 拼贴于南美板块。其上被晚白垩世—中新世近海岩系所覆盖。

皮诺-达瓜（Pinon-Dagua）地体：出露于哥伦比亚和厄瓜多尔，由拉斑玄武岩和沉积于洋壳之上的沉积岩系组成。沿 Cauca 断裂有蛇绿岩分布。古地磁研究证明了皮诺-达瓜地体的外来属性（Roperch et al,1987），岩石年龄介于白垩纪阿尔必期和马斯特里赫特期，于 80～60Ma 增生于西科迪勒拉带西侧，哥伦比亚 Romeral 断裂被认为是皮诺-达瓜地体和西科迪勒拉的缝合带。

（2）火山岩带。北安第斯造山带主要发育 3 个火山-岩浆岩带，分别与上述西科迪勒拉、中科迪勒拉和东科迪勒拉相一致，其东部以鲍德亚奈恩断裂带为界线，与南美地台区之圭亚那地盾分开，西侧与皮诺-达瓜、乔科等古近纪以来的增生地体相邻。中、东科迪勒拉在哥伦比亚逐渐合二为一，其山间盆地在厄瓜多尔附近消失。东、西科迪勒拉间发育有蛇绿岩，且两者间断裂带分布有硬柱石-蓝闪石片岩和榴辉岩组成的高压低温变质岩带，被认为是侏罗纪的缝合线或俯冲带（卢民杰等，2013）。在东科迪勒拉带，火山-岩浆岩主要集中在三叠纪—侏罗纪，分布不广泛，多为小型基性岩浆岩，中新世中后期隆升；中科迪勒拉火山-岩浆岩集中于晚中生代—古近纪，发育广泛，上覆古近纪沉积岩和火山岩。

（3）山间盆地。山间盆地主要分布于上述三个火山-岩浆岩带之间（图 2-16），与古近纪—新近纪大洋板块俯冲的弧后拉张环境有关。

马拉开波盆地红砂岩和 La Quinta 组基性岩墙内发育层控型铜矿化，以 Seboruco 矿床（11×10^6t，铜含量最高 2.4%）和 Cano Tigre 矿床最为典型，同时也是委内瑞拉重要的油气产地。马格达莱纳盆地位于哥伦比亚北部地区，岩性主要为三叠纪—侏罗纪裂谷相关的陆相红色砂岩和火山岩组成，叠加有白垩纪海相沉积岩。其内发育有古近纪—新近纪大陆型火山碎屑和沉积矿床，为哥伦比亚重要的沉积矿产和油气资源潜力区。

2. 中安第斯造山带

中安第斯造山带在区域上主要包括厄瓜多尔南部、秘鲁、玻利维亚及智利和阿根廷中北部等，是安第斯造山带火山-岩浆活动的剧烈区域。前人依据基底组成、构造和火山-岩浆活动特征将其分为中北段（3°～23°S）和中南段（23°～39°S）。该带可进一步划分为 8 个次一级构造单元，自西向东分别为海岸安第斯带、前安第斯带（弧间盆地）、西安第斯带、安第斯（普纳）高原区、东安第斯带、次安第斯带和帕姆比亚地体、法玛蒂娜地体（图 2-18）（卢民杰等，2013）。

（1）海岸安第斯带。沿秘鲁—智利中北部海岸带分布，而且在秘鲁南部局部消失。基底主要由前寒武纪变质片麻岩、花岗岩及古生代的沉积岩构成，上覆中生代的火山-沉积岩，局部覆盖有古近纪和新近纪弧前海相沉积。在智利—玻利维亚段北部海岸科迪勒拉带宽度可达 50km，主要由侏罗纪—早白垩世岩浆弧岩石组成，并被主要的近南北向的阿塔卡玛断裂系所切断。上覆晚白垩世岛弧岩石的纵谷从前科迪勒拉带(弧间盆地)中分离出来。其是本区重要的IOCG型铜、金、铁成矿带。

(2)前安第斯带(弧间盆地)。仅发育在本构造区南段(即智利北部一带)，在南纬21°以北(秘鲁段)，该带与西安第斯带合并。该带主要由侏罗纪—早白垩世弧后沉积岩、晚白垩世—早古近纪火山岩和沉积岩和新近纪—第四纪凝灰岩和山麓沉积物构成。在智利称为中央盆地，为含盐-锂沉积盆地。

(3)西安第斯带。在安第斯系统中地势最高，最高峰 Nevado Huascaran 海拔 6768m。Nevado Huascaran 的山峰走向平行于太平洋海岸地区，是水系的分界线。基底主要由前中生代变形变质岩组成，上覆中生代沉积岩和中新生代的火山岩，中生代侵入体向西侵入(中生代岛弧)，东部上覆大量古近纪岛弧火山岩，局部伴有古近纪侵入体(Blanca 山脉)。在智利-玻利维亚段北部，西科迪勒拉带由新近纪—第四纪岛弧岩石组成，包括顶峰高达6000m的活火山。孤立的露头显示古近纪和新近纪岛弧岩石组合至少是局部覆盖在前寒武纪基底上。其是本区重要的斑岩型铜、钼、金、多金属成矿带。

(4)安第斯(普纳)高原。位于秘鲁南部—玻利维亚—智利北部弧形弯曲的中心部位，在东、西科迪勒拉带之间呈楔形分布，向北在南纬16°附近和向南在南纬18°附近逐渐尖灭消失。主要由具类似弧后钙碱性化学特征的新近纪—第四纪的中酸性火山岩构成。现代火山活动活跃，形成一系列火山锥高峰，平均海拔达3700余米。其为重要盐湖卤水型锂矿、斑岩型铜矿和浅成低温热液型金、银多金属成矿带。

(5)东安第斯带。主要由古生代发生褶皱的变沉积岩、中生代沉积岩和中-新生代火山-沉积岩，以及中新生代侵入体组成(Kontak et al，1985)。该带发育有一系列向西或南西推覆的推覆构造和褶皱构造(Maranon，Ticlio，Manazo FTB)，在秘鲁南部，东科迪勒拉带通过倾向南西的逆断层俯冲到安第斯(普纳)高原之上，向北东或向东逆冲到次安第斯带。据地球物理资料，在南纬19°地区，其地壳厚度超过60km，在科迪勒拉山西段和东段之下地壳厚度达到70～75km(Beck et al，1996)。其为本区重要的造山型金矿和浅成低温热液型金、银、多金属矿和锡矿成矿带。

(6)次安第斯带。由古生代的海相硅质碎屑沉积岩和中生代、古近纪和新近纪陆相沉积岩组成。岩石遭受变形作用形成一系列褶皱冲断带，其向北东或向东逆冲到东部低地中。后者低地为巨大的冲积平原，为安第斯山侵蚀的产物，目前仍然在接受沉积。

3. 南安第斯造山带

南安第斯造山带在区域上主要包括智利和阿根廷的中南部地区(图2-18)。从地貌来看，该带东、西科迪勒拉合并为安第斯主山脉，自西向东，分别为海岸山脉、中央山谷、安第斯主山脉和巴塔哥尼亚地体。该带西部于古生代—早中生代拼贴了一系列增生地体，如邱诺斯(Chonos)变质杂岩体、泰陶(Taitao)蛇绿岩组合和玛德莱德迪奥斯(Madre de Dios)地体等。从晚侏罗世到上新世，在巴塔哥尼亚形成了长约1000km的连续侵入体，岩性以英云闪长岩、花岗闪长岩和花岗岩为主。

(1)增生地体。

邱诺斯变质杂岩体：出露于该区西部的邱诺斯群岛和泰陶半岛附近。露头主要由晚志留世—早泥盆世低级变质岩系组成。分为东西两个带：东带由变质浊积岩、少量变质燧石岩和绿岩带组成；西带由片岩、绿片岩和变质燧石岩组成。出露于泰陶半岛西部的泰陶蛇绿岩组合被认为是在晚中新世到上新世洋壳地体仰冲的产物。

玛德莱德迪奥斯地体：出露于西南部大陆边缘的玛德莱德迪奥斯群岛(49°～52°S)。可将其划分为：①主要由变质玄武岩和燧石岩组成的 Denaro 杂岩体，其中的变质玄武岩具有枕状构造；②Tarlton 灰岩；③由杂砂岩、硅质岩、页岩、砾岩组成的 York de Duke 杂岩体，新鲜碎屑锆石 SHRIMP U-Pb 测年数据显示出明显的早二叠世晚期(约270Ma)特征；④含蓝片岩的 Diego de Almagro 变质杂岩体。

安第斯东部变质杂岩体(EAMC)：出露于巴塔哥尼亚岩基东南部，晚侏罗世之前(180～70Ma)的低级变质杂岩。可划分为两个地层单元：由云母片岩、绿片岩和大理岩组成的 General Carrera 湖北部单元；主要由次绿片岩-绿片岩相序列的硬砂岩、页岩和砾岩组成的 Cochrane 南部单元，该单元极少含有次绿片岩和大理岩。

(2)岩浆岩带。巴塔哥尼亚中部呈南北向分布的巴塔哥尼亚岩基,长约1000km,宽200km,总体展布与该带主构造线方向平行。主要由晚侏罗世至上新世侵入岩组成。一些小岩体出现在主岩基的西部,位于泰陶半岛;而在东部则是位于Paso las Llaves、费兹洛伊山和Torres del Paine等地。该岩基自北而南可划分为两段:位于佩纳斯(Penas)湾(47°S)北部的北巴塔哥尼亚岩基(NPB)和位于南部的南巴塔哥尼亚岩基(SPB)。北岩基走向北北东,南岩基走向北北西。

北巴塔哥尼亚岩基属于钙碱系列,主要由角闪黑云石英闪长岩和花岗闪长岩组成。根据岩基中的小岩脉分析,获得其年龄显示为纵向分带特征,中间较新,边部偏老。边缘为早白垩世单元(东部约120Ma,西部约135Ma),而岩基的中部包含始新世、中新世和上新世岩脉。更新的侵入体位于Liquine - Ofqui断层带的主断裂上。这些深成岩体是同构造期侵入的,大多数都可见强烈的岩浆作用以及构造作用的影响。

南巴塔哥尼亚岩基研究较少,已知年龄为165～11Ma,峰值位于120～70Ma,与安第斯造山运动期一致。与北部岩基不同的是,早期深成岩体位于岩基中部,而不是在边部。且岩基主体部分不发育中新世或者上新世岩浆岩。岩基中普遍缺少经变形的深成岩,表明岩浆侵入时地壳压力不强。

泰陶半岛南部的西侧岩体是一个浅成二长花岗岩体,年龄为晚白垩世(锆石U - Pb年龄70Ma;Pankhurst et al,1999b),而该岩基主体中不存在这一成岩期的深成岩体。东侧岩体复杂多变。在El Faldeo(47°05′S)发现了中侏罗世小型深成岩体,年龄为155±10Ma(Parada et al,1997;锆石U - Pb年龄),并且具有相当高的锶原始比率(0.708),这指示一个非常显著的地壳特性,而这一特性在巴塔哥尼亚岩基中是不存在的。

(3)火山活动带。与中安第斯构造区相比,该区中-新生代火山活动相对较弱,且岩性较为偏基性,主要以玄武质或玄武安山质为主(Loper Escobar,1984;Hickey et al,1984)。这可能与基底组成差异和板块俯冲形态和角度有关。据有关资料,在新近纪和第四纪,此段板块俯冲形态具有变陡的特征。

三、构造演化

(一)概述

Cordani et al(2000)研究表明,南美洲自元古宙至古生代经历了多次构造旋回,依次为泛亚马孙造山旋回(亚马孙克拉通为2.26～2.02Ga,圣弗朗西斯科陆块为2.17～1.90Ga)、格林维尔(Grenville)造山运动(1.45～1.10Ga)(图2 - 19)、巴西-泛非(Brasiliano - Pana Africana)造山运动(840～540Ma)(图2 - 20)、冈瓦纳(Gondwanan)造山运动(晚古生代)等,伴随着一系列地体拼合、造山带形成和火山-岩浆活动和成矿作用。随后,由于大洋板片向南美大陆板片俯冲形成了典型的俯冲碰撞造山带-安第斯造山带(Dewey & Bird,1970)。该造山带不同部分造山过程不同,显示出构造演化的复杂性。安第斯造山带构造演化历史整体可以划分为4个阶段:第一个阶段与冈瓦纳超大陆原始边缘重建相关;第二个阶段以安第斯型俯冲造山形成的Gondwanides山脉和与潘基亚超大陆形成的Alleghanides为代表;第三个阶段为潘基亚裂解,伴随着北安第斯岛弧的俯冲碰撞;第四个阶段则是安第斯造山带的形成。伴随后两者发育剧烈的构造-岩浆事件,是形成该带一系列矿床的关键因素。

(二)南美地台构造演化

泛亚马孙造山旋回在亚马孙克拉通为(22.6～20.2)亿年,在圣弗朗西斯科克拉通为(21.7～19.0)亿年,发育花岗岩类-绿岩带,如帕斯朵拉(Pastora)、马扎鲁尼(Mazaruni)、伯尼波鲁(Boniboro)等,指示亚特兰提卡超大陆的形成。后期伊斯塔特利亚运动使得超大陆裂解,该事件以埃斯皮尼亚苏伸展事件[Espinhaco Extensional Event,(17.7～17.5)亿年]为代表,发育长英质火山岩和非造山侵入岩(Zap-

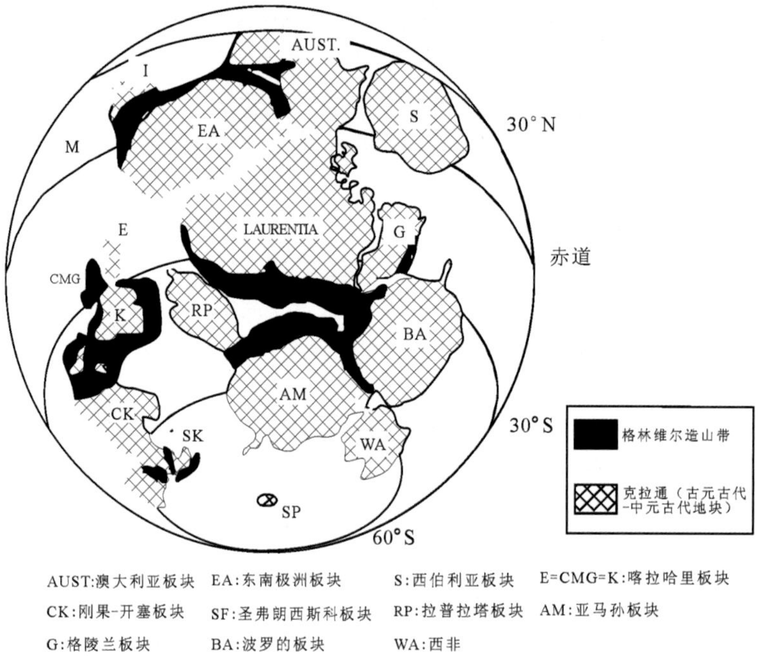

图 2－19　罗迪尼亚超大陆重建(Cordani et al,2000)

pettini，2005）。

格林维尔造山运动期间[（14.5～11.0）亿年]，陆块（如波罗地、澳大利亚、南极洲东部、西伯利亚、卡拉哈里、刚果、圣弗朗西斯科、亚马孙、拉普拉塔、格林兰、西非、博尔博雷玛省）碰撞形成了桑萨斯、纳马夸-纳塔尔（Namaqua－Natal）和卡瑞里斯维尔和斯（Cariris Velhos）等造山带，指示罗迪尼亚超大陆的最终形成（图 2－19）。巴西东北部卡瑞里斯维尔和斯造山带（Cariris Orogenic Belt）亦发育在格林维尔时代的缝合带内。埃斯特角地体[Punta del Este Terrane，（10～9）亿年]，可能代表了纳马夸构造省的一小部分。

巴西-泛非造山运动[（8.4～5.4）亿年]，使得罗迪尼亚超大陆裂解碎块重新增生拼合形成冈瓦纳大陆。沿格林维尔时期缝合线，部分陆块（如亚马孙、圣弗朗西斯科/刚果、圣路易斯/西非、拉普拉塔和卡拉哈里等）从东冈瓦纳分离，拼合形成现今的南美大陆。该造山运动影响范围包括博尔博雷玛、托坎廷斯和曼蒂凯拉构造省，指示了南美地台主要的碰撞事件（图 2－20）。泛巴西线性构造带为亚马孙陆块和圣弗拉西斯科陆块间巨型缝合线，主要包括托坎廷斯构造省，以阿拉瓜亚带、巴拉圭带和巴西带为代表，在新元古代发生活动，并于显生宙再次活化。在该造山运动期间，位于圣弗朗西斯科陆块东部的地块[如曼蒂凯拉构造省的瓜尼扬伊斯（Guanhaes）、茹伊斯迪福拉（Juiz de Fora）、马尔山脉（Serra do Mar）、曼蒂凯拉、安德雷迪亚（Andrelandia）和索科洛-瓜舒佩（Socorro－Guaxupe）]分离后，又再次重新增生拼合到原处，使得阿达马斯托尔洋（Adamastor Ocean）闭合。该时期，也形成了唐费利西亚努西部的圣加百利地块（Sao Gabriel Block）。巴西-泛非造山运动导致了大量活动带的形成，如巴西、阿拉苏阿伊、里贝拉、唐费利西亚努和巴拉圭-阿拉瓜亚，对亚马孙陆块和圣弗朗西斯科陆块周缘的新元古代盆地产生了深远影响。博尔博雷玛构造省构造和岩浆岩主要形成于卡瑞里斯维尔和斯造山运动[中元古代：（10～9.6）亿年]和巴西-泛非造山运动（新元古代）。后者对其构造和侵入岩的形成起决定性作用，其基底岩石主体为古元古代，与泛亚马孙造山运动相关。

在联合古陆拼合之前，冈瓦纳原始大陆西部在早元古代发生了地体增生拼合作用，涉及的地体有帕姆皮亚（Pampia）、阿雷基帕-安托法亚（Arequipa－Antofalla）、库亚尼亚（Cuyania）、智利尼亚（Chilenia）和奇布查（Chibcha）等外来和准原地地体。帕姆皮亚和阿雷基帕-安托法亚地体拼合时间约为 5.3 亿

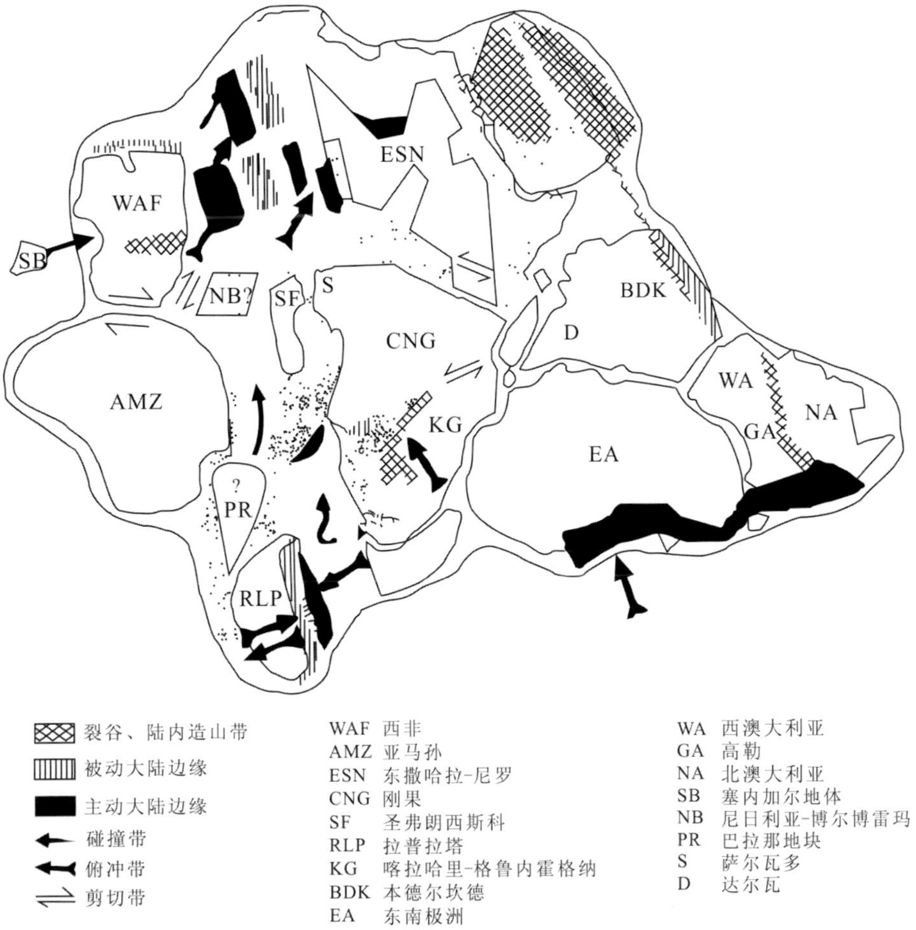

图 2-20 巴西-泛非造山事件与冈瓦纳大陆聚合(Cordani et al,2000)

年,对于两个地体的起源不同学者存在较大争议,部分学者认为上述两地体具有各自独立的起源,也有部分作者认为其为同一个地体。阿雷基帕-安托法亚地体在发生碰撞后,在早古生代沿格林维尔时期构造线发生伸展作用,形成弧后盆地,并逐步发展成为前陆盆地。法马提尼亚造山运动期间[(5～4)亿年],在安第斯中南部法马提纳(4.65 亿年)、库亚尼亚(4.35 亿年)和智利尼亚(4 亿年)等地体先后与冈瓦纳原始大陆边缘发生碰撞作用。奇布查为外来地体,起源于北美大陆,在早泥盆世(4 亿年)与冈瓦纳原始大陆边缘处碰撞。巴塔哥尼亚地体在早石炭世(3.5 亿年)增生到冈瓦纳大陆。阿拉格汉尼亚造山运动(Alleghanıan)使得美利达地体增生到了冈瓦纳大陆,组成了委内瑞拉境内的安第斯基底。

古生代(约 300Ma),冈瓦纳大陆和劳伦大陆最终形成了联合古陆,其代表了劳伦古陆、冈瓦纳大陆、西伯利亚和巴塔哥尼亚地块的聚合。联合古陆的裂解作用发生在 1.8 亿年,使得南美大陆独立。冈瓦纳造山运动开始于晚古生代,初始为南美大陆边缘的俯冲碰撞作用,伴随俯冲作用形成的岩浆活动,逐渐发展为中生代裂谷作用,形成了一系列与伸展断层有关的非造山岩浆活动。

(三)安第斯造山带构造演化

安第斯造山带构造演化可划分为 4 个阶段(Cordani et al,2000),概述如下:

对于第一个阶段,通过巴西-泛非造山旋回中不同陆块的增生拼合研究,建立了冈瓦纳超大陆形成机制(Cordani et al,2000),其西部边缘多形成于早古生代时期较小地块的增生(Toussaint,1993),构成了现今太平洋边缘的主要结构(图 2-21)。上述地块多为准原地属性(Keppie&Romas,1999),部分具外来属性，如加勒比安第斯地区的乔科地体(Dengo&Covey,1993)和委内瑞拉的博奈尔(Bonnaire)地体(Bellizzia&Pimentel,1994)等。在中部秘鲁，阿雷基帕陆块可能由于板块俯冲作用被侵蚀，导致其基底缩短(Von Hucne&Scholl,1991)，也有学者认为是大规模的基底拆离造成的(Dalziel,1994)。阿雷基帕陆块和安托法亚基底的伸展作用被早期格林维尔期缝合线控制，形成了一个沿秘鲁南部、玻利维亚和阿根廷北部展布的奥陶纪—泥盆纪盆地(Sempere,1995;Sudrcz－Sormco,1999)。安托法亚西部演化较为复杂，记录了晚元古代的一次碰撞(Omatini et al,1999)。普纳西部岩浆弧在晚寒武世和中奥陶世一直处于活跃期(Bahlburg,1990)，而在更南部的巴塔哥尼亚地区较少记录该时期演化信息。

第二阶段是晚古生代阿勒格尼和冈瓦纳造山运动，分别影响了安第斯北部和南部。其中，阿勒格尼造山运动介于晚石炭世和二叠纪(330～265Ma)(Hatcher et al,1989)，冈瓦纳超大陆西部与劳伦古陆发生碰撞，导致了阿巴拉契亚山系的抬升和变形。冈瓦纳造山运动集中在晚古生代，主要体现在布宜诺斯艾利斯地区以及与其毗连的开普敦。

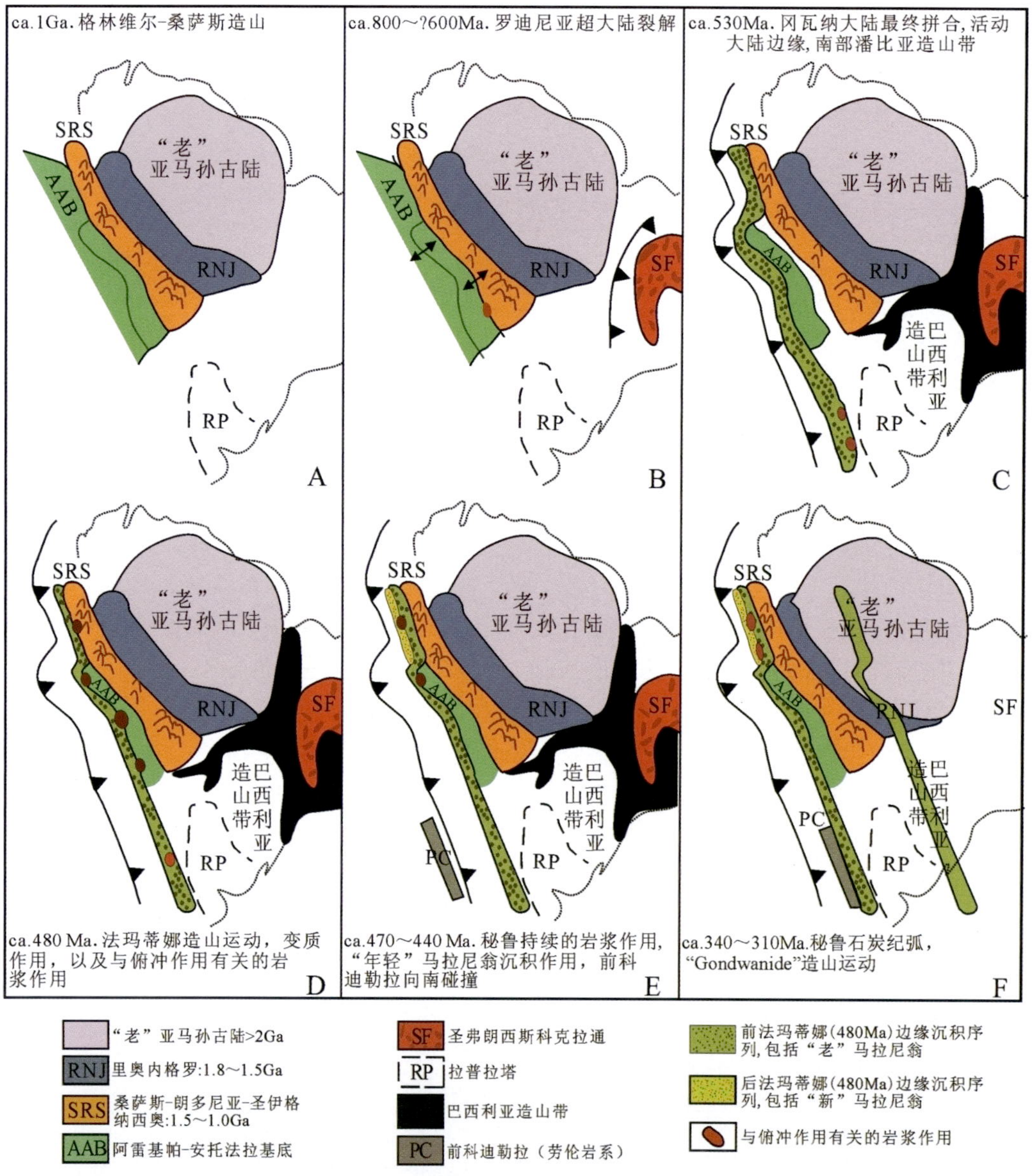

图2－21　中-北安第斯造山带冈瓦纳大陆边缘构造演化(Chew et al,2007)

第三阶段为安第斯早中生代扩张作用，发生于二叠纪—三叠纪末期，标志联合古陆分裂（Cordani et al,2000）。受一系列北东-南西向雁列式断裂影响，北安第斯大陆边缘在三叠纪到侏罗纪进一步发展。沿哥伦比亚马格达莱纳山谷发育的少量深成岩体指示其于晚三叠世发生扩张作用。秘鲁前陆地区证据表明，该地区三叠纪裂谷叠加在晚古生代扩张之上，形成了一个复杂的扩张模式，普卡拉（Pucara）组地层发育有晚三叠世到侏罗纪厚层蒸发岩和红层序列，构成了初始同裂谷沉积（Mathalone&Montoya,1995）。玻利维亚的塔拉布库（Tarabuco）（171Ma）地区部分碱性玄武岩与三叠纪—早侏罗世裂谷作用有关（Sempere,1995）。阿根廷和智利的安第斯地区在三叠纪发育北东-南西裂谷体系（Uliana&Biddle,1988），初期以 Choiyoi 火山岩为特征，扩张增生到南美陆块古生代地层边缘而得到进一步扩展（Kay et al,1989）。

第四阶段为被动边缘和弧后坳陷阶段。安第斯造山带在侏罗纪—白垩纪发育了一系列弧前、弧内和弧后盆地。晚侏罗世，北安第斯大陆边缘已演化为弧后坳陷，进一步发展为被动大陆边缘，继而沉积有白垩纪海相沉积物（Pindell,1985）。其南部的厄瓜多尔弧后盆地发育有阿尔必阶海相台地沉积物；秘鲁也识别出了沿中巴西地盾的东部盆地和西部盆地。玻利维亚发育有自晚侏罗世—早白垩世的主动裂谷沉积。阿根廷西北部活跃着更年轻的张性断裂，其与南大西洋的扩张有着密切联系，与该扩张同时代的还有阿根廷北部的萨尔塔裂谷盆地。

1. 北安第斯造山带

北安第斯山脉包括加勒比海安第斯地区，以变质作用和仰冲作用为代表。

布卡拉曼加地区发育火山口和倒转构造，北部火山带地区在中生代到新生代遭受碰撞作用、变质作用、洋壳仰冲作用和岛弧增生作用。北安第斯造山带向南延伸至瓜亚基尔湾（Guayquil Gulf），可见白垩纪—新近纪增生地体，仰冲作用形成多个造山带，某些地区地质构造表现尤为突出，如梅里达带是由于加勒比造山带和新生代安第斯造山带挤压相关的斜向汇聚作用形成。

增生作用涉及到的构造单元有早白垩世哥伦比亚科迪勒拉山脉中部西缘仰冲作用形成的蛇绿杂岩、皮诺-达瓜地体、乔科地体。在早中生代，马格达莱纳山谷弧后拉张环境下发育钙碱性火成岩。Cordillera Real 地区发育古近系和新近系陆相-海相火山碎屑岩组合（厄瓜多尔 Piuntza 岩组）与同期 S 型花岗岩。侏罗纪拉张作用发育 Misahaulli 组酸性凝灰岩和玄武质熔岩。侏罗纪岩浆弧有莫科阿岩基（180～170Ma）、塞戈维亚岩基（160Ma）、伊瓦格岩基（150～140Ma）和扎莫拉岩基（180～152Ma）。白垩纪岩浆弧位于侏罗纪岛弧西部，多分布于哥伦比亚境内，如安蒂奥基亚岩基（80～60Ma）。在厄瓜多尔境内，主要发育赛利卡岛弧，形成于中-晚白垩世。渐新世（55～40Ma）钙碱性大陆岛弧岩浆作用发育于哥伦比亚（Mande 岛弧）和厄瓜多尔（Tandapi 岛弧）地区，并延伸至巴拿马北部，厄瓜多尔境内岛弧包括里奥圣地亚哥岩基。自渐新世开始，岛弧开始向东移动。渐新世，哥伦比亚岩浆活动减少，源于板片消减角度的减小。在厄瓜多尔境内，取而代之的是位于沿 Cordillera Real 西侧的萨拉古罗岩浆弧序列。中新世，钙碱性深成岩和火山岩弧岩浆作用多出露于哥伦比亚科迪勒拉山脉西部和中部，同时还有厄瓜多尔的 Cordillera Real 地区。马格达莱纳峡谷中同期镁铁质和超镁铁质岩浆作用与深部地壳断裂有关。

2. 中安第斯造山带

中安第斯造山带在秘鲁境内发育因纳斯卡无震海岭碰撞产生的火山弧，火山中心带出露包括 Altiplano 和 Puna 在内的弧后中性到酸性岩浆岩；潘姆皮恩地体与 Juan Fernandez 无震海岭碰撞相关的火山弧；南部火山带发育玄武质火山岩。中安第斯造山带弧前盆地、弧内盆地和弧后盆地形成于中生代，主要发育两个沉积区：沿亚马孙陆块分布的东部盆地和 4°～14°S 间的西部盆地。地层沉积与岩浆弧形成于同一时期。侏罗纪Ⅰ型花岗岩及相关钙碱性火山岩沿秘鲁海岸南东向侵位（Misahualli 组，Oyotun 和 Chocolate 火山岩）。东部弧后过铝质花岗岩和花岗闪长岩（225～180Ma）在玻利维亚 Cordillera Real 地区出露。侏罗系沉积地层包含弧后盆地碱性熔岩流，指示了拉张机制的存在。晚侏罗世到早白垩世，秘鲁沿海地区和智利北部地区发育岩浆弧，岩浆活动于130～120Ma达到顶峰，玻利维亚境内碱性玄武岩指示了拉张的地质环境。白垩纪—古新世，环状杂岩体和钙碱性侵入岩伴随着同期火山活动发生。渐新世岩浆活动持续进行，深成岩侵入减弱，次火山岩增多和岩浆弧开始扩大。始新世—渐新世，岩浆活动持续进行，于42～36Ma和31～30Ma分别发育深成岩与火山岩（Calipuy岩组）。晚渐新世—中新世（28～17Ma），Altiplano和科迪勒拉山脉东部地区发育以火山岩（玄武质安山岩、安山岩和英安岩）和沿Cordillera - Altiplano边界分布的花岗闪长岩为代表的岛弧岩浆作用。中-晚中新世，秘鲁境内岩浆特征指示了岩浆弧的扩张和迁移，岩浆岩年龄为12～7Ma。在中安第斯造山带中南部地区，发育重要沉积旋回和岩浆作用。在智利北海岸，英安岩、安山岩、玄武岩和凝灰岩（La Negra岩组）被认为是一个发育于早侏罗世的岛弧，智利Coastal Cordillera（Bandurrias岩组）保存有与海相沉积岩呈互层的早白垩世（137～110Ma）火山沉积岩。岩浆弧以东的阿根廷境内，侏罗纪—白垩纪弧后岩浆作用发育。自白垩纪以来，裂谷作用控制了萨尔塔盆地地层以及共生的碱性火山岩。智利和阿根廷部分地区发育侏罗纪玄武岩和安山岩，与Tordillo组红色砂岩互层。始新世—渐新世（43～32Ma），岩浆弧主要沿智利多梅科断层分布，向东延伸至阿根廷Puna地区。智利中部出露Cerro Blanco和Altos del Yaretal安山质-流纹英安质杂岩体。阿根廷岩浆弧在Neuquen Cordillera出露较好，主要为安山岩、英安岩、火成碎屑熔岩流和斑岩岩株。渐新世—晚中新世（26～16Ma）岩浆弧发育安山质熔结凝灰岩、角砾岩、安山岩-英安岩熔岩以及流纹英安岩穹丘，出露于玻利维亚Altiplano（Rondal事件，胡拉卡岩组）西南部，并延伸至阿根廷南部（Quebrada del yinua火山沉积杂岩体）；该期火山活动发育于智利Atacama地区和阿根廷南部地区。

3. 南安第斯造山带

南安第斯造山带亦存在数个地体增生，包括智利地震海岭碰撞作用形成的Patyinonian火山弧以及与弧后盆地闭合有关的变质作用。南安第斯造山带向南延伸至三联点，即纳斯卡板块和南极洲板块分界处的智利山脉。上述两板块与南美板块发生碰撞，其基底由巴塔哥尼亚地体古生代变质岩组成。沿南美板块西缘最南部拼合数个增生地体，包括Chonos变质地体、Fitz Roy和Madre de Dios增生地体。Chonos变质地体出露于Chonos群岛和Taitao半岛附近。晚侏罗世—上新世，形成了长约1000km的巴塔哥尼亚岩基，岩性主要为英云闪长岩，花岗闪长岩和花岗岩等钙碱性岩体。紧邻奥斯特拉盆地，侏罗纪—早白垩世岩浆弧发育火山岩体，主要为玄武岩和熔结凝灰岩，智利Chico南部出露128～123Ma凝灰岩和熔结凝灰岩。火地岛Sarmiento和Tortugas蛇绿杂岩体代表晚侏罗世—早白垩世弧后盆地发育事件。在巴塔哥尼亚前陆地区，碰撞造成火山弧活动停止，中新世以来Patagonian玄武质火山机构发育。该火山带位于49°S Austral火山区带中，主要为玄武质-安山质钙碱性层状火山岩。南安第斯最南段岩石主要为库克群岛低钾钙碱性安山岩。

中安第斯造山带是安第斯造山带中-新生代构造-岩浆作用强度最为剧烈的区域，其内发育多个全球著名的超大型—大型铜、金多金属矿床，是环太平洋成矿域重要组成部分。然而，长期以来，多次的造山运动叠加形成了中安第斯造山带，当前对于其自前寒武纪以来的演化研究往往较为零碎，不能很好地了解其构造演化史，严重制约了对区域成矿时空演化的认识。Mišković et al（2009）以冈瓦纳古陆西缘构造演化为基础，构建了亚马孙陆块前安第斯边缘岩浆作用地质年代学框架，依此构建了中元古代以来陆块西缘构造旋回，进而阐述其成矿时空演化特征。据此梳理如下：

（1）中元古代（桑萨斯-格伦维尔期）。Mišković et al（2009）通过对秘鲁萨蒂波－马里波萨（Satipo - Mariposa）剖面花岗岩年代学研究表明，其年龄分别为1071±23Ma和1123±13Ma，代表了之前未曾识别出的中元古代晚期至新元古代早期的安第斯岩浆活动。这超出了以往所认为的阿雷基帕-安托法亚地体（Arequipa - Antofalla）的范围。该花岗岩呈过铝质，高SiO_2，钙碱性到碱性特征，并显示出均一的Nb - Ta异常，指示其是与板块俯冲有关的侵入岩特征，表明亚马孙陆块中北段在1300～900Ma罗迪尼亚-桑萨斯造山运动顶峰时期处于活跃阶段。这也明确指示当时南美洲的存在，其位置在阿雷基帕-安托法亚地体东部边界150km以内(Mišković et al,2009)。秘鲁西南科迪勒拉地区中元古代晚期Querobamba花岗岩锆石U-Pb年龄为1123±12Ma,核部继承锆石年龄1200Ma被视为岩体侵位后的变质作用时期,这与同构造期的玻利维亚努瓦布拉西兰迪亚带(Nova Brasilandia)正片麻岩(锆石U-Pb年龄1113±56Ma和1110±8Ma,Rizzotto,1999)和秘鲁东南部Río Pichari麻粒岩相含石榴石紫苏花岗岩(锆石U-Pb年龄1140±30Ma)是同时期的。

秘鲁中元古代侵入体是玻利维亚东部桑萨斯碰撞造山带的延伸部分(1100~920Ma;Boger et al,2005),其与哥伦比亚东部出露的阿雷基帕-安托法亚片麻岩变质基底(1098±9Ma,Garzon Massif,Restrepo-Pace et al,1997)和阿根廷西部Sierras Pampeanas 1200Ma麻粒岩相变质基底(Casquet et al,2006)在时间上具有一致性。因此,在罗迪尼亚超大陆汇聚时,相邻造山带沿亚马孙陆块边缘展布多达3500km,涉及到与Laurentian Llano带的大陆碰撞,包括1080~970Ma之间的Labrador和Baltica(图2-22A;Hoffman,1991;Sadowski&Bettencourt,1996;Sadowski,2002)。

(2)新元古代(前巴西利亚构造旋回期)。新元古代花岗质侵入体沿着原亚马孙陆块西缘出露,年龄介于752~691Ma之间,为石英二长岩和碱性正长花岗岩,具有准铝质,碱性-钙碱性,含钾长石,高LILE和HFSE特征,指示其为A型非造山岩浆岩(Mišković et al,2009)。该岩体在空间上接近桑萨斯造山期深成侵入岩。该时期侵入体也出露于秘鲁南部准原地的阿雷基帕-安托法亚地体北部地区,其片麻岩基底被同构造期英安岩穿切,锆石U-Pb年龄635±5Ma(Loewy et al,2004)。

阿根廷西北部库亚尼亚地体(Cuyania)基底发现新元古代中期A型正片麻岩(774±6Ma;Baldo et al,2006),潘帕斯山系西部格林威尔期Sierra de Maz地体也发育霞岩和碳酸盐岩岩体(570Ma;Casquet et al,2008),指示了新元古代中期非造山岩浆作用为拉伸构造环境下的产物(Mišković et al,2009)。这些花岗岩作为最老的新元古代前巴西利亚构造旋回期非造山岩浆作用的产物,沿着原南美洲西缘展布,最早可能于800Ma发育同生裂谷作用,形成了阿根廷西北部Puncoviscana盆地内的超钾镁铁质岩,富高场强元素(HFSE)碱性熔岩流(Omarini et al,1999)。这补充了Tollo et al(2004)阿巴拉契亚造山运动蓝岭A型花岗岩和双峰式火山岩765~680Ma的年龄,将劳伦古陆-冈瓦纳古陆分离时间严格限定在615~570Ma(Cawood et al,2001)。亚马孙陆块西南地区非造山侵入体的就位时间暗示了一个长时间向北部迁移的离散事件。这可能预示着罗迪尼亚超大陆的分裂最早出现在新元古代,要早于以往认为的620~550Ma(Hoffman,1991;Cawood et al,2001)。古地磁模型也进一步证实了该观点,其提出了西罗迪尼亚古陆在725Ma左右裂解,涉及到澳大利亚和南极洲板块从西劳伦古陆分离,随即古太平洋(Panthalassic,泛大洋)开始打开(Powell et al,1993;Li et al,2008)。这指示亚马孙陆块西部也发生了不同步的、沿着劳伦古陆东部(那时南部)阿巴拉契亚边缘(Hartz&Torsvik,2002;图2-22B)向北方分离。此外,秘鲁发育的侵入体在空间分布上限定了新元古代时期劳伦古陆-原冈瓦纳的结合部位,也给古地理重建提供了证据。古地理重建表明,西亚马孙陆块、阿雷基帕-安托法亚地体、西Sierras Pampeanas和东劳伦古陆都属于罗迪尼亚古陆(Loewy et al,2003)。

(3)早古生代(法玛蒂娜构造演化期)。秘鲁东部晚奥陶世库斯科(Cuzco)岩基东缘碱性长石花岗岩锆石U-Pb年龄446.5Ma,其内寒武纪中期继承锆石年龄为508Ma;秘鲁中部石炭纪深成侵入体也发育大量奥陶纪和晚寒武世继承锆石(446Ma;514~490Ma)(Mišković et al,2009)。这与东科迪勒拉中北段Sitabamba花岗闪长岩质正片麻岩(445.9±2.4Ma;442.4±1.4Ma)及其附近Balsas副片麻岩(477.9±4.3Ma)、中科迪勒拉Pacococha石英二长岩(474.2±3.4Ma;Chew et al,2007)年龄大体一致。同时,圣尼古拉斯(San Nicolás)岩基侵位年龄为473±3Ma和464±4Ma(Mukasa & Henry,1990;Loewy et al,2004)。上述古生代早期的岩体年龄数据表明,阿根廷西北部法玛蒂娜岩浆弧北部沿着阿雷基帕-安托法亚地体展布,而奥陶纪晚期岩浆弧则沿着秘鲁东科迪勒拉到达6°S附近(Mišković et al,2009)。

在秘鲁14°S附近,阿雷基帕-安托法亚地体以帕拉卡斯(Paracas)断裂为北界,该地体北部地区缺失格林维尔期的基底年龄。Ramos(2008)将该区域解释为一个独立的块体,即"帕拉卡斯地体",可能形成

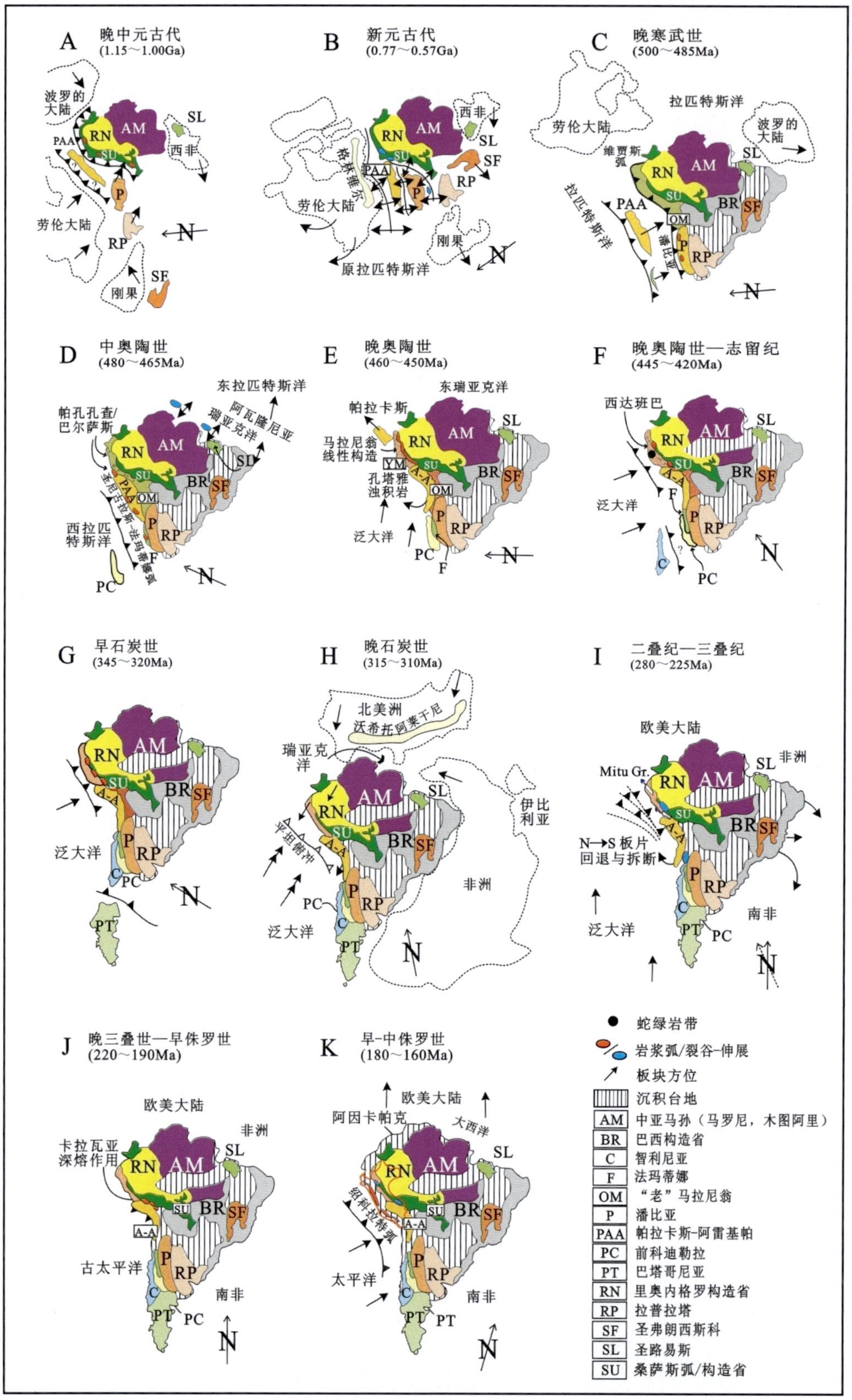

图 2-22　亚马孙陆块西缘构造演化（Mišković et al，2009）

于秘鲁东北部早奥陶世挤压事件。秘鲁西科迪勒拉底部至少在中白垩世已形成硅铝质基底，阿根廷普纳高原与之在一定程度上相似(Mišković et al,2009)。早奥陶世，准原地的帕拉卡斯-阿雷基帕-安托法亚地体沿着冈瓦纳边缘经历了重新对接(图2-22C)。东科迪勒拉 Pataz 北部 Vijus 群钙碱性安山岩上覆于马拉尼翁(Maranon)群之上，Mišković et al(2009)将其作为减薄的弧前地壳上发育晚寒武世岩浆弧的证据，这与阿根廷西北部普纳高原东缘环带式喷发相似(Ramos,1988)。帕拉卡斯-阿雷基帕-安托法亚地体的重新拼合使得边缘盆地闭合，这些盆地发育前法玛蒂娜(pre-Famatinian)"老马拉尼翁"沉积地层(Chew et al,2007)，并导致了橄榄岩透镜体的侵位。地体拼合碰撞之后，新的陆缘弧在成熟增厚的帕拉卡斯-阿雷基帕-安托法亚地壳之上发育(大约473～464Ma)，花岗岩类侵入到法玛蒂娜地体西缘，这与圣尼古拉斯岩基中陆缘弧花岗岩沿阿雷基帕地体海岸侵位并向北沿"帕拉卡斯地体"延伸相一致。在中奥陶世期间，板块运动使得安托法亚地体快速向北移动和顺时针旋转(>12cm/a;Forsythe et al,1993)，使得帕拉卡斯-阿雷基帕-安托法亚碰撞到东科迪勒拉南部(Mišković et al,2009)。其中，向东北方向的运移可能沿着一走滑断裂系统发生，该走滑断裂系统以长达600km的马拉尼翁(Rio Maranon)线性构造为代表(图2-22E)。帕拉卡斯地体作为墨西哥 Oaxaquia-Acatlán 微陆块的一部分，其当前位置是依据古生代早期与阿根廷西北地区冈瓦纳古陆相关联的动物分区和古地磁(Sánchez Zavala et al,1999; Keppie et al,2008)确定的。晚奥陶世存在持续20Ma的岩浆活动间隙，在阿雷基帕北部(Contaya 组，Dalmayrac et al,1980;"年轻的"马拉尼翁，Chew et al,2007)和安托法亚地体(Puna 浊积岩;Bahlburg&Hervé,1997)形成新的沉积中心。Cuzco 岩基与钙碱性奥扬泰坦博(Ollantaytambo)火山碎屑岩指示，在马拉尼翁造山运动末期以及随后的俯冲角度逆转中，海沟沿着秘鲁海岸线介入到现今位置，陆缘弧沿着东科迪勒拉7°S到14°S地段发育(图2-22F)(Bahlburg et al,2006)。东科迪勒拉北部陆缘弧花岗岩记录了一次高级变质事件，变质条件相当于中地壳环境，变质温度和压力分别为750℃和1280MPa(Chew et al,2005)。依据变质云母$^{40}Ar-^{39}Ar$年龄(Cardona et al,2006)，早古生代该地区原安第斯边缘最后一期造山事件可能仅略晚于442Ma。该事件可能与泥盆纪 Chanic 造山运动有关，造山运动伴随着智利尼亚和库亚尼亚的对接碰撞(Keppie&Ramos,1999)。

(4)中古生代(法玛蒂娜构造演化期)。在泥盆纪岩浆活动间歇之后，早石炭世陆缘弧侵入岩带沿着冈瓦纳古陆秘鲁边缘发育(图2-22G)，标志着南方大陆(Terra Australis)泛太平洋 Gondwanide 造山运动的开始(Cawood,2005)。该事件(350～190Ma)发育一系列岩浆活动，这与盘古(Pangea)超大陆的最初解体有关。石炭纪秘鲁 Eohercynian 造山运动形成了钙碱性含角闪石、黑云母花岗闪长岩质和花岗质岩基，这些岩体沿着东科迪勒拉展布，长达1200km(6.9°S:320.0±3.8Ma;13.2°S:324.1±5.3Ma)。该区早石炭世岩浆岩(宽度20～30km)与智利中部、阿留申群岛现代弧环境深成侵入岩的HREE曲线特征相似。秘鲁北部 Balsas、Callangate 和 Pataz 岩基年龄介于313～320Ma之间，Pb/Ba 比值指示其不能通过单一花岗岩体系简单的分离结晶作用形成(Patiño Douce&Beard,1995)。此外，早石炭世存在5Ma岩浆活动间歇与310.01～312.9±3.0Ma高级变质作用是同时期的。东科迪勒拉马拉尼翁杂岩体中部的石榴石 黑云母副片岩记录了该期变质作用(600℃和1100MPa;Chew et al,2005)。其总体上与高压、低温的托科(Toco)构造事件在时间上吻合，该事件卷入了智利北部的 Sierra del Tigre 浊积岩(Bahlburg&Breitkreuz,1991)。秘鲁东科迪勒拉岩基虽被解释为晚石炭世增生事件的证据(Mišković et al,2005)，但是目前除了早白垩世阿莫塔佩(Amotape)和洛哈-奥尔莫斯(Loja-Olmos)地体(Mourier et al,1988)外，还没有野外证据表明，阿雷基帕-安托法亚地体北部存在外来地壳碎片。该岩浆活动间歇可能源于增大的陆块聚合速率(Ramos,1988)，聚合速率增大导致了强烈的挤压作用，伴随有俯冲洋壳板片变浅和岩浆弧活动暂时终止。该时期与沃希托-阿莱干尼(Ouachita-Alleghenian)造山运动的启动时间精确一致(Rast,1984)，记录了冈瓦纳古陆北部南美洲、非洲西部、欧美大陆阿巴拉契亚—海湾地区同时碰撞。由于大陆地壳能够在脆-韧性过渡带上较好地转移应力(Lacombe,2007)，亚马孙陆块能够很容易扩散古应力场垂直地到达秘鲁边缘。320Ma左右，它也以相似的方式挤入北美陆块南部，其距离沃希托造山带北部约2100km(Craddokc et al,1993)。冈瓦纳古陆突然停止向北移动，沿着西南边缘聚合，引起托科造山带和上覆板块的侧向运动，是造成岩浆活动暂时终止的原因(Kay&Abbruzzi,1996；图 2-22H)。秘鲁 Gondwanide 造山运动发生于中二叠世到晚三叠世(海西运动)，岩浆作用持续时间长达 60Ma，高峰期在 235～240Ma。该区伸展断裂和 Mitu 盆地亦形成于此时期，发育有一系列北西-南东走向沉积中心，断裂控制的地堑和同生裂谷陆源外生碎屑，以及双峰式过碱性熔结凝灰岩到拉斑玄武岩(Carlotto,1998)。由此向南，Mitu 群镁铁质火山岩成分由拉斑玄武岩向响岩和碱玄岩演变，这些岩石出露于普蒂纳复向斜(Laubacher et al,1988)。

桑塔罗莎(Santa Rosa)流纹凝灰年龄 226±10Ma(Mišković et al,2009)，结合塔尔马(Tarma)省中部 Mitu 流纹岩 U-Pb 年龄 219.7±0.6Ma(Chew et al,2005)，表明该期与裂谷有关的火山活动普遍地比主要深成岩浆岩年轻。结合侵入岩年龄向南变年轻的趋势，11.5°S 地区出露的侵入岩年龄小于 245Ma，说明地壳伸展和裂谷作用在岩浆活动中起着重要作用。由石炭纪高 LILE/HFSE 比值、钙碱性岩浆岩到二叠纪造山后高 Th-Rb、无明显 HFSE 亏损的碱长花岗岩，以及三叠纪碱性 Mitu 群双峰式火山岩，构成了典型的岩浆演化序列。这与区域伸展垮塌后的岩石圈减薄有关((Jones,1991；Turner et al,1999；Xu et al,2007)。与智利北部 Frontal Cordillera 同时期的 Choiyoi 花岗岩省不同，秘鲁石炭纪岩浆弧的结束和造山后花岗岩的形成不能被解释成早二叠世外来地体的增生(即"X"地体)(Mišković et al,2009)。

智利中部内乌肯盆地可能由陆内裂谷作用演化而来，而非陆块碰撞作用产生，陆缘弧到造山后岩浆作用的转换，同早二叠世板块逆时针旋转有关(Mišković et al,2009)，这已由 Rapalini(1998)在阿根廷本塔纳(Ventana)褶皱带的弧前盆地观察到。西北向倾斜、凹形的斜向边缘俯冲板块，同时发生了由北到南的反转，影响了沿盘古大陆中部冈瓦纳边缘的右旋走滑扭转。这也解释了从秘鲁穿过玻利维亚直到智利和阿根廷北部的早期 Mitu 型转换拉伸地层的穿时性现象，以及岩浆弧活动的暂时停止。这与 280～270Ma 期间板片最终发生拆离作用有关(图 2-22I)。

秘鲁二叠纪—三叠纪深成侵入岩地球化学特征表明，其成因模式与石炭纪岩浆岩显著不同(Mišković et al,2007)。减压熔融作用在下地壳底部产生玄武质岩浆岩，导致了 260～200Ma 沿着冈瓦纳古陆西缘大面积区域发生伸展地壳熔融(Kay et al,1989)。造山后花岗岩可能形成于角闪石下地壳的脱水熔融，其由俯冲板片提供的热和流体驱动(例如 Skjerlie et al,1993；Hansen et al,2002；Sisson et al,2005)。裂谷作用最终触发下地壳岩浆房，导致了 Mitu 群双峰式火山岩的喷发。中生代 220～190Ma 构造作用末期以 Cusco-Puno 隆起 Pucará 群灰岩的形成(Rosas et al,2007)和 Cordillera de Carabaya 上地壳深熔作用为特征(图 2-22J)。与早二叠世岩浆活动不同，晚三叠世花岗岩 Sr-Nd 同位素组成大部分重叠，Nb-Ta 异常减弱，表明其熔融了沉积岩成分(Mišković et al,2007)。

(5)侏罗纪到中新世(安第斯造山运动)。卡鲁(Karoo)地幔柱向西漂移，引起南美洲西缘发生构造挤压作用，这在巴塔哥尼亚东北部(188～187Ma)、南极半岛北部(172～162Ma)和巴塔哥尼亚西部(157～153Ma)岩浆岩中均有记录(Pankhurst et al,2000)，指示了白垩纪冈瓦纳古陆最终分离。自 180Ma 开始，安第斯造山带陆续发育陆缘弧，秘鲁海岸带南部发育侏罗纪查拉(Chala)玄武岩(177Ma；Romeuf et al,1995)和佩拉多(Pelado)组火山-碳酸盐岩地层(190～170Ma，Roperch&Carlier,1992)。同时，弧后侵入岩侵位于北部帕斯塔(Pataz)地区和南部 Allincapac 省(图 2-22K)。早-中侏罗世深成侵入岩与秘鲁东科迪勒拉三叠纪岩体不同，该期 Allincapac 杂岩体富 HFSE、SiO_2 不饱和，可能是由 Mitu 盆地减薄地壳的下部软流圈地幔低程度的部分熔融形成。南纬 8°地区 Huayillas 石英二长岩和秘鲁东科迪勒拉其他深成侵入岩也与之不同。6°～12°S 地区深成侵入岩体却由东科迪勒拉下部较厚地壳高度部分熔融形成(高 Rb/Nb 比值)。始新世以来的年轻侵入体可能与板块汇聚角度的持续变化有关，晚期 Inca 造山运动"内弧"科尔卡班巴(Colcabamba)省石英正长岩形成于地壳深熔作用(Clark et al,1984)。该期地壳熔融可能与热的软流圈地幔充填 Nazca 板块因拆离作用形成的空隙有关。而后，板块由平缓角度恢复到"正常的"俯冲角度(约 30°)，该俯冲角度在新近纪持续存在(James&Sacks,1999)。

第三章　矿产资源

第一节　分布特征

一、矿产资源概况

南美洲矿产资源丰富，石油、铜、铁、铝土矿、金、银、铅、锌、锡、铌和锂等都在世界上占有重要地位（表3-1）。拉美的铜储量约占世界总储量的49%。其中，智利是世界第一大铜矿资源国，总储量达2.10×10^8t，占世界总储量的29.17%；秘鲁是世界第三大铜资源国，储量0.82×10^8t，占世界总储量的11.39%（USGS，2016）。预测仅在安第斯成矿带，已发现的、开采的和未发现的铜矿资源总量可达13×10^8t以上，显示出巨大的铜矿找矿潜力。南美洲是世界上锂矿资源最丰富的地区，锂资源量占世界的68.8%，尤其是卤水锂资源，约占世界卤水锂资源的85%，而且资源禀赋好，易开采、易分离提取，主要分布在普纳高原地区，包括玻利维亚（900×10^4t）、阿根廷（650×10^4t）和智利（750×10^4t），构成了世界最大的优质卤水锂资源区，被称为世界"锂三角地区"。南美洲地盾区BIF型铁矿、绿岩带型金矿、红土型铝土矿、委内瑞拉的石油、玻利维亚的锡-银矿、秘鲁的多金属矿等也都举世闻名（表3-1）。

表3-1　南美洲主要矿产资源的储量

矿产	单位	储量	储量全球占比	世界排位	资料来源
石油	10^8t	512	21.35	2	BP世界能源统计年鉴，2015
天然气	$10^{12}m^3$	7.7	4.1	6	BP世界能源统计年鉴，2015
金	10^4t	0.91	16.25		Mineral Commodity Summaries，2016
银	10^4t	25	40		Mineral Commodity Summaries，2016
铜	10^4t	29 200	48.67	1	Mineral Commodity Summaries，2016
铅	10^4t	886	9.96		Mineral Commodity Summaries，2016
锌	10^4t	3274	16.37		Mineral Commodity Summaries，2016
锡	10^4t	123	24.59	2	Mineral Commodity Summaries，2016
铁	10^8t	350	18.42	3	Mineral Commodity Summaries，2016
锂	10^4t	1588	68.8	1	SNL Financial Commodity Profile - Lithium，2015
铀	10^4t	195.6	6.04		Uranium 2014：Resources，Production and demand
铝土矿	10^8t	43.5	15.54	4	Mineral Commodity Summaries，2016
铌	10^4t	410	95.34	1	Mineral Commodity Summaries，2016

二、主要矿产时空分布特征

1. 铜矿

南美洲铜矿形成于多个成矿时代，成因类型多样，分布广泛。铜矿主要形成时代与分布特征如下：

(1)新太古代(—古元古代)，矿床主要分布在巴西卡拉加斯矿集区，成矿类型为IOCG型，如伊加拉贝-百伊阿矿床、萨罗博矿床。

(2)古元古代，矿床主要分布在巴西东部库拉萨河谷地区，成矿类型为基性—超基性有关的Cu－Cr－PGE矿床。

(3)新元古代，成矿类型比较复杂，有VMS型Cu－Pb－Zn矿床，主要分布于巴西南里约格朗德(Rio Grande do Sol)和圭亚那格鲁特希腊(Groote Greek)；与基性—超基性有关的Cu－Ni－Co矿床(戈亚斯)和金、铜矿床(戈亚斯)。

(4)古生代，铜矿局限于智利东部与阿根廷西北部，成矿类型主要为斑岩型，成矿集中于晚石炭世—二叠纪，如阿根廷圣乔治(San Jorge)铜矿。

(5)中生代，铜矿床主要分布在中安第斯海岸科迪勒拉地区，尤以秘鲁南部—智利北部最为发育，成矿类型以IOCG为主，主要形成于中-晚侏罗世和早白垩世，前者集中于中安第斯海岸地区，后者则位于中生代弧后盆地(Sillitoe，2003)。

(6)新生代，矿床主要分布在智利中北部、秘鲁和阿根廷西部等，矿床类型为斑岩型、IOCG型等。

仅智利、秘鲁两个国家的合计铜储量就占世界总储量的40%。在智利已发现的39个大型—超大型矿床中有34个为斑岩铜矿，秘鲁已发现的21个大型—超大型铜矿中有19个是斑岩铜矿；其次为矽卡岩和火山块状硫化物型(VMS)等。钼通常与斑岩铜矿伴生在一起，形成斑岩铜、钼矿，独立的钼矿床区内比较少见。如智利楚基卡马塔(Chuquicamata)铜矿(铜2235×10^4t)、埃尔特尼恩特(El Teniente)铜矿(铜2159×10^4t)、艾斯贡迪达(Escondida)铜矿(铜4500×10^4t)、楚基北铜矿(铜1655×10^4t)、科亚瓦西(Collahuasi)铜矿(铜2549×10^4t)、拉多米罗托米克(Radomiro Tomic)铜矿(铜1938×10^4t)等；秘鲁塞罗贝尔德(Cerro Verde)铜矿(铜1825×10^4t)、夸霍内(Cuajone)铜矿(1094×10^4t，钼39×10^4t)、托克帕拉(Toquepala)铜矿(铜1765×10^4t，钼77.5×10^4t)、科亚维克(Quellaveco)铜矿(铜1317×10^4t，钼47×10^4t)。

2. 铁矿

南美洲铁矿形成于多个成矿时代，成因类型多样，分布广泛。铁矿主要形成时代与分布特征如下：

(1)古太古代，矿床主要分布于圭亚那地盾伊玛塔卡地区，成矿类型以苏必利尔型为主，次为阿尔戈马型，如Gerro Bolivar矿床、Cerro San Isidro矿床、Los Barrancos矿床和Cerro Las Pailas矿床。

(2)新太古代—元古代，矿床主要分布于中巴西地盾卡拉加斯地区和大西洋地盾米纳斯-吉拉斯铁四角地区。前者以卡拉加斯型为主，后者以阿尔戈马型为主。

(3)新元古代，矿床主要分布于巴西与玻利维亚交界木通-乌鲁库姆铁矿形成于新元古代，为卡拉加斯型。

(4)中生代，矿床主要分布于中安第斯海岸科迪勒拉地区，特别是秘鲁南部-智利北部，为火山成因型，如秘鲁马尔科纳铁矿区。

3. 锡(钨)矿

锡(钨)矿为南美洲主要优势矿产，主要分布在圭亚那地盾、中巴西地盾、巴西利亚造山带和中安第斯东科迪勒拉成矿带。

(1)与中元古代(1.8～1.0Ga)非造山花岗岩有关的锡矿床主要分布在圭亚那地盾的皮坦加(1.8Ga)、中巴西地盾的朗多尼亚(1.3～0.95Ga)、卡拉加斯圣费利斯(1.88Ga)和巴西利亚造山带的戈亚斯(1.75～1.59Ga)。

(2)与S型花岗岩有关的锡矿分布在巴西利亚造山带的南里约格朗德,成矿时代为新元古代。

(3)云英岩型锡矿分布在北塔帕若斯-帕里马(Tapajos - Parima)地区、Madeira、Agua Boa及Moderna,其中与成矿有关的花岗岩形成于1.8Ga。

(4)中安第斯成矿区东科迪勒拉带钨(锡)矿,主要分布在秘鲁中南部和玻利维亚一带,呈近南北向延伸大约900km,其成因主要与过铝质花岗岩有关,成矿时代主要为新近纪;主要矿床类型有斑岩型锡矿、火山岩型和沉积岩容矿的锡-银-铅锌矿等。

4. 金(银)矿

南美洲金矿床分布广泛,集中产出,成因类型多样,主要产于前寒武系地盾区和安第斯造山带。

(1)圭亚那地盾区,金矿主要分布在Pastora - Barama - Mazaruni、Paramaka和Vila Nova等,成矿类型为绿岩带型,成矿时代为古元古代(2.2～2.0Ga),另外还有红土型金矿,如Fennell矿床。

(2)中巴西地盾区,IOCG型金矿主要分布在卡拉加斯地区,成矿时代为晚太古代(2.8～2.7Ga);与花岗质钙碱性Ⅰ型侵入岩有关的金矿分布在塔帕诺斯和Alta Guapore,成矿时代为中元古代末期(1.0Ga);与非造山花岗岩有关的锡金矿,分布在朗多尼亚,成矿时代为新元古代(0.95Ga)。

(3)大西洋地盾区,绿岩带型金矿分布在雅克比纳、伊塔皮库鲁和沙帕达,成矿时代为古元古代(2.1～2.0Ga)。

(4)BIF伴生金主要分布在铁四角地区,成矿时代为晚太古代。

(5)新元古代褶皱带分布有与岩浆弧有关的金、铜矿床(戈亚斯),与花岗斑岩有关的金矿(南里约格朗德),与剪切带有关的金矿(赛里多);产于千枚岩中的热液型金矿(乌拉圭)。

(6)安第斯造山带,金、银是仅次于铜的主要优势矿种。发育斑岩型、浅成低温热液型(微细浸染型)、IOCG型、热液石英脉型、矽卡岩型、层控型等矿床,且铜-金、金-银伴生关系密切。斑岩型铜金矿床或IOCG型铜金矿床主要分布在中安第斯成矿区,而浅成低温热液型(微细浸染型)和热液石英脉型则星罗棋布,从南至北遍布在整个安第斯山成矿带内。超大型金矿床主要有秘鲁亚纳科查(Yanacocha)金矿(金储量382t)、康加(Conga)金矿(金储量577t)、委内瑞拉拉斯克里斯蒂纳斯(Las Cristinas)金矿(金储量561t)、厄瓜多尔埃尔多拉多金矿(金储量462t)等。

5. 铝土矿

南美洲铝土矿成矿类型均为红土型,主要分布在3个区域:

(1)圭亚那地盾北部,如洛斯皮基古奥斯(Los Pijiguaos)、拉斯瓜尔加斯、努里亚和梅萨德卡拉特(Mesa de Carata)。

(2)东亚马孙盆地,如特龙贝塔斯帕拉格米钠斯、莫罗都菲利佩(Morro do Felipe)和玛瑙斯-伊塔夸蒂亚拉(Manaus - Itacoatiara)。

(3)巴西东南部,如卡特瓜泽斯(Cataguazes)。

6. 锂(钾盐)矿

锂和钾盐是南美洲中安第斯成矿带优势矿产资源之一。主要分布在中安第斯造山带中部高原钾盐-锂-硝石成矿带中,集中在玻利维亚中西部—智利中北部—阿根廷西北部一带。该区分布有一系列第四纪盐湖,由于新生代强烈火山作用为盐湖提供了丰富锂、钾、钠、硼、镁等盐类资源,高原强烈的蒸发作用,使湖水中钾-锂-硼-镁等资源富集,形成了丰富的盐湖卤水型锂、钾盐等矿产。

7. 铌钽矿

南美洲亚马孙克拉通富含Nb - Ta的伟晶岩位于马普埃拉省(Mapuera Province)。在巴西利亚造山带,含有Be、Li、Nb、Ta的主要伟晶岩矿床集中在3个区域:巴西塞瑞都(Serido)、塞斯拉古斯(Seis Lagos)和潘姆皮恩(Pampean)碳酸岩Nb - REE。碳酸岩矿以委内瑞拉塞茹邑姆帕科图(Cerro Impacto)及巴西塞斯拉古斯(Seis Lagos)最为发育。塞茹邑姆帕科图赋存有200米厚、直径10km富含REE、Th、Nb的红土层，塞斯拉古斯地区铌储量位居世界第一。

8. 油、气

南美洲“多油少气”，是世界上重要的石油产区，相对缺少天然气。其石油探明储量仅次于中东，为世界第二大富油区。南美洲油气时空分布相对集中，其遍布前寒武系—新生界储层，但以中-新生界为主，约占南美洲油气总量90%，尤以中新统、渐新统和始新统最为重要；空间上呈“两带两中心”分布，两带分别位于西缘前陆盆地群和东缘被动边缘盆地群，“两中心”位于北部东委内瑞拉中心(东委内瑞拉盆地和马拉开波盆地)和巴西东缘海上中心(坎波斯盆地和桑托斯盆地)。委内瑞拉是南美洲油气储量最为丰富的国家，巴西仅次于委内瑞拉，为南美洲第二大油气资源国。

除上述矿产外，铅、锌、镍、硼、煤等均是较有优势的矿产资源。

第二节　成矿区带划分

一、南美洲成矿区带划分历史与现状

在南美洲构造单元和成矿区带划分上，中外学者在不同时期有不同的划分方案。南美洲曾被划分成3个大的构造成矿区带(Groves et al, 2001)，即南美地台区、安第斯造山带和巴塔哥尼亚地块。然而，巴塔哥尼亚地块虽然从地质特征、构造演化和矿产资源都具有独特的特征，但其无论从出露面积还是矿产资源的重要性上都只具有局部意义。目前多数学者倾向于把巴塔哥尼亚地块并入到安第斯成矿区，从而将南美洲划分成两个大的成矿区，分别是南美地台成矿区和安第斯成矿区(Zappettini et al, 2005)。南美地台成矿区位于冈瓦纳成矿域西部，成矿地质构造背景以前寒武纪地块及叠加其上的显生宙沉积盆地和构造带为主，其次为新生代风化壳；安第斯成矿区位于环太平洋成矿域东南缘，成矿地质构造背景以显生宙造山带和新生代风化壳为主(梅燕雄等，2009)。

根据区域构造演化，南美地台可划分出3个克拉通，即亚马孙、圣弗朗西斯科和拉普拉塔(Santos, 2003)。该方案较好地体现了不同克拉通的成因和演化，但划分不均衡，最大的亚马孙克拉通面积达$430\times10^4km^2$，而最小的拉普拉塔克拉通仅几万平方千米。董永观等(2013)将南美地台划分为“三盾三盆”，即圭亚那地盾、中巴西地盾和大西洋地盾，以及地盾之间的亚马孙(Amazonas)盆地、帕那伊巴(Parnaiba)盆地和巴拉那(Parana)盆地；以此为基础，进一步将南美地台划分为6个Ⅱ级成矿带、17个Ⅲ级成矿亚带和60个Ⅳ级成矿区(董永观等，2015)。

安第斯造山带沿线各国开展过本国的成矿区带划分，但对安第斯造山带整体上的划分较少。如早在1972年，Bellido和Montreuil根据秘鲁构造地貌特征将其划为5个成矿带，分别是：①海岸山区铁成矿带；②海岸基岩区铜成矿带；③西部山区火山岩型多金属成矿带；④西部山区和高原区沉积型多金属成矿带；⑤东部山区和次安第斯山区多金属成矿带。Ponzoni(1980)认为应将海岸山区的铜和铁归入同一个成矿带，将秘鲁划为4个成矿带；Cardozo(2006)则依据矿床类型、成矿母岩、成岩成矿年代学等，将秘鲁划分为14个成矿带。智利、阿根廷和玻利维亚等国也开展过类似研究，各国区段成矿区带划分能够更详细地了解局部区域成矿规律，而难以从整体上认识和把握安第斯成矿地质特征、优势矿种成矿规律、矿床类型及其成因等。Sillitoe在中安第斯地区，总结了IOCG型矿床成矿作用和成矿规律，厘定出4种矿化类型，划分出两个成矿时代(Sillitoe, 2003)；在安第斯地区，研究了铜成矿规律，厘定出11种铜矿床类型，划分出7个成矿时代及其分布范围(Sillitoe, 2005)；在南美洲和北美洲科迪勒拉地区，系统地总结了金成矿规律，划分出8种矿床类型和22个金矿带，并探讨了其形成的构造-岩浆背景(Sillitoe,

2008)。其研究在南美洲铜、金单矿种成矿作用与成矿区带划分上取得了重要进展。卢民杰等(2016)依据基底组成、构造-岩浆演化、板块俯冲形式、成矿作用和主要成矿类型的差异,将安第斯造山带划分为3个Ⅱ级成矿省和14个Ⅲ级成矿带。多数学者对安第斯成矿带三分认识较为一致,争议主要集中在中、南安第斯成矿区带界线上,卢民杰等(2016)认为两者界线位于瓦尔迪维亚(Valdivia)断裂(39°S附近),而Zappettini(2005)则认为其位于46°30′S。考虑到39°S以南区域成矿作用较弱,且与中安第斯成矿作用差异较大。同时,39°S也是巴塔哥尼亚在310~315Ma向南美地台俯冲碰撞的缝合带(Mišković et al,2009)。因而,本文将瓦尔迪维亚断裂(39°S附近)作为中、南安第斯的界线。

二、成矿区带划分的原则与方案

1. 基本原则

"成矿区带"概念自1905年被L. de Launay提出以来,已愈百年历史,国内外学者先后从不同角度对其进行了探讨,其内涵与外延随着研究阶段和研究角度而不断发展演化和深化(陈毓川等,1999;Sillitoe & Perello,2005;徐志刚等,2008;Sillitoe,2008;朱裕生等,2013;Deng et al, 2016)。目前,对成矿区带的探讨主要表现在如何圈定成矿区带上,这是当前成矿区带研究的热点,同时也是难点。由于大地构造演化和区域成矿作用的复杂性,关于成矿区带的圈定原则,国内外不同学派学者虽已形成了多方面的共识,也存在一些争议(叶锦华等,1997;徐志刚等,2008;Sillitoe,2008;陈毓川等,2010;朱裕生等,2013)。共识主要体现在:①强调成矿构造环境的重要性;②成矿区带划分与大地构造单元划分相结合;③逐级圈定成矿区带;④成矿区带的命名原则等。争议主要表现在不同学派学者对成矿构造的认识不同或侧重点存在差异,如同样是对中国成矿域进行划分,强调前寒武纪构造成矿作用而划分出前寒武纪成矿域(裴荣富等,1998);强调秦祁昆成矿作用重要性,而将其从古亚洲成矿域中独立划出(任纪舜等,1999)。

目前,成矿区带的划分主要依据区域成矿的地质构造环境及区域成矿作用的性质、产物(矿种)、强度及其有关的矿化信息(徐志刚等,2008;Sillitoe,2008)。其与大地构造单元的划分不完全等同(徐志刚等,2008;陈毓川等,2010),特别是在发育有多个大地构造-成矿旋回的区域。徐志刚等(2008)在进行中国成矿区带划分时强调矿床产出的时空分布、成矿构造环境及受控的地球(大陆)动力学,按成矿区带的级别逐级划分,并给出了成矿区带命名的基本原则。其划分级别可从全球性的成矿域、大区域性的成矿省、区域性的成矿区,以及更小范围内的成矿亚区(亚带)和矿田等5级划分法。Ⅰ级成矿区大致对应于全球性构造域,常被称之为"成矿域";Ⅱ级成矿区,常称之为"成矿省",为成矿域内的次一级成矿区带,与一个或几个大地构造单元对应,成矿作用对应于一个或几个大地构造-岩浆旋回;Ⅲ级成矿带为更次一级的成矿区域,是一种或多种矿化集中区,成矿受控于某一构造-岩浆带,岩相带、区域构造或变质作用(陈毓川等,1999)。Ⅲ级成矿区带是进行区域成矿规律研究及矿产资源潜力评价和成矿预测的基础,因而是成矿区带划分的核心;Ⅲ级成矿带的命名包括选名、矿种和成矿时代。对Ⅰ级成矿区划分原则争议较小,争议主要集中在Ⅱ级成矿省和Ⅲ级成矿带上。Ⅱ级成矿省存在两种划分方案:一是李春昱等(1981)、王鸿祯(1985)、Wang & Mo(1995)等的划分思想,即以地块(地台)为中心,包括其周缘造山带的古板块作为成矿省;二是任纪舜院士的划分思想,将克拉通(板块)、造山带和大型盆地分出作为成矿省。两者均有其理论依据,"既有共同点,又有一些差异"(徐志刚等,2008)。上述Ⅱ级成矿省划分方案存在争议,Ⅲ级成矿带划分受其影响也存在争议(徐志刚等,2008)。

2. 南美洲成矿区带划分方案

开展了南美洲三级成矿区带划分,即划分出Ⅰ级成矿区、Ⅱ级成矿省、Ⅲ级成矿带,尽量给出各级成矿区带的确切边界。Ⅰ级成矿区、Ⅱ级成矿省范围大致对应于其构造单元范围,以大型断裂带、缝合带、盆地与陆块边界等为界线。对于Ⅲ级成矿带边界,在东部南美地台区大致以构造单元边界为界(如大型断裂带等);在西部安第斯地区,以区域与成矿作用最为密切的主要构造-岩浆岩带为边界(如大型断裂带、岩浆岩带等）。鉴于南美洲基础地质研究较为薄弱，其构造单元划分及其边界尚不完全清晰。因此，各级成矿区带边界尚需进一步完善。

Ⅰ级成矿区为全球性成矿域，其受控于全球性构造域及其地球动力学体系，稳定的南美地台区与活动的安第斯造山带分别对应于冈瓦纳构造域和滨太平洋构造域，划分出两个Ⅰ级成矿区，即本文采用两分法，将南美洲划分为南美地台成矿区（冈瓦纳成矿域）（Ⅰ-1）和安第斯成矿区（环太平洋成矿域）（Ⅰ-2）两部分。

综合上述两种Ⅱ级成矿省的划分思路，开展了南美洲Ⅱ级成矿省的划分。东部南美地台区多为前寒武纪陆块裂解成洋、洋盆俯冲-闭合、陆-陆汇聚碰撞造山与造山后伸展作用等涉及多陆块（地块）、多期次构造旋回以及与之相关的成矿作用。其受中-新生代构造-成矿事件影响和改造较少，构造格架及其动力学特征较为清晰，成矿构造单元与大地构造分区能够较好对应。因此，将南美地台区陆块（地块）及其周缘造山带组成的古陆块作为Ⅱ级成矿省，把陆块（地块）及周缘诸造山带作为Ⅲ级成矿带。同时，将索里莫斯-亚马孙、帕那伊巴和波蒂瓜尔-巴拉那三大盆地划为Ⅱ级成矿省。由于Rio de la Plata、Sao Luis和Luis Alves等地块出露面积较小，矿产资源有限，不再将其划为独立的Ⅱ级成矿省，而是作为Ⅲ级成矿带。共划分出6个Ⅱ级成矿省和21个Ⅲ级成矿带（图3-1，表3-2）。在西部安第斯地区，古生代阿雷基帕-安托法亚（Arequipa - Antofalla）、库亚尼亚（Cuyania）、智利尼亚（Chilenia）等多个地体先后增生至冈瓦纳原始大陆边缘，奠定了该区基底构造，其遭受到中-新生代滨太平洋构造域的强烈改造，即中-新生代纳斯卡板块向南美大陆俯冲造山，形成了安第斯造山带。其北段、中段和南段在地质、地球物理、地球化学和成矿作用等方面均有显著差异，进一步划分为3个次一级构造单元，即北、中和南安第斯造山带（Cordani et al，2000），对应3个Ⅱ级成矿省。区域成矿作用也以中-新生代为主，叠加在先期基底成矿之上，如智利东部和阿根廷西北部晚古生代冈瓦纳造山运动期间发育长英质岩浆岩带，其内赋存晚石炭世—二叠纪斑岩铜矿，其上叠加始新世—渐新世大规模火山-岩浆岩带及其赋存的巨量铜、金多金属矿床。因此，以北、中和南安第斯造山带区域最强烈的构造-岩浆-成矿作用形成的成矿区带为基础，适当考虑其他较为次要的成矿作用，作为Ⅲ级成矿带，以此分出21个Ⅲ级成矿带（图3-1，表3-3）。

第三节　成矿区带地质特征

基于上述成矿区带划分方案，综合Sillitoe（2003）、Zappettini（2005）、Sillitoe et al（2005）、Sillitoe（2008）和Hartmann et al（2016）等前人研究，梳理和概述了Ⅱ级成矿省和Ⅲ级成矿带区域成矿与构造演化的关系，总结了Ⅲ级成矿带优势矿产资源的时空分布规律。

一、圭亚那地盾成矿省（Ⅱ-1）

圭亚那地盾位于南美洲东北部，北部和东部与大西洋交界，南面为亚马孙沉积盆地，西部为安第斯成矿省，优势矿产资源为金、铁、锰、锡、锗以及金刚石等。圭亚那地盾部分地区形成于太古代，如伊马塔卡（Imataca）和北罗赖马（Roraima）等（Sangster et al，1999），也有学者认为其主体形成古元古代（Santos，2003）。在其边缘发育以泛亚马孙活动带（Trans - Amazon Mobile Belt）为代表的古元古代造山带，与2260～2020Ma发生的板块聚合运动有关，随后依次发生了以下构造单元的增生：塔帕若斯-帕里马构造省（Tapajos - Parima，2030～1808Ma）、里奥内格罗构造省（Rio Negro，1820～1550Ma）（Zappettini et al，2005）。

1. 伊玛塔卡（Imataca）Fe - Mn -高岭土成矿带（Ⅲ-1）

该成矿带位于地盾北部伊玛塔卡构造单元（图3-1），主要发育铁、锰和高岭土矿床（表3-2）。区域出露古元古代伊玛塔卡杂岩体，呈北东-南西向展布，主要由古元古界泛亚马孙阶、沉积岩和侵入岩，以及泛亚马孙造山旋回晚期因碰撞造山作用形成的变质岩组成（2018Ma）。该构造单元在泛亚马孙造

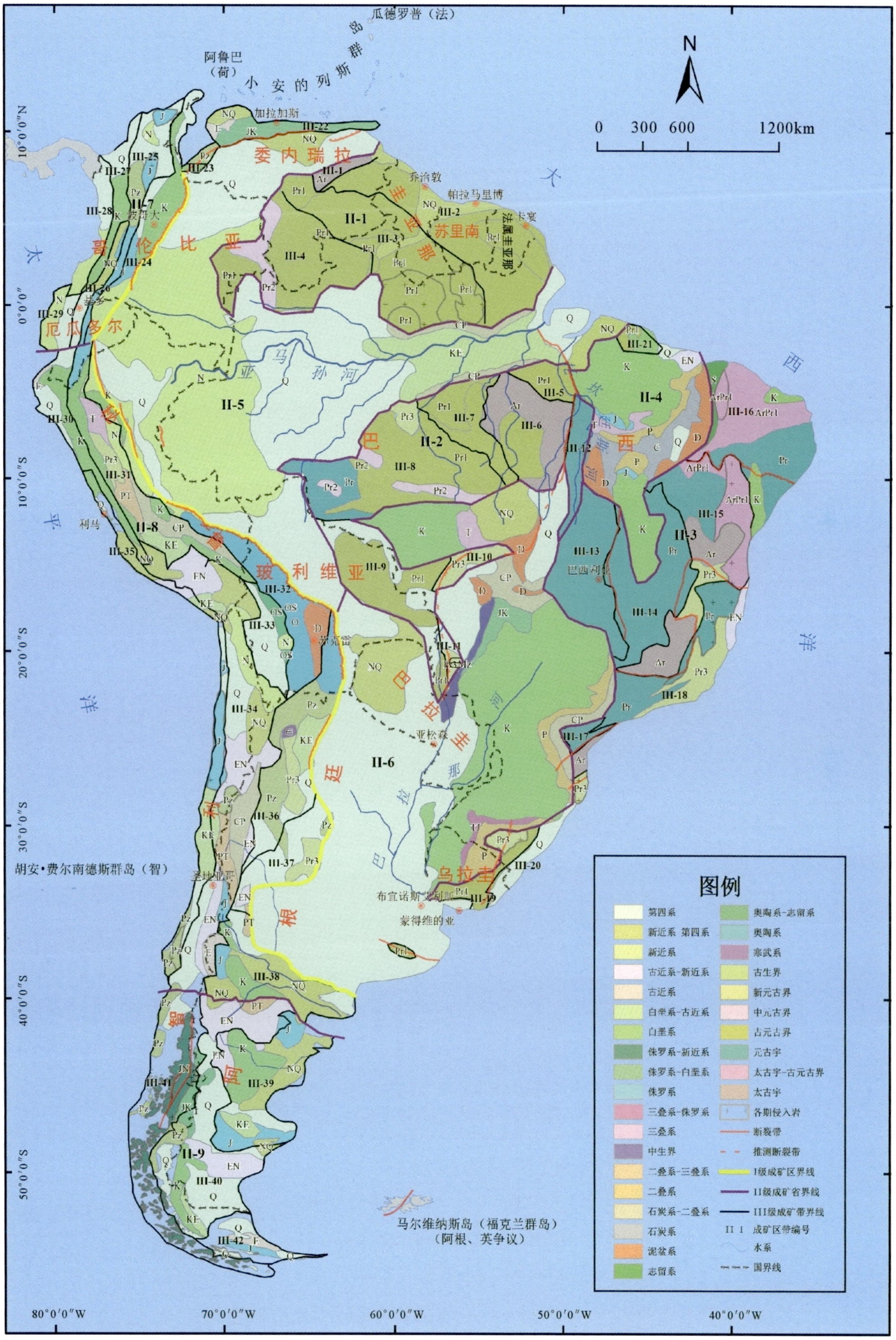

图 3-1　南美洲成矿区带划分示意图(底图据 Schobenhaus C & Bellizzia A，2001 修编)

表 3-2　南美地台成矿区带划分一览表

Ⅰ级成矿区	Ⅱ级成矿省	Ⅲ级成矿带
Ⅰ-1 南美地台成矿区	Ⅱ-1 圭亚那地盾成矿省	Ⅲ-1 伊玛塔卡(Imataca)Fe-Mn-高岭土成矿带(Ar;Pt_1?)
		Ⅲ-2 泛亚马孙(Transamazon)Au-Mn-Cr-高岭土成矿带(Pt_1;N)
		Ⅲ-3 塔帕若斯-帕里马(Tapajos-Parima)Sn-Au-REE-Nb-Th-Ta-铝土矿-金刚石成矿带(Pt_1)
		Ⅲ-4 里奥内格罗(Rio Negro)Au-Fe-铝土矿成矿带(Pt_1;Pt_2)
	Ⅱ-2 中巴西地盾成矿省	Ⅲ-5 兴谷(Xingu)Au-Sn 成矿带(Pt_1)
		Ⅲ-6 卡拉加斯-中亚马孙(Carajas-Central Amazon)Fe-Mn-Au-Cu-Ni-Sn-Pb-Zn-Pt-铝土矿成矿带(Ar;Pt_1)
		Ⅲ-7 雅卡雷阿坎加(Jacareacanga)Sn-Au-铝土矿-金刚石成矿带(Pt_1)
		Ⅲ-8 朗多尼亚-茹雷纳(Rondonia-Juruena)Cu-Au-Ag-Pb-Zn 成矿带(Pt_1)
		Ⅲ-9 桑萨斯(Sunsas)Au-Sn-Ni-Cu-Zn 成矿带(Pt2;Pt3)
		Ⅲ-10 巴拉圭(Paraguay)Fe-Mn-Au 成矿带(Pt_3;?)
		Ⅲ-11 里奥阿帕(Rio Apa)Pb-Zn-Be-云母-长石-大理石成矿带(Pt_1)
		Ⅲ-12 阿拉瓜亚(Araguaia)Cr 成矿带(Pt_3;?)
	Ⅱ-3 大西洋地盾成矿省	Ⅲ-13 巴西利亚(Brasilia)Au-Ag-Cu-Pb-Cd-Co-Ni-Nb-Sn-REE-金刚石成矿带(Ar;Pt_1;Pt_2;Pt_3)
		Ⅲ-14 特雷斯马里亚斯(Tres Marias)Pb-Zn-Ag-Mn-Au-金刚石-萤石-石灰岩-高岭土成矿带(Pt_3;K)
		Ⅲ-15 圣弗朗西斯科(Sao Francisco)Fe-Au-Cu-Mn-Pb-Zn-Ag-Ti-Cr-Li-Be-祖母绿-金刚石成矿带(Ar;Pt_1;Pt_2;Pt_3)
		Ⅲ-16 博尔博雷玛(Borborema)W-Au-铌钽铁矿-菱镁矿-绿柱石-海蓝宝石-电气石-祖母绿成矿带(Pt_1;Pt_2;Pt_3;J;K)
		Ⅲ-17 路易斯阿尔维兹(Luis Alves)Au-Pb-W-磷-萤石成矿带(Pt_1;Pt_2)
		Ⅲ-18 阿拉苏阿伊-里贝拉(Aracuai-Ribeira)Cr-Au-Fe-W-Mo-Cu-Sn-Pb-Zn-Ba-Ag-Li-Be-Ta--铝土矿-金刚石-磷酸盐-石墨-滑石-祖母绿-金绿宝石成矿带(Ar;Pt_1;Pt_3)
		Ⅲ-19 里奥拉普拉塔(Rio de la Plata)Au-黏土-石灰石成矿带(Pt_1;Pt_3)
		Ⅲ-20 唐费利西亚努(Dom Feliciano)Cu-Pb-Zn-Ag-Au-Ba-Sn-Ti-Zr-磷-萤石成矿带(Pt_2;Pt_3)
		Ⅲ-21 圣路易斯(Sao Luis)Au 成矿带(Pt_1;K?)
	Ⅱ-4 帕那伊巴(Parnaiba)坳陷盆地 Fe-盐类-石膏成矿省(O;K)	
	Ⅱ-5 索里莫斯-亚马孙(Solimoes-Amazonas)坳陷盆地 Fe-高岭土-盐类-石膏成矿省(O;K?)	
	Ⅱ-6 波蒂瓜尔-巴拉那(Potiguar-Parana)坳陷盆地铀-金刚石成矿省(P;T;Q)	

山旋回期增生到亚马孙陆块克拉通上。含矿岩系包括条带状铁建造和铁锰建造，锰矿化常赋存于石英岩、片岩和白云质大理岩中。侵入岩体经次生风化、淋滤、富集作用形成了举世闻名的化学沉积型锰矿和残积型高岭土矿，两者分别以委内瑞拉 Ganges I 矿床（30×10^4 t，锰品位 21%）和 Cerro Copeyal 矿床（520×10^4 t 铝土矿）为典型代表（Zappettini，2005）。

2. 泛亚马孙（Transamazon）Au－Mn－Cr－高岭土成矿带（Ⅲ－2）

该成矿带位于地盾东部泛亚马孙构造单元，主要包括圭亚那、委内瑞拉，向东南延伸到巴西西部（图3－1），主要发育金、锰和高岭土等矿床（表 3－2）。带内出露大范围的花岗岩-绿岩带和超基性侵入体。花岗岩-绿岩带形成于 2260～2110Ma，包括委内瑞拉 Pastora 群、Botanamo 群和 Supamo 花岗岩，圭亚那 Barama－Mazaruni 超群，苏里南 Marowijne 超群和巴西 Vila Nova 群等，由玄武质火山岩、玄武岩、安山岩、火山碎屑岩等构成。绿岩带底部为枕状玄武岩，中部为安山岩、流纹岩等。岩层经历低—高级不同程度的变质作用，部分低—高级变质岩原岩可能为同一岩石组合，如巴西 Vila Nova 群为圭亚那地盾 2250～2100Ma 火山-沉积序列的一部分，主要由基性变质火山岩组成，可识别出低级、中级变质火山岩（Zappettini，2005）。该构造单元形成、演化以及岩石变质作用与泛亚马孙造山旋回在 2260～2020Ma 发生的板块聚合有关（Zappettini，2005）。绿岩带发育有与变质热液有关的脉型金矿床（图 3－2），多产于韧性剪切带中。金矿床主要赋存于火山岩中，矿体严格受断裂控制（Hildebrand et al，2014）。基性—超基性岩体主要发育锰、铬矿床等，如 Bacuri 铬铁矿矿床。残积型高岭土矿床与花岗岩红土化作用有关，如委内瑞拉 Km88 高岭土矿床（2500×10^4 t 高岭土）的形成与 Supamo 花岗岩体红土化作用密切相关。

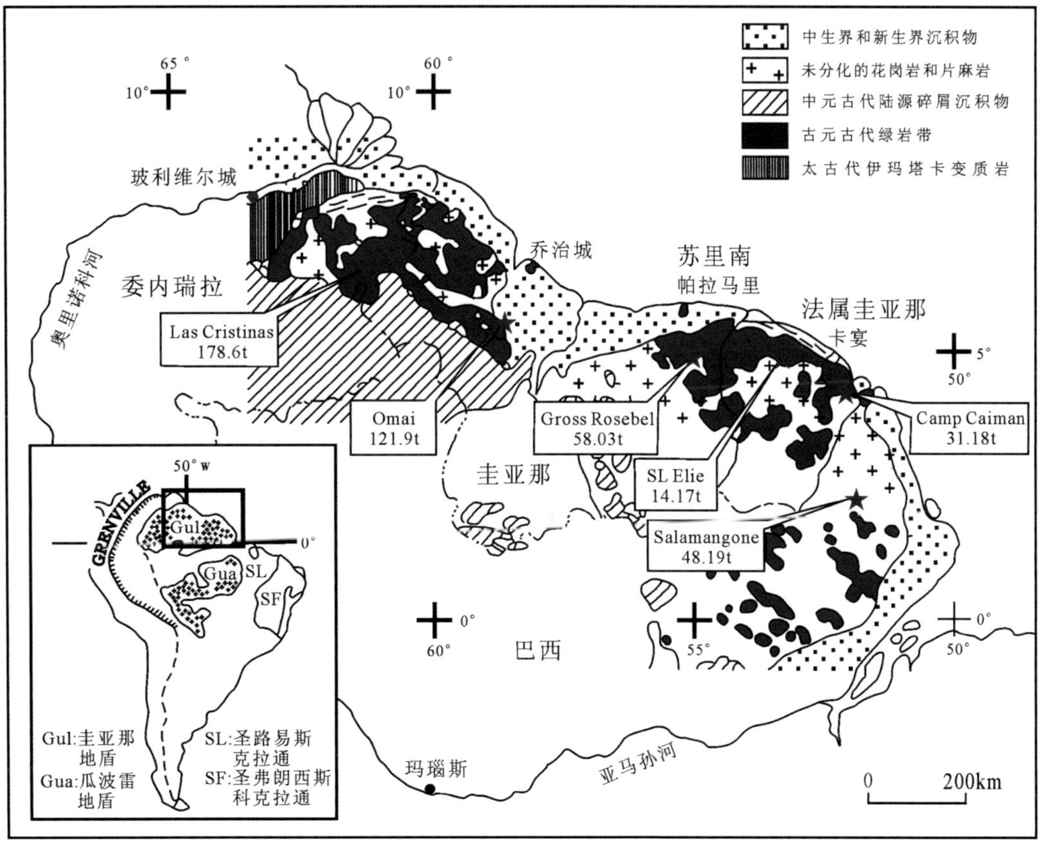

图 3－2　圭亚那地盾变质热液型金矿床（Zappettini et al，2005）

3. 塔帕若斯-帕里马(Tapajos – Parima)Sn – Au – REE – Nb – Th – Ta -铝土矿-金刚石成矿带(Ⅲ- 3)

该成矿带主体位于地盾中部塔帕若斯-帕里马构造单元(Tapajos – Parima),也包括地盾西南的部分中亚马孙构造单元(图 3 – 1),主要发育锡、金、铝土矿等矿床(表 3 – 2)。

帕里马构造单元主要岩层为 Agua Boa 和 Madeira 等花岗岩体,以及 Roraima 超群等,岩性包括花岗岩、花岗闪长岩、石英闪长岩以及火山岩等。其属于亚马孙地块在 2030～1880Ma 形成的岩浆弧带。其中,Agua Boa 和 Madeira 等花岗岩体,发育云英岩型锡、金矿床等(Lenharo,2003);Roraima 超群中形成了金刚石砂矿床,如委内瑞拉 San Salvador de Paul 矿床;辉绿岩质侵入体和花岗岩经红土化作用后形成了铝土矿、高岭土矿床等,如委内瑞拉 Nuria 和 Los Pijiguaos 矿床(Zappettini, 2005)。Tapajos 构造单元出露 Cuiu – Cuiu、Iacareacanga 岩层,主要由片麻岩、混合岩和闪长岩等组成,Iacareacanga 岩体遭受变质作用形成了一套绿片岩相岩石组合,其原岩为火山沉积序列,与金、铁等成矿关系密切(Zappettini, 2005)。该成矿带部分中亚马孙构造单元形成于太古代,研究程度较低,也无重要矿床发育,其内仅有几处早元古代锡和钨矿床,将其与塔帕若斯-帕里马共同划为Ⅲ- 3 塔帕若斯-帕里马成矿带。

4. 里奥内格罗(Rio Negro)Au – Fe -铝土矿成矿带(Ⅲ – 4)

该成矿带位于地盾西部里奥内格罗构造单元(图 3 – 1),带内出露古元古界变质岩,主要产出金、铝土矿和铁矿床(表 3 – 2)(Zappettini, 2005)。该构造单元于 1820～1550Ma 与亚马孙地块发生拼合,增生至其西缘。

二、中巴西地盾成矿省(Ⅱ – 2)

中巴西地盾主体形成于古生代,包括卡拉加斯(Carajas)、朗多尼亚-茹雷纳(Rondonia – Juruena)、桑萨斯(Sunsas)、阿拉瓜亚(Araguaia)等构造单元,以及中亚马孙构造单元主体部分和泛亚马孙构造单元的兴谷地区,仅在卡拉加斯构造省发育太古代花岗岩-绿岩带(2920～2530Ma)。该成矿省优势矿产资源主要为铁、锰、金、铜、镍、锡和铝土矿、金刚石和蛭石等,尤以卡拉加斯-中亚马孙成矿带铁、锰矿最为著名。

中巴西地盾成矿省 7 个Ⅲ级成矿带主要地质特征概述如下。

1. 兴谷(Xingu)Au – Sn 成矿带(Ⅲ – 5)

该带位于地盾东北部兴谷地区(图 3 – 1),是泛亚马孙构造单元的一部分,主要发育金、锡矿床(表 3 – 2)。该区主要出露兴谷杂岩体,形成时代为中太古代(3000～2800Ma),岩性为混合花岗岩、片麻岩、变辉长岩、变质玄武岩和石英岩,以及富镁铁闪石、富硫和富锰变质沉积岩、大理岩和片岩,构成了区域火山-沉积岩系。兴谷杂岩体经历角闪岩相-绿片岩相变质作用,其内赋存金、锡矿床(Zappettini, 2005)。

2. 卡拉加斯-中亚马孙(Carajas – Central Amazon)Fe – Mn – Au – Cu – Ni – Sn – Pb – Zn – Pt –铝土矿成矿带(Ⅲ – 6)

卡拉加斯-中亚马孙成矿带包括地盾东部卡拉加斯构造单元和中亚马孙构造单元的主体部分(图 3 – 1),发育铁、锰、金多金属矿床和铝土矿等(表 3 – 2),是巴西重要的多金属成矿带之一。该带主要赋矿地质体为 Itacaiunas 剪切带、Rio Maria – Pau d'Arco 花岗岩-绿岩带和 Luanga 基性—超基性岩体。Itacaiunas 剪切带基底由 Pium 杂岩体组成,上覆 Itacaiunas 超群,为陡倾斜,东西向的韧性剪切带,经历了低级—高级不同程度的变质作用。其中,Itacaiunas 超群赋存有 IOCG 型矿床、沉积型锰矿床、红土型铝土矿床和红土型镍矿床等重要矿床,尤以 IOCG 型矿床最为著名,如 Salobo 和 Sossego 等矿床。Rio Maria花岗岩-绿岩带为亚马孙陆核最古老的部分,形成于太古代(3000～2800Ma),底部由基性—超基性火成岩组成,上覆长英质火山岩。绿岩带主要发育与变质热液有关的脉状金矿床,如 Diadema 矿床;花岗岩赋存有金-铋-钼矿床,如 Cumaru 矿床;IOCG 型铜-金-(铀-稀土元素)矿床、钨矿床等(Moreto et al, 2011)。基岩—超基性岩经风化作用形成红土型铝土矿、镍矿床。中亚马孙构造单元主要出露元古代非造山期花岗岩,没有重要矿床产出,仅发育几处锡、钨矿床。

3. 雅卡雷阿坎加(Jacareacanga)Sn - Au -铝土矿-金刚石成矿带(Ⅲ-7)

雅卡雷阿坎加成矿带位于地盾中部,是塔帕若斯-帕里马构造单元的一部分(图 3-1,表 3-2),其构造演化、岩性特征等基本与Ⅲ-3 成矿带相似,雅卡雷阿坎加岩群局部出露弧后沉积岩,经历过变质作用,主要发育云英岩型锡、金矿床等,以及与花岗岩红土化作用有关的高岭土、铝土矿床等。

4. 朗多尼亚-茹雷纳(Rondonia - Juruena)Cu - Au - Ag - Pb - Zn 成矿带(Ⅲ-8)

朗多尼亚-茹雷纳成矿带位于地盾西部朗多尼亚-茹雷纳构造单元(图 3-1),区域经历多期构造-岩浆活动,在西南部 Alto Jauru 地区、中部 Roosevelt 地区和东部 Juruena 地区形成了 3 个矿集区,主要发育铜、金多金属矿床(表 3-2)。

西南部 Alto Jauru 矿集区位于 Alto Jauru 地体绿岩带中(1790～1750Ma),岩性包括基性-长英质火山岩、英云闪长岩和花岗岩(Scandolara et al, 2013),发育火山块状硫化物型多金属矿床,如 Cabacal 矿床。中部 Roosevelt 矿集区由 Roosevelt 群长英质火成岩及其上覆 Beneficente 群组成。两者均卷入区域褶皱作用(1670～1650Ma),成为褶皱组成部分。Roosevelt 群赋存铜、金多金属块状硫化物矿床,如 Aripuana 矿床;Beneficente 群赋存红层型铜矿床,如 Terra Preta 矿床。该矿集区也发育与钙碱质深成侵入体有关的斑岩型金矿床,如 Matupa 矿床。东部 Juruena 矿集区成岩时代最为久远(1820～1780Ma),在 Alto Floresta 地区形成韧性剪切带,其内赋存与剪切带有关的金矿床,如 Paraiba 矿床。此外,Rondonia 地区发育非造山环斑花岗岩和罗迪尼亚花岗岩,后者年龄为 950Ma,可能指示其为造山运动晚期产物,已识别出 3 个侵入岩相,早期岩相主要为粗粒花岗岩、黑云母正长花岗岩等,发育与花岗岩有关的铜、铅、锌等矿床(Zappettini et al, 2005)。

5. 桑萨斯(Sunsas)Au - Sn - Ni - Cu - Zn 成矿带(Ⅲ-9)

该成矿带位于地盾西南部桑萨斯构造单元,包括玻利维亚东部,并延伸至哥伦比亚 Garzon 地区(图 3-1),主要发育金、锡、镍等矿床(表 3-2)。该构造单元赋矿地质体主要是桑萨斯群、Sao Lourenco - Caripunas 群、朗多尼亚群,Rincon del Tigre 岩体和 K'Mudku 剪切带等(Teixeira et al, 2010)。其形成与演化与格林维尔旋回期桑萨斯造山运动有关,即 Laurentia 地块与 Amazonia 地块俯冲碰撞形成的。其中,桑萨斯群为火山沉积岩,主要由沉积岩和流纹岩组成,经历一定程度的变质作用,发育块状硫化物型金多金属矿床,如玻利维亚 Miguela 矿床。Sao Lourenco - Caripunas 群、朗多尼亚群主要岩性为云英岩,发育脉状锡矿床,如 Macangana 矿床。Rincon del Tigre 岩体下部超基性岩经风化作用形成了红土型镍矿床,如玻利维亚 Carro Pelon 矿床。造山运动在该区形成多个剪切带,尤以 K'Mudku 剪切带影响最为显著,在 Aguapei 地区发育与之相关的金矿床。此外,桑萨斯造山运动产生了强烈的变质作用,形成了与变质流体有关的金矿床,如玻利维亚 San Simon 矿床。

6. 巴拉圭(Paraguay)Fe - Mn - Au 成矿带(Ⅲ-10)

该成矿带位于亚马孙陆块南缘巴拉圭造山带,围绕亚马孙陆块展布(图 3-1),主要发育铁、锰和金矿床(表 3-2)。该区赋矿地质体主要是 Jacadigo 群和 Cuiaba 群等地层,上覆 Corumba 群等碳酸盐岩地层和 Alto Paraguay 群硅酸盐岩地层,是一套埃迪卡拉系到上寒武统前陆盆地沉积序列,形成于巴西-泛非造山旋回晚期(650～550Ma)。其中,Jacadigo 群和 Corumba 群发育铁、锰条带,其内赋存有喷流沉积型铁、锰矿床(Babinski et al, 2013),如巴西 Urucum 矿床和玻利维亚 Mutum 矿床。Cuiaba 群岩性变化较大,主要为碎屑沉积岩,基性火成岩和千枚岩等,夹有砾岩、砂岩和石灰岩等。该群变质沉积岩中赋存与变质流体有关的金矿床,如 Nova Xavantina 矿集区等(Zappettini et al, 2005)。

7. 阿拉瓜亚(Araguaia)成矿带(Ⅲ-12)

该成矿带位于亚马孙陆块东缘阿拉瓜亚造山带(图 3-1),围绕亚马孙陆块展布,南北长约

1200km，宽约 150km，经历北西-南东向挤压作用和近南北向拉伸-剪切作用，可视为巴拉圭造山带的北延部分，主要发育铬矿床（表 3-2）。赋矿地质体主要为蛇绿岩套（Kotschoubey et al，2016），Serra do Tapa 地区蛇绿岩套赋存豆荚状铬铁矿床。

三、大西洋地盾成矿省（Ⅱ-3）

大西洋地盾至中元古代趋于稳定，其由太古代中-高级变质岩和花岗岩-绿岩带组合构成，在加维昂地块（Gavião）和铁四角地区（Quadrilatero Ferrifero）极为发育。在泛亚马孙造山运动期间（2260～2020Ma），加维昂、热基耶（Jequie）、塞里尼亚（Serrinha）和里奥卡平（Rio Capim）等太古代地块在圣弗朗西斯科陆块北部发生聚合。沿陆块周缘展布的新元古代造山带形成于巴西-泛非造山运动。该成矿省优势矿产资源主要为铁、金、锰、铀、重晶石和金刚石等，成因类型多为绿岩带型金矿床，与镁铁质-超镁铁质岩体有关的 Fe-Ti-V 矿床，沉积型 Fe-Mn 矿床等。大西洋地盾成矿省 9 个Ⅲ级成矿带主要地质特征概述如下。

1. 巴西利亚（Brasilia）Au-Ag-Cu-Pb-Cd-Co-Ni-Nb-Sn-REE-金刚石成矿带（Ⅲ-13）

该成矿带位于地盾西部巴西造山带，构造-岩浆作用复杂，矿床类型多样（图 3-1），产出金、银和金刚石等矿床。基底由太古代 Goias-Crixas 地体、早元古代 Almas-Dianopolis 地体和 Anapolis-Itaucu 岩体组成。中-晚元古代发生两次拉张事件，形成了海洋火山沉积岩、基性—超基性层状岩体，并于晚古生代发育被动陆缘沉积岩（Cioffi et al，2016）。在 890～600Ma 和 790～700Ma，圣弗朗西斯科分别与亚马孙、拉普拉塔陆块汇聚形成 Goias 岩浆弧和同构造期岩浆弧（Giustina et al，2009）。

Goias-Crixas 地块为外来地体，出露最古老岩石单元为 Anta、Caiamar、Moquem、Hidrolina、Caicara 和 Uva 等岩体（3100～2820Ma），岩性为花岗岩、片麻岩；地块亦出露 Crixas、Guarinos、Pilar de Goias、Serra de Santa Rita 和 Faina 5 条绿岩带（2820～2720Ma）。绿岩带底部主要为变质火成岩（科马提岩和拉斑玄武岩），上部为变质沉积岩（片岩、千枚岩、板岩、条带状铁建造、变质浊积岩）。绿岩带出露于与巴西-泛非造山旋回有关的剪切带内，发育有与变质流体有关的金矿床，如 Crixas 绿岩带的 Mina Ⅲ矿床；科马提岩赋存岩浆型镍矿床、祖母绿矿床等，前者如 Boa Vista 矿床，后者如 Santa Terezinha 矿床。

Almas-Dianopolis 地体出露绿岩带、花岗岩和片麻岩。绿岩带形成于早元古代，发育有与变质热液有关的金矿床。花岗岩和片麻岩成因较为复杂，钙碱性花岗岩形成于 2200～2020Ma，为同碰撞期产物，非造山期花岗岩侵入体形成于 1770～1580Ma。花岗岩与基底流纹岩、Arai 群沉积岩同为早元古代—中元古代裂谷产物。区域 A 型花岗岩，主要发育与花岗岩有关的锡、铟矿床，如 Faixa Placha 矿床。Arai 群等地层砾石中发育金刚石矿床，如 Ribeirao do Padra 矿床（Zappettini，2005）。

Anapolis-Itaucu 岩体为复合侵入体，岩性主要包括岛弧岩浆岩系列（约 796Ma），以及拉斑玄武质层状基性—超基性岩体（637～612Ma），如 Aguas Claras、Serra do Gongome、Americano do Brasil 岩体，亦出露巴西-泛非造山旋回期的麻粒岩，以及 Goias 火山-沉积岩系列。基性—超基性岩经风化作用形成红土型镍矿床。

该带在中-晚元古代发生拉张事件，形成了 Barro Alto 和 Palmeiropolis 等岩体，岩性包括角闪岩、变质中酸性岩体和片岩等。晚元古代，该带沉积被动陆缘沉积序列，主要包括 Canastra 群、Paranoa 群和 Vazante 群等，岩性主要由泥岩、石灰岩和白云岩等组成。圣弗朗西斯科陆块与亚马孙陆块汇聚期间，形成了 Goias 岩浆弧，岩性为超基性岩、玄武岩和石英岩等，均经历一定程度的变质作用。巴西利亚造山运动期间，先后在前陆盆地内沉积 Bambui 群地层、同碰撞和后碰撞花岗岩、基性—超基性侵入体和强烈变形的剪切带。Barro Alto 岩体中橄榄岩等经历风化作用和次生富集作用形成了红土型镍矿床，如 Barro Alto 矿床。Palmeiropolis 岩体中角闪岩赋存块状硫化物多金属矿床，如 Palmeiropolis 矿床。Vazante 群白云岩中赋存密西西比河谷型铅锌矿床，如 Morro Agudo 矿床；该群磷灰质岩层经林滤作用形成了化学沉积型磷酸盐矿床。Goias 岩浆弧中的角闪岩、石英岩和片岩中均赋存块状硫化物型多金属矿床，如 Zacarias 矿床。Bambui 群白云岩赋存密西西比河谷型矿床，如 Mina Grande 矿床；超基性岩中赋存岩浆型镍-铜-钴矿床，如 Americano do Brasil 矿床；S 型花岗岩发育与之相关的锡矿床，如 Fazenda Encruzilhada 矿床；剪切带中产出与变质热液有关的金矿床(Jost et al，2010)(表 3-2)。

2. 特雷斯马里亚斯(Tres Marias)Pb-Zn-Ag-Mn-Au-金刚石-萤石-石灰岩-高岭土成矿带(Ⅲ-14)

该成矿带位于帕纳伊巴盆地南部和巴西利亚造山带东部(图 3-1)，产出铅、锌、银和金刚石等矿床(表 3-2)。严格来说，该带为圣弗朗西斯科陆块的一部分。由于受巴西利亚造山运动影响，其上覆该造山期克拉通盖层，地层与矿床类型等与圣弗朗西斯科其他部分存在显著差异。因而，将其独立划为一Ⅲ级成矿带。区域主要出露新元古界沉积地层，发育一系列沉积矿床，如碎屑沉积型 Pb-Zn-萤石矿床，残积型高岭土矿床和金刚石砂矿床等(Zappettini，2005)。

3. 圣弗朗西斯科(Sao Francisco)Fe-Au-Cu-Mn-Pb-Zn-Ag-Ti-Cr-Li-Be-祖母绿-金刚石-碳酸盐-菱镁矿成矿带(Ⅲ-15)

该成矿带位于地盾东部圣弗朗西斯科陆块(图 3-1)，发育铁、金、祖母绿和金刚石等矿床(表 3-2)，尤以铁四角地区(Quadrilatero Ferrifero)铁、金和锰矿床最为著名，也是巴西重要的成矿带之一。

圣弗朗西斯科陆块形成于太古宇—中元古代，周缘为巴西-泛非运动形成的造山带。其北部由太古宇 Gaviao、Jaquie 和 Serrinha 地块，以及元古代岩浆岩带组成；南部组成较为复杂，由太古代 Campo Belo 混合岩(3200Ma)、Campo Belo 片麻岩(3100～2900Ma)，以及绿岩带[Pium-hi(3100Ma)、Morro do Ferro]和 Rio das Velhas 超群(2970～2770Ma)，古太古界英云闪长岩、片麻岩、Bonfim 混合岩(2780～2700Ma)，Ribeirao dos Motas 拉斑玄武质基性—超基性侵入体(2750Ma)(Zappettini，2005；Noce et al，2007)。

在圣弗朗西斯科陆块北部，太古宙地块与元古宙岩浆岩带均产出相关类型的矿床。Gaviao 地块赋矿地质体主要为 Umburanas-Brumados 绿岩带和火山沉积岩(Boquira、Licinio de Almeida)等组成。Brumados 绿岩带中超镁铁质夹层赋存与碳酸盐岩有关的滑石-菱镁矿矿床，如巴西 Serra dasw Eguas 矿床。Boquira 岩层发育喷流沉积型铅-银-锌矿床，如 Boquira 矿床；Licinio de Almeida 岩层的条带状铁建造赋存喷流沉积型铁-锰矿床，如 Bandarra 矿床(Zappettini，2005)。Jaquie 地块在泛亚马孙造山旋回期与 Serrinha 地块碰撞拼合，其内成矿作用较弱。Serrinha 地块赋矿地质体主要是 Rio Itapicuru 绿岩带，其内产出与变质流体有关的金矿床，如 Fazendo Brasileiro 矿床，矿化主要受剪切带控制(Mello et al，2006)。古元古代 Rio Jacare 和 Campo Alegre de Lourdes 等基性—超基性岩基发育岩浆型铁-钛-钒-铂矿床和铜-铬矿床，前者如 Campo Alegre de Lourdes 矿床，后者如 Caraiba 矿床。泛亚马孙期还形成 Salvador-Curaca 岩体(2100Ma)、Itabuna 岩体(2810～2280Ma)和 Guanambi-Urandi 岩基(2000Ma)，发育交代型祖母绿矿床。Espinhco 超群(1750～1150Ma)，主要分布在米纳斯吉拉斯州和巴伊亚州，赋存有砂岩型金刚石矿床。Sao Timoteo 花岗岩(1740Ma)侵入到太古代 Lagoa Real 太古代片麻岩内，控制着后期钠长石透镜体(1500Ma)的发育，其内控制巴西最为重要的铀矿床(Zappettini，2005)。

在圣弗朗西斯科陆块中、南部，太古宙—古元古代岩层发育一系列重要矿床。圣弗朗西斯科陆块中部 Irece 前陆盆地出露 Bambui 群和 Una 群沉积序列，Una 群白云岩发育铅锌银矿床，如 Irece 矿床；该盆地亦赋存沉积型磷酸盐矿床。陆块南部岩体较为复杂，矿床类型多样，以 Quadrilatero Ferrifero 金-铁-锰矿集区最为典型。Pium-hi 和 Morro do Ferro 绿岩带岩性包括科马提岩、拉斑玄武岩等，发育铬-镍-钴-铂矿床，如 Pium-hi 矿床。Morro do Ferro 绿岩带蛇纹石经风化作用后形成了红土型镍矿床，如 Morro do Niquel 矿床。Rio das Velas 超群岩性包括蔷薇辉石、煌斑岩等，赋存火山喷流型锰矿床和与变质流体有关的金矿床，前者如 Morro da Mina 矿床，后者如 Morro Velho 矿床。Minas 超群形成于被动大陆边缘，由底部 Caraca 群、中部 Itabira 群和上部 Piracicaba 群组成。Caraca 群发育砂岩型金铀矿床，如 Moeda 矿床；铁四角地区 Itabira 群 Caue 组发育著名的苏必利尔湖型铁矿床，一些层位赋存有与铁伴生的锰矿(Spier et al, 2003)，如 Aguas Claras 矿床。铁四角地区 Mariana 矿床也发育与变质流体有关的金矿床。

4. 博尔博雷玛(Borborema)W－Au－铌钽铁矿－菱镁矿－绿柱石－海蓝宝石－电气石－祖母绿成矿带(Ⅲ－16)

博尔博雷玛成矿带位于圣弗朗西斯科陆块东北部博尔博雷玛造山带(图 3－1)，产出钨、金等金属矿床，以及绿柱石和海蓝宝石等多种非金属矿床(表 3－2)。地层由基底古太古界 TTG 组合(3500～2500Ma)、古元古界板内拉张盆地火山-沉积序列、中元古界裂谷盆地沉积序列和新元古界大陆边缘盆地沉积序列等组成，经历了新元古代变形变质作用(610～600Ma)。区域发育了多期构造-岩浆事件。古元古代经历了增生、碰撞造山作用。增生作用形成了岛弧岩浆岩，如 Medio Coreau 岩浆岩带。碰撞造山作用与泛亚马孙造山旋回有关，形成了同构造花岗岩。中元古代，Cariris Velhos 造山运动形成了弧岩浆作用和 Rodinia 超大陆聚合(1000～950Ma)；随后，该区形成了与 Rodinia 超大陆裂解有关的裂谷及相关盆地。新元古代，巴西-泛非运动(820～540Ma)早期形成了以 Serrita 陆缘弧为代表的岩浆作用和同构造期岩浆作用，如 Serido、Ouro Branco 和 Rajada 单元等(Neves et al, 2006)。其中，Serido 单元被后期伟晶岩(580～555Ma)侵入。古元古界 Oros 火山-沉积岩带发育沉积型菱镁矿矿床，如 Cedro 矿床。中元古代，Coqui 地区发育伟晶岩型海蓝宝石、铌钽铁矿和祖母绿等矿床，如 Solonopole 矿集区。新元古代，Serido 单元岩体与大理岩、副片麻岩接触带上发育交代型钨矿床，如 Barra Verde 矿床；后期伟晶岩侵入体发育伟晶岩型铌钽铁矿、绿柱石、海蓝宝等矿床，如 Talhado 矿床。区域剪切带中赋存金矿床，以含金石英脉形式产出，如 Sao Francisco 矿床。花岗岩与大理岩接触带处发育矽卡岩型金矿床，如 Itajubatiba 矿床。

5. 路易斯阿尔维兹(Luis Alves)Au－Pb－W－磷－萤石成矿带(Ⅲ－17)

路易斯阿尔维兹成矿带位于路易斯阿尔维兹陆块(图 3－1)，发育金、铅等金属矿床和磷、萤石非金属矿床(表 3－2)。该地块可能是拉普拉塔陆块的残余，由已蚀变的高变质岩体和浅色花岗岩组成。前者形成时代为 2300～2200Ma，以 Santa Catarina 麻粒岩体为典型代表；后者形成时代约为 2000Ma (Hartmann et al, 2016)，其内发育少量金、铅和钨矿床，矿床成因类型尚不清楚。

6. 阿拉苏阿伊-里贝拉(Aracuai－Ribeira)Cr－Au－Fe－W－Mo－Cu－Sn－Pb－Zn－Ba－Ag－Li－Be－Ta－铝土矿－金刚石－磷酸盐－石墨－滑石－祖母绿－金绿宝石成矿带(Ⅲ－18)

阿拉苏阿伊-里贝拉成矿带位于地盾东南部阿拉苏阿伊-里贝拉造山带(图 3－1)，主要产出铬、金等金属矿床以及铝土矿、金刚石等非金属矿床等(表 3－2)。区域地层主要为古太古界 TTG 组合、古-中元古界火山-沉积序列、中-新元古界海相火山-沉积序列和绿岩带等。古-中元古界火山-沉积序列包括 BIF 条带状铁建造和 Espinhaco 超群。中-新元古界海相火山-沉积序列包括 Serra de Itaberaba 群、Sao Roque 群、Acungui 群和 Macaubas 群等，岩性主要有石英岩、BIF 条带状铁建造、石灰岩、云母片岩和角闪岩等组成。该区经历多期构造-岩浆事件。Borrachudos 岩体(1770～1700Ma)代表了区域最早的一期岩浆活动，为古元古代非造山花岗岩，可能形成于大陆裂谷环境。新元古代，伴随 Rodinia 超大陆裂解，以及圣弗朗西斯科和刚果克拉通分离，形成了 1050～950Ma 地幔柱岩浆作用。巴西-泛非造山运动形成了碰撞前岩浆弧到同碰撞岩浆弧，就位于 625～575Ma，如 Brasilandia 和 Sao Vitor 侵入体(Peixoto et al, 2015)。该构造事件在 Minas－Bahia、Itaiacoca 和 Ribeira 地区形成了绿片岩相-麻粒岩相变质作用和韧性剪切带。圣弗朗西斯科与刚果克拉通碰撞在 Vitoria da Conquista、Aracuai－Itinga、Governador Valadares 和 Santa Maria de Itabira 等地区形成了碰撞晚期和后碰撞岩浆岩，如 Lagoa Preta 和 Rubim 等伟晶岩体。

古太古界—中元古界 Riacho dos Machados、Serro、Serra de Itaberaba 群火山-沉积序列发育与变质流体有关的金矿床，如 Zagaia 矿床。Serro－Alvorada de Minas 地区发育岩浆岩型铬矿床，如 Morro do Cruzeiro 矿床。Serra da Serpentina 地区产出苏必利尔湖型铁矿床，如 Morro do Pilar 矿床。古-中元古界 Espinhaco 超群底部 Sopa－Brumadinho 组砾岩赋存古砂矿型金刚石矿床，如 Sopa－Guinda 矿床；该超群磷灰石沉积岩发育磷酸盐矿床。中-新元古界变质灰岩和页岩赋存喷流沉积型铅-锌-钡-银矿床，如 Perau 矿床。Macaubas 群石英岩赋存喷流沉积型铁矿床，如 Porteirinha 矿床。巴西-泛非运动期，Ribeira 地区Ⅰ型 Itaoca 花岗岩在其与灰岩、页岩接触带发育钨-钼-铜矿床；Catinga 单元花岗岩发育与之相关的钨-锡-钼矿床，如 Cerro da Catinga 矿床；Minas－Bahia 地区片岩和榴云岩赋存鳞片状石墨矿床；Itaiacoba 地区千枚岩-白云质大理岩接触带赋存变质滑石矿床，如 Castrense 矿床；Ribeira 地区剪切带中花岗岩赋存与变质流体有关的金矿床，如 Campo Largo 矿床。圣弗朗西斯科与刚果克拉通碰撞形成的伟晶岩带发育铍-锂-钽伟晶岩矿床，如 Aracuai－Itinga 地区的 Maxixe 矿床；产于伟晶岩中的祖母绿等矿床，如 Santa Maria de Itabira 的 Belmont 矿床(Zappettini, 2005)。部分地区变质杂岩体经风化作用形成了红土型铝土矿床，如 Cataguazes 地区(Gonçalves et al, 2014)。

7. 里奥拉普拉塔(Rio de la Plata)Au-黏土矿-石灰石成矿带(Ⅲ－19)

里奥拉普拉塔成矿带位于地盾南部里奥拉普拉塔陆块(图 3－1)，主要产出金、黏土和石灰石矿床(表 3－2)。陆块主体部分被波蒂瓜尔-巴拉那(Potiguar－Parana)盆地覆盖，出露面积很小，主要为早元古代岩层，上覆元古代褶皱带和逆冲断裂、各时代沉积盆地等。该陆块经泛亚马孙造山旋回和巴西-泛非造山旋回影响，成矿作用主要与巴西-泛非造山旋回有关(Oriolo et al, 2016)，形成了斑岩型金矿床，元古界主要产出黏土、石灰石和石材等矿产。

8. 唐费利西亚努(Dom Feliciano)Cu－Pb－Zn－Ag－Au－Ba－Sn－Ti－Zr-磷-萤石成矿带(Ⅲ－20)

唐费利西亚努成矿带位于拉普拉塔地块东部唐费利西亚努造山带(图 3－1)，产出铜、铅和锌等金属矿床，以及磷和萤石非金属矿床(表 3－2)。该构造单元由太古宙基底 Taquarembo－Rivera－Nico Perez 地体、古元古代 Piedra Alta 地体、新元古代 Punta del Esta 地体(1000～900Ma)，以及巴西造山运动期形成的 Sao Gabrial 地体和前陆盆地构成。Punta del Esta 地体出露 611～537Ma Cerro Aguirre 组火成岩，以及 Santa Tereza 和 Jose Ignacio 碱性花岗岩(Gubert et al, 2016)。Sao Gabrial 地体出露碱性花岗岩，侵位时代 590～541Ma，主要形成了 Cacapava、Lavras 和 Sao Sepe 等岩体。前陆盆地主要包括 Itajai、Camaqua、Arroyo del Soldado－Piriapolis，形成于 600～545Ma，地层岩性主要是砂岩和砾岩，夹有流纹岩、粗面岩和玄武岩。其中，Lavras 岩体赋存斑岩型金矿床，如 Lavras do Sul 斑岩型金矿集区。Camaqua 前陆盆地 Bom Jardim 群、Cacapava do Sul 和 Lavras do Sul 花岗岩赋存铜、金多金属矿床，如 Sao Luis 矿床和 Uruguai 矿床(Zappettini, 2005)。此外，该带 Encruzilhada do Sul 地区也发育一些与花岗岩有关的锡矿床，如 Cerro Branco 矿床等。

9. 圣路易斯(Sao Luis)金成矿带(Ⅲ－21)

圣路易斯成矿带位于地盾北部圣路易斯地块(图 3－1)，该陆块在中生代之前曾是西非陆块的一部分，出露面积较小，产出金矿床(表 3－2)。其北部发育有钙碱质 Tromai 岩体和绿岩带 Aurizona 群岩层；西南部以 Gurupi 活动带为界，可能与非洲尼日利亚含金绿岩带有关，发育有低级到高级变质岩。Aurizona 群和 Gurupi 活动带均赋存有与变质热液有关的金矿床(Klein et al, 2015)。

四、坳陷盆地成矿省

南美洲盆地成矿较为简单，本部分将成矿带地质特征及其成矿规律一并简要介绍。南美地台发育 Parnaiba、Solimoes－Amazonas 和 Potiguar－Parana 3 个盆地。其构造简单，岩层与沉积旋回有关，新元古界沉积岩与上寒武统—下三叠统红层接触，两者呈不整合接触关系，随后发育与冈瓦纳大陆分离有关的玄武质熔岩。Parnaiba、Solimoes – Amazonas 盆地出露上奥陶统硅酸盐碎屑岩和蒸发岩-碳酸盐岩等海进-海退沉积序列。上述 3 个盆地可划分成 3 个成矿省，分别为 Parnaiba 坳陷盆地 Fe – Ni –铝土矿-石膏-金刚石成矿省(Ⅱ – 4)、Solimoes – Amazonas 坳陷盆地煤-天然气-铝土矿-高岭土-石膏-盐类成矿省(Ⅱ – 5)、Potiguar – Parana 坳陷盆地煤-天然气-硫-盐类成矿省(Ⅱ – 6)(图 3 – 1，表 3 – 2)，主要发育与沉积成矿作用和风化成矿作用有关的金属、非金属矿产资源，如 Parnaiba 盆地 Filadélfia 地区蒸发岩中赋存石膏矿床(Abrantes et al，2016)；Potiguar – Parana 盆地产出与沉积作用有关的红层铀矿床，如 Figueira 矿床；Potiguar – Parana 盆地二叠系赋存的煤炭资源。Solimoes – Amazonas 志留系—泥盆系蒸发岩发育钾盐矿床，如 Fazendinha 矿床；白垩系中产出红土型高岭土和铝土矿床等。

五、北安第斯成矿省(Ⅱ – 7)

北安第斯山成矿省为纳斯卡板块以较高的俯冲角度向南美板块下俯冲，在火山弧的外侧发育洋壳增生体：皮诺-达瓜地体(Pinon – Dagua，80 ～ 60Ma)、加勒比地体(60 ～ 50Ma)和乔科地体(12.9 ～ 11.8Ma)。伴随着乔科地体的增生作用，费拉隆板块(Farallon)发生裂解，乔科地体主要由大洋玄武岩构成。东安第斯山基底是大陆地壳，而西安第斯山主要由白垩纪洋壳拉斑玄武岩和沉积地层组成。中生代火山岩主要为玄武岩-安山岩，具有火山-岩浆活动时代由东向西逐渐变新的趋势，在火山带之间发育一系列的弧前和弧后盆地。北安第斯成矿省主要发育 VMS 型矿床、岩浆型 V – Fe – Cu – Ni 矿床、红土型镍矿床、斑岩铜矿床等(图 3 – 3，表 3 – 3)，沉积盆地产出油气、煤炭等矿床(卢民杰等，2016)。北安第斯成矿省 8 个Ⅲ级成矿带主要地质特征概述如下。

1. 加勒比(Caribbean)(造山带)Ni – Fe – Ti – V – Cu 成矿带(Ⅲ – 22)

加勒比成矿带位于北安第斯成矿省东北部加勒比造山带(图 3 – 1)，主要产出镍、铁等金属矿床(表 3 – 3)。该带地层由中-新元古界 Yumare 杂岩体、古生界 Sebastopol 和 El Tinaco 片麻岩、白垩系加拉加斯群和蛇绿岩套等组成。Yumare 杂岩体在中生代—新生代遭受热接触变质作用，形成了片麻岩、铁镁质麻粒岩、斜长岩、角闪岩、辉石岩和大理岩等。El Tinaco 片麻岩遭受早侏罗世—白垩纪岩浆岩侵位。侏罗纪—白垩纪 Villa de cura 等岛弧岩浆岩，岩性主要为拉斑玄武岩质岩类，也经历了蓝片岩相变质作用。加拉加斯群主要由片麻岩、页岩、角闪岩、大理岩和绿片岩带等组成。蛇绿岩套由橄榄岩、纯橄榄岩、方辉橄榄岩、蛇纹岩以及辉石岩等组成。

加勒比成矿带成矿时代集中于中生代，红土型镍矿床是区域最重要的矿床，为中生代超镁铁质岩浆岩经风化作用的产物。Yumare 杂岩体中的斜长岩赋存 Fe – Ti – V 岩浆矿床，如 San Quintin 矿床；石英片岩赋存蓝晶石矿床，如 Cerro Gordo 矿床。Villa de cura 杂岩体发育火山成因块状多金属硫化物矿床，如 Santa Isabel 矿床。加拉加斯群赋存一些石膏矿床，如 Morrocoy 矿床。蛇绿岩套中的辉石岩赋存 Fe – Ti – V 岩浆矿床，如 El Chacao 矿床；方辉石橄榄石和橄榄石经蛇纹石化作用、红土化作用后形成了红土型镍矿床，如 Loma de Hierro 矿床(Zappettini，2005)。

2. 梅里达(Mérida)Pb – Zn – Cu 成矿带(Ⅲ – 23)

梅里达成矿带位于加勒比造山带西南方向的梅里达地体(图 3 – 1)，主要产出铅、锌和铜矿床(表 3 – 3)。梅里达地体基底由中元古界 Sierra Nevada 花岗岩、新元古代花岗岩组成，均经历了变质作用，上覆古生界 Mucuchachi 群等地层。该地体于石炭纪(310 ～ 300Ma)增生至冈瓦纳大陆西北缘，可能与 Alleghanian 造山运动有关。在新生代，由于加勒比地体的斜向汇聚作用，梅里达地体内形成了板内扭压造山带。该成矿带 Mucuchachi 群海相酸性熔岩、凝灰岩及其上部的页岩、变质凝灰岩之间赋存黑矿型块状硫化物矿床，如 Bailadores 矿床。

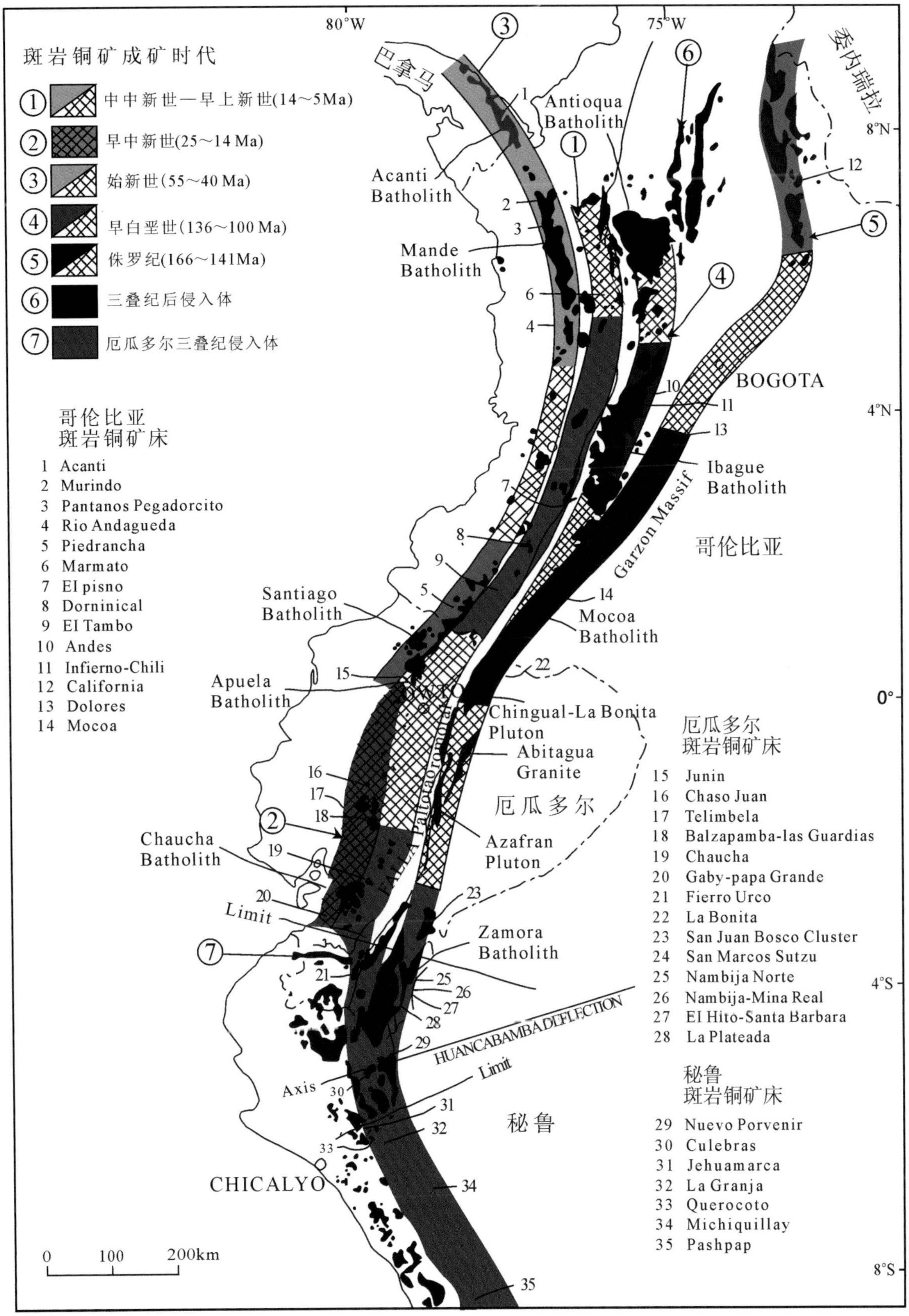

图 3-3　北安第斯成矿省斑岩铜矿带(Sillitoe,1988)

表 3-3　安第斯成矿带成矿区带划分一览表

Ⅰ级成矿区	Ⅱ级成矿省	Ⅲ级成矿带
Ⅰ-2 安第斯成矿区	Ⅱ-7 北安第斯成矿省	Ⅲ-22 加勒比(Caribbean)Ni-Fe-Ti-V-Cu-石膏成矿带(Mz)
		Ⅲ-23 梅里达(Mérida)Pb-Zn-Cu 成矿带(Pz?)
		Ⅲ-24 东科迪勒拉(Eastern Cordillera)Fe-磷酸盐-石灰石-铝土矿成矿带(Mz_2;Q?)
		Ⅲ-25 雷亚尔(Cordillera Real in Ecuador and Columbia)Cu-Au-Pb-Zn 成矿带(J;K)
		Ⅲ-26 科多帕希(Cotopaxi)Au-Ag-硫成矿带(Mi;Ol)
		Ⅲ-27 皮诺-达瓜-乔科(Pinon-Dagua-Choco)Au-多金属成矿带(J;K)
		Ⅲ-28 北海岸带(North Coastal Cordillera)Cu-Au-多金属成矿带(E)
		Ⅲ-29 皮沙亚波(Pisayambo)Cu-Au-Ag 成矿带(Mi)
	Ⅱ-8 中安第斯成矿省	Ⅲ-30 皮乌拉-特鲁希略(Piura-Trujillo)Cu-Au-Ag 成矿带(K;E)
		Ⅲ-31 查查波亚斯-库斯科(Chachapoyas-Cusco)Au-Cu-Fe-Ag-Pb-Zn-重晶石成矿带(Mz?)
		Ⅲ-32 安第斯前陆盆地(Andes Foreland basin)Au 成矿带(Mz?)
		Ⅲ-33 中科迪勒拉(Central Cordillera)Sn-W-多金属-盐类成矿带(J;E-Q)
		Ⅲ-34 西科迪勒拉(Western Cordillera)Cu-Au-Ag-Fe-多金属-硫-盐类成矿带(E-Q)
		Ⅲ-35 中海岸科迪勒拉(Central Coastal Cordillera)Cu-Fe-Au-Zn-Ag 成矿带(J;K)
		Ⅲ-36 普纳高原(Puna plateau)Cu-Au-Mo-Ag-盐类成矿带(Ol;Mi)
		Ⅲ-37 帕姆皮亚(Pampia)Cu-W-Ni-Cr-Co-Pt-U-Au-伟晶岩成矿带(Pt_3;Pz_2)
		Ⅲ-38 内乌肯(Neuquén)Cu-U-硫-重晶石-天青石-盐类成矿带(E;Q)
	Ⅱ-9 南安第斯成矿省	Ⅲ-39 东巴塔哥尼亚(Eastern Patagonia)W-Au-多金属-萤石-盐类成矿带(J;K?)
		Ⅲ-40 中巴塔哥尼亚(Central Patagonia)石灰华-高岭土成矿带(Q?)
		Ⅲ-41 西巴塔哥尼亚(Western Patagonia)Au-Ag-Cu-Pb-Zn 成矿带(J;K)
		Ⅲ-42 火地岛(Tierra del Fuego)Au 成矿带(Q)

3. 东科迪勒拉(Eastern Cordillera)Fe-磷酸盐-石灰石-铝土矿成矿带(Ⅲ-24)

东科迪勒拉成矿带位于北安第斯造山带东部(图 3-1),包括委内瑞拉和哥伦比亚的 llanos-Barinas-Apure 盆地,主要产出铁矿床,以及一些磷酸盐、石灰石和铝土矿床(表 3-3)。盆地形成于三叠纪—侏罗纪裂谷作用,形成了三叠纪—侏罗纪火山-岩浆岩带,多呈小型基性岩基或岩株产出,上覆上白垩统—更新统沉积岩。该区至中新世后期开始整体隆升,发育一些与基性岩有关的铁矿床,以及磷酸盐和铝土矿等矿床。

4. 雷亚尔(Cordillera Real in Ecuador and Columbia)Cu-Au-Pb-Zn 成矿带(Ⅲ-25)

雷亚尔成矿带位于哥伦比亚西部和厄瓜多尔东部(图 3-1),主要产出铜、金多金属矿床(表 3-3)。该带地层主要是三叠系 Piuntza 组和侏罗系 Misahualli 组,前者主要出露在厄瓜多尔,以陆相到海相火山碎屑岩为主;后者主要出露在雷亚尔地区熔结凝灰岩和玄武质-流纹质熔岩。区域存在多期岩浆活动,中生代早期,Magdalena 地区出露弧后伸展环境下的钙碱性侵入体;雷亚尔地区出露三叠纪 S 型花岗岩(227～220Ma)、Mocoa 岩基(180～170Ma)、Segovia 岩基(160Ma)、Ibague 岩基(150～140Ma)和 Zamora 岩基(152～180Ma)。晚侏罗世—白垩纪,雷亚尔地区出露岛弧岩浆岩,以厄瓜多尔 Maguazo 和

EI Pan 岩体为代表。

雷亚尔地区三叠纪岩基中发育斑岩型铜矿带，矽卡岩型金矿床和浅成低温热液型多金属矿床(Spikings et al，2004)。斑岩型铜矿床分布于哥伦比亚北部-厄瓜多尔南部斑岩成矿带中，如哥伦比亚 Mocoa 矿床和厄瓜多尔 San Carlos 矿床。矽卡岩型金矿床主要位于 Zamora 矿集区，矿体赋存于 Zamora 岩基与 Piuntza 组火山沉积岩接触带上。Alao - Paute 地区 Maguazo 和 EI Pan 岩体发育黑矿型多金属硫化物矿床，如 Las Pilas 矿床(Zappettini，2005)。

5. 科多帕希(Cotopaxi)Au - Ag -硫成矿带(Ⅲ-26)

科多帕希地区主要包括哥伦比亚中科迪勒拉和厄瓜多尔安第斯裂谷(图 3 - 1)，产出金、银和硫矿床(表 3 - 3)。科多帕希火山活动事件形成了上新世—更新世钙碱性流纹质熔结凝灰岩，主要沿哥伦比亚罗梅拉尔(Romeral)断裂带和厄瓜多尔 Grijalbo 断裂带北部出露，发育自然硫矿床和浅成低温热液金、银矿床，两者分别以哥伦比亚 Volcan Chiles 矿床和 Marmato 矿集区最为典型(Garrison et al，2006)。

6. 皮诺-达瓜-乔科(Pinon - Dagua - Choco)Au -多金属成矿带(Ⅲ-27)

皮诺-达瓜-乔科成矿带位于北安第斯造山带皮诺-达瓜(Pinon - Dagua)地体和乔科(Choco)地体(图 3 - 1)，主要产出金多金属矿床(表 3 - 3)。皮诺-达瓜地体和乔科地体等在白垩纪发生仰冲作用，前者位于哥伦比亚和厄瓜多尔中科迪勒拉山脉西侧，以罗梅拉尔断裂为界；后者出露于 Baudo 山地区。皮诺-达瓜地体由白垩系 Dagua 群、海相沉积岩、浊积岩、拉斑玄武岩和蛇绿岩套构成，蛇绿岩套沿 Cauca 断裂带展布。一系列大洋岛弧形成于晚白垩世—渐新世，如 Macuchi、San Lorenzo、Cayo 等。乔科地体地层主要为上白垩统—中新统海相沉积岩，在奥陶纪中晚期发育火山岛弧，如 Antioquia 岩基、Celica 岩基。该地体于 13～12Ma 增生至南美板块西缘。哥伦比亚 Dagua 群火山沉积岩中赋存火山成因块状多金属硫化物矿床，如 El Alacran 矿床。厄瓜多尔 Macuchi 岩体赋存山成因块状多金属硫化物矿床，如 Macuchi 矿床。哥伦比亚 Cauca 断裂带中的蛇绿岩套发育新阿尔马登型(New Almaden type)汞矿床，如 La Nueva Esperanza 矿床(Zappettini，2005)。Antioquia 岩基和 Celica 岩基发育浅成低温热液型金矿床(Lesage et al，2013)。

7. 北海岸带(North Coastal Cordillera)Cu - Au -多金属成矿带(Ⅲ-28)

北海岸带成矿带主要位于哥伦比亚 Mande 地区和厄瓜多尔 Tandapi 地区(图 3 - 1)，主要产出铜、金多金属矿床(表 3 - 3)。该带主要出露始新世和渐新世钙碱性陆缘弧火山-岩浆岩带，始新世火山-岩浆岩包括 Mande 岩基、Tandapi 岩基。渐新世岩浆弧东移，如沿厄瓜多尔雷亚尔西侧展布的 Saraguro 组火山岩序列。哥伦比亚渐新世岩浆岩带中的石英闪长岩岩株发育斑岩型铜矿床，如Pantanos- Pegadorcito 矿床。Saraguro 组火山岩中发育浅成低温热液型金多金属矿床，如 Portovelo - Zaruma 矿床。此外，该成矿带也发育一些火山角砾岩筒型金多金属矿床，如 La Soledad 矿床(Zappettini，2005)。

8. 皮沙亚波(Pisayambo)Cu - Au - Ag 成矿带(Ⅲ-29)

皮沙亚波成矿带主要位于厄瓜多尔西部海岸地区(图 3 - 1)，产出铜、金、银矿床(表 3 - 3)。区域在中新世发生皮沙亚波火山-岩浆活动，沿 Grijalbo 断裂带展布，形成了钙碱性侵入岩和火山岩带，赋存斑岩型铜、金矿床，如厄瓜多尔 Papa Grande 矿床；厄瓜多尔 Chaucha 和 Apuela - Nanegal 岩基中赋存斑岩型铜矿床，如 Chaucha 矿床；Gaby - Papa Grande 斑岩体赋存浅成低温热液型金多金属矿床，如 Bella Rica 矿床。

六、中安第斯成矿省(Ⅱ-8)

中安第斯成矿省是南美洲铜、铁、金、多金属矿床的重要产地，在全球构造-岩浆作用与成矿关系研究中具有重要地位(Sillitoe et al，2005)。该区自前寒武纪至新生代均有构造-岩浆活动，尤以中-新生代最为强烈。中元古代岩浆活动与格林维尔造山运动有关，岩浆岩沿中安第斯海岸地区零星出露，多经历不同程度变质作用，目前尚未发现与之有关的矿床。古生代岩浆活动与三期构造事件有关：（新元古代晚期—）寒武纪岩浆活动与潘比亚造山运动有关，潘比亚地块增生至冈瓦纳大陆边缘（Chernicoff et al，2012）；早古生代岩浆活动与法玛蒂娜造山运动有关，法玛蒂娜、库亚尼亚等地体增生至冈瓦纳大陆边缘；晚古生代岩浆活动与冈瓦纳造山运动有关，代表太平洋板块向南美大陆边缘早期俯冲的产物（Kay et al，1989；Zappettini，2005；Chew et al，2007），三者在分布范围和岩石类型等方面有较大区别。中-新生代，纳斯卡板块持续向南美大陆俯冲造山，该区火山-岩浆作用最为强烈，自晚三叠世至今持续不断活动，在中安第斯造山带海岸科迪勒拉、西科迪勒拉、安第斯高原和东科迪勒拉发育大范围火山-岩浆岩带，是形成该区铜、铁、金、多金属成矿带的关键因素。该成矿省主要发育斑岩型 Cu-Au 矿床、IOCG 型 Fe-Cu-Au 矿床、脉型锡多金属矿床、浅成低温热液型 Au-Ag 矿床、盐湖卤水型 Li-K 盐矿床等（图 3-4～图 3-8）。中安第斯成矿省 9 个Ⅲ级成矿带主要成矿特征概述如下。

1. 皮乌拉-特鲁希略（Piura-Trujillo）Cu-Au-Ag 成矿带（Ⅲ-30）

皮乌拉-特鲁希略成矿带位于秘鲁北部和厄瓜多尔南部的海岸科迪勒拉地区（图 3-1），产出铜、金和银矿床（表 3-3）。该区在 102～59Ma 期间发育多期次深成侵入岩，主要两期分别为发生于 85～77Ma 和 74～65Ma，后一期发育环状杂岩和钙碱性侵入岩。渐新世岩浆活动持续，深成侵入岩活动减弱，次火山岩增多，岩浆弧扩大。晚白垩世和晚渐新世岩浆活动在秘鲁海岸一带形成了重要的斑岩型铜矿床，矿床主要赋存在石英闪长岩岩株和花岗闪长岩岩株中，如 Toquepala 矿床（Zappettini，2005）。

2. 查查波亚斯-库斯科（Chachapoyas-Cusco）Au-Cu-Fe-Ag-Pb-Zn-重晶石成矿带（Ⅲ-31）

查查波亚斯-库斯科成矿带位于秘鲁东部查查波亚斯到库斯科地区的一系列前安第斯前陆盆地，向北延伸至厄瓜多尔境内，向南延伸至玻利维亚西部（图 3-1），主要产出金、铜、铁和银等金属矿床和重晶石矿床（表 3-3）。该区前安第斯前陆盆地以 Maranon-Ucayali-Acre 盆地为主，岩层主要为下古生界砂岩和页岩，石炭系硅质碎屑岩和碳酸盐台地沉积、蒸发岩，二叠系陆源碎屑岩和火山碎屑岩。Tarija-Noroeste 盆地地层为寒武系—奥陶系沉积岩，如玻利维亚 Tascara 和 Chuquisaca 岩层等。区域在晚奥陶世—志留纪经历 Ocloyic 造山运动，并在二叠纪末期开始隆升。Ocloyic 造山运动之后，盆地继续沉积上泥盆统—下石炭统。Tarija-Noroeste 盆地寒武系—奥陶系赋存喷流沉积型银-铅-锌矿床。上述多数盆地发育与 Ocloyic 造山运动有关的变质矿床，如造山型金矿床和脉型重晶石矿床，如秘鲁 Ana Maria-La Rinconada 矿床。

3. 安第斯前陆盆地（Andes Foreland basin）Au 成矿带（Ⅲ-32）

安第斯前陆盆地成矿带位于由秘鲁和玻利维亚南部，向东直达中巴西地盾的广阔区域内的玛德莱德迪奥斯（Madre de Dios）-贝尼（Beni）-查考（Chaco）等前陆盆地（图 3-1），主要产出一些金矿床（表 3-3）。盆地地层主要为上侏罗统红色砂岩、白垩系海相沉积岩等，分别与该区晚侏罗世裂谷作用以及白垩纪海侵事件有关。区域岩浆岩主要为晚白垩世碱性玄武岩（Wittmann et al，2009）。该带最重要的金矿床类型为冲积型金矿床，其形成与安第斯造山带演化密切相关。

4. 中科迪勒拉（Central Cordillera）Sn-W-多金属-盐类成矿带（Ⅲ-33）

中科迪勒拉成矿带位于玻利维亚中科迪勒拉地区，向北延伸至秘鲁南部（图 3-1），主要产出锡、钨、多金属矿床以及高原盐湖卤水型盐类矿床等（表 3-3）。金属成矿作用与区域多期岩浆作用密切相关。玻利维亚南部出露了该区最早一期岩浆岩，为晚三叠世—早侏罗世弧后过铝质花岗岩和花岗闪长岩（225～180Ma），侏罗纪拉张环境下继续发育弧后盆地，其内出露碱性熔岩流。该带在渐新世晚期—中新世早期（28～17Ma）发育火山岩和花岗闪长质侵入岩，其中，火山岩岩性主要为安山岩和英安岩；花岗闪长质侵入岩沿 Cordillera-Altiplano 界线出露。晚三叠世—早侏罗世过铝质花岗岩和花岗闪长岩发育钨、锡矿床，前者如玻利维亚 Chojlla 矿床；后者如 Kellhuani 矿集区，矿体网脉状—脉状呈赋存于 Catavi

组中，其形成与 Chacaltaya 花岗岩株(210Ma)密切相关。晚渐新世—中新世早期岩浆活动在秘鲁南部和玻利维亚形成了该带最为重要的玻利维亚型锡-多金属矿床和钨矿床。锡、钨、多金属矿床成矿时代集中于新近纪，矿床类型多样，多为斑岩型锡矿床、火山岩型 Sn-Ag-Pb-Zn 矿床、沉积岩容矿的脉型

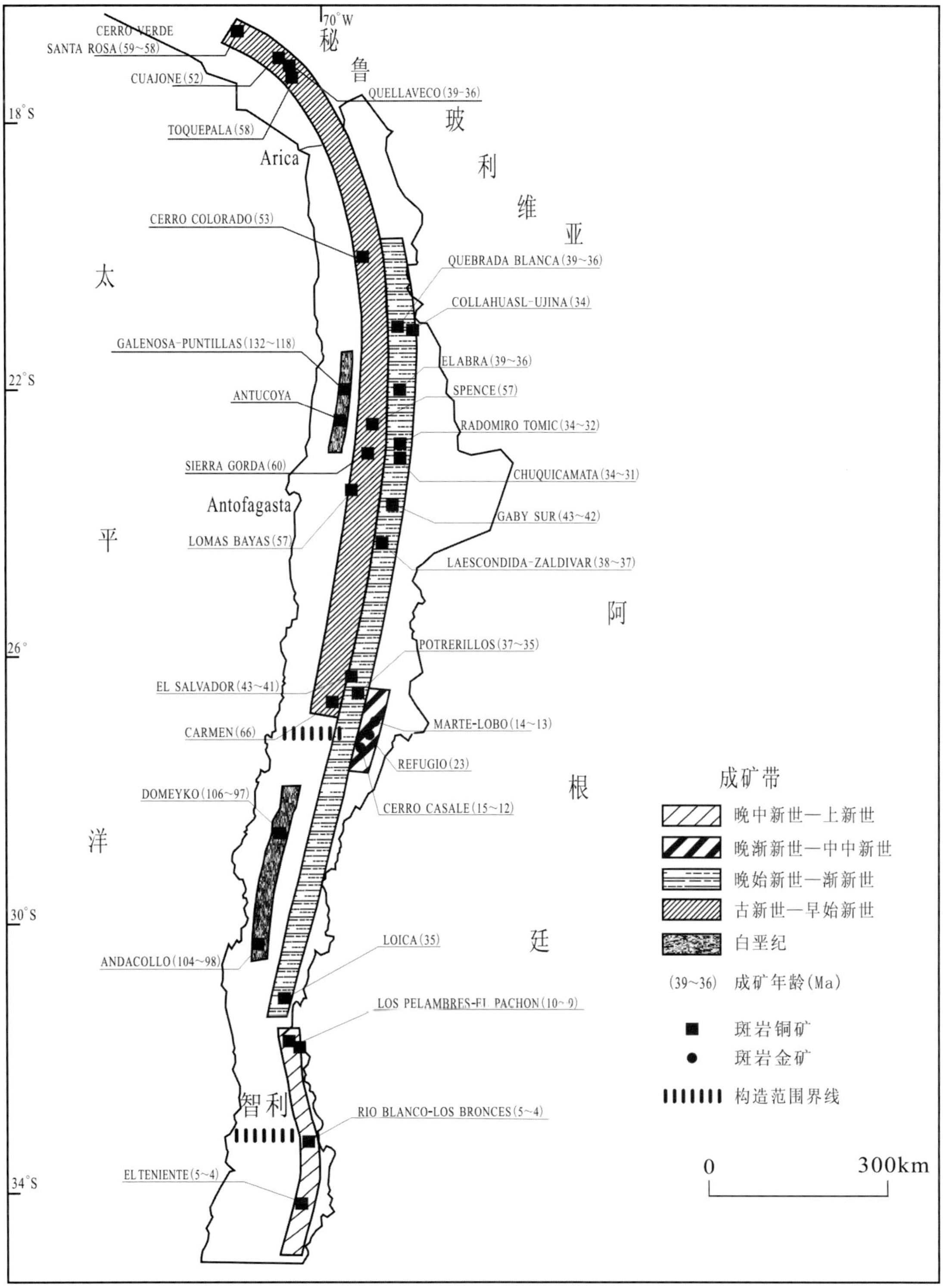

图 3-4 中安第斯成矿省秘鲁和智利段白垩纪—新近纪斑岩铜矿带(Camus,2003)

Sn－Ag－Pb－Zn 矿床等。该带也包括安第斯高原北部地区，高原盆地发育古近纪—新近纪同造山期蒸发盐岩、砂岩、页岩和灰岩等，其内发育锂、钾等蒸发盐岩矿床，是世界最上重要的盐湖卤水型盐类矿床，是著名“锂三角”的重要组成部分。高原区亦发育一些红层铜矿床。

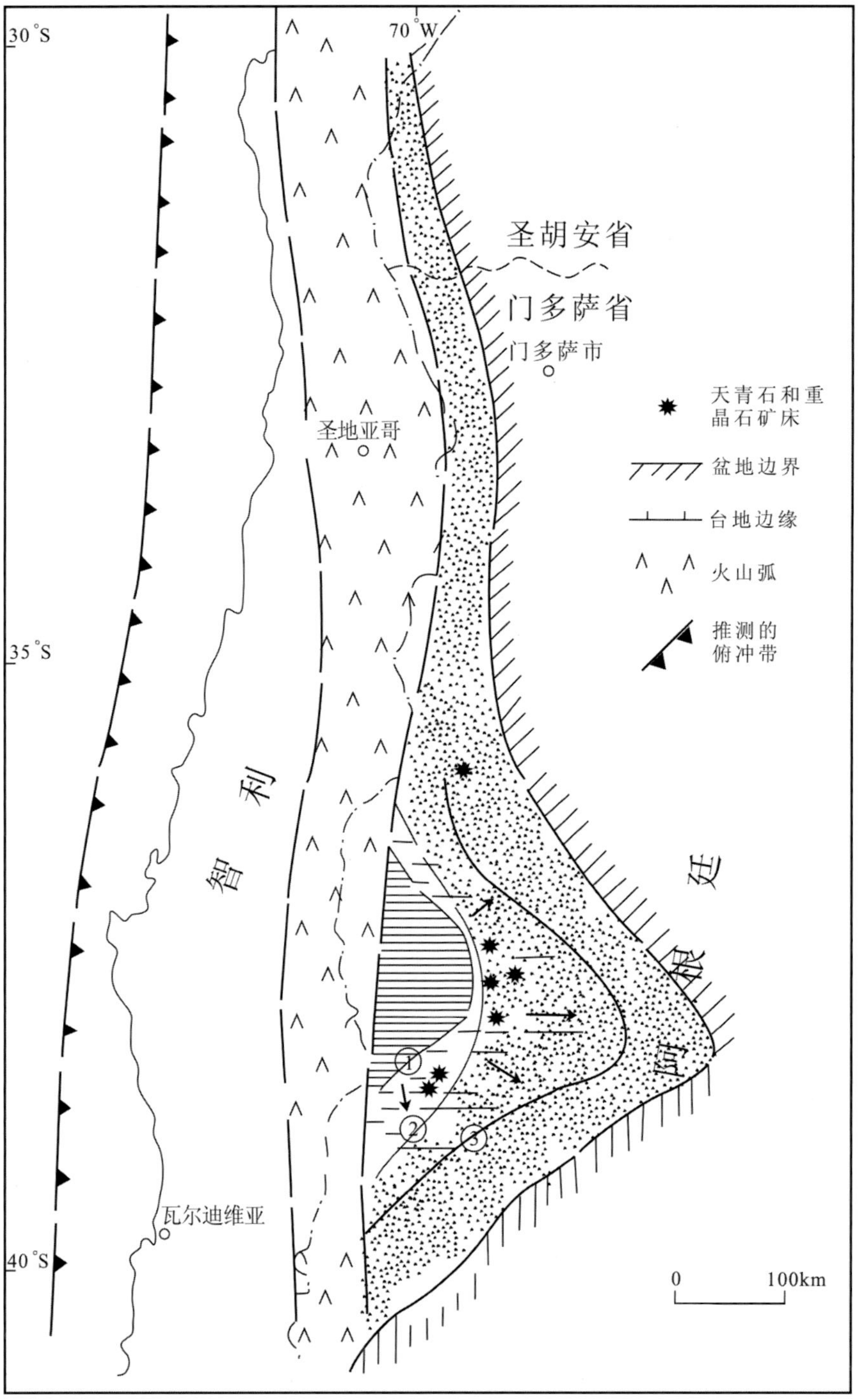

图 3－5　阿根廷内乌肯盆地 Sr－Ba 矿带（Zappettini，2005）

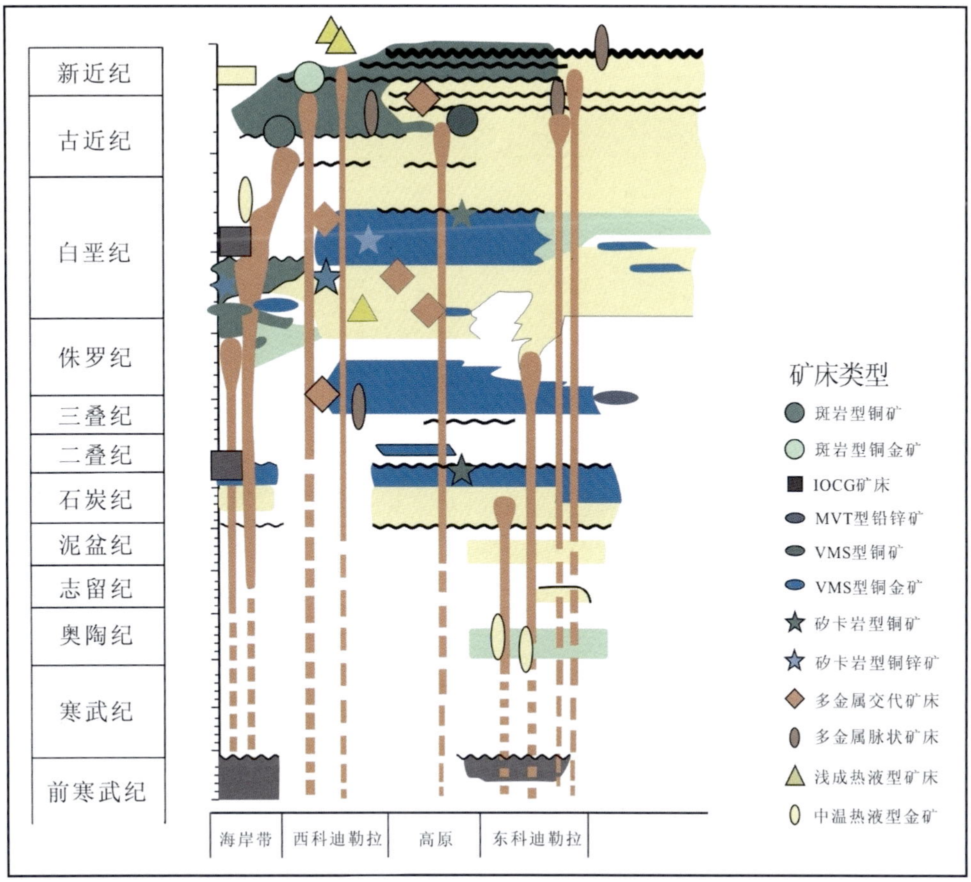

图 3－6　中安第斯成矿省秘鲁段成矿时代、分布位置与矿床成因类型示意图
（秘鲁能源和矿业部资料，2008）

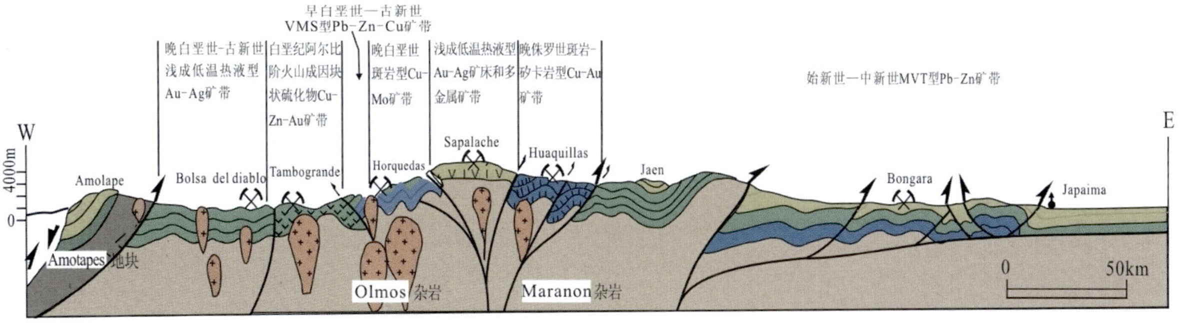

图 3－7　中安第斯成矿省秘鲁段北部构造剖面图与各成矿带分布示意图（Mourier，1988）

5．西科迪勒拉（Western Cordillera）Cu－Au－Mo－Ag－Fe－多金属-硫-盐类成矿带（Ⅲ－34）

西科迪勒拉成矿带位于中安第斯造山带西科迪勒拉地区，包括秘鲁南部、智利中北部、玻利维亚西南部和阿根廷西北部（图 3－1），优势矿产资源为铜、金、钼等金属矿床以及硫和盐湖卤水型盐类等非金属矿床（表 3－3）。成矿时代集中于新生代，特别是中新世—上新世和始新世—渐新世。矿床类型主要为斑岩型，其次为浅成低温热液型、矽卡岩型和沉积岩型等，发育多期斑岩 Cu－Au（Mo）矿床。

该带地层基底主要为古生界沉积岩，上覆中-新生界火山-沉积岩和新生界湖相蒸发盐岩等。区域出露晚石炭世至上新世的多期火山-岩浆岩带。其中，智利北部、阿根廷西北部出露晚石炭世—三叠纪

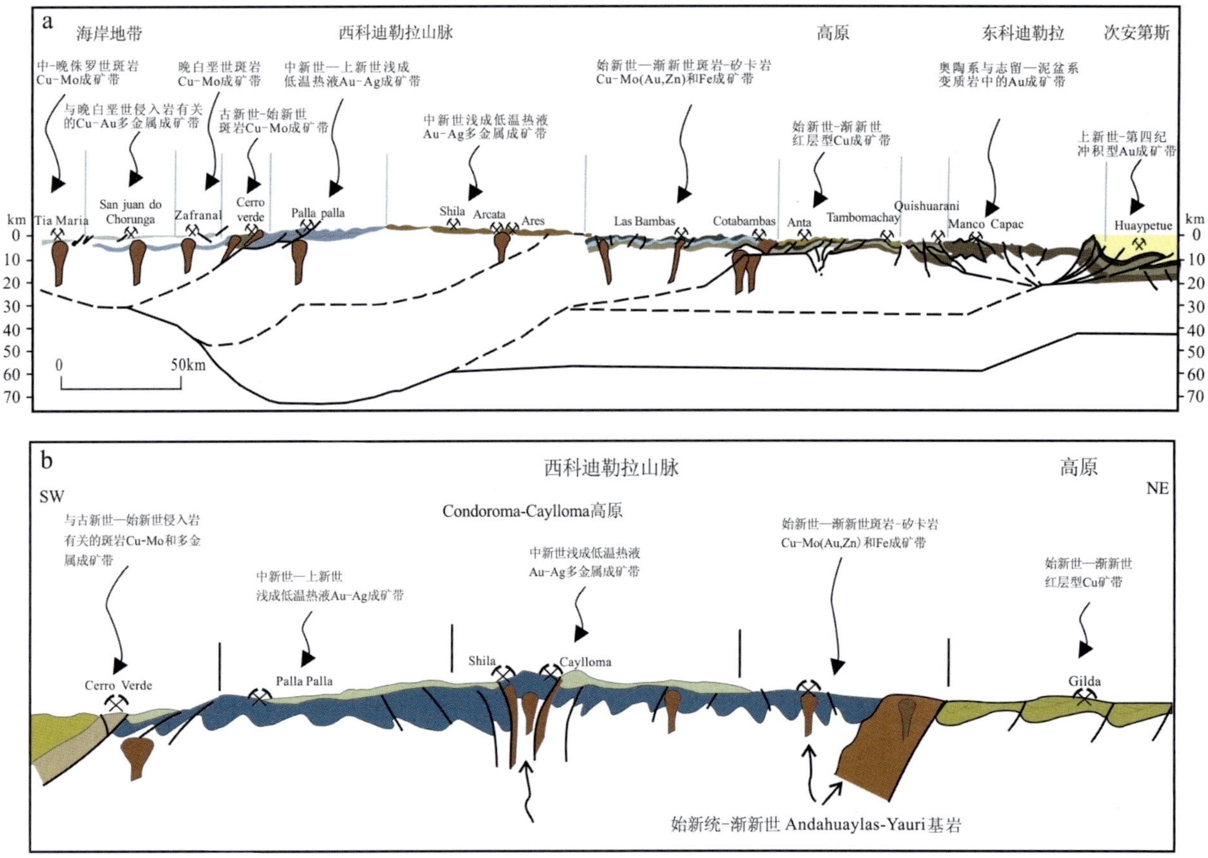

图 3-8　秘鲁南部安第斯造山带横剖面图(高光明等,2016)

a. 秘鲁南部构造剖面图与成矿带(Carlotto,1998,2002,2006a);b. 秘鲁南部 Condoroma Cayllom 高原构造与成矿带(Velarde et al,2004)

岩浆岩带,以阿根廷 Choiyoi 地区最为典型,岩性主要为花岗岩和流纹岩。早白垩世到古新世,西科迪勒拉地区岩浆弧逐渐东移,Copiapo 地区在 63～55Ma 发生火山喷发作用,形成层状火山岩层,同时出露深成岩体。始新世—渐新世,在智利 Potrerillos 地区出露小型安山岩岩株;沿智利多梅科(Domeyko)断裂带展布岩浆岩带,岩性主要为花岗闪长岩、二长岩、石英二长岩等,局部东延至阿根廷普纳地区。中新世火山-岩浆岩带主要出露于 26°～35°S,位于智利中部和阿根廷西部,在 Copiapo 南部地区出露 Coya Machali 火山岩以及弧后安山质熔岩;在智利 Atacama 地区出露安山岩、英安岩;在 32°～35°S 智利中部 Principal 地区,东延至阿根廷西北部,出露 Farellones 火山岩、Farallon Negro 火山杂岩体、El Teniente 侵入杂岩体等。上新世火山岩带主要出露于该带 16°～28°S 和 33°S 以南地区,以安山岩和英安岩为主。

晚石炭世—三叠纪,智利北部、阿根廷西北部斑岩体赋存斑岩型铜矿床,如阿根廷 San Jorge 矿床(图 3-9)。古新世,秘鲁南部—智利—阿根廷赋存斑岩型铜矿床和浅成低温热液型金多金属矿床。始新世—渐新世,智利 Potrerillos 地区安山岩赋存浅成低温热液型金矿床,如 Silica El Hueso 矿床;沿智利多梅科断裂带分布数十个斑岩型 Cu-(Au-Mo)矿床,展布长度达 1400km,为世界上最重要的斑岩铜矿带,如 Chuquicamata 和 La Escondida 等矿床,且储量巨大(Sillitoe et al, 2005)。古新世斑岩矿床钼含量高于始新世—渐新世;始新世—渐新世斑岩矿床储量要远高于古新世。中新世,斑岩矿床主要位于智利中部和阿根廷西部 26°～35°S,智利 Atacama 地区安山岩、英安岩赋存斑岩型金矿床,如 Marte 矿床;智利中部 Principal 地区 Farellones 火山岩、El Teniente 侵入杂岩体和阿根廷 Farallon Negro 火山杂岩体发育斑岩型 Cu-Mo 矿床和浅成低温热液型金矿床,如智利 EI Teniente 矿床和阿根廷 Bajo Alumbrera 矿床(Sillitoe et al, 2005)。Copiapo 南部地区出露 Coya Machali 火山岩以及弧后安山质熔岩等，赋存银多金属矿床。中新世成矿规模仅次始新世—渐新世，成矿时代集中在12～7Ma，成矿岩体主要为英安斑岩和安山岩。上新世，智利高原英安岩赋存基鲁纳(Kruna)型铁矿床；智利、玻利维亚和阿根廷交接处广阔区域产出的上新世—更新世火山岩赋存低温热液硫矿床。该带也包括部分安第斯高原区，其内盆地发育锂、钾等蒸发盐岩矿床，是"锂三角"的重要组成部分(Zappettini，2005)。

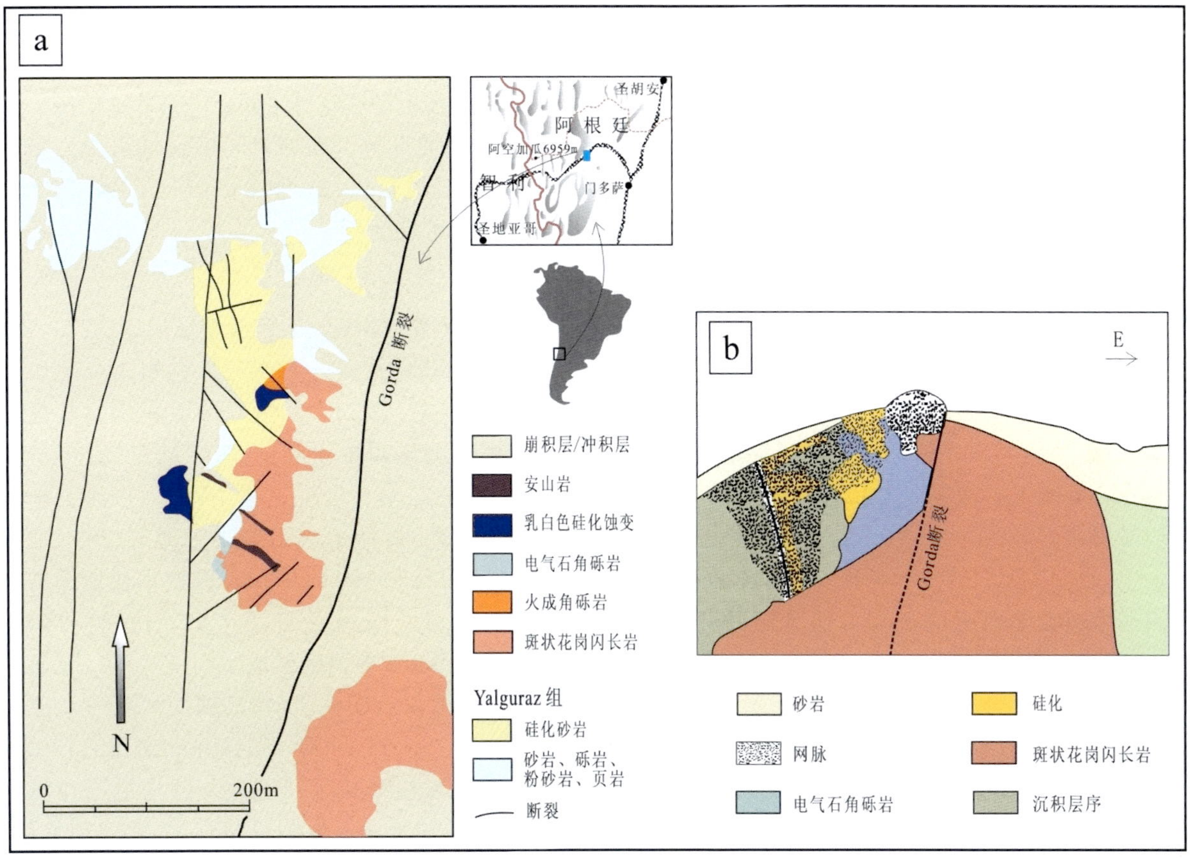

图3-9 阿根廷门多萨San Jorge斑岩铜矿床位置与地质简图(Dill et al,2012)
a. San Jorge斑岩铜矿床地质简图；b. San Jorge斑岩铜矿床理想化剖面图(无比例尺)

6. 中海岸科迪勒拉(Central Coastal Cordillera)Cu－Fe－Au－Zn－Ag成矿带(Ⅲ－35)

中海岸科迪勒拉成矿带位于中安第斯造山带海岸科迪勒拉中南部(图3－1)，主要产出Cu－Fe－Au多金属矿床(表3－3)。该带地层主要包括智利北海岸地区中-下侏罗统海相沉积岩，下白垩统Bandurrias组火山岩-海相沉积岩等。中-晚侏罗世—白垩纪—上新世岩浆岩带沿着秘鲁南部—智利中北部海岸地带出露，展布长达2000km。该带发育著名的IOCG型矿床，秘鲁南部IOCG型矿床赋存于Canete盆地中，集中产于12°～14°S地区。智利北部IOCG型矿床多赋存于下侏罗统La Negra组和Punta del Cobre群等火山-沉积岩中，如La Candelaria矿床；也有部分矿床赋存于侵入岩体与火山-沉积岩接触带上，如Candelaria－Punta del Cobre矿集区(Sillitoe，2003)。IOCG型矿床成矿时代为中-晚侏罗世—上新世，主要集中于中-晚侏罗世(165～154Ma)和早白垩世(123～112Ma)，前者位于外带沿海一侧，后者位于内带海岸科迪勒拉地区(Sillitoe，2003)。除此之外，智利25°～31°S海岸带出露晚白垩世陆缘弧岩浆岩带，Bandurrias组基性熔岩内发育多个基鲁纳型铁矿床，如El Algarrobo矿床。该带也发育一些火山成因块状硫化物矿床、斑岩型铜、金矿床和浅成低温热液矿床等。

7. 普纳高原(Puna plateau)Cu－Au－Mo－Ag－盐类成矿带(Ⅲ－36)

普纳高原成矿带位于阿根廷西北部和玻利维亚南部(图3－1)，主要产出盐湖卤水型盐类矿床，以及铜、金、钼等金属矿床(表 3-3)。该带出露地层主要是下白垩统萨尔塔组,岩性为碱性玄武岩,上覆古近系—新近系砂岩、页岩、石灰岩和蒸发盐岩和第四系碎屑沉积岩、湖相蒸发盐岩。区域主要发育两期岩浆活动,早期为渐新世—中新世(26～16Ma)陆缘弧岩浆岩,以玻利维亚 Julaca 岩组和阿根廷 Quebrada del agua 火山杂岩体为典型,岩性主要为流纹质-流纹安山质熔结凝灰岩、安山岩-英安岩熔岩以及流纹安山岩等。中新世弧后岩浆岩主要出露在阿根廷西北部,以 El Queva 和 Farallon Negro 火山杂岩体为典型,岩性主要为安山岩、二长岩和英安岩等,其沿北西向线状构造延伸到上述陆缘弧岩浆岩带的东部。中新世岩浆岩带是该成矿带最重要的成矿带。该带下白垩统萨尔塔组碱性玄武岩赋存沉积型铜-银-铀等矿床,如 Juramento 矿床。古近系—新近系砂岩赋存红层型铜矿床,如 Coro Coro 矿床。高原盆地蒸发盐岩发育锂、钾、硝石等矿床,也是"锂三角"的重要组成部分。渐新世—中新世火山岩带中发育浅成低温热液型金、银矿床。中新世火山-岩浆岩带赋存斑岩型 Cu-Au 和 Cu-Mo 矿床、矽卡岩型金多金属矿床和浅成低温热液多金属矿床,如 Farallon Negro 矿集区。

8. 帕姆皮亚(Pampia)Cu-W-Ni-Cr-Co-Pt-U-Au 成矿带(Ⅲ-37)

帕姆皮亚成矿带主要位于阿根廷西部帕姆皮亚地块(图 3-1),主要产出铜、钨、镍等金属矿床(表 3-3)。该成矿带受安第斯造山运动影响较小,成矿作用主要发生在古生代寒武纪—石炭纪。帕姆皮亚地块基底由大理岩、片岩和片麻岩组成,其原岩可能是形成于 1000～900Ma 被动大陆边缘的沉积岩。基底上覆 Parana 盆地沉积序列。区域出露多期岩浆岩,其与帕姆皮亚地体和智利尼亚-库亚尼亚(Chilenia-Cuyania)地体先后增生至冈瓦纳大陆西缘有关。帕姆皮亚地体向东俯冲增生过程中,先后形成了新元古代弧岩浆岩(787～550Ma)和寒武纪碰撞花岗岩(530～475Ma)。后造山火山岩集中形成于中-晚寒武世(512～494Ma),随后,该区在寒武纪处于拉张环境(Franceschinis et al, 2016)。帕姆皮亚地体增生至冈瓦纳超大陆西缘的过程可能是巴西-泛非造山运动的一部分。法玛蒂娜(Famatinian)旋回期的 Pampia-Precordillera 事件在该带 Alta Gracia、Ancasti 和 Ramblones 等地区形成了中寒武世—早奥陶世陆缘弧岩浆岩,以及在 Sierras de San Luis 地区形成了晚奥陶世弧后镁铁质-超镁铁质岩浆岩。泥盆纪—石炭纪后造山花岗岩出露于帕姆皮亚地体西部 Los Ratones、Sierra de Mazan、Umango 和 El Guaico 等地区。该时期在 Schlagintweit、Ulapes、La Candelaria 等地区也形成了一些重要的构造带和剪切带。泥盆纪—石炭纪构造-岩浆事件与智利尼亚-库亚尼亚地体与帕姆皮亚地体碰撞有关,即智利尼亚-库亚尼亚地体增生至冈瓦纳大陆西缘。

帕姆皮亚增生至冈瓦纳西缘过程中,在帕姆皮亚-Cordoba 缝合带超基性岩中赋存豆荚状铬矿床,如 Los Guanacos 矿集区。新元古代弧岩浆岩带中的火山岩发育火山成因钨矿床,如 Sierra del Morro 矿集区。同构造期花岗伟晶岩发育伟晶岩型铌-钽-铍-锂矿床,如 El Quemado 矿集区。法玛蒂娜旋回期陆缘弧岩浆岩带中的钙碱性花岗伟晶岩中发育伟晶岩矿床,如 Alta Gracia 矿床;花岗岩中赋存脉型钨矿床,如 Ramblones 矿床。Sierras de San Luis 地区弧后镁铁质-超镁铁质岩浆岩发育岩浆型铜-镍-钴-铂矿床,如 Las Aguilas 矿床。泥盆纪—石炭纪花岗岩发育脉型钨矿床和脉型多金属矿床,前者如 Los Ratones 矿床,后者如 Umango 矿床。Schlagintweit 地区断裂带中的正长岩和变质角砾岩赋存表生富集铀矿床。剪切带中的花岗岩和变质岩赋存有与变质热液有关的金矿床,如 La Candelaria 矿集区(Zappettini, 2005)。

9. 内乌肯(Neuquén)Cu-U-重晶石-天青石-盐类成矿带(Ⅲ-38)

内乌肯成矿带位于西部岩浆弧和东部冈瓦纳大陆之间,南段受巴塔哥尼亚与南美地台之间的碰撞造山带控制(39°S 附近)(图 3-1),主要产出铜、铀、天青石和盐类矿床(表 3-3),矿床规模一般不大。该区主要出露上三叠统—下侏罗统,上覆上白垩统,以海-陆相库依组(Cuyo)、门多萨组(Mendoza)和马拉圭组(Malargue)等地层为代表,主要形成于晚三叠世—早侏罗世,处于拉伸环境。区域构造-岩浆事件发生于新生代,以弧后岩浆作用和薄皮构造为特征,均与安第斯造山带演化有关(Giulio et al, 2012)。上三叠统—上白垩统中赋存由化学沉积作用形成的沉积型重晶石和天青石矿床,前者如 Rio Agrio 矿床，后者如 Luthema 矿床。Huitrin 组 Aptian 蒸发岩赋存钾盐、钠盐矿床，如 Rio Colorado 矿床；该组石膏层赋存生物成因硫矿床，如 Los Petisos 矿床。该区内乌肯盆地河流沉积层中赋存红色砂岩型铜、铀矿床，前者如 Barda Gonzales 矿床，后者如 Huemul 矿床。

七、南安第斯成矿省（Ⅱ-9）

南安第斯成矿省基底主要由巴塔哥尼亚地台和中生代增生地体组成。巴塔哥尼亚地台于石炭纪增生至冈瓦纳大陆，主要由新元古代变质岩、古生代变质岩、火山弧花岗岩（483～467Ma）和北部碰撞花岗岩（363～318Ma）组成。在西部，邱诺斯（Chonos）地体、菲茨罗伊（Fitz Roy）地体和玛德莱德迪奥斯（Madre de Dios）地体在中生代增生至南美板块西缘（Zappettini，2005）。相对中、北安第斯成矿省，其内矿产资源勘查开发相对较弱，目前已发现矿床较少，已知矿床多为浅成低温热液型金矿床。南安第斯成矿省 4 个Ⅲ级成矿带主要成矿特征概述如下。

1. 东巴塔哥尼亚（Eastern Patagonia）W-Au-多金属-萤石-盐类成矿带（Ⅲ-39）

东巴塔哥尼亚成矿带位于巴塔哥尼亚地台东北部（图 3-1），主要产出钨、金多金属矿床，以及萤石等非金属矿床（表 3-3）。区域出露侏罗纪—白垩纪中-酸性陆缘弧岩浆岩和弧后火山岩，主要分布于阿根廷中南部地区，岩性主要为安山岩、玄武岩（如阿根廷 Bajo Pobre 组）和流纹岩（如阿根廷 Chon Aike 组）。其形成与太平洋板块持续向南美洲板块俯冲作用有关。弧后中-酸性火山-岩浆岩发育浅成低温热液型金多金属矿床，如阿根廷 Manantiales 矿床等。该带是阿根廷最重要的浅成低温热液型金矿带之一。

2. 中巴塔哥尼亚（Central Patagonia）高岭土-石灰华成矿带（Ⅲ-40）

中巴塔哥尼亚成矿带位于巴塔哥尼亚地台中部和东南部（图 3-1），主要产出高岭土和石灰华等非金属矿床（表 3-3）。该带由菲茨罗伊变质地体（180～170Ma）、EI Quemado-Ibanez 岩浆弧（150Ma 左右）和早侏罗世基岩（200～180Ma）等组成。带内变质岩体和花岗岩类经风化作用形成了高岭土矿床。

3. 西巴塔哥尼亚（Western Patagonia）Au-Ag-Cu-Pb-Zn 成矿带（Ⅲ-41）

西巴塔哥尼亚成矿带位于巴塔哥尼亚地台西缘（图 3-1），产出金多金属矿床（表 3-3）。该带基底主要为邱诺斯、玛德莱德迪奥斯等中生代增生地体，区域出露多期中-新生代火山-岩浆岩带。最早的火山-岩浆作用发育于中-晚侏罗世，主要分布于该带 41°S 以南地区，以 Lago La Plata 组安山质-英安质火山岩为代表，上覆下白垩统 Divisadero 群安山质-英安质火山岩。紧邻奥斯特拉（Austra）盆地的区域发育侏罗纪—早白垩世火山弧，主要有 Bano Nuevo 杂岩体（135Ma），岩性为玄武岩和熔结凝灰岩；智利 Chico 南部发育的凝灰岩和熔结凝灰岩（128～123Ma）；Laguna del Toro 火山杂岩体，岩性主要为玄武质-安山质火山碎屑岩。45°S 附近地区出露另一早白垩世火山弧，内弧发育安山质熔岩，与海相沉积岩互层；外弧为英安质-流纹质，含火山碎屑，与陆相和海相沉积岩互层。白垩纪巴塔哥尼亚岩基由两期钙碱性花岗质侵入体组成，侵位时间分别为 125～110Ma 和 90～80Ma。41°S 以南地区中-晚侏罗世火山岩中赋存浅成低温热液型金矿床和个别斑岩型铜矿床等，一般规模较小。在紧邻奥斯特拉盆地的侏罗纪—早白垩世火山岩带，其下白垩统 Coyhaique 群产出 Kuroka 型多金属矿床和浅成低温热液型金、银矿床，如智利 Toqui 矿床。

4. 火地岛（Tierra del Fuego）Pt-Au 成矿带（Ⅲ-42）

火地岛成矿带位于火地岛弧后盆地（图 3-1），主要产出铂、金矿床（表 3-3）。其内出露 Sarmiento 和 Tortugas 蛇绿杂岩体，形成于晚侏罗世—早白垩世。含铂和金矿物在冰川作用下初始富集，之后伴随火地岛海岸冲积作用形成铂和金矿床。含铂矿物来源于蛇绿杂岩体，金来自于 Patagonian 岩基，如阿根廷 El Paramo 岩体等。

第四章 矿产勘查与矿业开发

第一节 地质工作程度

一、概况

从西班牙殖民者在南美洲开采银矿至今，南美洲矿业开发已有超过400余年的历史。南美洲各国的地质调查机构大多成立于20世纪，阿根廷地质调查局的前身为1885年成立的国家工程与公共服务部下设的矿产局，1996年改为现名；哥伦比亚地质服务局成立于1916年；玻利维亚矿业地质调查局(SERGEOMIN)成立于1962年；巴西地质调查局于1969年成立；秘鲁1940年成立地质学会，1977年成立地质矿产研究所；智利地质矿产服务局成立于1980年。总体而言，在20世纪各国地质调查机构成立之后，其地质调查工作才算真正展开。

南美洲地质工作程度总体较高，目前各国1∶100万地质图基本都已编制完成，而1∶50万、1∶25万、1∶10万和1∶5万地质填图工作程度差异比较大。各国的地球物理和地球化学调查在一定范围内都有开展，但工作程度并不是很高，主要是在一些特殊地区或重要地区开展了相应的工作。

二、区域地质调查

南美洲矿产资源丰富，自各国地质调查局成立以来，南美区域地质调查开展了大量工作，不同国家1∶50万、1∶25万、1∶10万和1∶5万地质填图工作都有一定程度的覆盖，1∶100万及更小比例尺的编图工作基本覆盖了南美各国。由于各国矿业在国民经济中所占比重不尽相同，各国的区域地质调查工作程度差异也比较大。南美洲陆地面积约$1797\times10^4 km^2$，占世界陆地总面积的12%。

1. 巴西

巴西是南美洲国土面积最大的国家，国土面积$851.49\times10^4 km^2$，约占南美洲面积的47.4%。巴西地质调查局从1969年开始在一些地质条件不明的地区开展了1∶25万的地质填图工作，1970年出版了1∶250万巴西地质图，最初的版本是PLT和PDF格式。到1981年，巴西地质调查局在超过$300\times10^4 km^2$的面积上开展了1∶10万、1∶25万和1∶50万系列填图工作。20世纪90年代，开展了地图数字化工作，建立了地质数据库。在1991年之后，巴西地质调查局开展了地质矿产调查，并进行了1∶100万地质构造填图，该图首先以1∶250万巴西地质图生成修订版1∶500万的地质构造图，然后根据地质调查成果，绘制相应的构造信息，再转化形成修订版的1∶100万地质构造图。

到目前为止，巴西已经编制完成1∶500万南美地质图、1∶250万全国数字地质图。完成全国1∶100万地质图46幅，覆盖面积$850\times10^4 km^2$；完成1∶50万地质图30幅，覆盖面积$275.9\times10^4 km^2$，占国土面积的32%；完成1∶25万地质调查258幅，覆盖面积$390.6\times10^4 km^2$，占国土面积的45.87%；完成 1∶10 万地质调查 285 幅，覆盖面积 $118.8\times10^4\,km^2$，占国土面积的 13.97%；完成 1∶5 万地质调查 $36.4846\times10^4\,km^2$，占国土面积的 4.3%（图 4-1）。目前，正在开展 1∶100 万海洋地质调查。

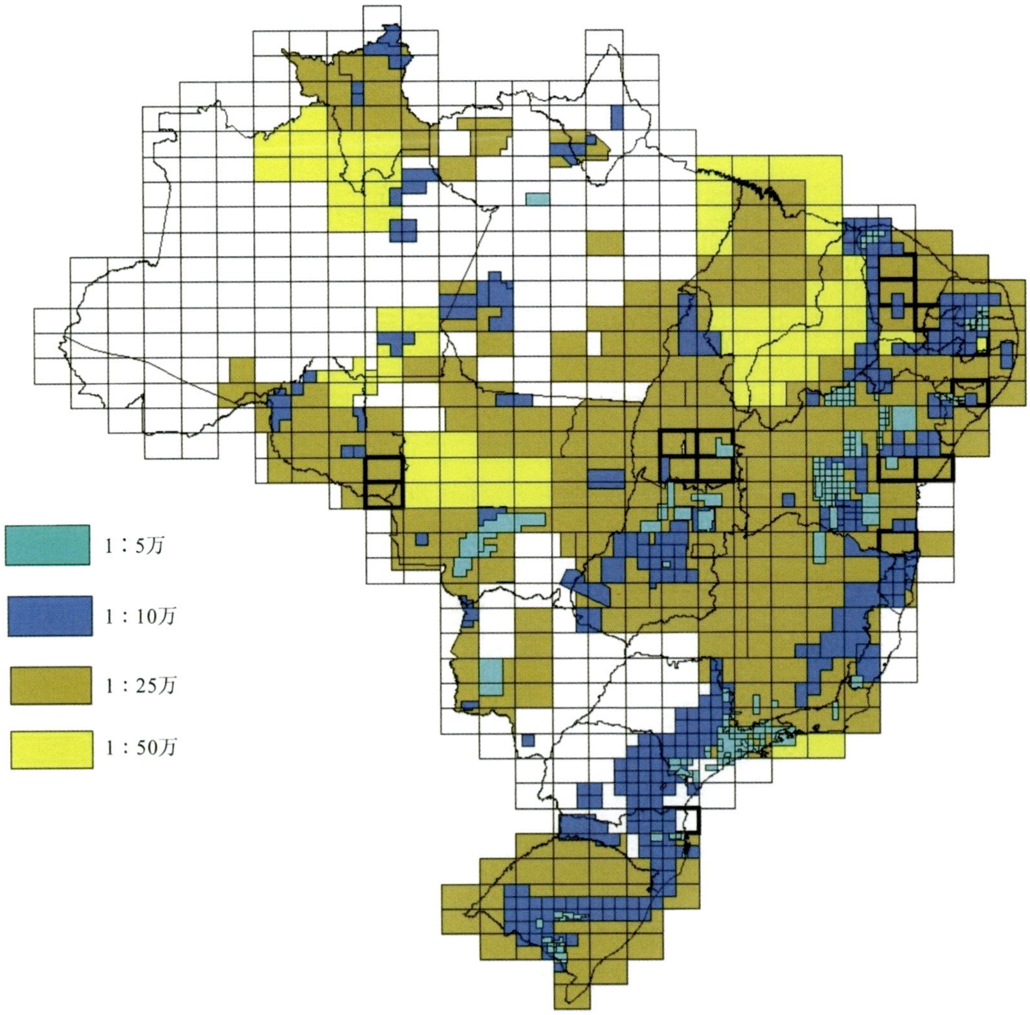

图 4-1　巴西地质调查工作程度图

（资料来源：巴西地质调查局官网，2016）

2. 秘鲁

秘鲁国土面积 $128.5\times10^4\,km^2$，占南美洲的 7.2%。1956 年，秘鲁地质学会编制出版了第一代 1∶200万秘鲁地质图；1969 年出版了 1∶100 万秘鲁成矿图；1975 年又出版了第二版 1∶100 万秘鲁地质图。目前系统的基础地质调查工作主要由秘鲁地质矿业冶金研究院完成。到目前为止，已完成 1∶20 万地质图 301 幅，1∶10 万地质图 500 多幅，出版了 136 份地质报告，基本覆盖了其国土面积的 3/5 左右，沿海地区、西安第斯山全部和东安第斯山大部分地区都已完成了 1∶10 万的地质填图，余下部分均为交通不便的高山区和森林覆盖区。一些成矿有利地段和重点地区还完成了 1∶5 万和 1∶2.5 万的地质填图。大部分地质图已实现了数字化。

3. 智利

智利国土面积 $75.7\times10^4\,km^2$，占南美洲的 4.2%。在智利，商业性地质工作与公益性地质工作是分开的，地质工作程度较高，目前已完成全国 1∶25 万区调工作，且各类资料全部公开。部分地区完成了

1∶5万地质填图，少量地区采用了浅钻普查。系统的大比例尺的矿产地质调查工作则没有完全铺开，很大一部分地区找矿勘查工作程度还较低，只有部分被确定为矿业权地的区域，地质工作程度相对较高。目前智利国家已经完成覆盖全国的1∶100万地质图，其他比例尺的地质图有：1∶50万5幅、1∶25万29幅、1∶10万53幅、1∶7.5万3幅、1∶5万45幅。其中1∶25万和1∶10万地质图十分规范，具有较高的参考意义。

4. 阿根廷

阿根廷是南美洲第二大国，国土面积$278\times10^4km^2$，占南美洲的15.5%。地质调查工作始于19世纪20年代，1891年出版了覆盖西部山区部分国土面积的地质图。1910年开始系统的1∶20万地质填图工作，1950年正式出版了1∶250万全国地质图(1964年修订)。1996年成立国家地质矿产调查局，随后出版了1∶500万全国地质图。

现代地质工作以1∶25万和更小比例尺的地质填图为主，全境的222个1∶25万图幅已经出版了95幅1∶25万地质图，占全部国土面积的42.8%。已经完成野外工作，正在室内编写报告的有30幅，占全部国土面积的13.5%，编写报告的比例如此之高是由于阿根廷近年加强了地质工作，完成填图的工作比较多，另一方面也是阿根廷编写地质报告的时间跨度大，常常需要5～6年的时间才能完成。正在进行野外地质工作的25幅，占国土面积的11.3%。计划在未来5年内进行填图的36幅，占全国总面积的16.2%，只有36幅没有工作计划，主要位于阿根廷北部的冲积平原区。在资源潜力和重点研究地区，也开展了少量的1∶10万地质填图工作，只完成9幅图，仅占全国总面积的0.45%。

总体来看，阿根廷是个传统的农牧业国家，自然条件优越、资源丰富、人口不多、居民生活悠闲富裕，矿业在国民经济的比重仅为3.3%，因而国家对地质矿产工作重视不足，突出表现在国家地质矿产领域的投入有限，基础性地质工作程度较低。

5. 厄瓜多尔

厄瓜多尔已经出版的77幅1∶10万地质图覆盖了52.3%的国土面积。其中51幅在BGS/ODA参与下对厄瓜多尔西部进行了系统的地质填图和矿产调查并按比例尺1∶2.5万和1∶5万制图。

6. 玻利维亚

玻利维亚矿业地质调查局(SERGEOMIN)和国家石油公司(YPFB)在世界银行资金支持下于2000年6月完成了全国1∶100万地质图、大地构造图及矿产分布图；1∶25万地质图已完成38幅，约占玻利维亚国土面积的44%，其中，东、西部安第斯山脉及高原区完成21幅，东部前寒武纪地盾区完成17幅；1∶10万地质图截至2011年底，已经完成233幅，其中，已公开出版的有187幅，有46幅尚未出版，未完成的还有404幅，完成率仅为36.7%。

7. 巴拉圭

巴拉圭的地质工作程度不高，2014年出版了覆盖全境范围内的1∶100万地质图。1∶10万地质填图共完成5个图幅，集中在东南部地区，覆盖面积约16 000km^2，约占全国总面积的4%。

8. 苏里南

苏里南地质工作程度很低，基础地质研究工作极为薄弱，1977年完成1∶50万地质图。矿业公司对开采的矿床做过一些地质勘查与评价工作。

9. 圭亚那

1987年完成了1∶100万比例尺的圭亚那区域地质图，并在2010年出版了数字化版本的最新圭亚那地质图。

三、区域地球物理

南美洲各国地球物理测量工作程度差别较大，巴西地球物理测量工作覆盖了国土的大部分面积（图4-2），500m线距的航空地球物理（航磁、航放）测量，完成测线200×10^4km。截至2014年12月，阿根廷完成了测线75×10^4km的航磁和放射性测量（图4-3）。秘鲁仅在中南部局部地区完成了1∶10万的航磁（图4-4）。智利航磁资料目前已完成1∶25万11幅、1∶10万10幅，重力资料1∶50万2幅。厄瓜多尔在部分地区开展过航磁测量。玻利维亚在该国西部安第斯造山带及东部前寒武纪地盾的部分区域进行航磁测量、大地电磁及放射性测量。苏里南在局部地区开展航磁测量、放射性测量等工作。圭

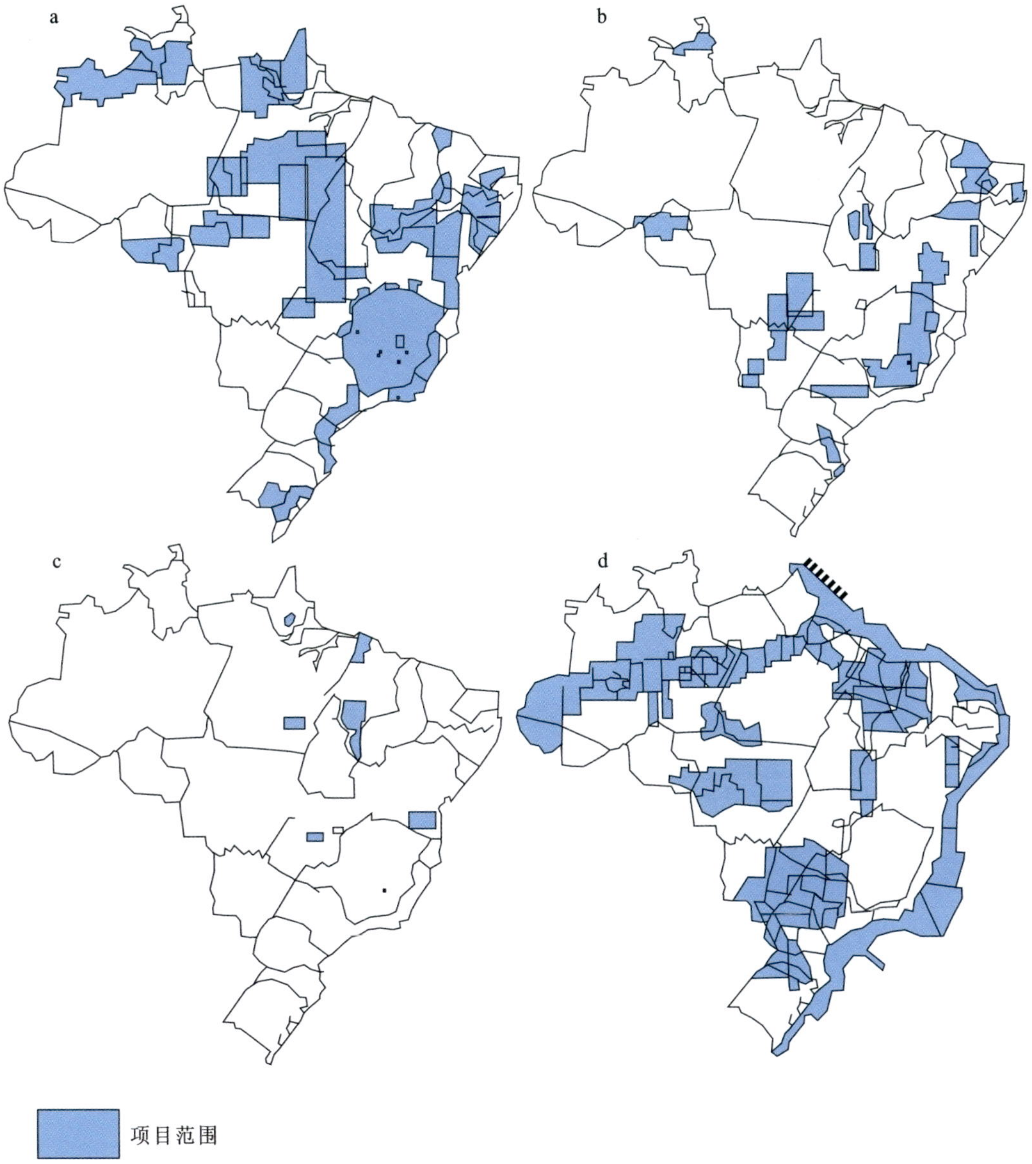

图4-2 巴西航空物探项目分布范围示意图

（引自 http://www.cprm.gov.br/aero/aero.htm）

a.巴西矿业部和巴西地调局完成项目；b.巴西国家核能委员会和核能企业完成项目；c.由州政府和私人企业完成项目；d.巴西国家石油委员会和巴西石油公司完成项目

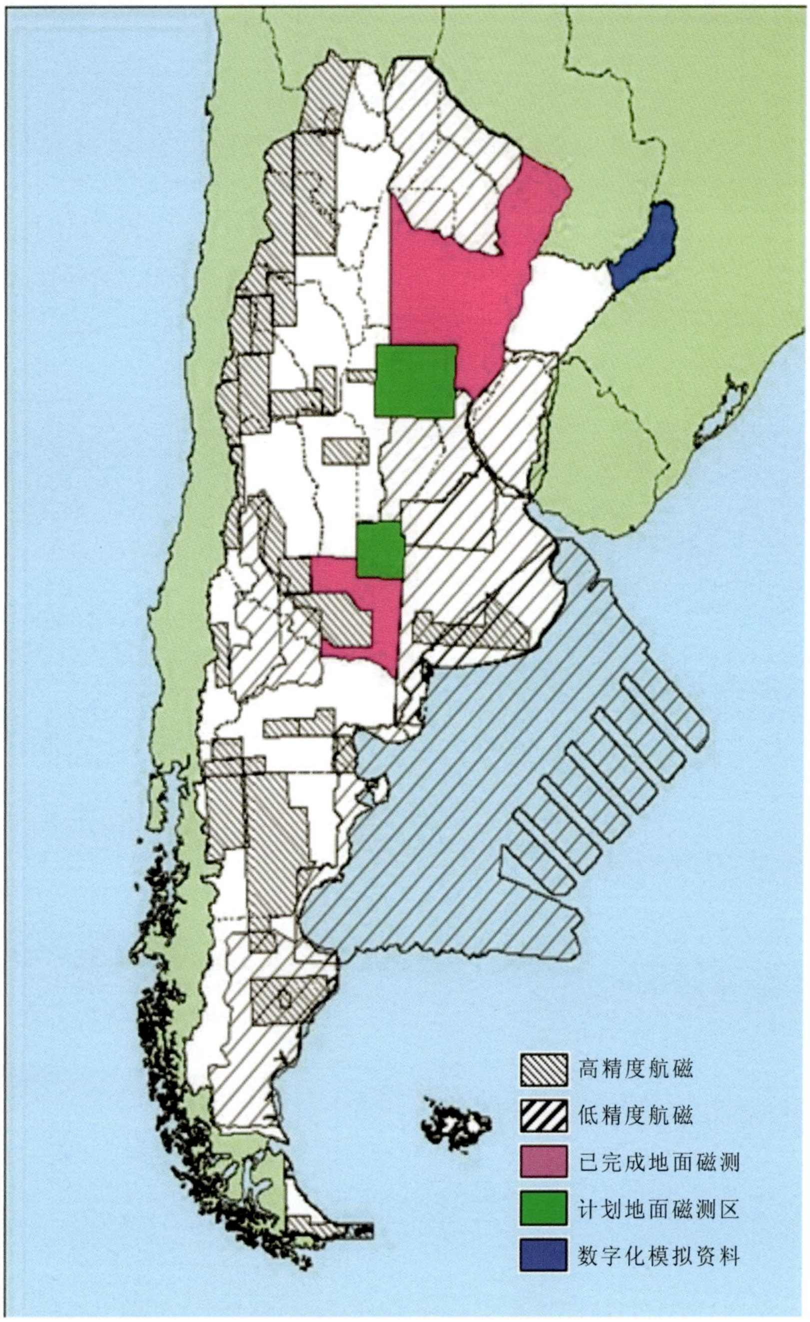

图 4－3　阿根廷地球物理调查覆盖范围

（资料来源：阿根廷地质调查局，2016）

亚那在 1962 年到 1964 年间完成了国土面积 2/3 的航空调查测量。

四、区域地球化学

南美洲区域地球化学调查工作程度相对较高，但各个国家之间差别比较大。区域地球化学调查工作程度高的包括巴西、秘鲁等国家（图 4－5）。

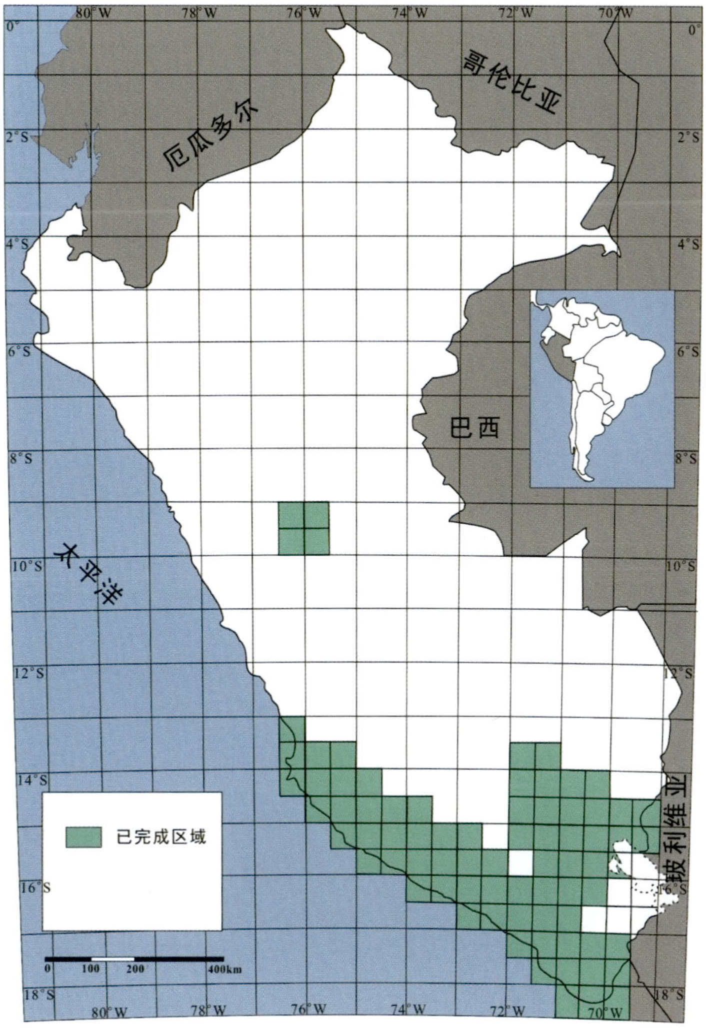

图 4-4　1∶10 万秘鲁航磁工作程度图(据 INGEMMET,2014)

秘鲁沿安第斯地区已完成了 1∶100 万的 33 个元素的地球化学工作,覆盖了沿海到安第斯地区(图 4-6)。

阿根廷区域化探完成了 $64.5\times10^4km^2$ 的 Cu、Pb、Zn 三个元素的水系沉积物测量工作。1996 年,在加拿大地质调查局的资助和技术支持下,阿根廷地质调查局与玻利维亚、智利、秘鲁等 4 国地调机构签订了安第斯多国项目合作协议(Multinational Andean Project)。在包括阿根廷北部、智利北部、秘鲁和玻利维亚南部地区开展了多元素的地球化学填图项目,该项目在阿根廷境内包括 4 个 1∶25 万图幅。利用中子活化和电感耦合等离子发射光谱法分析了 Au,As,Ba,Br,Co,Cr,Cs,Fe,Hf,Na,Rb,Sb,Sc,Se,Ta,Th,U,La,Ce,Nd,Sm,Eu,Tb,Yb,Lu,Cu,Pb,Zn,Ag,Ni,Mn,Sr,Cd,V,Ca,P,Mg,Ti,Al,K,Y 和 Be 等 48 种元素。其后,阿根廷地调局开始了系统的全国区域化探工作,已经完成 51 幅 1∶25 万多元素地球化学填图工作(图 4-7)。圭亚那地球化学填图工作开始于 1999 年,已经覆盖了圭亚那 35 个地区,面积达 $27\ 450km^2$。玻利维亚全国地球化学勘查工作主要集中在该国西部的安第斯造山带及东部前寒武纪地盾的部分区域。

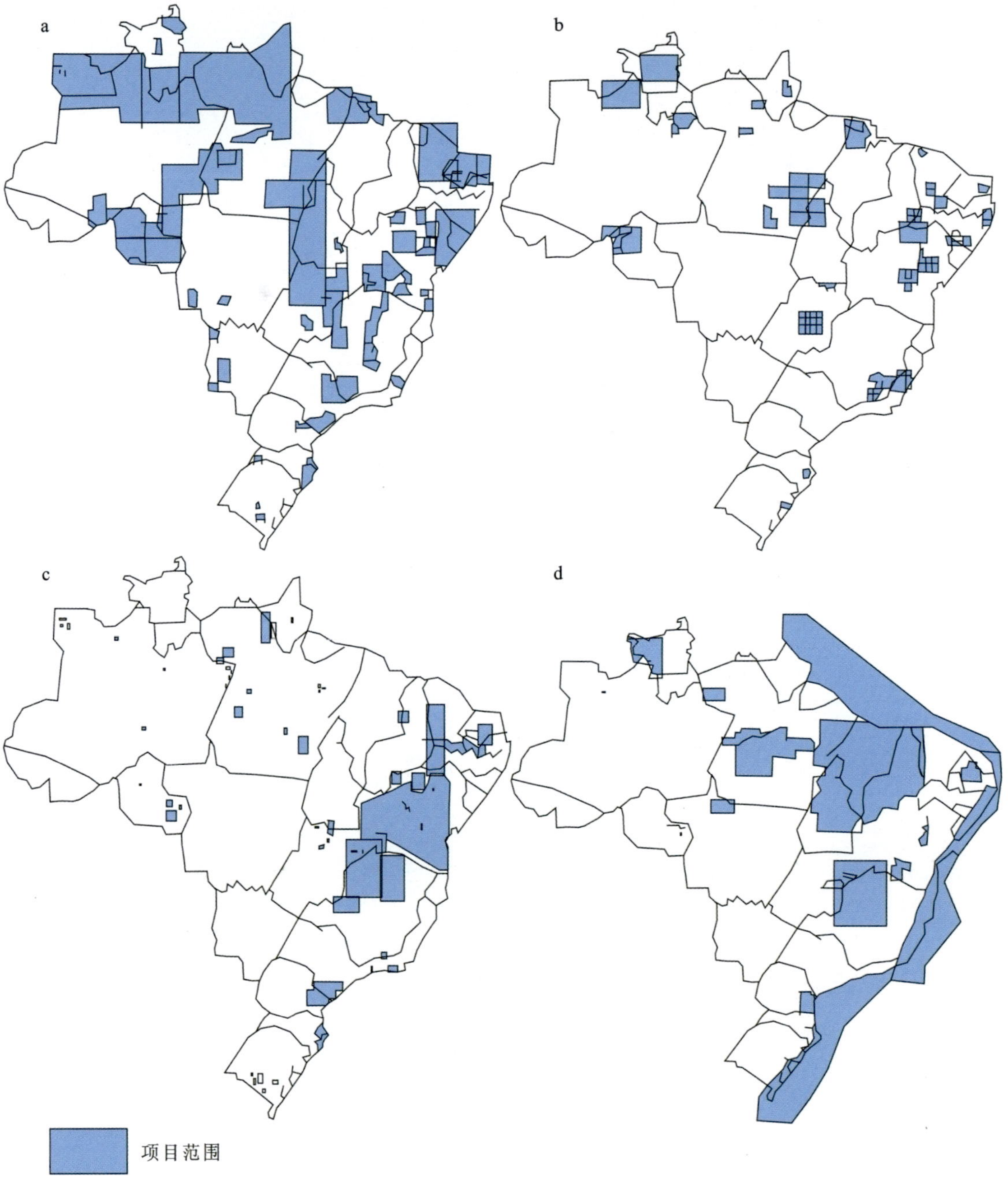

图 4-5　巴西地球化学项目分布范围示意图

（引自 http://www.cprm.gov.br/geoq/geoq.htm）

a. 区域地球化学勘查项目：由巴西地调局完成的区域基础地质计划中的地球化学项目，该项目始于 1972 年国家矿业局的地球化学勘查项目；b. 区域地球化学勘查项目：国家矿业局和巴西地调局完成的地球化学勘查项目，该项目为基础地质勘查计划的一部分；c. 地球化学详勘项目：由巴西地调局、国家核能委员会、国家铜储备局和亚马孙执行组完成的地球化学详勘项目；d. 计划的地球化学勘查项目：由巴西地调局负责，国家核能委员会及政府机构没有参与

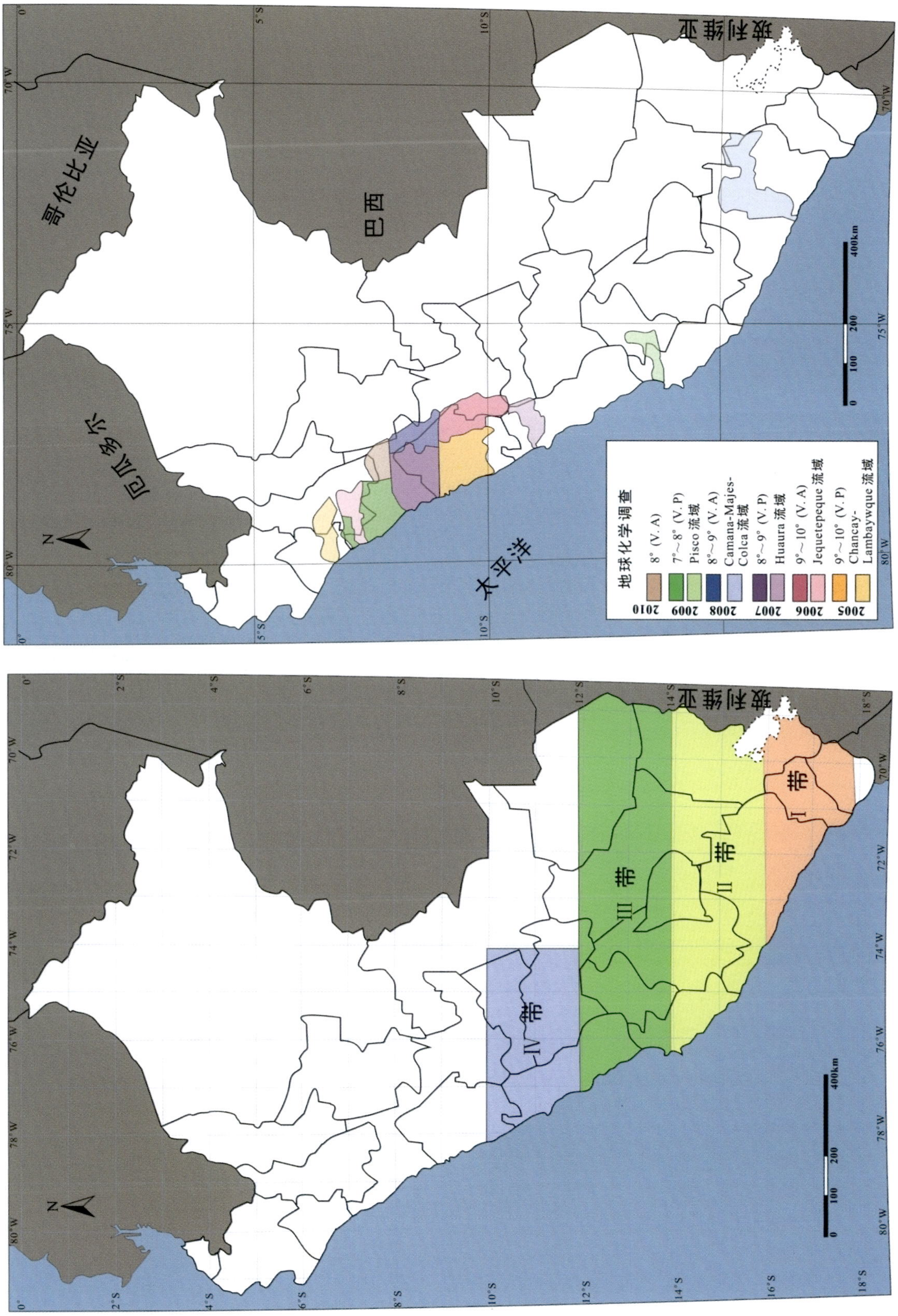

图 4-6　秘鲁化探工作程度图(据 INGEMMET,左为 2004 年前,右为 2005—2010 年)

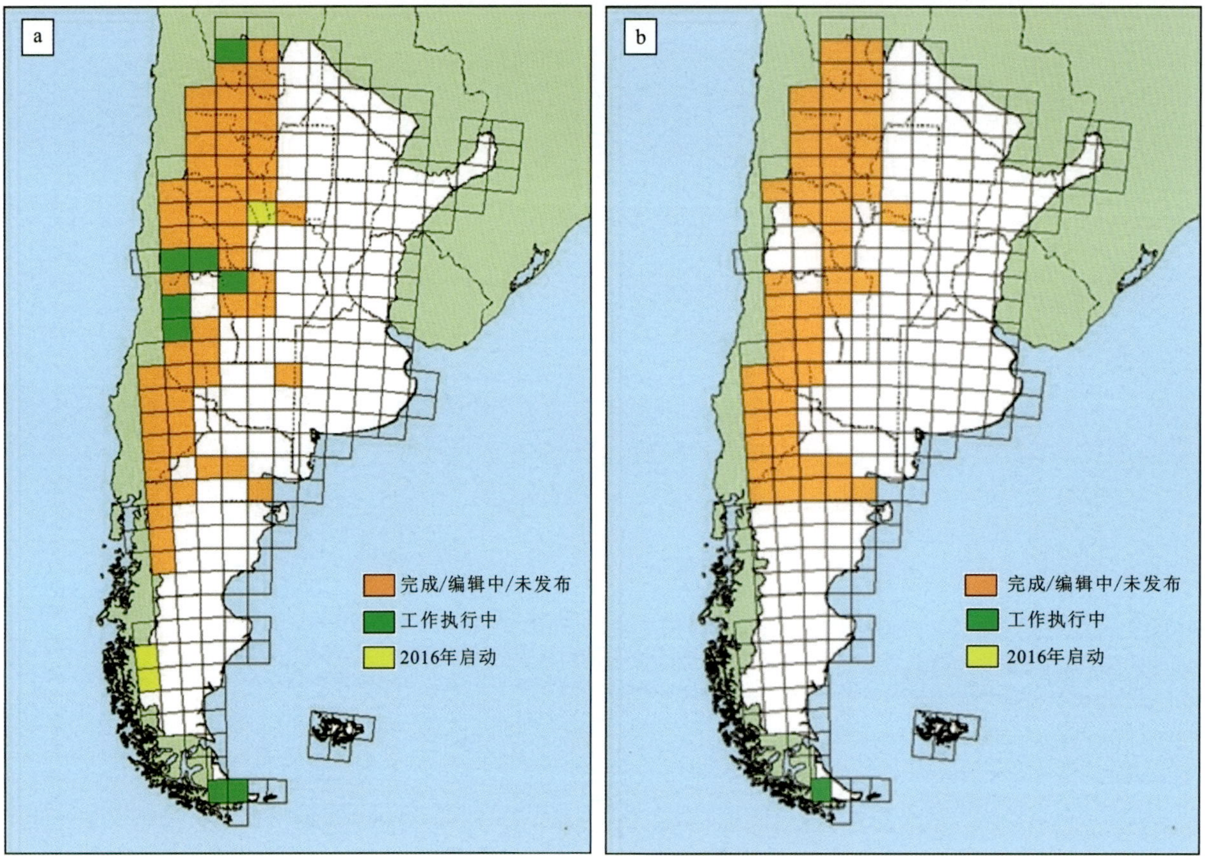

图 4-7　阿根廷地球化学填图范围
（资料来源：阿根廷地质调查局，2016）
a. 多元素；b. 铜-铅-锌

第二节　矿产勘查

一、概况

当前全球经济复苏乏力，矿产品价格持续震荡下行，矿业市场持续低迷，流向采矿行业的资本近几年逐步减少。作为在全球矿产资源供应占据重要地位的南美洲，在全球矿产勘查和开发中扮演着风向标的角色。

通过对 2007—2015 年南美各国矿产勘查投资数据的统计，可以总结出如下特点。

1. 南美洲地区是全球勘查开发资金的重要目的区

自 2007 年至 2015 年，南美洲的勘查开发资金占全球的 16%～21.6%不等，总体呈上升趋势。2015 年全球矿业勘查预算为 87.71 亿美元，其中南美洲地区为 18.94 亿美元，占全球的 21.6%，这是 2007 年以来占比最高的一年。

在全球矿业勘查投入最多的前 10 个国家中，南美洲占有 4 席，其中智利占全球矿业固体勘查总投资的 7%、秘鲁占 6%、巴西占 3%和哥伦比亚占 2%（与非洲 DRC 并列世界第 10）（图 4-8，表 4-1）。

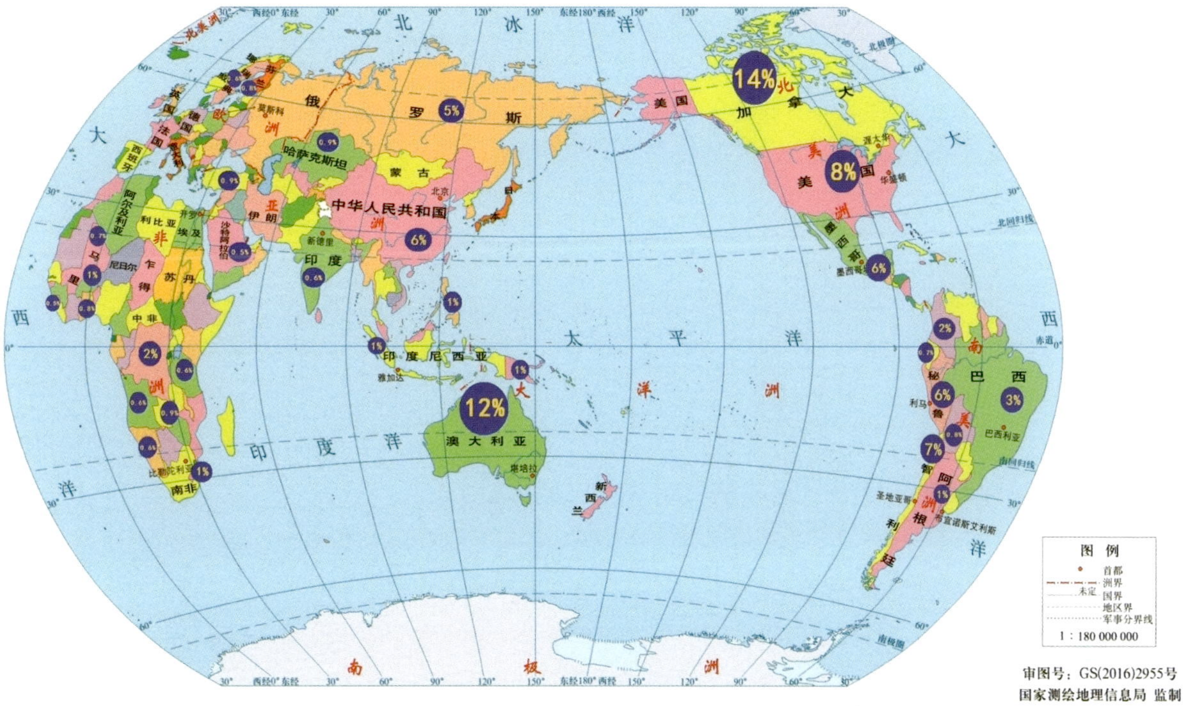

图 4－8　2015 年全球范围内的勘查投资预算分布示意图（据 SNL，2016）

表 4－1　2007—2015 年南美洲各国勘查投资（单位：百万美元）

国家	2015 年	2014 年	2013 年	2012 年	2011 年	2010 年	2009 年	2008 年	2007 年
阿根廷	124.5	157.2	292.2	515.6	343.7	281.6	132.8	229.2	215.8
玻利维亚	72.1	18.1	13.9	42.8	39.1	28.0	44.3	32.1	22.5
巴西	295.4	312.4	436.1	568.9	490.1	353.8	233.7	395.7	297.8
智利	615.0	707.4	908.9	1035.1	830.8	544.2	357.5	519.1	357.4
哥伦比亚	167.4	184.2	315.2	453.8	384.0	181.6	109.8	146.4	48.8
厄瓜多尔	63.5	26.6	30.2	30.0	37.3	60.8	48.5	57.4	73.3
法属圭亚那	9.4	21.0	5.9	13.0	1.6		3.3	8.7	2.9
圭亚那	15.1	29.5	32.1	81.3	93.2	33.0	18.0	44.8	30.3
巴拉圭	1.8	3.2	2.9	5.2	3.8	1.6	2.2	3.9	1.9
秘鲁	501.8	558.9	682.9	1025.3	759	581.7	480.0	673.1	475.1
苏里南	26.0	18.7	37.7	83.0	37.6	28.3	27.0	34.6	27.3
乌拉圭		3.9	6.6	10.2	11.6	7.4	5.3	12.3	8.0
委内瑞拉	2.3	1.0	0.5	1.3	16.4	14.1	18.3	65.6	62.2
南美洲合计	1894.3	2042.1	2765.1	3865.5	3048.2	2116.1	1480.7	2222.9	1623.3
拉美合计	2483.9	2862.7	3847.2	5224.0	4202.7	2867.2	1936.2	3128.8	2360.6
全球合计	8771.3	10 738.5	14 426.5	20 530.6	16 307.5	10 678.9	7316.3	12 601.2	9993.1
南美洲在全球的占比（%）	21.60	19.02	19.17	18.83	18.69	19.82	20.24	17.64	16.24
拉美在全球的占比（%）	28.32	26.66	26.67	25.44	25.77	26.85	26.46	24.83	23.62

注：据 SNL 数据库整理，2016。

2. 南美洲的勘查开发投资以智利、秘鲁、巴西三国为重点

从南美洲各国勘查投资额来看，基本可以分成3个梯队：第一梯队是智利和秘鲁，第二梯队是巴西、阿根廷和哥伦比亚，这两个梯队的国家在全球也占据重要的位置；其余国家为第三梯队(图4-9，表4-2)。

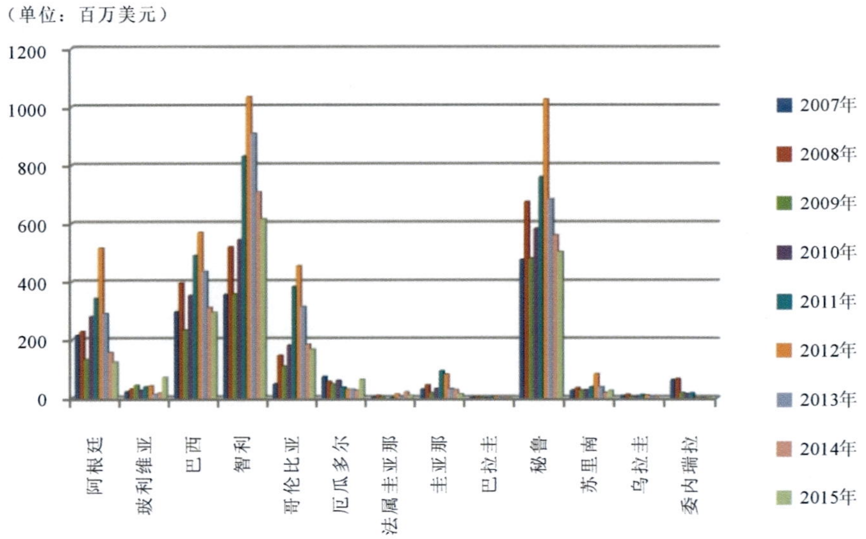

图4-9　南美洲各国勘查投资(2007—2015年)

(据SNL综合整理，2016)

表4-2　2015年南美洲各国矿业勘查投资信息情况

排序	国家	勘查投资合计(百万美元)	在南美洲的占比(%)
1	智利	615.0	32.4
2	秘鲁	501.8	26.5
3	巴西	295.4	15.6
4	哥伦比亚	167.4	8.8
5	阿根廷	124.5	6.6
6	玻利维亚	72.1	3.8
7	厄瓜多尔	63.5	3.4
8	法属圭亚那	9.4	0.5
9	圭亚那	15.1	0.8
10	巴拉圭	1.8	0.1
11	苏里南	26.0	1.4
12	委内瑞拉	2.3	0.1
	南美合计	1894.3	100.0

注：根据SNL数据库整理。

从2015年度南美洲各国矿业勘查预算投资额来看，智利最多，为6.15亿美元，占整个南美洲地区的32%；秘鲁次之，为5.02亿美元，占26.5%；巴西以2.954亿美元排名第三，占15.6%。智利、秘鲁和巴西3个国家的勘查投资预算占整个南美洲地区的74%以上。

3. 勘查开发投资流向铜、金、铁、银等矿种

从目标矿种而言，铜和金占据前两位，总投资分别为7.64亿美元和7.07亿美元，分别占总投入的

40.3%和37.3%。在其他矿种的勘查中，铁矿和银矿的勘查开发投资所占比重也较高(表4-3)。

表4-3　南美洲各国勘查开发投资预算的矿种分布(单位:百万美元)

国家	合计	金	铜	镍	锌	金刚石	铀	铂族金属	其他
智利	615.0	162.3	428.8	0	3.2	0.0	0.0	0.0	20.7
秘鲁	501.8	149.5	202.6	0.0.3	41.6	0.0	4.3	0.0	103.5
巴西	295.4	74.6	72.6	21.6	19.6	0.0	0.0	0.0	107.0
哥伦比亚	167.4	145.9	10.6	9.0	0.6	0.1	0.2	0.1	0.9
阿根廷	124.5	70.5	24.6	0.5	0.9	0.0	6.8	0.0	21.2
玻利维亚	72.1	9.0	5.2	3.0	18.5	0.0	1	0.0	35.4
厄瓜多尔	63.5	41.4	19.4	0.0	0.0	0.0	0.0	0.0	2.7
苏里南	26.0	26.0	0.0	0.0	0.0	0.0	0.0	0.0	0.0
圭亚那	15.1	15.1	0.0	0.0	0.0	0.0	0.0	0.0	0.0
法属圭亚那	9.4	9.4	0.0	0.0	0.0	0.0	0.0	0.0	0.0
委内瑞拉	2.3	2.3	0.0	0.0	0.0	0.0	0.0	0.0	0.0
巴拉圭	1.8	0.8	0.0	0.0	0.0	0.0	1	0.0	0.0
合计	1894.3	706.8	763.8	34.4	84.4	0.1	13.3	0.1	291.4

注:根据SNL数据库整理。

4. 南美勘查开发投资3个阶段各占约1/3,投入以大型公司为主

从南美整体而言,草根勘查、后期阶段到矿山建设阶段的经费基本上各占1/3,草根勘查阶段投资相对低于矿山建设,后期阶段投资最高(表4-4)。不同国家3个阶段投入的经费情况也各不相同,如秘鲁矿山建设阶段的投入最高,其次为后期阶段,草根勘查投资最低,阿根廷也具有同样的特征;巴西则是后期建设阶段投资最高,其次为草根勘查,矿山建设投资最低,智利也具有相同特点。

表4-4　不同阶段勘查开发投资情况(单位:百万美元)

国家	草根勘查	后期阶段	矿山建设
阿根廷	29.4	38.9	56.2
玻利维亚	37.5	25.3	9.3
巴西	75.1	160.5	59.8
智利	205.4	210.1	199.5
哥伦比亚	39.9	72.8	54.7
厄瓜多尔	18.2	45.3	0.0
法属圭亚那	3.5	5.9	0.0
圭亚那	0.7	6.6	7.8
巴拉圭	0.5	1.3	0.0
秘鲁	139.2	157.7	204.9
苏里南	6.4	5.1	14.5
委内瑞拉	1.0	0.8	0.5
南美洲合计	556.8	730.3	607.2

注:根据SNL数据库数据整理。

从投资的公司类型来看，大型公司的投资占整个勘查开发投入的2/3，其次为初级勘查公司，其他类型的公司类型较少（图4－10）。对于大中型公司而言，从草根勘查、后期阶段一直到矿山建设的投资是依次提升的，矿山建设是投资的重点。对于初级勘查公司而言，主要投资在草根勘查及后期阶段，投资到矿山建设阶段的微乎其微。对于国有企业来说，重点是放在草根勘查阶段，后期阶段和矿山建设阶段的投入少。

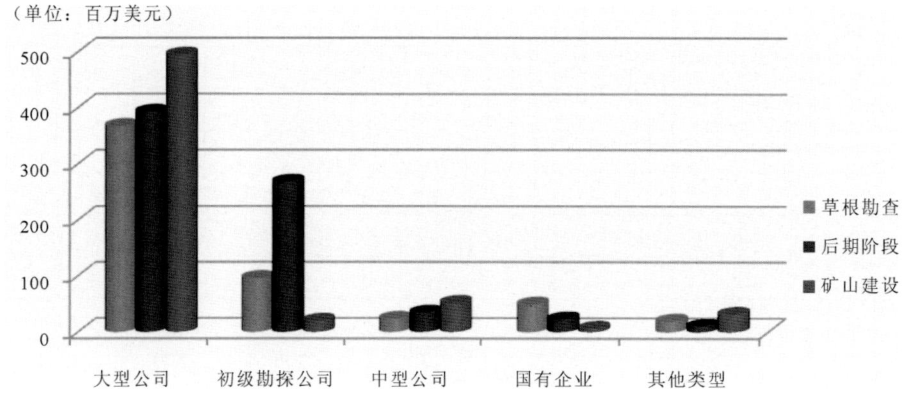

图4－10　不同类型公司矿业开发不同阶段投资情况

二、油气

近年来，随着巴西深水盐下油气和南美洲非常规油气勘查的重大突破，南美洲在油气勘查方面不断取得新的发现，油气剩余探明可采储量呈平稳上升趋势。在2013年世界30项重大油气发现中，南美洲共有4个，其中巴西3个，阿根廷1个。这4个新发现的油气田储量规模相当，为（1.1～1.4）亿桶油当量。巴西新发现的油气田均位于海上：桑托斯盆地的1－KPGL－001D－SPS油田（储量1.4亿桶油当量）、坎波斯盆地的1－BENEDITO－001D－RJ油气田（石油储量1.2亿桶）、埃斯皮里图桑托盆地盐下1－ESS－216D－ESS油田（石油储量1.1亿桶）；阿根廷新发现的内乌肯盆地Aguada de Castro区块页岩气储量1.1亿桶油当量，该区块是阿根廷首次探得的页岩气区块。2014年南美在哥伦比亚的深海第一次有了油气新发现，巴拉圭也有了第一次新发现。2015年，在圭亚那盆地，埃克森美孚发现了一个2.5亿桶油当量的油气田，哥伦比亚石油公司在哥伦比亚海域发现了1.8亿桶油当量的油气田，玻利维亚国家公司YPFP也于23年来首次在本国发现油气（图4－11、图4－12）。

与世界其他地区相比，南美洲油气勘查成本相对较高，而开发成本相对较低。在钻井投资方面，2012年之前，中南美洲投资一直稳步增长，随后由于国际油价的持续低迷，钻井投资有所减少。

2014年拉美地区新发现可采油气储量合计7.7亿桶油当量，在全球中占一定地位。陆上油气的比例逐渐降低，大陆架和深海油气的比重逐步上升（图4－13）。

三、重要金属矿产

南美洲近年来新铜矿发现不多，但一些巨型铜矿周边和深部经过进一步勘查后，资源量大幅增长。智利的铜矿以罗斯博罗塞斯的矿山周边及深部勘查取得的成果为代表，发现了罗斯苏尔法朵思和圣恩利契莫诺利多矿床。此为智利近20年来最大的找矿发现。

南美洲铁矿资源丰富，一直是世界铁矿勘查开发的热点地区之一，特别是从21世纪初到2012年，受以中国、印度、巴西等国为代表的新兴经济体工业化对资源的超常需求，尤其是中国经济的迅猛发展，

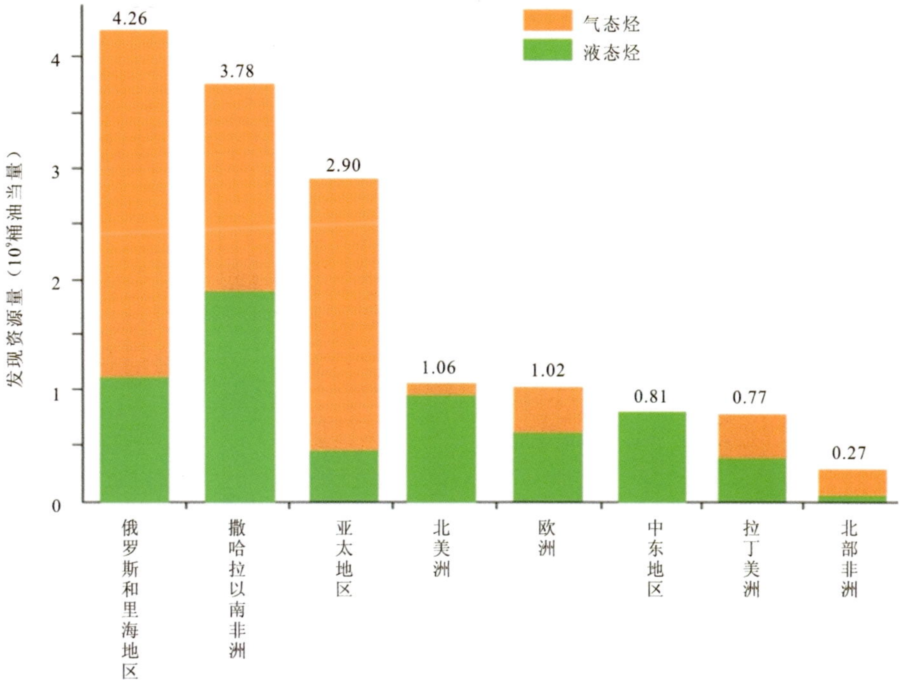

图 4-11　2014 年不同地区油气发现情况(引自 IFPEN,2016)

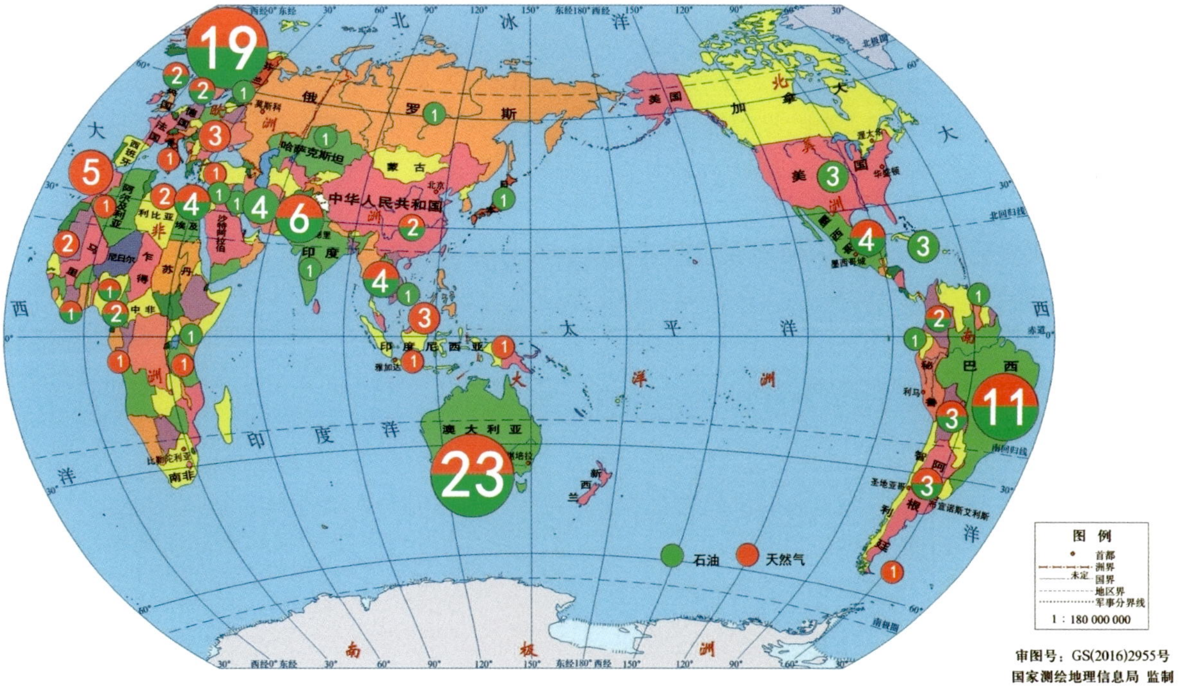

图 4-12　2015 年不同国家发现油气数量分布示意图

(引自 IFP New conventional oil and gas discoveries,2016)

对以铁为主的矿产资源需求快速增长,强烈地刺激了铁矿资源蕴藏丰富国家勘查开发投入热情;2014 年之后,受国际石油、煤炭、铁矿石和金、铜等价格暴跌影响,全球矿业市场开始陷入低迷,南美洲铁矿的

图 4-13　2004—2014 年不同类型油气发现情况

（引自 IFP New Conventional oil and gas discoveries，2016）

勘查开发与全球其他地区相似，也都经历着冰火两重天的考验。

南美洲的铅锌矿产资源丰富，近年来，该地区以铅锌矿为首要找矿目标而实施的钻探工作大量开展，目前铅锌矿找矿勘查工作主要由矿业公司进行，2012 年之前，南美洲地区对于铅锌矿的勘查投入逐年上升，在 2012 年达到峰值，其中，勘查预算超过 2 亿美元，共布置钻孔 328 个，占 2011—2015 年间布置钻孔数量总量 715 个的近 45.8%。但随着矿业市场转入低迷，该地区的找矿投入也开始下降，2015 年该数字仅为 1 亿美元左右。

全球探明锂矿资源的 68.8%分布在智利、阿根廷、玻利维亚三国。整体而言，安第斯高原盐湖区的资源禀赋良好，地质工作程度较低，目前只有智利的阿塔卡玛盐湖和力拓奥（Litio）盐湖，以及阿根廷的翁布雷穆埃尔托盐湖正在开采，其余大部分盐湖属于未勘查或未开发的处女地。近年来，美国、加拿大、德国、澳大利亚、日本和韩国等国家的锂业公司纷纷进入“锂三角”地区开展工作，该地区已然成为全球锂矿勘查开发的热点地区。

南美洲地区的金、银矿产资源丰富，找矿潜力巨大。过去的 10 年矿产勘查成果显著，在不少国家中发现了重要矿床。目前最具吸引力的矿产勘查潜力区集中在科迪勒拉褶皱带和圭亚那地盾区。科迪勒拉褶皱带是从墨西哥向南延伸到中美洲，再向南直至南美洲的火地岛。圭亚那地盾区主要包括巴西西北部、委内瑞拉东南部、法属圭亚那和苏里南。

四、其他矿产

南美洲的铀矿勘查开发活动并不多，勘查费用不足全球的 1%，主要勘查费用集中在阿根廷和巴西。

第三节 矿业开发

一、概况

南美洲是世界重要的矿产品生产地区，油气、铜、铁、银、锡、金、铝土矿、锂等矿产都在世界占有重要地位。智利和秘鲁的铜矿产量分别位居世界第一位和第三位，这两个国家铜产量之和占世界铜产量的1/3。巴西为世界第二大铁矿石出口国，出口量仅次于澳大利亚。秘鲁银产量排名世界第三位，玻利维亚和智利银产量都位居世界前十。秘鲁、玻利维亚和巴西锡产量分别排名世界第三、第四和第五位。秘鲁、巴西和智利金产量都排在全球前十五位之内。拉美铝土矿主要生产国为巴西、苏里南和委内瑞拉，都位居世界前十位之列。南美洲也是世界卤水锂资源最重要的生产区，主要产自智利和阿根廷。储量最高、最有潜力的锂生产国是玻利维亚。

二、油气生产

南美洲地区是世界第二大产油区。据 BP 公司(2015)统计，2014 年，南美洲石油产量合计 7613 千桶/天(约 3.79×10^{8}t/a)，同比增长 3.9%，约占全球石油产量的 9.3%；天然气产量 $1764\times10^{8}m^{3}$，占世界天然气产量的 5.2%。

委内瑞拉、巴西、哥伦比亚、阿根廷和厄瓜多尔是南美洲的 5 个主要产油国。其中石油最丰富的委内瑞拉产量高达 1.35×10^{8}t，占南美洲石油总产量的 35.7%，是美国第二大石油来源地。其次为巴西，2014 年产量为 1.17×10^{8}t，略低于委内瑞拉，在南美石油产量中占比为 30.8%；其余依次为：哥伦比亚 0.49×10^{8}t、阿根廷 0.31×10^{8}t、厄瓜多尔 0.28×10^{8}t 和秘鲁 0.06×10^{8}t，占比分别为 12.9%、8.2%、7.7%和 1.6%。相比于石油，南美洲的天然气产量相对较少，仅阿根廷和巴西列入 2013 年世界主要产气国的前 50 位。阿根廷是南美洲最大的产气国，2013 年的天然气产量为 $355\times10^{8}m^{3}$，占南美洲天然气产量的 20.1%，世界排名第 24 位；巴西为南美洲第二大产气国，2013 年的年产量为 $213\times10^{8}m^{3}$，占南美洲产量的 12.1%，世界排名第 29 位。

自 1970 年以来，南美洲石油产量呈先略微下降后直线上升的增长趋势。1985 年，南美洲原油产量为 3720 千桶/天，到了 2014 年，该区产量为 7613 千桶/天，增长了 1 倍。产油国中，除委内瑞拉略有下降外，其余各国都有较大幅度增长，其中巴西石油产量增幅最大。2010 年厄瓜多尔和巴西石油产量分别为 556 千桶/天和 2346 千桶/天，较 1970 年的 4 千桶/天和 167 千桶/天，分别增长到了近 139 倍和 14 倍。

三、重要金属生产

南美目前发现和在产的巨型铜矿主要分布在智利和秘鲁，2015 年智利铜产量 570×10^{4}t，秘鲁铜产量 160×10^{4}t，二者合计铜产量 730×10^{4}t，占同期全球铜产量 1870×10^{4}t 的近 40%(表 4－5)。

南美洲目前发现的铁矿主要分布在巴西，2015 年巴西生产铁矿石 4.28×10^{8}t，占全球 33×10^{8}t 的 13%。受全球经济增速放缓，特别是中国经济增长明显减速，西方发达国家经济体恢复不及预期，一些新兴经济市场出现衰退等影响，全球钢铁行业呈现明显的产能过剩，对铁矿石需求降低。尽管如此，南美洲铁矿石的产量并未有明显的下降。

南美洲的金矿生产主要是在秘鲁和巴西，2015 年秘鲁金产量 150t，巴西金产量 80t，二者合计占全

表 4-5　南美洲主要矿产品产量

种类	金属矿产										非金属矿产				能源矿产		
矿产品	锂	铜	锡	金	铝土矿	锌	铁矿石	铅	镍	银	硼	盐	石膏	磷酸盐	煤炭	天然气	原油
年份	2014	2014	2014	2014	2013	2014	2014	2014	2014	2014	2014	2014	2014	2014	2015	2015	2015
单位	t	$\times10^3$ t	t	kg	$\times10^3$ t	t	$\times10^6$ t	$\times10^3$ t	$\times10^3$ t	t	$\times10^3$ t	$\times10^3$ t	$\times10^3$ t	$\times10^3$ t	$\times10^6$ t	$\times10^9$ m^3	$\times10^6$ t
阿根廷	3200	136*	—	54 651*	—	34 000*	—	26*	—	799*	500	1843*	1440	—		36.5	29.7
玻利维亚		8#	19 287#	6751#	—	407 331#	—	82#	—	1 340	15	2#	0.6#	—		20.9	
巴西	160	271#	16 830#	80 000	32 484#	152 147#	411	19#	102	73#	—	7400	3750	6040	3.4	22.9	131.8
智利	11 500	5750	—	51 309#	—	29 759#	17#	—	—	1570	580	8500	1015#	4#			
哥伦比亚	—	1#	—	55 745#	—	—	0.7#	—	81	14#	—	432#	—	—	55.6	11	53.1
厄瓜多尔	—	—	—	2800#	—	—	—	—	—	1#	—	—	—	—	—		29.1
法属圭亚那	—	—	—	1600#	—	—	—	—	—	—	—	—	—	—	—	—	—
圭亚那	—	—	—	14 694#	1712#	—	—	—	—	—	—	—	—	—	—	—	—
巴拉圭	—	—	—	—	—	—	—	—	—	—	—	—	5#	—	—	—	—
秘鲁	—	1380	23 688#	140 000	—	1 350 874#	10#	266#	—	3780	225	1205#	297#	3800		12.5	4.7
苏里南	—	—	—	34 213#	2705#	—	—	—	—	—	—	—	—	—	—	—	
乌拉圭	—	—	—	1889	—	—	—	—	—	—	—	—	—	—	—	—	
委内瑞拉	—	—	—	1691#	2429#	—	—	—	6#	—	—	—	—	98#	0.6	32.4	135.2
南美洲	14 860	7546	59 805	445 343	3 330	1 974 111	439	393	189	7577	1320	19 382	6211	9942	60		396
占世界的份额	47%	41%	21%	15%	14%	15%	13%	8%	8%	28%	23%	7%	3%	5%	1.6%	4%	9.1%
世界	31 700	18 500	286 000	2 990 000	283 347	13 300 000	3420	4870	2450	26 800	5860	266 000	244 000	218 000	3830.1	3538.6	4361.9

资料来源：能源矿产数据引自 BP Statistical Review of World Energy June 2016；铝土矿产量引自 World Metal Statistics Yearbook，2014；其余数据引自 USGS Mineral Commodity Summaries，2016 以及 Minerals Yearbook，* 为 2012 年数据，# 为 2013 年数据。

球金产量 3000t 的 8%。

南美洲的银矿生产主要是在秘鲁、智利、玻利维亚等国，2015 年上述三国的银产量分别是 3800t、1600t 和 1300t，三国合计产量占全球产量 27 300t 的 25%。

智利目前是世界重要的碳酸锂生产国，2014 年以氧化锂当量计算产量为 1.29×10^4t，占世界总产量的 36%。智利的碳酸锂主要来自阿塔卡玛沙漠盐湖的两个锂卤水处理厂和安托法加斯塔的两个碳酸锂厂。阿根廷是世界上卤水锂资源丰富的国家，2014 年以氧化锂当量计算产量为 2900t，占世界总产量的 8%。玻利维亚政府严格控制乌尤尼锂矿的开发，只允许外国公司和科学家以科学顾问的形式协助研究。2011 年，玻利维亚政府宣布计划乌尤尼盐湖锂资源开发将分为 3 个阶段，计划投资分别为 0.17 亿美元、4.85 亿美元和 4 亿美元，到第三阶段，外资企业可以通过技术转让的形式参与开发。预计到 2020 年，玻利维亚碳酸锂的年产量可达到 3×10^4t。

南美洲是世界上重要的铅锌矿产地，2014 年铅和锌的矿山金属产量分别约为 41×10^4t 和 205×10^4t，分别占全球总量的 8.9%和 15.3%，主要的铅锌矿生产国家包括秘鲁、玻利维亚、阿根廷、巴西和智利等国，其中秘鲁为南美最大的铅锌矿生产国，也是世界第四大产铅国和第三大产锌国，在全球具有举足轻重的地位。2014 年该国的铅和锌的矿山产量分别为 27.89×10^4t 和 131.8700×10^4t，分别占南美洲总产量的 68%和 64%。

此外，南美洲的铝等产量也在全球占有重要的地位。

四、其他矿产

南美洲的非金属矿产硼矿等在全球也占有重要的地位，2014 年，南美洲硼矿的产量占全球的近 40%。此外，盐、石膏、磷酸盐等在全球也占据一定的位置(表 4-5)。

南美洲目前唯一在生产的铀矿山是巴西的 Lagoa Real(Caetité)矿山，其年产能为 340t，INB 公司拟在 2017 年以后提高产能到 1200t/a。

第四节　矿业公司

一、外国矿业公司

南美洲丰富的矿产资源吸引了全球众多的国际矿业公司，成为全球矿业公司特别是矿业巨头的必争之地。必和必拓、力拓、嘉能可斯特拉塔等全球矿业巨头在南美洲都有大量的矿业项目。

1. 必和必拓

必和必拓公司(BHP Billiton Ltd.——Broken Hill Proprietary Billiton Ltd.)：以经营石油和矿产为主的著名跨国公司。BHP 于 1885 年在墨尔本成立，Billiton 于 1860 年成立。2001 年 6 月两公司合并。2003—2004 年总收入达 340.87 亿澳元，总市值 1363.5 亿澳元，雇佣员工 35 000 人，成为全球第一大矿业集团公司。在澳大利亚、伦敦和纽约的股票交易所上市。

必和必拓在南美洲拥有 20 余个项目(据公司官网和 SNL 数据库 2015 年 12 月底数据，下同)，涉及的主要矿种有铜、铁、金、锌、煤等，其中 10 余个矿种处于生产阶段，其铜矿项目主要分布在智利和秘鲁，包括艾斯贡迪达等超大型铜矿(表 4-6)。在巴西开采铁和金矿，铁矿主要是与巴西的淡水河谷公司合作进行开发。在秘鲁有锌和铜矿项目，在哥伦比亚开采煤炭。

表 4-6　必和必拓在南美洲拥有的主要项目信息

项目名称	主矿种	开发阶段	项目状态	所在国家	资源量（×10^4t）	产量（×10^4t）
Antamina	铜	开发	活动	秘鲁	715.50	11.64
Cerrejon	煤炭	扩产	活动	哥伦比亚	147 818.70	1122.77
Cerro Colorado	铜	开发	活动	智利	232.50	7.96
Chimborazo	铜	储量评估	活动	智利	68.94	
Elvira	铜	勘探	活动	智利		
Escondida	铜	扩产	活动	智利	5999.67	66.35
Escondida Norte	铜	勘探	活动	智利		
Escondida Sulfide Leach Project	铜	勘探	活动	智利		
Escondida SX-EW	铜	开发	活动	智利		
Jenipapo	金	闭坑	停产	巴西		
Ouro Preto	铁	可研	活动	巴西		
Pampa Escondida	铜	储量评估	活动	智利	1936.78	
Pinta Verde	铜	储量评估	活动	智利	77.95	
Samarco	铁	开发	暂停	巴西	365 000.00	1253.90
Samarco No 3 Pellet Line Pellet Plant	铁	开发	活动	巴西		
Samarco No 4 Pellet Line Pellet Plant	铁	NA	NA	巴西		
Spence	铜	开发	活动	智利	1241.90	17.60
Yahuarcocha	锌	储量评估	NA	秘鲁	3.72	

注：NA 为无数据，资料来源：据 SNL 数据库、公司官网整理。

2. 力拓

力拓集团(Rio Tinto Group，ASX：RIO，LSE：RIO，NYSE：RIO)是成立于 1873 年的跨国性矿产及资源集团，兼营煤、铁、铜、黄金、金刚石、铝、能源等业务。力拓集团是全球最大的资源开采和矿产品供应商之一，世界第二大铁矿石生产商，是勘探、开采和加工矿产资源方面的全球佼佼者，主要产品包括铝、铜、金刚石、能源产品（煤和铀）、金、工业矿物和铁矿等。2007 年收购加拿大铝业公司（Alcan），至此，该公司成为世界最大的铝业公司。2011 年 4 月 20 日力拓以 40 亿美元成功控股澳大利亚焦煤企业（Riversdale Mining Ltd.）。在南美洲力拓的项目有近 30 项，项目位于巴西、智利、秘鲁、哥伦比亚和巴拉圭 5 个国家，涉及到的矿种包括铜、金、铝土矿、煤、金刚石（表 4-7）。

表 4-7　力拓在南美洲拥有的主要项目信息

项目名称	主矿种	开发阶段	项目状态	国家	储量（$\times10^4$ t）	产量（$\times10^4$ t）
Aija	金	靶区圈定	NA	秘鲁		
Alto Paraguai	金刚石	勘探	停产	巴西		
Alumar Refinery	铝	生产	活动	巴西		
Amargosa	铝土矿	预可研	活动	巴西		
Cabacal	金	闭坑	停产	巴西		
Candelabro	铜	勘探	活动	智利		
Caramasa	铜	草根勘查	活动	智利		
Carboluis	煤	草根勘查	停产	哥伦比亚		
Catalao	金刚石	靶区圈定	活动	巴西		
Chimborazo	铜	储量评估	活动	智利	119.90	
Escondida	铜	扩产	活动	智利	10 434.20	115.39(34.62)
Escondida Norte	铜	勘探	活动	智利		
Escondida Sulfide Leach Project	铜	勘探	活动	智利		
Escondida SX-EW	铜	生产	活动	智利		
Granja Nueva	金	草根勘查	活动	秘鲁		
La Granja	铜	预可研	活动	秘鲁	2205.50	
Lloque	金	靶区圈定	NA	秘鲁		
Macromin	铜	靶区圈定	活动	智利		
Magallanes	金	草根勘查	停产	智利		
Melgueira	金刚石	勘探	停产	巴西		
MRN	铝土矿	生产	活动	巴西	54 300.00	
Murindo	铜	靶区圈定	活动	哥伦比亚		
Palmani	铜	勘探	活动	智利		
Pampa Escondida	铜	储量评估	活动	智利	3368.32	
Paraguay Smelter	铝	预可研	NA	巴拉圭		
Paranatinga	金刚石	靶区圈定	停产	巴西		
Pimenta Buena	金刚石	靶区圈定	活动	巴西		
Pinta Verde	铜	储量评估	活动	智利		
Rio Grande	金刚石	靶区圈定	停产	巴西		
Tres Barras	金刚石	靶区圈定	停产	巴西		

资料来源：据 SNL 数据库、公司官网整理。

3. 嘉能可斯特拉塔

嘉能可斯特拉塔股份有限公司(简称"嘉能可")是全球大宗商品交易巨头,成立于1974年,总部设于瑞士巴尔,是全球范围领先的商品生产商和经营商。嘉能可还持有多个公开上市公司的股权,其中包括拥有全球最大矿产企业之一的瑞士斯特拉塔(Xstrata PLC)34.5%权益;瑞士Century Alunimun 44%的权益(39%的投票权);澳大利亚米纳罗资源有限公司(Minara Resources)70.6%的权益;刚果(金)加丹加公司(Katanga Mining)72.2%的权益以及法国Recylex 32.2%的权益。嘉能可在南美洲拥有35个项目,项目位于秘鲁、智利、阿根廷、巴西、玻利维亚和哥伦比亚6国,涉及到铜、铅锌、锡、镍、煤、金等矿种(表4-8)。

表4-8　嘉能可在南美洲拥有主要项目信息

项目名称	主矿种	开发阶段	项目状态	国家	储量($\times10^4$ t)	产量($\times10^4$ t)
Aguilar	锌	生产	活动	阿根廷	32.90	
Altonorte Smelter	铜	生产	活动	智利		
Alumbrera	铜	生产	活动	阿根廷	25.00	5.13
Antamina	铜	生产	活动	秘鲁	715.50	11.64
Antapaccay	铜	生产	活动	秘鲁	409.00	16.71
AR Smelter	锌	生产	活动	阿根廷		
Araguaia	镍	储量评估	活动	巴西		
Asientos	锌	关闭	停产	玻利维亚		
Azulcocha West	锌	靶区圈定	活动	秘鲁	0.88	
Bolivar	锌	勘探	活动	玻利维亚		
Carajas District	铜	草根勘查	活动	巴西		
Carajas Eastern Block	铜	草根勘查	活动	巴西		
Cerrejon	煤	扩产	活动	哥伦比亚	147 818.70	1122.77
Collahuasi	铜	生产	活动	智利	3551.11	20.70
Collahuasi SX-EW	铜	生产	活动	智利		
El Pachon	铜	可研	活动	智利	1493.00	
Filo Colorado	铜	靶区圈定	活动	阿根廷		
Fortuna de Cobre/Lomas II	铜	勘探	活动	智利		
Illapa	铅	生产	活动	玻利维亚	30.93(锌)	
Iscaycruz	锌	扩产	暂停	秘鲁	34.26	
Lomas Bayas	铜	生产	活动	智利	600.70	6.66
Los Quenuales	锌	生产	活动	秘鲁	42.46	
Palpala Smelter	铅	生产	活动	阿根廷		
Pantanos Murindo/Pegadorcito	铜	储量评估	活动	哥伦比亚		
Perubar	锌	生产	暂停	秘鲁	7.65	
Poopo	锌	勘探	活动	玻利维亚	6.00	
Prodeco	煤	扩产	活动	哥伦比亚	51 000.00	1950.00
Punitaqui	铜	生产	活动	智利	11.60	1.14
Sideral	金	勘查	活动	智利		
Sinchi Wayra	锌	生产	活动	玻利维亚	61.50	7.00
Tintaya	铜	储量评估	活动	秘鲁	354.30	
Tintaya SX-EW	铜	关闭	停产	秘鲁		
Totoral	锡	关闭	停产	玻利维亚		
Tuina II	铜	勘探	活动	智利		
West Wall	铜	储量评估	活动	智利	368.95	

资料来源:据SNL数据库、公司官网整理。

二、南美洲本土矿业公司

矿业是南美国家重要产业，各国从事矿业开采、生产的历史悠久，随着委内瑞拉等国家矿业国有化进程的加剧，南美本土出现了强大的国有矿业公司，在国际市场上越来越活跃。

2015年《财富》杂志全球500强企业中，南美地区的矿业公司上榜4家，巴西国家石油公司排名第28位，其次为委内瑞拉石油公司，排名第39位(表4-9)，巴西淡水河谷公司排名第312位，哥伦比亚国家石油公司排名第346位(表4-9)。

表4-9 2015年《财富》杂志世界500强中的南美洲矿业公司

国家	企业名称	排名	营业收入(百万美元)	利润(百万美元)
巴西	巴西国家石油公司(PETROBRAS)	28	143 657.00	-7367.00
委内瑞拉	委内瑞拉国家石油公司(PDVSA)	39	128 439.00	7386.00
巴西	巴西淡水河谷公司(VALE)	312	37 539.00	657.00
哥伦比亚	哥伦比亚国家石油公司(ECOPETROL)	346	34 438.90	3752.50

1. 巴西国家石油公司

巴西国家石油公司为一家成立于1953年的国家石油公司，成立之初便占据着该国大部分陆地和海上石油及天然气田。该公司的业务范围主要有石油勘探、开发、炼制、运输和销售等。

据2015年9月报道，巴西石油公司的国内日均产量为288万桶/天。公司接近79%的已探明储量分布在面积广大、地域相邻且产量丰富的离岸Campos盆地内。原油和天然气的产量在巴西分为在岸产量和离岸产量两部分，其中在岸产量占11%，离岸产量占89%。

公司目前实质控制了巴西国内全部的石油精炼能力，绝大多数精炼厂处于巴西西南部人口众多、工业市场发达且毗邻富油的Campos盆地。公司同时还参与了巴西国内天然气市场的竞争。在巴西之外，巴西石油公司在全世界20多个国家开设分(子)公司拓展业务。在南非的业务涉及原油开采、生产、精炼、营销、零售及天然气管道等。在北美、非洲的安哥拉、尼日利亚、亚洲的日本等地，开展原油和天然气的开采、生产及精炼业务。

巴西联邦政府为巴西石油公司的最大股东，拥有48.3%的流通股股权和63.6%的投票权。

2. 委内瑞拉国家石油公司

尽管委内瑞拉有悠久的石油开采历史，但石油工业的命脉一直掌握在美国、英国、荷兰等西方石油公司手中，一直持续到1976年委内瑞拉实行石油国有化，这种状况才得以改观。

作为该国最大的国有企业，委内瑞拉国家石油公司(Petroleo de Venezuela S A，简称PDVSA)在1975年成立后，必须面对西方石油公司50余年破坏性开采的后果。为了重整该国的石油资源勘探开发格局，PDVSA分别采取增加石油勘查投入、运用新技术、扩大炼油能力和采取多渠道销售等措施，为保护委内瑞拉的石油资源和发展该国的石油工业发挥了重要作用。

目前，PDVSA已探明石油储量789亿桶，其拥有的石油资源量位居美洲第一。另外，PDVSA在奥里诺科石油成矿带超重油的储量已达3000亿桶。

PDVSA旨在未来出口天然气，以减少对石油出口的依赖。目前PDVSA重点开发的天然气项目包括：①Deltana Platform项目位于大西洋海上，靠近委内瑞拉与特立尼达多巴哥的海上边界；②Mariscal Sucre项目将开发位于Paria半岛北部的4个海上气田；③Rafael Urdaneta项目的29个海上气田区块。

PDVSA以本国石油资源和炼油能力为基础，向周边国家的市场逐渐渗透，已进入到国际化经营的局面。如 PDVSA 在欧美多个国家建立炼油场，2007 年，PDVSA 在国内和国外的炼油能力分别达 6411 $\times10^4$ t/a 和 7922$\times10^4$ t/a，分别占其总炼油能力的 44.8%和 55.2%。

3. 巴西淡水河谷公司

淡水河谷公司是一家总部设在巴西的全球性矿业公司，成立于 1942 年 6 月 1 日，是全球领先的铁矿石生产商。巴西淡水河谷公司 2006 年 10 月以每股 86 加元(约合 76.90 美元)的价格收购了加拿大国际镍业公司 75.66%的股份，从此成为全球第二大镍生产商。目前公司在矿业方面涉及到煤炭、铁、锰、铜、镍、肥料等领域。

巴西淡水河谷公司矿产开发规划着眼全球，其中包括：在委内瑞拉开采煤、铝矾土、铜、铁和金刚石；在秘鲁开采铝和铜；在智利开采铝和铜；在阿根廷开采钾、铝和铜；在加蓬开采锰；在莫桑比克开采煤、铝和铜；在安哥拉开采金刚石、铝、铜、钾和铁；在巴西开采铝、铜、镍、锰、铂族金属矿，金刚石、高岭土和铝矾土；在蒙古开采铝、铜和煤；在中国开采煤、铜和铝土矿。2014 年铁矿产量 32 734$\times10^4$ t，镍 17.4754 $\times10^4$ t，铜 34.1$\times10^4$ t，磷 614$\times10^4$ t，煤 841$\times10^4$ t。

2016 年 1 月 20 日，其公司市值为 1508.52 亿雷亚尔，2015 年 1 月以来市值下跌了 63.35%。

4. 哥伦比亚国家石油公司

哥伦比亚国家石油公司(Empresa Colombiana de Petroleos，Ecopetro)成立于 1951 年，是一家完全由国家控股的综合石油公司，下设勘探开发、运输、炼油和市场销售、国内贸易和天然气等 15 个部门。通过直接作业和同私有公司联合的方式管理国家的油气资源。

自 1974 年起，外资和当地私人资本进入哥伦比亚石油领域必须与哥伦比亚石油公司签署合作合同。2003 年，哥伦比亚通过 1760 号法令对国家石油公司进行改组，成立下设于能矿部的石油天然气管理局(ANH)，负责制定政策和勘探开发项目的招标。国家石油公司的主要业务范围包括石油、天然气勘探开发，管线建设和石油炼制等。

5. 智利国家矿业公司

智利是世界上铜储量最丰富的国家。在智利，矿业部门由以“智利铜业公司”(CODELCO)为首的多个生产企业组成。

CODELCO 为智利全资国有企业，是世界上主要铜生产公司。CODELCO 主要业务涉及铜矿的勘探、开采及冶炼等，其重要的商业产品为甲级精炼铜(阴级铜)。

作为世界上主要的铜生产商，CODELC 掌握着全球约 20%的铜矿储量。迄今为止该公司共拥有 Chuquicamata(楚基卡马塔)、Radomiro Tomic(拉多米罗托米克)、El Salvador(厄尔萨尔瓦多)、Elteniente(埃尔特尼恩特)和 Andina(安迪纳)、Gaby S A(100%控股)等铜矿山，另外在 El Abra(厄尔阿夫拉)矿拥有 49%的股份。CODELCO 与其他矿业合作者在智利和世界各地进行矿业运作。除了铜以外，CODELCO 还是全球领先的钼生产和销售商。

三、中国企业

1992 年，中国首钢收购秘鲁铁矿拉开了中国在南美洲矿业投资的序幕。随着“两种资源，两个市场”的深入，中国铝业、紫金矿业、中国五矿、江西铜业等企业也加入到投资南美洲矿业的行列，在南美洲的矿业投资项目越来越多，投资额度也逐渐增大。2014 年 8 月，中国五矿资源牵头，与国新国际投资有限公司、中信金属有限公司联合，最终以 70.05 亿美元交割价，从深陷债务危机的铜矿贸易巨头嘉能可手中购买了拉斯邦巴斯铜矿，这也是中国迄今为止最大的海外矿业项目。据不完全统计，截至 2016 年底，中资企业在南美洲的主要矿业项目有 31 个，其中智利和秘鲁项目数并列第一，同为 8 个，随后依次为巴西、玻利维亚、厄瓜多尔、阿根廷和圭亚那，项目数分别为 6 个、3 个、3 个、2 个和 1 个。南美洲也日渐成为中国矿业企业重要的目标区域。

第五章　石油、天然气

第一节　资源概述

一、资源分布及潜力

南美洲是世界上主要油气产区之一，截至2015年底，南美洲石油探明储量510×10^8t(《BP世界能源统计年鉴，2016》，以下简称BP，2016)，占世界石油探明的21.35%，是仅次于中东的世界第二大富油区(图5-1)；天然气探明储量$7.6\times10^{12}m^3$，占世界油气探明总量的3.91%，在六大区中排名最末(BP，2016)(图5-2)。因此，南美洲总体而言是一个相对"富油少气"的大陆，石油探明储量占油气总量的78%，天然气占22%。其中，82%的石油和73%的天然气分布在陆上油气田，17.20%的石油和27%天然气分布在海上油气田(IHS，2010)，随着深水勘探的推进，海上油气所占的份额将会逐步增加(附表1)。

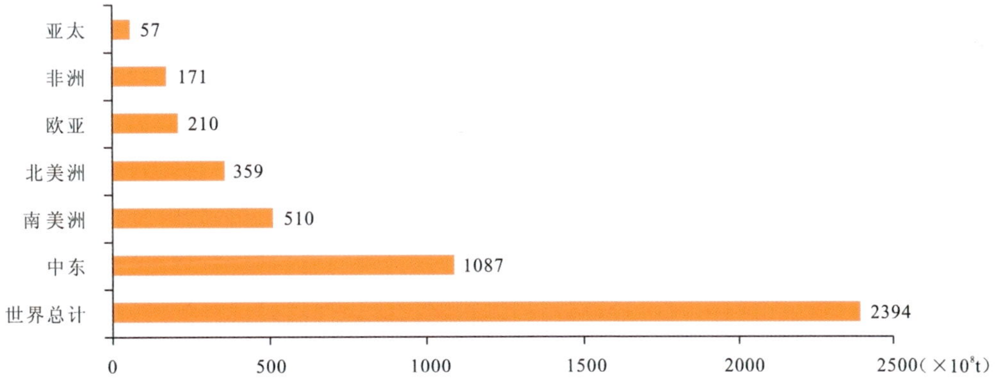

图5-1　2015年世界各地区石油探明储量图(据BP，2016资料统计)

注：BP的探明储量为在现有的经济与作业条件下，将来可从已知储藏采出的石油或天然气储量。

在非常规油气方面，南美洲也具有非常好的资源潜力，非常规石油剩余可采资源量558×10^8t，占世界非常规石油剩余可采总量的16.92%。其中，超重油498×10^8t，页岩油3×10^8t，致密油57×10^8t；非常规天然气剩余可采资源量$55\times10^{12}m^3$，占世界非常规天然气剩余可采储量的16.03%，其中，致密气$15\times10^{12}m^3$，页岩气$40\times10^{12}m^3$(《世界能源展望》，2013)。

南美洲待发现可采石油资源量为172.47×10^8t，占全世界待发现可采石油资源量的21.24%；天然气待发现可采资源量为$19.21\times10^{12}m^3$，占世界天然气待发现可采资源量的11.27%；天然气液待发现可采资源量28.77×10^8t，占世界待发现可采天然气液资源量的12.02%(USGS，2012)。

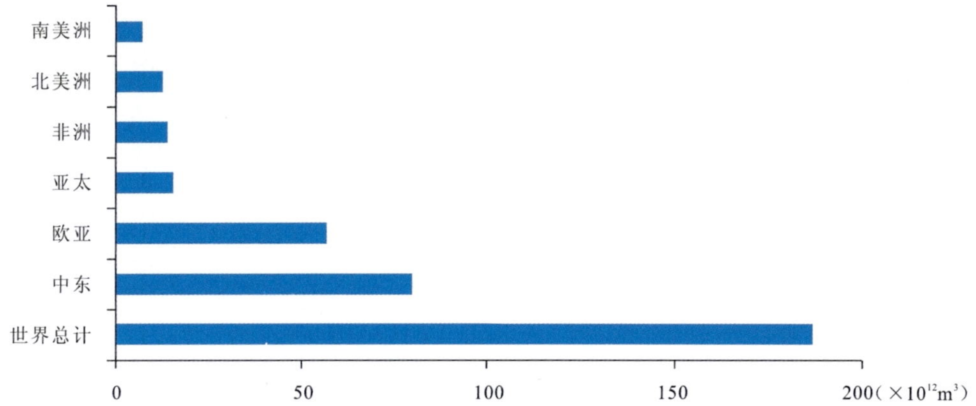

图 5-2　2015 年世界各地区天然气探明储量图(据 BP,2016 资料统计)

除了待发现可采资源量外,油气储采比也是反映油气资源前景的重要参数之一。储采比是指当年年底剩余可采储量与该年产量之间的比值,反映油气生产现状及发展趋势的最重要的数据之一,因而它也成为油气生产者和研究者常使用的参数(黄宗理,2005)。一般来说,当储采比小于 14 时,其产量开始递减,若要保持稳产,则必须增加新的储量(张抗,2015)。从储采比值可以看出,南美洲的石油储采比值居世界第一(128.8)(图 5-3)。由于巴西深水等海上油气的大力开拓及新技术的应用,南美洲石油储采比在 2008 年后呈明显的上升趋势。相比于石油,南美洲天然气的储采比相对较低,仅为 42.6。

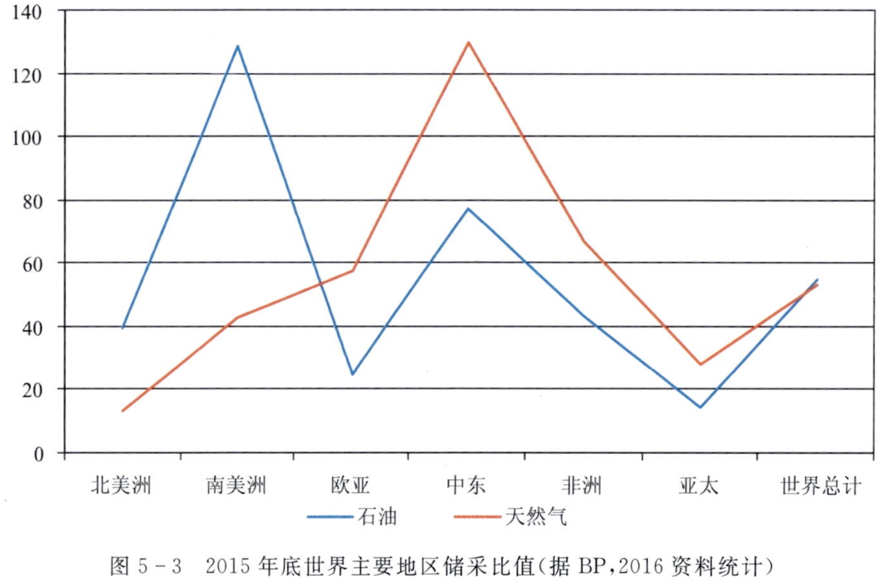

图 5-3　2015 年底世界主要地区储采比值(据 BP,2016 资料统计)

二、主要资源国概况

委内瑞拉是南美洲主要油气诸国中油气储量最为丰富的国家。该国共有 8 个沉积盆地,总面积达 $34.78\times10^4\,km^2$,占委内瑞拉总面积的 38%。其中陆上的 5 个盆地都已经生产油气,主要集中在马拉开波盆地、东委内瑞拉盆地和巴里纳斯-阿普尔盆地。经过多年的勘探开发,这些盆地的勘探程度都已相对较高,但随着理论及技术的创新,仍有亿吨级的油田发现,显示出相当高的勘探潜力。据 IHS 统计,委内瑞拉石油和天然气的剩余可采储量分别为 $466\times10^8\,t$ 和 $5.75\times10^{12}\,m^3$,占南美洲石油和天然气剩余可采储量的 91.02%和 72.73%，占世界剩余可采储量的 17.7%和 3%，分别位居世界主要油气生产国的第一和第八位(IHS,2013)。其中，陆上石油剩余储量 417.8×10^8t，天然气 4.92×10^{12}m^3，海上石油剩余储量 1.74×10^8t，天然气 0.83×10^{12}m^3；合计陆上剩余油气 391.25×10^8t(油当量)，海上剩余油气 8.40×10^8t(油当量)(IHS,2013)。除常规油气外，委内瑞拉的超重油资源也非常丰富。委内瑞拉超重油矿藏数量 33 个，地质储量 2880.66×10^8t，其中探明地质储量 2622.11×10^8t，控制和预测地质储量 258.55×10^8t；可采探明储量 98.98×10^8t，剩余可采储量 78.93×10^8t(世界能源理事会,2013)。著名的奥里诺科超重油带是世界重油富集区，长 700km，宽 70km，重油地质资源量(包括超重油)高达 2162.1×10^8m^3，最终可采资源量为 375.2×10^8m^3，其中已探明储量为 212.1×10^8m^3，探明率为 56.52%(《石油与天然气》,2010)。除重油外，委内瑞拉致密油(包括页岩油和致密砂岩油)可采技术资源量达 18.28×10^8t，位居南美第二，世界第九，占世界致密油技术可采资源量的 3.2%(EIA,2015)。

巴西是仅次于委内瑞拉的南美洲第二大油气资源国。近 10 年来，其东海岸被动大陆边缘盆地深水不断有重大发现，已成为世界上深水油气勘探开发大国之一。在 2013 年世界 30 项重大油气发现中，巴西入选的 3 项油气发现都位于海上(IHS,2013)。巴西海上的油气已经占到全国已发现总量的 94%和 85%(EIA,2015)。巴西油气探明剩余可采储量分别为 19×10^8t 和 0.4×10^{12}m^3，占南美洲探明储量的 4.49%和 6.49%(BP,2016)。总的来说，巴西油气整体勘探程度相对较低，且主要分布在海上。截至 2013 年，巴西陆上石油剩余可采资源量 1.41×10^8t，天然气 0.25×10^{12}m^3，海上石油剩余可采资源量 84.57×10^8t，天然气 2.52×10^{12}m^3；合计陆上剩余可采油气资源量 3.4×10^8t(油当量)，海上剩余可采油气资源量 104.91×10^8t(油当量)(IHS,2013)。此外，巴西非常规油气资源也相对较为丰富。据 EIA 统计，巴西页岩气技术可采资源量 6.94×10^{12}m^3，占世界页岩气技术可采总量的 3.23%，位居南美洲第二，世界第十；页岩油技术可采资源量 0.72×10^8t，位居南美洲第四(EIA,2013)。

阿根廷的油气勘探开发程度相对较高，石油探明储量稳中略有下降。截至 2015 年底，该国石油探明储量为 3×10^8t，占南美洲石油探明储量的 0.59%；天然气探明储量 0.30×10^{12}m^3，占南美洲天然气探明储量的 3.90%(BP,2016)。与 2014 年底的数据相比，2015 年阿根廷油气储量基本持平，但比前两年略有下降。目前阿根廷的油气勘探主要集中在 10 个盆地中，从北往南，油气主要分布在内乌肯、圣豪尔赫湾、奥斯特拉尔、库约等盆地。近几年，阿根廷在页岩油气方面也取得了较大的进展，并在 2014 年 5 月首次探得页岩气。据 EIA 数据显示，阿根廷是全球第二大页岩气储量国，技术可采资源量约为 22.7×10^{12}m^3，页岩油可采资源量 37×10^8t，位于世界第四(EIA,2013)。

此外，秘鲁、厄瓜多尔、哥伦比亚等国的石油储量也相对较为丰富，探明储量都大于 1×10^8t(BP,2016)。在天然气方面，除委内瑞拉和巴西外，秘鲁的探明储量最为丰富，其储量值达 0.4×10^{12}m^3，占南美洲总量的 5.19%；玻利维亚具有与阿根廷相同的天然气探明储量，为 0.30×10^{12}m^3，占南美洲总量的 3.90%；哥伦比亚天然气探明储量相对较小，仅为 0.2×10^{12}m^3，占南美洲总量的 2.60%；剩下其他各国总量为 0.2×10^{12}m^3，占南美洲总量的 1.30%(表 5-1)。在非常规油气方面，秘鲁拥有超重油矿藏数量 2 个，地质储量 0.34×10^8t，可采储量 0.04×10^8t；厄瓜多尔拥有超重油矿藏数量 3 个，地质储量 1.25×10^8t，可采储量 0.19×10^8t；哥伦比亚拥有超重油矿藏 2 个，地质储量 0.52×10^8t，可采储量 0.09×10^8t(世界能源理事会,2014)。

2016 年 6 月，埃克森美孚宣布在圭亚那有重大油气发现，预估潜在可开采储量在(8～14)亿桶当量，约合(1.1～1.9)×10^8t；8 月，经过将近 3 年的勘探，拉美公司巴西里贝拉项目西北部已经被证实为巨厚、整装、特高产 10×10^8t 级储量巨型油田，这一油田将成为全球开采规模最大的海上油田。这些重大发现显示出南美洲具有极好的油气资源潜力。

表 5-1 南美洲主要油气国油气储产消情况表(据 BP,2016 年资料统计)

地区	储量				产量				消费量			
国家	石油(10^8t)	占世界比	天然气($10^{12}m^3$)	占世界比	石油(10^6t)	占世界比	天然气(10^9m^3)	占世界比	石油(10^6t)	占世界比	天然气(10^9m^3)	占世界比
阿根廷	3	0.13%	0.3	0.16%	29.7	0.68%	36.5	1.03%	31.6	0.73%	47.5	1.37%
玻利维亚	—	—	0.3	0.16%	—	—	20.9	0.59%	—	—	—	—
巴西	19	0.79%	0.4	0.21%	131.8	3.02%	22.9	0.65%	137.3	3.17%	40.9	1.18%
智利	—	—	—	—	—	—	—	—	16.9	0.39%	3.9	0.11%
哥伦比亚	3	0.13%	0.1	0.05%	53.1	1.22%	11.0	0.31%	15.5	0.36%	10.5	0.30%
厄瓜多尔	12	0.50%	—	—	29.1	0.67%	—	—	11.7	0.27%	0.6	0.02%
秘鲁	2	0.08%	0.4	0.21%	4.7	0.11%	12.5	0.35%	10.9	0.25%	7.5	0.22%
委内瑞拉	470	19.63%	5.6	3.00%	135.2	3.10%	32.4	0.92%	32	0.74%	34.5	0.99%
其他	1	0.04%	0.2	0.11%	7.5	0.17%	2.7	0.08%	65	1.50%	7.9	0.23%
南美洲	510	21.30%	7.3	3.91%	391.1	8.97%	138.9	3.93%	320.9	7.41%	153.3	4.42%
世界	2394	100%	186.9	100%	4361.9	100%	3538.6	100%	4331.3	100%	3468.6	100%

注:—表示缺少相关数据。

第二节 成藏规律

一、区域成藏背景和盆地类型

南美大陆由西侧的中新生代科迪勒拉褶皱体系和东部的前寒武纪圭亚那-巴西-乌拉圭地盾组成。由西向东,可划分为5个近南北走向的构造区(图5-4):西海岸弧前盆地区、安第斯山区、次安第斯前陆盆地区、内克拉通盆地区(地盾区)以及东海岸被动陆缘盆地区。

目前,南美洲共发现沉积盆地79个,具有油气发现的有43个(李国玉,2005)。基于Mann等(2003)的盆地分类方案,可将南美洲沉积盆地划分为裂谷盆地、被动陆缘盆地、拉分盆地、弧后前陆盆地、弧间盆地、内克拉通盆地、弧前盆地7种类型。

关于盆地类型对油气分布的控制,不同的学者存在不同的观点。通过南美洲的油气统计分析发现,盆地类型在一定程度上控制盆地内的成烃、成藏以及油气的分布与富集。南美洲地区弧后前陆盆地内富集的油气最多,占已发现油气总量的81.6%;其次是被动陆缘盆地,这类盆地内已发现的油气储量(注意:除非特殊说明,本书中的储量均指可采储量)占油气总量的15.9%;再次弧前盆地和走滑盆地,其油气储量分别占总量的0.9%和0.8%(表5-2)。

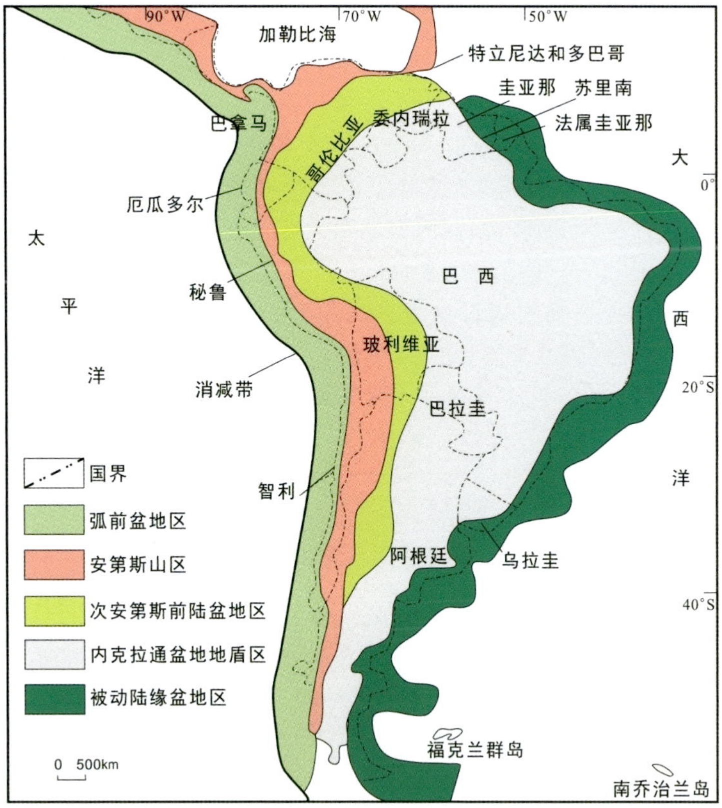

图 5-4　南美大陆构造分区(据谢寅符,2012)

表 5-2　南美洲主要含油气盆地储量表(据 IHS,2010,2015)

序号	盆地名称	盆地类型	油气田(个)	石油储量($\times10^{8}$t)	天然气储量($\times10^{10}m^{3}$)
1	东委内瑞拉盆地	前陆盆地	356	413.0	456.1
2	马拉开波盆地	前陆盆地	84	87.8	199.1
3	坎波斯盆地	被动陆缘	210	39.1	54.9
4	桑托斯盆地	被动陆缘	63	68.1	321.0
5	圣克鲁斯-塔里哈盆地*	前陆盆地	131	2.6	208.3
6	雅诺斯-巴里纳斯盆地	前陆盆地	325	13.7	32.7
7	普图马约-奥连特-马拉尼翁盆地	前陆盆地	271	16.1	9.1
8	内乌肯盆地	前陆盆地	666	8.7	113.2
9	圣豪尔赫盆地	前陆盆地	253	9.2	21.2
10	麦哲伦盆地*	前陆盆地	337	1.7	77.6
11	中马格来纳盆地	前陆盆地	103	4.5	11.2
12	乌卡亚利盆地*	前陆盆地	13	0.6	46.7
13	塔拉拉盆地*	弧前盆地	57	3.2	13.6
14	埃斯皮里图桑托盆地	被动陆缘	145	3.9	14.3
15	雷康卡沃盆地*	裂谷盆地	130	2.6	7.9
16	多巴哥盆地*	拉分盆地	11	0.1	35.0
17	波蒂瓜尔盆地*	被动陆缘	161	1.8	5.7
18	库约盆地*	前陆盆地	43	2.1	1.0
19	塞尔希陪阿拉格斯盆地	被动陆缘	134	3.5	15.0
20	上马格来纳盆地	前陆盆地	66	1.5	3.8

注:* 为 2010 年数据,其他为 2015 年数据。

二、时空分布规律

南美洲油气资源在平面上呈“两带”展布、“两中心”富集的规律(图5-5)。“两带”指西缘前陆盆地群和东缘被动边缘盆地群。前陆盆地群占南美洲石油剩余可采资源量的55.6%,占天然气剩余可采资源量的62.2%。被动边缘盆地群分别占南美洲石油和天然气剩余可采资源量的43.4%和35.7%。“两中心”是指北部东委内瑞拉中心(东委内瑞拉盆地和马拉开波盆地)和巴西东缘海上中心(坎波斯盆地和桑托斯盆地)(谢寅符,2012)。东委内瑞拉盆地和马拉开波盆地分别占南美洲石油剩余可采储量的36%和11.9%,分别占天然气剩余可采储量的23%和10.8%。坎波斯盆地和桑托斯盆地分别占南美洲石油剩余可采储量的22.6%和12.6%,分别占天然气剩余可采储量的7.5%和20.8%。

图5-5 南美洲剩余可采储量平面分布图(谢寅符,2014)

纵向上，南美洲的油气储层分布在前寒武系—新生界，其中约 90%的油气分布在中-新生界。中新统、渐新统、白垩系和始新统是南美洲最为重要的 4 套油气储集层，其油气含量分别占南美洲油气总量的 32.5%、24.6%、21.4%和 11.4%(图 5-6)。

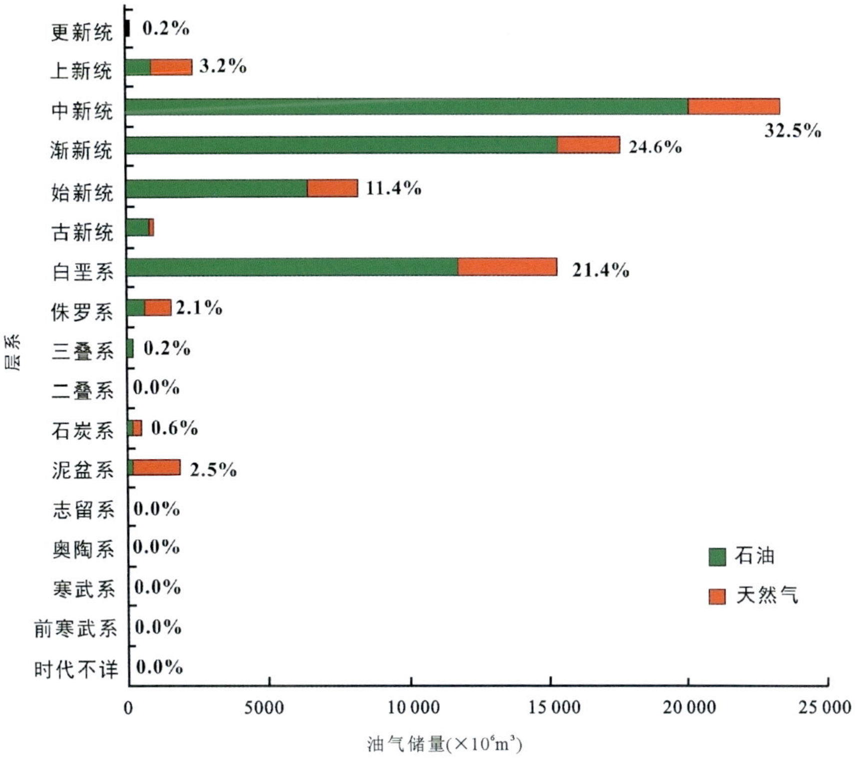

图 5-6　南美洲沉积盆地已发现油气储量层系分布图(朱伟林，2012)

三、油气地质特征

南美洲烃源岩主要分布在古生界和中生界。烃源岩时代分布特征与盆地类型具有一定的相关性，大致呈带状分布。古生代烃源岩主要分布在内克拉通盆地、次安第斯山中段的前陆盆地(如贝尼盆地)及弧间盆地(仅阿尔蒂普拉盆地)，在这些盆地中，烃源岩的时代主要为泥盆纪。其他前陆盆地和被动陆缘盆地的主力烃源岩层则以白垩系为主，而且自南而北，主力烃源岩的时代呈现出变新的趋势，从早白垩世烃源岩转变为晚白垩世(甚至古近纪)烃源岩(白国平，2010)。南美东缘被动陆缘盆地的烃源岩，除巴墨苏尔盆地和福斯杜亚马孙盆地含新生代烃源岩外，其他均为中生代烃源岩。南美洲的烃源岩整体呈现出“中部盆地烃源岩老、南北两侧盆地烃源岩新”的特点(谢寅符，2012)(图 5-7)。

岩性上，南美洲烃源岩以泥岩、页岩为主，少数盆地为碳酸盐岩，且大部分都为非主力烃源岩。主力烃源岩发育于海相沉积环境，据统计共 22 个盆地；发育湖相烃源岩的盆地 7 个，分别为巴雷利尼亚盆地、波蒂瓜尔盆地、雷康卡沃盆地、埃斯皮里图桑托盆地、坎波斯盆地、库约盆地以及圣豪尔赫盆地；二者都发育的盆地 6 个，分别为乌卡亚利盆地、索利莫斯盆地、巴拉那盆地、塞尔希陪阿拉格斯盆地、巴黑苏尔盆地以及桑托斯盆地。

烃源岩类型上，除亚马孙盆地的烃源岩为Ⅲ型干酪根外，其他各盆地的源岩以Ⅰ型和Ⅱ型干酪根为主。干酪根的类型决定了南美洲是一个相对富油的大陆，烃源岩的高成熟度是南美几个盆地(如圣克鲁斯-塔里哈盆地)相对富气的主因。

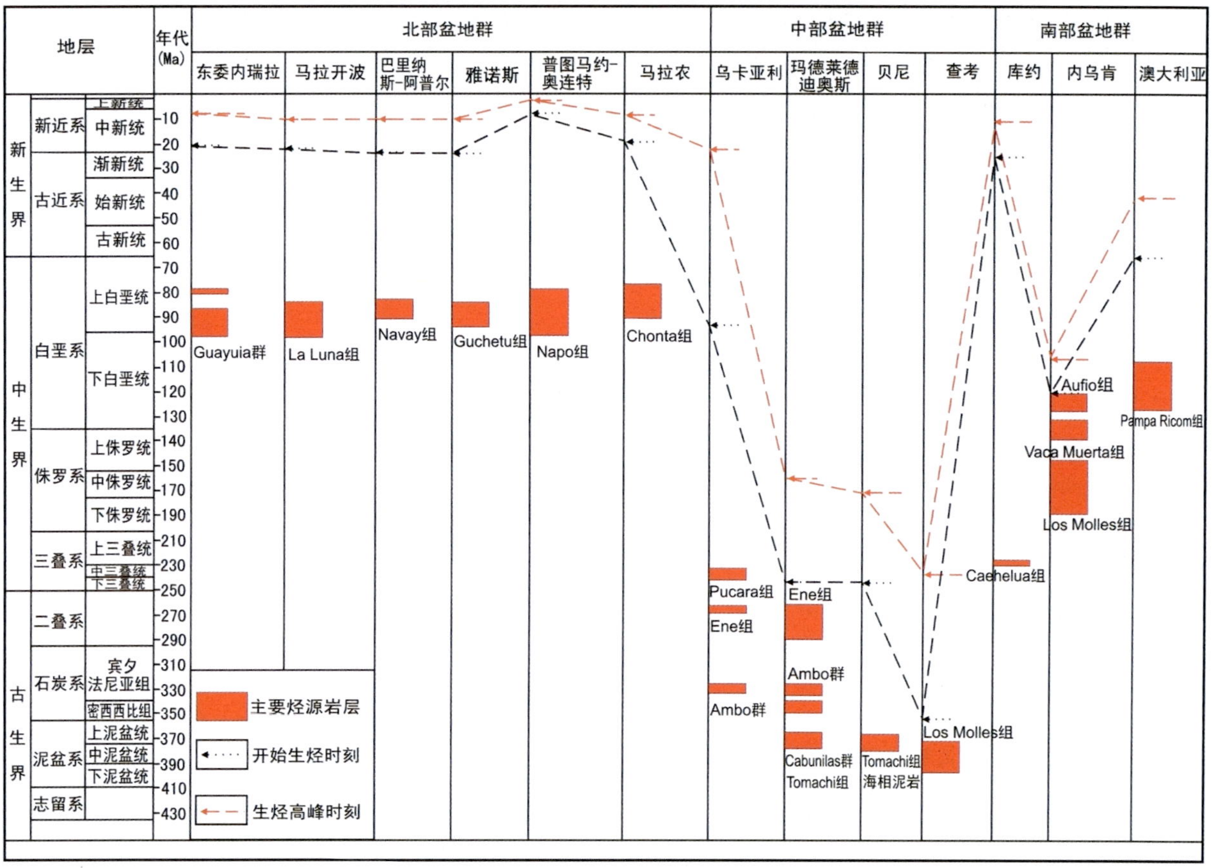

图 5-7　南美西缘前陆盆地烃源岩发育层系(谢寅符,2012)

南美洲含油气盆地的储层以砂岩为主,所含油气占总发现油气的 96%以上(谢寅符,2012)。其余的为碳酸盐岩和灰岩储集层,主要存在于桑托斯盆地和福斯杜亚马孙盆地。内乌肯盆地既发育砂岩又发育碳酸盐岩储层。除桑托斯盆地盐下发育的碳酸盐岩储集层为湖相沉积外,而其他盆地的碳酸盐岩储层为海相沉积(刘深艳,2011;白国平,2010)。

从沉积相上看,南美洲储集层主要形成于陆相、滨浅海相、深海浊积相和海相/陆相。其中,巴西南部的被动陆缘盆地主要发育以深海浊积岩为主的储集层;南美洲大陆西缘和东缘中部的盆地主要发育陆相储集层;南美洲中北部沉积盆地主要发育滨浅海相储集层;除此之外,以海相和陆相储集岩为主的产层则分布于南美洲各个区、各个盆地。

第三节　典型含油气盆地

不同类型的含油气盆地,具有不同类型的构造、沉积环境。因此,各类型含油气盆地中的油气分布特征、地质特征及油气主控因素等都各不相同。通过对不同类型的盆地进行单独的分析,不仅有助于厘清不同构造背景、沉积环境对油气形成和分布的控制作用,总结出相应的油气成藏模式,还能通过不同类型盆地之间的对比,归纳南美洲油气形成和分布规律,为油气的勘探和开发提供借鉴。而弧后前陆盆地和被动陆缘盆地在南美洲油气中显得尤为重要,约 97.5%的探明和控制油气储量分布在这两种类型的盆地中。特别是弧后前陆盆地,含南美洲约 81.6%的油气储量。因此,对弧后前陆盆地和被动陆缘盆地进行重点分析,对分析南美洲含油气盆地的研究具有十分重要的意义。

一、前陆盆地

前陆盆地是南美洲最重要的含油气盆地类型。前陆盆地最为重要的烃源岩为晚白垩世海相页岩和碳酸盐岩，其厚度最大可达600m。在盆地沉积中心，烃源岩以深海相细粒沉积为主，干酪根主要为Ⅰ型和Ⅱ型，在斜坡区为$Ⅱ_1$型，有机质含量高达2%～6%，生烃潜力巨大(Summa L L，2003)；源岩成熟度由斜坡区的未熟—低熟(0.4%～0.6%)向前渊地区的成熟—过成熟(0.8%～2.0%)过渡；安第斯褶皱山系向东逆冲隆升时南部时间早于北部时间，导致源岩排烃时间由南往北逐渐变晚(普奥马盆地为白垩纪，亚诺斯盆地为古新世末，东委内瑞拉盆地在晚中新世)。

前陆盆地储集层以砂岩为主，白垩系还发育少量的碳酸盐岩储集层。南部奥普马盆地储集层为白垩系河流-三角洲沉积砂岩，自西向东超覆减薄，孔隙度为12%～20%，渗透率为(50～800)×$10^{-3}\mu m^2$。亚诺斯盆地储层主要为上白垩统—渐新统的滨浅海相和河流-三角洲相石英砂岩(朱毅秀，刘洛夫，2004)，孔隙度为15%～20%，渗透率为(50～2000)×$10^{-3}\mu m^2$。东委内瑞拉盆地储层分布较广，沉积环境从深海相到陆相都有分布，纵向上分布不在上白垩统到更新统13个层段(田纳新，陈文学，2011)；孔隙度变化范围为5%～25%，渗透率最低可达0.9×$10^{-3}\mu m^2$，最高达2000×$10^{-3}\mu m^2$。

前陆盆地的盖层岩性较为单一，除东委内瑞拉奥里诺科重油带为沥青和焦油垫封盖外，其他各盆地的区域盖层都以厚层的泥页岩和褐煤夹层为主。构造运动对前陆盆地的油气富集产生了重要的影响，目前所发现的油气大部分都集中富集在与构造相关的圈闭中。

根据南美洲的油气地质要素，可将前陆盆地的这类盆地划分为5个含油气系统省：①晚白垩世北部含油气系统省；②晚古生代—早中生代西部含油气系统省；③古生代中部含油气系统省；④古近纪东部含油气系统省；⑤中生代南部含油气系统省(Jacques J M，2004)。其中，北部和北西部的上白垩统油气系统省最为重要，油气资源占绝大多数，发育上白垩统优质烃源岩，沉积于被动边缘厌氧环境，向东逐渐过渡为成熟—未熟的变化趋势，主要成熟期为古近纪(汪伟光，2012；琚亮，2011)。

生烃、运移及圈闭在时空上的有机结合是前陆盆地油气聚集的有利因素(周新源，2002)。目前所发现的油气主要富集在造山期形成的各类圈闭中，造山运动不仅导致了盆地中油气构造圈闭的形成，也促进了油气的初次运移和二次运移。同时，断裂和优质储集层为油气提供了良好的运移网络。当烃源岩达到成熟并开始排烃时，油气首先沿断层发生垂向运移，遇到优质储集层则发生侧向运移，并在合适的圈闭中聚集成藏(田纳新，2011)。

东委内瑞拉盆地是南美洲最为典型的前陆盆地，也是该区域油气最为丰富的盆地。东委内瑞拉盆地位于委内瑞拉中东部，是南美洲油气最富集的盆地，也是世界著名的前陆盆地，面积约21.4×10^4km^2。盆地为东西走向，呈非对称分布。盆地内主要充填白垩系—第三系沉积物，最大沉积厚度超过9000m。东委内瑞拉盆地构造上可划分为两坳一隆，两坳为西部的瓜里科(Guarico)次盆地和东部的马图林(Maturin)次盆地，一隆为将这两个次盆地分割开来的北北东-南南西走向的乌里卡(Urica)隆起(图5-8)。

(一)东委内瑞拉盆地沉积构造史

东委内瑞拉盆地的构造-沉积演化可以分成4个阶段(Parnaud et al，1995)：古生代裂前阶段、侏罗纪—白垩纪初裂谷阶段、白垩纪—古近纪被动陆缘阶段和新近纪前陆盆地阶段。其中，对盆地油气形成具有影响的主要是后两个阶段；相应地，盆地主要的勘探目的层系为白垩纪和第三纪时期所沉积的地层(图5-9)。

早白垩世时期，中大西洋的开启结束，南美洲北部海岸演化为一个被动大陆边缘，为被动边缘沉积。巴列姆期—中赛诺曼期时期，总体特征为沉积物源自南部的圭亚那地盾物源区，自南而北依次发育河流相粗碎屑岩、边缘海相砂泥岩、浅海陆棚碎屑岩、台地碳酸盐岩和深海页岩。晚阿尔比期间，早白垩世碳

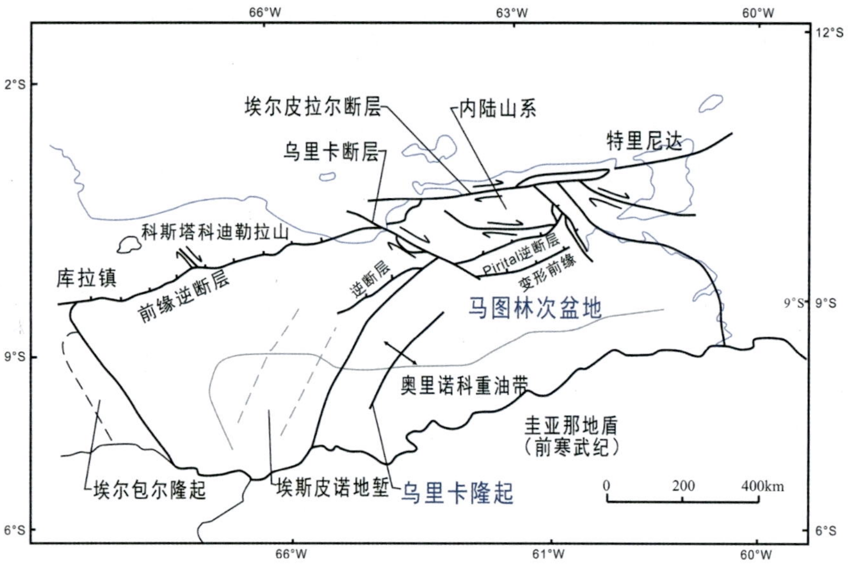

图 5-8　东委内瑞拉盆地构造分区图（据 Erlich & Barrett，1992 修改）

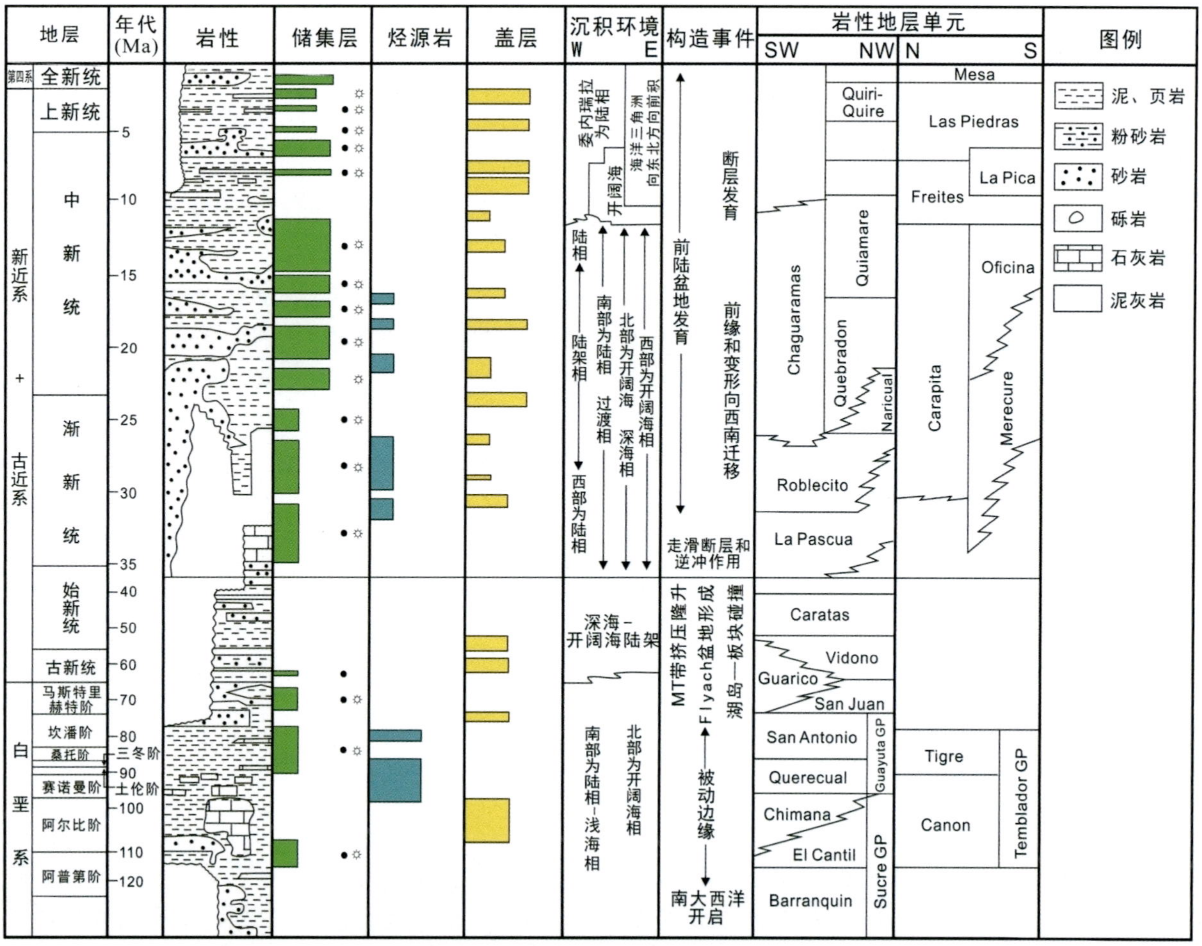

图 5-9　东委内瑞拉盆地地层柱状图（据 Erlich & Barrett，1992 修改）

注：除注明外，图中的地层单位为组。

酸盐岩台地被淹没，随后在整个东委内瑞拉盆地内沉积了富含有机质的页岩、石灰岩和燧石，这套层系是盆地被动陆缘发育阶段最大海侵的沉积产物。晚白垩世和古近纪—新近纪，东委内瑞拉盆地持续下降，水体变浅，发育被动边缘沉积体系，海相碳酸盐岩和碎屑岩厚度可达 3000～4000m（田纳新，2011）。

晚始新世—渐新世时期，东委内瑞拉盆地为前陆盆地阶段。在盆地西部沉积的地层为下-中渐新统 La Pascua 组，为一套台地砂坝相沉积的灰色砂岩，夹少量暗色页岩和褐煤层。瓜里科次盆地由于进一步沉降导致海相陆架的发育，沉积了一套以页岩为主，夹薄砂岩层的 Roblecito 组，厚度达 2500m，下部为台地相沉积，中部发育海相浊积岩，上部则为一套浅海-滨岸沉积。Roblecito 组之上为整合接触的 Chaguaramas 组，该组为一套三角洲沉积，由砂岩和页岩组成。随后，沉积中心向东南方向迁移，瓜里科次盆地的东北部和马图林次盆地接受了 Naricual 组和 Quebradon 组的沉积。前者为泛滥平原-浅海陆架沉积地层，厚度达 1800m，后者为河流-三角洲相沉积，主要由砂岩组成。在盆地南部发育浅海环境，沉积有上渐新统—中中新统 Merecure 组和 Oficina 组砂岩；盆地北部和东北部，水体最深，沉积海相渐新统—中中新统 Carapita 组和 Freites 组页岩。到了晚中新世，盆地西部的沉积作用停止，剥蚀作用占主导地位。盆地的中部仍为海相环境，沉积了 Freites 和 La Pica 组。随着盆地充填的持续，发生了海退，盆地充填了越来越多的陆相沉积物。上中新统—上上新统 Las Piedras 组的陆相砂岩和页岩分布于马图林次盆地的大部分地区，但在 Quiriquire 组发育的北部地区未有沉积。

（二）东委内瑞拉盆地石油地质条件

1. 烃源岩

东委内瑞拉盆地内发育 3 套主力烃源岩层：Querecual 组、San Antonio 组和 Tigre 组。Querecual 组上覆于 San Antonio 组，分布在马图林次盆地；Tigre 组分布在瓜里科次盆地，它们是等时地层（法贵方，2010），这些层内的优质烃源岩由海相页岩和碳酸盐岩组成，烃源岩厚为 310～562m。

Querecual 组为开阔海-陆棚相碳酸盐岩和页岩生油潜力大，非定形物质达 85%，*TOC* 含量介于 0.25%～7.2%之间，生烃潜力达到 0.5%；盆地北部达到过成熟，盆地南部低成熟（*R*o＝0.5%）。烃源岩厚度约 375m 以上。

San Antonio 组为深海-陆棚相页岩和灰岩，有机质丰度与 Querecual 组相似，但是它主要为混源有机质，并且大部分为陆源有机质。生油潜力为 2mgHC/g。

Tigre 组为台地-半深海相页岩和灰岩，在瓜里科次盆地可将其分为 3 个次级地层单元，自下而上依次为 La Cruz 段、Infante 段和 Guavinita 段。作为烃源岩，其 *TOC* 值为 0.23%～0.30%，有机质主要由沉积于台地到半深海环境的Ⅱ型干酪根组成（80%～90%）。盆地的北部，页岩进入过成熟阶段，*R*o 值为 1.2%～2.0%，很可能是该地区天然气的气源岩。从晚中新世起，烃源岩就已经开始生成天然气，天然气运移也始于晚中新世。

此外，东委内瑞拉盆地还存在 3 套潜在烃源岩层，包括 Roblecito 组、Carapita 组以及 Oficina 组。

2. 储盖层

东委内瑞拉盆地纵向上油气分布于上白垩统到更新统的 13 个储集层段，沉积环境从深海相到陆相，以砂岩储集层为主，只有上白垩统的埃尔坎通组为碳酸盐岩储集层（田纳新，2011）。渐新统—中中新统是盆地内最重要的储集层，包括 Officina 组、Merecure 组和 Naricual 组，岩性以陆相河流-三角洲-浅海陆架沉积环境的砂岩或者临滨环境的块状砂岩为主，这些储集层内的油气储量占整个盆地的 94.5%，剩余不到 6%的油气则富集于下白垩统阿普第阶—上新统的多套储层中，包括 Tigre 组中的灰岩和砂岩、Querecual 组石灰岩和 San Antonio 组砂岩等。

盆地内发育 5 套区域盖层和 7 套局部盖层。其中，5 套为下渐新统—中中新统 Merecure 组、Oficina 组、Quebradon 组和 Chaguaramas 组以及中-上中新统 Freites 组，区域盖层由页岩和褐煤组成，局部盖层由与砂岩储集层互层的页岩、褐煤以及泥岩组成，在奥里诺科重油带，纵向的封盖单元为层内页岩和上覆 Freites 组页岩，侧向上，上倾方向重油和沥青封堵也是重要的遮挡因素。

3. 圈闭

东委内瑞拉盆地圈闭类型多样，有构造（背斜、断块、断层等）圈闭、地层圈闭、岩性圈闭，以及地层-构造复合圈闭等。就储集的油气而言，最为重要的圈闭类型为构造圈闭，主要由断层圈闭和逆冲断裂带活动有关的背斜组成。

纵向上，圈闭形成时间跨度大，从早白垩世至今都有形成，但主要形成于渐新世—上新世（侯军，2014）。平面上，东委内瑞拉油气主要分布于 6 个区带：阿斯梅赛德斯（Las Mercedes）区带、大阿纳科（Greater Anaco）区带、埃尔富里尔/基里基雷（El Furrial/Quiriquire）区带、藤布拉德（Temblador）区带、奥菲西纳（Oficina）区带和奥里诺科（Orinoco）区带。常规油气田分布于前 5 个区带，而重油则分布于奥里诺科区带（图 5-10）。

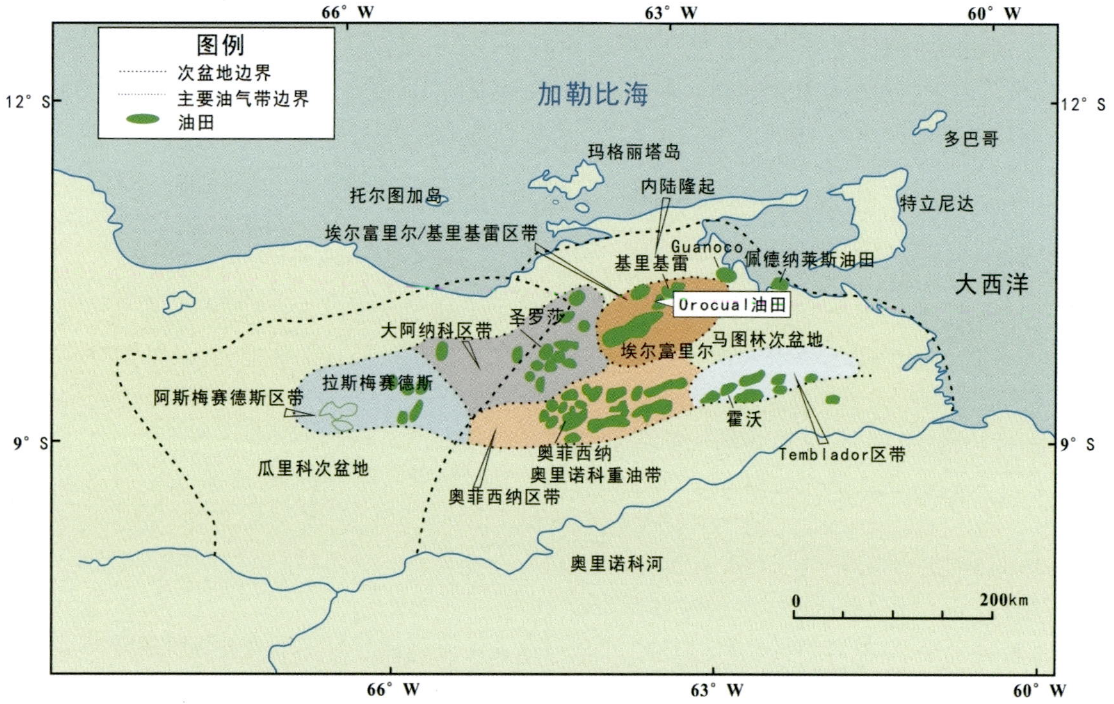

图 5-10 瓜里科次盆地和马图林次盆地区带和主要油气田分布图（Raeuchle et al，1997 年译）

4. 油气运移

东委内瑞拉盆地油气的排出和运移始于古近纪早期，油气向 El Cantil 组和 Barranquin 组储层排烃运移，第二阶段于早中新世初（被动大陆边缘期末）向 Merecure 组储层排烃和运移，进入储层的烃在同层位内由北向南运移。早中新世末，东委内瑞拉盆地演化进入前陆盆地演化阶段，盆地前渊自北向南迁移，烃源快速埋深成熟、排烃，向 Merecure 组及 Oficina 组储层运移，源岩与储层的沟通通道为一系列的断层，同时进入储层的烃类于层内由北向南运移。晚中新世，白垩系烃源岩达到成熟并开始排烃，首先沿断层发生垂向运移，遇到优质储集层则发生侧向运移，并在合适的圈闭中聚集成藏（田纳新，2011）。以上几期油气运移均可由北向南长距离运移至 Orinoco 油田区，盆地广泛分布的“沥青”和生物降解重油即为长期运移聚集的产物。

（三）油气分布主控因素

东委内瑞拉盆地的油气分布于整个盆地，而盆地的烃源岩仅分布于北部地区，可见油气分布并不受烃源岩的控制。通过对以常规油气分布为主的马图林次盆地和瓜里科次盆地的研究发现,油气藏在这些区带的分布与单个砂体的分布密切相关(Erlich & Barrett,1992),这表明砂体的地域和层系分布是油气分布的主控因素之一。此外,在马图林次盆地北缘的内陆山系内陆隆起构造带和瓜里科次盆地的北缘,尚未有大量的油气发现,原因可能在于这里经历了强烈的构造隆升,保存条件不利,因此尽管烃源岩、储集层和构造圈闭均发育,但仍未有大量的油气聚集。

综合分析表明,东委内瑞拉盆地常规油气的分布主要受储集砂体分布和保存条件的控制,盆地南部奥里诺科重油带重油的分布主要受砂体展布和盖层(起先为储集层之上的 Freites 组页岩,随后是重油组分)的控制。

(四)含油气系统

东委内瑞拉盆地存在两个含油气系统:瓜里科次盆地中的 Querecual - Chaguaramas 含油气系统和马图林次盆地中的 Guayuta - Oficina 含油气系统。

(1)瓜里科次盆地中的 Querecual - Chaguaramas 含油气系统:烃源岩为上白垩统 Querecual 组陆棚相黑色页岩、含沥青灰岩,储层为渐新统 Chaguaramas 组河流相、湖相砂岩,盖层为渐新统层内泥页岩,主要为构造-地层圈闭,圈闭形成于渐新世至今,烃类的生成、运移与聚集自渐新世中期至今。

(2)马图林次盆地中的 Guayuta - Oficina 含油气系统:烃源岩为上白垩统 Guayuta 群 Querecual 组和 San Antonio 组陆棚相黑色页岩、含沥青灰岩,储层为渐新统—中新统的 Merecure 组和 Oficina 组河控三角洲相极细—粗粒石英岩屑砂岩,盖层为与储层同时代的层内泥页岩,圈闭主要为构造-地层圈闭(图 5 - 11)。

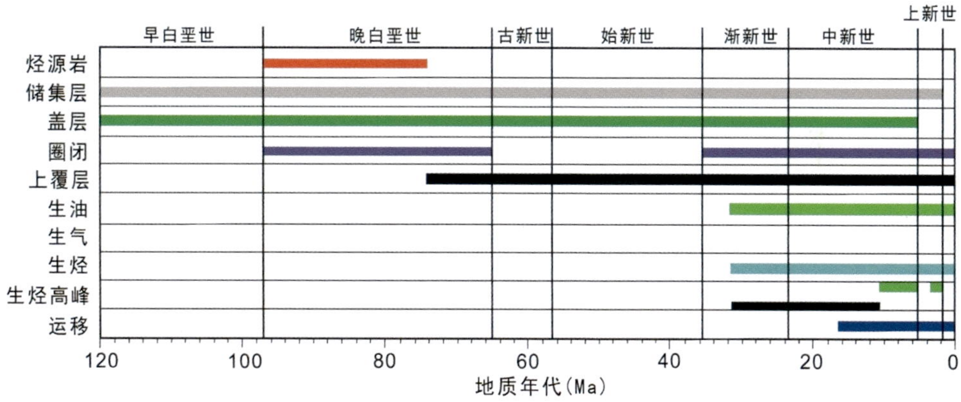

图 5 - 11　东委内瑞拉盆地 Guayuta - Oficina 含油气系统时间表(朱伟林,2012)

二、被动陆缘盆地

被动陆缘盆地是在早期裂谷基础上演化而成的典型的被动大陆边缘,目前南美洲东缘共发育 18 个中生代—新生代被动陆缘盆地,该类型的盆地的形成共经历裂前克拉通阶段、同裂谷阶段、过渡阶段和漂移阶段 4 个阶段(Harrington H J,1962),对应的沉积层系基本均可分为裂前、同裂谷、过渡和被动陆缘 4 套层系。这类盆地主要位于南美东部和对岸的非洲西部,它们伴随着大西洋的打开而演化。

南美洲东部被动陆缘盆地中,有 95%以上的油气储量都源自湖相烃源岩。源岩主要形成于同裂谷期,分布于南大西洋中段,南起桑托斯盆地,北至塞尔希陪阿拉格斯盆地。被动陆缘中油气最富集的盆地是桑托斯盆地和坎波斯盆地,油气主要源自半咸水-咸水湖相烃源岩。半咸水-咸水湖相烃源岩有机质丰度高,*TOC* 含量达 2%~6%,以Ⅰ型和Ⅱ型干酪根为主(Guardado et al,1990)。除湖相烃源岩外,形成于阿尔比阶—土仑期东部地台环境的优质海相页岩也可作为烃源岩，但由于这套烃源岩的成熟度比较低，仅贡献了南美洲东部不到5%的油气。

南美被动陆缘盆地发育多种类型的储集层，其中包括陆相和海相砂岩和砾岩、深水浊积砂岩、海相和湖相碳酸盐岩以及基底火山岩等，少数灰岩储集层也发育，一般孔渗参数好（李金玺，2013）。

形成于漂移构造演化阶段的厚层海相泥、页岩是盆地重要的区域盖层，构成了上白垩统—古近系浊积砂岩油气藏的区域盖层（朱伟林，2012）。形成于阿尔比阶的盐岩层对南美大西洋被动边缘盆地的油气运聚具有特殊的意义，在坎波斯、桑托斯、圣埃斯皮里图盆地，盐岩的厚度超过2000m，对油气运聚具有特殊的意义（李金玺，2013）。被动陆缘盆地的油气富集程度从北往南具有分段性，中段盆地盐岩发育的地区油气富集程度明显高于盐岩不发育的北部和南部地区；其次北段诸盆地主要发育碎屑岩沉积，也有较好的勘探远景；南段盆地发育碎屑岩并受火山活动作用影响，油气远景次之（郭建宇，2009）。

圈闭主要为构造圈闭及浊积砂岩体尖灭形成的岩性圈闭，少量为不整合面形成的地层圈闭。通过对坎波斯盆地、桑托斯盆地等"富"油气的中段盆地的油气成藏条件分析表明，这些盆地具有以下5个特征：①发育有优质的裂谷期湖相烃源岩；②经历了过渡演化阶段，而且期间沉积了蒸发岩；③裂谷演化阶段沉积了陆相碎屑岩和湖相碳酸盐岩储集层，被动陆缘演化阶段期间发育了浊积岩储集层；④裂谷和被动陆缘演化阶段发育了众多圈闭；⑤保存条件良好，聚集的油气可以保存下来。而南段和北段油气富集相对较差的盆地通常缺少裂谷期湖相烃源岩，盆地内发育的烃源岩一般为被动陆缘早期沉积的深水海相泥页岩，或者盆地内没有发育烃源岩，或烃源岩质量较差，达不到油气富集的条件。因此，裂谷期优质湖相烃源岩和过渡层系蒸发岩，尤其是前者，是控制南美被动陆缘盆地油气富集程度的最主要因素（朱伟林，2012）。

坎波斯盆地是南美洲仅次于东委内瑞拉盆地和马拉开波盆地的第三大富油气盆地，在南美洲18个被动陆缘盆地中列第一位，也是巴西最重要的油盆地。盆地位于巴西被动大陆边缘东南部，是沿大西洋西缘展布的十几个被动大陆边缘盆地之一，位于巴西东南部地区。盆地以坎波斯断层为界分为两个亚盆地：西坎波斯次盆地和东坎波斯次盆地（图5-12）。1959年，在盆地陆上地区进行了第一口钻井；

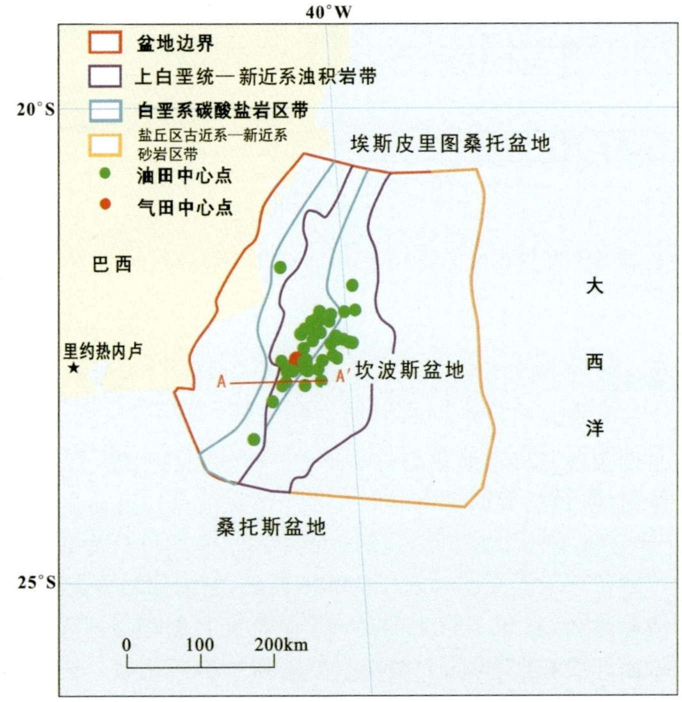

图5-12　坎波斯盆地位置图（USGS，2000）

20 世纪70 年代初期，开始进行海上的油气勘探，并在 70 年代末期将勘探拓展至深水区。目前，盆地的陆上部分基本尚未勘探，而海域的勘探已进入中等成熟阶段。盆地内已发现 118 个油气田，这些油田的水深为 80～2600m，探明和控制石油储量 $4919.78\times10^6m^3$、天然气储量 $4432.11\times10^8m^3$，折合成油当量为 $5334.61\times10^6m^3$，天然气占油气总储量的 7.8%。

（一）坎波斯盆地沉积构造史

坎波斯盆地的形成和演化与冈瓦纳大陆的解体有关，该盆地为大西洋拉开和发育时，于原先克拉通周缘上发育起来的被动大陆边缘沉积盆地，盆地经历了 4 期构造演化阶段：①前裂谷基底阶段；②同裂谷阶段，盆地为原型裂谷盆地，主要发育北北东走向的正断层，沉积一套陆相地层，为盆地主要的烃源岩层（Lagoa Feia）发育期；③过渡阶段，盆地为海陆过渡相盆地，发育 Alagoas 蒸发盐岩层，后期该盐岩层向上蠕动，形成盐底辟；④后裂谷阶段，盆地为被动大陆边缘盆地，可分为后裂谷阶段早期和后裂谷阶段晚期，这两期构造运动形成的断层沟通了盐下的 Lagoa Feia 烃源岩和盐上的浊积砂岩储集层，为油气的垂向运移提供了通道（陶崇智，2013；白国平，2012）。从坎波斯的构造演化可以看出，盆地演化主要经历了 3 种类型盆地阶段：内克拉通裂谷盆地、过渡型盆地和海相被动大陆边缘盆地。以此为基础可将坎波斯盆地内的沉积地层分为 3 个地层层序，自下而上依次为下白垩统同裂谷期陆相巨层序、下白垩统过渡巨层序和上白垩统—第三系海相巨层序（图 5 - 13），这 3 套巨层序分别对应盆地的同裂谷、过渡和裂后坳陷（漂移）演化阶段，形成于特定的构造与沉积环境。根据岩性、构造和古环境特征，每个巨层序又可进一步细分（马中振，2011）。

其中，白垩系同裂谷期陆相巨层序为非海相沉积，主要发育湖相沉积地层。其 Lagoa Feia 湖相钙质泥页岩是盆地主要的烃源岩层，该地层中的三角洲浊积砂岩和扇三角洲等构成盆地一套主要的储集层。下白垩统过渡巨层序底部为裂谷期一套砾石、砂岩和页岩混合地层，上部发育一套蒸发盐岩，为下部地层的良好区域性盖层。上白垩统—新近系海相巨层序浅海 Macae 组碳酸盐岩层序、晚阿尔比期和晚赛诺曼期和早土仑期之间沉积的半远洋层序、晚土仑期到早古新世时期沉积的深水海洋层序和古新世到现今的浅水洋层序（Carlos H L B et al，1999），海相地层中发育的 Carapebus 浊积砂岩体是盆地主要的含油气储层，也是盆地主要的目的层。目前发现的浊积砂岩体有两种展布方式：同沉积断槽中发育的横向展布受限的厚砂体；断槽被填平后横向延展很广的席状浊积砂体。

（二）坎波斯盆地石油地质条件

1. 烃源岩

坎波斯盆地发育一套主力烃源岩和两套潜在烃源岩。主力烃源岩为巴列姆阶—阿普第阶 Lagoa Feia 组的湖相黑色钙质页岩；潜在烃源岩包括阿尔比阶—赛诺曼阶 Macae 组和土仑阶—新近系潜在烃源岩。

盆地裂谷期沉积的 Lagoa Feia 咸水湖相钙质页岩层是盆地最重要的烃源岩层位（Guardado L R，1990；Mello M R，1990），主要由页岩组成，夹有碳酸盐岩，厚度 100～300m，平均 *TOC* 为 2%～6%，局部地区可达到 9%，氢指数（*HI*）达到 900mgHC/g，有机质类型主要为Ⅰ型干酪根（马中振，2011）。有机质主要为一些藻类和细菌，倾向生油，无定形有机质质量分数平均为 90%，生烃潜力超过 10mgHC/g，这些都表明 Lagoa Feia 组湖相页岩具有极好的生油潜力（Guardado L R，1990；Mello M R，1988）。

根据烃源岩热演化历史模拟结果，盆地发育的 Lagoa Feia 组湖相页岩层在始新世时达到生油窗，中新世达到生油高峰，仍在生油窗内。盆地存在 3 个主要的生烃中心：东北部有效烃源岩区、中东部有效烃源岩区和中西部有效烃源岩区。3 个有效烃源岩区的分布与盆地裂谷期沉积地层的发育有关。镜质组反射率和热变指数表明，除了盆地西部的圣若昂达巴拉凹陷外（此处生油岩尚未成熟），湖相页岩均处于生油窗内，而且在盆地任何地方，这套烃源岩层都未达到过成熟（Mello M R，1994；Mohriak W U，

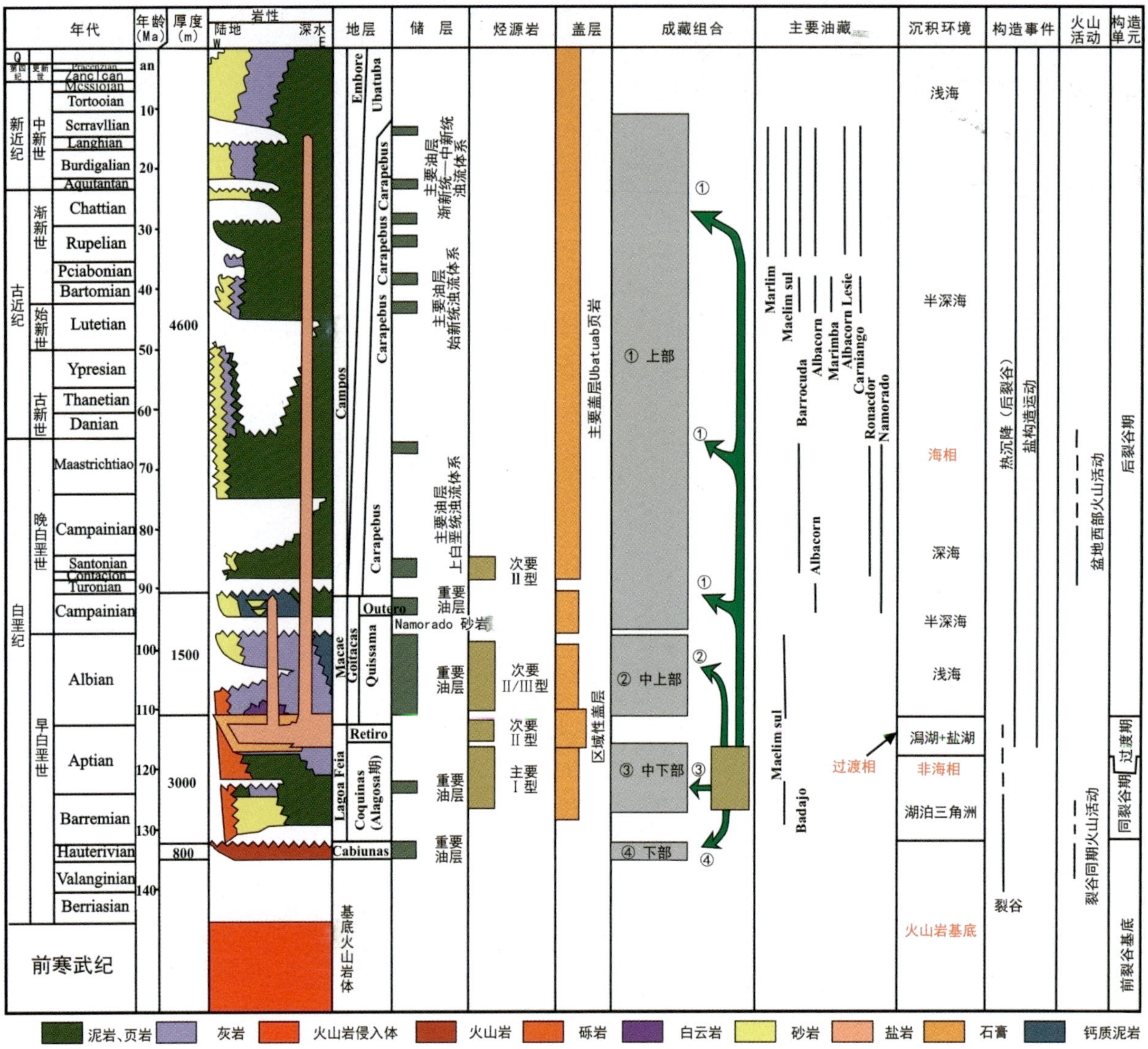

图 5-13　坎波斯盆地综合柱状图(马中振,2011)

1990)。

阿尔比阶—赛诺曼阶 Macae 组为前海陆架相泥灰岩,干酪根类型一般为Ⅲ型,*TOC* 含量少于 1%。但在有些地区,沉积于深水条件的泥灰岩含有Ⅱ型干酪根和高达 3%的 *TOC* 含量,因此具有比较好的生烃潜力,不过这套烃源岩基本处于未成熟状态。

上白垩统、古近系和新近系页岩钙质泥岩有机碳一般偏低,比较低的氢指数和生烃潜力表明它们主要沉积于氧化环境,尽管三冬阶—康尼亚克阶含有一些具有中等 *TOC* 含量的页岩,但是由于埋深不足够大,因此一般均未成熟。

2. 储盖层

坎波斯盆地由下到上共发育了 4 套主要的储盖组合。

下部储盖组合:该组合以凡兰吟阶 Cabinunas 组裂缝玄武岩为储集层,以上覆的白垩系 Lagoa Feia 组湖相页岩为烃源岩层和盖层,构成一套上生下储的成藏组合。Cabinunas 组储集层主要的储集空间为原生气孔、孔隙以及与构造活动和溶蚀作用有关的侧生裂隙和溶孔。虽然 Cabinunas 组储集层孔、渗参数较好,但勘探潜力不大,油气储量仅占总油气储量的 0.1%。

中下部储盖组合：中部的Lagoa Feia组鲕粒灰岩储层与湖相页岩烃源岩互层，构成一套高效的自生自储的成藏组合，上覆的湖相页岩和蒸发盐岩层提供盖层条件。多孔的介壳石灰岩是Lagoa Feia组内唯一的储集层。这套碳酸盐岩储集层的孔隙度可达到15%～20%，渗透率达$500\times10^{-3}\mu m^2$以上。高能量双壳类颗粒石灰岩含有间孔隙性，是最好的储集层。含有次生孔隙的颗粒石灰岩和泥粒石灰岩(铸模孔洞)也可以作为储层。在介壳石灰岩的成岩作用过程中，硅质胶结可阻止压力溶蚀，从而起到保存原始孔隙度的作用，据此认为硅质胶结作用对良好储集层的发育是非常重要的。

中上部储盖组合：该成藏组合以白垩系Macae组海相碳酸盐岩为储集层，以下伏的Lagoa Feia组湖相页岩为烃源岩层，以上覆的古近系和新近系海相页岩为盖层，形成一套下生上储的生储盖组合。Macae组是一套浅水陆架碳酸盐岩沉积建造，具有多个沉积旋回，每个旋回的下部为灰泥粒石灰岩，上部为颗粒石灰岩。不同的水动力环境下沉积的碳酸盐岩就有不同的孔渗特征。在高能环境下沉积的颗粒石灰岩孔隙度可高达33%，渗透率$(50\sim2400)\times10^{-3}\mu m^2$；中等能量沉积的核形球状泥粒灰岩和颗粒灰岩为孔隙度达30%，渗透率相对较低，为$100\times10^{-3}\mu m^2$；深水或低能环境下沉积的石灰岩孔隙度尽管可达20%～30%，但渗透率相对较低(最大的也只有千分之几个平方微米)。

上部储盖组合：该成藏组合以白垩系、古近系和新近系Carapebus组浊积砂岩为储集层，以层间的海相页岩层为盖层，该套成藏组合是盆地最重要的成藏组合，目前已发现的油气可采储量占盆地总可采储量的80%以上。上白垩统、古近系和新近系Carapebus组由3套富砂的浊积岩系统(上白垩统、古新统—始新统和渐新统—中新统)组成，孔隙度一般为18.5%～33%，渗透率为$(100\sim5200)\times10^{-3}\mu m^2$。平面上，以该套浊积砂岩体为储层的油气藏主要分布在大陆架以下的深水地区。

3. 圈闭

盆地发现的油气藏类型十分丰富，有构造圈闭、构造-地层复合圈闭和地层圈闭。构造圈闭一般位于断陷之间的古隆起或者垒式断块上所形成的披覆背斜上(温志新，2012)，地层圈闭一般位于早期凹陷所形成的斜坡带上。不管哪种构造位置，都属于相对高能环境，鲕粒灰岩等滩坝储层发育。就储集的油气储量而言，构造-地层圈闭是最重要的圈闭类型，储于这类圈闭的油气储量占油气总储量的66.8%；其次是地层圈闭，这类圈闭储集了盆地内29.1%的油气储量。与多数盆地不同的是，坎波斯盆地的构造圈闭储集的油气储量仅占盆地油气总储量的4.1%。如上所述，浊积岩是坎波斯盆地最重要的储集层，因而导致复合圈闭和地层圈闭储集盆地内绝大部分的油气储量。构造圈闭包括同裂谷期形成的背斜构造、断块构造和裂后被动陆缘期形成的盐构造圈闭。

(三)油气成藏模式与主控因素

据前人研究，坎波斯盆地发育3个裂谷期有效生烃中心，这些生烃中心对盆地油气分布具有明显的控制作用(Dirceu A，1990)。由于存在多个烃源岩灶和石油运移效应，坎波斯盆地的石油大部分为生物降解和非生物降解的混合物。

正断层是盆地内最主要的油气运移通道，沟通下部主力烃源岩层与上部浊积扇体储层，直接控制着油气是盐上成藏还是盐下成藏；此外，在盐运动期间，由于盐层的消失和变薄所形成的盐窗，也是盐上油气藏形成的运移通道，在盐岩连续发育盐窗缺少的地区，还未发现大规模的盐上油气藏。

盆地烃源岩在始新世开始生油，到中新世时达到生油高峰，油气生成后少部分油气直接进入临近的鲕粒灰岩中聚集成藏。另一小部分则沿着盆地裂谷期发育的正断层和不整合面向侧部的基底裂缝地层中运移聚集成藏。其余大部分油气则通过断层和盐岩运动抽薄形成的盐岩盖层“天窗”向上运移进入盐上地层，然后沿着后期发育的铲状断层运移进入合适的碳酸盐岩储集层和浊积砂岩体中聚集成藏(Guardado L R，1990；图5-14)。

通过对坎波斯盆地油气成藏模式的分析可以看出，盆地内盐上层系油气的区域分布和层系分布均与浊积岩密切相关，浊积岩储层是盆地内盐上油气分布的最主要控制因素。从浅水至深水，浊积岩储集层时代从老变新。除此之外,烃源岩灶和油气垂向运移通道也是控制油气分布的主控因素。在蒸发岩连续分布的盐丘区,盐上油气成藏的可能性较小(白国平,2011)。

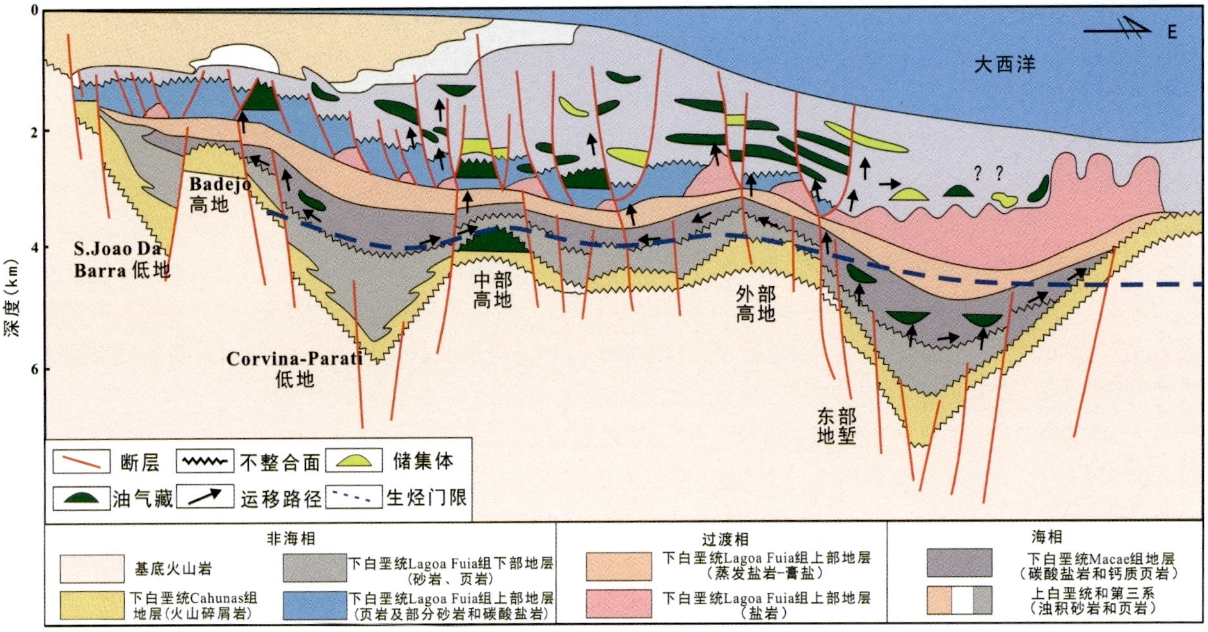

图 5-14 坎波斯盆地成藏模式(马中振,2011)

(四)含油气系统

在坎波斯盆地,只有一个已证实的含油气系统:Logoa Feia - Carapebus 含油气系统。在该系统中,下白垩统生油岩生成的油气主要以垂向运移的方式运移至下白垩统到中新统的储集层内聚集成藏。USGS(2000)将该含油气系统划分为 3 个油气单元:晚白垩世、古近纪和新近纪浊积岩单元、白垩纪碳酸盐岩单元、盐区古近纪和新近纪砂岩单元。

晚白垩世、古近纪和新近纪浊积岩单元通过坎波斯盆地巴西近海水深 200～2200m 的晚白垩世—中新世浊积岩储层来划分。地化结果显示该单元的油气来源于 Lagoa Feia 组,源岩目前已达到成熟阶段,现今仍在生烃。主要的储层为上白垩统—中新统斜坡道和海底浊积岩,目前已在浊积岩体内发现多个大型油气田。Lagoa Feia 组生成的油气通过犁式断层穿过 Alagoas 盐岩进入浊积岩砂体,并主要在由断层产生的浊积岩透镜体中聚集成藏。

白垩纪碳酸盐岩单元通过白垩纪 Macae 组碳酸盐岩储层及一些裂谷相关的储层来划分,这些储层分布在陆架区水深 600m 以上。与晚白垩世、古近纪和新近纪浊积岩单元一样,该单元的烃源岩也是 Lagoa Feia 组,目前仍在生烃。主要的储层为白垩纪海陆架碳酸盐岩,次要储层为 Logoa Feia 组内的壳灰岩、砾岩和 Alagoas 组内的砾岩。源岩生成的油气通过犁式断层向上运移,进入白垩系碳酸盐岩储层。在裂谷地堑内,油气通过横向运移进入碎屑岩和壳灰岩储层中。圈闭类型以与成岩作用相关和断层相关的圈闭为主。

盐区古近纪和新近纪砂岩单元目前尚不能确定是否存在,它通过超水深(2200～4000m)盐下浊积岩储层划分。烃源岩推测为 Lagoa Feia 组湖相泥岩,也可能有中白垩统的海相泥岩。Lagoa Feia 组在中新世开始生烃,潜在烃源岩中白垩统海相泥岩在中新世—上新世开始生烃,目前这些源岩仍处在生烃阶段。储层主要为盆地边缘部分盐构造之间的古近纪和新近纪浊积岩。烃源岩生产的油气有可能通过犁式断层进入浊积岩中,并在盐构造相关的圈闭中聚集成藏。

通过以上3个单元可以看出Logoa Feia - Carapebus含油气系统中优质的盐湖相烃源岩(Lagoa Feia组)、高品质的储集层(Carapebus组)、良好的区域性盖层、盐构造形成的有效圈闭、作为油气运移通道的盐焊接及与其相关的犁式断层,以及油气充注与圈闭形成时间的良好匹配关系,所有这些条件都使得该系统是南大西洋含油气盆地中油气最富集的系统之一。

第四节　勘探开发

一、勘探开发现状

南美洲地区是世界第二大产油区。据BP公司(2016)统计,2014年,南美洲石油产量合计7613千桶/天(约$3.79\times10^8t/a$),同比增长3.9%,约占全球石油产量的9.3%;天然气产量$1764\times10^8m^3$,占世界天然气产量的5.2%。

委内瑞拉、巴西、哥伦比亚、阿根廷、厄瓜多尔是南美的5个主要产油国。其中石油产量最丰富的委内瑞拉石油产量高达1.35×10^8t,占中美洲南美洲石油总产量的35.72%,是美国第二大石油来源地。巴西2014年产量为1.17×10^8t,略低于委内瑞拉,在南美石油产量占比为30.82%;其余依次为:哥伦比亚0.49×10^8t、阿根廷0.31×10^8t、厄瓜多尔0.28×10^8t和秘鲁0.06×10^8t,占比分别为12.92%、8.18%、7.65%和1.60%(表5-1)。相比于石油,南美洲的天然气产量相对较少,仅阿根廷和巴西列入2013年世界主要产气国的前50。阿根廷是南美洲最大的产气国,2013年的天然气产量为$355\times10^8m^3$,占南美洲天然气产量的20.1%,世界排名24;巴西为南美洲第二大产气国,2013年的年产量为$213\times10^8m^3$,占南美洲产量的12.07%,世界排名29。

自1970年以来,南美洲石油产量呈先略微下降后直线上升的增长趋势。1985年,南美洲原油产量为3720千桶/天,到了2015年,该区产量为7602千桶/天,增长了1倍。产油国中,除委内瑞拉略有下降外,其余各国都有较大涨幅,其中巴西石油产量增幅最大。2010年厄瓜多尔和巴西石油产量分别为556千桶/天和2346千桶/天,较1970年的4千桶/天和167千桶/天分别增长了近139倍和14倍(图5-15)。

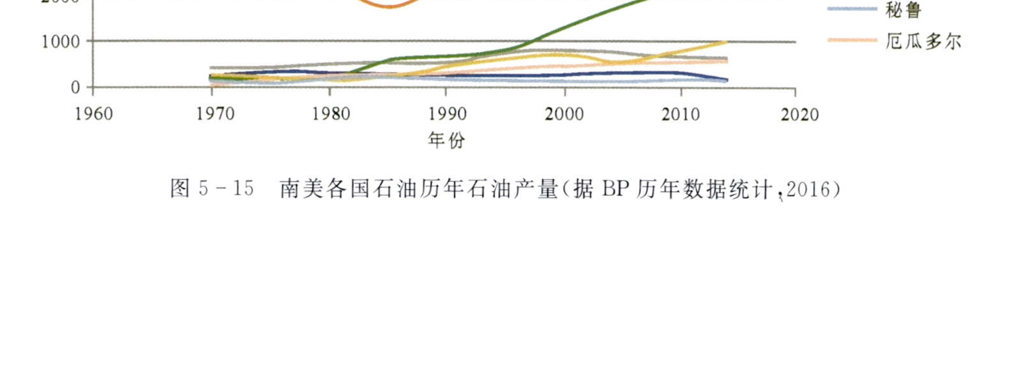

图5-15　南美各国石油历年石油产量(据BP历年数据统计,2016)

据国际能源机构预测，委内瑞拉在未来几年将加大国内重油的开采，预计2020年，委内瑞拉重油产量为1.2×10^6t(油当量)，到2035年时，该产量将达到2.1×10^6t(油当量)(《世界能源展望》,2013)。

几年来，随着巴西深水盐下油气和南美洲非常规油气的重大突破，南美洲在油气勘探方面不断取得新的发现，油气剩余可采储量呈平稳上升的趋势。在2013年世界30项重大油气发现中，南美洲共有4个，其中，巴西拥有3个，阿根廷1个。这4个新发现的油气田储量规模相当，为(1.1～1.4)亿桶油当量。巴西新发现的油气田均位于海上：桑托斯盆地的1-KPGL-001D-SPS油田(储量1.4亿桶油当量)、坎波斯盆地的1-BENEDITO-001D-RJ油气田(石油储量1.2亿桶)、埃斯皮里图桑托盆地盐下1-ESS-216D-ESS油田(石油储量1.1亿桶)；阿根廷新发现的内乌肯盆地Aguada de Castro区块位于陆上(页岩气储量1.1亿桶油当量)，该区块是阿根廷首次探得的页岩气区块。

与世界其他地区相比，南美洲油气勘探成本相对较高，而开发成本相对较低(表5-3)。以探明储量收购成本为例，所统计的7个地区中，中南美洲的成本最高，达22.73美元/桶油当量，远高于第二的欧洲地区(17.36美元/桶油当量)。

表5-3　2011年世界各地区储量收购成本和发现成本表　　单位：美元/桶油当量

成本	美国	加拿大	欧洲	中南美洲	亚太地区	非洲/中东	俄罗斯/里海
探明储量收购成本	10.52	12.62	17.36	22.73	9.36	4.16	0.98
发现成本	7.99	3.02	13.31	15.02	4.42	33.59	0.83
发现和井发成本	19.24	19.24	13.80	17.97	16.02	17.71	50.15
储量接替成本	17.70	13.80	17.97	16.02	17.61	43.52	3.36

注：发现成本=(勘探成本+未探明储量收购成本)/扩边和发现储量；储量接替成本=(探明和未探明储量收购成本+勘探成本+开发成本)/(扩边和发现+储量复算+提高的采收量+收购储量)。

资料来源：美国哈罗德石油咨询公司《全球上游业绩回顾2012》。

在钻井投资方面，2012年之前，中南美洲投入的资金一直在稳步增长，随后由于国际油价的持续低迷，钻井投资有所减少(表5-4)。与此类似的还有钻井数(表5-5)和在用旋转钻机数(表5-6)。

表5-4　2000—2014年世界各地区和部分国家钻井投资表　　单位：亿美元

地区/国家	2000年	2005年	2010年	2011年	2012年	2013年	2014年
中南美洲	156.0	223.7	365.7	358.9	384.6	369.8	338.1
欧洲(不含俄罗斯)	124.8	135.5	176.4	175.9	204.8	248.2	255.0
远东(不含中国)	145.4	248.6	288.6	287.0	313.7	316.7	334.0
中东	56.5	107.5	172.5	199.8	238.6	259.7	307.2
非洲	61.5	111.0	148.9	134.3	182.1	203.4	235.1
中亚	7.0	15.6	31.0	31.7	28.5	29.3	27.9
美国	219.0	751.0	988.9	1312.2	1471.8	1450.7	1537.1
加拿大	65.3	176.2	199.4	235.4	242.8	282.5	282.3
俄罗斯	52.0	50.7	93.0	92.8	98.9	107.0	113.5
中国	144.7	250.7	426.0	474.2	497.1	466.6	495.0

资料来源：Spears & Associaes《钻井和生产展望》,2014年12月。

表 5-5　2000—2014 年世界各地区和部分国家钻井数表　单位:口

地区/国家	2000 年	2005 年	2010 年	2011 年	2012 年	2013 年	2014 年
中南美洲	2830	4445	5659	6167	5431	4816	4867
欧洲(不含俄罗斯)	1077	971	863	955	893	1001	1061
远东(不含中国)	2065	2682	2835	2851	2673	2561	2457
中东	1303	1608	2103	2516	2937	3188	3583
非洲	702	1120	1745	1707	1619	1733	1769
中亚地区	473	834	1135	1237	1126	1126	1069
美国	31 113	46 275	38 968	44 374	46 411	44 917	48 568
加拿大	17 831	25 434	11 176	11 368	10 874	10 878	11 517
俄罗斯	4719	3812	5536	5691	7170	7385	7607
中国	10 052	16 422	21 149	21 862	26 502	24 551	25 288

资料来源:Spears & Associaes《钻井和生产展望》,2012 年 9 月和 2014 年 12 月。

表 5-6　2000—2016 年世界各地区月平均在用旋转钻机数表　单位:台/月

地区/国家	2001 年	2005 年	2010 年	2011 年	2012 年	2013 年	2014 年	2015 年	2016 年
中南美洲	262	316	383	424	423	419	397	319	240
欧洲	95	70	94	118	119	135	145	117	108
非洲	53	50	83	78	96	125	134	106	91
中东	179	248	265	291	356	372	406	406	406
亚太	157	225	269	256	241	246	254	220	188
加拿大	342	458	351	423	365	355	380	193	202
美国	1155	1380	1541	1875	1919	1761	1862	977	593

数据来源:贝克休斯公司。

目前,南美洲的油气企业主要为各国的国家石油公司,其次为道达尔、壳牌等一些国际石油大公司。在各国家石油公司中,委内瑞拉国家石油公司、巴西国家石油公司和阿根廷国家石油公司实力最为雄厚(表 5-7)。

近年来,由于在深水方面不断取得突破,巴西国家石油公司未来的业务布局侧重于深水,特别是盐下油气勘探的投资。据之前巴西国家石油公司"2015—2019 五年计划"显示,未来 5 年进行总额为 1303 亿美元的投资,其中重点业务为巴西国内的油气业务,而盐下油气勘探开发则为规划的重中之重。然而,因油价的低迷、巨额债务以及腐败丑闻影响该公司海上项目融资的能力,因此巴西国家石油公司准备在今年 4 月份把五年计划的投资金额削减 1/5,降至约 800 亿美元,每年平均为 160 亿美元。据外媒报道巴西石油公司近期与中国达成协议,获得中国政府 1000 亿美元的贷款。

表 5-7　南美洲主要油气企业

公司名称	委内瑞拉国家石油公司	巴西国家石油公司	道达尔公司	壳牌集团
石油储量($\times10^8$t)	408.0	15.3	7.4	9.1
世界排名	1	15	26	21
石油产量($\times10^8$t)	1.51	1.06	0.58	0.77
世界排名	6	10	11	16
天然气储量($\times10^{12}m^3$)	5.58	0.35	0.94	1.20
世界排名	6	33	21	17
天然气产量($\times10^8m^3$)	477	293	639	994
世界排名	15	24	11	7
炼油能力($\times10^8$t)	1.41	1.13	1.02	1.63
世界排名	6	9	10	4
油品销量($\times10^8$t)	1.13	1.76	1.56	2.81
世界排名	11	6	5	1
运营收入(亿美元)	1284.39	1507.07	2120.18	4313.44
利润(亿美元)	73.86	1436.57	42.44	148.74
世界排名	13	11	6	2

注:世界排名为世界主要石油化工企业;财务信息为2015年数据,其他为2014年数据。

二、主要油气项目

1. Parque das Conchas(BC-10)项目

Parque das Conchas(BC-10)项目是壳牌最具挑战的4个深水油气勘探开发项目之一,该项目由皇家壳牌(50%股份)、巴西国家石油公司(35%股份)和印度石油公司(15%股份)共同持有。该项目位于巴西坎波斯盆地,由几个水下油田组成,水深大约为1800m。这些油田共同利用一个叫Espirito Santo的浮式生产储油卸油装置,该装置的设计产能为原油100千桶/天,天然气为1415.84m³/d。

2009年,BC-10项目首期工程开始投产。该阶段把Abalone油田、Ostra油田和Argonauta B-West油藏连通起来。2010年最高产量超过90 000桶油当量/天。现在的产量大约是35 000桶油当量/天。

2010年10月,项目第二期工程开始投产。该阶段把油藏Argonauta O-North连通到浮式生产储油卸油装置,并从该油藏进行生产。据估计,该油藏的最高产量为35 000桶油当量/天。

2016年3月,项目进入第三期。该期在Massa油田和O-South油田总共有5口生产井,同时在Massa还有两口注水井。据预测,该油藏生产高峰可达20 000桶油当量/天。

2. Vega Pleyade 海上天然气与凝析气项目

法国石油巨头道达尔公司一直以来都是阿根廷长期合作的伙伴。目前道达尔集团在阿根廷已经有近 40 年的生产经营，并生产了阿根廷国内约 30％的天然气储量。2015 年道达尔在阿根廷的天然气产量为 72 000 桶油当量/天。

Vega Pleyade 项目位于阿根廷最南端火地岛海岸以外的海上区块（CMA－1），由道达尔公司（37.5％股份）、温特斯能源（Wintershall Energia）（37.5％股份）和泛美能源（25％股份）共同开发。该项目是道达尔 2016 年启动的第二个项目，也是目前道达尔在阿根廷所实施的 5 个重点放在天然气产量上的项目中最大的一个。Vega Pleyade 项目的建设主体包括在水深 50m 的海域搭建一个海上油井平台，并通过 77km 长的海底管线与道达尔位于 Rio Cullen 和 Canadon Alfa 的陆上处理设施相连接。据估计，海上油井平台将在两年半内完成。

Vega Pleyade 项目于 2016 年 2 月 25 日开始投产，设计天然气产能为 $1\times10^7m^3/d$(70 000 桶油当量/天）。该项目距布宜诺斯艾利斯 2900km，是世界最南端的油气开发项目。时速高达 180km 的狂风卷起的巨浪和冬天－20℃的低温给该项目带来了巨大挑战。道达尔勘探和生产部主管阿诺·布雷亚克评论称，该项目是阿根廷最大的海上油气田之一，也是世界上最南端的天然气开发项目。它将有助于我们在未来几年保持产量增长，同时促使我们在火地岛保持约 509 702.4m^3/d(130 000 桶油当量/天）的产量，并长期向阿根廷输送天然气。

3. 哥伦比亚加勒比 FLNG 项目

加勒比浮式液化天然气（FLNG）将会是世界上第一个可运行的 FLNG 平台，并将会为出口市场日益扩大的加勒比海和中美地区服务。

FLNG 项目涉及建设 La Creciente 气田和加勒比海岸之间的天然气管线，并且发展液化和再气化驳船以将液化天然气（LNG）运输到工业消费者。

该项目目前由拥有并开发 La Creciente 气田的 Pacific Rubiale Energy 公司负责运营，旨在寻找不同的方式来对残留天然气储量进行开发并盈利。根据 2012 年签订的协议，FLNF 项目引入合作伙伴 EXAMR。后者将建造、拥有并运营 FLNG 项目。Pacific Rubiale Energy 公司则将独家拥有享有每年供应并液化 453 592t 液化气的权利，该权利将持续 15 年。

FLNG 装置将停靠在距哥伦比亚吐噜（Tolu）3km 外的海域，并于 2015 年第二季度 FLNG 开建。

4. Atlanta 油田项目

Atlanta 油田是水深 1550m 的盐下油田，该油田位于距离里约热内卢 185km 的海域，区域上属于坎波斯盆地 BS－4 区块。

QGEP 公司作为 Atlanta 油田的作业者拥有其 30％的股权，Barra Energia 公司和 OGPar 公司则分别拥有 30％和 40％的股权。据预计，在 Atlanta 油田的基础上，位于同一区块的 Oliva Satellite 油田也将进行开发。

1993 年，巴西石油公司在 BS－4 区块打了钻探井 BSS－69 后发现 Oliva 油田。2001 年，发现 Atlanta 油田。这两个油田总的油气储量为 21 亿桶油当量。据独立咨询机构 Gaffney，Cliene & Associates（GCA）在 2014 年所提交的储量鉴定显示，巴西海上油田 1P 石油储量 1.47 亿桶，2P 石油储量 1.91 亿桶，3P 石油储量 2.69 亿桶。BS－4 区块的原油为不含蜡和沥青的重质油，原油密度为 14°～16°API。

2013 年下半年，Atlanta 油田进入早期生产系统（EPS）阶段，并钻了两口水平井。第一口水平井（7－ATL－2HP－RJS）也在 2013 年下半年开钻，整个钻井活动同时进行两次流体钻柱测试（DST），并于 2014 年 2 月完成。根据这两次的测试显示，这口水平井每天的油气流速分别为 1250 桶和 5000 桶油当量。在第一口水平井之后，钻了第二口水平井。钻柱测试显示这口井每天的产量流速为 6000～12 000桶油当量。

QGEP公司原计划于2016年第三季度使用Petrojarl 1 FPSO对Atlanta油田进行早期生产测试，然而，由于Petrojarl 1 FPSO项目延误，对Atlanta油田的早期生产将被推迟至第四季度。此前预计Petrojarl 1 FPSO将从Atlanta油田的两口生产井中日产2万桶原油，低于公司最早预计的每天25 000桶。QGEP公司正在考虑在Atlanta油田钻第三口井，但要视国际油价的涨势而定。由于Atlanta项目的推迟，QGEP公司将2016年的投资额从原先的1.3亿美元下调至8200万美元。

5. Junin 4区块重质油项目

Junin 4区块重质油项目由中国石油集团与委内瑞拉国家石油公司共同投资开发。该区块位于世界上最大的重质油藏区奥里诺科重质油带，面积为$325km^2$。

2006年8月，中国石油集团与委内瑞拉国家石油公司签署了共同开发Junin 4区块的备忘录。在完成11口勘探井和316km的二维地震后，Junin 4区块重质油的储量评价有了很大的进展。初步估计区块内可采储量为87亿桶原油，并在25年的合同期内共同生产超重质油29亿桶。

2008年5月，中国石油集团与委内瑞拉国家石油公司就共同投资对Junin 4区块超重油进行钻井和升级达成两项协议，旨在达到年产超重油2×10^7t，根据协议中国石油集团对产量占40%的股权此外，将在中国共同投建一座炼化厂，中国石油集团占60%的股权。在2008年，奥里诺科重质油带上游项目和下游项目都取得了巨大的进展。

2010年，中国石油集团与委内瑞拉国家石油公司正式签订共同开发的协议，并在2012年向委内瑞拉政府支付1.8亿美元的合同款项。

6. 巴西深海里贝拉项目

里贝拉区块位于巴西东南部海域，面积超过$1500km^2$，石油预期储量相当于巴西全国已探明原油总储量的80%，为全球石油开采规模最大的海上油田。勘探结果表明，这一区域拥有高达120亿桶可开采原油储量，开发后最高产量可以达到每天140万桶。

2013年10月21日，由中国石油、中国海油两家中国油企及巴西国家石油公司、荷兰壳牌及法国道达尔组成的联合体作为唯一投标方，中标巴西里贝拉石油区块。中标联合体的股权分配方式为，巴西国家石油公司40%、壳牌20%、道达尔20%、中国石油和中国海油各占10%。

自项目交割以来，中国石油积极会同这个项目的其他4个合作伙伴，采取稳健积极的勘探策略，取得巨大成功。特别是2016年年初以来，巴西里贝拉项目大胆向西北区北翼和南翼甩开勘探，进一步扩展油田规模，其中位于西北区南翼最南端的3-RJS-742A探井，钻遇盐下碳酸盐岩目的层567m，经测井和井下MDT取样确认，落实油层总厚度465m，油层净厚度400.35m，平均孔隙度13.3%，平均含油饱和度85.4%，创所处巴西深海桑托斯盆地盐下单井钻遇最厚油层的新纪录。更为可喜的是，这口井在此前认识的西北区构造统一油水界面之下首次发现近30m厚的新油层，突破了此前对这一区块油水分布特征的认识，使之有望成为新的勘探潜力层。

此外，在西北区北翼最北端甩开钻探的3-RJS-741井，发现油层厚度达301m，证实并大大北扩了西区的含油范围和储量规模。2016年6月底刚刚完钻的3-RJS-743A井，位于西北区的中北部，钻遇盐下目的层507m，据测井解释、钻井取芯及井下MDT取样，确认油层厚度297.7m，测压证实其与周边邻井属于同一油藏，具有相同的油水界面。此外，今年年初进行DST测试的3-RJS-739A井，全井合计测试日产油超万桶，根据试井资料计算，正式生产时日产油可达万吨超高产能。

第五节 远景区分析

一、远景区

1. 常规油气

根据对南美洲常规油气资源评价的结果认为，未来南美洲的常规油气勘探重点方向应关注 2 个领域、4 个重点盆地、2 个重要层系(谢寅符，2012)。2 个领域分别指东缘海上被动陆缘盆地群和西缘陆上盆地群；4 个重点盆地指东委内瑞拉盆地、马拉开波盆地、桑托斯盆地和坎波斯盆地，这 4 个盆地无论从可采储量、剩余可采储量和待发现资源量都比较大，尤其是巴西的桑托斯盆地和坎波斯盆地，在海上盐下地层发现了数个可采储量上亿桶的油藏；2 个重要层系是指白垩系和古近系—新近系。

2. 页岩油气

根据 EIA(美国能源信息署)最新出版的"Technically Recoverable Shale Oil and Shale Gas Resources：An Assessment of 137 Shale Formations in 41 Countries Outside the United States"报告(仅对陆上盆地进行评价)，南美洲的页岩气主要分布在阿根廷、巴西、委内瑞拉 3 个国家；页岩油主要分布在阿根廷、委内瑞拉、哥伦比亚、巴西、巴拉圭和智利这 6 个国家。这几个国家是未来在页岩油气方面需要关注的国家，特别是阿根廷，很有可能是除北美外页岩油气潜力最大的国家。阿根廷的页岩油气资源主要集中在内乌肯(Neuquen)盆地、圣豪尔赫(Golfo San Jorge)盆地、南部(Austral)盆地和巴拉那(Parana)盆地，前 3 个盆地为侏罗纪—晚白垩世海相和湖相页岩，最后一个盆地为泥盆系海相页岩。巴西页岩油气资源主要分布在巴拉那盆地、索里莫斯(Solimoes)盆地和亚马孙(Amazonas)盆地，页岩层为泥盆系海相页岩。乌拉圭、巴拉圭、玻利维亚、智利等其他南美国家的页岩油气资源主要分布在巴拉那盆地、查科(Chaco)盆地和麦哲伦(Magallanes)盆地，页岩层系主要为泥盆纪和晚白垩世海相页岩。

二、远景区分析

(一)常规油气

南美洲陆上前陆盆地和海上被动陆缘盆地是最具勘探潜力的领域。前陆盆地剩余石油可采资源量占南美洲总剩余可采石油资源的 55.6%；剩余天然气占 62.2%。被动陆缘盆地剩余石油可采资源量占南美洲总剩余可采石油资源的 43.4%；天然气占 35.7%。尽管东委内瑞拉盆地和马拉开波盆地发现的油气资源较多，剩余石油可采储量占南美洲剩余石油可采储量的 47.9%。但两个盆地的勘探程度仍然相对较低，仍有大面积的有效勘探区域。东委内瑞拉盆地北部的冲断带、瓜里科次盆地、奥里诺科三角洲等地区的都是勘探的空白区，具有发现大型油气田的潜力。另外，巴西东部盐下坎波斯盆地的深水部分近几年也不断取得重大的发现(谢寅符，2012)。除海上区块外，巴西陆上地区仍有 18 个盆地处于基本未开发或者勘探初期阶段(EIA，2015)。

根据 USGS 对南美洲 27 个盆地待发现常规油气资源量评价结果显示(表 5-8)，被动陆缘盆地资源潜力最为丰富，其石油和天然气待发现量达 128.08×10^8 t 和 10.14×10^{12} m^3，分别占南美洲油气待发现量 80%和 59%；前陆盆地石油和天然气待发现量为 26.54×10^8 t 和 4.55×10^{12} m^3，分别占南美洲油气待发现量 17%和 27%。此外，克拉通盆地的油气待发现量也相对较大，分别为 5.93×10^8 t 和 2.40×10^{12} m^3，占南美洲油气待发现量的 4%和 14%。其他类型盆地的油气资源潜力相对较小。

根据油气当量的大小，可将南美洲的盆地划分为4类（表5－8）：①盆地内剩余油气可采资源量（油气当量）50 000百万桶以上，这类盆地为桑托斯盆地；②盆地内剩余油气可采资源量（油气当量）10 000～50 000百万桶，这类盆地有5个，分别为圭亚那盆地、坎波斯盆地、福兰克群岛高原盆地、东委内瑞拉盆地及帕纳伊巴盆地；③盆地内剩余油气可采资源量（油气当量）10 000～5000百万桶，这类盆地仅为埃斯皮里图桑托盆地；④盆地内剩余油气可采资源量（油气当量）5000百万桶以下，共有19个。

表5－8　南美洲主要含油气盆地待发现油气资源量(数据来源：USGS，2012)

序号	盆地名称	盆地类型	待发现石油（$\times10^6$t）	待发天然气（$\times10^8m^3$）	待发现油气当量（百万桶）	潜力类型
1	索里莫斯盆地	克拉通盆地	78	6549	4637	四类
2	亚马逊盆地	克拉通盆地	50	2733	2058	四类
3	帕纳伊巴盆地	克拉通盆地	405	11 881	10 240	二类
4	巴拉那盆地	克拉通盆地	59	2860	2194	四类
5	圭亚那盆地	被动陆缘	1874	10 946	19 853	二类
6	福斯杜亚马孙盆地	被动陆缘	53	5627	3886	四类
7	塞尔希陪阿拉格斯盆地	被动陆缘	271	2361	3356	四类
8	埃斯皮里图桑托盆地	被动陆缘	260	5327	5137	三类
9	坎波斯盆地	被动陆缘	2010	9306	19 773	二类
10	桑托斯盆地	被动陆缘	8142	59 414	93 667	一类
11	佩洛塔斯盆地	被动陆缘	107	5843	4393	四类
12	普图马约-奥连特-马拉尼翁他盆地	前陆盆地	641	607	4829	四类
13	圣克鲁斯-塔里哈盆地	前陆盆地	15	6930	4435	四类
14	萨拉多-篷埃斯特角盆地	被动陆缘	92	2578	2247	四类
15	内乌肯盆地	前陆盆地	46	1210	1072	四类
16	圣豪尔赫盆地	前陆盆地	9	74	110	四类
17	麦哲伦盆地	前陆盆地	28	1810	1326	四类
18	弗兰克群岛高原盆地	前陆盆地	723	14 442	14 048	二类
19	马尔维纳斯盆地	前陆盆地	19	1726	1209	四类
20	上马格莱纳盆地	前陆盆地	53	299	556	四类
21	中马格莱纳盆地	前陆盆地	73	455	790	四类
22	下马格莱纳盆地	前陆盆地	13	919	666	四类
23	瓜希腊盆地	前陆盆地	9	729	515	四类
24	雅诺斯-巴里纳斯盆地	前陆盆地	439	2642	4697	四类
25	东委内瑞拉盆地	前陆盆地	461	11 425	10 341	二类
26	马拉开波盆地	前陆盆地	127	2245	2283	四类

注：1t油气当量＝7.33桶油当量＝1111m^3天然气。

（二）页岩油气

2013年EIA对巴基斯坦及除美国以外的41个国家的137个页岩层作了页岩油气资源潜力的评价，其评价方法及步骤大致如下：①对评价盆地及地层的地质条件和储层进行初步表征；②确定平面上的评价范围，所评价的国家应不具有大量未开发的常规油气，仅对陆上页岩进行评价，且所评价页岩相应的地球物理特征已知；③确定页岩油气的有利区，有利区需满足页岩平均TOC含量大于2%，页岩埋藏深度介于1000～5000m之间；④对页岩油气地质资源量进行评价；⑤对页岩油气的风险技术可采资源量进行评价。评价结果显示，南美洲页岩油气资源潜力主要集中在阿根廷、巴西、玻利维亚、智利、巴拉圭和乌拉圭等几个国家（图5-16～图5-18）。

1. 阿根廷

阿根廷拥有世界级的页岩油气资源潜力，很有可能是除北美之外，页岩油气潜力最为丰富的国家。其大部分的页岩油气资源潜力分布在内乌肯盆地（图5-19，表5-9），除此之外，还有圣豪尔赫、南部和巴拉那这3个沉积盆地（图5-20～图5-22，表5-10）。内乌肯盆地的主要页岩层为中侏罗世Los Molles组海相页岩和晚侏罗世—晚白垩世的Vaca Muerta组海相页岩。页岩净厚度达300m，埋深3000～13 000m，地层压力为超压，总有机碳含量（TOC）为2%～5%，有机质成熟度（*R*o）为0.85%～2.2%。据EIA评价结果显示，阿根廷页岩气风险地质资源量（Risked In-place，下同）为91.83×10^{12} m^3，风险技术可采资源量（Risked Technical Recoverable，下同）为22.7×10^{12} m^3；页岩油风险地质资源量654.72×10^8 t，风险技术可采资源量36.83×10^8 t。

2. 巴西

巴西的大部分高产油气盆地都位于海上，在陆域仍有18个盆地处于基本未开发或者勘探初期阶段。其中，位于巴西南部的巴拉那盆地、北部的索里莫斯盆地和亚马孙盆地不仅具备生产大量常规油气的优质烃源岩，也有足够的地质数据显示这3个盆地同样具有很好的页岩油气资源潜力（图5-23～图5-25）。

这几个盆地的主要页岩目的层是泥盆系海相黑色页岩，TOC含量适中，为2%～2.5%。尽管巴西陆上其他盆地也具有很好的页岩油气潜力，但这些盆地缺乏已证实了的烃源岩系统，或者烃源岩不成熟，此外有些也缺乏公开有效的评价数据。

据估计，巴西巴拉那盆地、索里莫斯盆地和亚马孙盆地页岩气风险地质资源量为36.2×10^{12} m^3，风险地质可采资源量6.93×10^{12} m^3；页岩油风险地质资源量182.78×10^8 t，风险技术可采资源量7.37×10^8 t（表5-11）。目前，巴西尚未有关于页岩方面的勘探或者钻井信息。

3. 其他国家

除阿根廷和巴西外，EIA对玻利维亚、智利、巴拉圭和乌拉圭4个国家的页岩油气资源潜力也作了评价（图5-26～图5-28）。这4个国家的页岩油气资源主要分布在以下3个大盆地：巴拉圭和乌拉圭的Parana盆地、玻利维亚和巴拉圭的查科盆地、智利的麦哲伦盆地（这3个盆地在阿根廷和巴西的延伸那部分分开评价）。有利页岩为泥盆纪和白垩纪的海相页岩。

这4个国家的页岩气和页岩油风险技术可采资源量分别为4.58×10^{12} m^3 和9.82×10^8 t，其中：玻利维亚1.02×10^{12} m^3 和0.82×10^8 t；智利1.39×10^{12} m^3 和3.27×10^8 t；巴拉圭21.23×10^{12} m^3 和5.05×10^8 t；乌拉圭0.06×10^{12} m^3 和0.82×10^8 t（表5-12）。

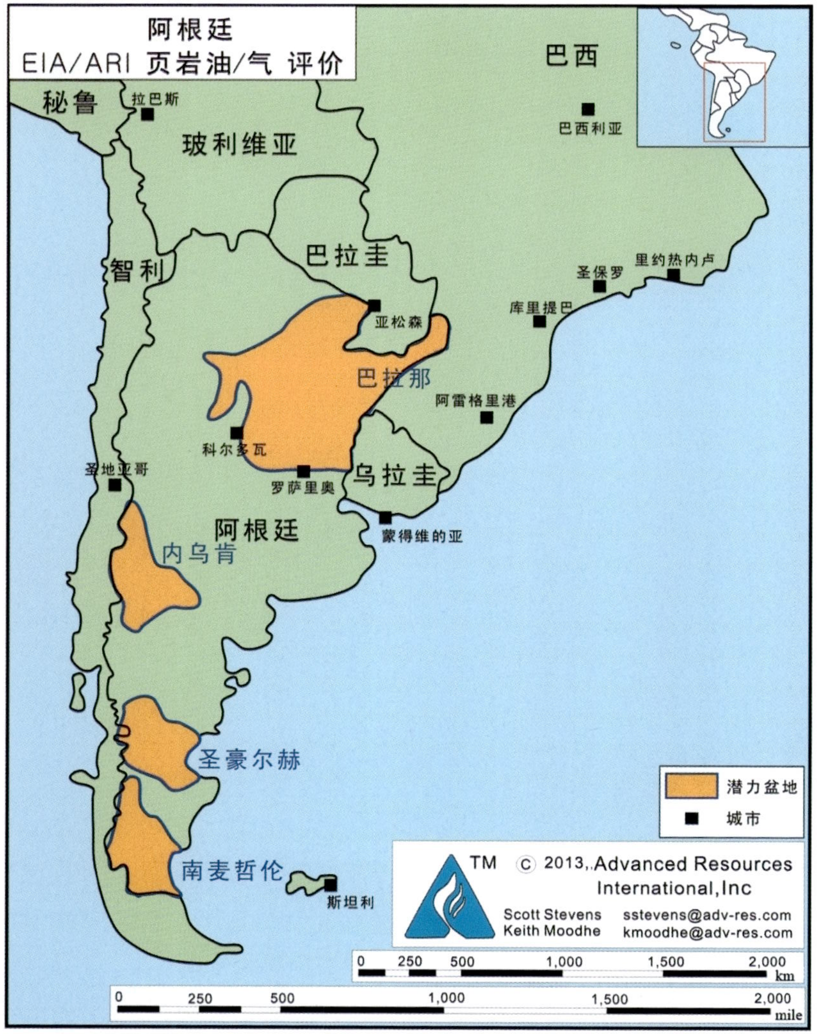

图 5-16 阿根廷页岩油气潜力盆地分布图
（据 EIA,2013）

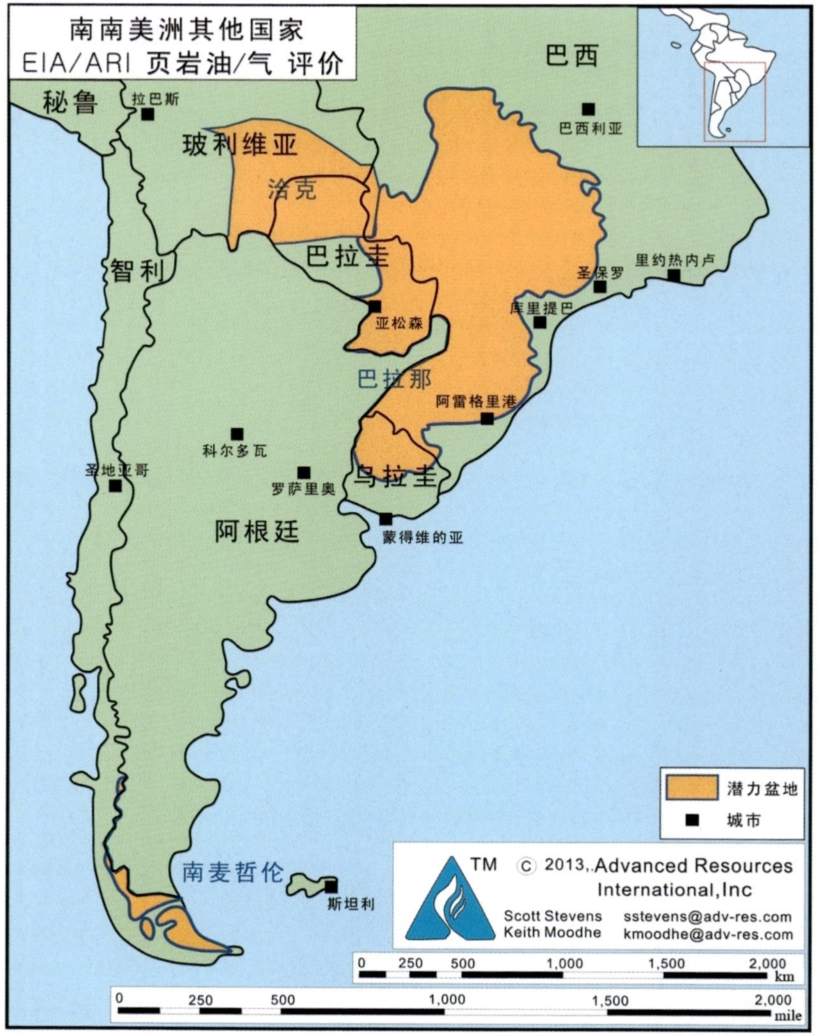

图 5-17 南美洲其他国家页岩油气潜力盆地分布图
（据 EIA,2013）

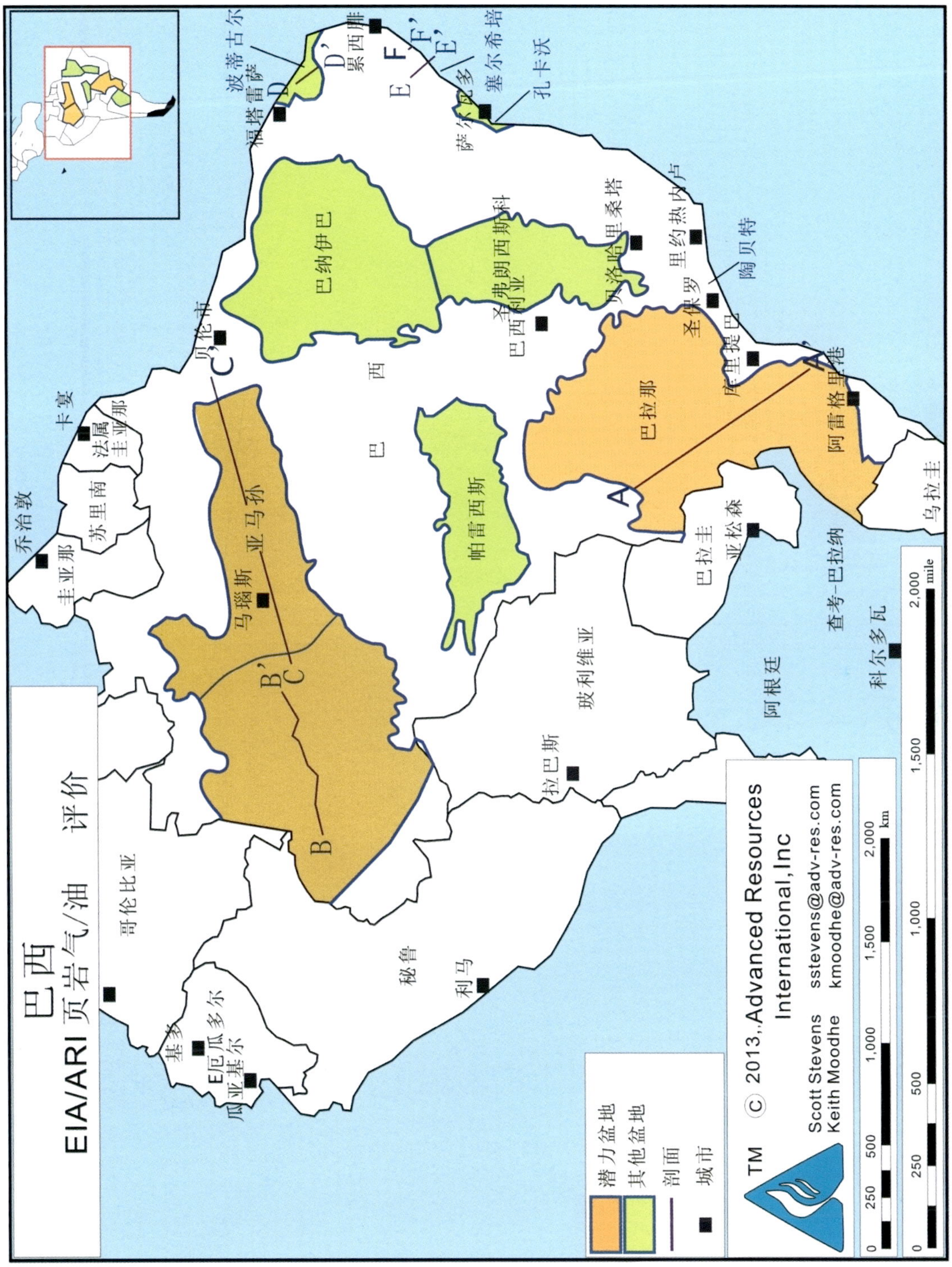

图 5－18 巴西页岩油气潜力盆地分布图(据 EIA,2013)

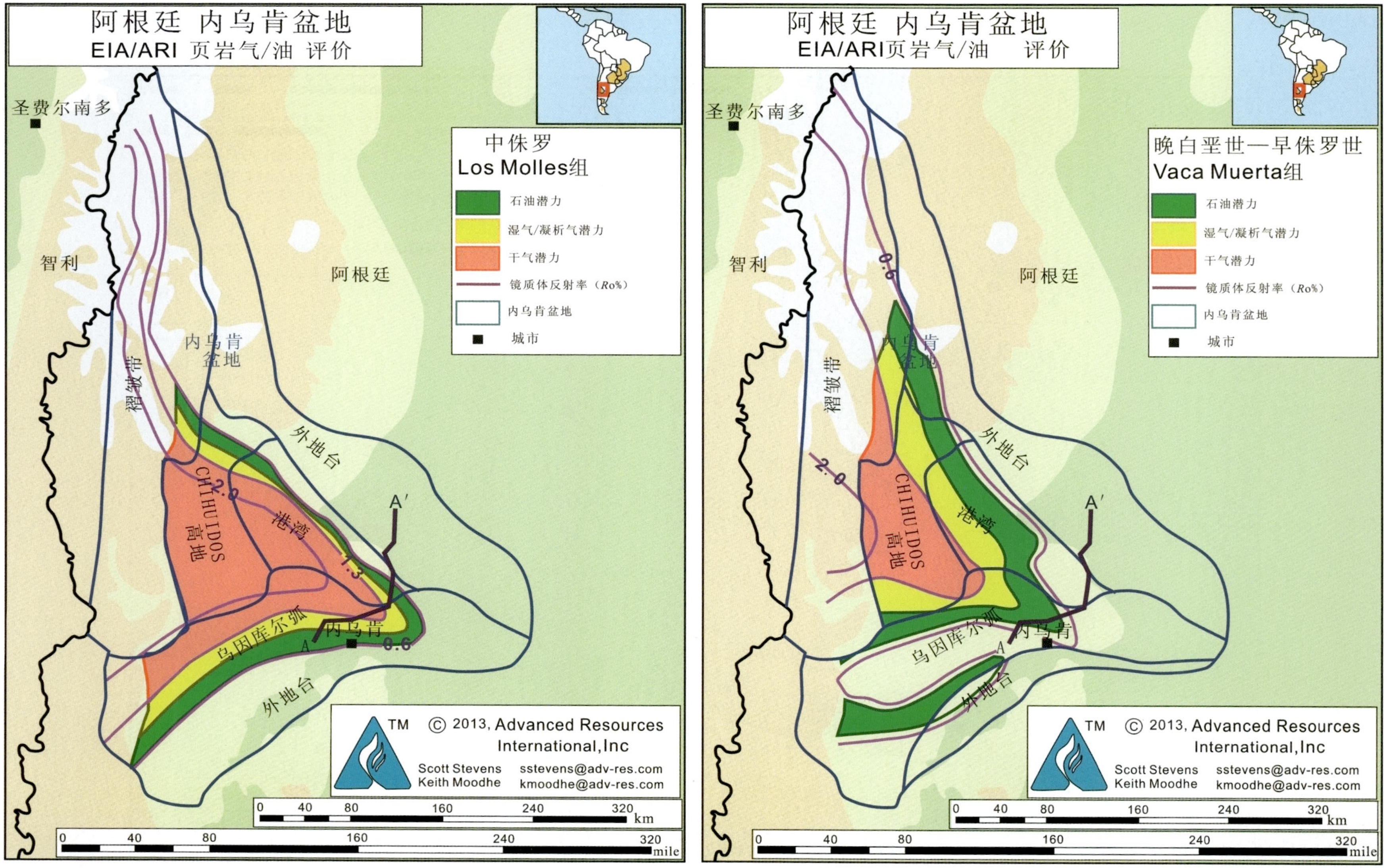

a. Los Molles组页岩油气远景区分布图

b. Vaca Muerta组页岩油气远景区分布图

图 5－19　阿根廷 Nequen 盆地页岩油气远景区分布图(据 EIA，2013)

表 5-9　阿根廷内乌肯盆地页岩油气潜力表

盆地		内乌肯(Neuquen)									
页岩		Los Molles					Vaca Muerta				
地质年代		中侏罗世					早侏罗世—晚白垩世				
沉积相		海相					海相				
页岩气/油		页岩气			页岩油		页岩气			页岩油	
有利区面积($\times 10^4 km^2$)		2750	2380	8140	2750	2380	4840	3270	3550	2750	2380
富有机质厚度(m)		800	800	800	800	800	500	500	500	800	800
净厚度(m)		300	300	300	300	300	320	320	320	300	300
埋深区间(m)		6500～9500	9500～13 000	13 000～16 400	6500～9500	9500～13 000	3000～9000	4500～9000	5500～10 000	6500～9500	9500～13 000
平均埋深(m)		8000	11 500	14 500	8000	11 500	5000	6500	8000	8000	11 500
储层压力		严重超压	严重超压	严重超压	严重超压	严重超压	严重超压	严重超压	严重超压	严重超压	严重超压
平均 *TOC*(%)		2.00	2.00	2.00	2.00	2.00	5.00	5.00	5.00	2.00	2.00
成熟度 *Ro*(%)		0.85	1.15	2.20	0.85	1.15	0.85	1.15	1.15	0.85	1.15
黏土含量		低/中	低/中	低/中	低/中	低/中	低/中	低/中	低/中	低/中	低/中
生烃阶段		伴生气	湿气	干气	油	凝析油	伴生气	湿气	干气	油	凝析油
丰度	气($\times 10^8 m^3/km^2$) 油($\times 10^6 bbl/km^2$)	49.3	118.0	190.1	36.4	9.2	66.1	185.9	302.9	77.9	22.5
风险地质资源量	气($\times 10^{12} m^3$) 油($\times 10^{10} bbl$)	67.8	140.4	773.8	50.0	11.0	192.0	364.8	645.1	226.2	44.2
风险可采资源量	气($\times 10^{12} m^3$) 油($\times 10^{10} bbl$)	8.1	35.1	232.1	3.0	0.66	23	91.2	193.5	13.57	2.65

数据来源：EIA，2013；1bbl=137kg。

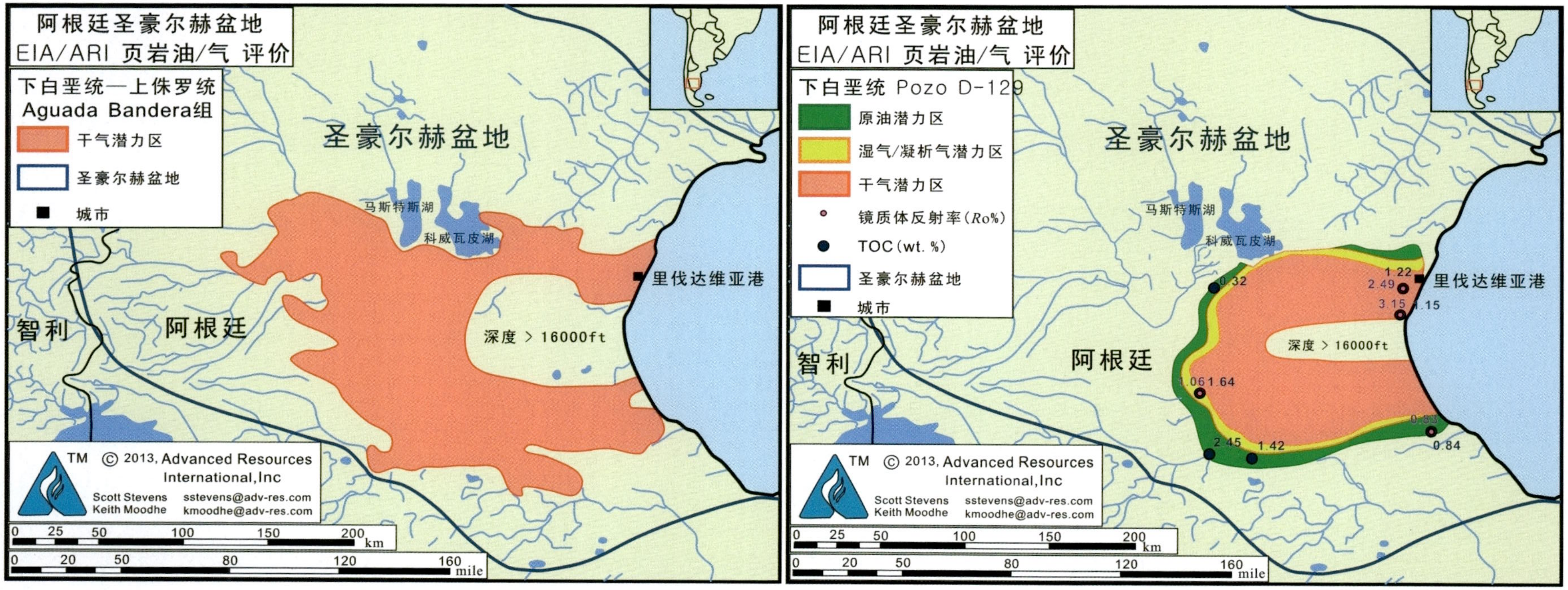

a. Aguada Bandera组页岩气远景区分布图

b. Pozo D-129组页岩油气远景区分布图

图 5-20 阿根廷圣豪尔赫盆地页岩油气远景区分布图(据 EIA,2013)

1ft=0.3048m

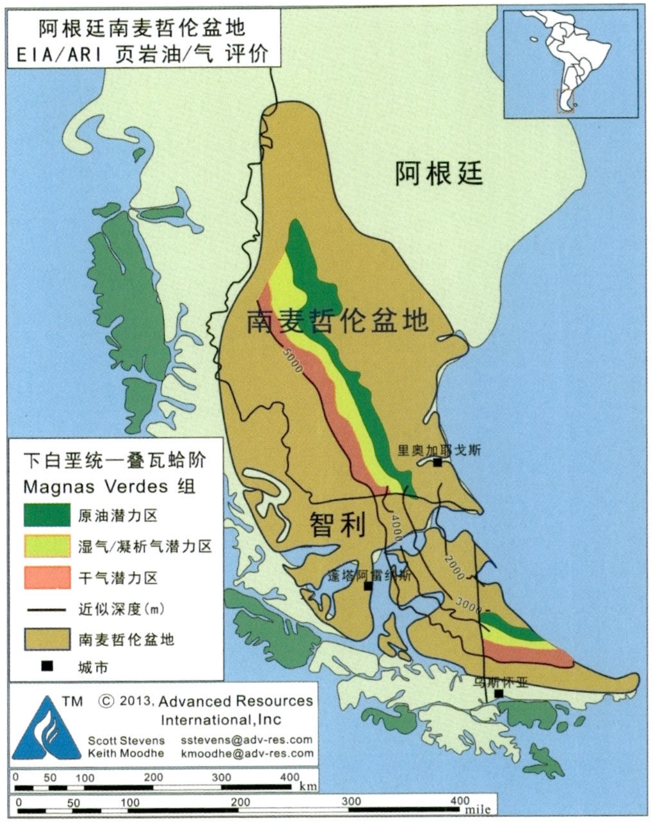

图 5-21 阿根廷南麦哲伦盆地页岩油气远景区分布图(据 EIA,2013)

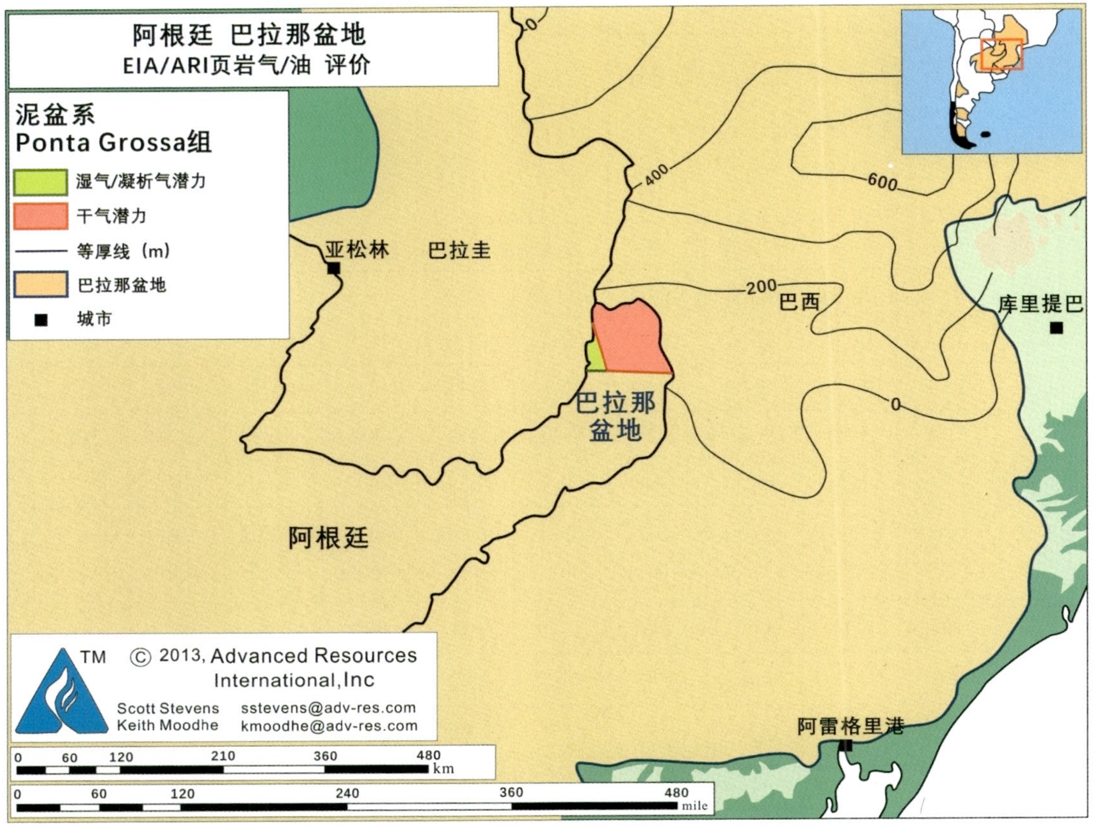

图 5-22 阿根廷巴拉那盆地页岩油气远景区分布图(据 EIA,2013)

表 5-10　阿根廷其他盆地页岩油气潜力表

盆地		圣豪尔赫(Golfo San Jorge)						南部(Austral)					巴拉那(Parana)		
页岩		Aguada Bandera	Pozo D-129					L Inoceramus - Magnas Verdes					Ponta Grossa		
地质年代		早侏罗世—晚白垩世	晚白垩世					晚白垩世					泥盆纪		
沉积相		湖相	湖相					海相					海相		
页岩气/油		页岩气	页岩气			页岩油		页岩气			页岩油		页岩气		页岩油
有利区面积($\times10^4 km^2$)		8380	920	540	4120	920	540	4620	4600	4310	4620	4600	270	2230	270
富有机质厚度(m)		1600	1200	1200	1200	1200	1200	800	800	800	800	800	400	400	400
净厚度(m)		400	420	420	420	420	420	400	400	400	400	400	200	200	200
埋深区间(m)		6500～16 000	6600～8000	8000～10 000	10 000～16 400	6600～8000	8000～10 000	6600～11 000	9000～14 500	11 500～16 400	6600～11 000	9000～14 500	9000～10 000	10 000～11 500	9000～10 000
平均埋深(m)		13 000	7300	9000	12 000	7300	9000	8000	11 500	13 500	8000	11 500	9500	10 500	9500
储层压力		常压	常压	常压	常压	常压	常压	轻微超压	轻微超压	轻微超压	轻微超压	轻微超压	常压	常压	常压
平均 *TOC*(%)		2.20	2.00	2.00	2.00	2.00	2.00	3.50	3.50	3.50	3.50	3.50	2.00	2.00	2.00
成熟度 *Ro*(%)		3.00	0.85	1.15	2.00	0.85	1.15	0.85	1.15	1.60	0.85	1.15	1.15	1.40	1.15
黏土含量		中/高	中/高	中/高	中/高	中/高	中/高	低/中	低/中	低/中	低/中	低/中	低/中	低/中	低/中
生烃阶段		干气	伴生气	湿气	干气	油	凝析油	伴生气	湿气	干气	油	凝析油	湿气	干气	凝析油
丰度	气($\times10^8 m^3/km^2$) 油($\times10^6 bbl/km^2$)	151.7	41.2	103.4	163.3	63.7	20.3	32.5	113.8	155.9	48.4	14.8	34.9	56.9	8.1
风险地质资源量	气($\times10^{12} m^3$) 油($\times10^{10} bbl$)	254.2	9.1	13.4	161.5	14.1	2.6	67.5	235.6	302.4	100.6	30.6	1.1	15.2	0.3
风险可采资源量	气($\times10^{12} m^3$) 油($\times10^{10} bbl$)	50.8	0.5	2.0	32.3	0.42	0.08	6.8	47.1	75.6	5.03	1.53	0.2	3	0.01

数据来源：EIA,2013;1bbl=137kg。

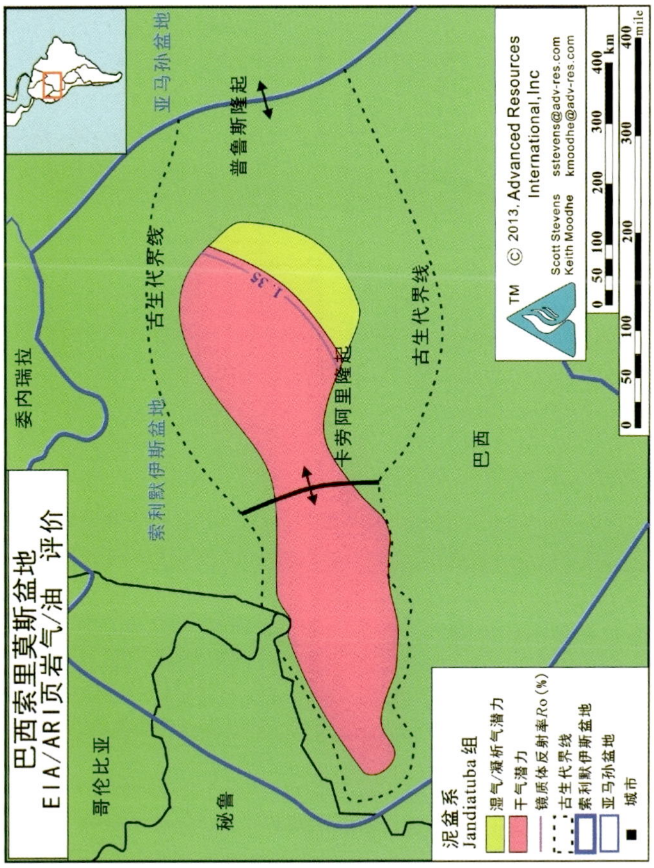

图 5－24　巴西索里莫斯盆地页岩油气远景区分布图(据 EIA,2013)

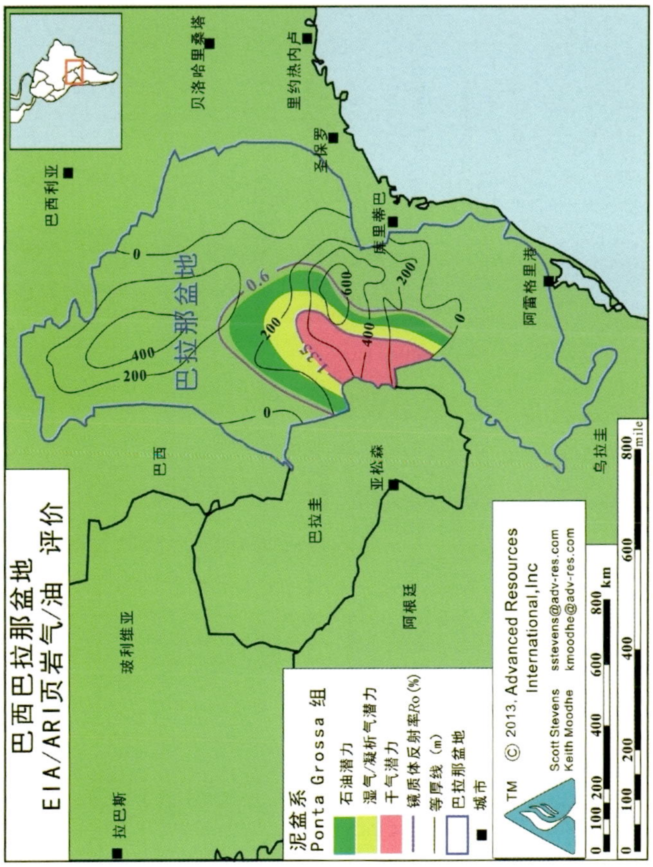

图 5－23　巴西巴拉那盆地页岩油气远景区分布图(据 EIA,2013)

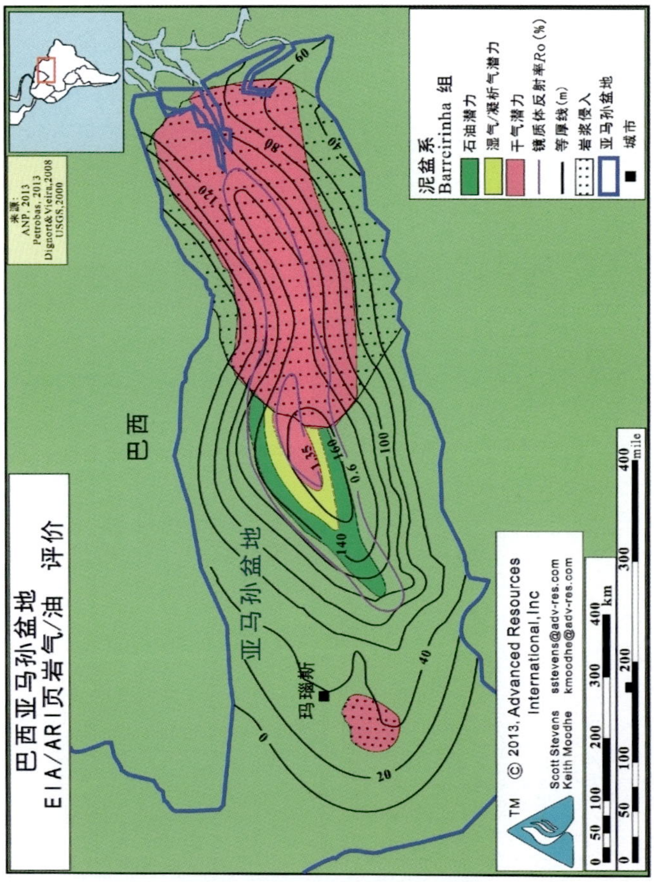

图 5－25　巴西亚马孙盆地页岩油气远景区分布图(据 EIA,2013)

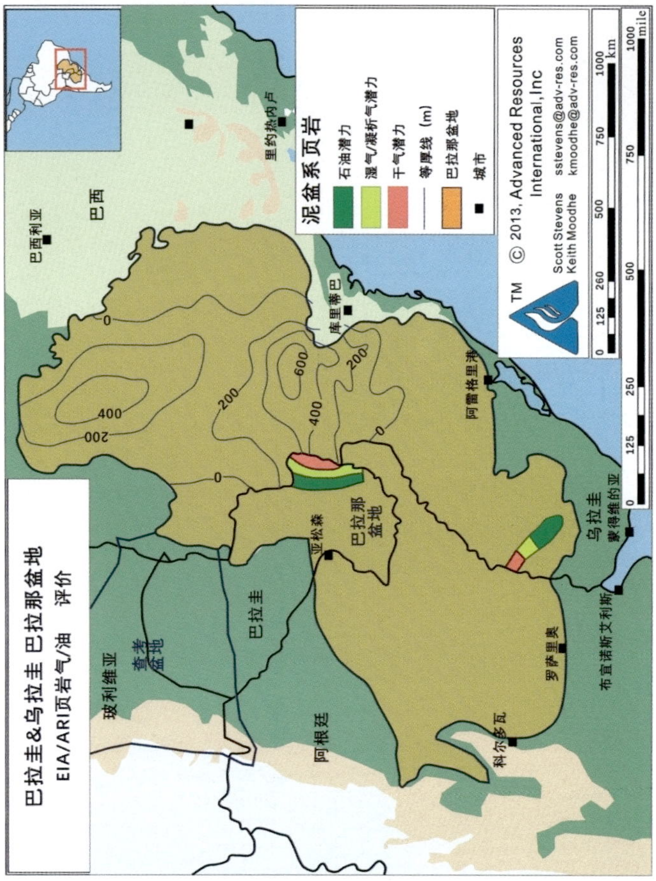

图 5－26　巴拉圭 & 乌拉圭巴拉那盆地页岩油气远景区分布图(据 EIA,2013)

表 5-11 巴西页岩油气潜力表

盆地		巴拉那(Parana)					索里莫斯(Solimoes)			亚马孙(Amazonas)				
页岩		Ponta Grossa					Jandiatuba			Barreirinha				
地质年代		泥盆纪					泥盆纪			泥盆纪				
沉积相		海相					海相			海相				
页岩气/油		页岩气			页岩油		页岩气		页岩油	页岩油			页岩气	
有利区面积($\times 10^4 km^2$)		66 304	46 749	59 155	66 304	46 749	22 170	141 802	22 170	14 297	8443	116 265	14 297	8443
富有机质厚度(m)		305	305	305	305	305	49	49	49	79	91	91	79	91
净厚度(m)		91	91	91	91	91	37	37	37	59	69	69	59	69
埋深区间(m)		2896～3962	3048～4267	3658～4999	2896～3962	3048～4267	1006～3048	3048～4999	1006～3048	1981～3962	2438～4267	1006～4999	1981～3962	2438～4267
平均埋深(m)		3353	3658	4267	3353	3658	2286	3658	2286	2896	3505	3658	2896	3505
储层压力		常压	常压	常压	常压	常压	常压	常压	常压	常压	常压	常压	常压	常压
平均 *TOC*(%)		2.00	2.00	2.00	2.00	2.00	2.20	2.20	2.20	2.50	2.50	2.50	2.50	2.50
成熟度 *Ro*(%)		0.85	1.15	1.50	0.85	1.15	1.15	1.60	1.15	0.85	1.15	1.60	0.85	1.15
黏土含量		低/中	低/中	低/中	低/中	低/中	中	中	中	中	中	中	中	中
生烃阶段		伴生气	湿气	干气	油	凝析油	湿气	干气	凝析油	伴生气	湿气	干气	油	凝析油
丰度	气($\times 10^8 m^3/km^2$) 油($\times 10^6 bbl/km^2$)	2.79	6.09	9.98	10.35	4.4	2.2	3.95	2.12	1.66	4.96	7.67	7.07	3.36
风险地质资源量	气($\times 10^{12} m^3$) 油($\times 10^8 bbl$)	2.22	3.42	7.09	824.0	247.0	0.73	8.4	71.0	0.36	0.63	13.37	151.0	43.0
风险可采资源量	气($\times 10^{12} m^3$) 油($\times 10^8 bbl$)	0.18	0.68	1.42	33.0	9.9	0.15	1.68	2.8	0.03	0.12	2.68	6.1	1.7

数据来源:EIA,2013;1bbl=137kg。

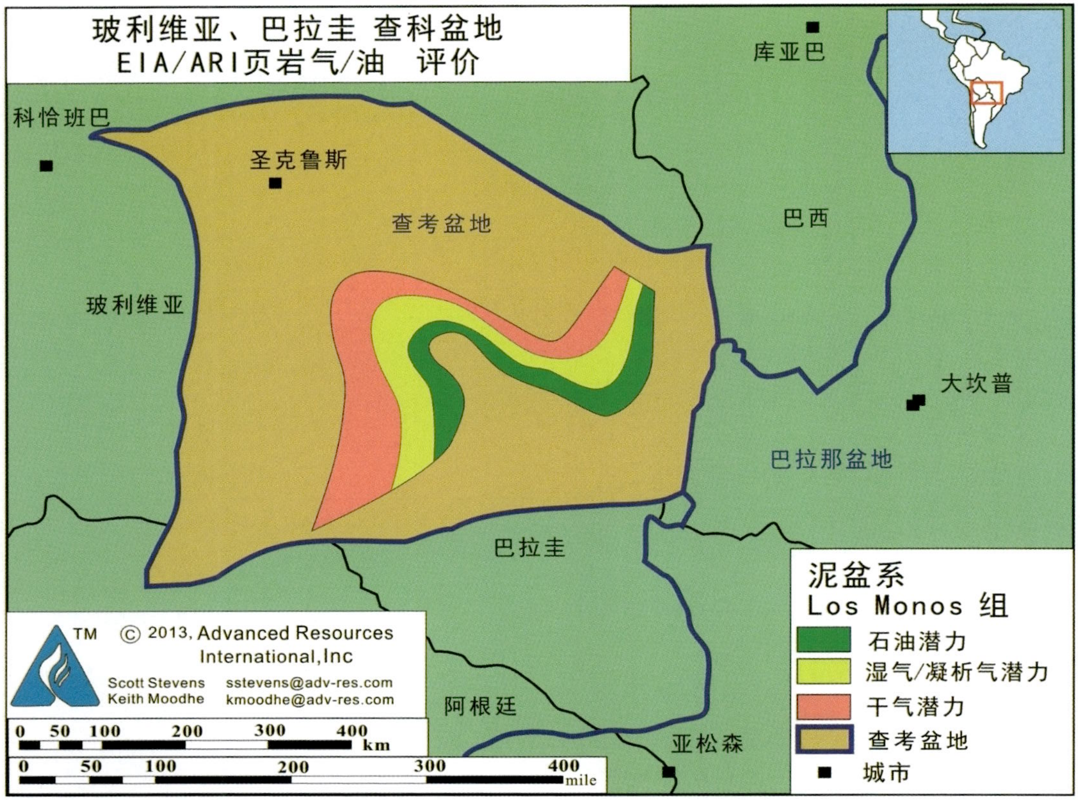

图 5-27 巴拉圭和玻利维亚查科盆地页岩油气远景区分布图(据 EIA,2013)

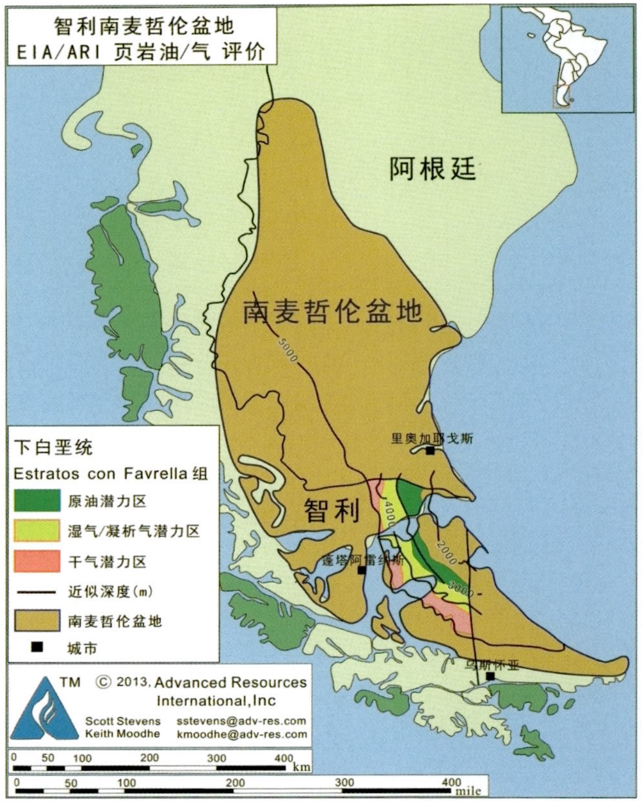

图 5-28 智利南麦哲伦盆地页岩油气远景区分布图(据 EIA,2013)

表 5-12　玻利维亚等其他四国页岩油气潜力表

盆地	巴拉那(Parana)									查科(Chaco)					麦哲伦(Magallanes)				
页岩	Ponta Grossa					Cordobes				Los Monos					Estratos con Favrella				
地质年代	泥盆纪					泥盆纪				泥盆纪					早白垩世				
沉积相	海相					海相				海相					海相				
页岩气/油	页岩气			页岩油		页岩气		页岩油		页岩气			页岩油		页岩气			页岩油	
有利区面积($\times 10^4 km^2$)	9920	8443	6086	9920	8443	6967	3186	6967	3186	17 793	25 615	36 804	17 793	25 615	4092	4973	3885	4092	4973
富有机质厚度(m)	244	244	244	244	244	244	244	244	244	457	457	457	457	457	244	244	244	244	244
净厚度(m)	73	73	73	73	73	73	73	73	73	137	137	137	137	137	122	122	122	122	122
埋深区间(m)	3048～3353	3353～3658	3658～3962	3048～3353	3353～3658	1006～1524	1524～2134	1006～1524	1524～2134	1006～2743	2134～3658	3048～4999	1006～2743	2134～3658	2012～3048	3048～4420	3505～4999	2012～3048	3048～4420
平均埋深(m)	3200	3505	3310	3200	3505	1219	1829	1219	1829	2134	3048	3962	2134	3048	2438	3658	4115	2438	3658
储层压力	常压	常压	常压	常压	常压	常压	常压	常压	常压	常压	常压	常压	常压	常压	轻微超压	轻微超压	轻微超压	轻微超压	轻微超压
平均 *TOC*(%)	2.00	2.00	2.00	2.00	2.00	3.60	3.60	3.60	3.60	2.50	2.50	2.50	2.50	2.50	3.50	3.50	3.50	3.50	3.50
成熟度 *Ro*(%)	0.85	1.15	1.15	0.85	1.15	0.85	1.15	0.85	1.15	0.85	1.15	1.50	0.85	1.15	0.85	1.15	1.60	0.85	1.15
黏土含量	低/中	低/中	低/中	低/中	低/中	低/中	低/中	低/中	低/中	低	低	低	低	低	低/中	低/中	低/中	低/中	低/中
生烃阶段	伴生气	湿气	干气	油	凝析油	伴生气	湿气	油	凝析油	伴生气	湿气	干气	油	凝析油	伴生气	湿气	干气	油	凝析油
丰度 气($\times 10^8 m^3/km^2$) 油($\times 10^6 bbl/km^2$)	2.18	4.82	7.78	8.42	3.59	1.06	5.06	10.7	4.63	3.04	9.49	15.36	17.76	7.22	3.55	12.55	17.04	18.69	5.6
风险地质资源量 气($\times 10^{12} m^3$) 油($\times 10^8 bbl$)	0.26	0.49	0.57	100.0	36.0	0.12	0.26	119.0	24.0	0.81	3.64	8.48	474.0	277.0	0.65	2.81	2.98	344.0	126.0
风险可采资源量 气($\times 10^{12} m^3$) 油($\times 10^8 bbl$)	0.02	0.1	0.11	4.0	1.5	0.01	0.05	4.8	0.9	0.08	0.73	2.12	23.7	13.9	0.07	0.56	0.74	17.2	6.3

数据来源：EIA，2013；1bbl=137kg。

第六章 铜 矿

第一节 资源概述

一、资源储量与全球地位

南美洲铜矿资源丰富，据美国地质调查局(USGS)2016年统计数据，仅智利和秘鲁两国铜矿储量即占世界40.56%(表6-1)。其中，智利铜矿储量位居世界第一，储量高达2.1×10^8t，占世界29.17%；秘鲁铜矿储量紧随其后，储量为8200×10^4t，占世界11.39%(表6-1)。此外，阿根廷、玻利维亚、厄瓜多尔、哥伦比亚和巴西等国家都有较丰富的铜矿资源(附表2)。

我国铜资源严重紧缺，对外依存度多年居高不下，始终维持在70%左右(刘心同和孙健，2016)。据中国海关统计，2015年，我国进口铜矿砂及其精矿1329×10^4t，2016年达1696×10^4t，其中的48%和55%来自南美洲智利、秘鲁和巴西等国家，特别是智利和秘鲁已成为我国进口铜的最重要来源地。

表6-1 南美各国铜矿资源概况

国家	铜储量($\times10^4$t)	占世界比例(%)	铜产量($\times10^4$t)	占世界比例(%)	铜出口($\times10^4$t)	占世界比例(%)
巴西			29.81	1.61	21.39	3.02
秘鲁	8200	11.39	137.96	7.46	103.25	14.58
智利	21 000	29.17	574.96	31.08	272.77	38.53
阿根廷			10.26	0.55	10.24	1.45
哥伦比亚			0.25	0.01		
玻利维亚			1.06	0.06	1.29	0.18
厄瓜多尔			0.32	0.02		
南美	29 200	40.56	754.62	40.80	408.94	57.76
世界	72 000		1849.7		707.94	

资料来源：储量(USGS，Mineral Commodity Summaries，2016)；其他数据(World Metal Statistics Yearbook，2015)

二、资源国概况

智利以“铜之王国”闻名于世，其安第斯铜矿带是世界上最大的斑岩铜矿带（集中于 20°～26°S），铜储量超过 500×10^4 t 的超大型矿床多达十几个，如世界著名的楚基卡马塔（Chuquicamata）、埃尔特尼恩特（El Teniente）、萨尔瓦多（Salvador）、安迪纳蒂维休（Andina Division）、艾斯贡迪达（Escondida）、罗斯博罗塞斯（Los Bronces）等。世界上排名前 28 位超大型铜矿，仅智利就占有 6 个。

秘鲁是世界第二大铜资源国，也位于安第斯斑岩铜矿带上，其铜矿主要分布于莫克瓜、阿雷基帕、普诺、安卡什、兰巴耶克、利马、卡哈马卡等省。著名的铜矿有夸霍内（Cuajone）、托克帕拉（Toquepala）、帕士帕博（Pashpap）、安塔米纳（Antamina）、拉格兰哈（La Granja）等（附表 2）。

阿根廷、玻利维亚、厄瓜多尔、哥伦比亚和巴西等国家都有较丰富的铜矿资源（附表 2）。

第二节　成矿规律

一、区域成矿背景和成因类型

（一）区域成矿背景

南美洲铜矿主要发育在安第斯造山带和南美地台卡拉加斯地区，两者分别属于环太平洋成矿域东环南段的安第斯成矿区和冈瓦纳成矿域西部的南美地台成矿区。前者受中生代—新生代以来洋壳板块向南美大陆板块持续俯冲汇聚作用影响，与一系列火山-岩浆作用密切相关。后者位于亚马孙陆块边缘，经历了反复消减运动和造山运动（曾勇等，2015）。

1. 安第斯成矿区铜矿成矿地质背景

安第斯成矿区（Ⅰ-2）斑岩铜成矿带属于环太平洋成矿带的东环南段，是世界上最重要的金属成矿带，位于南美洲大陆板块活动边缘（图 2-1），从晚古生代以来持续遭受洋壳向陆壳俯冲的汇聚作用影响，在板块俯冲作用下，形成了一系列近乎连续的钙碱性岩浆岩和造山事件。特别是中生代—新生代以来由于大规模的构造-岩浆活动，使其中段地壳明显增厚，伴随巨量的铜富集成矿。

安第斯造山带古生代发育两期构造-岩浆事件。早古生代岩浆活动与法玛蒂娜（Famatinian）构造演化有关；晚古生代岩浆活动则与冈瓦纳大陆造山运动（在北段为阿勒格尼大陆造山运动）有关。

中生代—新生代以来，纳斯卡板块持续向南美大陆俯冲造山，使得中生代—新生代安第斯造山带岩浆活动异常活跃，自晚三叠世至新近纪持续发育岩浆活动，为安第斯造山运动产物（图 2-8）。基于岩浆活动与板块俯冲有密切联系，该时期安第斯造山带北、中、南各段火山-岩浆作用时代、岩性以及分布特征也各有特点，初期形成岩浆弧-弧后盆地环境，并逐渐演化为陆块周缘大陆弧环境（图 2-9）。

北安第斯造山带中生代火山-岩浆作用时代集中于晚侏罗世—早白垩世，以拉斑玄武岩系为主。晚三叠世—侏罗纪和白垩纪岩体分别分布于东、中科迪勒拉；第三纪岩体主要沿太平洋展布（图 3-3）。

中安第斯造山带是中生代—新生代火山-岩浆作用强度最为强烈的地区，自晚三叠世至今持续不断活动，在海岸科迪勒拉、西科迪勒拉、安第斯高原和东科迪勒拉形成了宽广的火山岩带，岩性主要为钙碱性火山岩，秘鲁南部和智利北部海岸科迪勒拉发育规模巨大的花岗质侵入岩，岩性主要为闪长岩类、石英二长岩，以及少量辉长岩等。除上述火山岩和花岗质岩基外，该段亦发育浅成—超浅成中酸性斑岩侵入体，主要岩性为石英斑岩、花岗斑岩、花岗闪长斑岩、英安斑岩、二长斑岩、正长斑岩等，与带内该期铜、钼、金多金属矿化关系密切(图 3-4),是最重要成矿母岩。

南安第斯造山带火山-岩浆作用时代主要为晚侏罗世一晚白垩世。火山岩主要为钙碱性系列岩石。侵入岩主要为巴塔哥尼亚花岗岩岩基,岩性主要为角闪黑云石英闪长岩和花岗闪长岩(图 2-18)。

成岩成矿年代学研究表明,安第斯造山带中生代—新生代斑岩侵入可划分为五期,分别为晚三叠世(250～190Ma)、白垩纪(132～73Ma)、古新世—始新世(65～50Ma)、始新世晚期—渐新世(43～31Ma)和中新世中期—上新世早期(12～4Ma)等。其中,后四期斑岩体与成矿关系密切,越往后期,岩浆成分向酸性、富钾和富铝演化。

2. 南美地台卡拉加斯铜矿成矿地质背景

卡拉加斯由位于萨普卡亚(Sapucaia)地区的 EW 向剪切带一分为二,南部为里约玛丽亚(Rio Maria)花岗岩-绿岩带地体,北部为伊塔卡伊乌纳斯(Itacaiúnas)铁-铜-金成矿带。

该区前寒武系广布,以中-新太古界出露最为广泛。其中,中太古界兴谷杂岩和皮温(Pium)杂岩是广泛分布于北部伊塔卡伊乌纳斯铜成矿带的结晶基底。其年龄分别为 3000～2800Ma(Grainger et al,2008)和 3000Ma(Grainger et al,2008),可能经历了中太古代末期混合岩化作用(2860Ma,Moreto et al,2011)。新太古代伊塔卡伊乌纳斯超群为该区褶皱基底,为火山-沉积岩序列,主要经历了区域低绿片岩相变质作用。北部边界发育沁纳泽诺(Cinzento)走滑断层,经历强烈的剪切作用,岩层变质程度达到角闪岩相-麻粒岩相,构成了萨洛博群。太古宙侵入岩主要为中太古代非混合成因的片麻岩套、超镁铁质-镁铁质岩体等,以及新太古代闪长岩、花岗岩、碱性花岗岩和超镁铁质-镁铁质岩体(曾勇等,2015)。该花岗岩包括碱性花岗岩(2760～2740Ma)和过碱性-准铝质花岗岩(2570Ma),其与铜成矿作用有关(Moreto et al,2011)。

古元古代沿南北过渡地带发育多个花岗岩侵入体、超镁铁质-镁铁质杂岩和碱性岩。该期花岗岩属于 A 型花岗岩,为碱性非造山花岗岩,其经历英云岩化,形成了铜、铁和锡矿化(曾勇等,2015)。新太古代清水(Aguas Claras)群/弗勒斯科(Rio Fresco)组为一套浅海相-河流相沉积砂岩-粉砂岩,上覆于老岩层之上,两者呈不整合接触关系,其内赋存有铜-金(钨锡)矿床。

(二)成因类型

南美洲铜矿主要类型有斑岩型、砂页岩型、火山成因块状硫化物(VMS)型、岩浆铜镍硫化物型、铁氧化物铜金(IOCG)型、矽卡岩型等。安第斯铜矿带主要发育与中生代—新生代火山-岩浆作用有关的斑岩型铜矿床,构成了著名的安第斯成矿区斑岩型铜矿带;该区亦发育与上述火山-岩浆作用有关的接触交代铜矿床,当围岩为石灰岩时形成钙矽卡岩型铜矿床,为白云岩是则形成镁矽卡岩型铜矿床,在此统称为矽卡岩型铜矿床,以秘鲁塞罗贝尔德(Cerro Verde)矽卡岩型铜矿最为典型。

1. 斑岩型±矽卡岩型铜矿床

安第斯斑岩型±矽卡岩型铜矿床是南美洲最为重要的矿床类型,其与中生代—新生代,特别是新生代中酸性斑岩侵入体密切相关,斑岩体形成深度较浅,出露面积较小,呈现“小岩体,成大矿”特点。

斑岩铜矿床通常伴生有其他有用组分如钼、金等,形成斑岩型铜(±金,钼,银,铼,铂族)、铜-钼(±金、银)、铜-钼-金(±银)、铜-金(±银、铂族)、金(±银、铜、钼)、钼(±钨、锡)、钨-钼(±铋,锡)、锡(±钨、钼、银、铋、铜、锌、铟)、锡-银(±钨、铜、锌、钼、铋)、银(±金、铅、锌)等矿床。斑岩的化学成分与矿化类型之间存在密切相关。一般与 SiO_2 和 K_2O/Na_2O 值较低的闪长岩类岩体有关的斑岩铜矿富含金,而与 SiO_2 和 K_2O/Na_2O 比值较高的花岗岩类岩体有关的斑岩铜矿富含钼(Singer et al,2005)。不同类型围岩的斑岩铜矿床的成矿元素组合明显不同,花岗岩、正长岩和流纹岩中出现斑岩铜钼矿的概率明显大于斑岩铜金矿。斑岩铜钼矿通常与花岗质斑状侵入岩相关,具有 Cu、Mo、Pb、Zn、S 地球化学晕,且钾质硅酸盐蚀变普遍发育于岩体内部,岩浆期后热液形成的细脉浸染状和角砾状硫化物(Cook et al,2005)。部分铜钼矿床产于中酸性侵入岩与碳酸盐岩围岩接触带的矽卡岩中,形成矽卡岩铜钼矿床,矽卡岩铜钼矿床通常分布在中酸性侵入体(主要是花岗闪长岩、石英二长岩和二长花岗岩)与碳酸盐岩的接触带或其附近,矿体常呈透镜状、囊状和不规则状产出,主要矿物有黄铜矿、辉钼矿、黄铁矿和矽卡岩矿物,矿床规模以中小型为主,含铜钼不均匀,局部较富(Einaudi et al,1981),通常矿体发育于斑岩体和矽卡岩两者中,称为复合斑岩-矽卡岩铜钼矿床。矽卡岩型铜(钼)矿床所占比重不大。

斑岩铜钼矿系统普遍存在矿化蚀变、硫化物和矿化的水平和垂直分带现象(Lowell&Guilbert,1970),含矿岩体为花岗闪长岩和石英二长岩。斑岩铜矿的蚀变自独立挥发相从花岗质岩浆房析出开始发生,至岩浆房能量枯竭为止,一般由岩体中心到外接触带主要依次发育 4 类蚀变分带:

(1)钾化蚀变带分布于斑岩体顶部,主要矿物组合为正长石-黑云母-石英,有时出现硬石膏或者出现钠长石化以及形成一系列富钠矿物,如钠闪石、钠柱石矿物等。如围岩为碳酸盐岩石时,碱质硅酸盐交代岩和矽卡岩共生。

(2)似千枚岩化带分布于斑岩体与围岩的接触带,若斑岩为中酸性岩体,主要矿物为石英-绢云母-黄铁矿,若斑岩为中性—中基性的玢岩,需要大量的 H^+ 才能抵消玢岩中的铁镁质等,则片状矿物以绿泥石化为主。

(3)泥岩化带主要矿物组合为绢云母-高岭土等,多发生于构造破碎和渗透性较强的地带,如构造破碎带和接触带等。青磐岩化带分布于外部围岩和下盘,主要矿物组合为绿帘石、碳酸盐-绿泥石,除上述三种矿物外,有时还有钠长石等矿物叠加,主要由于斑岩铜矿在蚀变和矿化过程中有大量铁、钙、镁、钠等带出并在最外带沉淀交代而形成的。

(4)绢英岩化带或绿泥石化带为工业矿化的主要地段,钾硅酸盐蚀变带和青磐岩化带局部有工业矿化。中度泥化或深度泥石化带如果叠加了表生富集作用可以构成主要工业矿化,有时由于有用金属被淋滤掉了,则不能构成工业矿化。影响蚀变分带情况的因素有矿床出露深度、成矿前围岩成分、成矿前构造、容矿火成岩的来源和化学成分、矿化剂的性质、矿床规模、角砾岩化、与矿化同期的构造以及原生蚀变和次生蚀变的范围。若含矿岩体为石英闪长岩、闪长岩-正长岩和碱性岩时,蚀变分带模式有所不同,钾长石在富黑云母钾化带不发育,似千枚岩化带发育较少或不发育,主要发育绿泥石化,称为青磐岩化带,工业矿化产于钾化带或青磐岩化带中,正如 Hollister(1975)提出的闪长岩模式。

斑岩铜矿床矿石矿物非常丰富,主要矿物以黄铁矿和黄铜矿为主,次要矿物包括斑铜矿、辉钼矿、砷黝铜矿、黝铜矿、方铅矿和闪锌矿等,若为斑岩铜钼矿,辉钼矿成为主要矿物。另外,还有少量的矿物包括金属硫盐矿物、碲化物(如辉碲铋矿)、金属自然元素(如金)、金属氧化物(如磁铁矿)、表生金属矿物(如孔雀石)。原生矿化存明显的分带性,一般由矿床中心往外,依次为黄铜矿+辉钼矿、黄铁矿、方铅矿+闪锌矿+银+金,剖面中由下向上依次为黄铜矿+辉钼矿、黄铁矿。矿化产状由中心向外依次为浸染状±微细脉状、细脉状±浸染状、细脉状、脉状+细脉状、脉状(Lowell&Guilbert,1970)。

斑岩铜矿中除铜以外,还有钼、金、银等元素具有非常重要的价值(Sillitoe,1993)。斑岩铜钼矿床是钼矿床的重要来源,智利斑岩铜矿含有较高的钼,平均品位为 0.05%(Misra,2000),钼储量占全球钼总储量的 38.4%(中国有色金属工业总公司北京矿产地质研究所,1990)。斑岩铜矿一般含有一定量的金(品位变化为 $<0.05\times10^{-6}$ 到 2×10^{-6}),Sillitoe(1993)将金品位大于 0.4×10^{-6} 的斑岩铜矿床定义为富金斑岩铜矿床。斑岩铜-金矿床中的金大都赋存在硅-钾蚀变带的中心部位,蚀变带中携有大量的热液黑云母、碱性长石及其他矿物,如:阳起石-透闪石、石榴石(Sinclair et al,1986)。在富金的核部,钼富集晕一般也较普遍,阿根廷 Bajio de La Alumbrera 可见此现象。Sillitoe(1993)研究表明在硅钾蚀变带中高金品位值与超出平均量的磁铁矿之间存在相关性,热液磁铁矿一般以细脉(有或无透明石英)或斑状和浸染状赋存。斑岩铜矿金品位差异的原因尚未研究清楚,金主要取决于在上地壳中的迁移和地球化学性质(Misra,2000)。在很多富金斑岩铜矿中,由富含磁铁矿引起高的金品位而形成富金核带,在贫磁铁矿的情况下,金一般倾向于赋存于矿化蚀变分带的外带,如智利 Andacollo 斑岩铜矿含有较高的金品位(0.25×10^{-6}),位于青磐岩化最外层的四层气孔流纹岩中(Sillitoe,1983)。

2. IOCG 型铜矿床

巴西卡拉加斯地区发育数个大型—超大型典型 IOCG 型铜矿床，包括索塞戈(Sossego)、萨罗博(Salobo)、阿勒毛(Alemao)、卡梅列拉(Gameleira)、克里斯塔利诺(Cristalino)等矿床，大部分赋存于太古宙卡拉加斯盆地的伊塔卡伊乌纳斯中，矿石量超过 20×10^8t，其中萨罗博矿床铜品位 0.96%，矿石量 789×10^6t；阿勒毛铜品位 1.4%，矿石量 219×10^6t；克里斯塔利诺矿床铜品位 1.0%，矿石量 500×10^6t；索塞戈矿床铜品位 1.1%，矿石量 355×10^6t。蚀变主要为钠质、钾质、绿泥石化和碳酸盐化等。矿化呈角砾岩型、细脉型，充填破碎带型和剪切带中细脉浸染型等。该带 IOCG 型铜矿床与新太古代(2570Ma)和古元古代(1880Ma)花岗质岩浆热液有关。成岩成矿年代学表明，该带此类型矿床可能与多期多阶段岩浆活动有关。与成矿有关的侵入体主要为辉长岩、花岗岩、闪长岩类等。

安第斯成矿区在秘鲁中南部—智利中部长约 2000km 的狭长海岸地带出露中-晚侏罗世—早白垩世—古新世铁-铜-金矿床，其发育于岩浆弧内和弧后盆地，赋存于古生代海相碳酸盐岩、泥质岩或中生代海相-陆相的火山岩-火山碎屑岩-沉积岩中，如白垩纪浅海相玄武岩、玄武质安山岩、安山质熔岩、凝灰岩和薄层沉积岩系，多发生葡萄石-绿纤石相变质作用，与火山-沉积作用或火山喷流作用有密切关系，部分学者称之为 IOCG 型铜矿床。该区此类矿床形成与俯冲相关的大陆边缘伸展环境有关，是幔源底侵作用相关的大规模岩浆活动的产物。矿床规模大，矿石品位高，一般含铜量 1%～2%以上，多伴生铅、锌、金、银和硫等，埋藏相对较浅，易采选，综合利用经济价值高。

IOCG 矿床可进一步细分为火山喷溢-岩浆期后热液叠加型铁-铜-金(铅锌)矿床[如冈德拉利亚(Candelaria)铁铜矿床]、火山沉积-改造型铜-银矿床[如艾尔索尔达斗(El Soldado)铜银矿床](卢民杰等，2013)和火山喷溢型铁-磷矿床(El Romeral 铁矿)。智利北部海岸科迪勒拉三类矿床综合地质特征对比详见表 6-2(卢民杰等，2013)。

表 6-2 安第斯带不同类型铁氧化物铜金(IOCG)矿床特征对比(据卢民杰等，2013)

矿床类型	火山喷溢型铁磷矿床	火山喷溢-岩浆期后热液叠加型铁铜金(铅锌)矿床	火山沉积-改造型铜银矿床
	El Romeral 矿床月亮山	Candelaria 矿床科皮亚波 GV	El Soldado 矿床劳斯奎洛斯
地质背景	岩浆(火山)弧	弧后盆地	弧前(内)盆地
深成矿化	磁铁矿、黄铁矿、少量黄铜矿	磁铁矿、黄铜矿、黄铁矿	黄铜矿、黄铁矿
矿产	铁、磷(铜)	铁、铜、金、银、锌、铅、REE	铜、银(金)
蚀变类型	钠长石、钠柱石、阳起石、绿帘石、磷灰石，碳酸盐	钠长石、钠柱石、钾长石、黑云母、方解石、钙闪石、绿帘石、透辉石	钠长石、钠黝帘石、钾化、绿泥石、碳酸盐
侵入岩	闪石玢岩、闪长岩	闪长岩、花岗闪长岩	闪长岩、二长岩脉
构造控制	韧性剪切带	北西向脆性断裂，北东向韧性剪切带，地层控制	近南北向、北西、北东向脆韧性断裂，地层控制
成矿年代	约 110Ma(El Romeral)	约 115Ma(Candelaria)	约 103Ma(El Soldado)
成矿作用	富铁质岩浆火山喷溢	火山喷溢、岩浆热液、盆地流体	盆地流体
资料来源	Oyarzún & Frutos，1984	Marschik et al，2000	Broic et al，2002

3. 砂岩型铜矿床

中安第斯高原区的的喀喀(Titicaca)湖南部至阿根廷潘德阿祖卡(Pan de Azúcar)、康科迪亚(Concordia)、安托法亚(Antofalla)和玻利维亚圣克里斯托瓦尔(San Cristóbal)、拉霍亚(La Joya)、奥鲁罗(Oruro),圣安东尼奥德利裴兹(San Antonio de Lípez)之间地带的中新世—上新世沉积岩红层中发育砂岩型铜矿床,目前已发现超过80个矿床。该沉积岩主要由微红色至棕色砂岩、砾岩和粉砂岩组成,铜矿体一般以层状或不规则状赋存在砂岩接触带和不整合面部位。矿石矿物主要有辉铜矿、斑铜矿、赤铜矿和孔雀石等。该铜矿带上除Corocoro和Chacarilla矿床规模在50×10^4t外,其他均为小型矿。

4. 其他类型铜矿床

除上述几种主要铜矿类型外,南美洲还发育一些其他类型铜矿床:①古元古代,巴西东部库拉萨河谷地区发育与超基性岩—基性岩有关的Cu-Cr-PGE矿床;②新元古代,巴西南里约格朗德和圭亚那发育VMS型Cu-Pb-Zn矿床;巴西戈亚斯(Goias)发育与超基性—基性岩有关的Cu-Ni-Co矿床;③始新世—渐新世,库斯科(Cusco)和锡夸尼(Sicuani)地区因地处热带环境而广泛发生红土化作用,发育与红层有关的层状铜矿床,主要位于锡夸尼地区卡亚瑞安(Kayra)组和库斯科地区桑科(Soncco)组。

二、时空分布规律

(一)空间分布规律

1. 北安第斯铜矿空间分布规律

北安第斯斑岩铜矿床主要位于Ⅲ-28和Ⅲ-29成矿带,赋存于哥伦比亚南部到厄瓜多尔北部的火山岩带中(图3-3),在Ⅲ-25成矿带也有发育。相对中安第斯斑岩成矿带,其矿床规模都较小,如哥伦比亚Mocoa矿床(矿石量283×10^6t,0.37%铜,铜金属量1.05×10^6t)、安蒂奥基亚省斑岩铜矿床Pantanos-Pegadorcito(矿石量70×10^6t,0.6%铜,铜金属量0.42×10^6t);厄瓜多尔San Carlos矿床(矿石量230×10^6t,0.85%铜,铜金属量1.95×10^6t)、Gaby矿床和Papa Grande矿床(矿石量165×10^6t,金0.73×10^{-6}、铜0.12%,金120t,铜金属量0.2×10^6t)等(图6-1)。

2. 中安第斯铜矿空间分布规律

中安第斯带成矿地质条件十分优越,铜、钼、金、多金属矿成矿作用强烈,找矿潜力巨大,特别是铜矿资源极其丰富,是全球最重要的铜、钼、金、多金属成矿带,尤以智利和秘鲁两国最为发育,产有一系列著名的大型—超大型铜、金、多金属矿床(图3-2)。根据铜矿床类型,成矿特征,以及构造-岩浆岩范围,中安第斯成矿省可划分以下铜成矿带(图6-1)。

(1)斑岩型±矽卡岩型铜矿带。

依据斑岩型±矽卡岩型铜矿床成岩成矿年代学统计数据,中安第斯斑岩型±矽卡岩型铜矿床主要分布于6条近SN走向的成矿带中,主要位于智利、秘鲁和阿根廷,部分位于厄瓜多尔南部和玻利维亚西部。其形成主要与晚古生代冈瓦纳构造旋回和安第斯造山运动有关,自晚石炭世到上新世均发育铜矿床(Sillitoe&Perello,2005;图6-1)。

与晚古生代冈瓦纳构造旋回有关的斑岩型±矽卡岩型铜矿带主要位于智利北部第Ⅱ大区多梅哥(Domeyko)科迪勒拉地区,以及阿根廷圣胡安(San Juan)、门多萨(Mendoza)和内乌肯(Neuquen)省(图6-1)。成矿时代最老的斑岩铜矿床都分布在智利的北部和阿根廷,其品位相对较低,矿化较弱,尚未开发。与安第斯造山运动有关的斑岩型±矽卡岩型铜矿床可按其成矿时代划分为5个带,分别为白垩纪铜矿带(132~73Ma)、古新世—早始新世铜矿带(65~50Ma)、始新世—渐新世铜矿带(43~31Ma)、晚渐新世—中中新世铜矿带(23~12Ma)和晚中新世—上新世铜矿带(12~4Ma)(图6-1)。

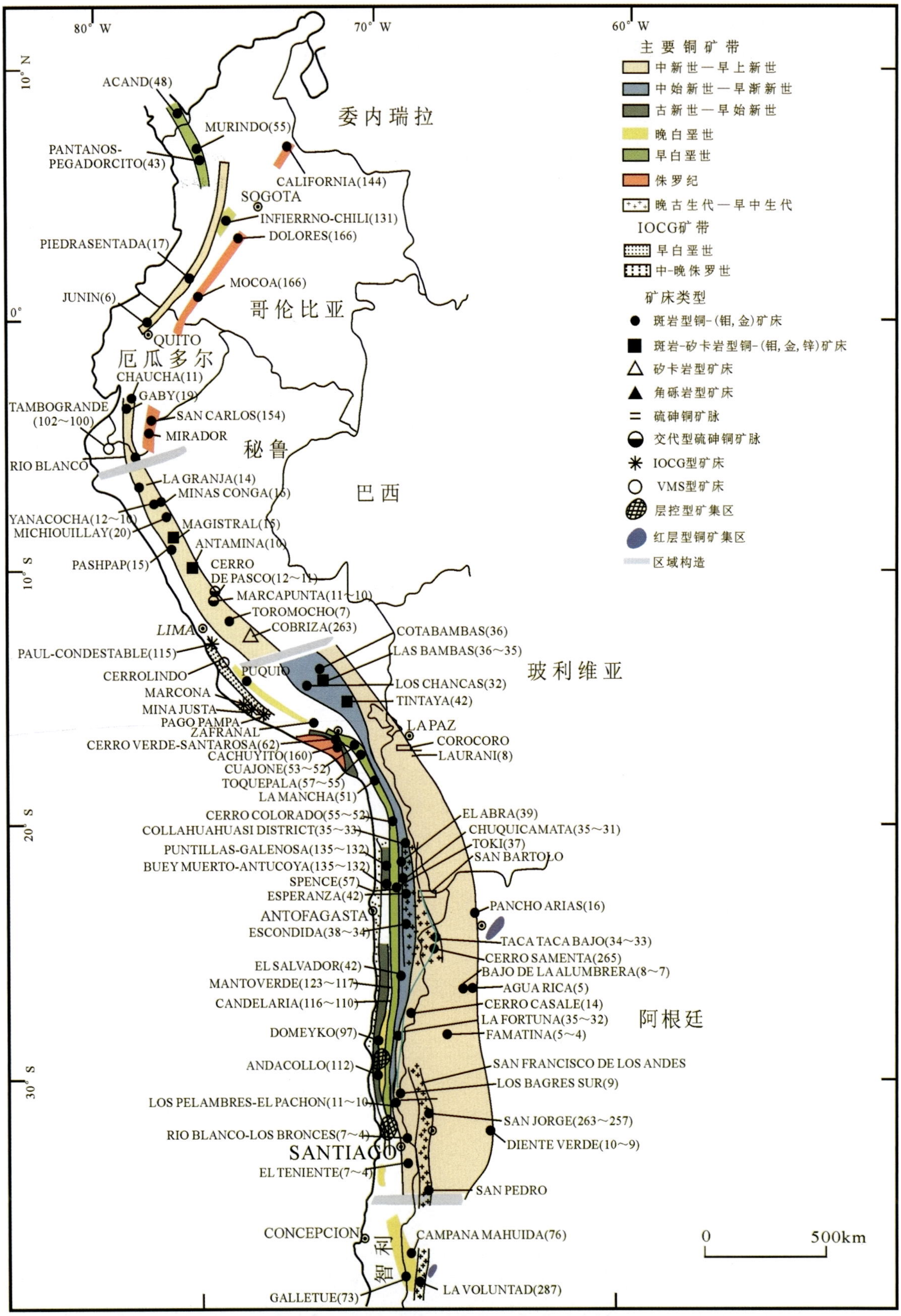

图 6-1　北、中安第斯成矿省斑岩±矽卡岩型铜矿床分布规律图(Sillitoe&Perello,2005)

注:矿床后括弧中数字为其年龄,单位 Ma;图中各颜色或花纹范围为矿带或矿集区

白垩纪铜矿带位于海岸科迪勒拉的东翼，长 1500km，已发现 10 个矿床，但只有 Andacollo 铜矿在开发，Antucoya、Galenosa－Puntillas、Domeyko、Pajonales、Los Loros、San Jose、Polcura 和 Galletue 都尚未开发，该斑岩铜矿带在矿床成矿时代上由北向南有变新趋势。该带与铜矿化密切相关的岩石类型主要为英云闪长斑岩和英安斑岩，硅化越强，品位越高。古新世—早始新世铜矿带主要分布于秘鲁南部到智利北部（16°20′～29°S）。该带全长超过 1500km，共发育有 12 个矿床，其中，秘鲁 4 个，智利 8 个，其在 24°～26°S 之间斑岩体系是间断的，发育浅成低温热液矿床，26°S 以南继续发育铜矿床，并一直延续至 29°S；在 19°25′S 以北地区，同样出现间断，出露中新世火山沉积物，直至秘鲁 Tacna 以北再次发育斑岩铜矿床。该带铜矿床主要位于秘鲁南部，以 Toquepala、Cuajone、Cerro Verde/Santa Rosa 和 Quellaveco 最为典型，在智利北部出露较大的矿床由 Cerro Colorado、Mocha、Lomas Bayas 和 Spence，其余铜矿规模较小。该时期秘鲁南部铜矿床伴生钼含量较高。始新世—渐新世铜矿带分布在 18°～31°S 地区，沿 Domeyko 断裂展布，长达 1400km，是安第斯造山带铜矿床最为富集的区域，目前已发现包括 Chuquicamata 和 La Escondida 在内的铜矿床多达 29 个。该带成矿斑岩体群聚现象明显，侵入杂岩体岩性主要为花岗闪长岩、二长岩和石英二长岩，成矿前其具有基性到中性的成分特征，而成矿期斑岩体偏长英质，SiO_2 和 K_2O 的含量更高。每个斑岩体发育铜矿床在两个及以上，其铜储量和产量数倍于古新世—早始新世铜矿带。晚渐新世—中中新世铜矿带分布于 26°～28°S 地区，其沿 Altiplano 西缘展布，长约 200km，一直延伸至阿根廷境内。该带主要发育层状火山岩、穹隆、熔岩流和熔结凝灰岩，上覆于古生代和中生代侵入岩和火山岩之上，岩性多为安山岩和英安岩。带内火山活动开始于 26Ma，在始新世—渐新世岩浆前缘向东迁移后，处于智利中部安第斯地区和阿根廷高角度俯冲地段和低角度俯冲地段的过渡区。其内亦发育斑岩型金矿床，以 Marte、Lobo、Cerro Casale（Aldebarán）和 Refugio 最为典型，Cerro Casale 矿床金的金属量高达 900t。晚中新世—上新世铜矿带分布于 20°～35°S 地区，沿智利中部 Principal 山脉展布，位于智利-阿根廷安第斯山脉的水平俯冲带和南部的安第斯山脉的斜向俯冲带之间的过渡地段。该带成矿斑岩体主要岩性为英安斑岩等，发育 El Teniente、Rio Blanco－Los Bronces 和 Los Pelambres－El Pachón 等著名矿床，其中，El Teniente 是世界上储量最大的铜矿床。近年来，在该带阿根廷境内 Farallón Negro 地区发现了 Agua Rica 和 Bajo de la Alumbrera 超大型铜矿床。

（2）IOCG 型铜矿带。

位于安第斯造山带西海岸，是南美安第斯成矿区中段的重要组成部分，其主体部分位于秘鲁南部-智利中北部，总体长度大于 2000km（图 6－2）。其形成与洋壳俯冲背景下岛弧造山带的拉伸环境有关，矿床的形成与中生代阿塔卡玛断裂系统早期韧性阶段有关。在该带形成 Fe－Cu－Au 成矿带（IOCG 型），成矿时代为中-晚侏罗世—早白垩世，典型矿床主要有秘鲁的 Marcona、Mina Justa；智利的 Candelaria、Mantos Blancos、El Soldado、Mantoverde、Santo Domingo 等。

（3）红层型（砂岩型）铜矿带。

从 Titicaca 湖南部一直向南延伸至阿根廷（玻利维亚：San Cristóbal、La Joya、Oruro、San Antonio de Lípez；阿根廷：Pan de Azúcar、Concordia、Antofalla），大约有超过 80 个赋存在安第斯高原区的中新世—上新世沉积岩红层中的铜矿（图 6－1）。该沉积岩主要由微红色至棕色的砂岩、砾岩和粉砂岩组成，铜矿一般产于第三系的接触带和不整合面部位，铜矿化作用形式包括层状矿体和其他不规则矿体，由辉铜矿、斑铜矿、赤铜矿和孔雀石组成，矿石矿物优先出现于淋滤过的或绿泥石化的沉积岩地区。该铜矿带上除 Corocoro 和 Chacarilla 矿床规模在 50×10^4t 左右外，其他均为小型矿。

3. 南安第斯铜矿空间分布规律

因受地形、气候、交通等因素影响，南安第斯省勘查活动相对较少，对其认识相对较低，从目前了解到的情况看，南安第斯成矿省成矿作用与中安第斯差异较大，暂未发现斑岩型矿床，主要为火山成因的块状硫化物型矿床与浅成低温热液型的金、银、多金属矿。

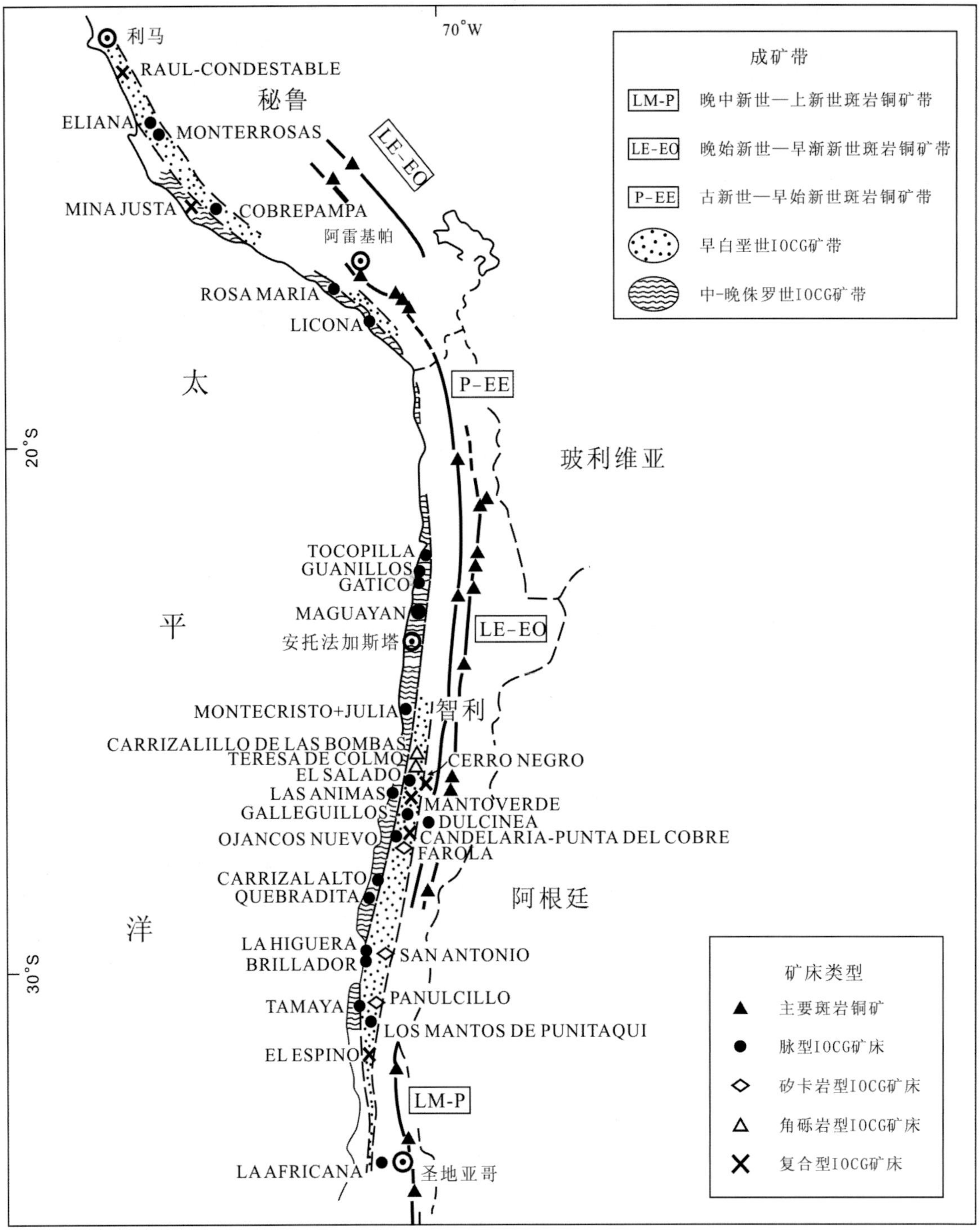

图 6-2 中安第斯成矿省 IOCG 型铜矿床时空分布规律图(Sillitoe,2003)

注:图中标示 IOCG 型矿床主要成矿时代、矿床类型

4. 南美地台铜矿空间分布规律

南美地台亦发育重要的铜矿床,主要分布于巴西卡拉加斯地区和巴伊亚州。此外,在苏里南和法属圭亚那零星发育一些铜矿床。

卡拉加斯地区位于中巴西地盾,其内铜矿床主要为与花岗质岩侵入体有关的 IOCG 型铜矿床,以索塞戈和波茹卡(Pojuca)花岗质岩体最为典型,发育萨罗博(铜 0.96%,矿石量 789×10^6 t)、伊加拉佩巴伊亚-阿勒毛(Igarape Bahia - Alemao)(铜 1.4%,矿石量 219×10^6t)、克里斯塔利诺(铜 1.0%,矿石量 500×10^6t)、索塞戈(铜 1.1%,矿石量 355×10^6t)和塞土伊德如伊图(Centoe Dezoito)(铜 1.0%,矿石量 170×10^6t)等矿床,均赋存于太古宙卡拉加斯盆地火山-沉积岩中。

巴伊亚州位于大西洋地盾,其北部库拉萨地区的铜矿床主要为与超镁铁质-镁铁质有关的铜矿床,以库拉萨铜矿床最为典型,主要赋存于库拉萨河谷内的加勒比杂岩体中,铜品位为 1.82%,矿石量 96×10^6t。

(二)时间分布规律

南美洲铜矿床主要分布于南美地台的卡拉加斯和巴伊亚地区,以及安第斯造山带西缘,特别是中安第斯造山带。卡拉加斯地区主要发育 IOCG 型铜矿床,成矿时代主要为新太古代和中元古代;巴伊亚州库拉萨地区与超镁铁质-镁铁质有关的铜矿床,主要形成于新太古代—古元古代。在巴西-泛非旋回期间,巴西利亚、唐费里西亚努等造山带也零星发育一些铜矿床。

自晚古生代以来,特别是中新生代以来,安第斯造山带发育了举世闻名的斑岩型(±矽卡岩型)铜成矿带,尤以智利和秘鲁最为发育。相对于南美地台,其形成时代较新。据现有资料,安第斯成矿区斑岩型铜矿大体可分为 6 个成矿期,其中,晚古生代冈瓦纳旋回两期:292～252Ma(二叠纪)和 166～141Ma(侏罗纪);安第斯旋回四期:白垩纪、古新世—始新世 (64～38Ma)、晚始新世—渐新世 (44～29Ma)和中新世—上新世 (20～4Ma)(表 6-3)。最主要的是晚始新世—渐新世 (44～29Ma)和中新世—上新世(20～4Ma)时期,在安第斯成矿带已发现的铜储量/资源量约为 5.92×10^8t,其中,晚始新世—渐新世时期形成的斑岩铜矿为 2.69×10^8t,约占已发现铜储量/资源量的 45.47%; 中新世—上新世 2.425×10^8t,约占已发现铜/储量资源量的 41.44%。

表 6-3　安第斯斑岩型铜矿床成矿时代及其储量和资源量

围岩时代	成矿年龄(Ma)	矿床数目	铜储量/资源量($\times10^4$t)	矿床比例	铜储量/资源量比例(%)
中新世—上新世	4～20	27	24 250	39.13	41.44
始新世—渐新世	29～44	18	26 900	26.09	45.47
古新世—始新世	38～64	15	6595	21.74	11.15
白垩纪		2	60	2.90	0.10
侏罗纪	141～166	5	900	7.25	1.52
二叠纪	252～292	2	190	2.90	0.32
合计		69	59 165	100	100

资料来源:据美国地质调查局“Quantitative Mineral Resource Assessment of Copper, Molybdenum, Gold, and Silver in Undiscovered Porphyry Copper Deposits in the Andes Mountains of South America”。

1. 新太古代

该时期铜矿床主要为卡拉加斯地区萨罗博等 IOCG 型铜矿床。各矿床成矿年龄如下:萨罗博(2579±71Ma,锆石 U-Pb;2576±8Ma,辉钼矿 Re-Os)、伊加拉佩巴伊亚-阿勒毛(2772±46Ma,锆石 U-Pb;2575±12Ma,锆石 SHRIMP U-Pb)、克里斯塔利诺(2719±36Ma,U-Pb)、索塞戈(2200～2300Ma,云母 Ar-Ar)和卡梅列拉(1734±8Ma,Ar-Ar;1700±31Ma,Sm-Nd)和阿尔沃(Alvo)(1869±7Ma,锆石 SHRIMP U-Pb)(毛景文等,2012)。

2. 古元古代

古元古代铜矿床发育较少,主要为卡拉加斯地区 Pojuca 等矿床,形成于 1880Ma;Ribeira 带发育

Perau 型喷流沉积型铜矿床，其成矿年龄为 1700Ma（中国地质调查局南京地调中心内部报告）。

3. 新元古代

新元古代，南美地台形成了多处铜矿集中区，均与巴西-泛非运动有关。950～600Ma，巴西利亚褶皱带发育与 Goias 岩浆弧有关的铜-金矿床；610Ma，Americano do Brasil 和 Mangabal 超镁铁质-镁铁质杂岩体内赋存铜镍硫化物型铜矿床；该时期，唐费里西亚努褶皱带 Camaqua 磨拉石岩层中发育铜矿床（中国地质调查局南京地调中心内部报告）。

4. 古生代

古生代铜矿床主要为中安第斯造山带发育的斑岩型铜矿床，与冈瓦纳构造旋回有关，主要成矿时代集中于 310～250Ma，主要分布于智利北部第Ⅱ大区多梅哥（Domeyko）科迪勒拉地区，以及阿根廷圣胡安（San Juan）、门多萨（Mendoza）和内乌肯（Neuquen）省。

5. 中生代

中生代铜矿床主要形成于晚二叠世—三叠纪（250～190Ma）、中-晚侏罗世和白垩纪。其中，晚二叠世—三叠纪和白垩纪主要为斑岩型±矽卡岩型铜矿床，位于中安第斯造山带海岸科迪勒拉地区的东缘，该斑岩铜矿床在成矿时代上由北向南有变新趋势。中-晚侏罗世—早白垩世，尤以早白垩世为主，在中安第斯造山带近海岸地区和中生代弧后盆地发育 IOCG 型铜矿床，如坎德拉里亚（Candelaria，116～114Ma）铜矿、曼陀贝尔德［Mantoverde，（117～123）±3Ma］铜矿、埃尔索尔达多（El Soldado，103±2Ma）铜矿等。其内部分矿床也形成于白垩纪—古新世，如 Dulcinea 矿床（65～60Ma；Iriarte，1996）。总的来说，成矿时代自西向东逐渐变新。

6. 新生代

新生代形成了安第斯造山带斑岩型±矽卡岩型铜矿床。主要集中于古新世—始新世（64～38Ma）、晚始新世—渐新世（44～29Ma）和中新世—上新世铜矿带（20～4Ma）三个时期。其中，古新世—始新世、晚始新世—渐新世时期铜矿床分布于中安第斯铜成矿带；中新世—上新世铜矿带铜矿床主要分布于中安第斯铜矿带，在北安第斯铜成矿带亦有少量发育，如哥伦比亚安蒂奥基亚省渐新世斑岩铜矿床 Pantanos－Pegadorcito，以及厄瓜多尔早中新世 Gaby 矿床和 Papa Grande 矿床、中中新世 Chaucha 基岩赋存 Chaucha 矿床、晚中新 Apuela－Nanegal 岩基赋存 Junin 矿床等。

三、控矿因素

（一）斑岩型±矽卡岩型铜矿控矿因素

1. 区域断裂

斑岩型铜矿床与中-酸性浅成斑岩侵入体时空关系密切（Cook et al，2005），安第斯斑岩型±矽卡岩型铜成矿作用与该带展布达数千公里的斑岩侵入体密切相关（Sillote et al，2003），而侵入岩的发育受控于 SN 向大型区域断裂，并且斑岩矿床控矿构造亦以 SN 向为主。区域断裂对斑岩型±矽卡岩型铜矿床的控制作用尤以智利北部的多梅科断裂系统最为典型（图 6－3）。该断裂系统北段为西部断裂带，为高角度 SN 走向断裂，宽度达数千米，其延伸长度在 700km 以上。研究表明，其可能形成于侏罗纪，是与古近纪—新近纪多个斑岩铜矿床密切相关的斑岩侵入体的上升通道。该断裂控制了包括楚基卡马塔铜矿床在内的 5 个超大型铜矿床，另有 10 个斑岩矿床（化）受其控制，其在成矿期后继续活动，穿切了前期的斑岩矿化。由西部断裂向南约 150km，到达多梅科断裂带艾斯贡迪达段，其走向偏北西向，控制了艾斯贡迪达铜矿床。由此再向南即为多梅科断裂系统塞拉卡斯蒂约段，该断裂控制着埃尔萨尔瓦多和波特雷里约斯铜矿床。

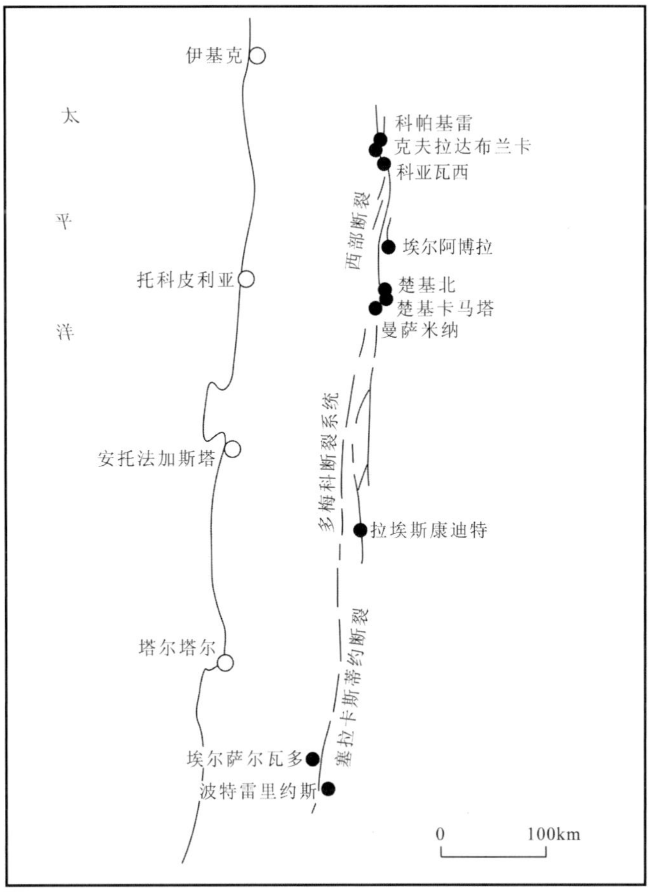

图 6-3 智利北部前科迪勒拉多梅科断裂系统与铜矿床关系(中国地质调查局内部资料,2002)

注:图中黑色实心圆代表矿床;空心圆代表城市;虚线代表多梅科断裂断裂;实线代表海岸线。矿床沿多梅科断裂断裂呈南北向展布。

多梅科山脉是挤压变形作用的产物,这一过程始于晚白垩世初期,结束于始新世—渐新世的 Incaica 挤压阶段。这些地质事件是形成多梅科断裂系统的原因,多梅科断裂系统由一系列一级、二级和三级断层组成,其中包括"雁列"状的裂隙,断层出现了不同程度的叠加复合,形成张性膨胀扩容地段和/或强烈破碎的压性地段。与斑岩矿床相关的侵入岩沿着这些断裂带以同构造形式侵位。因此,多梅科断裂系统构成了一个通道和构造圈闭系统,控制着含矿斑岩体及相关矿床群的就位。

2. 侵入岩

中生代—新生代安第斯造山带发育了大规模火山-岩浆活动,形成了一系列超基性—酸性侵入岩和喷出岩,与斑岩型±矽卡岩型铜矿化关系密切的岩性主要为古近纪—新近纪石英斑岩、花岗斑岩、花岗闪长斑岩、英安斑岩、二长斑岩、正长斑岩等。岩体与带内该期铜、钼、金多金属矿化关系密切,是最重要成矿母岩,如智利北部著名斑岩铜矿床带(表 6-4)。除古近纪—新近纪上述岩性外,二叠纪—三叠纪粗粒花岗岩也与斑岩型和矽卡岩型铜矿床有关,如秘鲁中部东科迪勒拉 Machupicchu 和 Quillabamba 岩体等。

3. 围岩

矽卡岩型铜矿床主要产于中酸性斑岩侵入体与碳酸盐岩围岩接触带的矽卡岩中,矿体常分布于两者接触带或其附近。因而,围岩岩性主要决定斑岩成矿系统中矽卡岩型铜矿床发育,以及矿体的赋存位置(图 6-1)。

表 6-4　智利北部主要斑岩铜矿床、矿体特征与成矿时代

矿床	铜储量（$\times 10^4$t）	铜品位（%）	矿床地质特征	成矿时代
莫查(Mocha)	94.7	1.0	矿体呈网脉状产于石英闪长玢岩岩株内，主要区域性断裂呈北西向，围岩蚀变有绢云母化、青磐岩化	古近纪（56.4Ma）
塞罗科罗拉多（Cerro Colorado）	109.2	1.2	矿体产于安山玢岩岩株内。主要区域断裂呈南北向，围岩蚀变有钾化、绢云母化、青磐岩化、黄铁矿晕 4km×2km	古近纪（58Ma）
克夫拉达布兰卡（Quebrada Blanca）	182	0.7	矿体产于石英二长斑岩岩株内，主要区域断裂呈南北向，围岩蚀变有钾化及其后的绢云母化，伴随硫化物矿化	古近纪（33.2Ma）
科亚瓦西（Collahuasi）	1159	1.2	矿体产于两个斑岩岩株内，主要区域断裂呈南北向，围岩蚀变矿物组合为石英-明矾石	古近纪（29Ma）
埃尔阿博拉（El Abra）	807	0.8	矿体产于石英二长斑岩内的含电气石角砾岩筒中，氧化带厚74～40m，含铜 0.4%～1%，次生富集带深 500m，含铜 4%	古近纪（29Ma）
潘帕北（Pampa Norte）	165.6	0.7	矿体产于石英二长斑岩岩株内，主要区域性断裂呈北北东向，围岩蚀变有钾化、绢云母化、青磐岩化	古近纪（29Ma）
楚基卡马塔（Chuquicamata）	6935	0.56	矿体呈楔型产于石英二长斑岩内，南北长 3000m，东西最宽处 1100m，区域断裂呈南北向，围岩蚀变有硅化和绢云母化	新近纪—古近纪
曼萨米纳（Mansamina）	845～1170	1.3	矿体位于花岗长岩内，区域断裂为南北向，主要围岩蚀变为绢云母化，表生氧化和富集较弱	新近纪—古近纪
艾斯贡迪达（Esoondida）	2880	1.60	矿床围岩为第三纪安山质火山岩，矿带长 4km，宽 1km，次生富集辉铜矿带厚达 143m，其下为原生硫化物矿带，主要蚀变类型为绢云母化，主要断裂带呈南北向	新近纪—古近纪
曼托斯布兰科斯（Mantos Blancoos）	110	0.85～1.5	矿体产于英安斑岩岩株中，受南北向断裂控制，围岩蚀变有绢云母化、青磐岩化	中生代晚期
楚基北（Chuqui Norte）	1655	0.89	矿体产于石英二长斑岩内，区域断裂呈南北向	新近纪—古近纪
萨尔迪瓦尔（Zaldivar）	250	1.02	矿床地质特征与艾斯贡迪达类似，矿体范围 1.2km×0.7km，20～250m 厚，位于赤铁矿淋滤帽之下平均 150m 处	新近纪—古近纪
埃尔特索罗（El Tesoro）	235	0.76	矿体是由两个平卧矿层组成，位于砾石覆盖层之下 0～130m 矿石矿物为硅孔雀石、氯铜矿、成矿后矿体受断层活动影响明显有位移，为异地来源	新近纪—古近纪
埃尔萨尔瓦多（El Salvaclor）	860	1.13	矿体与花岗闪长岩有关，产于斑岩与火山岩的接触带和火山岩带，矿体呈新月状	古近纪（39Ma）
达米亚纳（Damiana）	150	0.5	铜矿化围岩为中生代山前砾石层及其附近的安山岩基底，矿体呈席状，主要含铜矿物为硅孔雀石和非晶质铜填充物，矿体为异地来源	
波特雷里约斯（Potreillos）	65	1.46～2	矿体产于闪长玢岩体北部，呈新月状，在平面上长 600m，宽 350m，深 450m。氧化带及次生富集带发育	古近纪（34Ma）

注：据国内外斑岩型铜矿研究进展，中国地质调查局内部资料，2002。

(二)IOCG型铜矿控矿因素

1. 区域断裂

基于IOCG型铜矿床产出的构造环境呈现多样化,Williams et al(2005)认为其与构造环境缺少明确的成因联系,而Hitzman(1992)通过研究认为,此类铜矿床常产于克拉通或大陆边缘的伸展构造环境,其内伸展断裂常为岩浆流体运移提供通道和空间。Sillitoe(2003)通过对安第斯中新世IOCG型铜矿床研究进一步表明,其与一定的构造-岩浆环境有关,即与区域深成侵入体和同期活动断裂密切相关。

秘鲁南部-智利北部IOCG型铜矿带出露于沿海科迪勒拉侏罗纪—早白垩世火山-侵入岩带(Ⅲ-35,图3-3;图6-2),其形成与大洋板块俯冲有关的Trgrillo、Atacama和Chivato断裂带时空关系密切,断裂带间相互平行,且均与大陆边缘呈平行状展布。Atacama断裂带位于20~30°S之间,延伸长达1000多千米,由一系列凹陷带组成(毛景文等,2012)。凹陷带发育呈NNW、SN和NNE走向的多条韧性剪切带,其内糜棱岩多由绿片岩和角闪岩相变质岩组成,赋存于中生代侵入岩体浅部位置(<10km),其上岩体边缘常叠加有后期脆性断裂。25°30′~27°30′S之间地区除发育Atacama断裂带外,其西部和东部分别发育Trgrillo和Chivato断裂带,均为脆性断裂,其形成亦与岩浆活动有关。

2. 岩浆岩

IOCG型铜矿床成因与岩体有关,争议仅聚焦于是岩浆流体直接成矿(Pollard et al,2000),还是加热盆地流体成矿(Barton et al,1996)。Pollard(2006)通过对比包括安第斯成矿区智利境内的Candelaria和Manto Verde,以及巴西卡拉加斯地区的萨罗博、索塞戈和阿勒毛等典型大型IOCG型铜矿床,发现除Salobo矿床花岗岩为偏铝-弱铝性质外,其余矿床花岗质岩石均表现出高钾的性质。该类型矿床岩石类型主要为闪长岩、辉石闪长岩和花岗闪长岩等,均属于磁铁矿系列花岗岩类或Ⅰ型花岗岩,其与斑岩型铜金矿床的花岗质岩石类同,具有相似的氧化-还原电位和分异程度(毛景文等,2012)。

(三)砂岩型铜矿控矿因素

地层层位是砂岩型矿床的主要控矿因素,铜矿体一般以层状或不规则状赋存在砂岩接触带和不整合面部位。以智利北部圣巴托洛铜矿床为例(李文汉,1998),该矿床赋存于安托法加斯塔省圣巴托洛地区渐新世—中新世pacencia群的Artolla段砂岩中。砂岩代表了盐湖边缘的沙坪沉积环境,由成岩改造的长石砂岩质碎屑矿物组合组成,其内不稳定铁镁矿物和钙质长石的早期溶解,导致正离子进入层内溶液,而后形成一套成岩早期的自生矿物。岩层内早期为氧化环境,而后酸性流体进入使其转变为酸性还原环境,并生成了重要的次生空隙,从而使得低温成矿流体进入形成了圣巴托洛铜矿床。成矿后,岩层中钾长石和石英的晚期增生,以及自然铜/黄铜矿胶结物氧化为赤铜矿/黑铜矿和辉铜矿/铜蓝组合,代表了成矿后的氧化环境。

第三节 典型矿床

南美洲铜矿床类型以安第斯成矿区斑岩型最为著名,也最为重要;其次为安第斯成矿区和南美地台成矿区IOCG型。为此,本节典型矿床以安第斯成矿区莫罗科查(Morococha)斑岩型(±矽卡岩型)铜矿床、楚基卡马塔(Chuquicamata)斑岩铜矿床和曼托斯布兰科斯(Mantos Blancos)IOCG型铜矿床;以及南美地台成矿区索塞戈(Sossego)IOCG型铜矿床为例,从大地构造背景、区域与矿床地质、控矿条件及成矿模式与找矿标志4方面展开说明。

一、莫罗科查(Morococha)斑岩铜矿床

1. 大地构造背景

莫罗科查矿区位于秘鲁中部，首都利马东北部约150km处，经纬度分别为11°35′S和76°20′W，海拔高度介于4500～5000m，属于秘鲁中北部西科迪勒拉中新世铜成矿带，该矿带与6～20Ma钙碱性岩浆作用有成因联系，岩浆作用与矿化作用均与14～11Ma俯冲板片的扁平化有关(Bissig et al,2008)。该矿带除发育斑岩型Cu-Mo和Cu-Au矿床外，还发育矽卡岩型矿床，以及贱/贵金属矿床(Catchpole et al,2015)。

2. 区域与矿床地质

莫罗科查矿区位于Yauli隆起的西北部(图6-4)。古生代Excelsior群变质沉积岩组成了该隆起的基底，二叠系—三叠纪Mitu群上覆于其上。Excelsior群岩性主要为千枚岩、页岩和石英岩，其遭受了华力西期变形作用(Catchpole et al,2015)。Mitu群岩性主要由红层和火山岩组成，前者为砾岩、砂

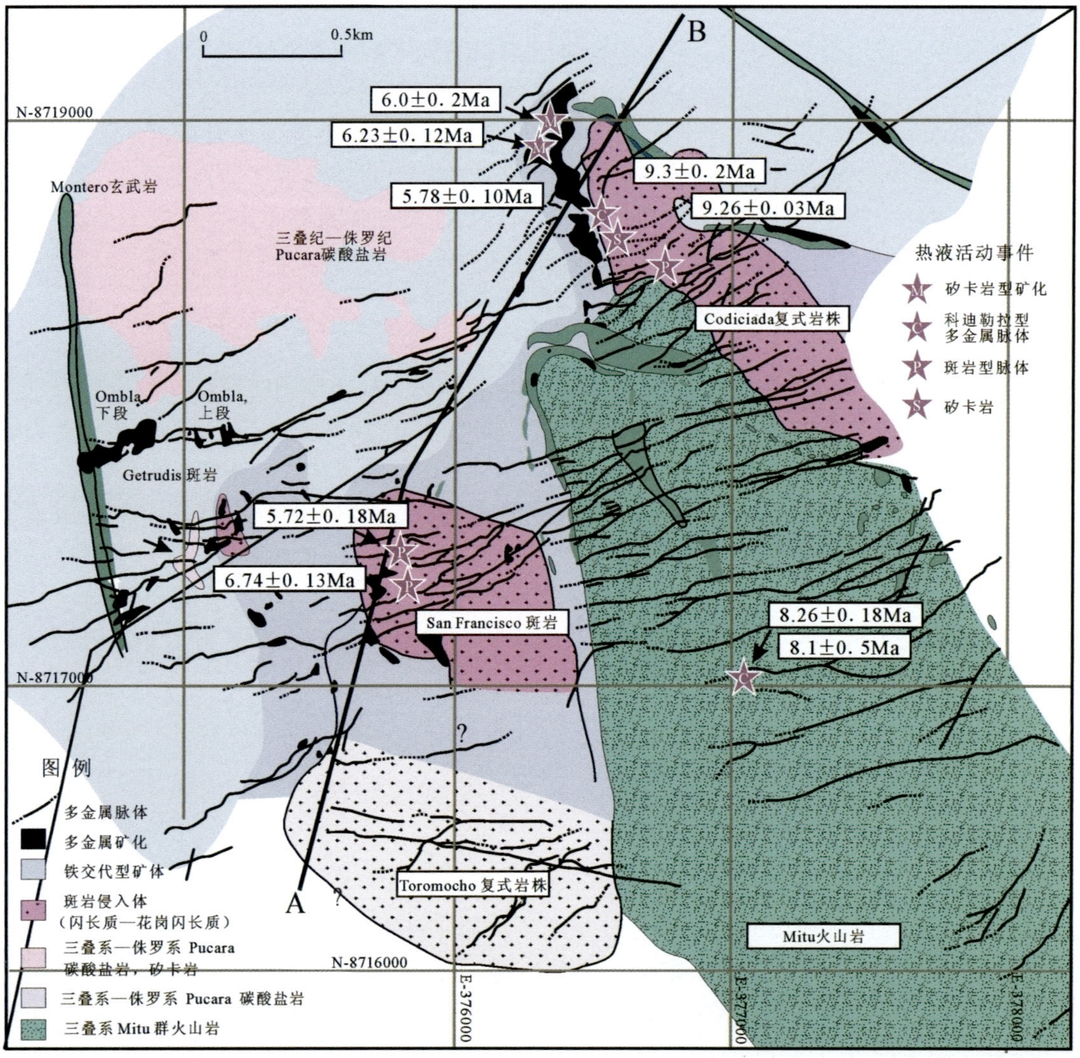

图6-4　莫罗科查矿区400中段(海拔4375m)地质图(Catchpole et al,2015)

注：图中A-B线为图6-5剖面图位置

岩和页岩；后者为 Catalina 火山岩，岩性包括碱性熔岩和碎屑流纹岩（Mégard，1984）。三叠系—侏罗系 Pucará 群碳酸盐岩、白垩系 Goyllarisquizga 群碎屑岩，以及上白垩统灰岩不均一地上覆于古生代—三叠纪地层之上（Rosas et al，2007）。Montero 玄武岩和 Sacracancha Trachyte 火山岩互层，并夹有 Pucará 群碳酸盐岩，记录了不同时期的火山活动。白垩系 Casapalca 红层不均一地上覆于上白垩统灰岩之上。矿区南部 Galera 流纹质熔岩和火山碎屑岩上覆于上白垩统灰岩之上，两者呈不整合接触关系（Bendezú et al，2012）。

中晚中新世多期侵入体侵位到三叠系—侏罗系 Pucará 群碳酸盐岩内（Kouzmanov et al，2008）。侵入岩活动开始于 Codiciada 闪长岩（14.31±0.04Ma）（Bendezú et al，2012）和 Anticona 闪长岩（14.11±0.04Ma）（Beuchat，2003），后者年龄也可能为 14.07±0.04Ma（Kouzmanov et al，2008）。Anticona 闪长岩出露面积较大，占据了矿区西部的大部分地区。经历了约 5Ma 间隙之后，一系列闪长岩质、花岗闪长岩质和石英二长岩质斑岩体侵入到沉积岩层和 Anticona 闪长岩中，侵位时间介于 9.4～7.7Ma（Bendezú et al，2012；Beuchat，2003；Kouzmanov et al，2008）。上述斑岩体曾被 Boggio（1980）归为特罗莫克侵入体，现在则被划分为 Ticlio，San Francisco，Gertrudis，Yantac，Codiciada 和 Toromocho 岩体（Beuchat，2003）。除此之外，该区域还发育一种英安斑岩岩墙，其侵位时间为 7.26±0.02Ma（Kouzmanov et al，2008），呈南东至北西走向横穿整个矿区，是该区最年轻的岩浆活动。这些中-晚中新世侵入体在成分上均属钙碱性系列（Kouzmanov et al，2008）。

矿区发育多种矿化作用，主要为斑岩型矿化、矽卡岩型矿化和科迪勒拉型多金属脉矿化（Catchpole et al，2015）。矽卡岩型矿化以矿区中部特罗莫克超大型斑岩 Cu－Mo 矿床最为典型。该矿床为矿区现今唯一工业开采的斑岩型矿床，矿石量为 1.37Gt，铜品位 0.51%，钼品位 0.018%，银品位 7.07×10^{-6}（Catchpole et al，2015）。矿床发育大规模钾化蚀变和绢英岩化蚀变，其内发育石英-黄铜矿±辉铜矿、以及石英-黄铁矿-辉钼矿细脉等网脉状矿化。研究表明，矿床至少发育两期热液活动，早期热液活动成矿作用关系密切，年龄为 8.0～7.8Ma（7.97±0.11Ma 和 7.77±0.11Ma，Re－Os；Beuchat，2003）；晚期热液活动年龄为 7.2±0.3Ma（K－Ar）和 6.81±0.14Ma（$^{40}Ar-^{39}Ar$）（Catchpole et al，2015）。

金云母 $^{40}Ar-^{39}Ar$ 年代学研究表明，矿区至少发育两期矽卡岩化事件，Codiciada 岩体矽卡岩化年龄为 8.81±0.18Ma（Kouzmanov et al，2008），Yantac 岩体相邻的 Porvenir 矽卡岩化年龄为 7.2±0.2Ma（Beuchat，2003），以及 Gertrudis 岩体矽卡岩化年龄 6.9±0.3Ma（Beuchat，2003）。Pucará 群灰岩被交代为含镁蛇纹石-磁铁矿±金云母，透闪石-透辉石-蛇纹石-绿泥石-滑石外矽卡岩，含钙的钙铁榴石-透辉石-绿帘石外矽卡岩。具有重要经济价值的 Zn－Pb－Ag－Cu 多金属矿化赋存于外矽卡岩中，以含水矽卡岩矿物组合为主或 Pucará 群内不发育矽卡岩的碳酸盐岩。Manto Italia 中发育大量含 Zn－Pb－Ag－Cu 的硫化物矿体，其厚度达 20m，邻近 Codiciada 岩体。硫化物矿物以磁黄铁矿、黄铁矿、黄铜矿、闪锌矿和方铅矿为主。矿体外带以无水的透辉石-钙铁榴石矽卡岩矿物组合为特征，内带以晚期含水的透闪石-蛇纹石-绿泥石-滑石矽卡岩矿物和硫化物组合为特征。

科迪勒拉型多金属脉矿化主要为 Zn－Pb－Ag－Cu 多金属脉及其绢云母化蚀变，其垂向延伸长达 1km，从最高处海拔 5100m 到最低处海拔 4000m（图 6－5）。根据穿插关系，这些矿脉可以划分为 3 个阶段：第一阶段以贫矿石英-黄铁矿-绢云母化蚀变为显著特征；第二阶段为 Zn－Pb－Ag－Cu 硫化物矿物组合；第三阶段为以大量粉红色菱锰矿和石英为特征的碳酸盐阶段。第二阶段又可进一步细分为多个亚阶段，阶段和亚阶段可以赋存于同一脉体中，或者以清晰穿插关系的独立脉体出现。硫化物矿物多为闪锌矿、方铅矿、砷黝铜矿-黝铜矿，黄铜矿和硫砷铜矿。银常以微量元素形式出现于砷黝铜矿-黝铜矿中，以及以银-碲化物形式出现，但不出现在方铅矿中。

3. 控矿因素

矿区内中新世斑岩型矿化与 Anticona 闪长岩和 Codiciada 闪长岩没有直接成因关系，而与 Toromocho 岩体（Cu－Mo 矿化），San Francisco 斑岩侵入体（Cu－Mo 矿化），Codiciada 岩体（Cu－Mo 矿

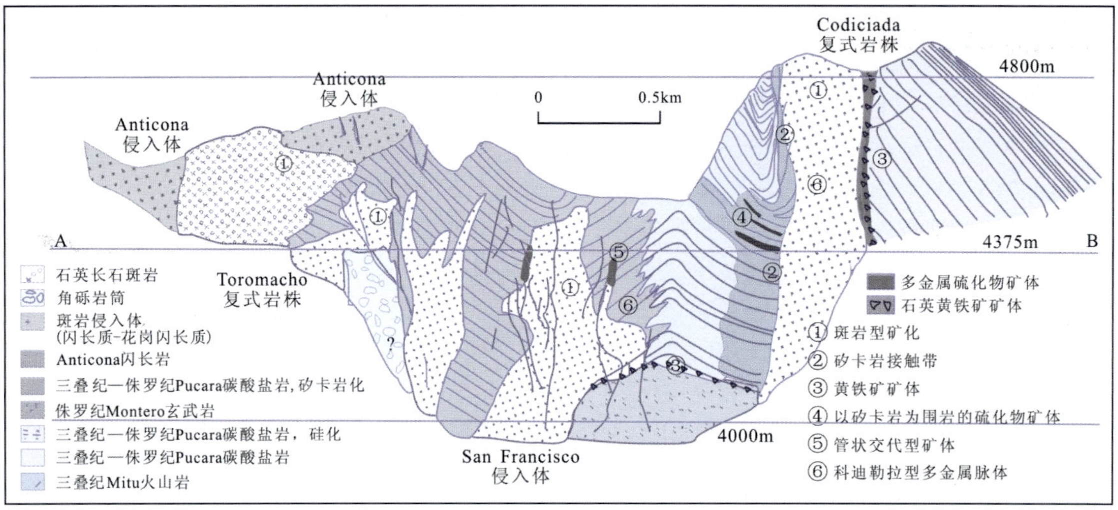

图 6-5　莫罗科查矿区中部剖面图(Catchpole et al,2015)

化)，Sulfurosa 地区到莫罗科查东南部，矿区西部 Ticlio 斑岩侵入体(Cu-Au 矿化)等存在成因关系。因而，斑岩型矿化主要受控于上述岩体。

矽卡岩型矿化在空间上与 Codiciada、Gertrudis、San Francisco、Toromocho 和 Ticlio 岩体关系密切(Catchpole et al,2015)，受岩体与碳酸盐岩围岩接触带的控制。

科迪勒拉型多金属脉矿化受控于 NNE—ENE 向高角度断裂控制，断裂穿切了侵入体、围岩、矽卡岩等，沿侵入体接触面呈垂向烟囱状产出，管状和不规则状矿体沿断裂带展布。断裂或岩相接触带作为热液流体的输运通道。例如，矿区中部 San Francisco 和 Gertrudis 侵入体接触面的富铜交代矿体，如 Ombla、Toromocho、Churruca 和 Amistad 矿体(图 6-5)。

4. 成矿模式与找矿标志

矿区岩浆侵入体活动时限为 14.3～7.3Ma，热液活动时限为 9.3～5.7Ma(Catchpole et al,2015)。结合穿插关系，以及与斑岩有关的热液事件的 U-Pb、Re-Os 和 $^{40}Ar-^{39}Ar$ 定年数据揭示了矿区岩浆-热液系统包含 3 个清晰的岩浆-热液中心：Codiciada、Toromocho 和 Ticlio，这些岩浆-热液中心持续活动了几个百万年，其在时间上和空间上相互独立。中新世晚期，矿区的热液活动导致了 Cu-Mo 矿化，包括斑岩型矿化、矽卡岩型矿化和科迪勒拉型多金属脉矿化。Codiciada 岩体发育了第一期热液事件，榍石 U-Pb 年龄为 9.3±0.2Ma，形成了 Codiciada Na-Ca 蚀变和透辉石矽卡岩；穿切 Codiciada 闪长岩体含辉钼矿石英脉中辉钼矿 Re-Os 年龄为 9.26±0.03Ma。这与岩体锆石 U-Pb 年龄数据完全一致，指示斑岩体侵位于矽卡岩和斑岩型矿化时间相差<0.2Ma。Ticlio 岩浆-热液活动中心持续了最长时间，为 0.3Ma，斑岩侵位到斑岩矿化时间为 8.04±0.14Ma(白云母 $^{40}Ar-^{39}Ar$ 冷却年龄)。Codiciada 和 Ticlio 岩浆-热液中心斑岩和矽卡岩矿化年龄与岩体定位年龄相一致。

Toromocho 岩浆-热液中心，1.3Ma 内发育至少 5 个斑岩侵入体，形成了 Toromocho 斑岩 Cu-Mo 矿床。年代学研究表明，至少发育两期独立热液事件：第一期发育辉钼矿化，时间为 8.0～7.8Ma；第二期发育广泛的含水矽卡岩。

遍布矿区的科迪勒拉型多金属脉形成于 5.78±0.10Ma 和 5.72±0.18Ma($^{40}Ar-^{39}Ar$)，Manto Italia 多金属交代矿体形成年龄 6.23±0.12Ma 和 6.0±0.2Ma($^{40}Ar-^{39}Ar$)。两者可能为同一期热液活动的产物，可能发生在最年轻一期斑岩成矿事件之后，两者时间差超过 0.5Ma。科迪勒拉型多金属脉体形成之后，热液活动即停止(Catchpole et al,2015)。

二、楚基卡马塔(Chuquicamata)斑岩铜矿床

1. 大地构造背景

智利北部楚基卡马塔斑岩铜矿床是目前世界上储量最大的铜矿床，位于安托法加斯塔东北约240km，经纬度坐标为22°17′S、68°54′W。该矿床产于前科迪勒拉中-晚新生代多梅科断层系统中，与始新世—早渐新世斑岩侵入体关系密切。其成矿地质背景与波特雷里约斯-克夫拉达布兰卡始新世—渐新世斑岩成矿带相似。

2. 区域与矿床地质

楚基卡马塔地区基底为古生代沉积变质岩和变质火山岩，岩性主要有片麻状花岗岩、闪长岩、石英闪长岩和少量英云闪长岩(图6-6)。闪长岩侵入到晚石炭世梅萨比花岗岩中，东部中三叠世花岗闪长岩侵入到变质火山杂岩西缘，其具有中粗粒等粒结构，含有斜长石、钾长石、石英、黑云母和角闪石。该区中生代火山沉积岩层与上述结晶岩石呈不整合接触关系，底部陆相砾岩、砂岩、安山岩、安山质熔岩，以及晚三叠世凝灰岩等组成，上覆侏罗纪海相页岩、砂岩和灰岩。楚基卡马塔地区中生代岩石与基底岩石呈断层接触关系。陆相砂岩出露于楚基卡马塔北坡，海相灰岩和钙质页岩以断层角砾形式产于梅萨比断层中。

矿区出露的西部断裂，为一区域性大型断裂构造带，是多梅科断裂系统的一部分。该断裂在智利北部延伸长达几百千米，可能是一组与岩浆弧平行的新生代走滑逆断层。其在矿区北部宽约5km，最西部为太特拉断裂，最东部为梅萨比断裂。前人对其进行了系统研究，表明在楚基卡马塔杂岩体侵位前，其一直处于活动状态，自16Ma之后，运送方向至少发生过两次改变，对含矿斑岩侵入体侵位，控矿构造形成和成矿后矿体位移均起到了决定性的控制作用。

矿区侵入岩主要为埃伦娜(Elena)花岗闪长岩和东部花岗闪长岩，福图纳(Fortuna)侵入杂岩，以及楚基卡马塔成矿斑岩体。其中，埃伦娜和东部花岗闪长岩侵位时间早于楚基卡马塔成矿斑岩，两者均侵位到了前期的页岩、砂岩和少量石灰岩等变质沉积岩中，在矿物成分和结构构造上相似。埃伦娜花岗闪长岩侵位时代为侏罗纪—早白垩世，其黑云母K-Ar年龄为122±3.8Ma。福图纳侵入杂岩体包括费斯塔花岗闪长岩、圣洛伦索花岗闪长岩和太特拉细晶斑岩体，可能通过成矿后西部断裂大规模活动而与楚基卡马塔成矿斑岩体拼接到一起，仅发育一些低品位矿化。费斯塔花岗闪长岩内发育微弱氧化铜矿化，其在与圣洛伦索斑岩接触带附近发育硫化物矿化，主要是稀疏浸染状和细脉状黄铜矿-(斑铜矿)化，细脉状黄铜矿-磁铁矿和裂隙面上的辉钼矿化。

楚基卡马塔杂岩体是矿区赋矿岩体，包括东部斑岩、西部斑岩和班科(Bance)斑岩(图6-7)。各斑岩体间接触关系不明，仅可见东部斑岩和班科斑岩呈侵入接触关系。东部斑岩为该区最老的侵入体，其呈半自形粒状结构，主要矿物为石英、钾长石、斜长石、黑云母和角闪石等，局部发育钾长石斑晶。西部斑岩在结构构造和矿物成分上与东部斑岩相似，仅斑晶粒度稍细。班科斑岩为细晶结构，其斑晶多于东部斑岩，基质中含有大量的细小斜长石晶体，局部可见钾长石巨晶。细结构斑岩具有半自形粒状结构，矿物粒度小于东部斑岩，一般与东部岩体呈断层接触。

矿区发育的最早期热液蚀变是钾化蚀变，其范围向西可达西部断裂，局部有石英和钾长石细脉、石膏、硬石膏。石英-绢云母带中亦发育有早期石英细脉。石英-钾长石脉明显切割了西部斑岩中的叶理。发育钾长石-黑云母蚀变的斑岩中赋存稀疏浸染状黄铜矿-斑铜矿楚基卡马塔杂岩中各斑岩体均发育钾蚀变。东部斑岩中斜长石完全变成了钠长石，班科斑岩中可见残存岩浆斜长石。石英-钾长石呈NE20°走向穿过钾蚀变带，产于向西陡倾斜、横截面宽约200m的亮白—灰色岩石条带中，其与钾蚀变的不同之处在于黑云母完全被钾长石和石英交代。研究表明，石英-钾长石脉是晚于钾蚀变的一次蚀变事件，其内发育钾长石蚀变晕和少量浸染状辉钼矿-黄铜矿。辉钼矿化呈浸染状产于裂隙中。含辉钼矿的石

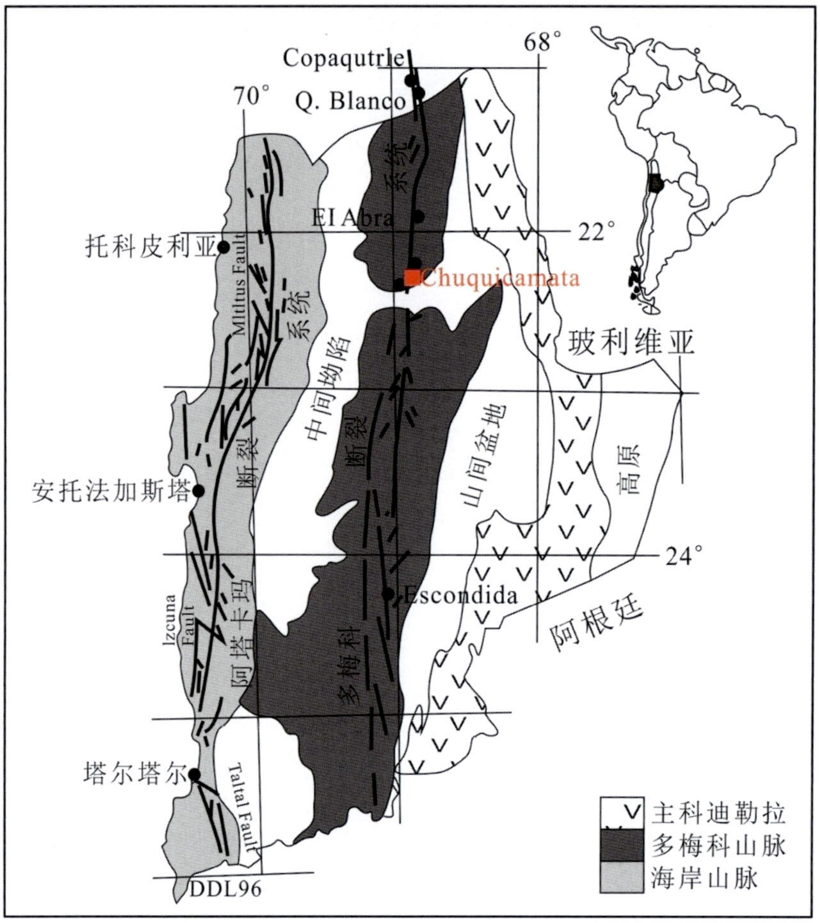

图 6-6　楚基卡马塔区域地质图(Reynolds et al,1998)

注:多梅科断裂系统控制了楚基卡马塔等多个铜矿床

英-辉钼矿脉宽一般小于 1cm,穿切较早期的石英-钾长石脉。该类脉中通常不发育钾长石。晚期大脉一般宽度达到 0.5～1m,以条带状形式产出。其明显地被主成矿阶段黄铁矿-石英-绢云母等蚀变矿物组合穿切。主成矿阶段硫化物脉为绢云母蚀变晕、石英-黄铁矿脉、Cu-Fe 硫化物、硫砷铜矿、砷黝铜矿和闪锌矿矿物组合。上述脉体通常穿切石英-辉钼矿脉,并且局部还有少量辉钼矿。Lindsay(1998)总结了该阶段主要矿脉:黄铁矿-黄铜矿-斑铜矿、黄铁矿-斑铜矿-蓝辉铜矿±硫砷铜矿、黄铁矿-蓝辉铜矿-铜蓝±硫砷铜矿,以及黄铁矿-蓝辉铜矿-铜蓝±硫砷铜矿。黄铁矿-硫砷铜矿脉在石英-绢云母带中大部分区域均有发育。内生粗粒铜蓝(粒径达 2mm),局部与硬石膏、蓝辉铜矿共生,产于不含石英、黄铁矿或其他硫化物的裂隙或细脉中,可能构成了成矿晚期阶段。

矿区表生蚀变矿化发育,氧化矿石矿物种类较多,主要为羟钒铜、羟胆矾、氯铜矿、硅孔雀石和杂铁硅孔雀石。氧化矿石围岩蚀变主要是石英-绢云母,向东和深部高岭石等黏土矿物增多。

3. 控矿因素

矿区断裂构造严格控制着斑岩体侵位和矿脉展布。该断层体系分布于东部梅萨比断裂和西部断层之间,早期经历右旋剪切作用,其后发展为左旋剪切作用。西部断裂在成矿后继续活动。前人已阐述了剪切系统从韧性到脆性的演化,及其矿床(体)的控制作用。

楚基卡马塔杂岩体的侵位与断裂早期韧性变形有关,东部斑岩岩枝局部穿切了变质沉积岩和埃伦娜花岗闪长岩中韧性变形组构,该组构指示了梅萨比断裂右旋剪切作用。东部斑岩同样发育指示右旋

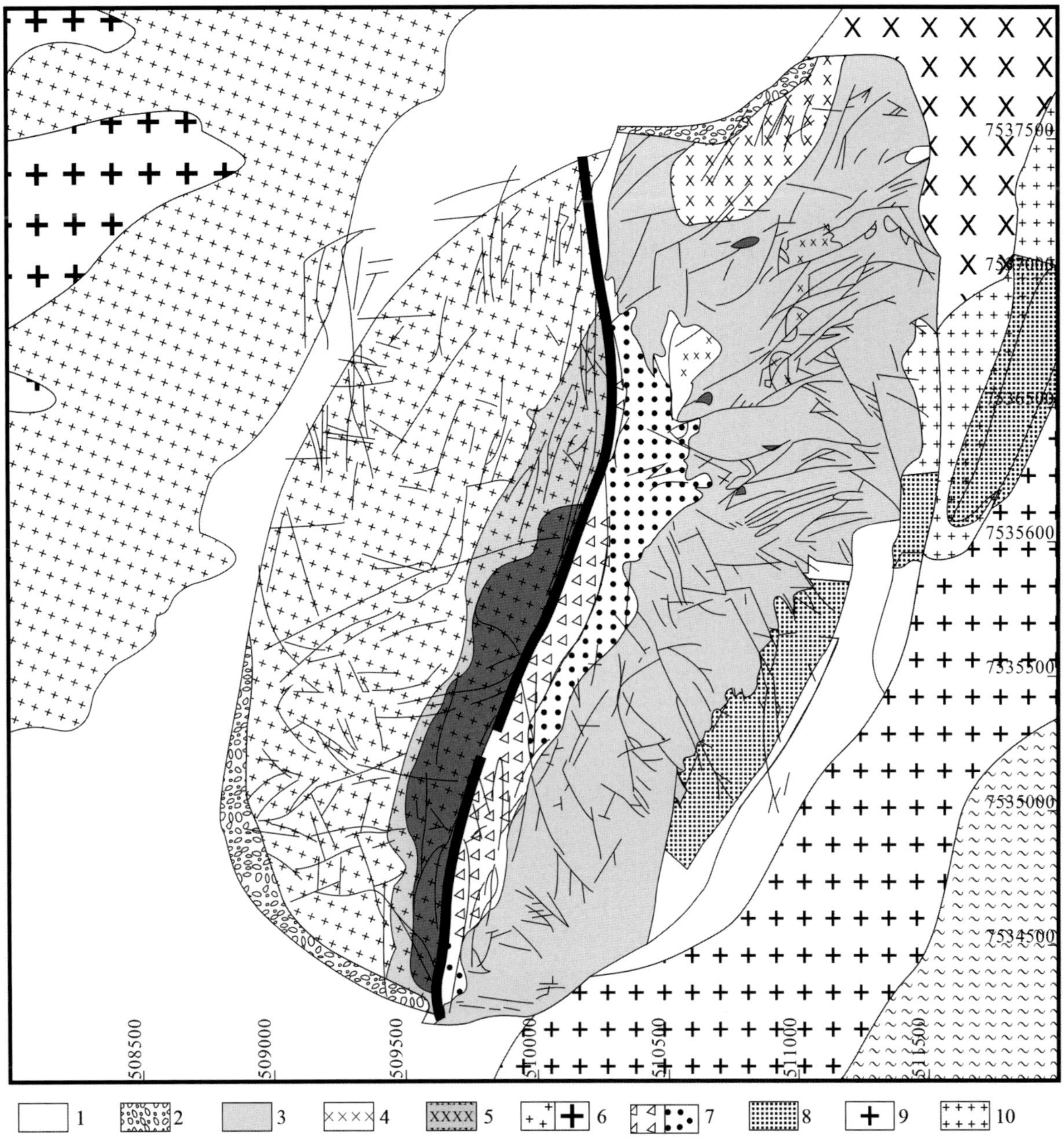

图 6-7　楚基卡马塔矿区地质图(Astudillo et al,2008)

1. 第四系;2. 砾石;3. 东部斑岩体;4. 西部斑岩体;5. Bance 斑岩体;6. Fortuna 侵入杂岩体;7. 角砾化石英绢英岩;8. 沉积岩;9. 东部花岗闪长岩体;10. Elena 花岗闪长岩体

剪切作用的糜棱岩带,该岩带多平行于梅萨比断裂。镜下可见叶理和线理中发育弥漫型碎裂变形,可能代表了韧-脆性变形之间的过渡变形,至少在早期蚀变和矿化中持续进行。

矿区矿体(脉)均赋存于断裂,以及与断裂有关的破碎带中。前已述及,各脉体的成生关系为:早期的石英细脉和石英-钾长石脉,不含或较少含有硫化物矿物。其被连续、宽度达 5cm、含少量辉钼矿和微量黄铜矿的石英脉穿切。上述脉体被条带状石英脉穿切,该类脉体呈蓝色,宽度在 1m 以上,含有大量辉钼矿。主成矿阶段的矿脉主要发育黄铁矿、黄铜矿、斑铜矿和蓝辉铜矿,石英含量减少,绢云母蚀变趋于强烈。稍晚形成的主成矿阶段矿脉则发育硫砷铜矿±黄铁矿和少量闪锌矿;更晚一些的矿脉发育粗粒铜蓝和蓝辉铜矿，黄铁矿则随机出现。矿区早期南北-北东走向断裂指示成矿前到成矿期右旋运动和叠加的左旋运动，发育所有阶段的矿化。NW走向断裂构造发育较晚，指示左旋运动，仅发育少量硫砷铜矿-闪锌矿和铜蓝-蓝辉铜矿矿化。西部断裂两边断层均为成矿后活动产物，具左旋运动特征。

4. 成矿模式与找矿标志

根据前人成岩成矿年代学研究，表明东部斑岩（锆石La-ICP-MS年龄34.8±0.3Ma）侵位可能早于西部斑岩（锆石La-ICP-MS年龄33.3±0.3Ma）和班科斑岩（锆石La-ICP-MS年龄33.3±0.4Ma），三者均于33Ma之前就位。钾蚀变和随后石英-辉钼矿脉的形成可能与西部斑岩、细结构斑岩和/或班科斑岩的侵位和冷却密切相关。主成矿阶段热液活动至少是在区域构造热事件之后2Ma发生（主成矿阶段绢云母$^{40}Ar-^{39}Ar$年龄31.1±0.2Ma）。具体找矿标志：矿区脆性断裂发育地段；绢云母化蚀变强烈地段；已有矿体深边部破碎带等。

三、索塞戈(Sossego)IOCG型铜矿床

1. 大地构造背景

该矿床位于巴西Pará州，属于Carajás成矿省，矿石量为245×10^6t，Cu品位1.1%，Au品位0.28×10^{-6}。其大地构造位置处于亚马孙陆块东南缘，东部以新元古代阿拉瓜亚造山带为界，西部出露元古宇，北部上覆亚马孙盆地中生界沉积岩，南接Rio Maria花岗绿岩带。

区内广泛发育太古宇火山沉积岩，即著名的伊塔卡伊乌纳斯火山沉积岩带，经历了2859±2Ma混合岩化作用。其上覆于兴谷岩体和Pium岩体，下伏于伊塔卡伊乌纳斯群地层。基底由东西走向的伊塔卡伊乌纳斯韧性剪切带控制。该剪切带自太古代—元古代经历多期活动。区域岩层较为复杂，经历了不同程度变质作用，其既发育未变质的岩层，也发育Grao Para群低绿片岩相岩层和角闪岩相-麻粒岩相岩层。

区内发育碱性花岗岩、闪长岩和超镁铁质-镁铁质岩。主要的中酸性岩体有Estrela杂岩体(2740Ma)、Serra do Rabo花岗岩、Planalto花岗岩、萨罗博花岗岩、伊塔卡伊乌纳斯花岗岩，以及碱性到A型花岗岩(2570Ma)；镁铁质-超镁铁质杂岩主要为Luanga杂岩体，成岩年龄为2750Ma。花岗岩类可能是新元古代或巴西-泛非运动的产物。

2. 区域与矿床地质

区域发育一条长度达60km的呈北西-南东走向剪切带，作为南部基底岩层和伊塔卡伊乌纳斯群岩层的接触界线，内部出露英云闪长岩、奥长花岗片麻岩和兴谷杂岩。其被N到NW走向断裂带，以及北东-南西走向断裂带穿切。后者表现为右旋、脆韧性和陡倾特征。索塞戈矿床即赋存于该断裂带内。晚期断裂构造呈NW走向。区域出露侵入岩岩性主要为花岗岩、花岗斑岩、辉长岩，以及英安斑岩等，其穿切了基底岩石兴谷杂岩和伊塔卡伊乌纳斯群变质火山岩，并遭受后期热液蚀变作用。强烈的热液蚀变和矿化位于断裂带周围数百米范围内。

矿区出露长英质火山岩、花岗岩、花岗斑岩、辉长岩和斑岩脉等（图6-8）。其中，长英质火山岩颜色深灰色，细粒结构，含长石斑晶，其内包含变质超镁铁质岩石包体，局部地段发育糜棱岩化作用，使得超镁铁质岩石变质形成滑石。花岗岩颜色灰色，中粒结构，主要矿物为石英、钾长石、斜长石和少量黑云母等。花岗斑岩颜色深灰色，中粒结构，发育斜长石和微斜长石斑晶。辉长岩为中—粗粒结构，侵入到上述花岗岩和花岗斑岩中，其被更晚期斑岩脉穿切，脉体主要为英安质和流纹质岩石，主要矿物为石英、钾长石、斜长石和黑云母等。

索塞戈矿床主要发育五个矿体，分别为Sequeirinho、Pista、Baiano、Sossego和Cural。前人将其划为两个矿体群，即Sequeirinho-Pista-Baiano矿体群和Sossego-Cural矿体群（图6-9）。其中，Se-

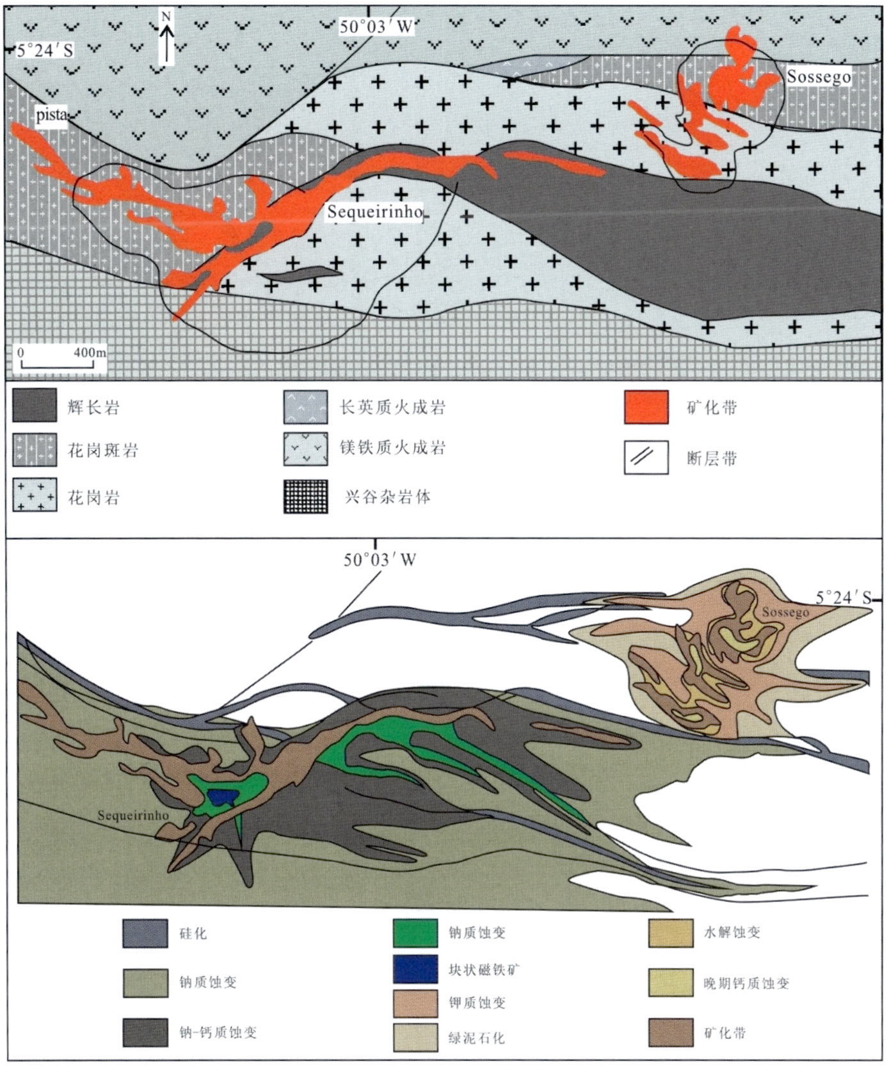

图 6-8 索塞戈矿床地质平面图(Monteiro et al,2006)

注:上图标示矿区矿化带和主要地质体;下图标示矿区矿化带和主要蚀变类型。

queirinho 矿体主要赋存于长英质火山岩、花岗岩和辉长岩中,为该矿床最大的矿体。其内发育的磁铁矿矿体呈现钠质-钙质热液蚀变,并被后期钾化蚀变带所穿切。Baiano 和 Pista 矿体分别位于 Sequeirinho 矿体东、西两翼。其中,Baiano 矿体整体赋存于辉长岩中,其赋存围岩遭受过钠质热液蚀变、钠质-钙质热液蚀变作用;Pista 矿体主要赋存于长英质火山岩中,其赋矿围岩被辉长岩墙穿切。Sossego - Cural 矿体群位于 Sequeirinho 矿体北东方向,主要赋存于花岗质岩石中。其蚀变矿物组合与 Sequeirinho - Pista - Baiano 矿体群差异较大,蚀变矿化主要受断裂构造控制。

3. 控矿因素

综上所述,索塞戈矿床矿化对赋矿围岩岩性的选择性较弱,主要受断裂构造控制。前已述及,镁铁质岩、花岗岩、辉长岩和花岗斑岩等均赋存矿体,表明矿化对围岩岩石类型没有选择性,岩石类型不是主要的控矿条件。矿化主要与区域剪切带有着密切的空间关系,强烈的矿化和热液蚀变主要展布于断裂构造周围区域。

4. 成矿模式与找矿标志

索塞戈矿床不同矿体所呈现的不同类型和不同强度的是蚀变矿化特征,指示其遭受多期次热液作

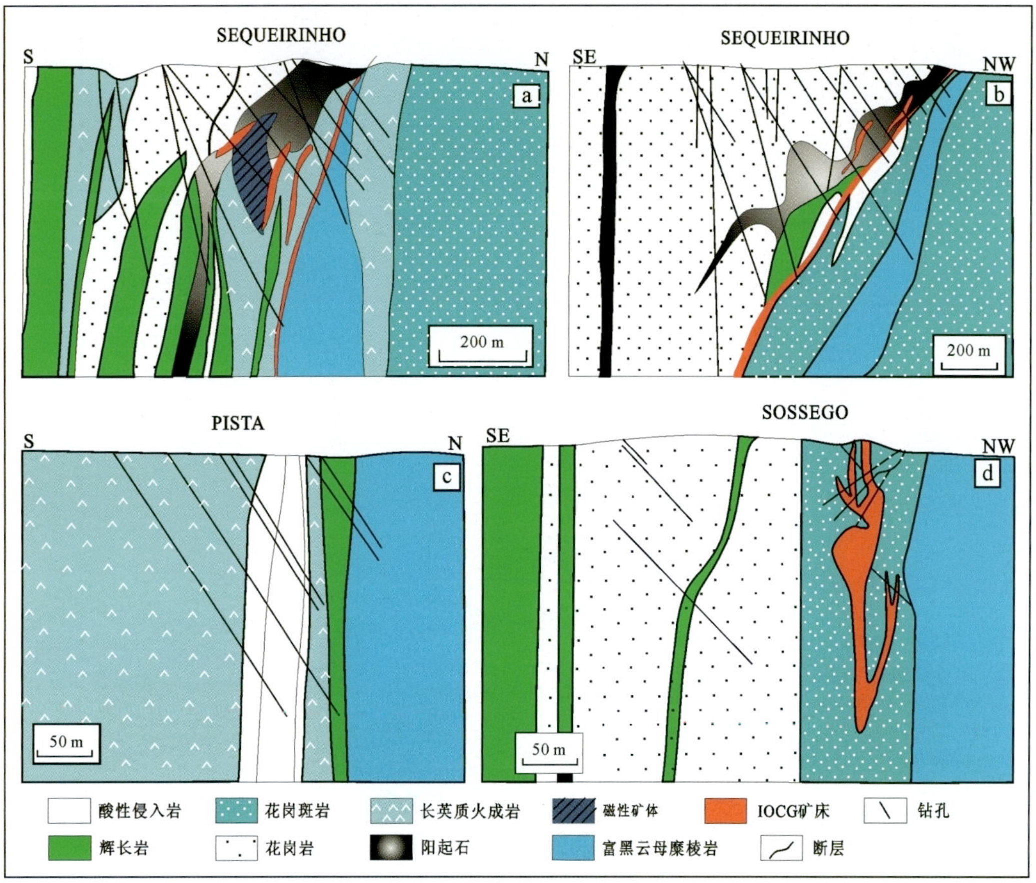

图 6-9　索塞戈矿床主要矿体剖面图(Monteiro et al,2006)

a. SEQUEIRINHO 矿区南北向剖面图;b. SEQUEIRINHO 矿区南东-北西向剖面图;c. PISTA 矿区南北向剖面图;d. SOSSEGO 矿区南东-北西向剖面图

用。不同矿体矿物对同位素(矿物组合)温度差异也证实了这一点。不同矿体矿物氧、氢、碳和硫同位素组成差异亦较大。上述特征暗示了长期的热液作用特征,可能与新太古代(2570Ma)和元古宙(1880Ma)花岗岩侵入体岩浆热液演化有关。其中,Sequeirinho 矿体群经历的热液蚀变与一般 IOCG 型矿床深部热液蚀变矿物组合相似,高温、^{18}O 富集指示其流体源自深部的变质流体,可能发生了岩浆热液对围岩的广泛淋滤作用。向外钠质-钙质和钠质蚀变发育表明 ^{18}O 逐渐降低,指示有其他外来流体的加入。铜金矿化发生于温度降至 250℃、$\delta D=-35‰$、^{18}O 值降低的热液蚀变晚阶段,暗示该阶段大气降水的加入。

找矿标志主要有:区域剪切带和右旋脆-韧性 EW、NE-SW 向陡倾断裂构造带及其交叉部位;花岗斑岩体内、花岗斑岩与花岗岩接触带附近;热液蚀变带内,Sequeirinho 矿体群周边钠质、钠质-钙质蚀变带内,Sossego 矿体群周边钙质、钾质蚀变带内;已知矿体深边部等。

四、曼托斯布兰科斯(Mantos Blancos)IOCG 型铜矿床

1. 大地构造背景

侏罗纪到早白垩世期间,与俯冲相关的岩浆岩带沿着当今智利北部海岸山脉就位,表现为厚达 7000m 的玄武质到安山质火山沉积岩,以及花岗质到闪长岩质侵入岩。火山沉积岩序列从早期拉斑玄

武岩系列逐渐演化为钙碱性系列。成岩年代学和古生物学证据表明，火山作用发生于晚侏罗世到牛津阶。侏罗纪火山沉积岩特征指示地壳沉降，有可能与伸展构造环境下的地壳减薄有关。

钙碱性侵入岩体岩性主要为花岗岩、英云闪长岩、花岗闪长岩和闪长岩，侵位时代为晚侏罗世到早白垩世（200～130Ma）。侏罗纪海岸山脉构造演化可能与俯冲洋壳和上覆陆块之间的耦合有关。从195Ma到155Ma，该区广泛发育岩浆岩带，在空间上与南北走向，左旋走滑占主导的Atacama断裂带有关。然而，在侏罗纪末期，由于俯冲板片俯冲回转的开始，东西走向的伸展体系开始发展。侏罗纪末期到早白垩世则块再次发育左旋走滑变形。

2. 区域与矿床地质

曼托斯布兰科斯矿区发育流纹岩穹隆及其岩浆-热液角砾岩，其被闪长岩体和花岗闪长岩体侵入。矿床上部的闪长岩体和花岗闪长岩体也发育岩浆-热液角砾岩（图6-10）。上述岩石单元均发育不同程度的矿化作用。晚期镁铁质岩墙穿切了上述岩石单元，且无矿化现象。以上所有岩石单元统称为曼托斯布兰科斯火山杂岩体。区域尺度的构造格架以三组断裂构造为特征：①北东和北西走向的近垂直断裂，分别具有显著的左旋和右旋运动特征；②北南走向，倾向向西，倾角为50°～80°的正断层；③北南走向，倾向向东，倾角为50°～80°的正断层。

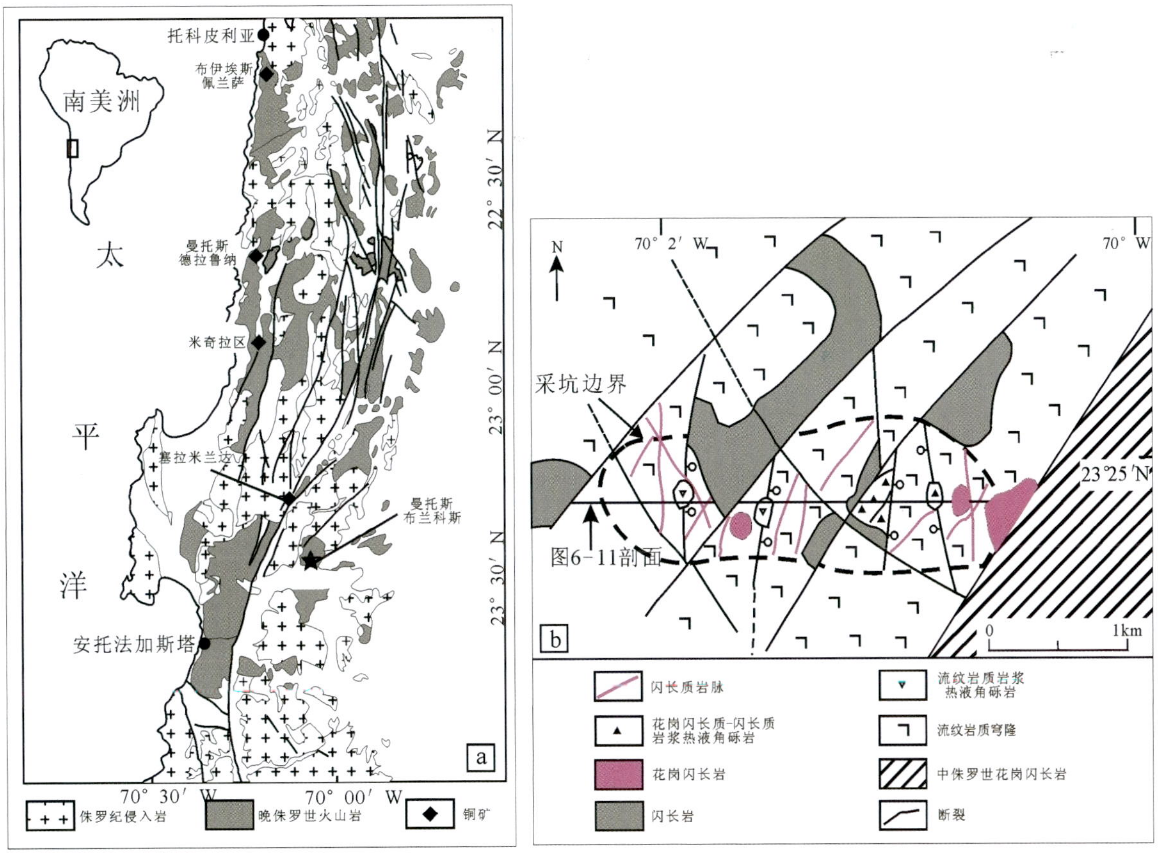

图6-10　曼托斯布兰科斯矿床位置（a）与地质简图（b）（Ramírez et al，2006）

a. 智利北部海岸科迪勒拉地质图以及曼托斯布兰科斯矿床位置；b. 曼托斯布兰科斯矿床地质图

基于矿物组合特征和不同期次矿脉关系的穿插关系，矿区已识别出两期热液事件。第一期热液事件以流纹岩穹隆中的流纹岩岩浆-热液角砾岩化为特征；第二期热液事件代表了主要矿化期次，其主要赋存于闪长岩质到花岗闪长岩质岩浆-热液角砾岩、闪长岩、流纹岩穹隆，在成因上可能与闪长岩体和花岗闪长岩体的侵入有关（图6-11）。第一期热液事件以黄铜矿、斑铜矿、黄铁矿、石英和绢云母组合为特征，这些组合以如下方式出现：①呈浸染状分布于流纹岩质岩浆-热液角砾岩中的不规则和近垂直矿体的基质中；②细脉；③呈浸染状分布于流纹岩穹隆和热液角砾岩碎块中；④呈独立晶体或环状组合赋存于流纹岩穹隆中的石英斑晶中。在流纹岩质岩浆-热液角砾岩中，黄铜矿和斑铜矿是数量最多的硫化物矿物。围绕上述岩体发育的硫化物矿物是黄铜矿和黄铁矿。细脉发育硫化物矿物，常以张性空间形式充填于断裂中，并且表现出较弱的绢云母和石英蚀变晕。由于主要(第二期)热液事件强度和范围的叠加，要建立第一期热液事件范围和强度较为困难，其影响范围可能到达了流纹岩穹隆中所有岩石单元。该期次热液事件中绢云母$^{40}Ar-^{39}Ar$年龄为155.11±0.786Ma。第二期热液事件为矿区主要的热液蚀变和矿化事件，其主要以闪长岩质到花岗闪长岩质岩浆-热液角砾岩为中心，并被认为与角砾岩的形成，以及花岗闪长岩体和闪长岩体的侵位同生发生。矿化带沿东西向不连续地展布约3km，宽度达到1km，深部为600m。深部矿化主要位于海拔720～450m。矿化主要赋存于岩浆-热液角砾岩筒内部和周围，矿床呈现出一种不连续的横向矿石品位分布。Cu品位最高值出现在角砾岩中，并在横向上呈带状逐步降低。该事实指示岩浆-热液角砾岩筒为该期矿化作用的主矿体。

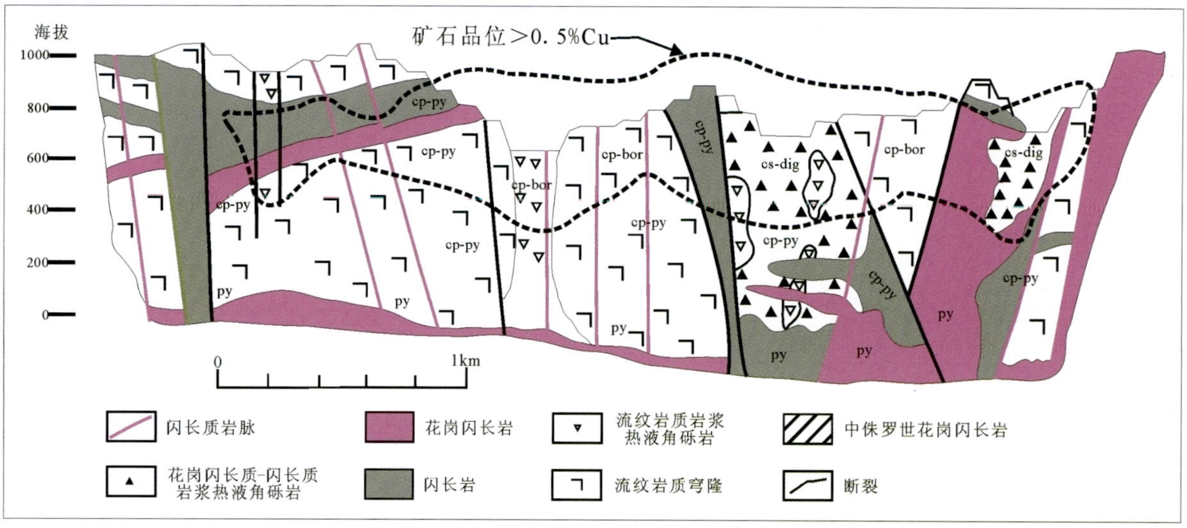

图6-11　曼托斯布兰科斯矿床剖面地质图(位置见图6-10)(Ramirez et al,2006)

早期蚀变阶段主要是钾化蚀变和青磐岩化蚀变，随后发育钠化蚀变。钾化和青磐岩化蚀变矿物组合以闪长岩质到花岗闪长岩质岩浆-热液角砾岩为中心，也影响到了整个矿区的岩石。上述蚀变类型普遍发育，呈浸染状分布，呈杏仁状充填于闪长岩中，呈弱蚀变晕分布于火焰状细脉周围。钾化热液蚀变以钾长石、石英、电气石、黑云母-绿泥石、磁铁矿、黄铜矿、蓝辉铜矿和少量黄铁矿为特征。钾长石、电气石和黑云母残留体在很多地方均可观察到，这指示钾化蚀变曾广泛分布于矿区，随后被晚期热液蚀变叠加和改造。闪长岩质和花岗闪长岩中杏仁状空隙充填有石英、绿泥石、蓝辉铜矿、黄铜矿和少量钾长石、电气石等矿物，其被岩浆-热液角砾岩侵入。青磐岩化蚀变在整个矿区广泛发育，影响了所有岩石类型(包括岩基和岩墙)，并且叠加和改造了钾化热液蚀变。其表现为浸染状和细脉状蚀变，其中，细脉状蚀变中发育石英、绿泥石、绿帘石、方解石、钠长石、绢云母、赤铁矿，以及少量的黄铜矿、方铅矿和黄铁矿。这些矿物也同样充填于闪长岩质岩基和岩墙的杏仁状孔隙中。横剖面上，青磐岩化蚀变包括由石英、绿泥石、绿帘石和黄铁矿组成的围绕矿体的环带，其宽度至少2km。从海拔600m高处到矿床顶部，发育一组倾向北东，倾角25°～30°和近直立的脉体。这些脉体厚度10～20cm，由磨圆度较高的流纹岩、闪长岩和花岗闪长岩碎块组成，基质中发育石英、绿帘石、方解石、方铅矿和黄铁矿。

钠化蚀变发生在钾化蚀变和青磐岩化蚀变之后，包括钠长石(交代钾长石)、赤铁矿、黄铁矿、黄铜矿和富银的蓝辉铜矿，以及少量石英。这些矿物组合十分普遍，以岩浆和热液角砾岩为中心，呈现出浸染状、孔隙充填和细脉状。钠化蚀变和矿化影响了海拔500m到矿床地表范围内所有岩石类型，在空间上与当前开采矿区范围一致。在海拔500m以上，闪长岩岩基发育岩浆-热液角砾岩，表现为强烈的带有钠化蚀变矿物组合的网状脉。因为与矿化同期的花岗闪长岩和闪长岩岩基年龄分别为142.18±1.01Ma和141.36±0.518Ma，同时晚期矿化岩墙年龄为142.69±2.083Ma(Oliveros，2005)，因而，主热液事件的年龄被限制在141～142Ma之间。

表生氧化矿物已经被开采，仅剩绿铜矿、硅孔雀石和孔雀石残余。次生硫化物主要是辉铜矿（以岩浆-热液角砾岩体为中心形成了高品位铜矿化带，带有斑铜矿和蓝辉铜矿）和较弱的铜蓝带，其内也发育赤铜矿、自然铜和黑铜矿。

3. 控矿因素

综上所述，曼托斯布兰科斯矿床矿石品位、热液蚀变和含铜硫化物矿物带指示岩浆-热液角砾岩体代表了热液系统的运输通道。热液活动紧随闪长岩脉群的侵位发生。因而，矿区岩浆-热液角砾岩筒是最为重要的、最为直接的控矿条件，两期热液事件均受其控制。除此之外，第二期热液事件，也就是主要成矿期次，还受闪长岩体和花岗闪长岩体控制，其被认为与花岗闪长岩体和闪长岩体的侵位同时发生。

4. 成矿模式与找矿标志

基于前人研究，曼托斯布兰科斯铜矿床形成于两期叠加的晚侏罗世热液事件。第一期热液事件发生于约155Ma，与之同时发生的还有流纹岩质岩浆-热液角砾岩化和绢英岩化蚀变。第二期热液事件代表了主要的热液矿化（约141～142Ma），其与闪长岩和花岗闪长岩岩基和岩床，以及同时期的岩浆-热液角砾岩化具有成因关系。很可能，两期热液事件贡献了广泛、但不规则地深成矿化的矿石品位。高矿石品位矿化被限制在第二期热液事件形成的岩浆-热液角砾岩的上部。Oliveros(2005)报道的两期热液事件放射性年龄与先前$^{40}Ar-^{39}Ar$和全岩Rb-Sr放射性年龄一致。

第二期热液事件以三种类型蚀变和矿化为特征：早期钾化蚀变，青磐岩化蚀变和晚期钠化蚀变。钾化和青磐岩化蚀变阶段与闪长岩质和花岗闪长岩质斑岩侵入体，以及岩浆-热液角砾岩和晚期岩席和岩墙侵位同时发生。晚期钠质蚀变以岩浆-热液角砾岩为中心发育，这与强烈的破碎作用，角砾岩化作用（发育于岩床中）和主要矿物沉淀有关。矿石品位、热液蚀变和含铜硫化物矿物带指示了岩浆-热液角砾岩体代表其为热液系统运移通道。热液活动紧随闪长质岩墙群侵位发生。局部沉淀的指示物是普遍出现的岩床，这些岩床被垂直岩墙侵入，作为同时期岩浆事件的一部分。因为岩浆压力必须超过最小的水平主压应力，以及岩体张力覆盖形成不同侵入体，岩床和岩墙之间的这些侵入关系指示了足够厚的岩浆埋深逐渐形成，其自垂向至水平方向上产生了最小主应力的变化(Parada et al，1997)。因为这种岩床-岩墙关系在曼托斯布兰科斯已经被观察到，这暗示成矿期构造环境与局部伸展体系相一致，这可能与Atacama断裂系统中的扭张断层作用有关。

钾化热液蚀变时，流体发生过沸腾作用。闪长岩质和花岗闪长岩质岩床的侵位穿切了不同标高的岩浆-热液角砾岩，封闭了热液系统，形成了超压流体，导致了岩石的水压致裂，以及产生了钠化沸腾作用。在350～400℃时（在此条件下，与沸腾有关的钠化蚀变发生了），进入到气相＋固相盐区域的卤水热动力学演化，对于HCl浓度而言具有重要的意义，如果蒸汽逃逸进入到上覆岩体。Fournier和Thompson(1993)注意到蒸汽中的HCl浓度突然增长，当NaCl在压力低于300Bar(1Bar＝100kPa)开始沉淀时。该增长发生是因为水解反应仅在处于足够低的压力时，对石盐（很可能也是NaOH)的沉淀变得很重要，该反应通过NaCl与H_2O反应产生了HClO和NaOH。此外，当石英存在时，比HClO浓度高出一个数量级在适当的压力和温度下已经获得。它的发生是因为在消耗钾长石或斜长石时，石英与NaOH反应形成钠长石。矿床发育少量含石英的钠长石细脉支持了该模型。

此外，当流体从早期热源（岩浆-流体角砾岩）运输出来，以及顺着热梯度，钾长石是稳定蚀变矿物，其代表了钾化蚀变。相反的反应也开始了，当流体从第二个热源（岩床的侵入）运移出来，在此条件下，当消耗钾长石时，钠长石稳定区域扩大了（Hezarkhani et al，1999）。上述两个过程很可能在曼托斯布兰科斯均有发生，整个演化表明一个正向的（钾化和青磐岩化）—逆向的（钠化）热液序列。该结果可以被解释为沸腾事件和与减压有关的事件，其间歇性发生是由于流体超压、水力致裂，以及由静岩到静水条件的突然改变。

深成硫化物矿物硫同位素组成指示其大部分源于岩浆源，这些硫化物矿物硫同位素值也指示其同成因关系。新鲜方解石 C－O 同位素组成，指示 C 的岩浆成因，很可能源自地幔；O 的分馏跟随低温蚀变的趋势，这些低温蚀变是由岩浆-热液流体引起的。

曼托斯布兰科斯矿床找矿标志：闪长岩质到花岗闪长岩质岩浆-角砾岩筒内部及其周围；第二期热液蚀变带中，即钾化蚀变、青磐岩化蚀变和钠化蚀变带中；已知矿体深边部位置。

第四节　勘查开发

一、勘查开发现状

世界主要铜资源国/地区 2002—2016 年铜勘查费用见表 6－5 及图 6－12。2002—2016 年，南美洲地区铜勘查投入趋势与世界其他国家/地区相似，经历了两次投资高峰，分别出现在 2008 年和 2012 年。2002—2008 年，勘查投入逐年增加，由 2002 年 124.7 百万美元增至 825.2 百万美元，增幅高达 700.5 百万美元，增长了 562％，年均增长率 93.7％。该区铜勘查投入在经历了 2009 年短暂回落后（同比下降了 28.78％），于 2010—2012 年开启了新一轮急剧增加，分别达到了 782.2 百万美元、1089.0 百万美元和 1345.1 百万美元，同比增长率分别达到 33.09％、39.22％和 23.51％。在经历了 2012 年铜勘查投入历史高点之后，南美洲铜勘查投入开始减少，2013—2016 年铜勘查投入分别减少至 1141.6 百万美元、925.2 百万美元、763.8 百万美元和 539.9 百万美元，同比降低了 15.13％、18.96％、17.44％和 29.31％。

2002—2007 年，南美洲地区铜勘查投入占世界比例呈现整体降低趋势（表 6－5，图 6－13），由 39.5％降至 26.3％。2007—2008 年其占世界比例较为稳定，处于较低水平，比例约为 27％。2009 年到 2010 年呈现激增态势，由 2008 年的 27.7％增至 36.5％和 34.7％。2011—2012 年，其占世界比例再次呈现逐年递减趋势，分别降至 29.8％和 28.6％。近四年来，该比例逐年回升并稳定，2013 年、2014 年、2015 年和 2016 年分别达到了 33.0％、34.6％和 36.7％和 35.8％。

南美主要铜资源国 2012—2016 年铜勘查费用见表 6－6、表 6－7。现以 2015 年为例进行说明，2015 年智利铜勘查费用最高，高达 428.8 百万美元，占世界铜勘查费用的 20.61％，秘鲁紧随其后，分别为 202.6 百万美元和 9.74％。巴西、阿根廷、厄瓜多尔、哥伦比亚和玻利维亚铜勘查费用相对较低，占世界比例均不足 4％。截止 2015 年，智利和秘鲁境内均有超过 50 家矿业公司从事铜矿勘查业务，其占世界矿业公司比例分别达到 10％左右（表 6－7）。其余国家境内从事铜矿勘查业务的公司相对较少，一般为 10 家左右。

表 6-5 世界主要铜资源国/地区 2002—2016 年铜勘查费用(百万美元)

位置	2002 年	2003 年	2004 年	2005 年	2006 年	2007 年	2008 年	2009 年	2010 年	2011 年	2012 年	2013 年	2014 年	2015 年	2016 年
非洲	19.4	19.9	19.9	59.5	108.0	200.3	290.6	196.8	237.7	460.7	640.5	523.7	401.7	262.0	166.7
澳大利亚	27.3	30.5	31.6	53.2	79.4	223.4	332.4	140.6	237.0	489.0	571.7	355.8	284.5	201.6	145.7
加拿大	30.4	43.4	54.2	92.6	185.0	228.8	340.9	107.2	194.2	253.2	308.4	183.4	141.3	103.6	66.8
南美洲	124.7	141.8	191.1	283.6	370.2	547.1	825.2	587.7	782.2	1089.0	1345.1	1141.6	925.2	763.8	539.9
太平洋/东亚	16.4	19.5	40.9	53.1	57.9	124.3	224.3	139.0	221.4	332.3	433.6	305.2	188.3	168.0	145.5
其他国家	33.0	40.6	145.7	189.0	398.0	467.0	603.7	300.6	337.8	570.1	815.6	471.6	440.6	330.4	274.2
美国	21.4	16.4	60.4	64.0	120.0	182.6	260.1	82.4	150.6	375.4	469.7	335.3	175.0	177.5	115.9
合计	315.9	351.0	584.1	837.0	1393.0	2077.0	2977.0	1608.3	2257.0	3657.0	4700.6	3457.1	2673.0	2081.0	1507.3
南美洲占比	0.395	0.404	0.327	0.339	0.266	0.263	0.277	0.365	0.347	0.298	0.286	0.330	0.346	0.367	0.358

Stage(s): Grassroots, Late Stage & Feasibility, Minesite;Company Type(s): Major, Intermediate, Junior, Government, Other;SNL,2017,修编。

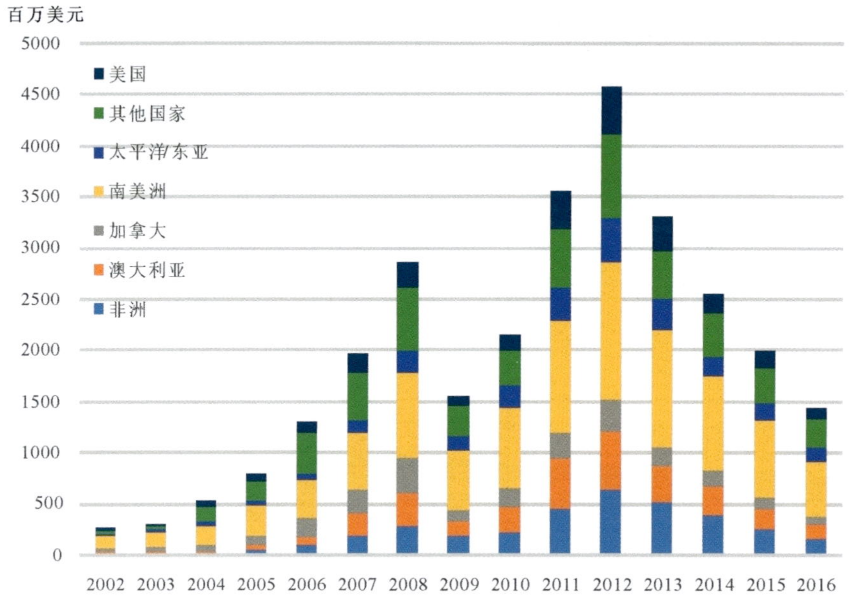

图 6-12　世界主要铜资源国/地区 2002—2016 年铜勘查费用趋势图(数据来源:见表 6-5)

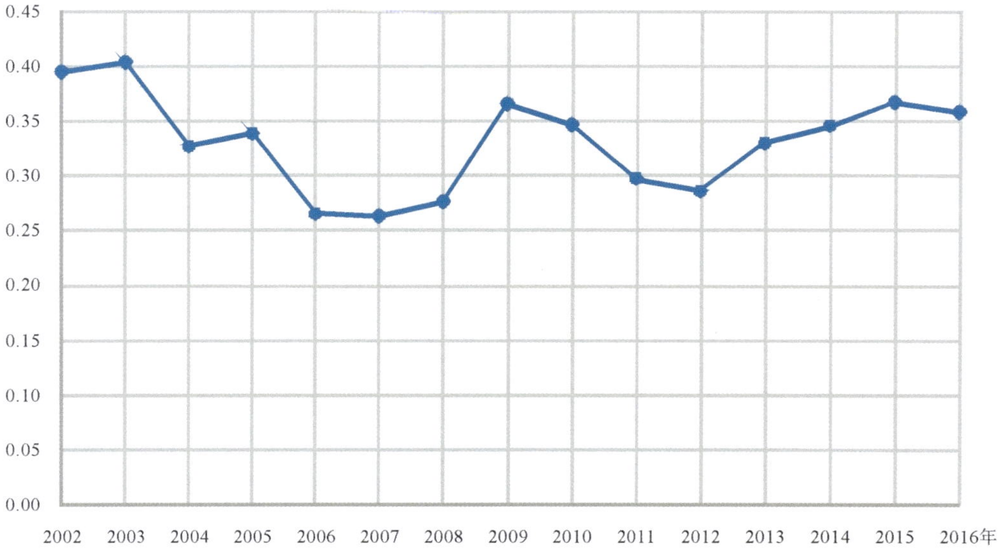

图 6-13　南美洲地区 2002—2016 年铜勘查费用占世界比例变化趋势图(数据来自表 6-5)

近年来,智利铜产量和出口量一直稳居世界首位,其中,2015 年铜产量为 5.7×10^6 t,占世界产量的 30.48%(USGS,2016);2014 年产量和出口量分别为 5.7496×10^6 t 和 2.7277×10^6 t,分别占世界的 29.17%和 38.53%(表 6-8)。由表 6-8 可见,自 2005—2014 年其铜产量整体上略有上升。秘鲁 2015 年铜产量为 1.6×10^6 t,占世界产量的 8.56%(USGS,2016),2014 年产量和出口量分别为 1.3796×10^6 t 和 1.0325×10^6 t,分别占世界的 11.39%和 14.58%(表 6-8)。自 2005—2014 年,秘鲁铜产量与智利相似,整体上也是略有上升(表 6-8)。两国铜产量也与世界铜产量总体变化趋势相同。2005—2014 年,阿根廷、玻利维亚、厄瓜多尔、哥伦比亚和巴西等国当前勘查开发程度较弱,上述各国铜产量相对较少(表 6-8),其中,阿根廷铜产量整体呈逐年降低趋势,而玻利维亚、巴西等国铜产量变化趋势与智利和秘鲁相似,哥伦比亚和厄瓜多尔铜产量极少。

表 6-6 南美洲主要铜资源国 2012—2016 年铜勘查费用(百万美元)

国别	2002 年	2003 年	2004 年	2005 年	2006 年	2007 年	2008 年	2009 年	2010 年	2011 年	2012 年	2013 年	2014 年	2015 年	2016 年
阿根廷	5.5	4.0	11.4	32.3	26.1	52.4	49.4	16.6	64.2	67.3	145.5	81.9	30.3	24.6	19.9
巴拉圭	0.0	0.0	0.0	0.0	0.0	0.0	0.0	0.3	0.0	0.0	0.0	0.0	0.0	0.0	0.0
巴西	41.2	46.2	27.1	27.0	61.4	38.8	57.8	62.8	87.9	85.5	103.3	70.5	73.1	72.6	47.8
玻利维亚	0.2	0.1	1.2	0.5	0.7	1.3	5.4	7.5	7.0	5.8	7.5	9.1	5.7	5.2	2.9
厄瓜多尔	1.3	1.5	3.1	2.3	13.0	14.5	2.2	0.1	3.9	6.4	11.7	8.2	14.1	19.4	24.0
哥伦比亚	0.0	0.0	0.0	0.6	1.5	3.1	5.5	6.0	8.1	16.9	32.9	15.7	18.3	10.6	2.5
圭亚那	0.6	0.6	0.1	0.0	0.0	0.0	0.0	0.0	0.0	6.1	0.2	0.4	0.0	0.0	0.0
秘鲁	26.7	25.1	62.7	96.8	122.4	197.8	312.2	233.8	211.7	316.2	351.5	303.7	252.4	202.6	150.7
委内瑞拉	0.0	1.4	0.0	0.0	1.3	0.0	0.0	0.0	0.0	0.0	0.0	0.0	0.0	0.0	0.0
乌拉圭	0.0	0.0	0.0	0.8	0.4	0.7	0.0	0.2	0.3	0.1	0.0	0.1	0.1	0.0	0.0
智利	49.2	62.9	85.5	123.3	143.4	238.5	392.7	260.4	399.1	584.7	692.5	652.0	531.2	428.8	292.1
合计	124.7	141.8	191.1	283.6	370.2	547.1	825.2	587.7	782.2	1089.0	1345.1	1141.6	925.2	763.8	539.9
全球	315.9	350.6	584.1	836.9	1392.9	2077.1	2976.8	1608.3	2257.3	3657.0	4700.6	3457.1	2672.8	2080.8	1507.3
占比	0.39	0.40	0.33	0.34	0.27	0.26	0.28	0.37	0.35	0.30	0.29	0.33	0.35	0.37	0.36

数据来源:SNL,2017。

表 6-7　南美洲主要铜资源国铜勘查费用(2015 年)

国家	总预算(百万美元)	占全球预算比例(%)	实际的公司数目	占全球公司比例(%)
智利	428.8	20.61	59	10.28
秘鲁	202.6	9.74	57	9.93
巴西	72.6	3.49	9	1.57
阿根廷	24.6	1.18	14	2.44
厄瓜多尔	19.4	0.93	8	1.39
哥伦比亚	10.6	0.51	7	1.22
玻利维亚	5.2	0.25	4	0.70
全球	2080.8	100.00	574	100.00

数据来源:SNL,2016。

表 6-8　南美洲主要铜资源国 2005—2014 年铜矿山产量($\times 10^4$ t)

	2005 年	2006 年	2007 年	2008 年	2009 年	2010 年	2011 年	2012 年	2013 年	2014 年
阿根廷	18.73	18.01	18.02	15.69	14.31	14.03	11.67	13.57	10.96	10.26
玻利维亚	0.07	0.02	0.06	0.07	0.02	0.09	0.30	0.87	0.75	1.06
巴西	13.33	14.78	20.57	21.83	21.17	21.35	21.38	22.31	27.10	29.81
智利	532.05	536.08	555.70	532.76	539.44	541.89	526.28	543.39	577.60	574.96
哥伦比亚	0.19	0.06	0.12	0.11	0.12	0.08	0.10	0.10	0.07	0.25
厄瓜多尔	0.01	0.01	0.02	0.03	0.03	0.07	0.14	0.18	0.26	0.32
秘鲁	100.99	104.85	119.03	126.79	127.47	124.72	123.53	129.87	137.56	137.96
合计	665.38	673.82	713.52	697.29	702.57	702.24	683.40	710.29	754.30	754.62

资料来源:World Metal Statistics Yearbook,2015。

二、矿业公司

根据 MEG 矿山检索数据库,截止 2014 年底的统计,全球产量超过 14×10^4 t 的铜矿生产商共有 22 个,这 22 个公司 2012 年的铜矿总产量共计 1120×10^4 t,占全球总产量的 67%。根据生产计划、铜矿价格的变动等信息分析预测,到 2018 年,全球铜矿的产量将有 82%来自于大型铜矿企业。按照 2013 年铜矿年产量排序,全球十大铜矿公司包括智利国家铜矿公司(Codelco)、自由港麦克莫兰铜金公司(Freeport-McMoRan)、必和必拓(BHP Billiton)、斯特拉塔集团(Xstrata)、英美资源集团(Anglo American)、墨西哥铜业集团(GMBXF)、力拓矿业集团(Rio Tinto)、波兰铜业集团(KGHM Polska)、安托法加斯塔集团(Antofagasta)和嘉能可矿业公司(Glencore)。其中,墨西哥铜业集团拥有两个重要的子公司:南方铜业公司(Southern Copper)和美国熔炼公司(ASARCO),前者为全球第六大的铜矿公司;Xstrata 和 Glencore 已于 2012 年底宣布合并,2013 年的产量将跃居世界第三位。

(一)智利国家铜矿公司(Codelco)

1. 企业及项目概况

智利国家铜矿公司(Codelco)为全球最大的铜生产商,掌握着全球约20%的铜矿储量,截至2013年1月的统计数据,公司共拥有铜的可采储量6360×10^4t。初步统计2012年该公司的铜产量达到175×10^4t,占智利全国铜矿产量32.6%,约占全球铜矿产量的10.6%。

智利国家铜业公司为智利全资国有企业,由智利国政府依据法律于1976年成立,是一家集铜矿开采,冶炼和铜金属销售的世界级矿业公司。公司目前拥有五家分公司以及一家冶炼厂Ventanas,分公司分别为北方矿业公司、Gaby矿业公司、Salvador矿业公司、Andina矿业公司以及埃尔特尼恩特(El Teniente)矿业公司,所有分公司均位于智利中北部地区。迄今为止,该公司经营的主要矿山包括:楚基卡马塔铜矿(Chuquicamata)、拉多米罗托米克铜矿(Radomiro Tomic)、埃尔萨尔瓦多铜矿(El Salvador)、埃尔特尼恩特铜矿(El Teniente)和安迪纳铜矿(Andina)等。受工人大规模罢工影响,智利国家铜矿公司旗下最大的矿山楚基卡马塔铜矿的产值在2012年下降了19%。

2. 企业勘探开发现状

从2003年到2012年,智利国家铜矿公司共生产铜精矿1742.6×10^4t,年平均产量为174.3×10^4t,以目前的开采速度,该公司掌握的铜矿资源还可以持续开采33年。受金融危机的影响,从2005—2008年该公司的铜矿产量持续下降,随着2009年国际铜金属价格的复苏,其产量有所回升,整体来看,2012年的铜矿产量比2003年的年产量提高了4.4%,储量增加了3480×10^4t,其中91%的增加量来自勘探发现。十年间,智利国家铜矿公司直接用于铜矿勘探的经费为5.45亿美元,其勘探成本为0.0078美元/磅,其中,草根勘探的费用为3.05亿美元,占总勘探经费的55.9%。1998年以来,智利国家铜矿公司独立勘探发现了6座世界级铜矿,其中5座在智利,这6座铜矿床的总储量为2010×10^4t,勘探成本为0.0099美元/磅,总经费支出为4.364亿美元。Codelco公司的勘探投资回报率为投资1∶355.86。公司的生产成本0.0142美元/磅,该公司较其他大型铜矿公司而言,用于勘探的经费相对较少,Codelco公司的生产成本是全球十大铜矿公司中最低的。

3. 企业未来动向

Codelco公司计划2021年铜精矿产量达到250×10^4t/a,未来的投资增长点集中在以下五个主要的矿山工程:新建的米尼斯特罗阿列斯(Ministro Hales)矿山,楚基卡马塔(Chuquicamata)铜矿的地下开采工程,埃尔特尼恩特(El Teniente)工程的二期扩建,安迪纳(Andina)铜矿项目的二期扩建和拉多米罗托米克(Radomiro Tomic)铜矿的硫化物项目二期工程(表6-9)。

(1)Codelco公司已经投资35亿美元建设Ministro Hales铜矿项目,探测该矿山的储量为15×10^8t,Cu品位达到0.91%,铜金属量近1400×10^4t。该矿山已经于2013年初开始预生产,第一阶段采取露天开采,设计开采量为2.8×10^8t,未来的15年铜精矿产量为18.3×10^4t/a。项目的第二阶段采取地下开采,这将使该矿山的开采寿命延长50年。

(2)楚基卡马塔(Chuquicamata)铜矿的地下开采工程已于2012年底完成,耗资41.6亿美元。

(3)埃尔特尼恩特(El Teniente)铜矿的二期扩建工程耗资34.7亿美元,将于2017年正式投入生产,这将会使埃尔特尼恩特铜矿的年产量达到43.3×10^4t,矿山寿命增加50年。

(4)拉多米罗托米克(Radomiro Tomic)铜矿硫化物项目第二阶段,目前正处于可行性研究阶段,定于2013年3月底完成,项目投资44.8亿美元,将于2016年开始生产,预计年产铜34.3×10^4t。

(5)智利国家铜矿公司提交了一份关于安迪纳(Andina)铜矿二期扩建项目的环境影响报告而受到当地社区的反对,但目前该项目经过协商之后正顺利进行,项目投资67.7亿美元,将于2021年开始正式生产,将使该矿的产能由9.2×10^4t/天提高到24.4×10^4t/天,年产铜精矿达到34.3×10^4t。

表 6-9　Codelco 公司已投产和即将投产的铜矿项目

项目名称	所有权(%)	所在国家	开发阶段	活动情况	开采类型	铜矿石量($\times 10^4$t)	铜品位(%)	投产时间(年)	投资额(百万美元)	铜($\times 10^4$t)
Ministro Hales	100	智利	预生产	活动	露天/地下	28 000	1.00	2013	3500	233.8
Radomiro Tomic	100	智利	预生产	活动	露天	256 700	0.47	2016	4482	55.2
El Teniente(第二阶段)	100	智利	预生产	扩建	地下	153 800	0.99	2017	3470	2453.4
Chuquicamata(地下开采)	100	智利	预生产	活动	露天/地下	105 700	0.81	2018	4160	1133.5
Andina(第二阶段)	100	智利	预生产	活动	露天/地下	255 100	0.74	2021	6770	1.5948
Los Sulfatos	24.5	智利	储量评估	活动	地下					
San Enrique Monolito	24.5	智利	储量评估	活动	地下					
San Antonio	100	智利	储量评估	活动	地下					

(二)自由港麦克莫兰铜金矿公司(Freeport-McMoRan Copper & Gold Incorporate)

1. 企业及项目概况

总部设在亚利桑那州凤凰城的自由港麦克莫兰铜金矿公司(以下简称自由港公司)由于 2007 年并购了铜生产商菲尔普斯道奇公司(Phelps Dodge)而成为为全球第二大铜矿公司,其 2012 年的铜产量约为 166.2×10^4t。

截至 2010 年底,自由港公司拥有的探明可采储量为 5500×10^4t 铜,资源分布占比情况是北美 26%、南美 33%、印度尼西亚 33%、非洲 8%,多为露天矿,且均为独资或绝对控股。

在南美,主要拥有智利和秘鲁的 3 座铜矿山,分别为智利 Condelaria/ Ojos del Salado 铜矿(占股 80%,日本住友商事公司持有另外 20% 股份)和秘鲁 Cerro Verde 露天铜钼矿(占股 53.56%)、艾尔阿博拉(El Abra)露天铜矿(占股 51%,智利国营铜业公司持有另外 49% 股份)。这三座矿山 2010 年分别产铜 16.6×10^4t、30.3×10^4t 和 14.5×10^4t。其中 Cerro Verde 是秘鲁第三大铜矿,第一和第二大铜矿分别是秘鲁南方铜矿和 Antamina 铜矿。

2. 企业勘探开发现状

从 2003 年到 2012 年,自由港公司共生产铜精矿 1064.25×10^4t,年平均产量为 106.4×10^4t,以目前的开采速度,该公司掌握的铜矿资源还可以持续开采 32 年。2006 年到 2009 年这四年间,该公司的铜矿产量急剧上升,这归因于 2007 年公司出资 259 亿元收购了全球最大的铜矿公司之一的菲尔普斯道奇(Phelps dodge)公司,2009 年公司出资 2 亿美元收购了美国最大的斑岩型铜矿特温比尤特斯(Twin Buttes)铜矿。整体来看,2012 年的铜矿产量比 2003 年的年产量多了 80.25×10^4t,储量增加了 3671.9×10^4t,其中 65%的增加量来自于大型矿山的周边勘探。十年间,自由港公司直接用于铜矿勘探的经费为 10.91 亿美元,其中,矿区勘探的费用为 6.86 亿美元,占总勘探经费的 67.3%。1998 年以来,自由港公司对格拉斯伯格(Grasberg)铜金矿的深部以及周边进行了勘探,发现了 Big Cossan 和 Kucing Liar 矿山,勘探获得的总储量为 490×10^4t,勘探成本为 0.0344 美元/磅,总经费支出为 3.745 亿美元,勘探投资回报率为投资 1∶140.08。

3. 企业未来动向

未来几年，自由港公司计划投资 61 亿美元，主要的投资项目包括秘鲁塞罗贝尔德铜矿（Cerro Verde）、美国莫雷西（Morenci）露天铜矿和刚果（金）Tenke Yungurume 铜矿（表 6－10）。预计 2016 年该公司的铜矿年产量将达到 44×10^4 t，如果市场条件允许，在未来四年可以提高约 25％的铜产量。公司将投资 14 亿美元扩建美国莫雷西（Morenci）露天铜矿项目，自由港公司拥有 85％的股权（Sumitomo Metal Mining 12％，Sumitomo Corp. 3％），2014 年投产，铜精矿年产量达到 10×10^4 t。此外，该公司投资 8.5 亿美用于对刚果（金）Tenke Yungurume 铜矿第二阶段工程的扩建，自由港公司拥有 56％的股权（Lundin Mining 24％，Gecamines 20％），于 2013 年投产，铜精矿年产量达到 19.5×10^4 t。在拉美，自由港公司投资了 44 亿美元扩建了其拥有 53.6％股权的秘鲁塞罗贝尔德铜矿（Cerro Verde），2015 年矿山日产量将增加 3 倍，2016 年铜精矿产量达到 55×10^4 t/a，这期工程将持续生产到 2040 年，塞罗贝尔德铜矿将成为 Antsmina 铜矿之后秘鲁第二大铜矿，目前其探明储量近 1600×10^4 t，2012 年产铜约为 27×10^4 t/a。在印尼，自由港公司旗下的格拉斯伯格（Grasberg）铜金矿开始由露天开采转为地下开采，未来五年，自由港公司年平均投资 7.35 亿美元，矿山露天采坑在 2016 年下半年关闭，地下开采 Block Cave（GBC）工程将在 2017 年启动，该工程总投资额为 42 亿美元。2012 年，印尼政府出台新的矿业政策，要求外国矿业公司投资的矿山项目，51％的股份必须为印尼政府所有，因此，自由港公司不得不放弃其 20％的股份，并表示愿意在印尼当地的冶炼厂加工精矿。

表 6－10　Codelco 公司已投产和即将投产的铜矿项目

项目名称	所有权（％）	所在国家	开发阶段	活动情况	开采方式	铜矿石量（$\times10^6$ t）	铜品位（％）	投产时间（年）	投资额（百万美元）	铜（$\times10^4$ t）
Tenke Fungurume	56	刚果（金）	生产	扩建	露天	119	3.26	2013	850	317.2
Grasberg（Big Gossan）	变更	印尼	生产	活动	地下	54	2.26	2014	550	
Morenci	85	美国	生产	扩建	露天	4018	0.27	2014	1400	687
Grasberg（Deep Mill Level）	变更	印尼	预生产	活动	地下	517	0.84	2015	2200	
Cerro Verde	53.6	秘鲁	预生产	扩建	露天	4194	0.38	2016	4400	239.9
Grasberg（Block Cave）	变更	印尼	预生产	活动	地下	999	1.01	2017	4200	
Grasberg（Kucing Liar）	变更	印尼	预生产	活动	地下	420	1.25		2000	

（三）嘉能可·斯特拉塔国际公司（Glencore Xstrata PLC）

2012 年 2 月 7 日，全球最大已上市大宗商品贸易商——瑞士嘉能可公司（Glencore）宣布，同意以 374 亿美元收购斯特拉塔集团公司（Xstrata）剩余的 65.9％股份（Glencore 公司原已拥有 Xstrata 公司 34.1％的股份）。2012 年 11 月 22 日，经双方股东表决，最终获得通过。2013 年 3 月，两家公司宣布合并。新集团公司的价值将高达 900 亿美元，成为横跨矿业、农业和交易领域的大宗商品巨头，全球第四大矿业集团。合并后的新实体将被命名为嘉能可·斯特拉塔国际公司（Glencore Xstrata International PLC.），斯特拉塔公司股东将持有其中 45％ 的股权。

嘉能可与斯特拉塔合并交易是全球迄今最大的矿业公司收购案。嘉能可与斯特拉塔合并后，将成为继必和必拓、力拓、淡水河谷之后的全球第四大矿业公司，将对全球有色金属市场格局产生重大影响，合并后的集团在铅、锌和铬铁合金等方面成为全球最大的生产商，并有望成为全球第三大铜矿生产商，仅次于美国自由港麦克莫兰铜金矿公司和智利国家铜业公司；同时，其在全球最大的大宗商品交易商的地位将进一步得到巩固和加强。两大公司合并后，共掌握着全球7%的铜供应，随着在智利、秘鲁、澳大利亚和非洲铜矿带等新兴地区的开采，这一比例将继续提升。

1. 嘉能可国际公司(Glencore)

嘉能可国际公司(Glencore)成立于1974年，总部设于瑞士巴尔，主要业务为金属矿产、能源产品和农产品，主营矿种有铅锌矿、铜矿、铝土矿、镍矿和铁矿。2012年嘉能可国际公司的铜产量为37.67×10^4t，位居世界第九位。

从2003年到2012年，Glencore公司拥有的铜储量近600×10^4t(除去Glencore公司持有的Xstrata公司的34%的股份)，其中420×10^4t(71%)的储量来自于矿山收购，180×10^4t(29%)的储量来自于勘探发现。储量获得所需的平均成本为0.1698美元/磅，收购成本和勘探成本分别为0.2307美元/磅和0.0232美元/磅。最近十年间，Glencore公司共投资21.4亿美元分别收购了Kazzinc铜矿、Mutanda mine和Katanga Mining公司的69.6%、60%和77.9%的股权。其铜精矿产量在这十年间也持续增加，由2003年的17.2×10^4t增加到2012年的37.67×10^4t，以目前的开采速度，该公司拥有的可采储量还可以开采14年。

在刚果(金)，2012年Glencore公司出资4.8亿美元使其在Mutanda铜钴矿的权益由40%增加到60%，公司正在计划于2013年12月继续投资4.8亿美元，再获得该矿山20%的权益。该矿山年产铜金属量8.7×10^4t，经过可行性研究，预计2013年产量可达到10×10^4t/a。2010年，该公司出资4亿美元收购了Mutanda铜钴矿邻区的Kansuki铜矿，目前，Glencore公司正在计划将这两个矿山合并，于2013年下半年开始建设一座产能巨大的铜钴矿山，年产铜20×10^4t，年产钴2.3×10^4t。2009年，公司出资1.95亿美元收购了Katanga矿业公司77.9%的股权，该公司拥有Kamoto铜钴矿75%的权益。Kamoto铜钴矿于2007年恢复生产，2012年产铜9.3×10^4t，同时，于2012年底该矿山引用新型的选矿设备，预计在2014年铜的年产量可达到20×10^4t。综上所述，Glencore公司在刚果(金)的产业为Mutanda、Kansuki和Katanga，预计到2014年底该公司在刚果(金)的产铜量将达到50×10^4t/a。

在赞比亚，Glencore公司拥有Mopani铜矿73.1%的股权和Nkana矿山。其中，Mopani铜矿山2012年铜产量为9.9×10^4t。公司计划投资15亿美元，在Mopani铜矿进行超深钻探工程，并建设一座大型的铜冶炼厂，在项目升级阶段，该项投资可能会达到20亿美元。同时，公司计划在Nkana矿山投资3.23亿美元开展矿区勘探，并建立一个铜冶炼厂。

在美国，Glencore公司拥有明尼苏达州的Northmet露天铜矿项目；在澳大利亚，2012年11月，该公司出资1.58亿澳元获得了澳大利亚YTC资源公司旗下的位于新南威尔士州的Hera和Nymagee多金属项目。

2011年，Glencore公司计划收购Xstrata公司剩余股份时，为了得到中国的许可，该公司答应以52亿美元的价格出售Xstrata公司旗下的秘鲁Las Bambas铜矿项目。同时，中国商务部还要求至少8年，Glencore公司每年供应中国至少90×10^4t的铜精矿。

2012年5月，Glencore公司斥资4.8亿美元获得刚果(金)穆坦达(Mutanda)铜矿项目控股权。沙特阿美美孚炼油(海外)公司为穆坦达项目第一大控股公司，沙特阿美美孚炼油(刚果)公司为该项目第二大控股公司。该项目位于刚果(金)东南部的非洲著名铜矿带上，矿石品位高，项目成本低，毗邻嘉能可拥有的坎苏祁(Kansuki)铜矿项目。嘉能可已支付3.4亿美元现金增持沙特阿美美孚炼油(海外)公司(Samref Overseas)24.49%的股份和沙特阿美美孚炼油(刚果)公司(Samref Congo)1%的股份。此外，嘉能可还偿付了价值1.4亿美元的在外发行股票负债。通过这些交易，嘉能可间接获得穆坦达矿业公司60%股权。嘉能可此前曾打算合并穆坦达和坎苏祁两个铜矿项目的采矿作业。合并后两个项目可年产电解铜16×10^4t、氢氧化钴2.3×10^4t。

2. 斯特拉塔矿业公司(Xstrata)

斯特拉塔矿业公司(Xstrata)成立于2002年,是世界上第四大铜生产商。2012年公司铜精矿的产量为74.7×10⁴t,主要产量来自于智利科亚瓦西铜矿(Collahuasi)和秘鲁拉斯班巴斯铜矿(Las Bambas) Antamina、Tintaya、Antapaccay铜矿,阿根廷的Alumbrera铜矿,加拿大的基德克里克(Kidd Creek)冶炼厂,澳大利亚的Mt Isa和Ernest Henry铜矿,2012年产出铜精矿约90×10⁴t,为世界第五大铜矿生产公司。

目前,该公司控股的智利科亚瓦西铜矿(Collahuasi)(斯特拉塔44%,英美公司44%,三菱公司7.43%)2012年正在转型扩建,该铜矿为世界第五大铜矿,矿石量68×10^8t,铜金属量达到5434.2×10^4t,2013年计划年产量为40×10^4t。此外,该公司的还拥有秘鲁的安塔米纳矿(Anta Mina)(与必和必拓合资)、阿根廷的阿鲁姆波列拉(Alumbrera)、智利的Altonorte铜矿、秘鲁的丁大亚铜矿(Tintaya)和Ernest Henry and Mount Isa,其中前两座矿山产值在2012年产能上升,后两座产能下降。

此外,斯特拉塔公司于2004年凭借1.21亿美元的出价赢得了秘鲁拉斯班巴斯铜矿(Las Bambas)采矿权,该矿山面积3×10^8 m^2左右,矿层深度可达15km,但目前只挖掘了7km。目前该矿已探明的铜储量在4050×10^4t左右,而可开发的潜在储量大约为5×10^8t,它的开采将使秘鲁铜产量增加25%。嘉能可・斯特拉塔公司合并后,将启动52亿美元的拉斯班巴斯铜矿项目,于2015年投入生产。

从2003年到2012年,Xstrata公司共拥有$16\,900\times10^4$t矿石量,约158亿美元的资产,生产成本为0.423美元/磅。2003年,公司投资29.6亿美元收购了澳大利亚MIM holding公司100%的股权,使得当年的交易额翻倍达到49亿美元。2005年8月,公司又收购了Falconbridge有限公司19.9%的股份,2006年8月成功赢得该公司其余80%股份,最终以0.1038美元/磅的成本购买到了$69\,100\times10^4$t的铜矿石量。

虽然,Xstrata公司的快速发展主要来自于收购,但十年间,公司共投资9.08亿美元进行铜矿勘探,以0.0305美元/磅的成本勘查发现了1350×10^4t的铜储量。其中2005年,公司投资5.82亿美元在勘探秘鲁Las Bambas铜矿的过程中发现了Ferrobamba矿床和阿根廷的Los Azules矿床。总体来看,Xstrata公司的勘探回报率为1∶188.42。截至2012年,公司共拥有铜的可采储量2200×10^4t,以目前的开采速度,还可持续26年。

经过十年的扩张并购,Xstrata公司的增长点逐渐开始转向现有产业的扩建和深部找矿。今后的3年,该公司将投资70亿美元,其中,6个投资项目在拉美,两个投资项目在澳大利亚,在菲律宾和印度尼西亚分别有一个项目,到2015年,该公司的铜产量预计可达到500×10^4t/a(表6-11)。

表6-11 Xstrata公司已投产和即将投产的铜矿项目

项目名称	所有权(%)	所在国家	开发阶段	活动情况	开采类型	铜矿石量($\times10^6$t)	潜在铜储量($\times10^4$t)	投产时间(年)	投资额(百万美元)	铜($\times10^4$t)
Las Bambas	100	秘鲁	预生产	活动	露天地下	8092	250	2015	5200	40
Coroccohuayco	100	秘鲁	储量评估	活动	露天	1419	152	2018		
El Pachon	100	阿根廷	可行性研究	活动	露天	8898	680	2018	1900	40
Frieda River	81.8	巴新	可行性研究	活动	露天	8770	607.9	2017	5800	90.4
Lomas Bayas Sulfuros	100	智利	预生产	活动	露天	1781	11 600	2017	1800	7
Collahuasi Phase 3	44	智利	预生产		露天	12 485	3566.2	2019	6500	50
Tampakan	62.5	菲律宾	可行性研究	暂停	露天		288	2019	5900	97.5
West Wall	50	智利	储量评估	活动			405			

(四)必和必拓公司(BHP Billiton)

1. 企业及项目概况

世界第三大铜矿公司,必和必拓公司(BHP Billiton),2012 年的铜产量为 109×10^4t,其主要产业有控股 57.5%的智利艾斯贡迪达铜矿(Escondida)、100%控股的智利北部塞罗科罗拉多铜矿(Cerro Colorado)和 Spence 铜矿、控股 33.75%的秘鲁安塔米纳铜锌矿(Anta Mina)、100%控股的澳大利亚南部奥林匹克坝(Olympic Dam)铀铜矿、美国亚利桑那州的平托谷铜矿(Pinto Valley)、秘鲁丁大亚铜矿(Tintaya)和澳大利亚的坎宁顿银铅矿(Cannington)等。其中,该公司 2012 年对智利艾斯贡迪达铜矿进行了选矿流程的完善和提高,该年度的铜产量一半左右来自于艾斯贡迪达铜矿。公司的矿产品生产地主要分布在南半球的澳大利亚,拉丁美洲和非洲南部等国家和地区。其矿产品的销售地更是呈现出全球化的格局,目前,其 30%左右的营业额来自亚洲,25%来自欧洲,其余则来自世界其他国家或地区(表 6-12)。

表 6-12　BHP Billiton 公司已投产和即将投产的铜矿项目

项目名称	所有权(%)	所在国家	开发阶段	活动情况	开采方式	铜矿石量($\times10^4$t)	铜品位(%)	铜($\times10^4$t)	投产时间(年)	投资额(百万美元)
Escondida(OLAP)	57.5	智利	预生产	扩建	露天	6901	0.64	111.9	2014	721
Escondida(OGP1)	57.5	智利	预生产	扩建	露天	6901	0.64	111.9	2015	3800
Resolution	45	美国	可行性研究	活动	地下				2021	6000
Olympic Dam	100	澳大利亚	预生产	活动	露天地下	629	1.76	44.8		20 700

2. 企业勘探开发现状

从 2003 年到 2012 年,必和必拓公司的铜矿储量持续上升,铜总储量为 1.68×10^8t,可采铜储量为 4340×10^4t,平均成本为 0.0658 美元/磅。以目前的开采速度,艾斯贡迪达铜矿的储量可持续开采 41 年,奥林匹克坝铀铜矿可持续开采 57 年,Antamina 铜矿的矿山寿命长达 16 年,Pampa Norte 铜矿的寿命为 10～11 年,Pinto Valley 铜矿可继续开采 4 年。但该公司控制的铜矿品位由 2003 年的 1.04%下降到了 2012 年的 0.75%。

十年间,1/3 铜矿储量的增长来自于 2005 年公司斥资 39 亿美元收购澳大利亚的奥林匹克坝铀铜矿。公司获得了西部矿业公司奥林匹克坝矿山的矿产权,具有至 2036 年开采该矿床的许可证,并具有此后 50 年的延长期权。该矿位于澳大利亚阿德莱德西北 560km,属于热液角砾岩铜铀金银矿床,为世界第四大铜矿山,矿山铜的可采储量为 1170×10^4t,收购成本约为 0.0244 美元/磅。2011 年该矿产铜产量为 19.41×10^4t,氧化铀 4045t,金 111 368 盎司(1 盎司=28.350g)和银 998.2 万盎司。

2006 年,必和必拓公司卖掉了秘鲁的 Tintaya 铜矿、Agua Rica、Bajo de la Alumbrera、Robinson 和 Highland Valley 矿山,共收入 11 亿美元,其中,Xstrata 公司出资 8.52 亿美元收购了 Tintaya 铜矿。

从 1998 年到 2012 年,必和必拓公司的铜矿的勘探投资为 12.1 亿美元,其中 48%用在矿区勘探,42%用于草根勘探,10%用于后期勘探,公司的铜矿勘探平均成本为 0.0488 美元/磅。

其中,这 15 年间超过一半(53%)的储量增加来自于对 Escondida 铜矿的矿区勘探,该矿山的铜储量由 2002 年的 1430×10^4t 增加到了 2012 年的 2600×10^4t,资源潜力由 800×10^4t 增加到了 2000×10^4t,必和必拓公司表示,随着矿区勘探的深入开展,该矿山的储量会继续扩大,预计可维持开采 100 年以上。

另外,勘探经费的第二大开支为草根勘探,15 年间必和必拓公司共投资 6.16 亿美元进行草根勘探,主要发现了 6 个大型铜矿:秘鲁 Coroccohuayco 铜矿、澳大利亚 Prominent Hill 铜矿、智利 Pinta

Verde 铜矿、智利 Santo Dolningo 铜矿、智利 Pampa Escondida 铜矿和赞比亚 Mumbwa 铜矿，可采铜储量共 2620×10^4 t，勘探成本约为 0.0133 美元/磅。截至 2012 年底，这 6 个矿项目使得必和必拓公司共收益 1820 亿美元，投资回报率为 1∶236.1。

3. 企业未来动向

该公司持有目前年开采量最大的铜矿——智利艾斯贡迪达铜矿 57.5%的股份（力拓持股 30%，三菱为首的日本财团持股 10%，剩余股份由国际金融公司持有），2011 年，必和必拓与力拓集团联合宣布，已经批准该铜矿的产能扩张计划，将矿山铜矿产量从 2011 年的 76×10^4 t 提高到 2015 年的 135×10^4 t。项目总投资 45 亿美元，其中必和必拓将担负 26 亿美元。按照必和必拓公司对该矿的铜储备估值，以目前的开采速度，该矿山的寿命由 35 年增加到了 54 年。该矿计划 2013 年产量在去年基础上提高 20%，2012 年产量为 42.5×10^4 t。

该公司还与斯特拉塔公司合资经营秘鲁安塔米纳铜锌矿（Anta Mina）（双方各持 33.75%的股份，加拿大泰克资源公司（Teck Resources Ltd.）持 22.5%股份，三菱商事有限公司（Mitsubishi Corp.）持有 10%的股份），2010 年，该矿的 4 个合作商已经批准了一个 12.9 亿美元的业务扩大项目，必和必拓公司在该项目所占份额为 4.347 亿美元。扩大项目将该矿矿石日处理能力增长 38%至每天 13×10^4 t，而且还可以将此矿的寿命延长 6 年，至 2029 年。该扩大项目的第一次投产在 2011 年底开始。

（五）墨西哥铜矿集团（Grupo Mexico）

世界铜矿公司排名第四位的墨西哥铜业公司（GMBXF），旗下有两大子公司，南方铜业（SCCO）和美国熔炼公司（ASARCO）。

1. 美国熔炼公司（ASARCO）

世界铜矿公司排名第四位的墨西哥铜业公司（GMBXF）全资的子公司美国熔炼公司（ASARCO）的主要产业有 Mission、Bay、亚利桑那州 Silver Bell 露天铜矿、亚利桑那州 Hayden 铜冶炼厂和德克萨斯州的 El Paso 铜矿。该公司 2012 年的铜产量为 18.3×10^4 t。

2. 南方铜业公司（Southern Copper）

南方铜业公司（Southern Copper，SCC）为全球第六大铜矿生产商，2012 年产量为 63.77×10^4 t，公司的经营范围主要是秘鲁南部和墨西哥地区的矿山和冶炼厂，81.3%的股份为墨西哥铜矿集团（Grupo Mexico）所有。

从 2003 年到 2012 年，SCC 公司的铜矿储量增加了 6230×10^4 t，为全球十大铜矿公司十年来储量增加最快的公司，其中，2890×10^4 t（46%）的储量来自于矿山收购，3340×10^4 t（54%）的储量来自于勘探发现。该公司获得铜矿储量的平均成本为 0.0194 美元/磅，其中，收购成本为 0.0391 美元/磅，勘探成本为 0.0024 美元/磅。2012 年底，该公司的铜矿可采储量为 7210×10^4 t。

从 2003 年到 2012 年，SCC 公司的铜矿勘探投资为 1.75 亿美元，其中，通过草根勘探于 2004 年发现了探明铜储量为 250×10^4 t 的秘鲁 Tia Maria 矿床，1998 年发现了铜储量为 220×10^4 t 的 Los Chancas 铜矿。十年间，SCC 公司通过勘探共获得总价值为 363 亿美元的 470×10^4 t 的铜储量，平均成本为 0.0135 美元/磅，投资回报率为 1∶259.82。

SCC 公司计划在未来 5 年内投资 10.5 亿美元，预计 2017 年的铜精矿产量将达到 120×10^4 t/a，上升近 84%。投资的主要项目包括 Toquepala 和 Cuajone 矿山的扩建、Tia Maria 铜矿的设备改进和 Los-Chancas 铜矿的可行性研究。

其中，该公司将投资 3.01 亿美元进行 Cuajone 矿山的扩建，预计 2013 年该矿山的铜精矿产量将达到 2.2×10^4 t/a；对于 Toquepala 矿山，投资额达到 6 亿美元，预计到 2015 年该矿山的铜产量可以达到 10×10^4 t/a；2013 年 6 月，SCC 公司将要出台一份新的 Tia Maria 铜矿的环境评估报告，为了避免引起当地居民的不满，计划使用海水代替净水，该矿山铜矿的探明储量为 6.9×10^4 t，铜品位为 0.37%，矿山年产量到2016年将达到11.8×10^4t;2013年上半年,SCC公司计划完成对LosChancas铜矿山的可行性研究,该项目价值13亿美元,探明铜386×10^4t,其中铜品位为0.532%,钼品位为0.04%,金品位为0.39×10^{-6}。

另外,在墨西哥,Buerlavlsta铜矿2011年的产量为18×10^4t,SCC公司2013年计划投资10亿美元进行矿山第三阶段建设,投资14亿美元,进行铜冶炼厂建设,预计到2013年底该矿山可产铜精矿18.8×10^4t;SCC公司还计划投资1.95亿美元开展Pilares项目,2013年该项目可产铜精矿4×10^4t铜;未来几年El Arco铜金矿项目也是该公司的一个增长点,20亿美元的投资可使铜矿产量达到19×10^4t/a,金矿产量达到10.5万盎司/年(表6-13)。

表6-13 Southern Copper公司已投产和即将投产的铜矿项目

项目名称	所有权(%)	所在国家	开发阶段	活动情况	开采方式	铜矿石量(×10^6t)	铜品位(%)	铜(×10^4t)	投产时间(年)	投资额(百万美元)
Pilares	100	墨西哥	预生产	活动	露天				2013	195.0
Cuajone	100	秘鲁	生产	扩建	露天	2 299 431	0.49	1027	2013	301.0
Buerlavlsta	98.3	墨西哥	生产	扩建	露天	8 778 722	0.32	2776.3	2015	3700.0
TiaMaria	100	秘鲁	可行性研究	暂停	露天	689 935	0.37	257.3	2015	934.0
Toquepala	100	秘鲁	生产	勘探	露天	4 846 807	0.32	1792	2015	600.0
Angarlgueo	100	墨西哥	预生产	活动	地下	6643	0.39	9.2	2015	174.7
El Arco	100	墨西哥	可行性研究	活动	露天地下	2 143 290	0.37	787.2		2000.0
Los Chancas	100	秘鲁	可行性研究	活动	露天		0.53	386		1300.0

(六)智利安托法加斯塔集团公司(Antofagasta PLC)

1. 企业及项目概况

位居世界铜矿公司第六位的智利安托法加斯塔集团公司(Antofagasta PLC)2012年的铜产量为45.79×10^4t,本年度该公司旗下的智利罗斯贝拉姆波雷斯铜矿(Los Pelambres)和南艾斯贝拉萨铜矿(Esperanza Sur)产量增加。据智利铜和矿业研究中心(CESCO)统计,2012年在智利矿业领域盈利平均下滑46%的背景下,安托法加斯塔矿业公司以其49%的盈利率排名智利首位。其次为必和必拓控股的ESCONDIDIA矿业公司和加拿大BARRICK公司旗下ZALDIVAR公司,盈利率均为39%。智利国家铜业公司(CODELCO)以盈利率32%排名第四。

2006年,该公司投资4.01亿美元收购了El Tesoro铜矿剩余的39%的股份,以成本为0.4788美元/磅的价格获得了38×10^4t铜的可采储量。为了保证Esperanza项目的顺利开展,该公司于2008年以13亿美元的价格出售了El Tesoro铜矿30%的股份。2006年,公司投资1.14亿美元收购了Reko Dip铜金矿37.5%的股份,以成本为0.0374美元/磅的价格获得了620×10^4t的铜储量。2008年该公司投资26亿美元开发埃斯佩兰撒(Esperanza)铜矿项目,已于2010年投产,2011年铜销量达到28.95×10^4t,全年铜产量达到了64×10^4t(表6-14)。另外,该公司还在对Antucoya矿进行可行性研究。

2. 企业勘探开发现状

从2003年到2012年,该公司的铜储量增加了750×10^4t,2012年的储量为十年前的两倍多,其中,95%的储量来自于勘探发现,其储量获得成本平均为0.4788美元/磅。以目前的开采速度,该公司拥有的1060×10^4t铜储量可供持续开采21年。

表 6-14 Antofagasta 公司已投产和即将投产的铜矿项目

项目名称	所有权(%)	所在国家	开发阶段	活动情况	开采方式	铜($\times10^4$t)	铜品位(%)	投产时间(年)	投资额(百万美元)
Antucoya	70	智利	生产	活动	露天	368	0.31	2015	1900
Encuentro	100	智利	可行性研究	活动	露天	544	0.41	2016	600
Esperanza sur	70	智利	可行性研究	活动	露天	635.5	0.37	2017	3500
Lospelambres	60	智利	生产	活动	露天	NA		2019	9500
Reko Dip	37.50	巴基斯坦	可行性研究	限制生产	露天	NA			3300

从 2003 年到 2012 年，Antofagasta 公司铜矿的勘探预算为 5.495 亿美元，勘探成本为 0.0349 美元/磅，勘探获得铜的可采铜储量为 710×10^4t。其中，4.63 亿美元的勘探投资用在主要的九大项目中，这九大勘探发现给该公司带来了约 2296 亿美元的收益。该公司的勘探投资回报率 1∶495.78，这一数值排在全球十大铜矿公司投资回报率的第二位。其中，最大的一个勘探发现为 2004 年与 Inca Pacific 公司合作投资的秘鲁 Magistral 项目，该矿床的可采储量为 127×10^4t 铜，勘探成本为 0.0078 美元/磅。

3. 企业外来动向

下一阶段，该公司最大的工程为秘鲁 Los Pelambres 矿山的扩建，2010 年公司已经投资 10 亿美元，2012 年该矿山的年产量达到了 40.4×10^4t。该矿山的矿石储量为 15×10^8t，至少 1/3 的矿石储量(约 5.4×10^8t)铜品位达到了 0.52%。

目前，该公司正在对 Esperanza 铜矿进行可行性研究，2013 年底预计同产量增加 15×10^4t /a。由于选矿技术的提高和勘探得到的增加储量，预计 El Tesoro 铜矿山的年产量在 2016 年可达到 5×10^4t/a，到 2024 年，该数值可再增加 1 倍。公司还计划对 Encuentro 矿山进行地下开采，预计到 2020 年，该矿山的年产量可达到$(14\sim16)\times10^4$t 铜，矿山寿命也将延长 20 年。

(七)英美资源集团(Anglo American PLC)

1. 企业及项目概况

另一世界铜矿巨头英美资源公司，其 2012 年铜的总产量为 65.97×10^4t，比 2011 年上升了 10%。这主要是由于智利罗斯博罗塞斯(Los Bronces)铜矿的扩建，抵消了智利的科亚瓦西(Collahuasi)矿、曼托斯布兰科斯铜矿(Mantos Blancos)和罗斯博罗塞斯(Los Bronces)铜矿的减产。该公司的主要业务包括铜矿、镍矿、钯矿、金刚石、煤炭、锰矿和铁矿的开发生产，其中，铜矿业务占据了公司总利润的 27%，2012 年度共盈利 17 亿美元。

英美资源公司在智利拥有 6 个铜业务，全资拥有的 Los Bronces 矿、El Soldado 矿、Mantos Blancos 矿和 Mantoverde 矿及 Chagres 冶炼厂和占 44%权益的智利第三大铜矿山 Collahuasi 矿。还在秘鲁的 Quellaveco 和 Michiquillay 铜矿项目有股权，并在阿拉斯加的 Pebble 项目有 50%的权益。

2. 企业勘探开发现状

2011 年到 2012 年，该公司分离出自己 46.9%的股份约 660×10^4t 的铜储量成立 Anglo American Sur 子公司。并于 2012 年底，以 3.69 亿美元的价格出售了其与力拓公司合作的南非 Palabora 铜矿 74.5%的股份给南非和中国企业合资的财团，Anglo American 公司获益 1.07 亿美元。在 2009 年 8 月，公司宣布了位于智利的 Los Sulfatos 和 San Enrique Monolito 两处高品位铜矿的勘探发现，这两个矿为 Los Bronces 项目带来很大的发展；2011 年下半年，Anglo American 公司投资 28 亿美元进行 Los Bronces 矿山的扩建工程，该矿山的铜矿储量约为 1750×10^4t，预计在 2014 年该矿山的产量可达到 49

$\times 10^4$t /a，将成为全球第五大铜矿山，2012 年 Los Bronces 项目年产达到 19.6$\times 10^4$t 铜。2007 年公司出资 4.03 亿美元获得了世界上最大的未开采铜矿之一的秘鲁 Michiquillay 铜矿的开采权，目前公司正在评估该项目的开发潜力和开发模式。此外，秘鲁 Quellaveco 项目和智利 Collahuasi 项目的扩建调研将在 2013 年完成，这将会给 Anglo American 带来新的增长。

过去的十年间，Anglo American 公司的金属矿产勘探投资共计 8.8 亿美元，其中 4.9 亿美元用于铜矿的勘探，共获得了 710$\times 10^4$t 的铜资源量，总勘探成本为 0.0314 美元/磅。其中，在 Anglo American Sur 公司旗下的 Los Bronces 铜矿的矿区勘探，使该矿床的铜储量由 570$\times 10^4$t 增加到了 2900$\times 10^4$t，并发现两个新的远景区，初步估算其储量为 2500$\times 10^4$t。通过草根勘探，该公司共发现了 4 个大型铜矿，分别为 West Wall、Rosario Oeste、San Enrique Monolito 和 Los Sulfatos，都位于智利，共投资 2.94 亿美元，获得 3310$\times 10^4$t 铜储量，草根勘探平均成本为 0.0038 美元/磅，投资回报率为 1∶568.15。

3. 企业外来动向

未来几年，Anglo American 公司的重大投资项目包括 Quellaveco、Michiquillay、Collahuasi 第三阶段、San Enrique Monolito、Los Sulfatos 和 Pebble 项目。关于 Quellaveco 项目，Anglo American 公司控股 81.9%，未来几年将投资 27.5 亿美元，计划使该矿山的年产量达到 22.5$\times 10^4$t，预计在 2016 年 6 月投产，目前该项目正在进行可行性研究。关于 Michiquillay 项目，Anglo American 公司计划的重大投资 23 亿美元进行矿山的后期工程建设，并与当地社区形成了相关协议，预计 2019 年该矿山的产量可达到 30$\times 10^4$t /a。关于 Collahuasi 项目，Anglo American 公司控股 44%，目前正在进行第三阶段的扩建项目的运行稳定性测试，到 2019 年两条生产线的总产量可达到 100$\times 10^4$t/a。同时，该公司正在对 Los Sulfatos 和 San Enrique Monolito 项目进行储量评估，计划将整两个项目并入到 Los Bronces 项目中。Pebble 项目是 Anglo American 公司最大的合资项目(Northern Dynasty Minerals 50%)，该矿山铜矿储量为 3200$\times 10^4$t，以目前的开采速度该项目可持续生产 78 年。2011 年的技术报告中指出该矿山存在 3 个远景区，计划资本投资 47 亿美元，包括勘探、岩土工程和冶金、钻井和水文测试。2012 年 3 月，Northern Dynasty Minerals 公司同意投资 1.07 亿美元进行环保工程建设，以满足美国国家环境政策法案的监管要求。

此外，Anglo American 公司正在对位于智利第三区的 Mantoverde 铜矿山进行矿区勘探，进一步评估该矿床的储量，计划扩大该矿山 Kuroki 和 Franko Sur 矿床的露天开采规模，同时进行 Franko Norte 和 Punto 62 号矿床开采计划(表 6－15)。

表 6－15　Anglo American 公司已投产和即将投产的铜矿项目

项目名称	所有权(%)	所在国家	开发阶段	活动情况	开采方式	铜矿石量($\times 10^6$t)	铜品位(%)	铜($\times 10^4$t)	投产时间(年)	投资额(百万美元)
Quellaveco	81.90	秘鲁	可行性研究	活动	露天	923	0.65	600	2016	2750.00
Michiquillay	100	秘鲁	储量评估	活动	露天	544	0.69	375.4	2019	2300.00
Collahuasi Phase3	44	智利	生产	扩建	露天	3187	0.81	2573.1	2019	6500.00
San Enrique Monolito	50.10	智利	储量评估	活动	地下					
Los Sulfatos	50.10	智利	储量评估	活动	地下					
Pebble	50	美国	储量评估	活动	露天地下					4700.00
West Wall	50	智利	储量评估	活动						

(八)力拓集团(Rio Tinto)

1. 企业及项目概况

世界矿业巨头力拓公司(Rio Tinto)在铜矿勘探开采领域也占有巨大的份额,2012年的铜产量为54.9×10^4t,位居世界第十位。该年度的产量较十年来Rio Tinto集团的平均年产量72×10^4t有所降低,这是由于该公司的铜矿石品位降低。力拓集团的正在开采的铜项目包括犹他州肯尼科特(Kennecott)铜矿山Bingham Canyon工程、合资的智利艾斯贡迪达(Escondida)铜矿、印度尼西亚的格拉斯伯格(Grasberg)铜矿和澳大利亚Northparkes铜矿。目前,大型的开发项目包括托蒙古的Oyu Tolgoi项目、秘鲁的La Granja项目和亚利桑那州的Resolution项目(表6-16)。2013年,Rio Tinto集团的铜矿产量将增加,增量将来源于Bingham Canyon和Escondida项目的投资和Oyu Tolgoi高产量开采项目的启动。

表6-16 Rio Tinto公司已投产和即将投产的铜矿项目

项目名称	所有权(%)	所在国家	开发阶段	活动情况	开采方式	铜矿石量($\times10^6$t)	铜品位(%)	铜($\times10^4$t)	投产时间(年)	投资额(百万美元)
Oyu Tolgoi(露天开采)	33.70	蒙古	生产	活动	露天地下	1509	0.87	457.2	2013	6200
Eagle	100	美国	生产	活动	地下	5	2.49	0.8	2014	469
Grasberg(Big Gossan)		印尼	生产	活动	地下	54	2.26		2014	550
Escondida(OLAP)	30	智利	生产	扩建	露天	6901	0.64	111.9	2014	721
Escondida(OGP1)	30	智利	生产	扩建	露天	6901	0.64	111.9	2015	3800
Grasberg		印尼	预生产	活动	地下	517	0.84		2015	2200
Oyu Tolgoi(地下开采)	33.70	蒙古	预生产	活动	露天地下	1509	0.87	457.2	2016	7000
Grasberg(Block Cave)		印尼	预生产	活动	地下	999	1.01		2017	4200
La Granja	100	秘鲁	储量评估	活动	露天		0.51	2206	2017	2750
Bingham Canyon	100	美国	生产	扩建	露天	784	0.47	35.9	2017	660
Resolution	55	美国	可行性研究	活动	地下	NA			2021	6000
Grasberg(Kucling Liar)		印尼	预生产	活动	地下	420	1.25			2000

2. 企业勘探开发现状

从2003年到2012年,Rio Tinto集团拥有的铜矿储量增加了1120×10^4t,31%来自于收购,69%来自于勘探发现。从2003年到2009年Rio Tinto集团的铜储量持续下降,其中2004年Rio Tinto集团将其11.9%的股份出售给了Freeport-McMoRan公司,并在同一年也出售了Sepon20%的股权、Mina Justa57.5%的股权和Neves Corvo铜铅锌矿床49%的股权。而在接下来的3年,储量持续上升,2012年Rio Tinto集团共拥有近3000×10^4t铜矿储量,主要是由于收购了Oyu Tolgoi铜金矿。2012年12

月，Rio Tinto 集团与 Anglo American 公司以 4.76 亿美元的价格出售了他们的合资项目南非 Palabora 铜矿山 74.5%的股份（Rio Tinto 集团占 57.7%）给南非与中国企业合资的财团。十年间，Rio Tinto 集团获得铜储量的平均成本为 0.2118 美元/磅，收购成本为 0.514 美元/磅，勘探成本为 0.0759 美元/磅。以目前的开采速度，2990×10^4t 的铜储量可满足 49 年的生产（允许 10%损失）。

3. 企业外来动向

2009 年 10 月力拓集团与艾芬豪矿业公司（Ivanhoe Mines Ltd.）正式签署了奥尤陶勒盖铜金矿（Oyu Tolgoi）投资协议，力拓旗下 Turquoise Hill 资源公司拥有该铜矿 66%的股份，蒙古国政府则持有剩余股份。该矿位于蒙古国南戈壁省汗包格德县境内（距离中国边界不足 100km），号称世界五大金铜矿之一，初步探明铜储量为 3110×10^4t、黄金储量为 1328t、白银储量为 7600t，投产后，可年产铜 42.5×10^4t，矿山寿命至少 50 年。力拓集团注资 62 亿美元建设露天开采工程，其后将继续投资（70～80）亿美进行地下开采。该矿山已于 2013 年 7 月开始出口铜，第一批客户为中国北方的铜冶炼厂。

该公司还拥有目前世界上开采量最大的智利艾斯贡迪达铜矿（Escondida）30%的股份（BHPB 57.5%，日本财团 12.5%），2011 年，力拓集团与必和必拓公司联合宣布该铜矿的产能扩张计划，Rio Tinto 集团将出资 14 亿美元。2012 年产量从 2011 年的 28×10^4t 倍增至 42.5×10^4t，到 2015 年矿山产量将达到 130×10^4t/a

在位于美国犹他州的 Binghamton Canyon 矿床，Rio Tinto 集团在未来的七年里将投资 6.6 亿美元进行南部坑道的推进，计划 2017 年完成，该笔投资还将用于 2018 年到 2029 年的矿山扩建工程。

对 Resolution 铜矿的可行性研究报告中指出该矿床的深部潜力较大，该矿床目前的储量大于 2600×10^4t，年产量 60×10^4t，可继续开采 40 年。

与 Freeport - McMoRan 公司合作开发的印尼 Grasberg 铜矿，正在由露天开采转变为地下开采。从 2012 年到 2016 年，Rio Tinto 集团预计投资 9 亿美元进行可行性研究。但是这项投资将受到力拓在该矿山的权益份额的影响。

在拉美地区，力拓集团继续开发秘鲁北部 La Granja 矿体的地下部分，近期计划进行项目的第三阶段，建设过滤设备，扩大生产，并建设选矿系统。

（九）新兴大型铜矿公司

近年来，除了上述知名的铜矿企业以外，其他众多的公司也在积极地投资开发铜矿业务，其中，发展速度较快的有以下 7 家公司：中国铝业（Aluminum Corp of China）、日本住友金属矿业公司（Sumitomo Metal Mining）、日本采矿金属公司（Nippon Mining & Metals）、Turquoise Hill Resources、加拿大哈德湾矿业公司（HudBay Minerals）、加拿大伦丁矿业（Lundin Mining）和日本三井矿业冶炼公司（Mitsui Mining & Smelting）。上述 7 家公司拥有的潜在铜总产能超过为 77×10^4t/a。

三、铜矿项目

南美洲的智利、秘鲁和阿根廷等国占据全球铜矿资源的 40%以上，由于部分地区铜矿勘查程度并不高，是未来的最有利风险勘查区，同时也是铜矿现货的重要利用区。目前，该区正处于勘探开发的大型以上铜矿项目（铜资源储量大于 50×10^4t）至少 121 项，其中铜资源储量大于 500×10^4t 有 47 项。具有很好勘查开发前景的项目（不包括正在开发的项目）有 25 项：

秘鲁 Limamayo 铜矿项目，秘鲁政府拥有，目前正处于储量评估阶段，预计铜资源储量达 750×10^4t。

秘鲁 Haquira 铜矿项目，First Quantum Minerals Ltd. 拥有，目前正处于可行性研究阶段，预计铜资源储量达 531×10^4t。

秘鲁 Quellaveco 铜矿项目，Anglo American PLC(81.9%)和 Mitsubishi Corp(18.1%)拥有，目前正处于可研阶段，预计铜资源储量达 1322×10^4 t。

秘鲁 Las Bambas 铜矿项目，Glencore Xstrata PLC 拥有，目前正处于试开采阶段，预计铜资源储量达 1049×10^4 t。

秘鲁 Canariaco Norte 铜矿项目，Candente Copper Corporation (Owner) 100%拥有，目前正处于可研阶段，预计铜资源量达 504×10^4 t。

秘鲁 Rio Blanco 铜矿项目，Zijin Mining Group Company Limited 35.95%；Tongling Nonferrous Metals Group Co.，Ltd. 27.97%；Xiamen C and D Inc. 15.98%；Market Investors 10.1%；LS-Nikko Copper Inc. 10%；Monterrico Metals PLC 拥有，目前正处于可行性研究阶段，预计铜矿资源量 711×10^4 t。

秘鲁 La Granja 铜矿项目，Rio Tinto 100%拥有，目前正处于可行性研究阶段，预计铜矿资源量 2206×10^4 t。

智利 Cerro Negro 铜矿项目，Corporación Nacional del Cobre de Chile 拥有，目前正处于储量评估阶段，预计铜资源储量达 697×10^4 t。

智利 La Americana 铜矿项目，Corporación Nacional del Cobre de Chile 拥有，目前正处于储量评估阶段，预计铜资源储量达 536×10^4 t。

智利 Los Helados 铜矿项目，NGEx Resources Inc. (60%)和 JX Nippon Mining and Metals Corp 26.4%；Mitsui Mining & Smelting Co.，Ltd. 12.96%拥有，目前正处于可研阶段，预计铜资源储量达 1061×10^4 t。

智利 Los Sulfatos 铜矿项目，Anglo American PLC 50.1%；Corporación Nacional del Cobre de Chile 24.5%；Mitsubishi Corporation 20.4%；Mitsui & Co.，Ltd. 5%；Inversiones Anglo American Sur S. A. 拥有，目前正处于可研阶段，预计铜资源储量达 1752×10^4 t。

智利 San Enrique Monolito 铜矿项目，Anglo American PLC(50.1%)、Mitsubishi Corp(20.4%)、Codelco(24.5%)和 Mitsui and Co Ltd. (5%)拥有，目前正处于储量评估阶段，预计铜资源储量达 729×10^4 t。

智利 West Wall 铜矿项目，Glencore Xstrata PLC(50%)和 Anglo American PLC(50%)拥有，目前正处于储量评估阶段，预计铜资源储量达 738×10^4 t。

智利 El Morro 铜矿项目，Goldcorp Inc. (70%)和 New Gold Inc. (30%)拥有，目前正处于可研阶段，预计铜资源储量达 570×10^4 t。

智利 Los Volcanes 铜矿项目，Antofagasta PLC 51%；Luksic Group 49%拥有，目前正处于储量评估阶段，预计铜资源储量达 596×10^4 t。

智利 Toqui Cluster 铜矿项目，Chuquicamata Division 100%拥有，目前正处于储量评估阶段，预计铜资源储量 1906×10^4 t。

智利 Pampa Escondida 铜矿项目，BHP Billiton Group 57.5%；Rio Tinto 30%；Mitsubishi Corporation 8.25%；Nippon Mining and Metals Ltd. 3%；Mitsubishi Materials Corporation 1.25%；JECO 2 Ltd. 拥有，目前正处于储量评估阶段，预计铜资源储量 3368×10^4 t。

智利 Relincho 铜矿项目，Teck Resources Limited 100%拥有，目前正处于可研阶段，预计铜资源储量 824×10^4 t。

智利 Esperanza Sur 铜矿项目，Antofagasta PLC 70%；Marubeni Corporation 30%拥有，目前正处于可研阶段，预计铜资源储量 811×10^4 t。

阿根廷 Altar 铜矿项目，Stillwater Mining Co 拥有，目前正处于储量评估阶段，预计铜资源储量达 840×10^4 t。

阿根廷 Los Azules 铜矿项目，McEwen Mining Inc. 拥有，目前正处于可研阶段，预计铜资源储量达

893×10^4t。

阿根廷 Taca Taca 铜矿项目，First Quantum Minerals Limited 100%拥有，目前正处于可研阶段，预计铜资源储量达 1293×10^4t。

阿根廷 Agua Rica 铜矿项目，Yamana Gold Inc. 95%；Catamarca Mineriay Energetica Sociedad del Estado 5%；Sandstorm Gold Ltd. 拥有，目前正处于可研阶段，预计铜资源储量达 742×10^4t。

阿根廷 El Pachon 铜矿项目，Glencore Xstrata PLC 拥有，目前正处于可研阶段，预计铜资源储量达 1550×10^4t。

厄瓜多尔 Panantza 铜矿项目，China Railway Construction Corp Ltd. 45%；Tongling Nonferrous Metals Group Co.，Ltd. 45%；Lowell Copper Ltd. 10%；Tongling Nonferrous Metals Group Holding Co.，Ltd. 拥有，目前正处于可行性研究阶段，预计铜矿资源量 660×10^4t。

第五节 远景区分析

一、远景区划分

南美洲铜矿远景区的圈定主要基于铜矿成矿带分布、铜矿产地数据库、铜成矿地质构造背景和成矿条件等因素，根据地质类比方法，综合圈定铜矿远景区。远景区具有如下特点：铜矿成矿条件有利；有较多铜矿产地分布；有重要矿床正处在勘查开发之中；正在进行勘查发现较好的矿化现象和找矿线索，仍有较好的找矿空间(附表 2，图 6－14)。

根据上述铜矿远景区圈定原则，可将南美划分出 5 个铜矿成矿远景区和 17 个主要成矿区，分别是智利科亚瓦西铜矿区、智利安托法加斯塔东南铜矿区、智利科皮亚波瑞康纳达地区铜矿区、智利科金博铜矿区、智利拉里瓜东南铜矿区、智利圣地亚哥南北延伸铜矿区、智利埃尔特尼恩特铜矿区南延铜矿区、阿根廷北部Ⅰ号铜矿区、阿根廷北部Ⅱ号铜矿区、阿根廷中北部铜矿区、阿根廷中南部铜矿区、厄瓜多尔东南部里约萨莫拉斑岩铜矿区、厄瓜多尔北部伊姆包斯特斑岩铜矿区、巴西卡拉加斯铜矿区、巴西巴伊亚地区铜矿区、秘鲁阿雷基帕铜矿区和秘鲁查查波亚斯-瓦努科铜矿区(图 6－15)。

二、远景区分析

1. 智利中北部铜矿成矿远景区

在该成矿远景区可进一步圈定出以下 7 个重要的成矿区。

(1)智利科亚瓦西铜矿成矿区。科亚瓦西铜矿成矿区位于智利北部第一大区内，伊基克港城东南 180km，与玻利维亚接壤。该成矿区是Ⅲ－34 西科迪勒拉 Cu－Au－Ag－Fe－多金属-硫-盐类成矿带的重要组成部分。科亚瓦西斑岩铜矿床其地理坐标 20°58′W，68°43′S，该矿床地处科亚瓦西-楚基卡马塔斑岩铜矿带的北端，海拔高度为 4500m。

该区南北长近 90km，东西宽近 30km，其面积约达 $2700km^2$。位于菲什尔深大断裂以东，遥感地质解译发现有近南北向、北西向和北东向断裂构造，3 个方向的断裂交汇部位控制着岩体侵入和矿化作用。围岩蚀变明显，且具斑岩铜矿蚀变分带现象。

在科亚瓦西铜矿附近还发现数个以斑岩型铜矿为主的矿床，以西 7km 处有克夫拉达布兰卡铜矿床，向东有温金蒂帕矿床，往南还有克特苏马、拉格兰德铜矿等众多小型铜金矿床及矿化点。含矿岩体侵位于二叠纪—三叠纪安山质和流纹质火山岩中，成矿时代为古近纪和新近纪。该区具有较大找矿潜力。

图 6-14 南美洲铜矿床分布图(储量＞50×10⁴ t)

（底图据 Schobenhaus & Bellizzia，2001 修编）（图中矿床信息详见附表 2）

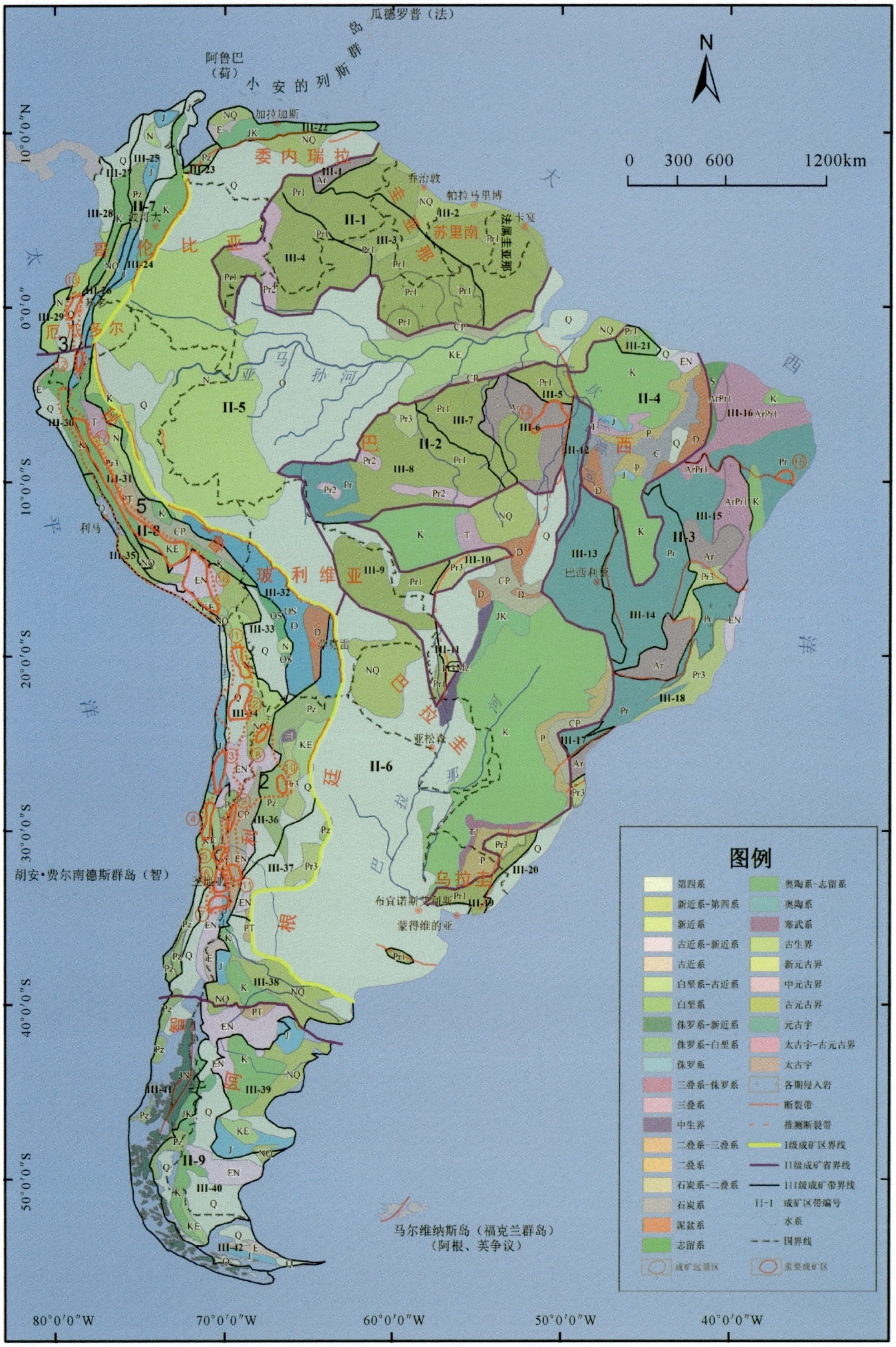

图 6-15 南美洲铜矿远景区分布图

(2)智利安托法加斯塔东南成矿区。位于智利第二大区首府安托法加斯塔市东南部，南北长190km，东西宽90km，面积约近$3\times10^4km^2$，该成矿区地处Ⅲ-34西科迪勒拉Cu-Au-Ag-Fe-多金属-硫-盐类成矿带。

该区位于菲什尔近南北向深大断裂以西，西部海岸南北向大断裂以东与大的北西向和北东向断裂交汇部位。断裂构造极为发育，遥感地质构造解译，预测区内发育有近南北向、北西向和近东西向断裂系统和多处环形构造，它们控制着岩浆的侵入活动。

区内岩浆活动强烈，侵入岩除部分为花岗岩和花岗闪长岩体呈大的岩基外，尚有众多的中性—中酸性侵入体侵位到第三纪安山质火山岩中。与成矿有关的是闪长斑岩、花岗闪长斑岩、二长斑岩和英安斑岩等侵入体，它们多呈岩株状，为成矿的母岩。除目前发现的含矿岩体外，遥感解译出10个大小不等的环形构造，推测可能与隐伏岩体侵入有关。

区内铜金矿化普遍，且矿化强度高。目前已发现的储量大于50×10^4t的斑岩铜矿床就有10余个，如艾斯贡迪达铜矿、萨尔迪瓦尔铜矿等矿床，还有3处大型金矿床。同时，尚有众多的铜、金矿点分布。

综合以上信息，该区成矿地质环境和条件十分优越，有较大找矿潜力。

(3)智利科皮亚波瑞康纳达地区成矿区。位于智利第三大区科皮亚波，该成矿区是Ⅲ-35中海岸科迪勒拉Cu-Fe-Au-Zn-Ag成矿带重要组成部分。区内地形较平缓，为丘陵地貌，属北部荒漠区。交通较为便利，水和电力条件较好，对地质找矿和今后矿业开发条件有利。

该区位于菲什尔深大断裂西侧，遥感构造解译认为该区域是次级近南北向和北西向断裂交汇的构造体系，并有一大型环形构造，控制岩浆侵入活动。

区内斑岩体成群分布，且成分复杂，与矿化有关的有花岗闪长斑岩、闪长岩、二长斑岩等。

区内出露地层是白垩系和第四系，白垩纪地层以安山岩类-流纹岩类为主。

区内铜铁矿化普遍，在$1000km^2$范围内，铜铁矿床点近百余处，其中以冈德拉利亚大型铜矿床为代表，探获铜储量为404×10^4t，平均含铜品位1.29%。

(4)智利科金博成矿区。位于智利第四大区，在科金博市的周围及以北地区，属Ⅲ-35中海岸科迪勒拉Cu-Fe-Au-Zn-Ag成矿带。南北长60km，东西宽约20km。

该区出露地层主要为侏罗纪—白垩纪的页岩、灰岩、砾岩层及火山熔岩、火山碎屑岩系等。区域内断裂构造发育，主要构造线为近南北向、北东向、北西向3组，相互交织，遥感地质解译发现有数个环形构造，它们控制岩浆侵入活动。区内岩浆活动强烈，区域上一个近南北走向的花岗岩-花岗闪长斑岩岩基状大岩体向南延伸至本区中部科金博附近，还有数个闪长岩及二长闪长岩侵入体，可能与成矿作用有关。

区内铜金矿化作用普遍，南部已发现了3个大型金铜矿床，北部有两个大型铜矿，东部有一大型铜矿，在区内发现有20余个小型金、铜矿床(点)，就矿找矿，扩大规模，前景很大。

(5)智利拉里瓜东南成矿区。位于第五大区，拉里瓜市东至东南部约28km，处于Ⅲ-34西科迪勒拉Cu-Au-Ag-Fe-多金属-硫-盐类成矿带上。

该区出露地层主要有晚白垩世沉积岩、安山岩、英安岩及火山碎屑岩等，局部分布有第四系沉积物。

该区位于近南北向、北西向和北东断裂交汇部位，遥感地质解译位于大型环形构造的东半部，这些构造系统起着控岩控矿作用。

区内侵入岩体较多，除西部为一较大岩体外，其余均为小型侵入体，呈岩株状。主要岩性为花岗岩、花岗闪长岩、闪长岩，矿化产在中酸性岩体及外围安山质岩中。

该地区铜矿化十分强烈，在西侧已发现了自埃尔索尔达多铜矿往北延伸展布的5个大于50×10^4t的铜矿床，东侧有一大型金矿床，4处中型铜矿床，小型铜金矿床(点)15处。

该区成矿地质条件很好，矿化又十分普遍，有很大找矿潜力。

(6)智利圣地亚哥南北延伸成矿区。位于第十三大区中(即智利首都地区)，从圣地亚哥向南延伸长60km，向北延伸25km，属Ⅲ-34西科迪勒拉Cu-Au-Ag-Fe-多金属-硫-盐类成矿带。

从矿区地层、断裂构造系统、侵入岩体、矿化作用及其矿化类型等，均与埃尔特尼恩特矿区的成矿条件相近，但地质工作程度较低。初步分析认为该区具有较大找矿潜力，进一步工作有可能找到大型铜矿床。

(7)智利埃尔特尼恩特铜矿区南延成矿区。位于智利第六大区内，北距圣地亚哥约 100km，向南延至圣费尔多以东约 20km 处。成矿区呈南北走向，长约近 60km，东西宽 10～40km，位于Ⅲ-34 西科迪勒拉 Cu-Au-Ag-Fe-多金属-硫-盐类成矿带。

该区内具有与埃尔特尼恩特特大型铜矿床极为相似的成矿地质条件。

区域内出露地层主要有中-新生代的各种沉积岩、火山岩系，下部为上白垩统的柯雅-马契建造，由细粒陆相沉积岩组成，夹安山岩和火山碎屑岩沉积；上部为始新世发列龙斯建造，也是一套沉积-火山岩系，由沉积岩、安山岩、流纹岩、玄武岩及火山碎屑岩组成，出露厚度约 2500m。

区内断裂构造发育，遥感地质解译表明，主要构造线方向有数条近南北向和北西向断裂系统相互交叉，并发育有数个环形构造，控制着岩体侵入和矿化作用。

伴随断裂构造活动，同时有相应的岩浆侵入活动。上新世侵入的石英闪长岩及其演化后期侵入的英安斑岩体是主要的成矿母岩。石英闪长岩侵入体出露面积大小不等，南大北小，地表小，但向深部变大。矿化带北西走向，平行英安斑岩分布。

在该区北部有埃尔特尼恩特特大型斑岩铜矿，南部也发现有同类大型铜矿床，二者之间广大地区具有相似的成矿地质条件，找矿仍有很大潜力。

2. 阿根廷西北部铜矿成矿远景区

在该远景区可进一步圈定出以下 4 个重要的成矿区。

(8)阿根廷北部Ⅰ号铜矿成矿区。位于阿根廷北部的胡胡伊省和萨尔塔省，呈南北向带状分布，北与玻利维亚的铜和多金属成矿带相连接，属于Ⅲ-34 西科迪勒拉 Cu-Au-Ag-Fe-多金属-硫-盐类成矿带。该区在阿根廷境内的构造分区中属于潘比亚地块的普纳高原、东科迪勒拉和次安第斯山构造区。该成矿区东部的次安第斯构造区是阿根廷最主要的中生代砂页岩型铜矿成矿区，典型矿床有位于阿根廷北部 Jujuy 省的 San Martin 砂页岩型铜矿。该矿产于白垩系 SALTA 组 PIRGUA 亚组地层中，底部为砾岩，厚 15m，颜色棕红，砾石是石英岩、石英质砂岩，直径 2～10cm，大的可达 30cm。上面是红色细粒砂岩，含有零星石英岩砾石。顶层为棕红粗粒砂岩，该地层总厚度 250m。后期经热液改造，在构造有利部位形成铜矿化富集区，主要成矿矿物为孔雀石、硅孔雀石、水胆矾等，并伴生有银。

在该区的西部是普纳高原和东科迪勒拉山区，主要铜矿成矿类型有斑岩型铜矿。

该区东部的中生代沉积岩区是砂页岩型铜矿的远景区，西部是斑岩型铜矿的远景区。

(9)阿根廷北部Ⅱ号铜矿成矿区。位于阿根廷北部的卡达玛卡省和萨尔塔省西部，呈北西向带状分布，并向智利境内延伸，与智利北部的斑岩型铜矿成矿带相连，成矿时代为新生代，属于Ⅲ-34 西科迪勒拉 Cu-Au-Ag-Fe-多金属-硫-盐类成矿带。该成矿区在阿根廷境内的构造分区中属于潘比亚地块的潘比亚山区、法玛蒂娜山区、前科迪勒拉和普纳高原。太平洋中的纳斯卡板块以 8.4cm/a 的速度由西向东俯冲到南美板块之下，先是俯冲到 100km 深度，然后再南北分成 3 段以不同的俯冲倾角继续下插，南段和北段的俯冲角度较大，本区所在的中段俯冲角度很小，所以俯冲的距离较远，由此带来的岩浆活动和斑岩型铜矿成矿作用也远离智利海沟向阿根廷境内内陆延伸较远，并在远端形成了大型的斑岩型铜矿，如 Agua Rica 斑岩型铜-金-钼矿床和 Bajo de La Alumbrera 斑岩型铜-金矿等。该区是阿根廷重要的斑岩铜矿远景区，地质工作程度不高，具有较好的找斑岩型铜矿潜力。

(10)阿根廷中北部铜矿成矿远景区。位于阿根廷中北部的拉里奥哈、圣胡安和门都萨省，沿安第斯山主峰呈南北向分布，西部与智利的铜矿带相连，属于Ⅲ-36 普纳高原 Cu-Au-Mo-Ag-盐类成矿带。该成矿区在阿根廷境内的构造分区中属于智利尼亚造山带的科迪勒拉主峰、科迪勒拉山前带和科迪勒拉前缘带。该成矿区是阿根廷最重要的新生代斑岩铜矿找矿远景区，主要成矿元素是铜，并常常伴生有金、钼、银等。在新生代斑岩性侵入成矿过程中，常常形成成矿系列，最重要的铜矿成矿类型是在斑岩体、接触带和围岩内形成的斑岩型铜矿，在远离斑岩体则形成热液脉状铜矿，当斑岩体与碳酸盐岩接触则形成矽卡岩型铜矿。典型矿床有：El Pachon、Los Azules、Altar、Josemaria、Paramil Los Norte 和 San Jose。该成矿区是阿根廷最有潜力的铜矿远景区，主要成矿类型是新生代的斑岩型铜矿、热液脉型铜矿和矽卡岩型铜矿。

(11)阿根廷中南部铜矿成矿区。位于阿根廷中南部的内乌肯省，在阿根廷的大地构造分区中属于库亚尼亚的内乌肯盆地，该区是阿根廷中南部中生代砂页岩型铜矿的矿集区，属于Ⅲ-34 西科迪勒拉 Cu-Au-Ag-Fe-多金属-硫-盐类成矿带。砂页岩型铜矿主要产于晚白垩世的陆相沉积岩内，并普遍含有铀，主要是钒钾铀矿，成矿时代为 100～70Ma。该区白垩系沉积岩区是寻找砂页岩型铜矿的最重要远景区。

3. 厄瓜多尔中部铜矿成矿远景区

在该远景区可进一步圈定出以下 2 个重要的成矿区：

(12)厄瓜多尔东南部里约萨莫拉铜矿成矿区。位于厄瓜多尔东南部里约萨莫拉地区，属于Ⅲ-31 查查波亚斯-库斯科(Chachapoyas-Cusco)Au-Cu-Fe-Ag-Pb-Zn-重晶石成矿带。该矿带与晚侏罗世岩浆活动有关，已知的重要矿床在时空上与萨莫拉岩基关系密切。岩基岩性为典型的钙碱性花岗闪长岩。矿带北部主要矿床为帕那萨、圣卡洛斯和库图卡斯等铜矿床；南部主要矿床为埃尔伊托和圣巴巴拉等铜(钼)和铜(金)矿床。该区成矿地质环境十分优越，有较大找矿潜力。

(13)厄瓜多尔北部伊姆包斯特铜矿成矿区。由 3 个斑岩铜矿体系构成的北东向成矿带，属于Ⅲ-29 皮沙亚波 Cu-Au-Ag 成矿带。该成矿带中部[近平行于旗姆博-托其(Chimbo-Toachi)剪切带]发育中新世阿普拉(Apuela)岩基，基岩中有超大型晚中新世胡宁斑岩铜钼矿床。成矿前后及同期形成了多种厚度不同的角闪石花岗闪长岩斑岩岩脉，走向北北东至北东东，倾向南东 45°～70°。斑岩脉主要矿物构成相似，但局部结构有所差异，其中基质含量自 30 个体积百分数变化至 80 个体积百分数不等，斑晶大小自相对细粒(直径几毫米)变至粗粒(粗至约 2cm 直径)不等。斑岩脉发育于构成部分阿普拉岩基的系列深成岩体中，主要为含黑云母和含角闪石的花岗闪长岩、英云闪长岩、石英-闪长岩及石英-二长闪长岩。

4. 巴西中东部铜矿成矿远景区

在该远景区可进一步圈定出以下 2 个重要的成矿区：

(14)巴西卡拉加斯铜矿成矿区。巴西卡拉加斯盆地太古宙火山岩-沉积岩中赋存一系列新太古代—古元古代大型—超大型铜矿床，储量超过 2000t，属于Ⅲ-6 卡拉加斯-中亚马孙 Fe-Mn-Au-Cu-Ni-Sn-Pb-Zn-Pt-铝土矿成矿带。该区 Itacaiúnas 带是寻找该类型铜矿的最重要远景区，发育了世界上规模最大的太古代火山岩-沉积岩序列。基底岩石由兴谷杂岩体和皮温(Pium)杂岩体组成，受控于 Itacaiúnas 剪切带。剪切带内火山岩-沉积岩序列下伏于 Itacaiúnas 群。带内发育的新太古代(2760Ma 和 2570Ma)和古元古代(1880Ma)碱性花岗质侵入岩与矿化密切相关，两者有成因关系。同时，矿床(体)显著受断裂构造控制，如 Salobo 矿床即受控于卡拉加斯中部地区宽约 50km 的北西-南东向断裂构造。其矿体亦显示了断裂控制的特点，矿体被剪切带或断裂带强烈的拉长，围岩同样表现出同矿化期的韧-脆性变形。因而，新太古代—古元古代碱性花岗质岩体与断裂构造是寻找该类矿床(体)的标志。

(15)巴西巴伊亚地区铜矿成矿区。位于圣弗朗西科陆块北部，属于博尔博雷玛 W-Au-铌钽铁矿-菱镁矿-绿柱石-海蓝宝石-电气石-祖母绿成矿带。遥感解译信息提取表明巴伊亚地区发育 3 组线性断裂构造带，分别为近东西向构造带、北东向构造带和北西向构造带(南京地质调查中心，2015)。其中北北东向与北西向断裂构成共轭断裂。上述 3 组断裂带呈等间距分布。除此之外，区域亦发育环形构造带。该区蚀变异常主要为铁染蚀变异常和羟基蚀变异常。其综合解译分析表明，该区域矿化有关的构造与蚀变分别为:北北东向、北西向及东西向 3 组构造交汇附近;环形构造周边及内部,主要位于外部周围。附近普遍存在绿泥石化、铁染蚀变异常发育的周边位置起到指示作用。

巴伊亚地区发育新太古代—元古代铜矿带,赋存于规模不等的镁铁质-超镁铁质岩体中,尤以巴伊亚北部的库拉萨地区最为典型。该铜矿带面积约为 1700km^2,是寻找该类型铜矿的最重要远景区。该区赋矿岩体为加勒比杂岩体,矿化岩石岩性包括辉长岩、苏长岩、辉岩、紫苏辉石岩等,硫化物矿化作用主要出现在辉岩中,矿石矿物主要为斑铜矿和黄铜矿。该区镁铁质-超镁铁质岩体,特别是辉岩岩体是寻找该类矿床的重要标志。

5. 秘鲁中部铜矿成矿远景区

在该远景区可进一步圈定出以下 2 个重要的成矿区:

(16)秘鲁阿雷基帕铜矿成矿区。位于秘鲁南部阿雷基帕市的东南方和东北方,是Ⅲ-34 西科迪勒拉 Cu-Au-Ag-Fe-多金属-硫-盐类成矿带的重要组成部分。主要成矿时代为古近纪—新近纪,部分矿床形成于白垩纪。该区发育有多期重要铜成矿事件,已发现多个大型—超大型斑岩型铜矿床,如塞罗贝尔德(Cerro Verde)、托克帕拉(Toquepala)和夸霍内(Cuajone)等,以及众多中小型铜矿床(矿化点)。矿床分布于古近纪-新近纪斑岩体周边,沿斑岩体呈环状展布。该区成矿地质环境十分优越,有较大找矿潜力。

(17)秘鲁查查波亚斯-瓦努科铜矿成矿区。位于秘鲁中北部查查波亚斯-瓦努科一线以西地区,是Ⅲ-31 查查波亚斯-库斯科 Au-Cu-Fe-Ag-Pb-Zn-重晶石成矿带的重要组成部分。该区已发现嘎列诺(Galeno)、白河(Rio Blanco)和拉格兰哈(La Granja)等大型—超大型斑岩型铜矿床,以及众多中小型铜矿床(矿化点)。矿床分布于新生代斑岩侵入体中,呈北西-南东向带状产出。该区成矿地质环境较为优越,有较大找矿潜力。

第七章　金、银矿

第一节　资源概述

一、资源储量与全球地位

金、银是南美仅次于铜的两大主要优势矿种。据美国地质调查局2016年1月公布的全球主要黄金资源国家金矿储量数据（表7-1，附表3），秘鲁金矿储量2800t排全球第六位，巴西金矿储量2400t排全球第七位，智利在2015年的报告中公布3900t排全球第四位，整体来看，就目前公开报道的金矿储量统计，南美约占全球金储量的15%。据美国地质调查局同时公布的世界主要白银资源国家银矿储量数据（表7-2，附表4），秘鲁以1.2×10^5t储量排世界第一位，智利以7.7×10^4t储量排世界第四位，玻利维亚以2.2×10^4t储量排世界第八位，整体来看，就目前公开报道的银矿储量统计，南美约占全球银矿储量的40%。

表7-1　全球主要黄金资源国金矿产量及储量统计（引自USGS，2016）

	金矿（t）				
	2014年产量	2015年产量	占世界产量比例（%）	2015年储量	占世界储量比例（%）
美国	210	200	6.58	3000	5.29
澳大利亚	274	300	9.87	9100	16.05
巴西	80	80	2.63	2400	4.23
加拿大	152	150	4.93	2000	3.53
中国	450	490	16.12	1900	3.35
加纳	91	85	2.80	1200	2.12
印尼	69	75	2.47	3000	5.29
墨西哥	118	120	3.95	1400	2.47
巴布亚新几内亚	53	50	1.64	1200	2.12
秘鲁	140	150	4.93	2800	4.94
俄罗斯	247	242	7.96	8000	14.11
南非	152	140	4.61	6000	10.58
乌兹别克斯坦	100	103	3.39	1700	3.00
其他国家	858	855	28.12	13 000	22.92
世界合计	2990	3040	100.00	56 700	100.00

数据来自美国地质调查局：Mineral Commodity Summaries，2016。

表 7-2 全球主要银矿资源国金矿产量及储量统计(引自 USGS,2016)

	银矿(t)				
	2014 年产量	2015 年产量	占世界产量比例(%)	2015 年储量	占世界储量比例(%)
美国	1180	1100	4.03	25 000	4.38
澳大利亚	1720	1700	6.23	85 000	14.88
玻利维亚	1340	1300	4.76	22 000	3.85
加拿大	493	500	1.83	7000	1.23
智利	1570	1600	5.86	77 000	13.49
中国	4060	4100	15.02	43 000	7.53
墨西哥	5000	5400	19.78	37 000	6.48
秘鲁	3780	3800	13.92	120 000	21.02
波兰	1260	1300	4.76	85 000	14.88
俄罗斯	1330	1500	5.49	20 000	3.50
其他国家	5040	5000	18.32	50 000	8.76
世界总计	26 733	27 300	100.00	571 000	100.00

数据来自美国地质调查局:Mineral Commodity Summaries,2016。

另据 SNL 矿山数据库对全球主要上市公司经营矿山的统计,截至 2015 年 12 月,公布的南美金矿资源 & 储量总计达 13.8×10^4t,约占全球 6%,银资源 & 储量达 25×10^4t 左右,占全球的 25%。

从以上两个渠道的数据表明,南美的金、银在全球占有重要的地位,同时南美的黄金白银产量波动对全球有重要影响。从 2015 年的黄金矿山产量看,巴西、智利、秘鲁 3 个国家的产量约占全球的 10%,从白银矿山产量来看,南美的产量占全球的 25%。

二、资源国概况

南美洲金矿资源丰富,其中巴西、秘鲁、智利 3 个国家占了南美金矿资源储量的 1/2,据 SNL 矿山数据库检索至 2016 年 3 月(表 7-3),智利的金矿资源储量最多,约 4178t,占南美的 1/3,巴西约 3084t,秘鲁约 2284t,阿根廷 1434t,其他重要金矿资源国圭亚那 604t,苏里南 407t,玻利维亚 78t。南美银矿资源储量主要集中在秘鲁、智利、玻利维亚和阿根廷(表 7-4),其中秘鲁占南美的银矿资源储量 1/2,约 160 257t,智利约 38 707t,玻利维亚 22 437t,阿根廷 25 208t。

表 7-3 南美洲主要资源国家上市公司经营金矿矿山统计的金资源储量

	资源储量(t)	占世界比例(%)	2014 年产量(t)	占世界比例(%)
智利	4178	1.90	44	1.51
巴西	3084	1.40	77	2.64
秘鲁	2284	1.04	141	4.84
阿根廷	1434	0.65	55	1.88
圭亚那	604	0.27	14	0.48
苏里南	407	0.19	11	0.36
玻利维亚	78	0.04	7	0.24

数据来源:SNL 矿山数据库,截至 2016 年 3 月。

表 7－4　南美洲主要资源国家经营银矿矿山的银资源储量

	资源储量(t)	占世界比例(%)	2014 年产量(t)	占世界比例(%)
秘鲁	160 257	14	3849	14.00
智利	38 707	3	1575	5.73
玻利维亚	22 437	2	1300	4.73
阿根廷	25 208	2	844	3.09

数据来源:SNL 矿山数据库,截至 2016 年 3 月。

第二节　成矿规律

一、区域成矿背景

南美大陆的金、银矿床主要位于安第斯和南美地台两个一级成矿区中。安第斯成矿区是环太平洋成矿域的重要组成部分,是世界上最重要的金属成矿带,位于南美洲大陆板块活动边缘,从晚古生代以来就遭受洋壳向陆壳俯冲的汇聚作用影响,在板块俯冲作用下,该带形成了一系列近乎连续的钙碱性岩浆岩和造山事件。特别是中生代—新生代以来由于大规模的构造岩浆活动,使其中段地壳明显增厚,并伴随构造岩浆活动,在该带形成大量的金属矿床,其中有巨量的金、银相伴生的大型超大型斑岩型铜矿床。南美地台构造格局概略称为“三盾三盆”,地盾区从北向南依次为最北部的圭亚那地盾、中部的中巴西地盾和东部的大西洋地盾。这些地盾之上分布古老的陆核区和元古宙造山带,陆核主要由结晶的高级变质岩、片麻岩、麻粒岩和紫苏花岗岩以及部分绿岩带等组成,分布于北部的圭亚那地盾的里约布朗库地区,南东部大西洋地盾上的圣弗朗西斯科地区和中巴西地盾上的塔帕若斯地区。在地盾上还分布有元古宙造山带,包括中巴西地盾上的托坎廷斯造山带,大西洋地盾上的博尔马造山带和曼蒂凯拉造山带。陆核和元古宙造山带共同组成地盾,分布有大量金属矿产,其中金、银成为与之相关的重要特色矿种,主要形成于古元古代亚马孙构造旋回,少量发育在新元古代巴西利亚构造旋回和新生代南大西洋旋回。

金矿主要资源国包括巴西、秘鲁、智利、委内瑞拉、哥伦比亚等国(图 7－1)。主要矿床类型包括:①低温热液型矿床,如智利的马里昆加金矿带。②中生代—新生代与火山沉积岩有关的金矿,如秘鲁的金资源大多产于古近纪和新近纪火成岩区的含金脉状矿床。③砂矿,巴西 75%的金矿是砂金,几乎遍布全国,但重要产地集中于亚马孙地区,如塔帕若斯河、兴谷河、阿腊古艾亚河、马代腊河等均有重要的砂金矿床。委内瑞拉大多也为砂金,主要分布在与巴西交界的圭亚那地区。④伴生金,在智利、阿根廷、秘鲁等国的斑岩铜矿中有大量的伴生金。⑤绿岩带中含金石英脉金矿,如委内瑞拉的乔科(Choco)金矿。

银成矿类型主要有 3 种。①与中生代—新生代火山岩、次火山岩有关的浅成热液型银矿床。②中深热液银-钴-镍有色金属型矿床。③交代型银-铅-锌矿床。南美的银资源主要集中在秘鲁、智利、玻利维亚等国,包括三大银成矿区:中美洲银成矿区、秘鲁银成矿区、智利-玻利维亚银成矿区。秘鲁银成矿区分布有大型和特大型银-铅-锌矿床。智利-玻利维亚银成矿区除产有特大型银-铅-锌矿床外,还产有大型银-锡矿床(图 7－1)。

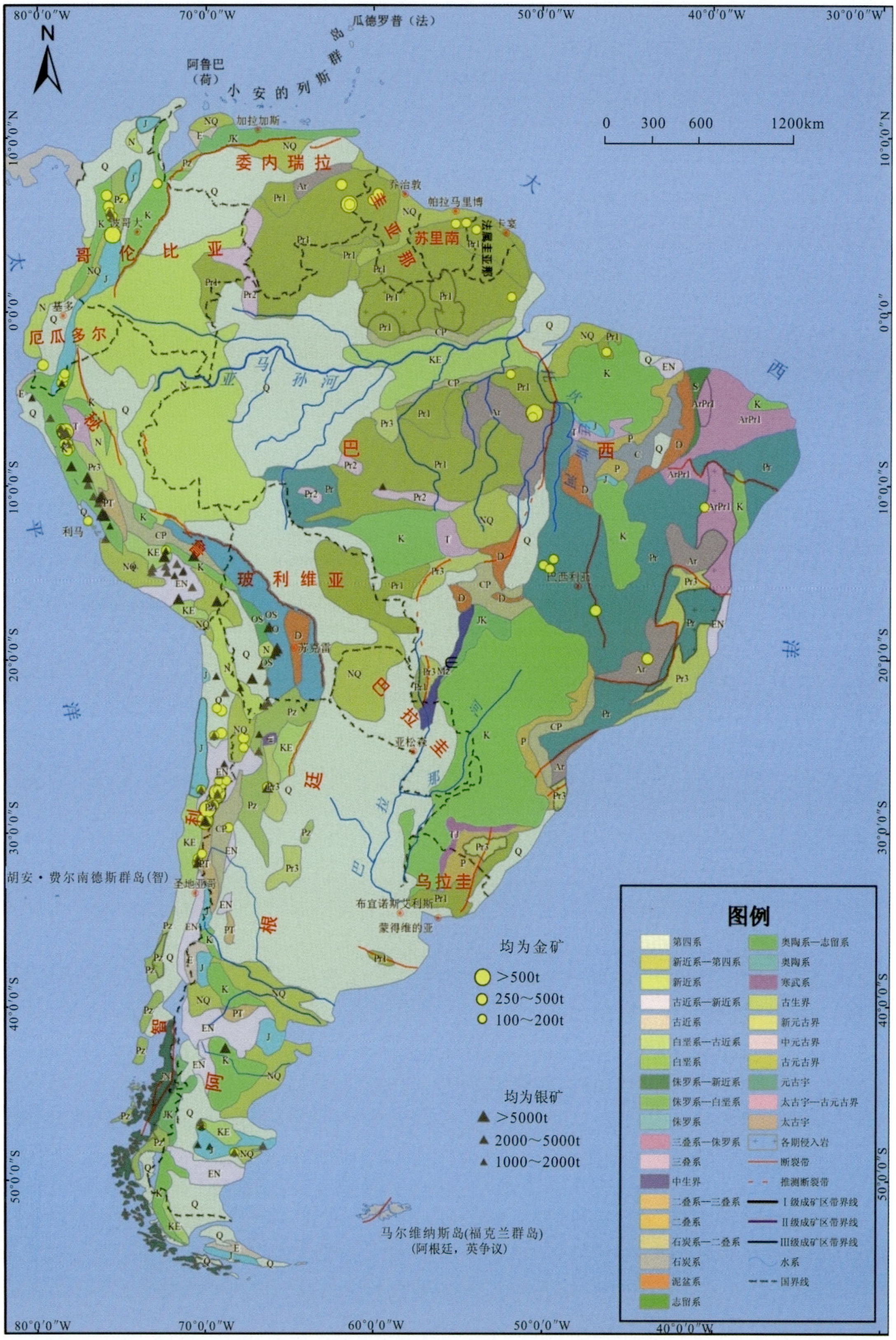

图 7-1　南美大型—超大型金矿、银矿主要分布图

二、矿床时空分布

1. 安第斯成矿区

金矿成矿与火山活动及构造运动相关，成矿具有明显地域性和时代属性，不同时代地层及岩浆岩对赋矿形式及规模的影响有明显差异。

前寒武纪和古生代的地层及岩石中，所产出的金矿床多为变质细脉型、构造细脉型，一般规模不大，变质细脉中出现金原生晕异常地段非常多；中生代金矿床（点）类型有矽卡岩型、硅质脉型、硅化岩型、网脉状、细脉状硅质脉型、爆破角砾岩型、次火山岩型。种类较多，大多与火山活动、构造运动密切相关；新生代是一个重要的金成矿时期，岩金矿床中上述各种类型均有，同时，新生代是砂金矿床重要成矿期。

含矿地层特征为安山岩、火山角砾岩、熔结凝灰岩、凝灰岩、流纹岩和英安岩，还有闪长岩和花岗闪长岩。晚侏罗世—古近纪期间形成的金银矿，含矿岩相主要为安山质熔岩、安山质火山角砾岩。新近纪形成的金银矿，含矿岩相为流纹岩和英安岩。安山岩-英安岩类和花岗岩-花岗闪长岩-闪长岩侵入体是主要含矿岩石，其次少量为变沉积岩类。从西到东可以划分为5个成矿带。

（1）中生代弧前增生楔地体中热液型金银铜成矿带。目前以小型金银铜矿为主，与智利海岸带IOCG成矿带属于同一成矿带，属于具有较大勘查前景的金银铜成矿带，宽50～100km不等。具有与造山型金矿类似或过渡特征，一般发育在弧前增生楔地体中泥盆统—二叠系中，在侏罗纪—白垩纪花岗岩侵入构造带附近，或大型脆韧性剪切带中。常与IOCG矿床和造山型金矿形成不同成因类型的矿床分带，该成矿带为本次提出的金银成矿带，主要为低硫化型浅成低温热液型金银矿。

（2）中生代海岸山带东部岛弧和弧后盆地反转构造带中低硫化型浅成低温热液金银多金属成矿带。宽20～100km，成矿时代190～110Ma，分布一系列浅成低温热液型、斑岩型、矽卡岩和脉状铜金矿床，该成矿带为本次提出的金银成矿带，这些不同成岩类型矿床形成区域矿床组合或矿床分带。

（3）晚中生代低硫化型浅成低温热液金银多金属成矿带处于走滑断裂带分布区，位于智利最大的斑岩型铜矿带西侧与IOCG成矿带之间，成矿时代在130～70Ma，主要为低硫化型浅成低温热液型金银矿（冰长石-绢云母型）。

（4）古近纪（70～45Ma）浅成低温热液型金银多金属成矿带主要位于古近纪斑岩型铜矿附近，或在古近纪斑岩型铜成矿带尖灭和消失地带，形成了浅成低温热液型金银多金属矿，发育一系列斑岩型和浅成热液脉型矿床，成矿时代70～45Ma。区域矿床组合模式为斑岩型＋浅成低温热液型金银多金属矿，部分高硫化型浅成低温热液型金银多金属矿常叠加在斑岩成矿系统之上。

（5）古近纪—新近纪斑岩型-高硫化型浅成低温热液型金银多金属成矿带。主要成矿时代为古近纪末—新近纪初期（25～20Ma）和新近纪中期（14～6Ma），按照形成时代可以划分为两个亚带。区域矿床组合为斑岩型金矿＋高硫化型浅成低温热液型金银多金属矿，部分高硫化型浅成低温热液型金银多金属矿常叠加在斑岩金矿成矿系统之上；在智利—阿根廷和智利—玻利维亚接壤处，产出有斑岩型金矿＋高硫化型浅成低温热液型金银多金属矿＋造山型金矿。

2. 南美地台金、银成矿区

南美地台区的金矿资源非常丰富，矿化类型有含金石英脉（硫化物）、矿化蚀变岩（浸染状硫化物）、矿化千枚岩、含金变质砾岩、含金的硅铁建造、砂金及多金属硫化物矿床中的伴生金。主要位于镁铁质、超镁铁质岩石分布区，因而对绿岩带有特殊的依赖关系，或直接赋存于其中，或出现在其后的新生建造中，个别产于太古宙的花岗闪长岩体、英云闪长岩体或糜棱岩带中。由于太古宙末巴西利亚运动之后一直处于较弱的热地质时期的环境之下，所以，金矿床几乎都产于前寒武系分布区，即3个地盾中，并按有利成矿地质体（例如绿岩带等）的分布趋向而有分片集中的趋势。

在成矿时代上，金矿主要形成于古元古代（2.5～1.8Ga）Trans - Amazonian旋回，南美地台区主要的克拉通陆核形成后以褶皱运动为特征。该时期形成大量绿岩型和岩浆岩型金矿床。其具体分布如下。

(1)南美的北部圭亚那地盾太古宙绿岩带型金矿。在圭亚那欧迈(Omai)地区有两大类型矿床：①金主要分布在石英闪长岩中的石英-碳酸盐矿脉里,矿脉厚度从几毫米到1.5m不等,矿脉延伸至数百米;②自然金包含在硅铁岩的剪切区中。两类矿床都受风化影响,红土及腐泥土层富含金。苏里南的罗斯贝尔(Rosebel)矿包含含金石英、石英-碳酸盐矿脉,受岩性、褶皱、剪切地带控制。自然金伴生在黄铁矿矿脉或岩石钾化的蚀变带中,风化作用使得矿化带被红土层覆盖,一般富含金。

(2)巴西东北部太古宙绿岩型成矿带。主要以绿岩带型(造山带型)金矿和剪切带型金矿为主,矿体受断裂控制明显。矿化发生在绿岩带火山岩-沉积岩组合中,如莫罗韦洛(Morro Velho)金矿床。

(3)太古宙—古元古代成矿带,分布在巴西北部亚马孙克拉通内。主要以古元古代造山带型金矿为主,如古鲁皮(Gurupi)金矿,矿体呈脉状产于变基性火山岩和碎屑岩中,围岩蚀变有碳酸盐化、绢云母化等。

三、控矿因素

根据金矿的矿体形态及围岩特征,可将金、银矿的成矿类型与其控矿因素总结如下。

热液型矿床,这种类型的金矿常发育在断层处,与岩浆热液关系密切,赋矿围岩为不同时代的地层或岩浆岩。矿体呈网脉状,金常赋存在石英脉体中并与银共生,如秘鲁卡哈马卡省亚纳科查(Yanacocha)大型金矿。高硫浅成低温热液型矿床,该类矿床多产在钙碱性的安山岩-英安质岩体内,少数产在中生代地层中。矿化与火山岩-沉积岩组合密切相关,矿体以脉状、层状形式存在,如智利埃尔印第奥(El Indio)金矿。低硫浅成低温热液型矿床,该类矿床规模相对较小,常产于火山岩和石英斑岩体中,以热液角砾和热液脉状形式矿化,金产在石英-碳酸盐脉中,如厄瓜多尔波特沃勒(Portovelo)铜金矿床。矿化与火山岩-沉积岩组合密切相关,矿体以脉状-角砾状存在,如玻利维亚塞罗里科(Cerro Rico)银矿床。

绿岩带型矿床,产于蚀变或变质的基性火成岩带中。通常指前寒武纪地盾中呈条带状分布的变质基性岩地区赋存的金矿床。

砂岩型矿床,赋存在砂岩地层中,发育于河漫滩及冲积扇地区,属于沉积型矿床,如秘鲁玛德莱德迪奥斯(Madre de Dios)地区的小型砂金矿。

块状硫化物型矿床,其与火山岩关系密切,常产在火山岩断裂中,以块状硫化物的形式与铜铅锌等共生,如秘鲁皮乌拉省坦博格兰德(Tambo Grande)铜-锌-金-银-铅中型块状硫化物(VMS)矿床。

斑岩-矽卡岩型矿床,这类矿床与岩浆活动关系密切,常产在碳酸盐岩、泥岩地层或岩浆岩中,以网脉状矿体为主。主要发育铜矿并伴生有金矿,如智利埃尔特尼恩特(El Teniente)铜金矿床。在智利中部,发育矽卡岩型金矿和与侵入体有关的金矿,矿体与安山岩-英安岩关系密切,如智利塞罗卡塞尔(Cerro Casale)铜金矿床。

造山带型矿床,该类型矿床以石英硫化物脉或浸染状形式产于变基性火山岩中。矿体受断层控制明显,如巴西古鲁皮(Gurupi)金矿床。

此外,层控热液型矿床,该类型矿床赋存在条带状铁建造(BIF)中,矿体以层状-网脉状产出。剪切带型矿床,该类型矿床发育在韧性剪切带内部,与变基性火山岩和沉积岩关系密切。矿体以脉状产出。与侵入体有关的矿床,该类型矿床产于侵入岩中,以钾质花岗岩中石英硫化物脉和基性侵入岩中浸染状矿石为特征,如巴西塞拉佩拉达(Serra Pelada)金矿。

第三节　典型矿床

前文已经介绍了铜矿为主、伴生金矿的相关斑岩型矿床，这里不再赘述，主要针对以金矿为主的典型矿床。

一、巴西莫罗韦洛(Morro Velho)金矿床

莫罗韦洛(Morro Velho)金矿位于铁四角地区北部的诺沃利马(Nova Lima)镇，距米纳斯吉拉斯(Minas Gerais)州府贝洛奥里藏特市(Belo Horizonte)东南方位12km。矿床主要赋存在太古宇里约达斯韦利期(Rio das Velhas)绿岩带基底岩石中。

1. 区域地质

该区位于圣弗朗西斯科克拉通最南端，结晶基底由太古宇似花岗片麻岩构成，被两个地表单元覆盖，分别为：①太古宇绿岩带，包括里约达斯韦利斯超群；②古元古界和中元古界变质沉积米纳斯(Minas)超群。里约达斯韦利斯超群被分为较上层马奎那(Maquine)群(主要为石英岩、砾岩和硬绿泥石)和基底诺沃利马(Nova Lima)群。后者由变质火山岩、化学和碎屑沉积岩构成(图7-2)。

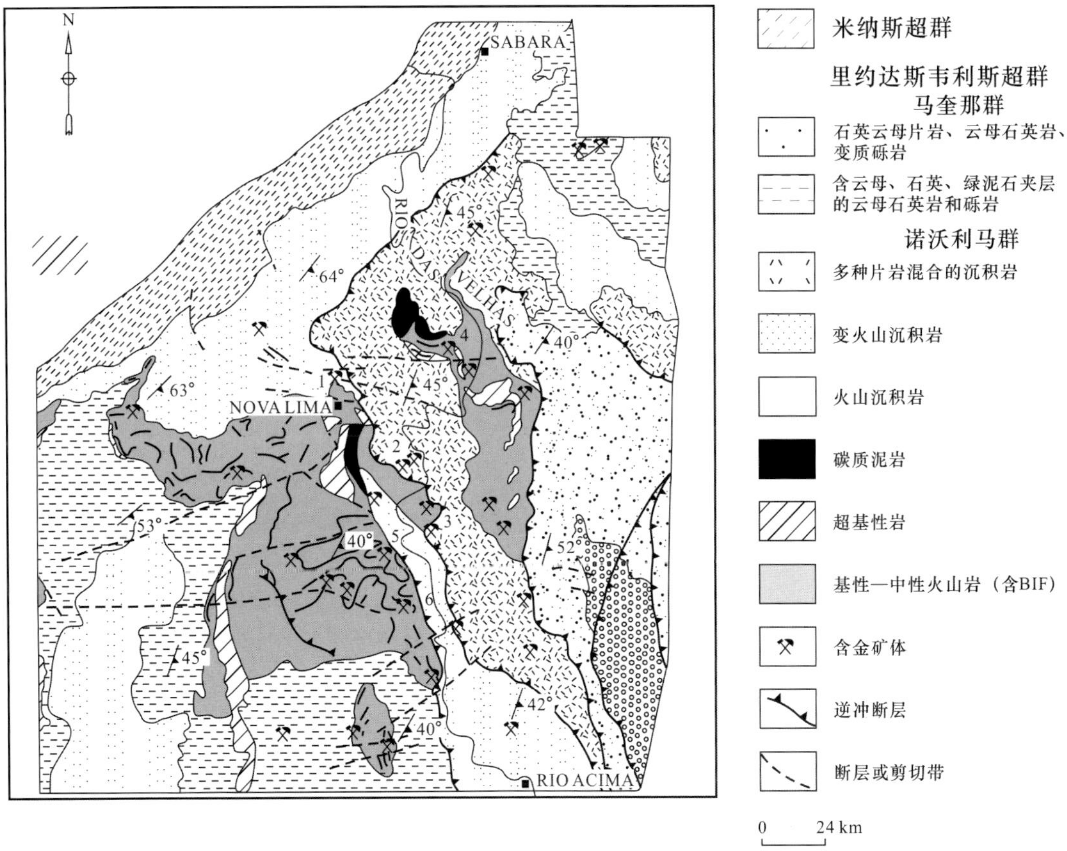

图7-2　莫罗韦洛(Morro Velho)金矿区域地质图(Vial，1983；Zucchetti & Baltazar，1998)

该区具大规模褶皱特征。里约达斯韦利斯超群被推覆到西边相关的基底岩石，它经历了3个变形阶段，太古宙里约达斯韦利斯事件始于2.78～2.77Ga，形成诺沃利马群和相关似花岗岩，较年轻似花岗

岩末期发生在2.72～2.70Ga；米纳斯超群在2.6～2.1Ga之间沉积，然后经历了2.15～1.8Ga泛亚马孙和650～500Ma巴西利亚事件。太古宇地层是该地区中西部保存最好的(里约达斯韦利斯超群)地层，而泛亚马孙和巴西利亚变形主要影响向东的岩石(元古宇米纳斯超群)。

2. 矿体特征

莫罗韦洛(Morro Velho)矿床有Main、NW、X和South 4个矿体。最重要的为Main矿体，从地表到采矿区底部深度连续大于4.8km，厚度从2～20m不等(平均5m)，长度约300m，位于复杂的Z形褶皱带；北西矿体位于褶皱东西方向的一翼，包含两个主要的富硫化层位，北层位厚度从0.5～6m，长约525m，南层位厚1.0～3.5m，长约300m；X矿体是矿山底部的块状硫化带，在上层，它过渡为石英-碳酸盐-白云母-绿泥石-斜长石，灰绿色硬绿泥石(LSmi)含有浸染硫化物(<5%)，它占据转折端和翼带，分别在矿山的下部和上部，指示富集金矿的褶皱转折端的重要性。在第25号平面，这一矿体厚度达20m(平均厚度6m)，水平长约450m；South矿体南部平面形状为Z形，平均厚度4.5m，水平长约120m。同时还有很多其他小矿体产于米纳韦利亚(Mina Velha)矿山，地下观察表明矿体被剪切带截断(图7-3)。

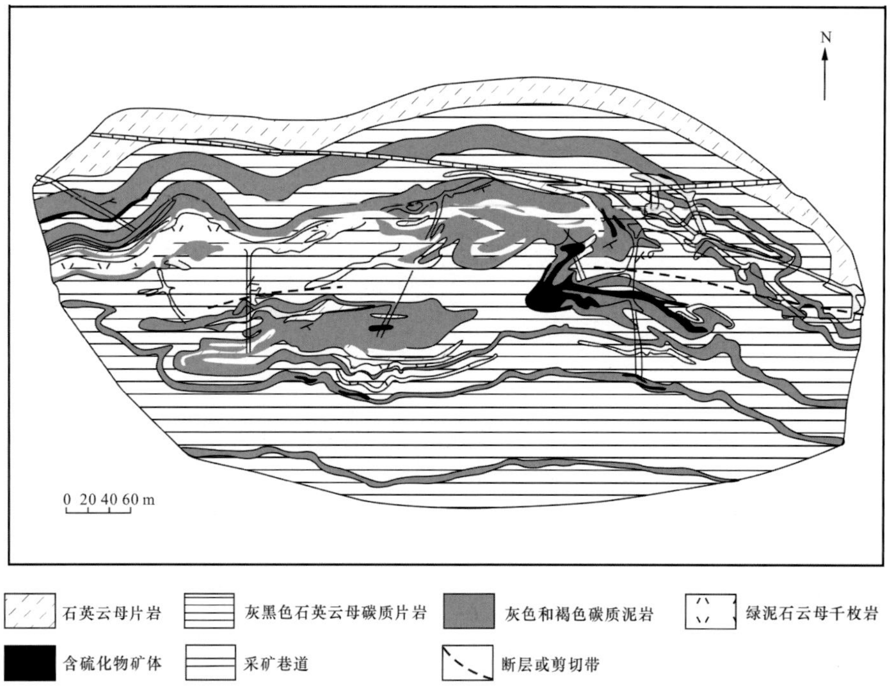

图7-3 莫罗韦洛(Morro Velho)矿区地质简图(Vial,1982;Vial D S et al,2007)

莫罗韦洛(Morro Velho)金矿与两个主要矿化类型相关：富硫化矿体和最重要的深灰色石英脉。在前者，金通常与硫化物相关，而自然金在石英脉中很普遍。金矿化硫化物和石英矿体沿碳酸盐岩和云母界面集中分布(Vial D S et al,2007)。

3. 矿床类型

按照Groves et al(1998)所定义的造山型金矿标准，莫罗韦洛(Morro Velho)金矿符合以下特征：①成矿空间和时间与里约达斯韦利斯造山运动相关；②围岩变质程度达到绿片岩相；③后期构造和后变质作用使成矿作用达到峰值；④成矿作用多期叠加；⑤金、银、砷三者相关；⑥近矿围岩蚀变：云母-碳酸盐-铁的硫化物(黄铁矿/磁黄铁矿)。这表明莫罗韦洛(Morro Velho)矿床是造山运动生成的浅成低温热液在构造控制下的产物(Vial D S et al,2007)。莫罗韦洛(Morro Velho)矿石独居石晶体获得SHRIMPU-Pb年龄2672±14Ma。

二、智利埃尔印第奥(El Indio)金矿床

埃尔印第奥(El Indio)金矿床位于智利安第斯山区，北距圣地亚哥约50km，东距拉塞雷纳180km，处于崎岖的山脉阶地内，有些矿山巷道达海平面以上4400m。

1. 区域地质

矿区与古近纪—新近纪火山岩平行于安第斯山脉方向，向南北广泛延伸分布，中新世晚期花岗岩体贯穿其中。含矿的火山岩类，主要由安山质-流纹质组成的凝灰岩和块集岩，在邻近矿床处遭受热液蚀变。热液变质带以埃尔印第奥(El Indio)为中心，宽1～10km，南北达200km断续可见。在这个古老火成岩与上述古近纪—新近纪火山岩之间，在侏罗纪或白垩纪时强烈变动的沉积岩类小规模出露。由于尚未发现化石标本，具体年代不详。流纹质和英安质凝灰岩是受强烈热液蚀变的褪色岩石，与下伏暗色的、青磐岩化蚀变的安山岩形成明显对照。基底安山质火山岩在火山活动区几百米以内具同样强烈的蚀变，说明岩浆喷出和热液蚀变的空间关系(图7-4)。

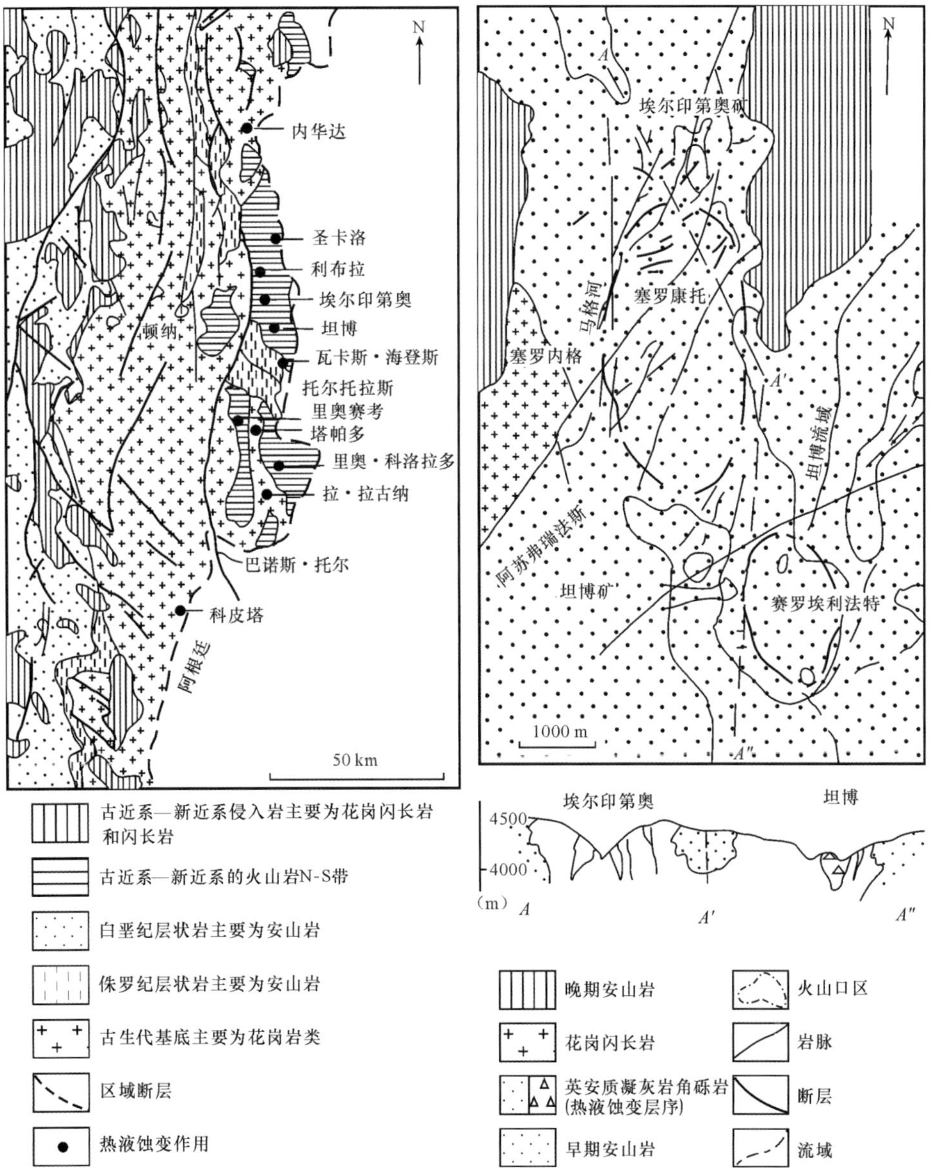

图7-4 智利埃尔印第奥(El Indio)-坦博(Tambo)金银铜矿集区区域地质与矿田地质图(Siddeley G et al,1989)

本地区内，多数南北向断层其走向都沿着安第斯山脉的延伸方向，部分也见有北东-南西或北西-南东方向的小构造。其中某一部分可认为在矿化期甚至在其以前即有所活动，作为熔岩或热液的通道，从拉赛雷纳市至矿山的道路上，在维克纳东约40km被二叠纪—三叠纪的花岗岩岩基切断，在道路两旁峭立的花岗岩岩壁上到处可见有暗色岩脉，非常明显地看出岩浆沿基岩裂隙上升的情景，其中一部分或已达于地表(Jannas R R et al,1990)。

2. 矿体特征

开采矿区大体上以南印卡及北印卡两大主断裂为边界，其间发育了规模不等的断裂组成的弧形环状构造。这些断裂控制了主要矿脉的方位、产状与连续性。上述两大主断裂走向大致为北东-南西，陡倾，倾向北西，属逆断层。矿体皆为产于火山岩-次火山岩中的复杂矿脉系统“弧形环状矿脉”，矿脉系中的矿脉在平面或剖面上呈反曲线分布，并组成环状，即矿脉在某方向延伸中突然反向弯曲。原生金矿化有两大基本类型：一为自然金石英脉型；二为含金块状硫化物石英脉或网脉型。后者在近地表处受到强烈风化淋滤。

含矿围岩为与火山锥和岩脉裂隙共生的新近纪火山岩。围岩和矿化作用表现出许多其他地区所描述过的表生矿床的典型特征，如蚀变作用、火山作用类型、泉华、热液角砾岩化作用等。有3种矿物学的矿石类型：块状硫化物、含金石英脉和重晶石-明矾石岩脉，发育在相近的海拔高度，但代表不连续的成矿事件和表现为不同深部特征。矿石沉积作用从深部的强还原作用环境(块状硫砷铜矿-黄铁矿)渐变到接近地表的强氧化作用(重晶石-明矾石-金)。硫酸盐显示有限垂直分布范围，向下到以淋滤的二氧化硅-硫砷铜矿石标志氧化-还原作用界限为特征。在此界限再往下，将以块状硫化物占优势。

金与石英和重晶石有明显的亲缘关系，并偶尔与硫砷铜矿和黄铁矿有关。银品位与金含量关系不明显。金主要是自然金，呈微粒产出，其次以碲化物存在；自然银很少，而是在碲化物和硫酸盐、含硫砷铜矿脉中，富集在热液蚀变带及邻近岩脉内部(Siddeley G et al,1989)。

3. 矿床类型

成矿流体在地下处于“过压”条件下的气液流体，在上升过程中，特别是经过断裂系统时突然降压引起热液流体沸腾。沸腾作用发生的地点分散在多处，其部位与该区的弧形环状构造吻合。沸腾作用具有间歇性，多次重复发生。多处反复多次的沸腾作用使热液流体中的成矿物质逐渐沉淀富集而形成受断裂及岩性双重控制的矿体(包括富矿体)。岩石的多孔可渗透性或脆性岩石中发育的次级裂隙，易于使矿液流通渗透而沉淀。该矿床属浅成低温热液型矿床，成矿物质及热液主要源自侵入火山-次火山围岩中的花岗闪长岩的岩浆热液，部分源自围岩，部分热液可源自天然水或晚期火山-次火山热液(佐藤兴平等，1984)。

三、厄瓜多尔波特沃勒(Portovelo)金矿床

波特沃勒金矿位于厄瓜多尔南西，距马查拉(Machala)港约100km，属低温热液型金矿。波特沃勒矿区一直是厄瓜多尔的采矿中心。1950年以前，由南美开发公司(South American Development Co)开采。矿石品位Cu1.09%，Zn1.74%、Au6.8×10^{-6}和Ag 63×10^{-6}。矿床迄今已开采出120多吨黄金和250多吨白银。

1. 区域地质

波特沃勒地区在中新世火山活动形成了一套安山质岩系，随后发生塌陷。塌陷后流纹质岩浆活动形成了强烈的蚀变矿化，从而形成了矿脉带。控矿、赋矿主体为安山岩系内的南北向张性断裂带。以流纹岩为中心，发育有一系列与塌陷相对应的环状构造，并形成了一个以石英-绿泥石-绢云母-冰长石为核心，其外围为大规模的青磐岩化接触变质带。石英-绿泥石-绢云母-冰长石-方解石等矿物组合是最普遍的近矿围岩蚀变。主要矿石矿物组合为：硫化物、大量的硫酸盐和自然金(银金矿)，脉石矿物包括石

英-方解石等，是典型的冰长石-绢云母浅成热液矿床，矿化与中新世火山活动中心有密切关系(图 7-5)。

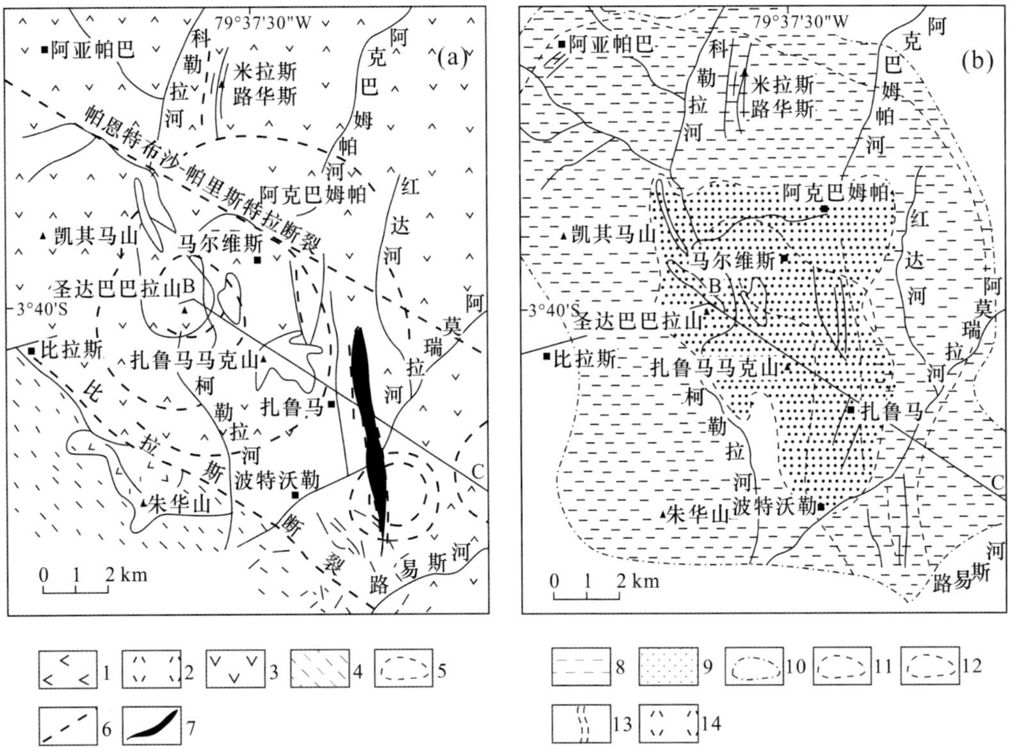

图 7-5　波特沃勒地区岩石构造图(a)和蚀变矿化地质简图(b)

1. 酸性熔岩及碎屑岩；2. 流纹岩；3. 安山岩类；4. 变质岩类；5. 环状构造；6. 断裂；7. 矿脉；8. 青磐岩化；9. 硅化和黏土化；10. 主要蚀变界线；11. 石英核内以硫化物为主的矿化带；12. 石英-绿泥石脉内以硫化物为主矿化带；13. 矿脉带；14. 流纹岩体(Thournout F V et al,1996)

2. 矿体特征

矿床以火山岩为主体的蚀变矿化覆盖面积在 150km² 以上，但有经济价值的矿化主要分布在该范围的东部，呈南北向连续延伸达 15km² 以上，最宽超过 4km，垂直延伸超过 1400m。露头最高位于扎鲁马北部(1600m)，最低位于波特沃勒矿区，标高 200m。由于波特沃勒较深的矿井被淹没，缺少地质观测，矿带的垂直分带不好确定。

矿脉矿化具有张性裂隙充填与韵律沉淀等典型特征(如梳状构造、胶状构造、条带结构、条纹和晶洞)，并与流纹岩、次火山岩侵入体及地表火山碎屑沉积密切相关，其母岩为安山质到流纹质。在经济价值上，金和银为最重要的金属，并伴生有贱金属硫化物(闪锌矿、方铅矿、黄铜矿)。银赋存在硫酸盐中(黝铜矿、车轮矿)，并以固溶体存在于金和方铅矿中。金大多呈自然金。以往的成果数据表明：波特沃勒金矿银金比在 8∶1 左右，平均脉宽 1.3m。

在空间上，矿化分布在 3 个矿带中(图 7-6)。在 1 号矿带内，黄铁矿化呈浸染状分布在细脉中。它强烈发育与大面积硅化有关，在圣达巴巴拉和扎鲁马乌克山一带的网脉状、板状、碎裂状、角砾状石英脉中常见黄铁矿化；2 号矿带含有大量硫化物的含金石英脉和石英-冰长石脉出现在一个弧形矿带中，包括波特沃勒-扎鲁马一带和圣达巴巴拉山地区的最北部；3 号矿带含金石英脉和石英-冰长石脉含有大量硫化物和少量硫酸盐，位于以硫化物带为中心的一个大接触变质带上。从矿床在矿化、蚀变和流纹岩密切的共生组合和空间展布，显示流纹岩体对成矿的控制和发生扮演着一个重要角色。斑岩及其相关的矿化之间错综复杂的关系表明火山活动后期发生塌陷并伴有岩浆和热液活动(Thournout F V et al,1996)。

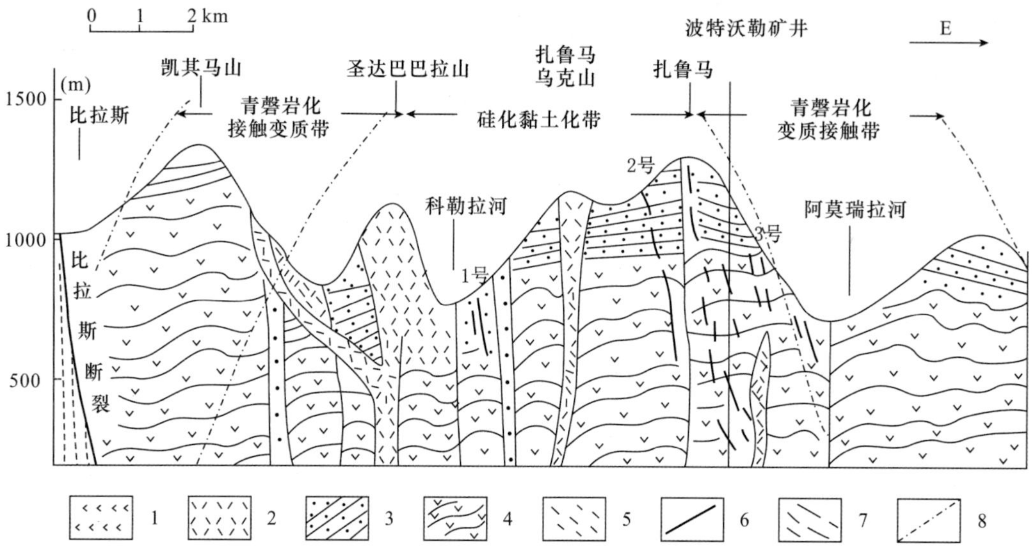

图 7-6　波特沃勒地区地质剖面图(Thournout F V et al,1996)

1. 酸性熔岩流和火山碎屑岩;2. 流纹岩体;3. 三叠纪安山岩;4. 塞里克组;
5. 变质岩;6. 断裂;7. 矿脉带;8. 主要蚀变带界线

3. 矿床类型

该矿床主要矿化与古近纪火山活动相关,矿体受火山构造控制,这类矿床发育于从南到北的整个南美大陆西海岸带,与后期斑岩体的切穿关系表明,板块后碰撞岩浆活动引发了火山热液的上涌,带来了大量的成矿物质在火山构造中沉淀富集成矿,该矿床属于低硫型浅成低温热液矿床。

四、秘鲁亚纳科查(Yanacocha)金矿床

亚纳科查(Yanacocha)金矿床位于秘鲁北部卡哈马尔卡(Cajamarca)市以北 20km,平均海拔标高 4270m。现保有金资源量 382t,银 2923t。该矿由 Newmont 矿业公司控股与运营,所占股比 51.35%,该项目于 1993 年第三季度投产,目前处于正常生产状态,开采方式为露天开采。主要金属产品为金、银、铜。

1. 区域地质

矿区处于安第斯山中段,是世界主要的金富集地之一,具有大储量和高产量、低成本的特征(图 7-7)。赋存围岩为长期活动的大片火山杂岩,成分为中等钾含量的安山质-英安质-流纹质岩石。矿区已识别出的火山-沉积相主要有 3 种。下部安山岩不整合地位于白垩纪基底岩石之上。该安山岩之上为一套火山碎屑岩,包括下部的富晶屑岩石单元和上部的富岩屑岩石单元。火山碎屑岩之上为安山岩溢流、穹隆和少量火山碎屑岩。整个火山岩堆被多阶段安山岩脉和英安-石英英安岩岩枝和岩脉所穿切。英安-石英英安岩岩枝和岩脉与一些矿床的深部斑岩型金-铜矿化有关。

2. 矿体特征

矿体由一系列高硫化浅成低温热液型金矿床和一个富金冲积矿床(La Quinua)构成,这些矿床呈北东向展布。岩金矿床赋存于呈北东走向的中新世亚纳科查(Yanacocha)火山杂岩单元中。区域矿化分布在横贯安第斯山脉的北东向 Chicama-Yanacocha 构造带内(Turner,1997),北西向的安第斯区域断裂与该构造带相交汇。这两个构造方向形成该区主要构造格架,控制着角砾岩、侵入体和金矿化的分布。不是很连续的东西向破碎带被认为是张性的,其对局部上控制金矿化起到重要作用(据 Teal et al,2010)(图 7-8)。

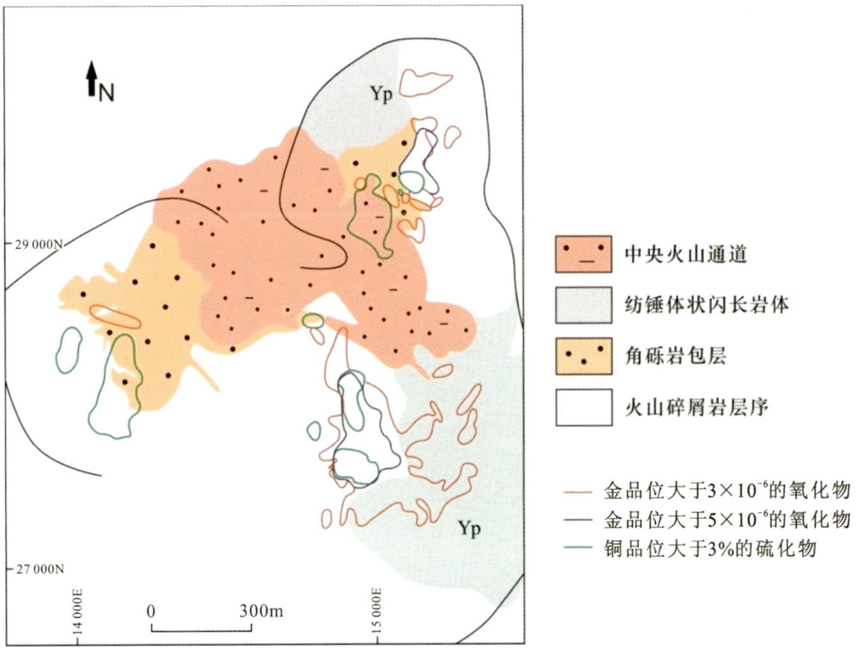

图 7－7　亚纳科查矿床地质图(Teal et al,2010)

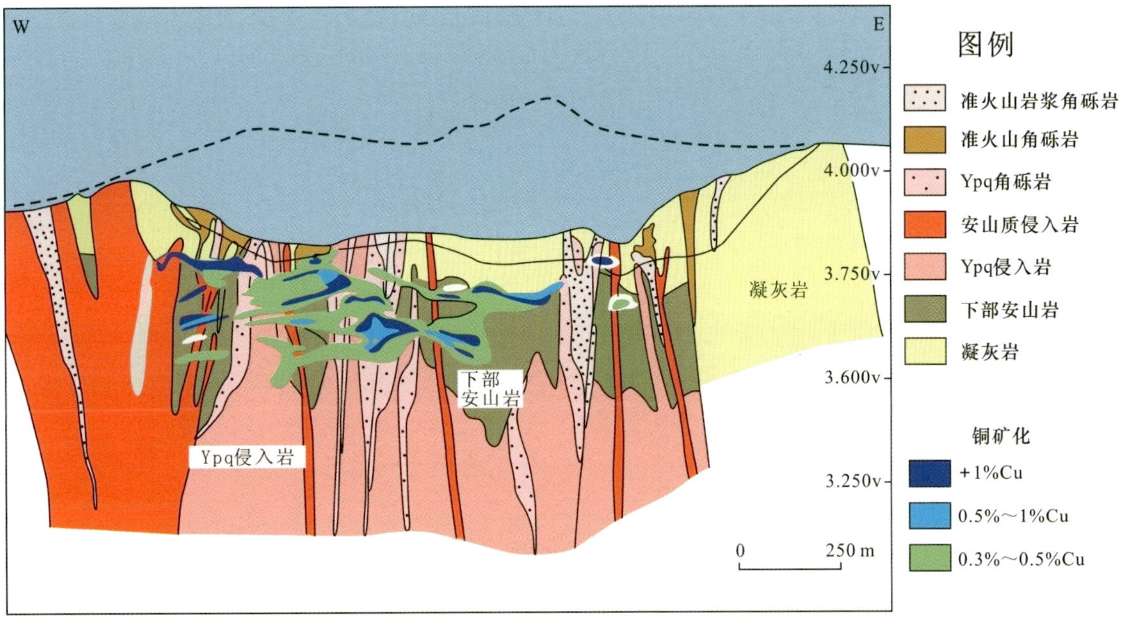

图 7－8　亚纳科查矿床地质剖面图(Teal et al,2010)

3. 矿床类型

亚纳科查矿现在通常被描述为产于火山碎屑岩中的高硫化浅成低温热液型矿床，形成时间为 13.6～8.2Ma(Longo & Teal,2005)，并与两个形成于 10Ma 的超大型斑岩型矿床(Minas Conga 铜-金矿和 La Granja 铜-钼矿)位于同一成矿带上。这些矿床在时间上与约 4Ma(Noble & McKee,1999)最终停止的与秘鲁平缓板片俯冲有关的岩浆活动密切相关。

五、智利拉科伊帕(La Coipa)金银矿床

拉科伊帕(La Coipa)金银铜矿位于智利北部第三大区阿塔卡玛，在圣地亚哥北部 1000km 处，科皮亚波东北部 140km 处，海拔高度 3800～4400m。1980 年到 1985 年先后发现了拉科伊帕、埃斯佩、洛博-马特、萨尔瓦多、拉比帕和潘田罗斯矿床(图 7-9)。

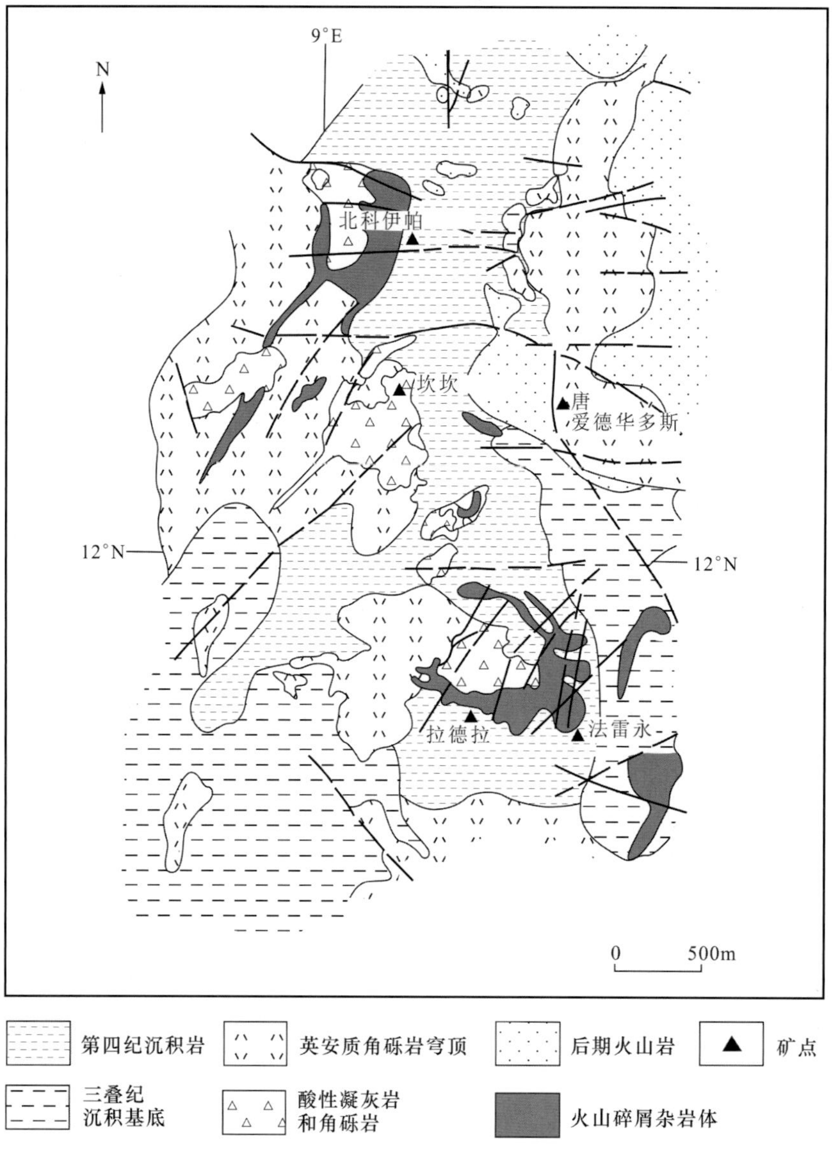

图 7-9　智利拉科伊帕(La Coipa)金银矿床地质简图(Oviedo L et al,1991)

1. 区域地质

拉科伊帕金银矿区位于智利玛日坎尕斑岩型金成矿带(Maricunga)北端，现已发现了一批金银多金属矿床，如北科伊帕、坎坎、拉德拉等。拉科伊帕金银矿区出露的主要岩石地层为新近系火山岩和基底地层(三叠系、泥盆系—石炭系)。拉科伊帕金银矿区出露泥盆系—石炭系长石砂岩、页岩和泥岩，二叠系—三叠系英安岩和安山岩、含碳页岩，侏罗系海相灰岩和火山岩，上侏罗统—下白垩统砂岩，上白垩统火山碎屑岩。上白垩统—下古近系安山角砾岩。在基底构造层中，上三叠统黑色含碳页岩与金银成矿

关系密切，在拉科伊帕和邻区，三叠系与古近系和新近系火山岩呈不整合接触。三叠系与古近系—新近系地层中有含页岩碎屑的角砾岩。Ladera 地堑和地垒中角砾岩发育，分布有高品位矿石。新近纪火山岩系呈北北东向分布，底部由晚渐新世—早中新世(25～20Ma)流纹质凝灰岩和火山角砾岩组成，其上为中新世早中期(20～14Ma)火山岩，中新世晚期为砾岩和凝灰岩。新近纪火山岩覆盖在 La Ternera 岩层上，主要为火山碎屑岩、火山沉积物、凝灰岩和火山角砾岩。火山机构与构造-流体通道系统是十分重要的勘查对象。

在拉科伊帕矿区，北北东向地垒构造和地堑构造相间排列，由中新世早—中期逆断层控制，后期北西向正断层和北东向断层形成了叠加构造。在正断层和逆断层交汇处，新近纪火山岩发育，形成了火山喷发机构。南北走滑断层及断层右旋活动形成东北向次级构造系统，这些构造为岩浆流体成矿提供了有效构造-流体通道，成为勘探对象并得到验证。控制该金银矿田构造为破火山口构造和山间断陷盆地。该金银矿位于晚-中新世破火山口附近形成的断陷湖盆西缘。在拉科伊帕金银矿区北部和南部，分布有晚古生代花岗岩，古新世—始新世英云闪长斑岩呈南北向分布于区内，局部有英安岩、粗安岩和火山岩。拉科伊帕矿区有两种喷出岩，西部为粗安岩(21Ma)，而英安斑岩是拉科伊帕矿区主要的岩体。北东向逆断层和北西向正断层构造交汇部位控制岩浆侵入活动(Luis Oviedo et al，1993)。

2. 矿体特征

金和银矿主要赋存于中新世英安质火山岩和三叠纪泥岩中，具有典型高硫型浅成低温热液系统形成的金银富集成矿和蚀变系统，特征蚀变矿物相是明矾石化，构造系统对金银富集成矿控制作用明显，其次为岩性控制。从蚀变中心区硅化相，到外围泥化蚀变相形成了明显蚀变分带，拉科伊帕北部矿体上部发育低温系统形成的蚀变帽。硅化脉具有充填成矿特征，不规则断口，发育气孔构造，与成矿作用有关的裂隙系统与地面相通，为含矿流体流动和气相分离提供了构造环境和围岩条件。由于围岩和构造通道具有较高孔隙度和渗透率，温度和压力梯度从相对高温-高压的成矿系统中心，到相对低温-低压围岩形成了成矿流体规模性运移，因此，围岩蚀变和蚀变分带明显，围岩蚀变发育。最主要蚀变类型有绿泥石、绢云母、明矾石、沸石、黏土化、硅化和黄铁矿化。拉科伊帕金银矿成矿作用在 1000m 深度范围内，成矿温度在 50～200℃，少有达到 400℃。

在拉科伊帕金银矿区垂向方向上，上部银富集，中部为富集金银的氧化带，深部为富集金-铜的原生矿石带。在蚀变岩浆岩和沉积岩中，形成浸染状金银矿体，与硅化蚀变相和高级泥化蚀变相密切相关。构造控制的金-银富集成矿带通常在低海拔地区，含矿岩相为蚀变的泥岩和砂岩，品位较高。在 Ladera - Farellon(莱德拉-法拉龙)和 Can - Can(坎坎)区，已经圈定了深成铜-金矿，铜品位达 4%。在氧化带和次生富集带中，矿石矿物主要有角银矿、自然金、自然银，少量氯溴银矿、碘银矿和银铁矾。在硫化矿石带，典型矿物组合为硫砷铜矿-自然金，伴有黄铜矿-斑铜矿-蓝铜矿-闪锌矿和方铅矿，这些脉状硫化物分布在黑色变质页岩中。金富集成矿与粉末状明矾石密切有关，自然金分布在几微米到 50μm 的显微网脉状裂缝中(Oviedo L et al，1991)。

3. 矿床类型

金银矿体与深部侵入岩通过构造通道直接连通，它们是最典型的新近纪火山活动有关的金银矿床。年龄为 23～22Ma 的英安斑岩位于莱德拉-法拉龙的东南部，被含硫砷铜矿和银硫盐的脉体所切割。在矿物学上与拉库页巴的非氧化带相似，另一方面，法拉龙和库页巴诺特矿床中明矾石有 3 组 K - Ar 年龄值：20Ma、17Ma、15Ma，推测矿化事件发生在 22～17Ma。

该矿床属于高硫型浅成低温热液矿床，矿体赋存于沉积岩中，全区金属分带是金在深部，银在浅部且含量远高于金(Luis Oviedo et al，1993)。

六、玻利维亚塞罗里科(Cerro Rico)银矿床

塞罗里科(Cerro Rico)锡、银矿位于玻利维亚南部城市珀塔西(Potosi)附近，是世界上著名的银矿。

它蕴藏的财富使得西班牙成为16、17世纪的超级强国。塞罗里科(Cerro Rico)矿已被开采450多年,成为了玻利维亚的著名标志,国玺、货币和邮票上均印有它的画面。

1. 区域地质

塞罗里科银锡矿带的北段穿过秘鲁东科迪勒拉山的延续部分,即科迪勒拉蒙尼卡斯、科迪勒拉雷尔和科迪勒拉基姆萨克鲁斯地区,在地理上属玻利维亚领土,长达350km以上。就构造关系而言,这一地段在上新世时期被造陆运动强烈抬升,其西侧更为明显,后来经过风化侵蚀而遭到严重切割。该区域存在一呈狭长条带状的花岗岩质深成岩体,伟晶-气成银锡矿床和热液锡矿床的生成均与该岩体有关。

矿床位于早中新世卡瑞卡瑞(Kari-Kari)火山口杂岩带西边缘的流纹-英安岩内。流纹-英安岩侵入到地层中,这套地层基底为古生代的海相沉积物,上覆中新世的沉积序列为:熔结凝灰岩、火山角砾岩、凝灰岩和碎屑沉积物。侵入岩的形态为一个大型的倒转圆锥,岩性为斑状流纹质英安岩,斑晶为石英、透长石和黑云母,黑云母有时会有典型的绢云母化蚀变。该岩体不整合在胡阿卡奇(Hua-kajchi)熔结凝灰岩层的西南边缘之上,厚约300m,沉积物为相对新鲜的流纹质富含晶屑的火山角砾凝灰岩。熔结凝灰岩的喷出口现今被附近的胡阿卡奇杂岩所占据,该岩体杂岩由侵入岩、流纹岩和相关角砾岩组成。在塞德里克岩弯的西翼和北东翼可见小范围的灰白—灰色的火山灰,为胡阿卡奇熔结凝灰岩后期的产物。近水平层状火山灰覆盖在氧化了的古老岩屑沉积物上,现代岩屑沉积物覆盖在火山灰之上。这两处火山灰沉积是在同一期沉降事件中形成的。

2. 矿区特征

矿区为浅层、漏斗状的英安质斑岩岩株,侵入到厚度超过400m的中新世凝灰岩、火山角砾岩和名为Cerro Rico Series的水底沉积物内。Cunningham et al(1996)认为Cerro Rico Series的基底部分(Pailaviri地层)为射气岩浆喷发角砾岩;其上所覆盖的Caracoles组地层,认为是与季节性湖泊沉积相关的凝灰岩。Caracoles组地层的凝灰岩部分出现在Cerro Rico的东部和东北部;季节性湖泊沉积(Caracoles地层的砂岩段和火山灰段)则位于山的西部和北部。英安质斑岩岩株,Cunningham等(1996)测定其年龄为13.8Ma,侵入火山口壁处将Caracoles组的两段地层分隔(图7-10);已有证据(边缘缺少外来角砾岩碎屑、流动条带、龟裂纹理或同生角砾岩)显示其并没有破坏古地表。

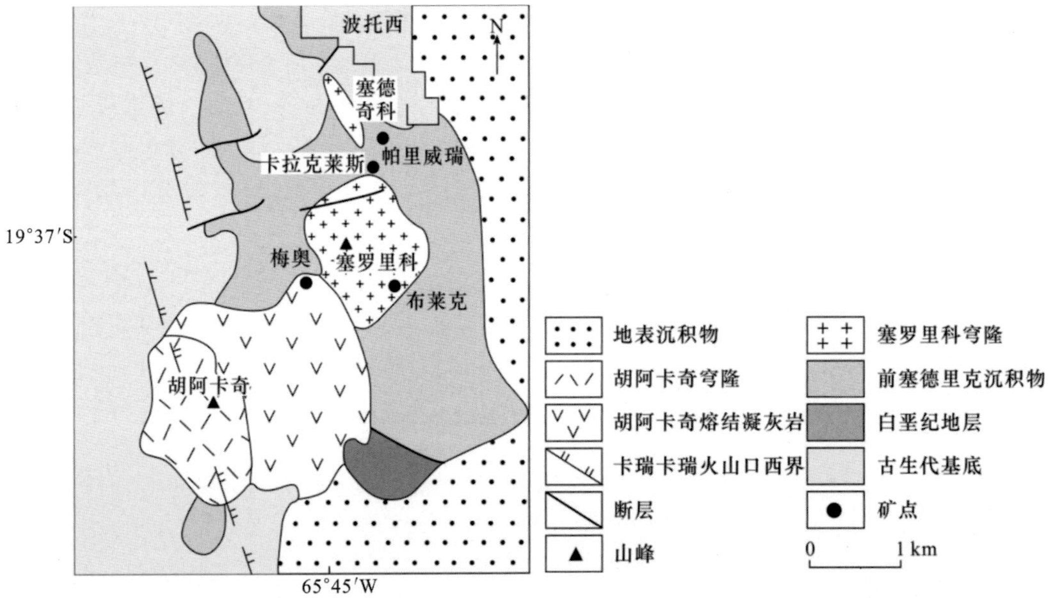

图7-10　塞罗里科锡、银矿床地质图(Sugaki A et al,1988;Voland V B,1982)

在塞罗里科上部有35个矿脉和分支。在深部，这些矿脉和分支合并为5个主要的矿脉系。所有的矿脉均出现在仅有轻微位移的正断层中。这些倾向陡直的细矿脉（通常宽度为10～60cm），没有迹象显示受到岩石类型的影响。塞罗里科的矿物种类多样，矿脉体在空间和时间的分布上有分带性。虽然共生次序较复杂，但是也存在单一矿体的情况。最早阶段的热液事件是大规模蚀变的出现。继而形成的矿脉含有石英、黄铁矿、锡石和砷黄铁矿，矿床较深处有黑钨矿和辉铋矿，其后是含黝锡矿、铁闪锌矿、闪锌矿、黄铜矿和黝铜矿的石英硫化物矿脉。接着是含黄铁矿、闪锌矿、黝铜矿、方铅矿和硫铋银矿的矿物组合，最后是银、脆硫锑铅矿和硫锑铅矿组合。

3. 矿床类型

塞罗里科银矿床属热液矿床，容矿围岩主要是英安质斑岩岩体，与侵入体有关的蚀变具有明显的分带性，顶部为强烈硅化，中部为绢云母化，深部为青磐岩化。矿床的成因模式与火山的侵位有关。塞罗里科银矿是在花岗质深成岩体的热液活动时期形成的，这段时期开始于13.77±0.03Ma，并持续了至少0.2Ma。表生氧化作用开始于13.5Ma，断续地经过了7.5Ma。

第四节　勘查开发

一、勘查开发现状

南美地区的金、银矿产资源丰富，找矿潜力巨大。过去十年矿产勘查成果显著，在不少国家中发现了重要矿床。目前最具吸引力的矿产勘查靶区集中在科迪勒拉褶皱带和圭亚那地盾区。科迪勒拉褶皱带是从墨西哥向南延伸到中美洲，再向南直至南美洲的火地岛。圭亚那地盾区主要包括巴西西北部、委内瑞拉东南部、法属圭亚那、苏里南。

南美地区的矿产勘查虽然也有少量本国内公司参与活动，但是勘探的主要力量来自其他国家。目前世界著名的矿业公司大多直接参与了这里的矿业勘查和开发活动。它们包括加拿大、美国、澳大利亚、日本、英国、德国、法国和南非等国的公司。

二、矿业公司

南美主要的大型金矿都被欧美公司把持，主要有巴里克黄金公司、加拿大黄金公司、纽蒙特黄金公司、英美黄金公司、必和必拓矿业公司等，以下主要介绍这几个国际矿业公司。

1. 巴里克黄金公司(Barrick Gold Corporation)

该公司由彼得·蒙克(Peter Munk)创建于1983年，其总部在加拿大多伦多，是全球最大的黄金生产商之一，下属公司遍布多个国家，如加拿大、美国、秘鲁、智利、阿根廷、坦桑尼亚、澳大利亚等国。自2006年至今，其黄金产量一直为世界第一，并在2013年黄金产出71.66万盎司(203.15t)。巴里克黄金公司主要在全世界从事黄金的勘探、开发、生产和销售。其黄金的采、选、冶技术处于世界领先地位，公司股票也在多伦多、纽约、伦敦、巴黎和瑞士交易所上市交易。

在南美主要有5座矿山，包括智利的项目塞罗卡萨莱（巴里克黄金公司持股75%，现仍处于探索开发阶段，未真正开采产出），阿根廷的帕斯夸-拉玛项目（现因环境问题停止开发）、Veladero，秘鲁的Lagunas Norte项目、皮耶里那（2013年关闭）。截至2013年，探明可采储量分别为塞罗卡萨莱9.9亿盎司，帕斯夸-拉玛为3.58亿盎司，Veladero为2.06亿盎司，Lagunas Norte1亿盎司。

2. 加拿大黄金公司(Goldcorp)

加拿大黄金股份有限公司(Goldcorp)是一家在加拿大、美国、墨西哥、美洲中部和南美洲从事贵金属经营、勘探、开发、收购的黄金生产商。该公司目前经营性现金流主要来自出售黄金、铜和银。加拿大黄金公司最初成立于1994年3月31日,后来收购了拉米斯黄金公司(Glamis),合并后的新公司于2006年12月1日正式成立,因此该日期为公司成立的最新日期。加拿大黄金公司是世界上成本最低和增长最快的黄金生产商,业务遍及美洲。公司的策略是通过获取高品质资产为其股东提供高额回报。

该公司在南美洲目前拥有阿根廷的 Cerro Negro 黄金项目(持有100%权益)、Alumbrera 黄金项目(持有37.5%权益)和智利的 El Morro 金/铜项目(持有70%权益)。

3. 纽蒙特黄金公司(Newmont_Mining)

公司成立于1916年,总部位于美国科罗拉多州丹佛市,在其创立之初不久就在纽约股票交易所、澳大利亚证券交易所和加拿大多伦多证券交易所三大交易所挂牌上市。公司在发展过程中,通过资本运作夯实基础后,就开始进行大规模的合并和收购等扩张活动,经营范围以金、铜、煤、石油、天然气等为中心。并且在2002年2月收购加拿大同业 Franco-Nevada 公司和澳大利亚的 Normandy 矿业公司一跃成为全球黄金矿业界的“龙头老大”之一,在美国、澳大利亚、秘鲁、印度尼西亚、加纳、新西兰和墨西哥等国拥有庞大的资产和业务。更是唯一一家跻身标普500指数和《财富》世界500强的金矿公司。

在南美洲拥有 Conga(51.35%)、Yanacocha(51.35%)、Merian(75%)、La Zanja(46.94%)4个金矿。

4. 玻利维亚国家矿业公司(Corporacion Minera de Bolivia)

玻利维亚国家矿业公司建立时持有帕蒂诺、Hotchschild 和阿拉马约等矿山,1952年10月31日的3223号最高法令使其成为国有化矿业集团。3223号最高法令在1956年10月29日被提升为法律。该公司属国有但自负盈亏,隶属于矿业秘书处,负责国家矿业的最高领导和管理。该单位不直接开展矿业活动,只通过风险共担、提供服务或租赁合同领导和管理。主要使命是为勘探开发矿藏、利用国民政府分配的矿藏造福人民,并利用1952年6月2日的最高法令3072的经营矿产品推向市场。法令31196还授权玻利维亚国家矿业公司为负责采矿“设立公司”,已发行股份的51%。目前这个公司是世界第三大银资源公司。

该公司目前在南美经营的银矿在产的主要有 San Bartolome 和 Illapa 两个项目,而 Unificada、Tatasi 和 Cerro Rico 3个银矿项目已经闭坑。

5. 银标准资源公司(Silver Standard Resources Inc)

银标准资源是总部在温哥华的加拿大矿业公司,它成立于1946年12月。它在多伦多证券交易所(TSX:SSO)和纳斯达克(NASDAQ:SSRI)上市,专注于操作、开发、勘探和贵金属的收购项目。该公司控制着多个银资源的上市股份公司,其项目分布在阿根廷、墨西哥、智利、加拿大、美国和澳大利亚。

在南美拥有并经营着阿根廷的 Pirquitas Jujuy 银矿项目,这是世界上最大的初级银矿。2009年12月 Pirquitas 实现商业化生产。在秘鲁拥有 San Luis Pitarrilla 和 Berenguela 项目。

三、金矿、银矿项目

前文铜矿部分已经介绍了铜矿为主、伴生金矿的相关项目,这里不再赘述,主要介绍以金、银矿种为主的项目。本文收集了南美金矿资源储量大于100t的项目70个,银矿资源储量大于1000t的项目85个。详细情况参看附表3和附表4。

第五节　远景区分析

一、远景区划分

依据下列因素进行金和银的资源远景区划分：①金矿或银矿成矿条件有利；②有较多金矿或银矿产地分布；③有重要矿床正处在勘查开发之中；④正在进行勘查以发现较好的矿化现象和找矿线索，仍有较好的找矿空间。

二、远景区

按照上述潜力区圈定原则，根据金矿或银矿成矿条件以及各主要金矿或银矿国家金矿勘查开发程度，圈定了南美主要的金矿或银矿成矿远景区(图 7－11，表 7－5)。

三、远景区分析

1 区：主要以砂矿和脉型矿为主。主要位于三级成矿带Ⅲ－25 雷亚尔铜-金-铅-锌成矿带和Ⅲ－27 皮诺-达瓜-乔科金-多金属成矿带中部，包括哥伦比亚中科迪勒拉和厄瓜多尔安第斯裂谷，原生矿与侏罗纪—新近纪浅成岩浆岩侵入到古生界变质岩及古近纪—新近纪火山沉积岩系中有关，在科多帕希火山活动事件中形成了上新世—更新世钙碱性流纹质熔结凝灰岩，发育自然硫矿床和浅成低温热液金、银矿床，大型矿床有哥伦比亚布瑞蒂卡(Buritica)金矿、马麦托(Marmato)金银矿等。

2 区：主要位于三级成矿带Ⅲ－32 安第斯前陆盆地金、银成矿带北部和Ⅲ－31 查查波亚斯-库斯科金-铁-银-铅-锌-重晶石成矿带的北部区，在厄瓜多尔南端、秘鲁西北部兰考莱斯(Lancones)河谷流域的西南区裂隙构造中，金、银产于中侏罗海底火山岩中及晚白垩世矽卡岩型银-锰-锌-铅成矿带，矿化产于火山岩与碳酸盐岩接触部位，矿体以网脉状分布，与区域内晚白垩世花岗闪长岩侵入有关，大型矿床有厄瓜多尔康多尔(Condor)金矿、秘鲁康加(Conga)金银矿。

3 区：位于三级成矿带Ⅲ－31 查查波亚斯-库斯科金-铁-银-铅-锌-重晶石成矿带和Ⅲ－35 海岸铜-铁-金-锌-银成矿带，属于始新世热液型金-银成矿带和始新世—中新世多金属成矿带，处于秘鲁中部的西部山脉，控矿构造为北西-南东断层，主要与火山岩浆活动相关，大型典型矿床有秘鲁安塔米纳(Antamina)银铅锌矿、秘鲁特罗莫克(Toromocho)银铜钼矿。

4 区：位于三级成矿带Ⅲ－31 查查波亚斯-库斯科金-铁-银-铅-锌-重晶石成矿带南部和Ⅲ－34 西科迪勒拉铜-金-银-铁-多金属-硫-盐类成矿带的北部地区，金、银赋存于秘鲁南部西部山脉的火山岩中，矿化与中新世—上新世的岩浆活动有关。除了个别矿床为低硫化和中硫化热液型外，此矿带多高硫化热液型金、银矿，大型典型矿床有秘鲁的科塔巴姆巴斯(Cotabambas)金矿、秘鲁贝伦格拉(Berenguela)银铜矿等。

5 区：位于三级成矿带Ⅲ－32 安第斯前陆盆地金成矿带南部和Ⅲ－33 中科迪勒拉锡-钨-银多金属-盐类成矿带东部区玻利维亚西南部，沿安第斯山脉分布，是南美重要的银资源基地，主要属于早中新世浅成低温热液型银成矿带，矿体产于早中新世杂岩带流纹岩和英安岩内，矿体以脉状-角砾状形式赋存于火山角砾岩和火山凝灰岩中，与断层关系密切，银矿常与锡矿共生，大型的典型银矿有玻利维亚的乌尼费卡达(Unificada)银锡矿、玻利维亚的圣克里斯托巴(San Cristobal)银铅锌矿。

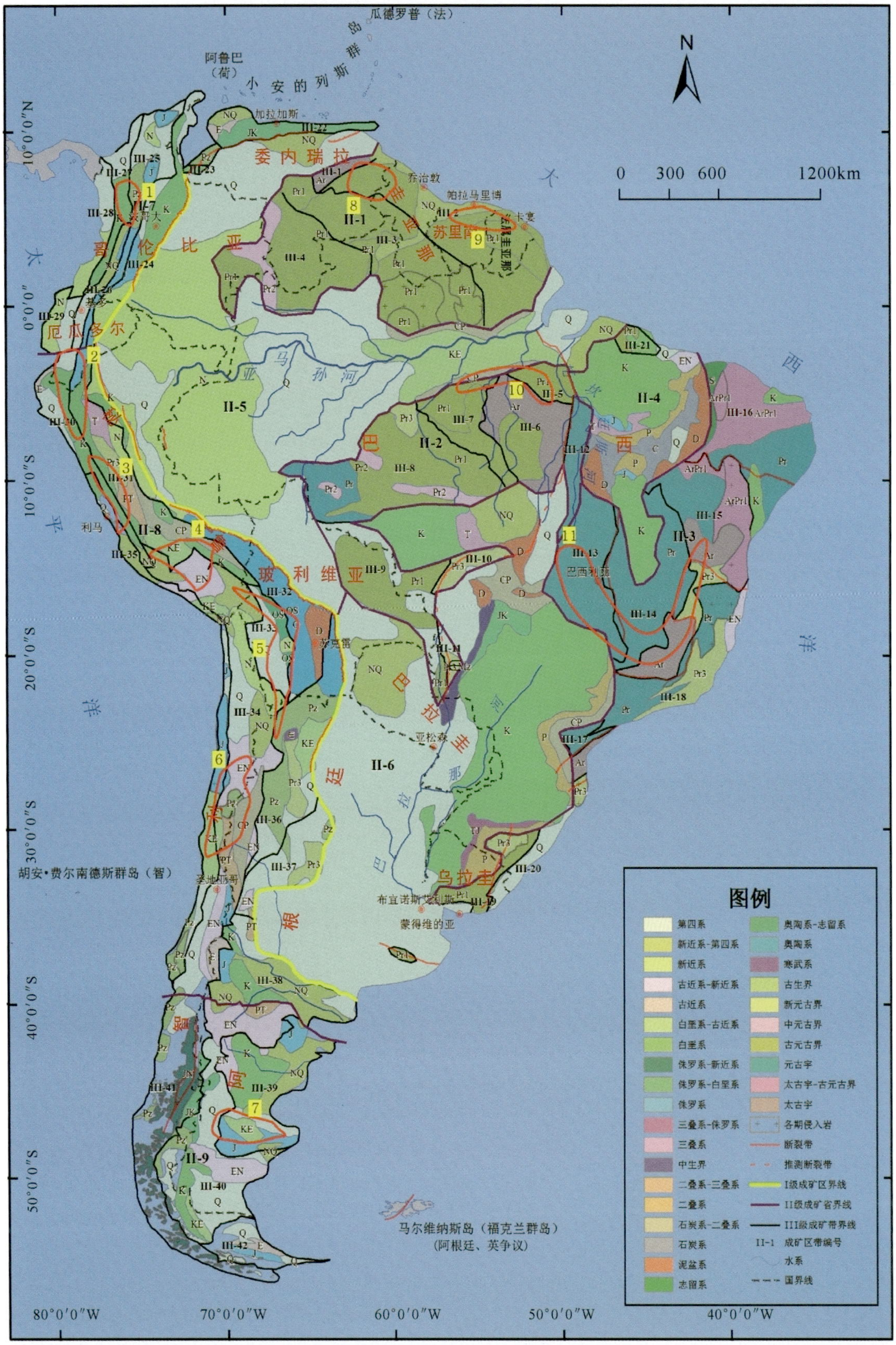

图 7-11　南美主要金矿潜力区分布图

表 7-5 全球主要金、银矿国家潜力区划分表

区号	潜力区名称	所属国家	潜力区描述
1	哥伦比亚西北部潜力区	哥伦比亚	属于安第斯成矿带的北段，主要位于科尔多瓦省、安蒂奥基亚省、玻利瓦尔省交界处，盛产金、银
2	秘鲁北部潜力区	厄瓜多尔、秘鲁	位于厄瓜多尔南端、秘鲁西北部兰考莱斯(Lancones)河谷流域的西南区裂隙构造中，盛产金、银
3	秘鲁中部潜力区	秘鲁	位于秘鲁中部的西部山脉，控矿构造为北西-南东断层，秘鲁银资源主要产地
4	秘鲁南部潜力区	秘鲁	位于秘鲁南部西部山脉的火山岩中，盛产金、银
5	玻利维亚西北部潜力区	秘鲁、玻利维亚、阿根廷	位于玻利维亚西南部，沿安第斯山脉分布，盛产银
6	智利北部潜力区	秘鲁、智利、阿根廷	位于安第斯褶皱成矿带中段，为西太平洋板块向南美板块下俯冲形成的典型陆缘火山弧，从西到东，盛产铜、金、银
7	阿根廷南部潜力区	阿根廷	位于阿根廷南部，是阿根廷银资源主要产地，盛产金、银
8	委内瑞拉东部潜力区	委内瑞拉、圭亚那	位于南美大陆的北部，属于冈瓦纳古陆的一部分，圭亚那地盾的北段，盛产金
9	苏里南东北潜力区	苏里南、法属圭亚那	位于南美大陆的北部，圭亚那地盾东北部，盛产金，与前一区域成矿类型相同
10	巴西北部金矿潜力区	巴西	位于中巴西地盾的北端，主要包括卡拉加斯成矿区、Tapajos 金成矿区及 Alto Guapore 金成矿区，主要与花岗岩-绿岩层相关，盛产金、铁、镍
11	巴西中东部部金矿潜力区	巴西	位于大西洋地盾的周缘，研究开发程度较高，包括矿业最为发达的米拉斯吉拉斯州(铁四角)铁矿区，盛产铁、金、银

6 区：位于三级成矿带Ⅲ-34 西科迪勒拉铜-金-银-铁-多金属-硫-盐类成矿带中段，安第斯褶皱成矿带中段，秘鲁、智利、阿根廷 3 国交界处，为西太平洋板块向南美板块俯冲形成的典型陆缘火山弧，由西向东依次可分为海岸安第斯、前安第斯(弧间盆地)、西安第斯、安第斯(普纳)高原区、东安第斯、次安第斯 6 个构造带。这些地带成矿地质条件十分优越，铜、钼、铅锌、金、多金属矿成矿作用强烈，找矿潜力巨大，特别是铜矿资源极其丰富，成为全球最重要的铜、钼、金、多金属成矿带，大型典型矿床有阿根廷的阿瓜瑞卡(Agua Rica)金银铜矿、智利的帕斯卡拉马(Pascua Lama)金银铜矿。

7 区：位于三级成矿带Ⅲ-39 东巴塔哥尼亚钨-金-铁-银多金属-萤石-盐类成矿带阿根廷南部，是阿根廷银资源主要产地，发育大量高硫的浅成低温热液型金、银矿和与侵入体有关的金、银矿，这些矿床与中酸性火山岩有关，主要产在火山岩的内部，大型典型矿床有阿根廷的塞罗范加迪亚(Cerro Vanguardia)金银矿、阿根廷的杰奎因(Joaquin)金银矿。

8 区：位于三级成矿带Ⅲ-2 Transamazon 金-锰-铁-镍-铬-铀-铝土矿-金刚石成矿带委内瑞拉、圭亚那两国交界处，南美大陆的北部，属于冈瓦纳古陆的一部分，圭亚那地盾的北段，盛产金。金矿主要与前寒武纪的古老地层有关，大多数富金的岩石都受到低硫金-石英细脉的韧性剪切变形作用的影响，主要矿物自然金、黄铁矿以及少量的黝铜矿、黄铜矿、斑铜矿、辉钼矿、白钨矿和闪锌矿等，都是赋存在石英细脉中最典型的金属矿物，大型典型矿床有圭亚那的托罗帕鲁(Toroparu)金银铜矿、委内瑞拉的拉斯克里斯蒂纳斯(Las Cristinas)金铜矿。

9 区：位于三级成矿带Ⅲ-2 Transamazon 金-锰-铁-镍-铬-铀-铝土矿-金刚石成矿带苏里南、法属圭亚那两国交界处，金矿主要与前寒武纪的古老地层有关。金矿床分布与东西向延伸的剪切带有关，虽然与太古宙绿岩带关系密切，但是容矿围岩火山岩占优势。大型典型矿床有苏里南的梅里安(Merian)金矿、苏里南的罗斯贝尔(Rosebel)金矿。

10 区：位于三级成矿带Ⅲ-5 兴谷金-锡成矿带和Ⅲ-7 Jacareacanga 金-铜-钼成矿带交界处，中巴西地盾的北端，主要包括卡拉加斯成矿区、Tapajos 金成矿区及 Alto Guapore 金成矿区，金矿主要为岩金，出露在前寒武纪的地层之中，以古元古代造山带型金矿为主。矿体以脉状产于变基性火山岩和碎屑岩中，主要类型有在黄铁矿富集的石英细脉中发现一些细小的金矿脉或者浸染状分布的金，与花岗闪长岩的侵入活动有关的斑岩型金-铜-铋-钼矿床，在火山—沉积序列中闪长岩和石英闪长岩的侵入岩有关的铜-金矿床、铁氧化物铜-金矿(IOCG)产区、铜-金(钨-锡)矿床、浅成热液型金-铂族矿床等。大型典型矿床有巴西的萨洛博(Salobo)金矿、巴西的托卡诺(Tucano)金矿。

11 区：位于三级成矿带Ⅲ-13 Brasilia(造山带)金-银-铜-铅-镉-钴-镍-铌-锡-稀土-金刚石成矿带、Ⅲ-14Tres Marias 金-铜-铅-铬-钴-镍-铂族-金刚石成矿带和Ⅲ-15 圣弗朗西斯科铁-金-铜-锰-铅-锌-银-钛-铬-锂-铍-祖母绿-金刚石成矿带，大西洋地盾的周缘，研究开发程度较高，包括矿业最为发达的米拉斯吉拉斯州(铁四角)铁矿区。主要以绿岩带型(造山带型)金矿和剪切带型金矿为主，矿体受断裂控制明显，矿化发生在绿岩带火山岩-沉积岩组合中。本区的圣弗朗西斯科陆核上产有世界驰名的铁四角铁金矿带。大型典型矿床有巴西的帕拉卡图(Paracatu)金银矿、巴西的阿萨帝矿业(Ashanti Mineracao)金银矿。

南美洲的金、银资源相当丰富，在世界占有重要地位。秘鲁、巴西、智利的金资源储量列世界前茅，玻利维亚、智利和秘鲁的银矿更是占有全球银资源储量的 1/3，是未来支持全球金、银资源消费的重要基地。金、银矿成矿与火山活动及构造运动相关，成矿具有明显地域性和时代属性，不同时代地层及岩浆岩对赋矿形式及规模有明显差异，但是目前地质工作程度不高，矿产勘查开发程度较低，目前介入开发的工业公司主要以欧美跨国矿业企业为主，未来具有巨大的找矿潜力。

第八章　铅、锌矿

第一节　资源概述

一、资源储量与全球地位

南美洲的铅锌矿产具有资源丰富，分布集中的特点。据美国地质调查局统计，2015 年全球铅和锌保有金属储量分别为 8900×10^4t 和 2×10^8t，其中分布在南美洲的铅和锌金属储量分别为 886×10^4t 和 3274×10^4t，分别占全球总量的 9.96%和 16.37%(表 8-1)。这些铅锌资源绝大部分都分布在秘鲁西南部和南部、玻利维亚西南部，此外在巴西东部和东南部、阿根廷北部、智利中部和南部也有少量铅锌矿分布。

二、资源国概述

秘鲁是南美洲铅锌资源最为丰富的国家，其铅锌矿储量占到南美洲总储量的 2/3 以上。同时，该国也是世界上铅锌资源最为丰富的国家之一，其铅和锌的储量分别排名全球第四位和第三位。秘鲁也是南美最大的铅锌生产国，2013 年，该国的铅锌矿产量占到了南美洲总量的 1/2 以上(附表 5，表 8-1)。

表 8-1　南美各国铅锌矿资源概况

国家	铅				锌			
	储量 ($\times10^4$t)	占世界比例 (%)	产量 ($\times10^4$t)	占世界比例 (%)	储量 ($\times10^4$t)	占世界比例 (%)	产量 ($\times10^4$t)	占世界比例 (%)
秘鲁	670	7.53	26.6	4.84	2500	12.50	135.1	10.08
玻利维亚	160	1.80	8.2	1.49	460	2.30	40.7	3.04
巴西	36.4	0.41	1.7	0.31	301.9	1.51	15.2	1.14
智利	—	—	0.1	0.02	8.3	0.04	2.9	0.22
阿根廷	19.3	0.22	2.6	0.47	2.9	0.01	4	0.30
南美	886	9.96	39.3	7.15	3274	16.37	198.1	14.78
世界	8900	100	550	100	20 000	100	1340	100

数据来源：USGS、SNL，其中产量为 2013 年产量。

玻利维亚是南美洲第二大铅锌资源国和生产国，同时也位列全球十大铅锌资源国和生产国之列，该国的铅锌资源主要分布在西南部的安第斯山区，其铅锌产量则主要来自圣克里斯托巴尔(San Cristobal)、圣维森特(San Vicente)等少数大型矿山项目。

第二节　成矿规律

一、区域成矿背景和主要矿床类型

(一)区域成矿地质背景

南美洲地区跨越环太平洋和冈瓦纳两大成矿域,包括安第斯成矿区和南美地台成矿区两个成矿区。安第斯成矿区是环太平洋成矿域的组成部分,其成矿作用和成矿构造环境主要与太平洋板块向南美板块的俯冲碰撞有关,铅锌矿成矿时代也以中生代—新生代占绝对优势。南美成矿区的成矿地质构造背景则主要是由前寒武纪基底及显生宙沉积盆地和构造带构成,铅锌矿成矿时代多为元古宙。

1. 安第斯成矿区

安第斯成矿区是世界上最重要的金属成矿区,其大地构造背景为安第斯造山带,至少是从晚古生代以来就遭受洋壳向陆壳俯冲的汇聚作用影响,在板块俯冲作用下,该带形成了一系列近乎连续的钙碱性岩浆岩和造山事件。特别是中生代—新生代以来由于大规模的构造岩浆活动,使其中段地壳明显增厚,并伴随构造岩浆活动,在该带形成大量的金属矿床。该成矿区的铅锌矿产资源大部分分布在中安第斯和北安第斯地区,南安第斯地区分布较少。

中安第斯基底主要由新元古代—早古生代增生在原始冈瓦纳大陆上的阿雷吉帕-安托法拉、库亚尼亚、智利尼亚等准原地地体构成,具有太平洋板块向南美板块俯冲倾角逐渐变缓的俯冲模式,火山-岩浆作用主要以钙碱性的安山质-英安质、流纹质岩石为主。在其演化过程中,伴随洋壳俯冲角度逐渐变缓,岩浆弧逐渐向东位移,火山岩带向东越来越年轻。在成矿特点上,铅锌多金属矿成矿作用强烈,是南美洲最重要的铅锌矿成矿带,铅锌矿床类型以陆相火山岩型和交代型矿床为主,还有部分 VMS 型和 SEDEX 型矿床。

北安第斯具有太平洋板块向南美板块仰冲或陡倾斜俯冲特征,在火山弧的外侧存在有洋壳增生地体[如加勒比地体、乔科(Choco)地体、皮诺-达瓜(Pinon - Dagua)地体等]:其中,东安第斯基底被认为是大陆地壳,而西安第斯主要由白垩纪洋壳拉斑玄武岩和深水沉积物组成,中生代火山岩主要为玄武安山质-安山质岩石,且具有火山-岩浆活动时期自东向西逐渐变新的趋势。在火山岩带之间发育有一系列的山间盆地(弧前或弧间盆地)。在成矿特点上,铅锌多金属矿化相比中安第斯地区较弱。

南安第斯基底由属巴塔哥尼亚地体的古生代变质岩组成。中生代—新生代火山-岩浆活动以钙碱性为主,有蛇绿混杂岩的堆积。铅锌多金属矿化较弱,区内产出的铅锌矿床主要为 VMS 型矿床的黑矿型(Kuroko)亚类。

2. 南美地台成矿区

南美地台主要由亚马孙、圣弗朗西斯科、里奥拉普拉塔陆块,以及一些小地块及其之间的造山带组成。南美地台自太古宙至古生代经历了多次构造旋回。各陆块相继碰撞拼合形成复杂造山带。自巴西-泛非造山旋回结束后,南美地台前寒武纪陆块几乎没有再受到其他构造作用影响。中生代末期以来,南美地台内部发生一系列构造活动,板块之间俯冲碰撞作用使陆缘遭受强烈构造变形,形成了褶皱山系。伴随着俯冲作用,产生强烈而广泛的中—酸性火山-岩浆作用。南美地台成矿区内的铅锌资源主要分布在巴西利亚成矿带和圣弗朗西斯科成矿带内。

巴西利亚成矿带构造-岩浆作用复杂,铅锌资源产出在瓦赞蒂—帕拉卡图地区。该地区处在巴西利亚褶皱带上,基底由太古宙小型地块和早元古代上地壳岩石构成,上覆中元古代—新元古代与海洋火成—沉积岩序列伴生的基性—超基性层状岩体。瓦赞蒂—帕拉卡图地区的岩性组成为晚元古代被动陆缘沉积岩，包括泥岩、石灰岩和白云岩等岩石序列，这些元古宙的碳酸盐岩是区内铅锌矿床的重要赋矿围岩。

圣弗朗西斯克拉通形成于太古宙—中元古代，其上覆新元古代和显生宙地层。铅锌矿产资源主要分布在克拉通北部的沙帕达迪亚曼蒂纳和博基拉地区，沙帕达迪亚曼蒂纳地区的形成始于泛亚马孙期之前的构造事件，区内岩性组成包括层状基性—超基性岩基和钙碱性变质火成岩。博基拉地区位于巴西地块内，区内岩性组成主要为新太古代火成沉积序列。

（二）铅锌矿成因类型

南美洲的铅锌矿床主要有以下类型。①陆相火山岩型矿床，如玻利维亚的圣克里斯托巴尔银-锌-铅矿床，是产在陆相火山岩中与晚中新世安山岩和英安斑岩有关的浅成低温热液矿床。②交代型矿床，包括热液交代型和矽卡岩型铅锌矿床，如秘鲁的塞罗德帕斯科（Cerro de Pasco）锌-铅-银-铜-铋矿床，矿体呈透镜状赋存于下三叠统的阳起石-硅灰石角页岩、薄层灰岩中。③火山块状硫化物型矿床（VMS型），如秘鲁北部坦博格兰德（Tambo Grande）铜-锌-金-银矿床等。④密西西比河谷型（MVT）铅锌矿床，如巴西的瓦赞蒂（Vazante）锌矿床、秘鲁的圣维森特锌-铅矿床等。⑤沉积喷流型（SEDEX）铅锌矿床，如阿根廷的阿吉拉尔（Aguilar）铅-银-锌矿床等。除以上矿床类型之外，还有少量斑岩型、非硫化物型铅锌矿床，如玻利维亚的伊斯卡塔（Escata）金-锌-银-铅矿床，米纳格兰德（Mina Grande）铅-锌矿床等。⑥其他类型，包括斑岩型矿床、与脱水作用和变质作用产生的流体有关的矿床、与花岗岩有关的矿床等类型。

1. 陆相火山岩型铅锌矿床

陆相火山岩型矿床是南美洲地区重要的铅锌矿床类型。此类矿床在环太平洋、特提斯构造-岩浆活化带内都有分布，矿床规模一般不大，但在南美地区也有少量超大型规模的此类矿床存在。陆相火山岩型矿床产出的构造位置多为中、新生代陆相火山沉积盆地的边缘，容矿岩系主要有凝灰岩、中—酸性火山角砾岩、熔岩、次火山岩等。矿床受断裂、火山口边缘等构造控制明显，其矿体多呈脉状、透镜体状或似层状等形态成群成带产出。矿石结构呈现各种结晶粒状结构、交代结构和碎裂结构。矿石构造主要为致密块状、细脉浸染状和角砾状等。组成矿石的金属矿物主要为闪锌矿、方铅矿、黄铁矿、黄铜矿、硫砷铜矿等，脉石矿物以石英、绢云母、锰方解石、菱铁矿等为主。围岩蚀变比较强烈，早期蚀变由次火山岩体向外、向上依次为弱绢云母化-石英绢云母化-绢云母绿泥石化-绿泥石、碳酸盐化。晚期蚀变围绕赋矿断裂，发育在矿脉旁侧的线性蚀变，并叠加在早期蚀变之上，主要有硅化、绢云母化、绿泥石化、黄铁矿化等。陆相火山岩型矿床的成矿作用与陆相火山活动产生的火山、次火山热液密切相关，属于中、低温热液矿床。

2. 交代型铅锌矿床

交代型铅锌矿床的成矿模式比较复杂，包括热液交代型、矽卡岩型等亚类，与陆相火山岩型、斑岩型等类型的矿床都属于与构造-长英质岩浆有关的铅锌矿床。此类矿床在环太平洋、特提斯等成矿带内都有分布，成矿时代以中、新生代为主。

南美洲地区交代型矿床的典型代表就是秘鲁的塞罗德帕斯科矿床，该矿床赋存在白垩纪灰岩、砂岩、中新世流纹岩、石英安粗岩及石英二长岩等，矿化现象明显受到矿区构造的控制，矿体形态和组成也比较复杂，包括块状硅质-黄铁矿矿体、块状闪锌矿-黄铁矿-方铅矿-方解石矿体、黄铁矿-硫砷铜矿（石英）脉矿体、淋滤富集的银-黄铁矿矿体4类。矿化作用分为两个阶段：第一个矿化阶段形成了大量的黄铁矿-石英矿体是交代晚中生代布卡拉组灰岩形成的，主要矿石矿物除黄铁矿外，还有磁黄铁矿、毒砂和闪锌矿；第二个矿化阶段部分叠加在第一个矿化阶段之上，由硫砷铜矿-黄铁矿脉和碳酸盐交代矿体组成，主要矿石矿物有硫砷铜矿、锑硫砷铜矿、脆硫锑铜矿、黝铜矿、砷黝铜矿、闪锌矿和方铅矿等，矿化作用发生的时间为15～11Ma。塞罗德帕斯科矿床总体来说符合热液交代型矿床的特征，但又兼具层控交代型、浅成低温热液型等多种类型矿床的特点。其成矿作用过程可概括为：早期断裂构造控制火山通道，火山硫质喷气作用交代了通道附近的灰岩、火山岩等围岩，形成黄铁矿矿体；随后受构造活动控制的石英二长岩浅成岩体的侵入作用影响了区内主要的铜铅锌银矿化，成矿物质的就位富集明显受控于区内褶皱、断裂等构造（施俊法等，2010）。

3. 火山块状硫化物型铅锌矿床（VMS型）

VMS型矿床在全球范围内是重要的铅锌矿床类型之一，全球约1/5的锌和1/10的铅都产在此类矿床中（毛景文等，2012）。在南美洲地区，VMS型矿床同样是最重要的铅锌矿床类型之一，如秘鲁的坦博格兰德矿床的锌金属储量超过200×10^4t，平均品位超过1%（Winter et al，2008）。

VMS型矿床多产在板块边缘附近，包括大洋中脊或弧后拉张盆地的离散板块边缘、岛弧中会聚板块边缘或大陆边缘以及太古宙绿岩带等为代表的伸展构造环境中。其成矿作用与海相火山作用密切相关，矿床成群围绕火山喷发中心产出，容矿围岩主要为火山岩或火山-沉积岩。VMS型矿床的矿体上部呈层状、透镜状，受地层控制明显，多与岩层整合产出，矿石为块状结构。矿体下部为角砾状、网脉状或浸染状结构矿石。主要的矿石矿物有黄铁矿或磁黄铁矿、黄铜矿、闪锌矿和方铅矿等，脉石矿物包括石英、绿泥石、重晶石、石膏和碳酸盐矿物等。VMS型铅锌矿床的矿体经常有薄层硅质和铁质盖层，有时还有锰质的沉积岩，岩石中常夹有矿石碎屑，可以作为重要的找矿标志。围岩蚀变主要有有硅化、石英-绢云母化、青磐岩化和泥岩化等，其中泥岩化是此类多金属矿床最常见蚀变现象（戴自希等，2005）。从全球尺度上来看，VMS型矿床的成矿时代涵盖了从太古宙到现代的所有时期，不过南美洲的此类铅锌矿床的成矿时代主要集中在中元古代、早古生代和中生代等几个时期。VMS型矿床是由海底火山喷气沉积而成，该类型矿床的成矿作用与下伏火山岩和海水密切相关，铅、锌等成矿元素主要来自下伏火山岩，而S元素在各个时代的来源并不一致，表现在太古宙时期来自下伏火山岩，元古宙时期则主要来自海水中的硫酸盐。火山热液从下伏火山岩中淋滤萃取成矿物质的方式与火山岩的性质也有关系，火山岩为玄武岩或安山岩时，会形成铜-锌矿床，而为长英质岩类或沉积岩时，则形成铜-铅-锌组合的矿床。在火山热液萃取到足量成矿物质后，接着沿断裂或裂隙上升，含矿热液与低温海水混合，由于物化环境改变，金属硫化物迅速沉淀并逐渐堆积成矿（戴自希等，2005；Hannington et al，2014）。

4. 密西西比河谷型铅锌矿床（MVT型）

在全球范围内，MVT型矿床是仅次于SEDEX型的世界第二大铅锌矿床类型，此类型的铅锌矿床资源量占全球总量的25%。南美洲地区的此类矿床主要分布在巴西利亚造山带（Brasiliano Orogens）中划分出的瓦赞蒂-帕拉卡图（Vazante - Paracatu）成矿区，如巴西的瓦赞蒂等，此外在安第斯造山带内也有分布，如阿根廷的埃尔韦西亚、秘鲁的圣维森特。

MVT型铅锌矿床多产在稳定克拉通或大陆架内部靠近造山带前陆盆地一侧，产于克拉通边缘沉积盆地内大面积的古陆隆起地带上，也有的产在前陆褶皱带和逆冲断层带内。沉积盆地的边缘或其附近，或在盆地之间的隆起处是此类矿床的产出的有利构造位置。MVT型矿床的容矿围岩以碳酸盐岩为主，尤其是白云岩，基本未见火成岩。该类矿床的矿体形态多受溶蚀-崩塌角砾岩围岩控制，矿体呈网脉状充填在溶洞裂隙中。矿石结构以开放空隙充填结构为主。矿石矿物一般包括方铅矿、闪锌矿、黄铁矿和白铁矿等，偶见黄铜矿，脉石矿物有白云石、方解石、石英，少见重晶石和萤石。围岩蚀变现象包括热液角砾化、重结晶作用、溶解作用以及白云岩化等。全球范围内的MVT型矿床的成矿时代多集中在泥盆纪—二叠纪以及白垩纪—新近纪之间。MVT型矿床的特征个体差异性很大，目前还没有用于描述此类矿床的普适性成矿模型。该类矿床的成矿过程包括两个阶段，分别为流体运移和硫化物沉淀，根据毛景文等（2012）的总结，高盐度热卤水作为成矿流体来自沉积盆地经过含水地层最后进入盆地边缘的碳酸盐岩地层，在运移过程中可能存在3种模式：①地形或重力驱动流体运移模式，地下卤水在地形或重力的驱动下被排出盆地沉积地层，流动方向为从抬升强烈的前陆盆地补给区流向抬升不太强烈的排水区;②沉积作用和构造压实作用模式,盆地流体的获得是通过沉积成岩作用和构造沉积压实作用以及超高压地层中流体的释放来完成的;③热液循环模式,深部流体在浮力作用的驱动下,由于温度、盐度变化较大而发生对流循环。硫化物的沉淀作用存在 3 种假设:第一种模式,金属和还原硫共存于同一成矿流体中一起运移;第二种模式,金属和硫酸盐共存于同一成矿流体中一起运移;第三种模式,含金属的成矿流体和含有还原硫的流体为两种不同流体,各自通过自己的方式运移,在成矿地点混合成矿。

5. 沉积喷流型铅锌矿床(SEDEX 型)

SEDEX 型矿床是全球最重要的铅锌矿床类型,该类型矿床的储量占到全球总量中锌的 50%和铅的 60%。南美洲地区典型的 SEDEX 型铅锌矿床如阿根廷的阿吉拉尔矿床的铅锌金属储量达到 483×10^4 t(毛景文等,2012)。

SEDEX 型矿床产在克拉通内部或克拉通前缘的沉积盆地内,一般为沉降、张裂的裂谷环境中。容矿围岩多为盆地海相、还原相细粒沉积岩,如页岩、粉砂岩和碳酸盐岩及相关的变质岩类。典型的 SEDEX 型铅锌矿床的矿体为由一层或多层硫化物组成的席状或似透镜体状的板状矿体。层状矿体的矿石结构以块状或条带状为主,矿石矿物主要有含有细粒的黄铁矿、磁黄铁矿、闪锌矿、方铅矿,以及少量黄铜矿,有时还有白铁矿和毒砂。层状矿体之下或其附近有时有网脉状、浸染状或脉状矿化带,呈角砾岩带出现,称为喷口杂岩带,其矿物组合主要有黄铁矿、磁黄铁矿、方铅矿、闪锌矿、含铁碳酸盐、白云石、石英、电气石,以及少量白云母、绿泥石、黄铜矿、毒砂和硫酸盐矿物等。围岩蚀变有硅化、电气石化、钠长石化、绿泥石化、绢云母化、白云石化等。南美洲地区的 SEDEX 型矿床的成矿时代集中在中元古代—中生代之间。SEDEX 型矿床为海底喷气成因,盆地中多孔隙沉积物在压实期间排出孔隙水,它们在埋藏期间变热,酸度和盐度增高,因而能滤取地层中的物质(金属等)并呈 Cl 络合物形式携带矿质运移,在适当的物化条件下,金属络合物遭到破坏就沉淀出硫化物矿石。在地温梯度较高和构造活动地区,流体可以从沉积地层内排出,尤其是沿断裂向上排出,沿通道喷出后的流体一般不形成液柱,而顺坡流动,在地形低洼处沉积成矿。可以形成近喷口相矿床或远离喷口的矿床,流体可以一次沿断裂喷出形成一个大矿床,也可以多次喷出形成多层矿床(施俊法等,2010)。

6. 其他类型铅锌矿床

南美洲地区除了以上类型的铅锌矿床外,还产出一些其他类型的矿床,例如斑岩型矿床、与脱水作用和变质作用产生的流体有关的矿床、与花岗岩有关的矿床等类型的铅锌矿床、与化学沉积物有关的矿床等,这些矿床在南美洲地区无论从规模上还是数量上都不占优势,且目前对其研究程度不高,在此不再一一详述。

二、时空分布规律

1. 成矿时代

南美洲地区一半以上的铅、锌矿床都形成于新生代安第斯造山运动时期,其中绝大部分又集中在中新世时期成矿。在此时期形成的铅锌矿床以交代型和陆相火山岩型为主。除此之外,在早古生代和中生代也曾出现两个铅锌成矿的高峰,这两个时期形成的矿床主要为 SEDEX 型和 VMS 型铅锌矿床。其他矿床则零星形成于新太古代及中新元古代时期,未见大规模的成矿作用(表 8-2)。

2. 空间分布

南美洲地区的铅锌矿产资源主要产出在安第斯造山带中,但也有部分重要的矿床产出在圣弗朗西斯科克拉通、巴西利亚造山带以及北巴塔哥尼亚地块内(图 8-1)。根据矿床类型及区域构造特征可将南美洲划分为 8 个铅锌矿成矿区带(南美洲成矿图,2005),分述如下:

表 8-2 南美洲铅锌矿床成矿时代分布表(据南美洲成矿图,2005)

时代	构造事件	成矿年代(Ma)	锌矿资源占比(%)	铅矿资源占比(%)
第四纪	安第斯造山运动	1.6～0		
上新世		5～1.6		
中新世		16～5	63.88	53.59
渐新世—早中新世		28～16	2.48	
始新世—渐新世		43～28		
古新世—始新世		65～43		
白垩纪		135～65	9.80	2.86
侏罗纪		205～135	3.00	3.57
二叠纪—三叠纪		290～205	0.57	1.07
石炭纪		355～290	1.63	2.22
泥盆纪	Chanic 造山运动	355		
		410～355		
志留纪		438～410		
寒武纪—奥陶纪	Ocloyic 造山运动	438		
		540～438	7.37	20.51
新元古代	巴西造山运动	600～540	0.58	3.57
		1000～600	4.80	1.86
中元古代	格林威尔期造山运动	1000		
		1600～1000	0.42	0.46
		1800～1600	5.33	6.72
古元古代		2000～1800		
	亚马孙造山运动	2000		
		2200～2000		
		2500～2200		
太古代	卡拉加斯造山运动	2600～2500		
		2750～2600	0.13	3.57
		2850～2750		
		3000～2850		
		3500～3000		

圣弗朗西斯科克拉通产出有博基拉(Boquira)成矿区和沙帕达迪亚曼蒂纳(Chapada Diamantina)成矿省。圣弗朗西斯科克拉通是一个形成于太古宙至中元古代的地盾,以与巴西-泛非洲造山运动有关的新元古代移动带为边界,该地区覆盖有新元古代和显生宙地层序列。博基拉成矿区位于圣弗朗西斯科克拉通北部地区的巴西地块内,由新太古代火成沉积序列组成,该成矿区内的铅锌矿床主要为喷流沉积型铅-银-锌矿床,矿体一般呈层状产出,矿石矿物主要为含银方铅矿、闪锌矿和黄铁矿,此外还生有条带状铁建造单元。沙帕达迪亚曼蒂纳成矿省同样位于圣弗朗西斯科克拉通北部地区,是区域上早元古代

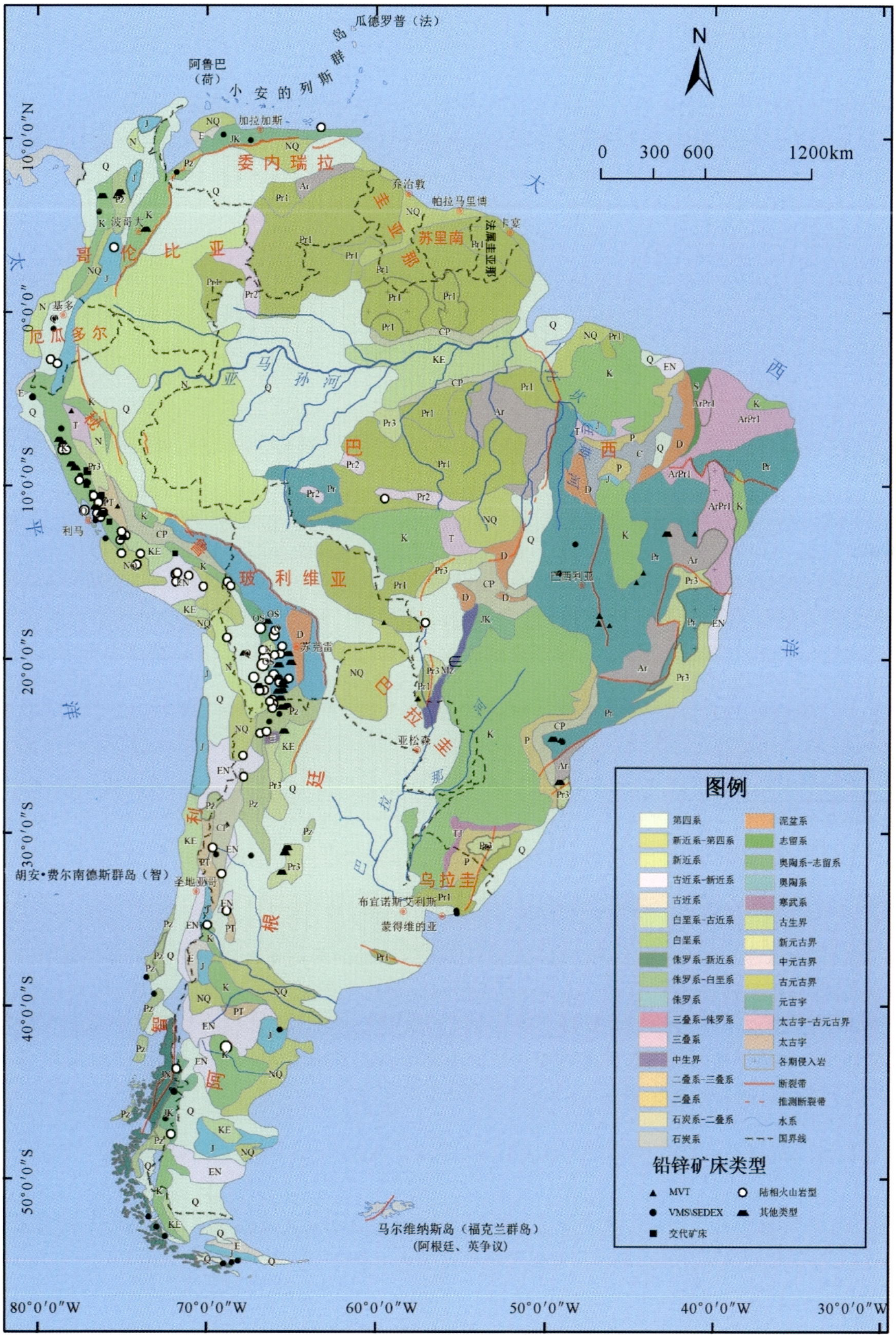

图 8-1 南美洲铅锌矿分布图

地壳的一部分，形成于泛亚马孙期之前的构造事件，由层状基性—超基性岩基和钙碱性变质火成岩组成。

巴西利亚造山带中划分出了瓦赞蒂-帕拉卡图成矿区和里贝拉谷(Vale do Ribeira)成矿区。瓦赞蒂-帕拉卡图成矿区位于托坎廷斯(Tocantins)成矿省内的巴西利亚褶皱带上，巴西利亚褶皱带由太古宙小型地块，早元古代上地壳基底岩石，以及中元古代—新元古代与海洋火成沉积岩序列伴生的基性—超基性层状岩体组成。其中瓦赞蒂-帕拉卡图成矿区的岩性组成为新元古代被动陆缘沉积岩，包括泥岩、石灰岩和白云岩等岩石序列。该成矿区的铅锌矿床类型主要为喷流沉积型和密西西比河谷型(MVT)，代表性矿床有莫鲁阿古杜(Morro Agudo)、瓦赞蒂等。

北巴塔哥尼亚(Patagonia)地区的铅锌矿资源主要集中在北巴塔哥尼亚多金属成矿省。巴塔哥尼亚地体是一块形成于石炭纪的增生陆源地块，组成部分包括新元古代变质基底，志留纪被动陆缘沉积岩序，岩浆弧花岗岩(483～467Ma)，以及北部的构造后期形成的花岗岩(363～318Ma)。北巴塔哥尼亚多金属成矿省内产出的铅锌矿床类型主要为陆相火山岩型铅锌矿床，代表性矿床有贡扎利托(Gonzalito)等。

安第斯造山带地区的铅锌矿的产出范围包括了展布在南纬6°到40°之间的安第斯中央成矿省，东科迪勒拉多金属成矿省以及南安第斯多金属成矿带。

安第斯中央成矿省位于安第斯造山带的中部地区，是南美洲最重要的铅锌成矿省，该地区北段在中生代时期形成了弧前盆地、弧内盆地和弧后盆地，可划分为东部盆地和西部盆地两个沉积盆地，沉积作用与岩浆弧的形成在同一时期发生。安第斯中央成矿省内产出的铅锌矿床类型包括：VMS型，如秘鲁北部坦博格兰德铜-锌-金-银矿床；热液交代型，如塞罗德帕斯科铜-银-铅-锌矿床；浅成低温热液型，如卡尔基卡(Colquijirca)银-铅-锌矿床。安第斯造山带中部地区的南段则由数个沉积旋回和岩浆活动共同作用而成，该段内的铅锌矿床类型有浅成低温热液型，如洛马南迪埃(Los Manantiales)金-银-铜-铅-锌矿床、皮尔奇塔斯(Pirquitas)银-锡-锌矿床等。

东科迪勒拉多金属成矿省位于东科迪勒拉构造带内，该区主要由古生代发生褶皱的变沉积岩、中生代沉积岩和中生代—新生代火山-沉积岩，以及中生代—新生代侵入体组成，区内发育有一系列向西或南西向推覆的推覆构造和褶皱构造。东科迪勒拉多金属成矿省内的铅锌矿床的矿床类型主要为玻利维亚型多金属矿床，如科尔基里(Colquiri)锡-锌矿床、科尔克查卡(Colquechaca)银-锌矿床、普拉卡约(Pulacayo)银-铅-锌矿床等。

南安第斯多金属成矿带位于南安第斯构造区中部，该地区基底由巴塔哥尼亚地体的前寒武纪—古生代变质岩组成，古生代—早中生代时期，沿南美板块西缘最南部的俯冲活动形成了邱诺斯(Chonos)变质杂岩体、玛德莱德迪奥斯(Madre de Dios)地体和安第斯东部变质杂岩体(EAMC)等增生复合体，此外区内还有巴塔哥尼亚巨型花岗岩基以及中生代—新生代火山活动形成的玄武质或安山质火山岩。南安第斯多金属成矿带内的铅锌矿床类型主要为黑矿型，是VMS型矿床的一个亚类，如托奇(Toqui)铜-锌-铅-金矿床、阿罗约罗若(Arroyo Rojo)铜-锌-铅矿床等。

三、控矿因素

通过对南美洲铅锌矿床的成矿作用、时空分布规律和不同类型的典型矿床地质特征与成矿模式等综合分析，总结该地区铅锌矿床的控矿因素主要有以下几方面。

1. 构造控矿

南美洲地区的铅锌矿床成矿多受大地构造和区域构造控制。该地区的绝大部分铅锌矿资源都分布在安第斯造山带内，如陆相火山岩型铅锌矿床多产出在造山带内的中生代—新生代陆相火山沉积盆地的边缘，VMS型矿床多分布在中生代—新生代褶皱区内。而在南美地台区的铅锌矿床又集中分布在巴西利亚造山带内和圣弗朗西斯科克拉通内。除此之外，矿床的就位和形成还明显受控于区域构造。受太平洋板块向南美板块俯冲的影响，安第斯地区形成了一系列的区域深大断裂及次级断裂，这些断裂为成矿物质的运移提供了重要的通道和淀积场所。如秘鲁塞罗德帕斯科矿区内发育有各类纵横向断裂、裂隙和褶皱，控制了区内大部分矿体的位置。

2. 岩相控矿

南美洲的各类铅锌矿床对于赋矿岩系也有一定的选择性，如陆相火山岩型铅锌矿床赋矿围岩一般为中生代—新生代凝灰岩、中—酸性火山角砾岩、熔岩、次火山岩等。而沉积喷流型矿床主要赋存在盆地海相、还原相细粒沉积岩，如页岩、粉砂岩和碳酸盐岩及相关的变质岩类中。密西西比河谷型矿床赋矿围岩则以碳酸盐岩为主，尤其是白云岩，基本未见火成岩。

3. 侵入岩体控矿

南美洲地区不同历史时期的构造活动伴随着频繁的岩浆活动，所形成的侵入岩体还控制了部分矿床的成矿和就位。如阿根廷阿吉拉尔矿床的成矿作用就与阿吉拉尔花岗岩体密切相关，岩体不仅影响矿体的产出位置，还促进了成矿物质富集。

第三节 典型矿床

一、塞罗德帕斯科矿床

秘鲁塞罗德帕斯科多金属矿床位于秘鲁中部帕斯科省，距利马东北方向约200km，矿区所处位置海拔超过4200m。该矿床开发历史较早，在1630年即有记载，最早开发银矿，19世纪末期开始开采铜，1963年改为开采铅锌，目前由国有公司中秘鲁矿业公司(Centromin)运营。该矿床锌、铅金属资源量分别为736×10^4t和280×10^4t，平均品位分别为9.2%和3.5%，是一处超大型热液交代型铅锌矿床。2014年该矿山项目的银、铅和锌的金属产量分别为54t、5900t和13 000t。

(一)区域地质背景

矿区范围内出露的主要是晚古生代和中生代地层，最底部为泥盆纪埃克塞肖尔群页岩、千枚岩、细粒石英岩、碳质片岩及板岩；不整合上覆二叠纪米都群紫—红色砂岩、石英岩、砾岩，厚50～80m；不整合上覆三叠纪—侏罗纪帕里亚(布卡拉)灰岩层，本层中的第二带灰岩对铅、锌矿的聚集起显著作用，是一种薄层砂状灰岩和浅灰色夹硅质条带或结核的灰岩，灰岩角砾岩也较发育，该灰岩层厚可达2945m；上覆白垩纪哥亚组，由石英岩、红色页状砂岩及砾岩组成；最上部为古近纪—新近纪波科斑巴组灰岩夹砾岩、泥灰岩及红层(图8-2)。

矿区位于山间高原带的东侧，一个复背斜构成矿区构造主体，背斜轴呈近南北—北北西向，向两端倾伏，轴面向东倾斜，轴部为埃克塞肖尔群，两侧依次出现晚古生代及中、新生代地层，翼部出现一系列次级背斜和向斜，亦呈近南北向；更次一级的褶皱呈北西、近东西和北东等方向，规模小，且多呈短轴状，对成矿控制意义最大的是一组东西向小褶曲。

区域断裂构造十分发育，可划分为6个成矿前组合和2个成矿后组合，主要有南北向的塞罗德帕斯科断层，北东向及北西向的两期次的两组斜向断裂以及多组切穿矿化体的纵、横向断裂，这些断裂控制了矿区的火山通道、矿化现象分布以及矿体的位置(戴自希等，2005)。

矿区的岩浆作用可分为两期：早期形成了火山颈相的鲁米亚利亚集块岩，地表面积2.7km×2.3km，呈筒状贯入于古生代地层中，碎块物主要由埃克塞肖尔群的千枚岩、石英岩、石灰岩及二长斑岩

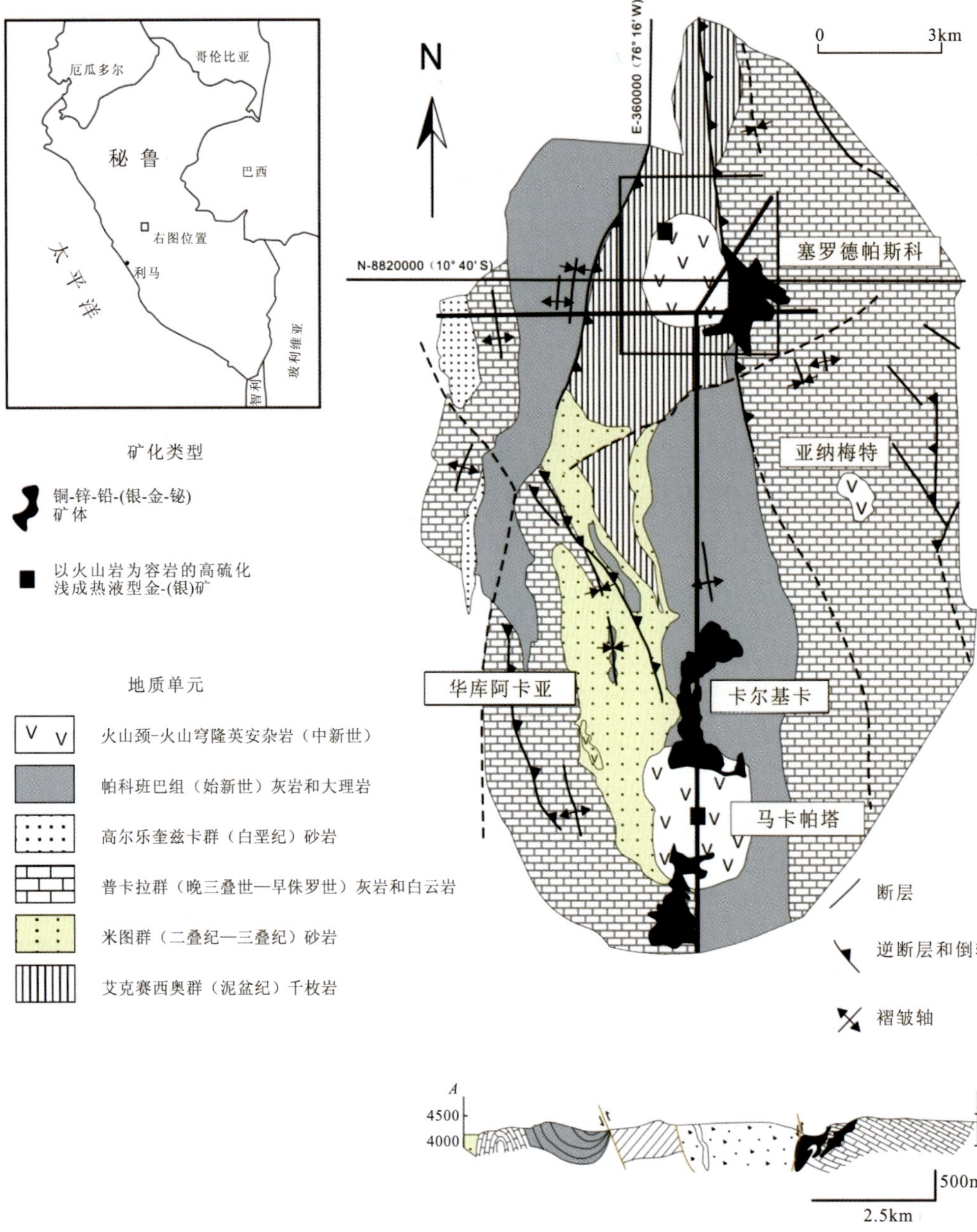

图 8-2　塞罗德帕斯科区域地质图(Bendezú et al,2008)

组成，基质除同种岩石的细屑物外，尚有火山玻璃及晶质岩浆物质等；后期主要为石英二长质岩浆侵入作用，实际上又包括两个亚期：第一亚期为石英二长斑岩，为浅灰色，斑状结构，斑晶为石英、斜长石和黑云母，基质由石英、正长石及斜长石组成，副矿物有钛铁矿、磷灰石、锆石及榍石等，分布于火山口颈的西及南边缘接触带上，部分岩枝-岩墙可贯入于围岩中，岩体本身有矿化，但无工业价值。第二亚期为钠长石化石英二长斑岩岩墙，斑晶为正长石、斜长石及少量石英和黑云母，基质为石英、正长石、钠长石和绿泥石等，副矿物有磷灰石、锆石、榍石、磁铁矿及钛铁矿等。岩墙未见矿化，可见其贯入矿体中，为成矿后产物。

(二)矿床地质特征

塞罗德帕斯科矿床是一个十分复杂的多金属矿床(图 8-3),包括不同成分、不同产状和不同类型的各类矿体,按矿石组成可分为以下几类。

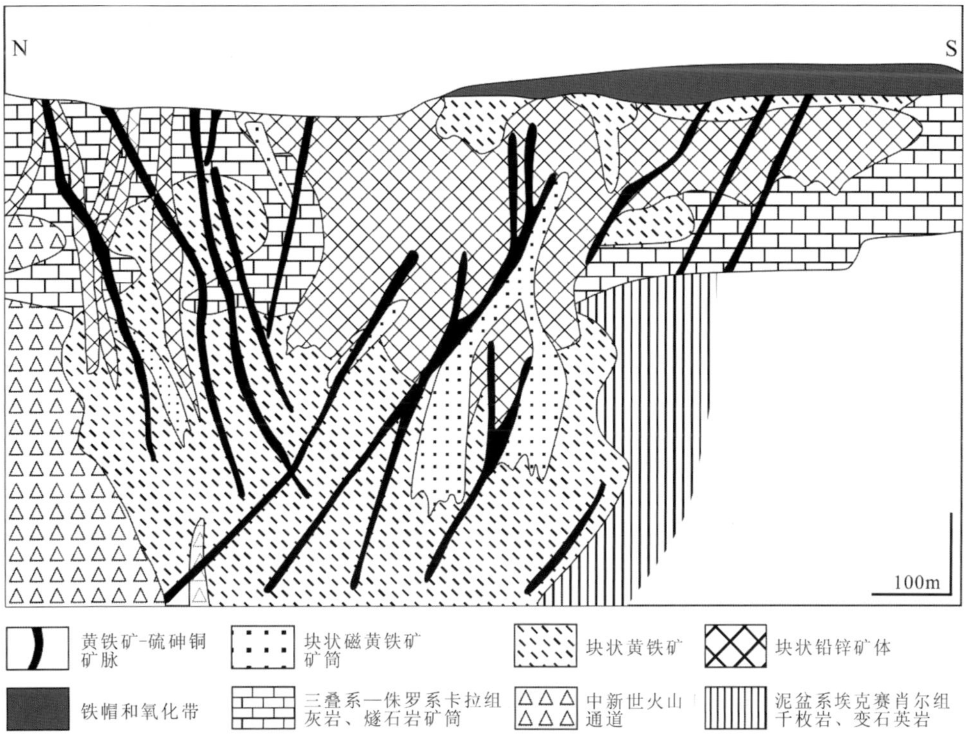

图 8-3　塞罗德帕斯科矿床矿区地质图(施俊法等,2010)

1. 黄铁矿-硅质矿体

该类矿体受纵向断层及火山管道接触带控制,分布于火山通道的东南缘,其东侧为布卡拉灰岩,其南侧为埃克塞肖尔群。矿体呈近南北走向,向西急倾斜,向北侧伏,地表长 1800m,最宽 300 余米,平均宽 120～150m,延深可达 900m 以上,但向下变短变窄,呈一不对称的漏斗状,深部分支成根须状。矿石主要由黄铁矿-硅质物组成,上部层中夹有未完全交代的沉积围岩,下部层则系交代火山岩,硅质主要来源于灰岩中的硅质条带及夹层。

2. 铅锌矿体

铅锌矿体分布于黄铁矿-硅质体与灰岩的接触带附近,主要系交代黄铁矿或灰岩而成,部分呈脉状充填于裂隙中,锌、铅品位分别为 9.2%、15%。按产状可分为 3 类。①不规则状矿体,产在黄铁矿体与灰岩之间,受纵向断裂控制,并沿着有利岩层发育,局部富集在横向褶皱轴部,延长达 1200m,宽 20 余米至 100 余米,延深 600m,系由灰岩中交代体及黄铁矿体中的大管状体组成。在地表浅部呈一些分散的小矿体,122～183m 深处由南而北逐渐合为一体,矿体长轴呈北西向,向西急倾斜,向北侧伏。②层状矿体,分布在灰岩的若干层位上,受成矿前断裂控制,规模较小。③脉状矿体,集中于矿床的东北部,受北东向的圣阿尔维托裂隙系统及北西向的马达亨德裂隙系统控制。圣阿维托矿脉长 300m 以上,厚度由南西端的 50m 递减至北东端的 6m。马达亨德矿脉由一群矿脉组成,单个矿脉厚度一般 2.5m 左右,最长可达 600～700m。矿体中金属矿物以闪锌矿和方铅矿为主,伴有黄铁矿、白铁矿、磁黄铁矿和黄铜矿等。

3. 铜银矿体

位于火山通道东南侧，矿体往往就是矿脉之膨大或交汇部分。脉状矿体共有 150 条，长者可达 500m，个别达 800m，一般为 100～200m，宽数厘米至 2m，垂直延深达 800m，常跨越火山通道与黄铁矿-硅质体的接触带，进入黄铁矿体中时常呈分支状，甚至呈马尾丝状。矿脉走向北西西—东西，部分（主要为南部）向北倾斜，部分（主要为北部）向南倾斜。从剖面上看，以中部的 43 号矿脉及南部的克里奥帕特拉矿脉这两组向北倾斜的大脉为“主干”，其他较小的脉群相当于它们的派生羽状脉系。不规则状矿体已知有 50 个以上，呈圆筒状、椭球状及水平板状，多位于黄铁矿体中，分布范围自地表到 823m 以下，向下有减少的趋势，单个矿体最大截面 180m×60m，最大延深 200m。组成矿脉和矿体的主要矿物为硫砷铜矿及黄铁矿，其次有白铁矿、闪锌矿、黝铜矿-砷黝铜矿、银砷黝铜矿，锑硫砷铜矿，还有一些原生辉铜矿、斑铜矿、铜蓝、方铅矿、黄铜矿和辉锡矿、黑钨矿、辉锑矿、自然金等。

4. 银-黄铁矿体

在黄铁矿-硅质体的东部，铅锌矿体的两侧（主要为东侧），出现含银很高的黄铁矿体，由晚期黄铁矿、白铁矿、浅色闪锌矿、辉银矿、雄黄、方铅矿、辉铋矿、银砷黝铜矿、硫铜铋矿、明矾石、红银矿、蓝铁矿、硫铋锑银矿、自然银等组成，矿石结构呈多孔状，并有许多未完全交代的石灰岩残余。其成因可能与原生淋滤富集作用有关。在黄铁矿-硅质体中部，自地表以下 91～213m 处，有许多洞穴，直径达数米，局部有“崩塌”角砾岩，洞壁矿石具网格构造，表明硫化物已被溶蚀出去，而另一些硫化物出现于这些洞穴和网格中，说明淋滤交代作用相当强烈。银-黄铁矿体中矿石含银达 896×10^{-6}，含铅 2.4%，锌 2.2%。

除上述 4 种矿体外，还有次生富集带的银矿和铜矿、氧化银矿或含铁银矿等，后者主要系黄铁矿体上的铁帽，深自几米至 120m，含银很高，有时铋-铅混合物也很有价值（戴自希等，2005）。

（三）控矿条件

塞罗德帕斯科矿床为中生代热液交代型矿床，容矿岩石为白垩纪灰岩、砂岩，中新世流纹岩、石英安粗岩、英安岩和石英二长岩等。矿化主要受构造控制，包括褶皱、断裂、裂隙、火山通道等。

（1）早期断裂构造控制火山通道，可能由于火山硫质喷气作用，在通道附近交代灰岩（部分为火山岩及其他岩石），形成了巨大的黄铁矿矿体。

（2）随后的构造活动控制了石英二长岩浅成岩体，形成与这一侵入作用有关的区内主要的铜铅锌银矿化，铅锌矿化较铜矿化略早。

（3）矿化富集严格受构造控制，南北向大断层为主要导矿构造，次一级的横向（东西向）褶皱及火山通道构造直接控制了主要铅锌矿体及黄铁矿体的富集，部分铅锌矿脉及铜矿脉则受几组裂隙系统控制。

（四）成矿模式与找矿标志

1. 成矿模式

塞罗德帕斯科矿床主要为中生代—新生代热液交代型矿床，但由于多种、多期矿化的叠加，形成了复杂的多金属、多类型、多成因的矿床，成矿物质有铅、锌、银、铜、金、锑、铋、碲等。矿床类型有热液交代型、层控交代型、浅成低温热液型、火山角砾岩筒型、脉型、淋滤型、铁帽型等。已识别出两期矿化作用：早期发生在火山通道侵位和逆冲断层之前；晚期在成因上与火山通道同期的（岩浆）-热液作用有关。矿床的容矿岩石为白垩纪灰岩、砂岩，中新世流纹岩、石英安粗岩、英安岩和石英二长岩等。矿化主要受构造控制，包括褶皱、断裂、裂隙、火山通道等。早期断裂构造控制火山通道，可能由于火山硫质喷气作用，在通道附近交代灰岩（部分为火山岩及其他岩石），形成了巨大的黄铁矿矿体。随后的构造活动控制了石英二长岩浅成岩体，形成与这一侵入作用有关的区内主要的铜铅锌银矿化，铅锌矿化较铜矿化略早，矿化富集严格受构造控制，南北向大断层为主要导矿构造，次一级的东西向褶皱及火山通道构造直接控制了主要铅锌矿矿体及黄铁矿矿体的富集，部分铅锌矿脉及铜矿脉受几组构造裂隙控制。

2. 找矿标志

(1)区域地层分布的三叠系—侏罗系布卡拉组灰岩层中的薄层砂质灰岩和浅灰色夹硅质条带或结核的灰岩，对铅、锌矿的聚集起显著作用。

(2)区域内多期的岩浆作用，包括早期形成的火山颈(火山通道)相集块岩和后期形成的主要为石英二长质岩浆的侵入相，形成区域内广泛分布的中生代—新生代热液系统，出现火山通道-穹隆杂岩等岩浆热液通道，以及发育石英二长岩等各类岩株和岩墙，为热液交代成矿提供了条件。

(3)区域内发育的各类断裂，控制着矿区的火山通道，为成矿热液运移提供了通道和淀积场所。

(4)各类矿体受断裂、裂隙、火山通道接触带、灰岩接触带等控制。

(5)区域内的各种淋滤交代、次生富集现象明显，铁帽、土状氧化带等均为直接的找矿标志。

二、圣克里斯托巴尔矿床

圣克里斯托巴尔矿床位于玻利维亚西南阿尔迪普拉诺高原省乌尤尼(Uyuni)镇西南 90km，矿区海拔约 4000m，是一处与中—酸性火山岩、次火山岩有关的银-锌-铅矿床。圣克里斯托巴尔地区矿产资源开采历史悠久，西班牙大约在 350 年前就开始在该地区开采银矿，近代采矿开始于 2001 年，该矿床目前由日本住友商事株式会社的全资子公司 Monera San Cristobal 有限公司运营。矿床探明银、锌和铅的金属储量分别为 13 800t、402×10^4t 和 137×10^4t，平均品位分别为 53×10^{-6}、1.41%和 0.48%，是世界上最大的露采银矿床之一，2014 年共生产银 312t、锌 19×10^4t 和铅 6×10^4t。

(一)区域地质背景

南玻利维亚安第斯由 3 个构造省组成，自西向东分别为科迪勒拉山脉、阿尔迪普拉诺高原和东科迪勒拉山脉，圣克里斯托巴尔矿床就产出在阿尔迪普拉诺高原的南部。区域上的科迪勒拉山脉由中新世至今的安山岩、英安岩等岩浆岩类和上覆的侏罗纪—白垩纪沉积岩、火成岩组成；东科迪勒拉山脉是由褶皱带组成，岩性组成包括古生代深海相沉积岩、白垩纪海相及非海相沉积岩组成，这些岩层多沉积于前寒武纪古老基底之上，并至少经历了加里东期、燕山期以及新生代时期 3 个期次的造山运动从而发生褶皱变形。这些古生代的沉积物质多来自于北部的前寒武纪巴西地盾中以及西部和西北部的元古宙阿雷基帕地块。阿尔迪普拉诺高原则是由地壳增厚、岩浆侵入以及白垩纪—第三纪陆源物质的山间盆地的沉积共同作用形成的，并且这些陆源沉积岩不整合覆盖在古生代沉积地层和前寒武纪变质基底之上。大量的安山质英安质火山岩在阿尔迪普拉诺高原形成，而圣克里斯托巴尔矿床就与此类火山岩具有密切的空间分布关系(Kamenov et al，2002)。

圣克里斯托巴尔火山中心位于波托克(Potoco)组红岩和上覆于波托克组的红色粉砂岩中(图 8-4)。在波托克组红岩和红色粉砂岩上部还分布有碎屑凝灰岩的碎屑岩层，该火山碎屑单元主体产在宽 4km、深 300m 的中央凹陷区内，被称之为“火山沉陷区”，它是随区域地质构造逐渐沉降而成。英安质穹隆分布在火山沉陷区周围，并被喷出或浅层侵入的流纹英安岩穹隆分隔成两部分。下面按由老到新的顺序讨论圣克里斯托巴尔的岩石单元。一系列 $^{40}Ar-^{39}Ar$ 和 K-Ar 同位素年龄数据表明，圣克里斯托巴尔火山中心形成于晚中新世(8.10～7.26Ma)(Phillipson et al，2004)。

(二)矿床地质特征

圣克里斯托巴尔矿床在邻近的斑岩、热液角砾岩以及火山碎屑岩中都有矿化现象，矿体呈似碗状，厚 10～250m，长 1900m。矿化类型主要有两种，分别是英安岩穹隆中的脉状矿化和火山陷落区凝灰质湖泊沉积岩中的层状浸染矿化。

环状断裂矿化主要发生在重晶石脉中，这些脉体穿插在晶体-岩屑凝灰岩、英安岩和流纹英安岩中。

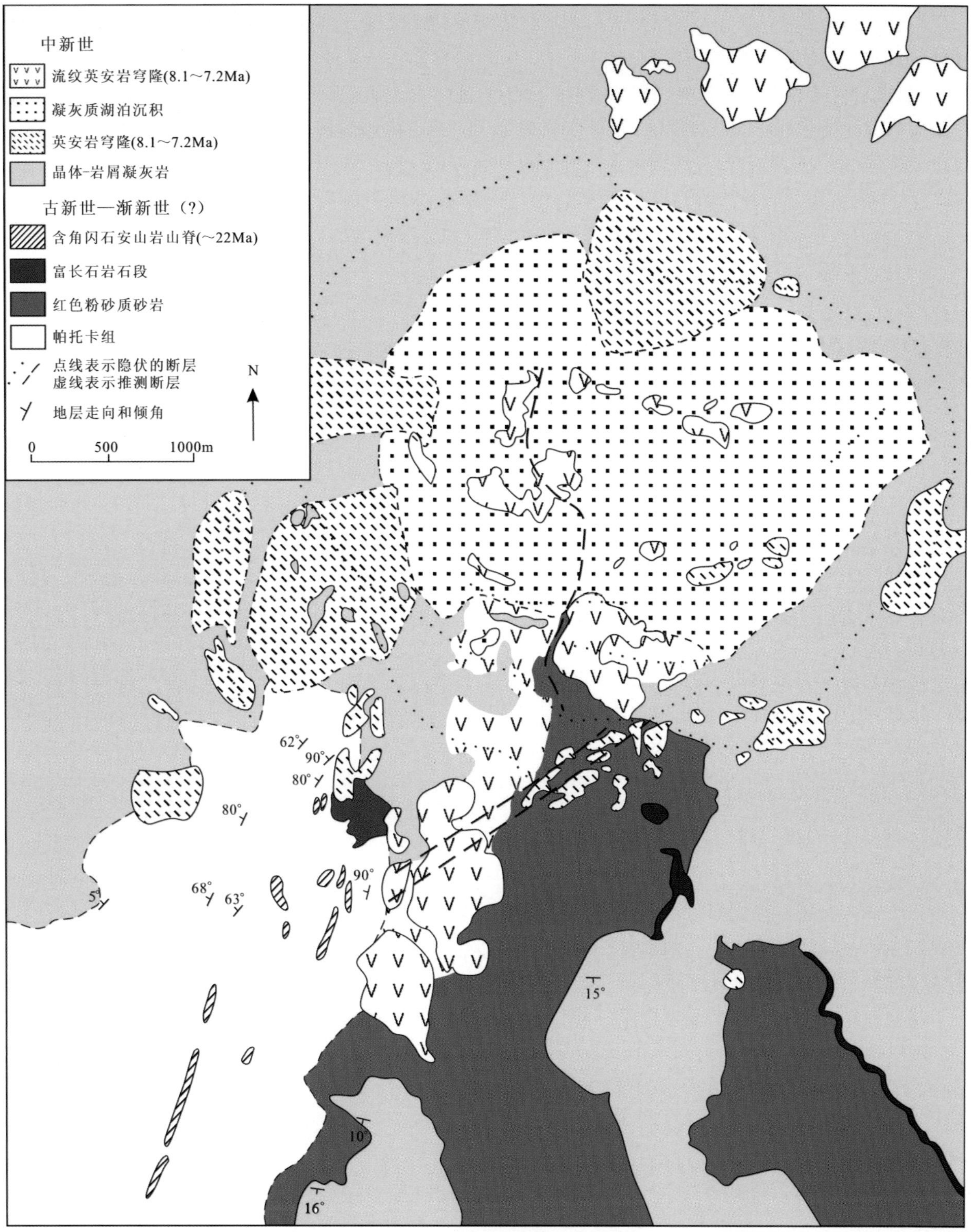

图 8-4　圣克里斯托巴尔矿区地质简图(Phillipson et al,2004)

重晶石矿脉中的重晶石可占矿脉总体积的 80%，为最主要的脉石矿物，金属矿物占 15%，已发现的金属矿物包括自然银、硫铜银矿、黄铜矿、毒砂、深红银矿、黝铜矿、方铅矿、闪锌矿和硫锑铜银矿等。在英安岩和砾状砂岩或碎屑凝灰岩的接触带附近，矿化也会出现在角砾岩基质中。硅化表现为 1mm 厚的石髓岩壳，闪锌矿、黄铁矿、方铅矿和黄铜矿包裹在硅化碎屑表面。黄铁矿、少量黄铜矿和方铅矿在角砾岩基质中呈浸染状分布。圣克里斯托巴尔的矿体大部分赋存在火山沉陷区的凝灰质沉积岩中。在沉陷区的沉积层序的下部赋存有层状闪锌矿、白铁矿和黄铁矿。根据闪锌矿、白铁矿和黄铁矿等金属硫化物细脉与凝灰质沉积岩断面的穿插关系，可以确定，并非所有硫化物都是同生成矿，部分矿化现象为沿层面进行的交代成矿作用而成。圣克里斯托巴尔矿体的重要部分赋存在流纹英安岩和相关角砾岩中。流纹英安岩穹隆中的金属矿物主要为浸染状黄铁矿、方铅矿、闪锌矿和自然银。与穹隆相关的多种角砾岩中的金属硫化物通常都赋存在基质中，包括方铅矿、黄铁矿、黄铜矿、白铁矿和闪锌矿等。

圣克里斯托巴尔矿区的热液蚀变带主要围绕环状断裂的英安岩穹隆以及火山陷落区流纹英安岩穹隆分布。最主要的蚀变包括硅化、泥化、高级泥化和青磐岩化等。硅化现象主要出现在穹隆上方，并被泥化和高级泥化混合蚀变带环绕，面积可达数平方千米。高级泥化和泥化的混合蚀变带主要存在于火山陷落区凝灰质岩石中。距穹隆较近处的蚀变矿物主要是明矾石、高岭石和伊利石，在穹隆远端则以蒙脱石、埃洛石、地开石为主。凝灰质沉积岩中的重晶石矿脉周围出现的蚀变矿物主要有明矾石、高岭石、伊利石和蒙脱石等。凝灰质沉积岩中还存在少量的青磐岩化，此类蚀变带位于高级泥化带的下部，并向外、向下逐渐过渡为非蚀变带。此外，部分角闪石发生绿泥石化蚀变，部分斜长石发生绿帘石化蚀变。流纹英安岩中的斜长石斑晶的晶核会被钾长石选择性交代，基质的某些部分会被细粒的明矾石和冰长石所交代。

根据 Phillipson et al(2004)的资料显示，圣克里斯托巴尔矿床的重晶石-赤铁矿-磁铁矿矿脉中的自形石英中原生包裹体均一温度为 142～328℃。重晶石包裹体的均一温度为 293℃。重晶石假次生包裹体的均一温度为 170～200℃，其气液比一致。包裹体冰点温度为－18℃，对应盐度(NaCl)为 21%。有的次生包裹体只有气相，而无液相，表明流体沸腾发生在东南部环状断裂中。西南部环状断裂中的角砾岩石英晶体中的原生包裹体均一温度大部分在 210～235℃之间。包裹体冰点温度为－7℃，对应盐度(NaCl)为 11%。来自环状断裂重晶石矿物的假次生包裹体揭示了重晶石的生长不同幕。来自于矿脉中的与赤铁矿、黄铁矿、闪锌矿、方铅矿以及脆硫锑铅矿共生的重晶石矿物中稀有的原生包裹体经测试，均一温度在 130～239℃。来自火山沉陷区矿脉的与黄铁矿、闪锌矿和方铅矿共生的原生包裹体，经测试，均一温度 184～234℃。冰点温度 0～10℃，对应盐度(NaCl)14%。富气型和气液型次生包裹体的存在说明压裂和热液沸腾发生在样品所在位置的下方，即流体沸腾发生在湖床下方。

(三)控矿条件

1. 构造控矿

圣克里斯托巴尔矿床的矿化现象和热液蚀变现象都是围绕或在环状断裂的英安岩穹隆以及火山陷落区流纹英安岩穹隆内分布。

2. 火山岩控矿

圣克里斯托巴尔矿床的成矿作用与区域上的晚中新世安山岩和英安斑岩的火山热液活动密切相关，矿体的就位同样受到这些火山岩的控制。

(四)成矿模式与找矿标志

1. 成矿模式

圣克里斯托巴尔矿床的矿化作用开始于晚中新世时期(8.5Ma，Kamenov et al，2002)，在火山沉陷湖内，热泉中硫化物的沉淀形成了矿化体。当火山沉陷区内填满沉积物并且热泉被覆盖后，热液通过在盆地填充物中循环流动，并与脉体周围的物质交代作用，这部分成矿系统以低硫化型为主，其中闪锌矿为主要金属矿物、矿脉主要为重晶石脉，冰长石为最重要的蚀变矿物。随着时间的推移，成矿作用在晚期转变成一个发育微弱、短暂存在的高硫化型成矿系统，表现为流纹英安岩穹隆中的明矾石以及脉中成矿晚阶段的铜硫盐矿物的出现。银、铅和锌元素经过浅成低温热液成矿系统后会以氯化合物的形式存在。矿脉中铅锌硫化物的沉淀与温度的降低有关，而火山沉陷区内的浸染状硫化物的沉淀则与火山排气或热液沸腾时造成的 H_2S 含量升高增大有关。

2. 找矿标志

(1)环太平洋带和特提斯带中的中生代—新生代陆相火山岩、次火山岩分布地区。

(2)分布有控制火山-侵入活动的区域性大断层。

(3)识别中生代—新生代陆相火山断陷盆地、破火山口等火山机构。

(4)识别中生代—新生代陆相酸性—中酸性火山岩、斑岩建造。

(5)识别与成矿关系密切，赋存于火山机构中的燕山期超浅成次火山岩相酸性小岩体。

(6)识别火山盆地边缘断裂及破火山口环状和半环状断裂，这些多为控岩和控矿构造，直接控制矿体的空间分布和矿体形态。

(7)寻找发育有多期次蚀变作用的火山岩区，如硅化、绢云母化、绿泥石化、碳酸盐化等。

(8)区内构成矿床分散晕元素至少有 Pb、Zn、Ag、Cd、Cu、Mn、Mo 等几种元素，特别是元素 Ag 是火山热液铅锌矿的重要指示元素。

(五)勘探开发历史

圣克里斯托巴尔矿床是著名的银铅锌矿区的一部分。西班牙人自 17 世纪早期就断断续续地在该地区采矿，产量相对小。19 世纪末期开始地下开采，井深最多达到了 200m。20 世纪 70 年代，人们发现该矿区具有巨大的银矿潜力，但只是在 20 世纪 80 年代才开始进行小规模的露采/堆浸。随后采取的钻探与地表工程相结合的勘查手段使该矿床的规模陡然扩大。尽管没有进行按网格布置的化探和物探工作，在 2001 年 Apex 银矿公司还是在圣克里斯托巴尔矿区探获了 1.29×10^4t 的银储量和 363×10^4t 的锌储量，使之一跃成为全球最大的露采银矿山和最大的锌矿山之一。

三、瓦赞蒂锌矿床

瓦赞蒂矿床位于巴西东南部米纳斯吉拉斯州(Minas Gerais)瓦赞蒂镇东北方向 6km 处，是一处密西西比河谷型锌矿床。瓦赞蒂矿山于 1998 年开始产锌，目前由沃托兰廷工业公司(Votorantim Industrial S A)运营，采取坑采和露采结合的方式。矿床累计探明锌金属储量约 513×10^4t，平均品位为 18%(施俊法等，2010)，是巴西最大的锌矿床之一，2014 年共生产锌 15×10^4t。

(一)区域地质背景

瓦赞蒂矿床产出于圣弗朗西斯科克拉通的西缘，处在长 1000km、宽 300km 的巴西利亚褶皱带的东部。巴西利亚褶皱带是一个复杂的叠瓦状推覆构造体系，大致走向为南西-北东。该褶皱带位于不稳定地块内，地块的构造分化形成于新元古代巴西利亚造山运动中宽阔海盆的闭合作用。巴西利亚褶皱带的岩石层序向东推覆，向西则变形和变质程度逐渐加大。

瓦赞蒂矿床产出的区域地层主要为瓦赞蒂群，属于巴西利亚褶皱带南部的变质碎屑岩单元(图 8-5)。从底部到顶部可以依次划分为 7 个岩组，分别为：圣安东尼奥博尼图(Santo Antonio do Bonito)组、罗西尼亚(Rocinha)组、拉加马尔(Lagamar)组、塞拉加洛特(Serra do Garrote)组、塞拉波索沃德(Serra do Poso Verde)组、莫洛卡卡里奥(Morro do Calcario)组和拉帕(Lapa)组。底部的圣安东尼奥博尼图组和罗西尼亚组是含磷灰石的变泥质岩单元。拉加马尔组主要由碳酸盐岩组成，岩性为白云石角砾岩、暗灰色灰岩和柱状叠层石生物岩礁。塞拉加洛特组的岩性组成为含黄铁矿的碳质灰色板岩、石英岩。塞拉波索沃德组由灰色到红色的薄层白云岩、灰色到绿色板岩、绢云母千枚岩、暗灰色白云岩以及含黄铁

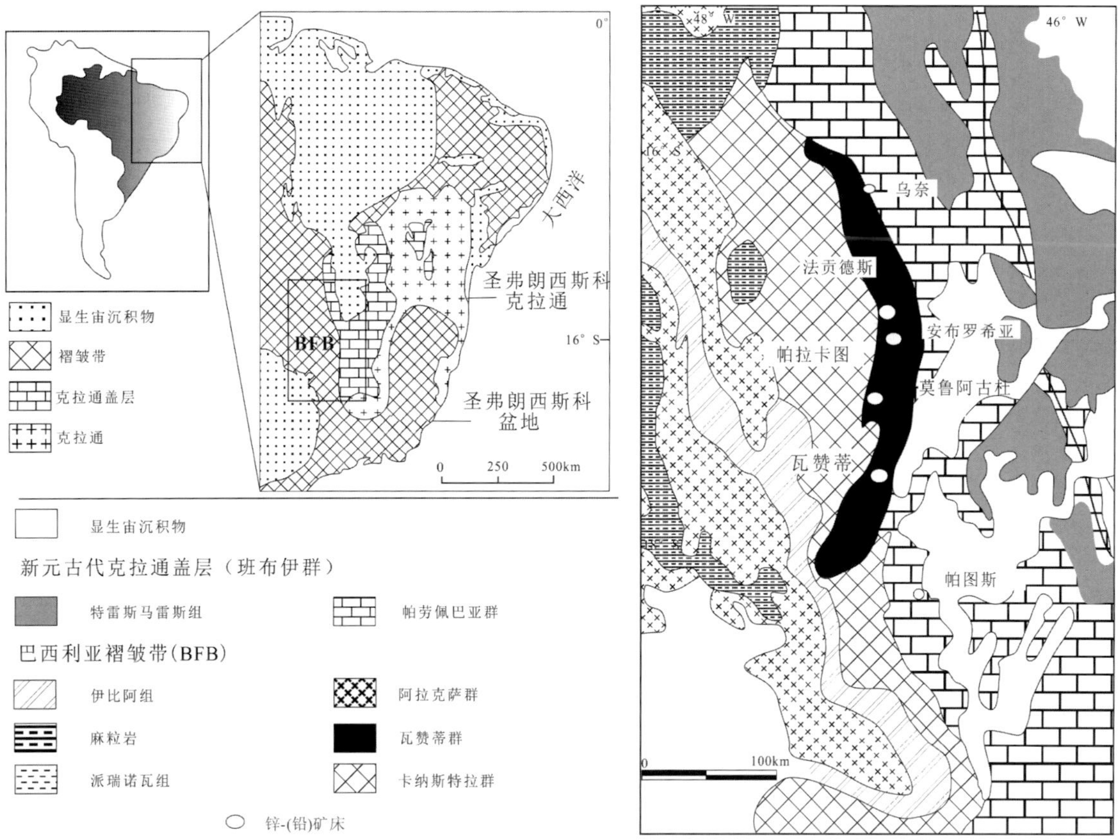

图 8－5　瓦赞蒂矿床区域地质图(Babinski et al,2005)

矿碳质页岩组成，该组地层为瓦赞蒂锌矿床的主要赋矿层位。莫洛卡卡里奥组地层由叠层石生物岩礁、角砾岩、白云岩和碳质页岩组成，该组是区域莫罗阿古多(Marro Agudo)、法贡德斯(Fagundes)和安布罗希亚(Ambrosia)等铅锌矿床的赋矿地层。拉帕组岩性组成为黑色碳质板岩和千枚岩。

瓦赞蒂地区岩浆活动较弱，仅分布有一些变基性小岩体，且大部分发现在瓦赞蒂矿山的地下坑道内。变基性岩出现在瓦赞蒂剪切带中，其上由角砾岩、热液蚀变岩以及主要由硅锌矿组成的非硫化物型锌矿石呈叠瓦状覆盖。变基性岩脉和矿体被断层错动，同时被后期的热液脉体穿插，形成了目前矿体和围岩之间的复杂关系(Babinski et al,2005)(图 8－6)。

(二)矿床地质特征

瓦赞蒂群变质碎屑岩中的锌-(铅)矿床多由断层或剪切带控制，其矿石矿物学特征(含硫化物或含硅酸盐)和矿化类型独特，矿化作用与区域上长期存在的热液系统有关。同时，该热液系统与新元古代瓦赞蒂群的成岩和变形作用也密切相关。瓦赞蒂锌矿床属于深成非硫化物型锌矿床，是伴随瓦赞蒂剪切带演化的后生矿床。在剪切带中，主要的控矿构造为瓦赞蒂断裂，该断裂长约 12km，走向北东 50°，与拉帕组沉积同期形成，断层带内容矿围岩被剪切，局部发生重结晶。热液蚀变主要由断裂控制，并且形成了一个复杂的网脉状角砾岩带，其中充填有白云石、铁白云石、菱铁矿、碧玉、赤铁矿和绿泥石等矿物。矿体一般为数厘米至数米宽的脉体，组成矿石的金属矿物主要有硅锌矿、菱铁矿、赤铁矿、锌铁尖晶石、红锌矿、菱锌矿、磁铁矿等，脉石矿物包括白云石、石英、重晶石、磷灰石等。在剪切带中，还有由富镉的闪锌矿和方铅矿组成的硫化物小矿体，其上叠瓦状覆盖着含硅锌矿的矿石和热液蚀变的围岩。矿化带及围岩蚀变矿物包括亚铁白云石、铁白云石、菱铁矿及交代的二氧化硅等(施俊法等,2010)。

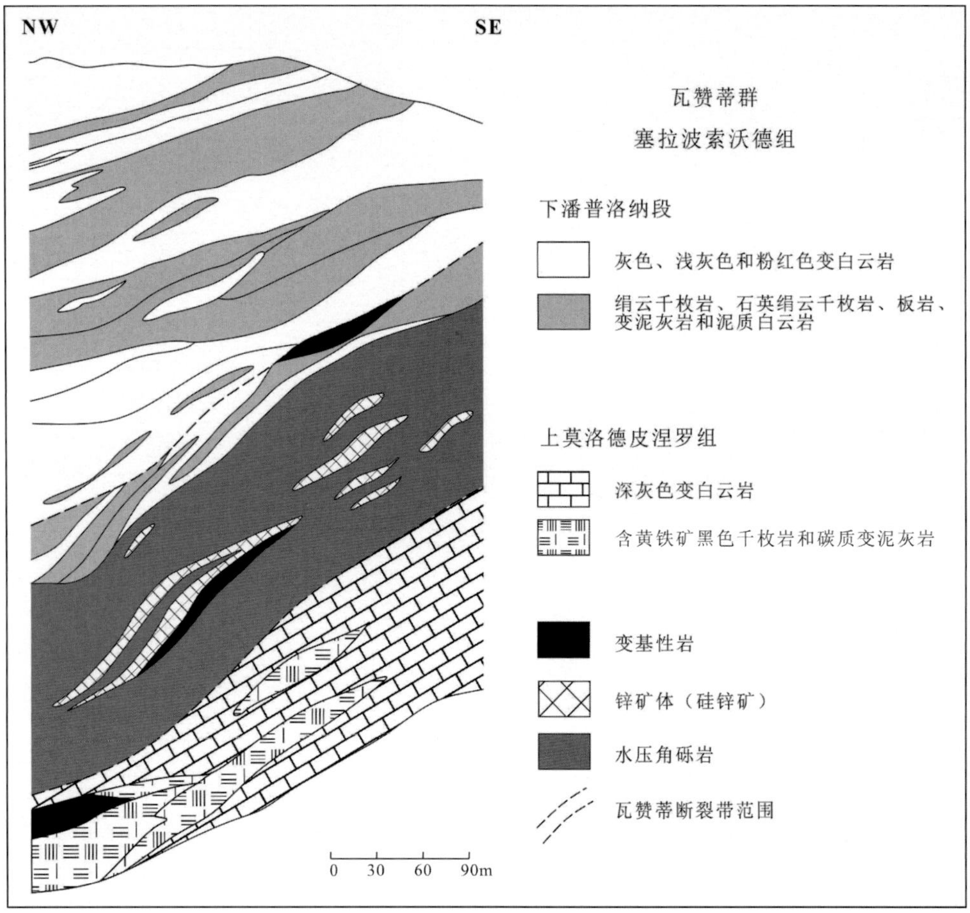

图 8-6　瓦赞蒂矿床剖面图(Babinski et al,2005)

(三)控矿条件

1. 构造控矿

瓦赞蒂矿床是伴随瓦赞蒂剪切带演化的后生矿床，属于典型的构造控制型深成非硫化物铅锌矿床，热液蚀变和矿化现象都明显受到瓦赞蒂断裂带控制，大部分矿体呈脉状沿断裂产出。

2. 岩相控矿

瓦赞蒂矿床的赋矿围岩主要由白云岩等新元古代碳酸盐岩组成，此类矿床与新元古代碳酸盐岩围岩有一定的成矿专属性。

(四)成矿模式与找矿标志

1. 成矿模式

深成非硫化物型锌矿是由低—中温(80～200℃)富锌贫硫的还原热液流体与贫硫的氧化流体混合而成。构造控制型矿床是富氧流体沿断层带向下流动与同上运移的富锌贫硫的还原热液流体混合，在有利的构造部位(如不整合面等)发生成矿作用；构造控制型矿床多发生在断层带内，氧化流体可以是海水、地下水或与氧化岩石物质(红层或风化层)达到平衡的盆地流体。还原热液流体多为深成贫硫的、还原性和弱酸性的成矿流体。氧化流体中硫含量决定了是硫化物还是非硫化物的沉淀。氧化流体中硫的连续消耗导致早期闪锌矿的沉淀，并伴有硅锌矿的沉淀，这可以解释巴西瓦赞蒂矿床中观察到的矿物共生序列(图 8-7)。

2. 找矿标志

(1)深成非硫化物型锌矿床的勘查目标,应以赋存已知非硫化物型锌矿床、层状锰矿床或布罗肯希尔型矿床的沉积地层为重点。对巨厚沉积层的氧化状态进行测量,有助于勘查靶区的选择。

(2)已发现的构造控制的硅锌矿矿床多产于新元古代—早寒武纪地层。因为这一时期的地质历史以大规模冰川作用为主,大陆冰川作用向冰盖之下注入了大量的氧化地下水,为与富金属热液流体混合提供了丰富的富氧贫硫地下水。

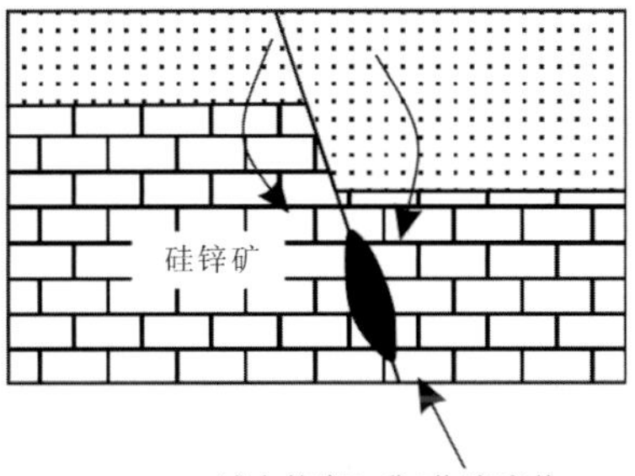

图 8-7　深成非硫化物型构造控制型锌矿成矿模式图(Hitzman,2003)

(3)碳酸盐岩地层之上的不整合面和直接位于碳酸盐岩地层之上的红层是重要的勘查层位。这种层位常出现在盆地的中上部和不整合面附近,有利于在沉积环境下形成的还原性流体沿构造向上运移与来自岩层的氧化性流体的有效混合。

(4)硅锌矿、硅锌矿-闪锌矿、闪锌矿-硅锌矿矿物组合标志。有经济意义的矿床,通常由贫硫富锌的还原性流体与贫硫的氧化性流体的混合形成,容矿岩层中上述矿物组合,能反映出氧化还原环境的变化。而硅锌矿、铁白云石、水锌矿和菱锌矿等表生矿物,在短波红外光谱中具有特征光谱,因此,在植被覆盖稀少的地区可利用遥感技术进行测量。

四、阿吉拉尔矿床

阿吉拉尔矿床位于阿根廷北部胡胡伊省(Jujuy)乌玛瓦卡镇(Humahuaca)西 38km 处,是一处沉积喷流型锌-铅-银矿床。该矿山于 1940 年开始生产,计划闭坑时间为 2031 年,目前由嘉能可矿业公司全资所有。阿吉拉尔矿床累计探明锌、铅金属储量分别为已超过 273×10^4t 和 209×10^4t,平均品位分别为 6.5%和 8%(毛景文等,2012),是阿根廷最大的铅锌矿床。

(一)区域地质背景

阿吉拉尔矿床产出于阿根廷西北部的阿吉拉尔山地区,该地区位于科迪勒拉山脉东缘,西邻普纳(Puna)高原。阿吉拉尔山的东西两侧分别被两条陡倾逆断层切割,其基底由前寒武纪时期已变质为绿片岩相的杂砂岩、砂岩和页岩组成。基底上不整合地覆盖奥陶纪浅海相硅质碎屑岩,作为该地区矿床的主要赋矿围岩。奥陶纪硅质碎屑岩地层最下部是德斯佩萨(Despensa)组,厚 350m,由浅海-三角洲环境沉积而成的灰绿色杂砂岩、长石砂岩和粉砂岩组成。其上整合覆盖帕德瑞克(Padrioc)组,厚 560m,由浅灰色细—粗粒长石砂岩、钙质砂岩夹黑色页岩组成。帕德瑞克组上覆盖有一系列不含矿的沉积岩地层,包括卡多纳尔(Cardonal)组灰绿色—棕色砂岩、砂泥岩和页岩等,阿科特(Acoite)组灰绿色页岩、杂砂岩和长石砂岩等。该地区未出现晚古生代和早中生代地层。阿吉拉尔和阿布拉莱特(Abra Laite)花岗质杂岩体侵位于阿吉拉尔山脉东西两侧的奥陶纪沉积岩层中,这两个岩体在深部可能连为一体。据测定,阿吉拉尔岩体的 $^{40}Ar-^{39}Ar$ 同位素年龄为 118±15Ma,岩体内穿插有较年轻的玄武质岩脉。环绕在阿吉拉尔岩体周围的是沉积岩地层中宽 1.5km 的变质晕,而区域上的阿吉拉尔、东方(Oriental)、皮里塔(Pirita)和埃斯佩兰萨(Esperanza)等矿床(点)都分布在这些变质晕之内。区域上的断裂构造主要包括东西—北东向的阿吉拉尔西支断裂、北东—东西向的卡内多(Canedo)以及北东向的 8 号断裂等,这些断裂控制了区域上岩体的侵位。区域上早期的两次构造运动分别发生在晚奥陶世和中-晚古生代时期。此后,随着安第斯构造旋回的开始,晚侏罗世—早白垩世时期,该地区发生大规模的构造运动。渐新世时期,安第斯钙碱性岩浆作用和火山活动促进了阿吉拉尔地区西部的安第斯成矿带内的绝大部分金属矿床的成矿作用(Gemmell et al,1992)。

(二)矿床地质特征

阿吉拉尔锌-铅-银矿床赋存在帕德瑞克组厚层石英岩的阿吉拉尔石英岩段内(图 8-8)。与帕德瑞克组其他位置石英岩不同,邻近矿体的石英岩表现为薄层状、极细粒的特征,含呈浸染状或单矿物条带状产出的石榴石。这些薄层状的石英岩可能是喷流沉积的硅质岩重结晶形成的,而石榴石可能是由富铁锰沉积岩变质形成的。矿床的就位受到西部和北部的阿吉拉尔西断层和卡内多断层,以及东部的阿吉拉尔花岗岩体控制。阿吉拉尔矿床内的矿体沿近南北向断续延伸超过 2000m,向下延伸约 1000m。矿体呈脉状、透镜体状等形态,透镜体状矿体长宽各数百米,厚数十米。矿体多分布在靠近石英岩与上覆巨厚角页岩的接触带处或接触带内,距离阿吉拉尔岩体数百米的位置。矿石类型主要有 5 种:石英岩中浸染状硫化物矿石、网脉状硫化物矿石、石英角砾岩中的硫化物充填矿石、块状硫化物矿石和后期裂隙充填硫化物矿石。虽然区域上后期复杂的构造活动对各类矿石的空间分布造成一定的影响,但仍可以重建出一个独特的成矿序列:浸染状和网状硫化物矿石上覆角砾岩矿石,其上又覆盖块状和条带状矿石,富硫化物石英脉垂直切穿该成矿序列。大多数矿体都含有浸染状、含硫化物和钙质硅酸盐基质的角砾岩以及条带状硫化物等类型的矿石。网状脉矿石出现在 A、C、K 矿体中,但在较小的矿体中并未观察到。在矿床的北部,角砾岩和网状脉矿石发育良好。仅在矿山南部的 C 和 K 矿体中发现含闪锌矿石英岩条带。不同类型矿石中的金属硫化物也有差异,最早形成的是浸染状矿石中的极细粒方铅矿和闪锌矿、少量黄铁矿和磁黄铁矿以及微量的硫锑银矿。硫化物的含量向上逐渐增加,形成离散的硫化物条带。在浸染状矿石的上部形成了网状脉矿化,该处的石英岩被网状的硫化物细脉交错切割,网状脉矿石富含方铅矿,此外还有大量的闪锌矿、黄铁矿和磁黄铁矿。浸染状和网脉状矿石的品位向上逐渐升高。角砾岩矿石多由石英岩碎屑组成,但基质有所差异。其中,含量最多的石英角砾岩多为硫化物基质,基质由细粒闪锌矿和方铅矿以及少量黄铁矿、磁黄铁矿和黄铜矿组成。部分石英岩碎屑还表现出明显的由浸染状硫化物和石榴石组成交错层理,其次是钙质硅酸盐基质角砾岩。此类矿石中,基质主要是透辉石和石榴石,以及少量的硅灰石、辉石、蔷薇辉石、石英和方解石等,硫化物在基质中以浸染状、团块状和细脉状等形态产出。此外,在部分钙质硅酸盐角砾岩中,还存在由绿帘石、阳起石、透辉石和绿泥石组成的醒目的绿色基质。条带状、薄层状硫化物矿石和块状硫化物矿石与下伏的角砾岩之间的接触关系由逐渐过渡转为截然分明。条带状硫化物矿石出现在矿体的顶部接触带,主要包含细粒黄铁矿、闪锌矿,少量的方铅矿、磁黄铁矿和微量的黄铜矿,此类矿石一般呈薄层状(<1cm),并且形成厚大矿体(可达数十米),沿走向挤压膨大。薄层到中厚层的闪锌矿带厚度达 10cm,与含石榴石的石英岩互层,这些含矿

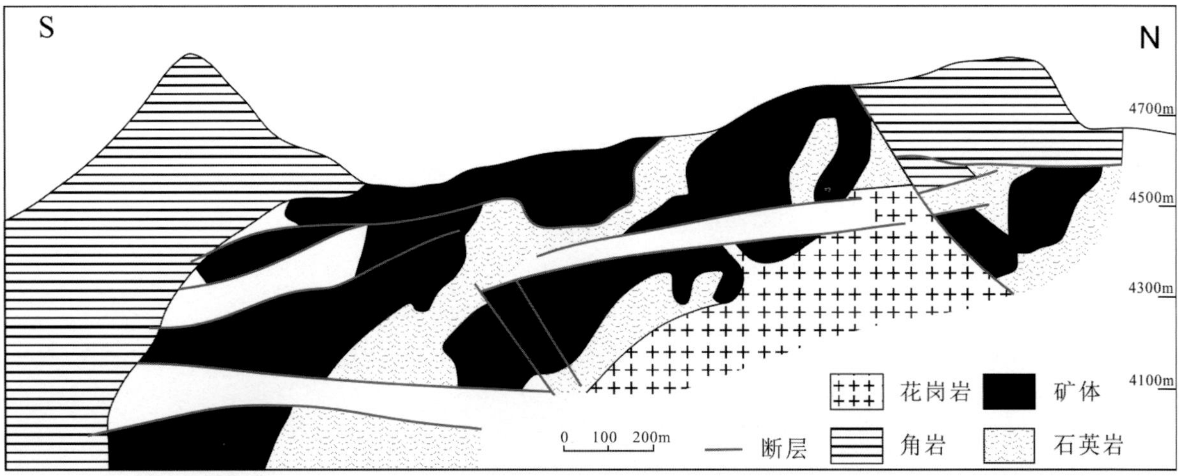

图 8-8　阿吉拉尔矿床剖面图(Gemmell et al,1992)

条带在大幅度的开放褶皱中发生弯曲折叠现象。

据穿插关系，可以确定有几个矿化期次，部分矿化裂隙切穿浸染状、网脉状和角砾岩矿体，但未切割带状或块状矿体。另外一种达 80cm 宽、南北走向、近垂直的裂隙脉，在邻近花岗岩和石英岩的接触带处最为发育，它们可能与阿吉拉尔岩体的侵入有关。在这些裂隙脉中，方铅矿最多，其次是闪锌矿、磁黄铁矿和少量的黄铜矿。成矿后期的脉中含钙蔷薇辉石、少量黄铜矿和方铅矿，并且形成了沿靠近阿吉拉尔岩体的花岗岩脉边缘分布的萤石和辉钼矿条带。

(三)控矿条件

1. 层位控矿

阿吉拉尔矿床的矿体产出具有明显的层控特征，矿体赋存在厚层石英岩的阿吉拉尔石英岩段内，矿化现象的分层变化与赋矿层状石英岩密切相关。

2. 断裂控矿

断裂是成矿物质进入古裂谷盆地富集成矿的重要通道，阿吉拉尔矿床矿体的就位受到西部和北部的阿吉拉尔西断层和卡内多断层的控制。

3. 岩相控矿

阿吉拉尔矿床的矿化除受到特定的赋矿围岩的控制外，其矿体的分布特征还与阿吉拉尔岩体的侵入有关，矿体分布在岩体西侧，且靠近岩体位置的矿体特征有明显变化。

(四)成矿模式与找矿标志

1. 成矿模式

阿吉拉尔矿床的产出地质背景、地球化学特征以及矿物组合等一系列证据表明，该矿床是一处产出在下奥陶统浅海相沉积盆地内的喷流沉积型矿床，矿床的就位以及区域变质变形作用与白垩纪阿吉拉尔花岗岩体密切相关。与此同时，阿吉拉尔矿床的构造、矿物组合和同位素地球化学等地质特征还指示了该矿床从沉积物沉淀—成岩—变质—后变质变形的成矿历程。成矿作用各个阶段的特征可概括为：①浸染状、网脉状、角砾状和条带状矿石的沉积和就位，包括松散沉积和角砾岩化；②侵入前变形，形成围岩和层状矿体中的褶皱、断层；③阿吉拉尔矿床的高度变质，促使接触变质晕，云母硅酸盐的形成，矿石出现普遍重结晶与退火现象；④形成花岗岩脉中未重结晶的闪锌矿、方铅矿、黄铜矿、辉钼矿和萤石，以及与阿吉拉尔花岗岩侵入作用有关的穿插石英脉中的钨锰铁矿；⑤安第斯造山运动时期阿吉拉尔岩体变形使区域上的矿床形成后变质破碎和褶皱。

2. 找矿标志

(1)此类矿床一般产在克拉通内盆底，盆地边界受断裂控制明显，盆地内沉积有巨厚层的碎屑沉积岩、浅海碳酸盐岩等。

(2)容矿围岩多为古生代或元古宙细碎屑沉积岩、碳酸盐岩或角闪岩-麻粒岩相变质岩。

(3)沉积岩系中出现中粗粒碎屑岩(角砾岩)，表明局部出现同沉积断裂，阿吉拉尔型近喷口相矿床与盆地边缘的活动断裂密切相关。

(4)网脉状和浸染状硫化物以及硅化、电气石化、钠长石化、绿泥石化、绢云母化、白云石化等热液蚀变矿物可能代表矿床的补给带(通道)，这些矿化通常位于层状矿床的下部或附近。

(5)地表氧化作用可形成大型铁帽、含有丰富的碳酸盐、硫酸盐和铅、锌、铜的硅酸盐。

(6)容矿沉积岩中通常具铜、铁、锰和铊异常，容矿岩系中的碳酸盐岩在近矿处更富铁和锰。

第四节　勘查开发

一、勘查开发现状

南美洲的铅锌矿产资源丰富，目前该地区的铅锌矿找矿勘查工作主要由矿业公司开展，近年来，南美洲以铅锌矿为首要找矿目标而实施的钻探工作大量开展，2011—2015 年间，布置钻孔数量达到 715 个，其中 2012 年钻探工作量达到最大值，共布置钻孔 328 个。2012 年之前，南美洲地区对于铅锌矿的勘查投入逐年上升，在 2012 年达到最大值，勘查预算超过 2 亿美元，但随着矿业市场转入低迷，该地区的找矿投入也开始下降，2015 年该数字仅为 1 亿美元左右。

南美洲是世界重要的铅锌矿产地，2014 年铅和锌的矿山金属产量分别约为 41×10^4t 和 205×10^4t，分别占全球总量的 8.9%和 15.3%，主要的铅锌矿生产国包括秘鲁、玻利维亚、阿根廷、巴西和智利等，其中秘鲁为南美最大的铅锌矿生产国，也是世界第四大产铅国和第三大产锌国，在全球具有举足轻重的地位。2014 年该国的铅和锌矿山产量分别为 27.89×10^4t 和 131.87×10^4t，分别占南美洲总产量的 68%和 64%(表 8-3、表 8-4)。

表 8-3　南美洲主要铅锌矿产资源国家 2009—2014 年矿山产量表　(单位：$\times10^4$t)

年份 / 矿种 / 国家	2009		2010		2011		2012		2013		2014	
	铅	锌	铅	锌	铅	锌	铅	锌	铅	锌	铅	锌
阿根廷	2.48	3.19	2.26	3.26	2.61	3.40	2.65	3.96	2.60	3.80	2.60	3.80
玻利维亚	8.45	43.09	7.28	41.14	10.01	42.71	7.90	38.99	8.50	40.73	8.50	50.00
巴西	1.59	17.27	1.97	21.12	1.51	19.78	1.70	16.43	1.50	15.20	1.50	15.00
智利	0.15	2.78	0.07	2.77	0.08	3.66	0.04	2.68	0.18	2.88	0.31	4.40
秘鲁	30.25	151.29	26.20	147.05	23.02	125.64	24.92	128.12	26.65	135.13	27.89	131.87
全球总量	387	1160	416	1230	474	1250	525	1330	550	1340	460	1340

数据来源：USGS。

二、矿业公司

在南美洲从事铅锌矿产资源开发的矿业公司有数十家，其中控制资源量和生产规模最大的公司有日本住友商事株式会社(Sumitomo Corporation)、火山矿业公司(Volcan Compañía Minera SAA)、米尔帕矿业公司(Compañía Minera Milpo SAA)等，这三家公司的铅锌矿年产量总和占到南美总产量的一半以上。

1. 住友商事株式会社

住友商事株式会社作为日本三大经济集团之一的住友集团(住友集团创业历史 400 余年)的主要成员之一，成立于 1919 年。世界 500 强企业中排名第 12 位，公司资产 420 亿美元，在全球拥有 5208 名员工。该公司共设有 5 个业务板块，分别是金属事业部门，运输、工程机械事业部门，环境、基础设施事业部门，媒体、生活关联事业部门和资源、化学品事业部门。其矿山业务由资源、化学品事业部门负责。住

表 8-4　南美洲主要铅锌矿开发项目统计表

序号	项目名称	国家	地区	地理坐标		所属公司	主要产品	铅		锌	
				纬度(°)	经度(°)			2014 年产量(t)	产量占全球份额(%)	2014 年产量(t)	产量占全球份额(%)
1	圣克里斯托巴尔(San Cristobal)	玻利维亚	波托西(Potosí)	−21.097 78	−67.209	住友商事株式会社(Sumitomo Corp.)	锌、银、铅	60 000	1.304	190 000	1.418
2	丘加(Chungar)	秘鲁	帕斯科(Pasco)	−11.031 35	−76.425	火山矿业公司(Volcan Compañía Minera SAA)	锌、银、铅、铜	25 200	0.548	103 600	0.773
3	亚力(Yauli)	秘鲁	胡宁(Junín)	−11.741 98	−76.014	火山矿业公司(Volcan Compañía Minera SAA)	锌、银、铅、铜、钴、金	21 900	0.476	158 200	1.181
4	尧里科查(Yauricocha)	秘鲁	利马(Lima)	−12.308 79	−75.706	塞拉金属公司(Sierra Metals Inc.)	银、铜、铅、锌、金	21 189	0.461	24 610	0.184
5	埃尔波韦尼尔(El Porvenir)	秘鲁	帕斯科(Pasco)	−10.553 89	−76.173	米尔帕矿业公司(Cia. Minera Milpo SAA)	锌、铅、铜、银、金	15 575	0.339	65 031	0.485
6	赛罗林多(Cerro Lindo)	秘鲁	伊察(Ica)	−13.077	−75.991	米尔帕矿业公司(Cia. Minera Milpo SAA)	锌、铜、铅、银	14 360	0.312	167 150	1.247
7	莫罗阿古多(Morro Agudo)	巴西	米纳斯吉拉斯(Minas Gerais)	−17.5005	−46.82	沃托兰廷工业公司(Votorantim Industrial S A)	锌、铅	12 000	0.261		
8	劳拉(Raura)	秘鲁	利马(Lima)	−10.647 92	−76.733	劳拉矿业公司(Cia. Minera Raura S A)	锌、铅、铜、银	11 719	0.255	22 873	0.171
9	安塔科查(Atacocha)	秘鲁	帕斯科(Pasco)	−10.574 83	−76.215	安塔科查矿业公司(Cia. Minera Atacocha SAA)	锌、铅、铜、银、金	11 713	0.255	37 768	0.282
10	桑坦德(Santander)	秘鲁	利马(Lima)	−11.171 326	−76.552	塔瓦力采矿公司(Trevali Mining Corp.)	锌、铅、银、铜	11 392	0.248	26 459	0.198
11	乌丘查夸(Uchucchacua)	秘鲁	利马(Lima)	−10.615 56	−76.6817	布埃纳文图拉矿业公司(Cia. de Minas Buenaventura SAA)	银、锌、铅、金、锰	7605	0.165	6349	0.047
12	马累(Mallay)	秘鲁	利马(Lima)	−10.615 56	−76.682	布埃纳文图拉矿业公司(Cia. de Minas Buenaventura SAA)	银、锌、铅、金	7513	0.163	9893	0.074
13	卡伊罗马(Caylloma)	秘鲁	阿雷基帕(Arequipa)	−15.167 26	−71.862	福耳图那银矿公司(Fortuna Silver Mines Inc)	银、金、锌、铅、铜	7327	0.159	12 411	0.093
14	瓦龙(Huaron)	秘鲁	帕斯科(Pasco)	−11.005 72	−76.415	泛美银矿公司(Pan American silver Corp.)	银、锌、铅、铜、金	6030	0.131	14 200	0.106

续表 8-4

序号	项目名称	国家	地区	地理坐标		所属公司	主要产品	铅		锌	
				纬度(°)	经度(°)			2014 年产量(t)	产量占全球份额(%)	2014 年产量(t)	产量占全球份额(%)
15	塞罗德帕斯科(Cerro de Pasco)	秘鲁	帕斯科(Pasco)	−10.666 67	−76.25	火山矿业公司(Volcan Compañia Minera SAA)	锌、银、铅、铜、金	5900	0.128	13 000	0.097
16	安塔米纳(Antamina)	秘鲁	安卡什(Ancash)	−9.539 17	−77.05	嘉能可(Glencore PLC)、必和必拓(BHP Billiton Group)、泰克资源(Teck Resources LTD)、三菱(Mitsubishi Corp.)	铜、锌、钼、铅、银	5568	0.121	210 963	1.574
17	莫洛科查(Morococha)	秘鲁	胡宁(Junín)	−11.604 38	−76.146	泛美银矿公司(Pan American Silver Corp.)	银、锌、铜、铅、金	5135	0.112	17 118	0.128
18	埃尔布洛克(El Brocal)	秘鲁	帕斯科(Pasco)	−10.816 86	−76.295	布埃纳文图拉矿业公司(Cia. de Minas Buenaventura SAA)	锌、铅、银、铜、金	4263	0.093	10 162	0.076
19	阿尔帕马卡(Alpamarca)	秘鲁	胡宁(Junín)	−11.2225	−76.461	火山矿业公司(Volcan Compañia Minera SAA)	银、锌、铅、铜、锑	4000	0.087	5900	0.044
20	胡尔卡尼(Julcani)	秘鲁	万卡韦利卡(Huancavelica)	−12.9428	−74.805	布埃纳文图拉矿业公司(Cia. de Minas Buenaventura SAA)	银、金、铜、铅、锌	2619	0.057	NA	NA
21	埃尔托奇(El Toqui)	智利	伊瓦涅斯将军的艾森大区(Aisén del General Carlos Ibáñez del Campo)	−45.0364	−71.943	新星公司(Nyrstar N V)	锌、金、银、铜、铅	1800	0.039	37 000	0.276
22	圣维森特(San Vicente)	秘鲁	胡宁(Junín)	−11.208 06	−75.289	圣伊格纳西奥矿业公司(Compania Minera San Ignacio)	锌、铅、银	1800	0.039	26 000	0.194
23	基鲁维尔卡(Quiruvilca)	秘鲁	拉利伯塔德(La Libertad)	−8.002 78	−78.312	南峰矿业(Southern Peaks Mining)	银、锌、铜、铅、金	1100	0.024	3500	0.026
24	圣维森特(San Vicente)	玻利维亚	波托西(Potosí)	−21.266 67	−66.317	泛美银矿公司(Pan American silver Corp.)	银、锌、铜、铅、金	526	0.011	6147	0.046
25	康通尕&布卡拉加(Contonga and Pucarrajo)	秘鲁	安卡什(Ancash)	−9.5025	−77.08	新星公司(Nyrstar N V)	锌、铅、铜、银	400	0.009	13 000	0.097

友商事株式会社在全球控股或参股的矿山项目有22个，分布在加拿大、美国、墨西哥、秘鲁、玻利维亚、阿根廷、巴西、马达加斯加、澳大利亚、印度尼西亚、马来西亚、中国、哈萨克斯坦等国家，包括马达加斯加安巴托维(Ambatovy)镍钴矿项目、印度尼西亚巴都希贾乌(Batu Hijau)铜金矿项目、美国莫伦西(Morenci)铜矿项目、秘鲁塞罗威尔德(Cerro Verde)铜矿项目、巴西米纳斯吉拉斯州铁矿项目等，占有矿产资源量包括铁矿石7.8×10^8t、铜556×10^4t、煤4×10^8t、镍88.4×10^4t和金357t。住友商事株式会社是南美最主要的铅锌矿生产商，其控制的圣克里斯托巴尔项目是南美洲产量最大的铅锌银矿资源项目，该项目2014年的铅、锌产量分别为6×10^4t和19×10^4t，分别占南美洲2014年总产量的22.5%和13%。

2. 火山矿业公司

火山矿业公司是全球最大的铅锌银矿生产商之一，同时也是全球在贱金属领域生产成本最低的企业之一。该公司成立于1943年，2015年总资产为13.75亿美元。该公司共拥有10个铜、铅、锌和银矿项目，包括Yauli、Chungar、Alpamarca和Cerro de Pasco等，这些项目全部位于秘鲁境内，且对于这些项目全都是100%控股，占有的锌、银、铅、铜和钼资源量分别为1015.6×10^4t、29 795t、328×10^4t、100×10^4t和2400t。该公司项目2014年的铅和锌产量分别为5.7×10^4t和28.2×10^4t，分别占南美洲2014年总产量的21.4%和23.8%。

3. 米尔帕矿业公司

米尔帕矿业公司成立于1949年，是沃托兰廷工业集团(Votorantim Industrial)的子公司。2015年该公司总资产为5.55亿美元。该公司共控股和参股12个贱金属矿山项目，这些项目位于秘鲁和阿根廷境内，占有的铜、锌、银和铅资源量分别为499×10^4t、848.2×10^4t、7108.6t和116.7×10^4t。该公司项目2014年的铅和锌产量分别为3×10^4t和23.2×10^4t，分别占南美洲2014年总产量的11.2%和19.6%。

三、铅锌矿项目

1. 圣克里斯托巴尔

圣克里斯托巴尔铅锌矿项目位于玻利维亚Potosí地区，目前由住友商事株式会社全资所有，是南美洲最大的在产铅锌矿项目。圣克里斯托巴尔矿山是著名的银铅矿区的一部分。该矿区自17世纪早期就断断续续地开采过，产量相对小。40年前人们发现该矿区具有巨大的银矿潜力，但只是在20世纪80年代才开始进行小规模的露采/堆浸。可大规模露采的大矿床是由钻探验证地质目标，并得到地表和地下岩屑取样结果而发现的。没有进行按网格布置的化探和物探工作。该项目于2007年开始生产运营，矿山设计寿命16年。目前探明银、锌和铅的金属储量分别为1.37×10^4t、402×10^4t和137×10^4t，平均品位分别为53×10^{-6}、1.41%和0.48%，是世界上最大的露采银矿床之一，2014年共生产银312t、锌19×10^4t和铅6×10^4t。该矿床属于产在大陆环境中，与中—酸性火山岩、次火山岩有关的矿床，位于安第斯造山带地区的东科迪勒拉多金属成矿省。

2. 丘加(Chungar)

丘加铅锌矿项目位于秘鲁帕斯科(Pasco)地区，目前由火山矿业公司运营，是南美洲产量最大的铅锌矿项目之一，目前处于地下开采阶段。探明铅和锌金属储量分别为36.2×10^4t和113.9×10^4t，平均品位分别为1.73%和5.45%。2014年的铅和锌的产量分别是2.52×10^4t和10.36×10^4t。该矿山发现于20世纪60年代，随后开始小规模开采，直到2000年，火山矿业公司收购该矿山，加大投资开始大规模开采。丘加矿床属于交代矿床，位于安第斯造山带地区的安第斯中央成矿省内。

3. 亚力(Yauli)

亚力铅锌矿项目位于秘鲁Junín地区，由火山矿业公司运营。该项目于1987年开始运营，矿山设计寿命33年，计划于2020年关闭。目前采用露采和坑采结合的方式生产，是南美洲第三大产铅和锌的矿山项目。探明铅和锌金属储量分别为 73.5×10^4t 和 391.1×10^4t，平均品位分别为 0.085%和 4.51%。2014 年的铅和锌的产量分别是 2.19×10^4t 和 15.82×10^4t。该矿山自 1987 年开始产银，最早由 Centromin 公司运营，1997 年火山矿业公司将其收购并开始扩大生产规模。亚力矿床属于交代矿床，位于安第斯造山带地区的安第斯中央成矿省内。

第五节　远景区分析

一、远景区划分

南美洲铅锌矿资源远景区的划分主要基于以下因素。

1. 基础地质条件

①地质背景符合铅锌矿床成矿条件，有利于成矿；②有规模较大、数量较多的铅锌矿产地分布。

2. 勘查开发条件

①有重要矿床正处在勘查开发之中；②已有的勘查程度较低，仍有较好的找矿空间；③正在进行勘查，发现了较好的矿化现象或找矿线索。

二、远景区圈定

根据上述铅锌矿资源潜力区圈定原则，根据铅锌矿成矿条件及各主要资源国家铅锌矿勘查开发程度，圈定了南美主要的铅锌矿找矿远景区（表 8-5，图 8-9）。

表 8-5　南美洲铅锌矿找矿远景区特征表

序号	潜力区名称	所属国家	潜力区描述
1	秘鲁西部中安第斯铅锌矿成矿远景区	秘鲁	远景区位于安第斯中央成矿省北段，大型、超大型铅锌矿床密集分布，是南美洲地区最重要的铅锌矿潜力区。成矿条件优越，铅锌矿开发程度较高
2	玻利维亚西南部东科迪勒铅锌矿成矿远景区	玻利维亚	远景区位于东科迪勒拉多金属成矿省内，区内产出的铅锌矿床类型以陆相火山岩型为主，成矿条件良好，勘查程度较高
3	阿根廷西南部南安第斯铅锌矿成矿远景区	阿根廷	远景区位于南安第斯构造区中部，区内已探获了多个大中型铅锌矿床，矿床类型以 VMS 型为主，开发程度较低
4	阿根廷中南部北巴塔哥尼亚铅锌矿成矿远景区	阿根廷	远景区位于北巴塔哥尼亚多金属成矿省内，区内的铅锌矿床类型主要为陆相火山岩型，目前开发程度较低
5	巴西东部瓦赞蒂铅锌矿成矿远景区	巴西	远景区位于托坎廷斯成矿省内，铅锌矿床类型主要为喷流沉积型和密西西比河谷型

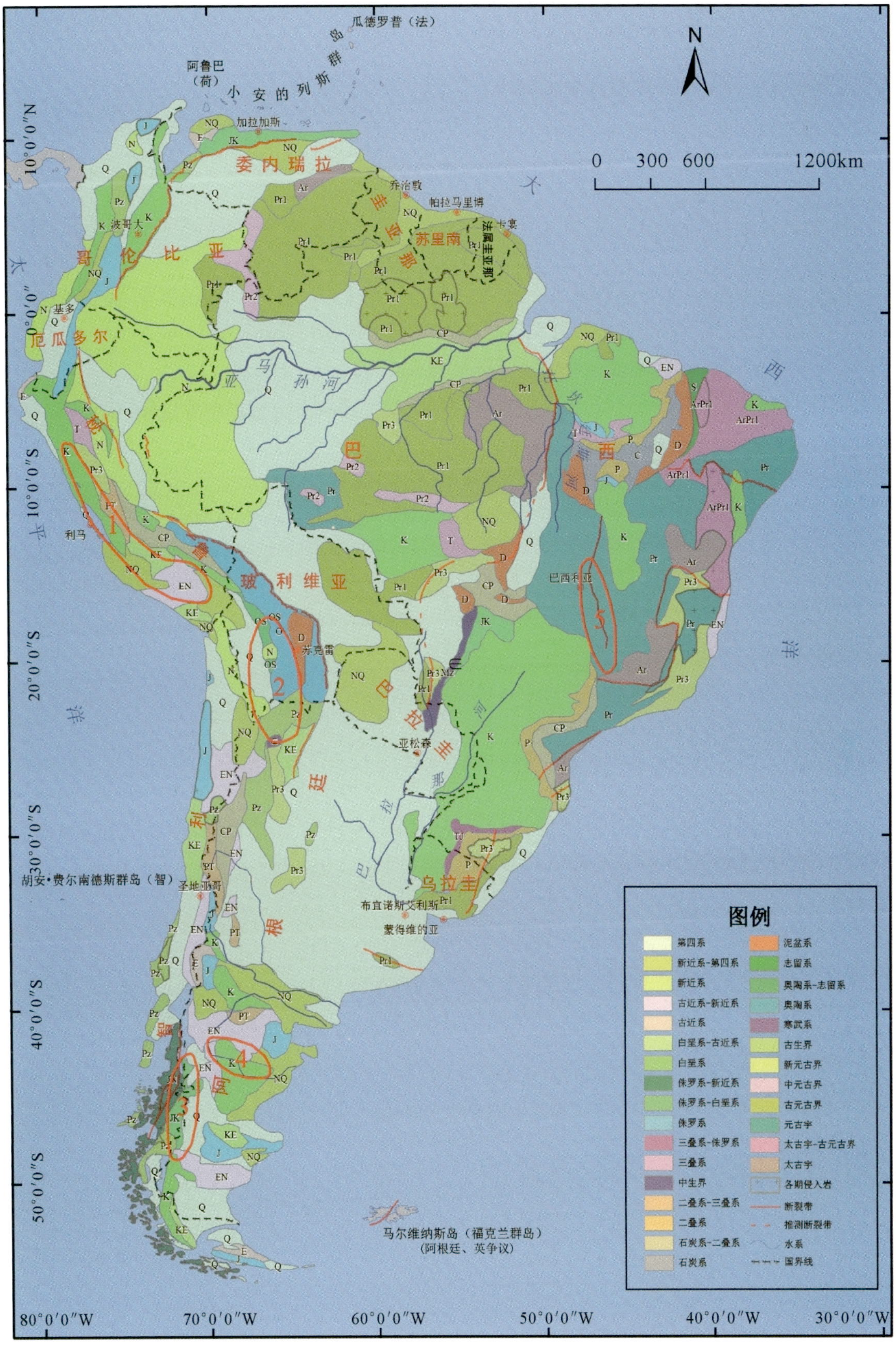

图 8-9　南美洲铅锌矿成矿远景区划分图

三、远景区分析

1. 秘鲁西部中安第斯铅锌矿成矿远景区

秘鲁西部中安第斯铅锌矿成矿远景区位于安第斯中央成矿省北段，该地区主要由中生代弧前盆地、弧内盆地和弧后盆地组成，形成东部盆地和西部盆地两个沉积盆地，沉积作用与岩浆弧的形成在同一时期发生。区内产出的铅锌矿床类型包括陆相火山岩型、交代型和 VMS 型等，代表性的大型、超大型矿床包括坦博格兰德铜-锌-金-银矿床（锌 200×10^4t）、塞罗德帕斯科铜-银-铅-锌矿床（锌 736×10^4t，铅 280×10^4t）等。

该地区矿床类型多样，成矿条件极为有利，区内的铅锌矿床多与银、铜等资源共生，是南美洲最重要的铅锌矿资源潜力区，且该区矿产资源开发历史悠久，矿业开发条件较好。

2. 玻利维亚西南部东科迪勒铅锌矿成矿远景区

玻利维亚西南部东科迪勒铅锌矿成矿远景区位于东科迪勒拉多金属成矿省南段，该区处在东科迪勒拉构造带内，区内岩性组成包括古生代变沉积岩、沉积岩和中生代—新生代火山-沉积岩，以及中生代—新生代侵入体，区内构造主要为一系列向西或南西向推覆的推覆构造和褶皱构造。区内产出的铅锌矿床类型以陆相火山岩型和与脱水作用、变质作用产生的流体有关的矿床为主，代表性的大型、超大型矿床包括圣克里斯托巴尔银锌铅矿床（锌 402×10^4t，铅 137×10^4t）、普拉卡约铅锌矿床等。

该地区成矿地质条件优越，铅锌矿产资源丰富，但是基础设施较为薄弱，交通运输成本较高，因此目前的开发程度较低。

3. 阿根廷西南部南安第斯铅锌矿成矿远景区

阿根廷西南部南安第斯铅锌矿成矿远景区位于南安第斯多金属成矿带南段，该区处在南安第斯构造区中部，基底为前寒武纪—古生代变质岩，上覆古生代—早中生代邱诺斯变质杂岩体、玛德莱德迪奥斯地体和安第斯东部变质杂岩体等增生复合体，以及巴塔哥尼亚巨型花岗岩基和中生代—新生代火山活动形成的玄武质或安山质火山岩。区内产出的铅锌矿床类型主要为 VMS 型黑矿（Kuroko）亚型，代表性的大型矿床有埃尔托奇（El Toqui）铅锌矿床（铅 15×10^4t，锌 80×10^4t）等。

该地区成矿地质条件良好，已发现的矿床规模以中小型为主，地处高原地区，交通不便，目前多数矿山并未开采。

4. 阿根廷中南部北巴塔哥尼亚铅锌矿成矿远景区

阿根廷中南部北巴塔哥尼亚铅锌矿成矿远景区位于北巴塔哥尼亚多金属成矿省。巴塔哥尼亚地体是一块增生陆源地块，岩性组成包括新元古代变质基底，志留纪被动陆缘沉积岩序，泥盆纪岩浆弧花岗岩，以及北部的构造后期形成的石炭纪花岗岩（363～318Ma）。区内产出的铅锌矿床类型主要为陆相火山岩型，代表性矿床有纳维达德（Navidad）铅锌矿床（铅 159×10^4t）等。

该地区成矿地质条件较好，已发现的矿床规模以中小型为主，基础设施较为薄弱，目前仅有纳维达德一处矿山处在开采状态。

5. 巴西东部瓦赞蒂铅锌矿成矿远景区

巴西东部瓦赞蒂铅锌矿成矿远景区位于托坎廷斯成矿省内的巴西利亚褶皱带上。区内的岩性组成有新元古代被动陆缘沉积岩，包括泥岩、石灰岩和白云岩等岩石序列。区内产出的铅锌矿床类型主要为喷流沉积型和密西西比河谷型（MVT），代表性矿床有莫鲁阿古杜铅锌矿床（铅锌 917×10^4t）、瓦赞蒂锌矿床（锌 513×10^4t）等。

该地区是巴西最重要的铅锌矿产地，区内探获的铅锌矿床具有规模大、品位高的特点，同时基础设施良好，交通便利，有利于矿山开发。

南美洲是世界上铅锌矿资源比较丰富的地区之一，但与铜、铁、金等矿种相比，铅锌矿并非该地区的优势矿种。该地区铅锌矿床分布较为集中，绝大部分都产出在安第斯成矿带内，矿床类型多样，包括陆相火山岩型、交代型、MVT 型、SEDEX 型以及 VMS 型等。其中陆相火山岩型和交代型铅锌矿床在全球范围内并不十分受人关注，却是该地区最重要的矿床类型，与之相对应的是，目前这两类矿床的研究程度也很低，因此，加强特殊类型矿床的成矿理论研究将会有力推动该地区的铅锌矿找矿工作。南美洲地区的地质工作程度相对较低，基础地质资料缺乏。尤其是铅锌矿床多位于安第斯高原区，基础设施薄弱，采矿条件较差，大量矿山处在未开发或停产状态，因此投资开发该地区的铅锌矿产资源需要做好全方位的前期调查研究工作，综合考虑资源禀赋、开采条件、政治环境、社区关系、投资法规等多方面的因素。

第九章 锡 矿

第一节 资源概述

一、资源储量与全球地位

全球锡矿资源主要分布于亚洲和南美洲，最主要的锡矿产区是东亚（中国）、东南亚、南美洲中部、澳大利亚的塔斯马尼亚岛和俄罗斯的远东地区，其次是非洲中南部和欧洲西部濒临大西洋地区。

南美洲锡矿资源丰富，主要分布于巴西、玻利维亚和秘鲁 3 个国家。据美国地质调查局资料，南美洲 2015 年锡储量为 123×10^4t，占世界锡储量（480×10^4t）的 24.59%，在世界锡储量大洲排名中列第二位。

二、资源国概况

南美洲主要锡矿资源国为巴西、玻利维亚和秘鲁，巴西是世界锡储量大国，2015 年锡储量 70×10^4t，占世界储量的 14.58%，列世界第三位；玻利维亚 2015 年锡储量 40×10^4t，占世界储量的 8.3%，列世界第四位；秘鲁 2015 年锡储量 13×10^4t，占世界储量的 2.71%，列世界第九位（表 9－1）。

表 9－1　2015 年南美主要国家锡储量、产量和出口量及占世界比例（单位：t）

国家	储量	占世界比例（%）	产量	占世界比例（%）	出口量	占世界比例（%）
巴西	700 000	14.58	17 000	6.30	7494	2.95
玻利维亚	400 000	8.33	20 000	7.41	15 742	6.20
秘鲁	130 000	2.71	22 500	8.33	22 109	8.70
世界总计	4 800 000	—	270 000	—	254 027	—

数据来源：储量和产量数据引自美国地质调查局 Mineral Commodity Summaries 2016；出口量数据引自 World Metal Statistics Yearbook 2015。

1. 巴西

巴西是南美洲第一大锡矿资源国，从分布地区上看，巴西锡矿资源主要分布在朗多尼亚州、亚马孙州、米纳斯吉拉斯州和帕拉州；从构造单元上看，巴西锡矿资源主要分布于巴西地盾，北部的圭亚那地盾内也发现有锡矿。在巴西地盾区，一半面积被较广泛分布的古生代、中生代沉积物覆盖，而锡矿化仅分布在前寒武纪岩石出露区，在晚寒武世盖层内未发现锡矿化。

近年来巴西锡矿储量下降明显，主要原因是高品位的冲积锡矿已快被开采完，锡矿勘查投资不足，新发现的锡矿床少，新增储量少于开采量。

巴西主要的锡矿山有 15 座，其中大型锡矿山有 2 座：一座是位于亚马孙州玛瑙斯北部的皮廷加(Pitinga)锡矿床，锡储量 337 900t；另一座是位于巴西西部朗多尼亚州的博姆弗图罗锡矿山，锡储量 23 509t，前者由明苏尔矿业公司(Minsur S A)经营，后者由朗多尼亚矿业公司经营，其余多为中小型锡矿床。

2. 玻利维亚

玻利维亚是南美洲除巴西外的第二大锡矿资源国，是世界第四大锡矿生产国。玻利维亚锡矿带主要沿东科迪勒拉与玻利维亚高原边界分布，延伸大约 900km，锡矿床类型以高品位的热液型锡矿为主，锡矿床在空间上与过铝质花岗岩和斑岩有关，成矿时代从晚二叠世到 4Ma，以新近纪为主。玻利维亚锡矿产量中的大部分来自原生矿床。

玻利维亚最重要的锡矿床分布于玻利维亚锡矿带中部和南部，成因与中新世火山喷发作用和浅部酸性斑岩体侵入有关。根据成矿建造，矿床类型可以划分为斑岩型锡矿床、火山岩型锡-银-铅-锌和沉积岩容矿的锡-银-铅-锌以及独特的与深成侵入岩有关的锡多金属矿床(锡-金-钨-锌)四大类型，其中前 3 种成矿类型也被定义为“玻利维亚型”多金属脉状矿床。

目前，玻利维亚主要的锡矿山有 23 座，其中大型锡矿山有 5 座。史上最大的锡矿山为尤尼非卡达(Unificada)，锡资源量 240×10^4t，由库米博公司经营，目前已关闭；卡塔维泰凌(Catavi Tailings)是玻利维亚第二大锡矿山，锡储量 16.8×10^4t，由大利亚胜利矿业公司(Victory Mines Limited)公司经营。

3. 秘鲁

近年来，秘鲁锡矿产业发展迅速，产量逐年上升，从 2013 年至今，秘鲁一直是南美洲最大的锡矿生产国。明苏尔公司是秘鲁唯一的精炼锡生产公司，其冶炼厂位于皮斯科(Pisco)港口的冯苏尔(Funsur)，圣拉斐尔(San Rafael)锡矿是其主要锡矿山之一。

目前，秘鲁锡储量 13×10^4t，占南美洲锡储量的 10.57%，居巴西和玻利维亚之后，列南美洲第三位。秘鲁锡矿山主要分布在普诺省马里亚特吉地区的圣拉斐尔地区，主要的锡矿山有 5 座，储量大于 2×10^4t 的锡矿山仅有 1 座，为圣菲拉尔锡矿，处于生产阶段，锡储量达 104 698t，锡品位为 3.14%。但近年来圣拉斐尔锡矿山品位逐年下降，资源储量枯竭问题日益严重，随着圣拉斐尔锡矿山储量的减少，未来几年秘鲁的锡产量可能会连年下滑，估计在 2017 年将出现大幅下降。

第二节 成矿规律

一、区域成矿背景和矿床类型

1. 区域成矿背景

从全球锡成矿带看，南美锡矿带的主体部分位于环太平洋金属成矿带东带的南段，与东亚滨太平洋锡成矿带遥相对应，在玻利维亚境内被称为玻利维亚锡成矿带，隶属东科迪勒拉多金属成矿带。

从南美构造单元看，南美锡矿主要位于中安第斯造山带和巴西地盾。从南美成矿区带上看，南美地区主要有 2 个锡矿带：一个是位于中安第斯成矿带的Ⅲ-33 中科迪勒拉锡-钨-多金属-盐类成矿带(J，E—Q)；另一个是位于南美地台中巴西地盾成矿带的Ⅲ-6 Carajas-Central Amazon 金-铜-锡-铁-锰-镍-铅-锌-铂-铝土矿成矿带(Ar，Pt_1)。

从太古宙至新生代，南美地区发生了强烈的、多期次的造山运动，诱发了强烈岩浆侵入活动和火山作用，发生了多期岩浆侵入活动和强烈火山作用，形成了不同地质历史时期的富锡中—酸性侵入体。总体看，南美地区锡矿成矿作用主要与太古宙、新元古代以及泥盆纪到石炭纪的造山运动形成的富锡花岗岩侵入体有关。此外，还与中安第斯造山带在侏罗纪、古近纪和新近纪发生的偏基性的强烈火山作用有关，形成了独特的与火山作用有关的锡石-硫化物型锡矿床。

2. 主要矿床类型

(1)伟晶岩型。该类型锡矿化作用主要与深成花岗岩侵入体有关，锡石在伟晶岩体中呈不规则浸染状产出，锡石呈黑色或者暗褐色。含锡伟晶岩及其风化后形成的砂矿，在许多地方均能获得开采。

(2)锡石-石英脉型。该类型矿床属于高温热液气成矿床，有时和伟晶岩型锡矿床共生并互为过渡关系，大多数的锡石-石英脉型锡矿床在空间上常常与浅成花岗岩岩株有关，产在岩株的内外接触带，产出部位常较含锡伟晶岩更浅。

该类型锡矿床具有强烈的云英岩化围岩蚀变，蚀变带内形成大量的黄玉、萤石，常见多与黑钨矿共生。锡石-石英脉型锡矿床在玻利维亚的北部地区分布比较广泛，较多的大型锡石-石英脉型原生锡矿床风化后，往往形成品位较富的砂锡矿床。这类矿床的精锡产量占到世界总产量的50%～60%。南美地区的代表性锡石-石英脉型锡矿床为朗多尼亚锡矿床。

(3)云英岩型。该类型锡矿床主要产于花岗岩体顶部的云英岩带中。云英岩多呈细脉、网脉及面型分布，锡石呈浸染状分布在云英岩及细小的石英脉中。矿物成分有石英、白云母、电气石、黄玉、萤石、绿柱石、钾长石、锡石、黑钨矿和毒砂等。矿石品位一般较低。矿床规模多为中、小型。南美地区代表性的矿床为塔帕若斯-帕瑞玛锡矿区。在南美的北塔帕若斯—帕瑞玛地区，发育马德拉和阿古瓦花岗岩，形成了与这些花岗岩有关的锡矿带，这些锡矿与阿古瓦的云英岩呈伴生关系，散布于马德拉花岗岩的钠长石花岗岩内。部分锡矿床含有 U、Nb、Ta、U 和 Zr 等元素。

(4)锡石-硫化物型。该类型锡矿床在成因与地表浅部的中酸性花岗岩类有关，该类型矿床根据矿化条件，又可以细分为中高温锡石热液型矿床、矽卡岩型锡矿床、浅成热液型锡矿床、中高温热液型锡-铅-锌矿床和中高温热液型锡-银矿床。南美地区代表性的矿床有玻利维亚的波托西、阿根廷的皮尔里塔等。

(5)砂矿型。此类型锡矿床的形成均与原生锡石-石英脉型锡矿床和部分含锡伟晶岩型锡矿床遭受风化剥蚀有关。因为容易开采，选矿方便，具有重要的开采价值。根据成因和环境，砂矿型锡矿床又可细分为残积型砂矿、坡积型砂矿、冲积型砂矿和滨海型砂矿 4 种类型。

二、时空分布规律

1. 主要成矿时代

南美洲锡矿床主要形成于前寒武纪和新生代。与显生宙相比，前寒武纪形成的锡矿储量较少。地质历史上，南美地区最早的锡矿成矿时代为中元古代，即前寒武纪花岗岩化时期为南美锡第一次富集成矿的时期，形成了巴西的阿马帕等著名锡矿床；新元古代，锡矿的富集成矿作用继续加强，形成的锡矿主要分布在巴西；新生代时期形成的锡矿主要分布在玻利维亚锡成矿带上。

2. 空间分布规律

从全球锡成矿带看，南美地区锡矿带属于西美洲滨太平洋锡成矿带。西美洲滨太平洋锡成矿带属于全球性环太平洋金属成矿带东带的一部分，与东亚滨太平洋锡成矿带遥相对应，该锡矿带北起阿拉斯加，经加拿大西部、美国西部延伸到墨西哥，再沿着秘鲁南部、玻利维亚、巴西、阿根廷北部的东科迪勒拉带分布。西美洲滨太平洋锡成矿带北段被称为北美西部锡成矿带，南段被称为玻利维亚锡成矿带，南美地区的锡矿则隶属于玻利维亚锡成矿带。玻利维亚锡成矿带中，产有多个大型和特大型的锡矿床，其储量约占世界总储量的11%，该锡矿带成矿作用主要与晚-中生代侵入活动和新生代偏基性的强烈火山作用关系密切，属于独特的与火山作用有关的锡石-硫化物型锡矿床。

从南美成矿带看，南美洲锡矿主要分布在Ⅲ-5 兴谷(Xingu)金-锡成矿带(Pt_1)、Ⅲ-6 卡拉加斯-中亚马孙(Carajas-Central Amazon)金-铜-锡-铁-锰-镍-铅-锌-铂-铝土矿成矿带(Ar,Pt_1)、Ⅲ-13 巴西利亚(Brasilia)金-银-铜-铅-镉-钴-镍-铌-锡-稀土-金刚石成矿带(Ar,Pt_1,Pt_2,Pt_3)和Ⅲ-33 中科迪勒拉锡-钨-多金属-盐类成矿带(J,E—Q)4 个成矿带(图 9-1)。

从分布地区看，南美地区锡矿主要分布在玻利维亚波托西市和巴西的帕里马、朗多尼亚、巴西利亚、卡拉加斯等地区。其中，玻利维亚波托西的塞罗里科和巴西的朗多尼亚、卡拉贾斯的新谷、巴西利亚的戈埃斯与南里奥格兰德都是南美洲重要的锡产区(图 9-1)。在巴西亚马孙地台向斜南部边界，分布着许多与朗多尼亚矿区杂岩体相似的杂岩体，在亚马孙-帕拉-托格罗索州界以及帕拉州的东南部，分布着与这些杂岩体伴生的锡冲积富矿体。巴西朗多尼亚锡矿区仅开采冲积-残积的富锡矿体。

三、控矿因素

根据南美洲锡矿的成矿作用、时空分布规律和主要典型锡矿床的矿床地质特征与成矿模式，该地区锡矿的主要控矿因素有：

(1)从成矿作用看，锡矿的成矿作用主要与不同历史时期的造山运动有关，尤其是与新生代的安第斯造山运动有关，即新生代安第斯造山运动主导了南美地区锡矿的成矿作用。

(2)从分布看，南美地区锡矿的分布主要受控于不同历史时期的造山运动形成的富锡中酸性侵入岩和杂岩体。如南美地台锡矿的分布主要受控于巴西朗多尼亚地区侵位到前寒武纪混合岩、片麻岩和变沉积岩系中的花岗岩、白岗岩和流纹岩杂岩体，在这些花岗岩、白岗岩和杂岩体出露地区，分布着许多与它们有关的砂矿型锡矿床富矿体。

(3)从矿床类型看，伟晶岩型锡矿床的锡矿化作用主要与深成花岗岩侵入体有关，矿体主要赋存于伟晶岩体中，矿体的分布、形态、产状、规模主要受控于伟晶岩，含锡伟晶岩及其风化后的产物可形成的砂矿；锡石-石英脉型锡矿床在空间上主要与浅成花岗岩有关，矿体赋存于浅成花岗岩的内外接触带；云英岩型锡矿床的矿体主要产于花岗岩体顶部的云英岩带中，锡石呈浸染状分布在云英岩及细小的石英脉中；锡石-硫化物型锡矿床在成因与地表浅部的中酸性花岗岩类有关，矿体赋存于中酸性花岗岩的内外接触带及围岩中；砂矿型锡矿床主要为原生锡矿床或含锡岩体风化后，重新沉积、富集成矿的产物，该类型矿床的分布主要与原生锡矿床或含锡岩体风化后的分布、地形地貌有关。

第三节 典型矿床

一、玻利维亚波托西圣尼古拉斯(Sannicolas)锡(银)矿床

波托西圣尼古拉斯锡矿区位于波托西省托马斯弗里亚斯区的廷圭帕亚，距离城市拉巴斯 496km，该矿床规模达大型，锡平均品位为 0.36%。

1. 大地构造背景

从南美洲成矿区带上看，南美洲地区锡矿主要区分布在安第斯锡矿带，安第斯山锡矿带长约1000km，呈条带状分布于东科迪勒拉造山带，该锡矿带从秘鲁西南部穿过玻利维亚抵达阿根廷北部，带内锡矿床的规模和富集程度从中部向南和向北西呈逐渐减弱趋势，带内分布有利亚亚瓜、塞罗里科、圣菲拉尔等大型—超大型锡矿床。

图 9-1 南美洲锡矿床分布图(Schobenhaus & Bellizzia,2001 修编)

安第斯锡矿带位于玻利维亚境内的部分被称为玻利维亚锡矿带。玻利维亚锡矿带呈“扇状”弯曲形态和条带状展布，带内主要的锡矿床有利亚亚瓜、波托西和圣尼古拉斯等，圣尼古拉斯锡矿区位于玻利维亚锡多金属成矿带的近南端。

2. 区域与矿床地质

(1)地层。区内出露地层主要由早古生代的海相变质沉积岩构成，分布面积约 80%，以奥陶系为主，岩石主要由夹杂硅质和泥质的黑色板岩、页岩组成；志留系地层主要分布于矿区的东南部，受区域构造运动影响，呈紧闭向斜构造产出，是造山带形成的褶皱体系。白垩系主要分布在东西向构造的南侧，呈不整合接触覆盖在古生界之上(图 9 - 2)。

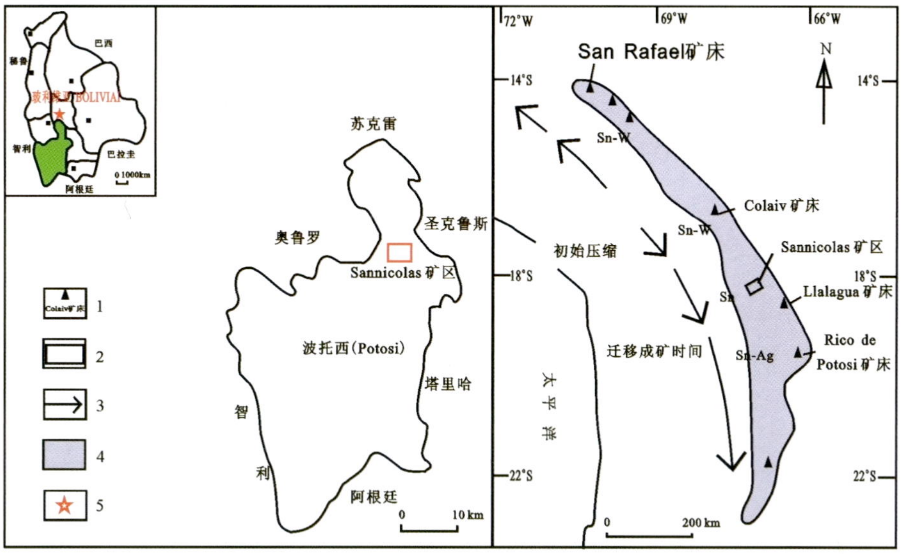

图 9 - 2　圣尼古拉斯矿区区域地质简图(祁腾飞等，2013)

1. 矿床位置及名称；2. 圣尼古拉斯矿床；3. 矿床规模、富集程度减弱方向；4. 多金属成矿带；5. 玻利维亚首都

(2)构造。区内有两种构造体系：一种是断裂构造；另一种是受造山运动影响形成的褶皱构造。断裂构造可划分为东西向、南北向、北东向和北西向 4 组，由老至新的切割关系是近南北向构造形成时间早；东西向形成时间较晚，而规模较大的一条东西向断裂构造将该区明显划分成南北两个构造单元，同时切割了南北向断裂构造和褶皱构造；而北东向和北西向断裂构造属于东西向和南北向构造相互衍生的共轭构造构，尤其在 Malmisa 矿区(与 Sannicolas 矿区相邻)表现较为明显。其中在 Sannicolas 矿区和 Malmisa 矿区均发现多金属矿体产出在近南北向和进东西向断裂构造内，表明近南北向和近东西向断裂构造是该区域的主要控矿构造。褶皱构造主要为呈阶梯状产出的背斜和向斜，近于等间距分布，褶皱轴部走向多为北西向，北西向背斜构造也是矿区重要的储矿构造(图 9 - 3)。

3. 矿床地质特征

(1)矿体特征。矿脉产状变化多端，以角砾状和条带状为主。矿石矿物主要有锡石、辉锑矿、石英、黄铁矿、闪锌矿、毒砂、辉锑矿、方铅矿、黄铜矿、闪锌矿、软锰矿、黄铁矿和铁的氧化物。

矿体主要产于硅质石英岩中，总体上受近南北走向的主断裂构造控制，被东西向构造错断，错断距离长短不一，一般 5～30m，但总体矿化带连续。矿体厚度主要受地形和构造控制，总体上与硅质石英岩的厚度呈正相关关系。矿体分布则主要受硅质石英岩分布范围的控制，分布范围与硅质石英岩分布基本吻合。

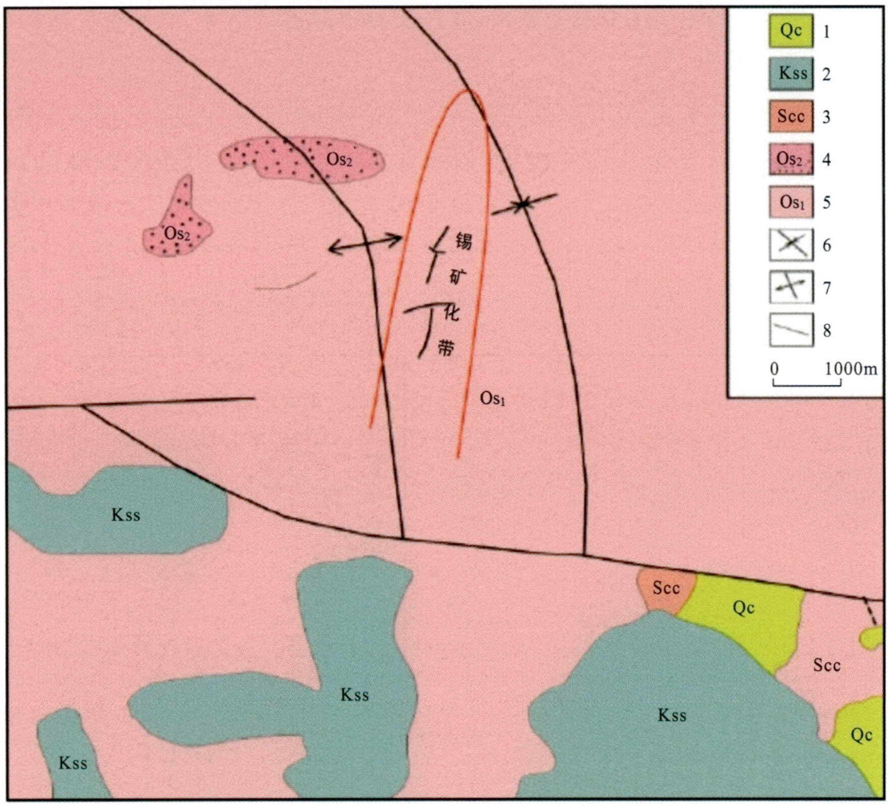

图 9 - 3　圣尼古拉斯矿区地质简图(祁腾飞等,2013)

1.第四系沉积物;2.白垩纪早期沉积岩;3.奥陶纪早期与志留纪后期沉积岩;4.中奥陶世沉积岩;5.早奥陶世沉积岩;6.向斜;7.背斜;8.断层

(2)矿石特征。矿物组合主要为锡石+黄铁矿+闪锌矿+黄铜矿±磁黄铁矿±方铅矿±重晶石。矿石的结构主要有显微鳞片状结构、半自形粒状结构、胶状结构、粒状结构、蚀变假象结构。矿石的构造主要有块状、胶状、蜂窝状、网格状构造。

(3)矿化蚀变。受区域构造运动和变形变质作用的影响,无论是断裂构造控矿的矿体,还是褶皱构造控矿的矿体,均遭受区域动力变质热液和岩浆热液的侵蚀,在矿体及其两侧围岩均见有硅化、黄铁矿化、绿泥石化、绢云母化、电气石化和碳酸盐化,次生蚀变主要为各种铁的氧化物和次生硫化物等"铁帽"组成。

4. 矿床成因

该矿床形成于板块边缘,与火山弧或弧后盆地同硅铝质地壳深熔作用形成的钙碱性、碱性长英质岩浆有关。矿床形成时应处于一种张性应力状态的环境,这种环境多伴随着高渗透性的断裂带,为成矿流体循环提供了运移空间。形成矿床的构造背景主要是岛弧裂谷环境,是岛弧裂解向形成弧后盆地过程中的产物。该矿床的形成在空间、时间、成矿物质等方面与早古生代的海相变质沉积和火山活动有关,成矿流体主要来源于岩浆。矿床成因类型属于岩浆热液型锡多金属矿床(图 9 - 4)。

5. 控矿因素和找矿标志

(1)控矿因素。构造破碎带是区内主要控矿构造之一。构造破碎带宽度为 0.5～1m,两侧与围岩间发育有主断层面,界线清晰,顶底断层面间岩石破碎强烈,形成构造破碎带。受构造破碎带控制,矿体产出的形态多样,有的沿顶板断层或底板断层呈脉状、似层状产出;有的在破碎带内沿着与构造破碎带总体产状一致的次级断层呈条带状产出;有的在破碎带内沿着多组次级断层呈细脉和网脉状产出;有的在

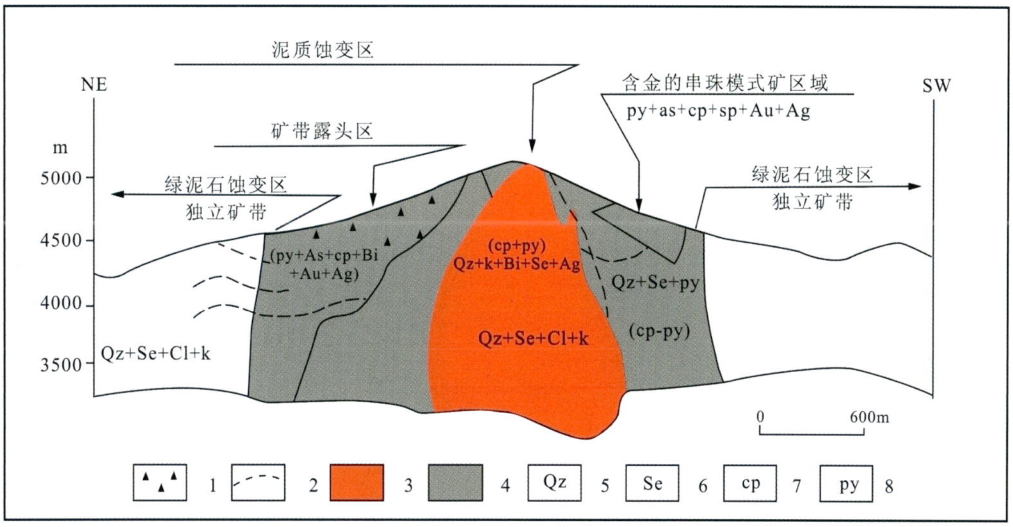

图 9-4 圣尼古拉斯锡银矿矿床成因简图(祁腾飞等,2013)

1.长石石英斑岩;2.粉砂岩、砂岩;3.钾化蚀变带;4.绢云母化蚀变带;5.石英;6.铯元素;7.黄铜矿;8.黄铁矿

整个破碎带内呈团块状和蜂窝状产出。

褶皱构造控矿作用。控矿褶皱主要呈北东向和北北东向分布,矿体沿褶皱核部及两翼呈脉状、似层状贯入,两侧围岩构造变形较为微弱,围岩发育较为完整,发育有蚀变及弱矿化作用,没有明显的构造破碎。褶皱构造控制的矿体矿石多呈块状构造,局部见有网脉状构造,矿体延伸相对稳定。

(2)找矿标志。区内富铁、富锰硅质石英岩是矿区锡-银矿最直接的找矿标志。广泛分布的硅化、钾化、碳酸盐化、绿泥石化、绢云母化、高岭土化等为主要蚀变特征。地表出现致密状褐红色硅质石英岩、褐红色硅质石英岩带或在转石碎块中出现上述岩石细脉。

二、玻利维亚波托西岗鲁蒂约斯(Gangludiyuesi)锡矿

1. 大地构造背景

玻利维亚波托西市岗鲁蒂约斯矿区锡矿位于波托西市东北部约35km。矿区地处安第斯山成矿带中部,波托西银山特大型银矿的东部。区域内广泛出露奥陶系、白垩系,其中白垩系砂岩为主要赋矿围岩。区域褶皱构造发育,褶皱轴总体走向为北西。区域断裂构造可划分为北西向和北东向两组,以北西向为主,北东向次之。区域侵入岩较发育,主要为斜长花岗岩,呈岩株状,出露于岗鲁蒂约斯矿区西南部的波托西市区西南部。

区域矿产资源丰富,主要矿产有银矿、锡矿、铜矿等。其中,岗鲁蒂约斯锡矿床已有百年的开采历史。该矿区仅开展浅部的地质找矿工作,矿体形态、矿石品位变化较大,矿床规模达大型,推测深部还具有较好找矿远景。

2. 区域与矿床地质

(1)地层。矿区内地层简单,由老至新主要出露地层为奥陶系、白垩系(图 9-5)。

奥陶系主要分布于矿区东、西侧,岩性主要为灰白、灰色中细粒石英砂岩、砂岩、粉砂岩、页岩互层。总体呈北西走向,倾向以西倾为主,部分地段倾向东,常见有小褶皱。

白垩系为矿区主要含矿层位,根据岩性组合、接触关系可分为上、下两个岩性段;其中白垩系下段出露于矿区东部,岩性主要为灰白色细粒石英砂岩、细砂岩、砂岩等,总体走向北北东,倾向北西西,倾角

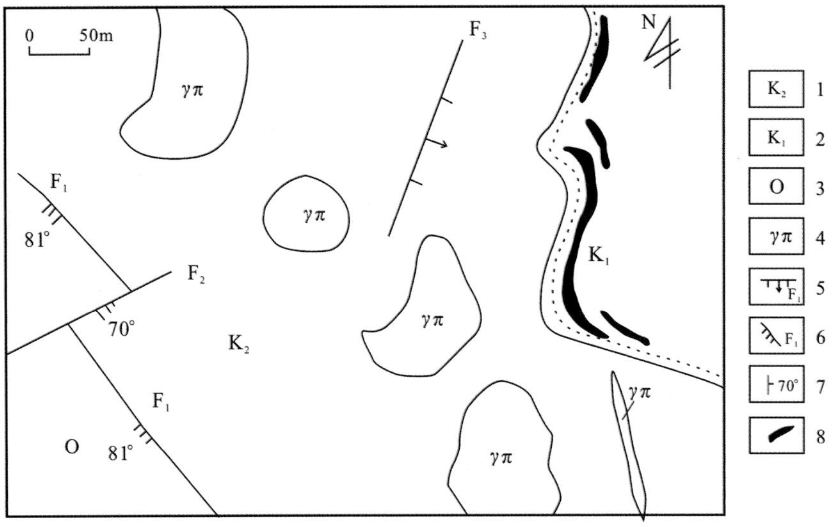

图 9-5　岗鲁蒂约斯锡矿床地质简图(陈荣魁,2015)

1.白垩系上段紫红色细砂岩夹砂岩;2.白垩系下段灰白色石英砂岩、细砂岩;3.奥陶系石英砂岩、砂岩、粉砂岩、页岩互层;4.斜长花岗斑岩;5.正断层及编号;6.压性断裂及编号;7.产状;8.锡矿体

10°～18°,岩层厚度大于150m,该段为锡矿主要赋矿围岩;白垩系上段分布于矿区中部,岩性为紫红色细砂岩夹砂岩,总体走向北北东,倾向北西西,倾角10°～18°。上、下段为沉积不整合接触。

(2)构造。矿区构造以断裂构造为主,局部见褶皱构造,主要分布有3条断裂构造。

F_1 断裂:位于矿区西部,处于奥陶系和白垩系上段之间的断裂。长约650m,走向为北西-南东,倾向以南西为主,局部北东,断裂面呈舒缓波状,倾角45°～81°。该断裂为早期压性断裂,中部被 F_2 断裂错断,断距约130m。

F_2 断裂:出露于矿区西部,延伸长约200m,走向为北东向,断面较平直,切错 F_1 断层,为压性断裂。

F_3 断裂:出露于矿区中部,为张性断裂。延伸长约90m,走向近南北向,倾向南东东,倾角76°～79°。断裂带中构造角砾岩发育,并见有后期石英脉充填,具硅化、黄铁矿化蚀变。区内褶皱构造规模较小,主要发育在矿区西部的奥陶系中。

(3)侵入岩。区内主要出露斜长花岗斑岩,根据其产状划分为缓倾角斜长花岗斑岩和陡倾角斜长花岗斑岩。

缓倾角斜长花岗斑岩在地表沿北西向呈岩瘤状断续出露,岩体长180～590m、宽170～430m,近顺层侵位于白垩系上段与下段的接触部位,向西、南西西缓倾,倾角10°～30°,为赋矿层位的顶底板,是重要的控矿因素,亦为矿区内重要的找矿标志。未发现该类岩体存在切割、破坏矿体的现象。

陡倾角斜长花岗斑岩位于矿区东南侧,在地表呈脉状出露,宽约2m,局部膨胀宽约20m,可控制延伸大于200m,走向为近南北向,倾向南西西或北东东,倾角70°～90°。推测该类岩体晚于缓倾角斜长花岗斑岩岩体,对矿体具有一定的破坏性。

(4)围岩蚀变。围岩蚀变主要发育于斜长花岗斑岩体的上下接触带部位,主要有黄铁矿化、硅化、碳酸盐化、镜铁矿化等。锡矿体附近黄铁矿化较强,而矿体两侧黄铁矿化相对较弱。硅化一般较弱,局部见有强硅化,由矿体顶底板往外变弱。碳酸盐化一般呈团块状,在矿体处碳酸盐化较强,而两侧碳酸盐化相对较弱;镜铁矿化呈团块状、细脉状等产出。黄铁矿化、硅化、碳酸盐化与矿体关系较为密切。

3. 矿床特征

(1)矿体特征。矿区内主要矿体有5个,其中2个主矿体,3个小矿体。矿体均呈层状产出,主矿体主要分布于缓倾斜长花岗斑岩下接触带,呈薄层状,总体倾向向西,倾角8°～28°(图9-6)。矿体最大埋深约 252m,矿体厚度一般 1.05～4.88m,锡品位为 0.26%～1.40%,最高品位达 5.89%。3 个小矿体毗邻于主锡矿体,相距 2～15m,产状近平行,呈薄层状,其厚度一般为 1.05～2.25m,倾向为 267°～291°,倾角 8°～29°。

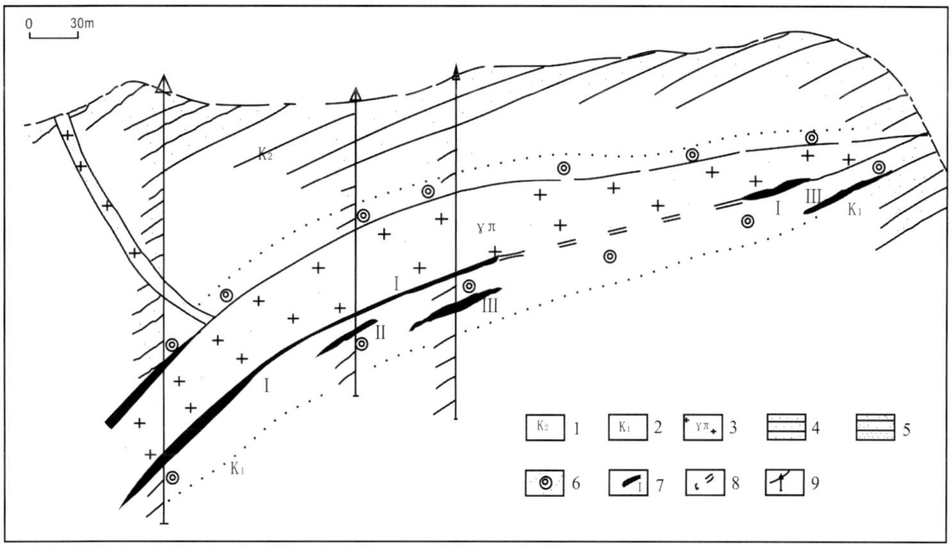

图 9-6 岗鲁蒂约斯矿区地质剖面示意图(据陈荣魁,2015)

1.白垩系上段;2.白垩系下段;3.斜长花岗斑岩;4.紫红色细砂岩夹砂岩;5.灰白色石英砂岩、细砂岩;6.硅化带;7.锡矿体及编号;8.采空区;9.钻孔

(2)矿石的矿物成分。矿石矿物主要为黄铁矿,其次为锡石、闪锌矿、方铅矿、黄铜矿、磁黄铁矿、铜蓝、毒砂以及磁铁矿、赤铁矿、褐铁矿等。脉石矿物主要为石英、绢云母、高岭石、蛋白石等,少量绿泥石、透闪石、长石、方解石等,石英是矿石中主要的脉石矿物,多嵌于黄铁矿及其集合体粒间或边部,部分被黄铁矿包裹;绢云母、高岭石多充填于石英粒间,呈鳞片状产出。

(3)矿石结构构造。矿石结构主要为他形粒状结构、他形—半自形粒状结构、半自形—自形粒状结构、包含结构、交代侵蚀结构、交代残余结构等,锡石主要呈他形粒状结构,部分具四方柱状晶形。矿石构造主要为块状构造、致密浸染状构造,其次为角砾状构造、脉状构造。

(4)矿石类型。矿石类型可划分为氧化型和原生型两种,氧化型矿石多见于地表及矿体上部采场中,矿石中黄铁矿等硫化物含量不多,颜色为棕褐色;原生型矿石分布于地表以下 20～50m,呈灰白色、灰绿色。明显可见黄铁矿等金属硫化物。

4. 矿床成因

矿床位于南美洲安第斯成矿区,矿体呈似层状产出于区内缓倾角的斜长花岗斑岩的顶底板外接触带附近,矿体产状与地层产状相近,明显受地层层位控制。矿石组分中金属矿物含量较高,有益组分锡以锡石矿物为主。锡石多嵌布于石英等脉石矿物周围,且伴有黄铜矿、方铅矿、闪锌矿等金属硫化物矿化,说明成矿物质来源与成矿热液有关。矿石包含结构中的黄铁矿包含锡石,交代侵蚀结构与交代残余结构中闪锌矿、方铅矿侵蚀黄铁矿,以及发育有硅化、绿泥石化、碳酸盐化等热液蚀变,反映成矿物质来源的多期性、热液作用的持续性、热液成分的复杂性;成矿温度方面,胶态锡、细粒锡石以及低温铅锌矿物等的出现,说明成矿热液为中低温热液。矿石的块状构造及致密的浸染状构造说明成矿物质来源较丰富,矿石的角砾状构造中胶结物成分以黄铁矿等金属硫化物为主,体现了热液侵入的局部隐爆特征,以及弱应力作用的特点。综合分析认为,缓倾角斜长花岗斑岩侵入后期热液充填交代是矿床的主要控制因素。因此,矿床成因类型属岩浆期后热液型锡石-硫化物矿床。

5. 成矿模式

根据区域成矿地质背景、矿区地质特征、矿床形态特征、控矿因素等综合分析，该矿区的成矿物质来源于斜长花岗岩脉侵入后期含有成矿物质的残余热液。斜长花岗岩脉沿白垩系上、下段沉积之间的不整合薄弱面侵入，对岩脉上下盘地层产生扩张挤压，侵入后期岩浆冷凝收缩，在岩脉接触带上下盘附近产生压力释放而产生顺层裂隙，岩脉侵入后期含有丰富 Sn、Pb、Zn 等有益元素的成矿热液沿裂隙充填交代形成锡矿床（图 9－7）。

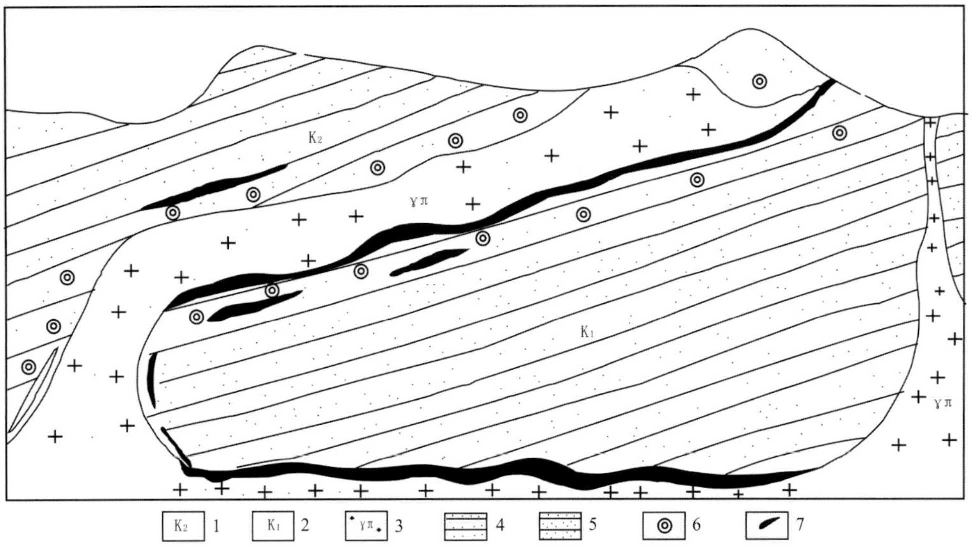

图 9－7　岗鲁蒂约斯矿区成矿模式示意图（陈荣魁，2015）

1. 白垩系上段；2. 白垩系下段；3. 斜长花岗斑岩；4. 紫红色细砂岩夹砂岩；5. 灰白色石英砂岩、细砂岩；6. 硅化；7. 锡矿体

第四节　勘查开发

一、勘查开发现状

1. 总体概况

据美国地质调查局资料，2015 年南美锡矿山产量为 5.95×10^4t，主要产锡国家为秘鲁、玻利维亚和巴西 3 个国家。其中，玻利维亚 2015 年锡矿山产量 2.0×10^4t，占世界锡矿山产量的 7.41%；巴西 2015 年锡矿山产量 1.7×10^4t，占世界锡矿山产量的 6.3%；秘鲁 2015 年锡矿山产量 2.25×10^4t，占世界锡矿山产量的 8.33%，位列世界第三。总体看，2015 年南美锡矿山产量较 2014 年增产 0.18×10^4t；与 2014 年相比，巴西、玻利维亚和秘鲁三国锡矿山产量都有不同程度的小幅增产。

2. 主要锡矿国家勘查开发现状

1）玻利维亚

2015 年，玻利维亚锡矿山产量 2.0×10^4t，列世界第四位。目前，玻利维亚以开采地下原生矿床为主，矿床主要分布在东安第斯山脉的奥鲁罗到波托西长达 300km 的地区，东北部地区的矿化区与巴西的朗多尼亚（Rondonia）矿化区相连。近年，由于矿石储量减少、矿石品位下降，使玻利维亚的锡矿生产成本不断增加，目前其已成为世界锡矿生产成本最高的生产国之一。

科尔基里(Colquiri)锡锌矿是玻利维亚第二大锡矿，2012 年 6 月 22 日该矿完成国有化。该矿本来由嘉能可国际公司(Glencore International)所有，但由于该矿矿工之间为争夺矿产发生冲突，造成炸药爆炸，导致 1 名矿工丧生，另外有 8 名矿工和 1 名路人受伤。该事件引起玻利维亚政府的介入，接管了科尔基里矿，并将该矿国有化。

目前，玻利维亚储量大于 2×10^4t 的正在开采的锡矿山有 2 座，为卡塔维泰凌(Catavi Tailings)锡矿和瓦努尼(Huanuni)锡矿，储量分别为 16.8×10^4t 和 9.2×10^4t。

2)秘鲁

秘鲁作为锡的新兴生产国，近几年来发展迅速，产量逐年上升。2015 年锡矿山产量 2.25×10^4t，居世界第三位，精炼锡产量居世界第四位。明苏尔公司(Minsur S. A.)是秘鲁唯一的精炼锡生产公司，其冶炼厂位于皮斯科(Pisco)港口的冯苏尔(Funsur)。2012 年 6 月明苏尔公司以 5.05 亿美元收购了其同胞公司 Marcobre 70% 的股份，明苏尔公司主要资产是秘鲁的胡斯塔(Mina Justa)铜矿。随着圣拉斐尔(San Rafael)矿山品位下降和资源储量枯竭问题日益严重，秘鲁的锡产量连年下滑，估计在 2017 年将出现大幅下降。

目前，秘鲁储量大于 2×10^4t 的锡矿山仅有 1 座，为圣拉斐尔锡矿，处于生产阶段，储量约为 3.2×10^4t。

3)巴西

巴西拥有大量高品位锡矿床，目前在世界锡矿生产国中排第五位。巴西的锡矿开采成本是世界上最低的，甚至在锡价处于低谷时，大多数锡矿山也能赢利。2015 年巴西锡矿山产量 1.7×10^4t，比上年增长 14%。其所产锡矿约 60%供应国内市场。巴西锡业公司是巴西较重要的精炼锡生产公司，该公司的锡矿位于朗多尼亚州的西南方，精炼厂位于圣保罗市的东南方。

目前，巴西储量大于 2×10^4t 的锡矿山有 2 座，为皮廷加锡矿和朗多尼亚锡矿，均处于生产阶段，储量分别为 33.8×10^4t 和 2.4×10^4t。

3. 主要锡矿公司

1)明苏尔矿业公司(Minsur S. A.)

(1)公司简介。秘鲁明苏尔矿业公司成立于 1977 年，位于秘鲁首都利马。该公司由当地公司布雷西亚集团控股，从事锡矿的开发、加工和贸易。在秘鲁的普诺区拥有圣拉斐尔锡矿，皮斯科地区的冯苏尔(Funsur)熔炼、精炼厂也归其所有，该公司 2014 年精锡产量 29 233t。

(2)控股的矿山/矿区。明苏尔矿业公司在南美地区控股的矿山/矿区见表 9-2。

表 9-2　明苏尔矿业公司控股的矿山/矿区

名称	所在国	开采矿种	开采类型	实施阶段
米纳胡斯塔(Mina Justa)	秘鲁	铜	露天开采	可行性研究
普卡马卡(Pucamarca)	秘鲁	金	露天开采	开发
圣拉斐尔(San Rafael)	秘鲁	锡	地下开采	勘查开发

注：数据来源于 SNL 网站(截至 2016 年 6 月)。

(3)主要锡矿项目。目前，明苏尔公司在南美地区主要锡矿项目有 3 个。

皮廷加项目：该项目区位于巴西，目前正处于扩大生产阶段，截至 2014 年底，探明储量为 545 252t，品位 0.716%。明苏尔公司拥有该项目 50%的股份，另外 50%由布雷西亚集团(Brescia Group)持有。

圣拉斐尔项目:该项目区位于秘鲁,目前正处于生产阶段,截至 2014 年底,探明储量为 10.4×10^4t,品位 4.234%,2014 年产量 24 233t。明苏尔公司拥有该项目 100%的股份。

博乏达尔(Bofedal)Ⅱ项目:该项目区位于秘鲁,目前正处于可行性研究阶段,明苏尔公司拥有该项目 100%的股份。

2)澳大利亚胜利矿业公司(Victory Mines Limited)

澳大利亚胜利矿业公司成立于 2011 年 7 月 4 日,其主要业务为勘探和开发矿产资源,主要从事锡、铜、镍、稀土、铀、铂族元素和金等矿产资源的勘查、开发,目前已收购多个项目的股权。该公司于 2012 年 10 月在澳大利亚证券交易所上市。该公司在玻利维亚拥有卡塔维泰凌锡矿。目前处于预生产阶段,开采方式为露天开采。澳大利亚胜利矿业公司拥有该矿 80%的股份。

二、主要锡矿项目

(一)皮廷加(Pitinga)锡矿

1. 概况

该锡矿项目位于巴西亚马孙,距玛瑙斯东北方向 320km,开采类型为露天开采,目前处于生产阶段。

该项目于 2002 年开始,2014 年产量 5010t,2015 年上半年生产锡 3256t,较上年同期增产 25%。截至 2014 年底,该矿山锡储量 337 900t(表 9-3)。2015 年 9～12 月该矿山紧急修复工程,使该矿在 9～12 月产能减少 33%。矿权所有者为明苏尔矿业公司和布雷西亚集团,两者持股均为 50%。

表 9-3 巴西皮廷加锡矿床储量

矿种	类别	储量(t)	品位(%)	备注	参考日期
锡	探明 & 控制资源	337 900	0.176	探明+控制+推断资源	2014-12-31
铌	探明 & 控制资源	433 600		探明+控制+推断资源	2014-12-31
钽	探明 & 控制资源	59 900	0.176	探明+控制+推断资源	2014-12-31

注:数据来源于 SNL 网站(截至 2016 年 6 月)。

2. 地质特征

该锡矿床矿化作用主要与含冰晶石、锡和稀有稀土元素(锕、锆、铌、钽、铷)的马德拉和阿瓜博阿花岗岩岩体有关,这些碱性花岗岩体形成于元古宙。马德拉花岗岩体主要有早期的环斑花岗岩和晚期的变质花岗岩组成,环斑花岗岩属偏铝质花岗岩,变质花岗岩在过铝质和过碱性范围之间。阿瓜博阿花岗岩由侵位于细粒斑状花岗岩和其后的黑云母花岗岩的早期环斑花岗岩相组成,属过铝质花岗岩。

(二)圣拉斐尔(San Rafael)锡矿

1. 概况

矿区位于安陶踏区,属于秘鲁东南部普诺的梅尔加省,距离利马市北 100km,矿区平均海拔 4500m,开采类型为地下开采,目前处于生产阶段。截至 2014 年底,锡储量 104 698t,锡品位为 3.14%。2015 年,锡矿产量为 20 224t,较上一年减产 3999t,该矿近年来锡产量见表 9-4。矿权所有者为明苏尔矿业公司。

表 9-4　秘鲁圣拉斐尔锡矿产量

序号	年份	矿产品	产量(t)	品位(%)	回收率(%)
1	2011	锡	29 020	—	—
2	2012	锡	22 000	—	—
3	2013	锡	23 668	2.72	89.3
4	2014	锡	24 223	2.48	90.4
5	2015	锡	20 224	2.05	—

注:数据来源于 SNL 网站(截至 2016 年 6 月)。

2. 地质概况

圣拉斐尔锡矿是全世界最大且品位最好的锡矿之一,也是目前西半球最大的锡矿生产地之一。大部分锡矿蕴藏在圣拉斐尔矿脉,一个平面为(10～40)m×(20～230)m、垂直长度大于 600m 的陡倾伏柱状矿体内。其他矿脉有马里亚纳、佩德罗、维多利亚、玛丽安、维森特、暗影、豪尔赫、拿撒勒和克纳马里等。

该矿位于渐新世过铝质卡斯帕巨晶堇青石-石英-黑云母花岗斑岩的顶部,矿脉和花岗岩呈现西北-东南走向并陡峭倾斜。圣拉斐尔矿脉中的锡和铜呈现垂直带状分布,一些矿脉可以延伸至 3km 以外,宽约数米。深部石英斑岩内的矿脉分布比较有规律,平均宽为 0.5～1.5m。

(三)玻利维亚塞罗里科(Cerro Rico)锡多金属项目

该锡矿项目位于玻利维亚波托西市西南 81.3km 处,开采类型为露天开采,目前处于生产阶段,所有者为玻利维亚国有矿业公司和富兰克林矿业公司。

该锡矿已开采 450 多年,成为了玻利维亚的著名标志,国玺、货币和邮票上均印有它的画面。该矿床为一个银、锌、锡多金属矿床,早期银品位异常的高。银的大量开采持续到 19 世纪末,但到 20 世纪 30 年代基本上停产了。该项目锡的生产实际开始于 1912 年,当时正好有铁路修到波托西市。

目前,矿区已经开采了 16 个中段,垂直深度已达 1150m,所剩余资源储量估计约为 143×10^6t 矿石,其中锡品位为 0.1%～0.25%。

矿区主要的锡矿脉有 35 条,矿脉空间分布有分带性。矿石矿物主要有黄铁矿、锡石、砷黄铁矿、黑钨矿、辉铋矿、铁闪锌矿、闪锌矿、黄铜矿、黝铜矿、方铅矿和硫铋银矿等。

第五节　远景区分析

一、远景区划分

1. 划分原则

由于基础地质工作程度不一、资料掌握详略不一、普遍缺乏地球物理、地球化学资料,所以对成矿远景区的圈定造成很大的局限。因此,本章节中南美地区锡矿远景区的圈定主要基于南美锡矿成矿带分布、锡成矿地质构造背景和成矿条件等的研究,根据地质类比方法,结合已有矿产勘查开发程度,综合圈定锡矿资源远景区,具体考虑如下因素。

(1)基础地质条件:①地质背景符合锡矿床成矿特征,有利于成矿;②有规模较大、数量较多的锡矿产地分布。

(2)勘查开发条件:①有重要矿床正处在勘查开发之中;②已有的勘查程度较低,仍有较好的找矿空间;③正在进行勘查,发现了较好的矿化现象和找矿线索。

2. 远景区

依据上述划分原则,根据南美地区的锡矿资源的分布规律、成矿特征和成矿条件,南美地区的锡矿远景区可划分为玻利维亚西部锡矿远景区、巴西卡拉加斯-亚马孙盆地锡矿远景区和巴西巴西利亚锡矿远景区3个远景区(图9-8)。

二、远景区分析

1. 玻利维亚西部锡矿远景区(A)

从南美构造单元上看,该远景区位于中科迪勒拉造山带;从南美成矿带上看,该远景区主体位于Ⅲ-33中中科迪勒拉(Central Cordillera)锡-钨-多金属-盐类成矿带(J,E—Q)内。区内已发现玻利维亚著名的利亚亚瓜锡矿床和波托西锡矿床,矿床类型主要有锡石-硫化物型、锡石-石英脉型和砂矿型3种,以锡石-硫化物型和锡石-石英脉型锡矿床为主。

目前,该远景区内已经探明的锡金属储量超过100×10^4t,如将低品位的原生锡矿床估算在内,储量超过150×10^4t,锡资源储量预计可达200×10^4t。该远景区虽有较长的锡矿开采历史,但矿产勘查工作程度较低,仍具有较大的锡矿找矿潜力。

2. 巴西卡拉加斯-亚马孙盆地锡矿远景区(B)

从南美构造单元上看,该远景区位于中巴西地盾;从南美成矿带上看,该远景区位于Ⅲ-5兴谷(Xingu)金-锡成矿带(Pt_1)和Ⅲ-6卡拉加斯-中亚马孙(Carajas-Central Amazon)金-铜-锡-铁-锰-镍-铅-锌-铂-铝土矿成矿带(Ar,Pt_1),主体位于Ⅲ-6卡拉加斯-中亚马孙(Carajas-Central Amazon)金-铜-锡-铁-锰-镍-铅-锌-铂-铝土矿成矿带(Ar,Pt_1)内。区内产有皮廷加(Pitinga)锡矿床,区内矿床类型以砂锡矿为主。目前,该远景区内已经探明的锡储量超过50×10^4t,但总体地质工作程度较低,锡矿找矿潜力较大。

3. 巴西巴西利亚锡矿远景区(C)

从南美构造单元上看,该远景区位于中巴西地盾;从南美成矿带上看,该远景区位于Ⅲ-13巴西利亚(Brasilia)金-银-铜-铅-镉-钴-镍-铌-锡-稀土-金刚石成矿带(Ar,Pt_1,Pt_2,Pt_3)内,区内已发现戈埃斯锡矿床和南里奥格兰德锡矿床,矿床类型以砂锡矿为主。

目前,该远景区内已经探明的锡储量超过20×10^4t,但矿产勘查工作程度较低,仍具有较大的锡矿找矿潜力。

综上所述,南美地区的锡矿资源较丰富,主要分布于安第斯锡矿带,集中分布于巴西、玻利维亚和秘鲁3个国家。

南美地区锡矿床主要形成于前寒武纪和新生代,矿床类型主要有伟晶岩型、锡石-石英脉型、云英岩型、锡石-硫化物型和砂矿型5种类型,代表性矿床主要有玻利维亚的利亚亚瓜锡矿、波托西圣尼古拉斯锡(银)矿、波托西岗鲁蒂约斯锡矿、塞罗里科(Cerro Rico)锡矿床,巴西朗多尼亚锡矿和秘鲁圣拉斐尔(San Rafael)锡矿床等。

南美锡矿勘查开发潜力较大,目前在南美开发锡矿的主要矿业公司为秘鲁明苏尔矿业公司,涉及的项目主要有巴西皮廷加(Pitinga)锡矿和秘鲁圣拉斐尔(San Rafael)锡矿等项目。

总体上看,南美洲的玻利维亚西部锡矿远景区、巴西卡拉加斯-亚马孙盆地锡矿远景区和巴西巴西利亚锡矿远景区3个远景区具有较大的找矿潜力,投资前景较好。

图 9-8 南美洲锡矿远景区分布图(底图据 Schobenhaus C & Bellizzia A,2001 修编)

第十章　铁　矿

第一节　资源概述

南美洲铁矿资源丰富，根据美国地质调查局(USGS)2015年公布的数据，该洲铁矿石储量超过350 $\times 10^8$ t，占世界铁矿石储量(1900×10^8 t)的18%以上，在世界上按洲排名第三(表10-1)。

表10-1　南美洲主要铁矿石生产国储量及占世界储量百分比

国家	铁矿石储量($\times 10^6$ t)	占世界比例(%)	世界排名	铁金属含量($\times 10^6$ t)	品位(%)
世界总计	190 000	100		87 000	45.79
南美洲	35 000	18.42	3	18 400	52.57
巴　西	31 000	16.32	2	16 000	51.61
委内瑞拉	4000	2.1	9	2400	60.0

资料来源：Mineral Commodity Summaries，2015。

而根据SNL及相关国家公布资料(表10-2)，从表中可以看出，南美洲铁矿资源国主要是巴西、玻利维亚、智利、委内瑞拉、秘鲁，其中，巴西铁矿资源量 927×10^8 t，约占全洲铁矿资源量的53.68%，占全球资源量的11.33%，位列澳大利亚、加拿大和俄罗斯之后；玻利维亚铁矿资源为 402.9×10^8 t，在南美洲位列第二，约占全球总资源量的4.93%。

表10-2　截至2014年底南美洲各国铁矿资源概况

	资源量($\times 10^8$ t)	占世界比例(%)	产量($\times 10^6$ t)	占世界比例(%)	出口($\times 10^6$ t)	占世界比例(%)	资料来源
巴西	927.0	11.33	410.4	20	344.4	24.7	SNL
秘鲁	75.9	0.93	12.2	0.6	11.6	0.8	国家公布
智利	169.7	2.07	17.7	0.9	14.1	1.0	SNL
阿根廷	2.75	0.03	0.45	0.022			SNL
哥伦比亚	1.5	0.02	0.20	0.01			SNL
委内瑞拉	146.57	1.79	12	0.6	2.9	0.2	国家公布
玻利维亚	402.9	4.93					SNL
乌拉圭	0.53	0.006					SNL
南美	1726.85	21.11	452.95	22.1	373	26.7	
世界	8180.38	100	2049.73	100	1396.37	100	SNL

从表10-2中可以看出，巴西是南美洲铁矿资源最丰富的国家，每年产量占世界总产量的1/5，铁矿石出口量占世界的1/4；而铁矿资源总量400多亿吨。排在第二位的玻利维亚，由于身处内陆，缺少出海口，加之国内基础设施薄弱，还处于未开发阶段；委内瑞拉、秘鲁和智利尽管铁矿资源也都很丰富，但从每年的产量看，开发还仍显不足。从南美洲经济发展潜力看，铁矿资源开发利用的潜力巨大。

第二节 成矿规律

一、区域成矿背景和矿床类型

(一)区域成矿地质背景

南美洲地处全球四大成矿域之冈瓦纳成矿域与环太平洋成矿域交汇部位，位于冈瓦纳成矿域西部的南美地台成矿区，成矿地质构造背景是以前寒武系地块及叠加其上的显生宙沉积盆地和构造带占绝对优势，而属于环太平洋成矿域东环南段的安第斯成矿区，成矿地质构造背景主要是显生宙造山带，成矿时代以中生代—新生代占绝对优势。在这两种截然不同的成矿构造背景下均形成了丰富的铁矿资源。

1. 南美地台区铁矿成矿地质背景

从大的构造地质背景看，南美地台区铁矿主要赋存在亚马孙(Amazonian)克拉通和圣弗朗西斯科(San Francisco)克拉通内，更具体些是产在3个前寒武系地盾区，即圭亚那(Guiana)地盾、中巴西(Central Brazil)地盾以及大西洋(Atlantic)地盾(又称圣弗朗西斯科地盾、巴西滨海地盾)。圭亚那地盾和中巴西地盾同属于亚马孙克拉通，两者的基底是相互连通的，只是被东西向的元古代沉积物覆盖而分开。

南美地台的核心是由亚马孙、圣弗朗西斯科、拉普拉塔等克拉通(或陆核)组成的，这些地体参与了罗迪尼亚(Rodinia)、冈瓦纳(Gondwana)及泛古陆(Pangea)等超级大陆的形成和裂解，到新元古代末期(650～540Ma)，在巴西利亚(Brasiliano)一系列碰撞造山旋回作用下，才最终拼合，基本形成现今的南美地台。受构造碰撞、拼贴作用影响，克拉通之间或周边发育一系列构造活动带。

亚马孙克拉通是世界上最大的克拉通之一，位于南美洲的北部。卡拉加斯(Carajas)-伊利库梅(Iricoume)和罗赖马(Roraima)是亚马孙克拉通中最老的块体，为太古代结晶基底，在委内瑞拉境内出露的伊马塔卡杂岩，年龄测试为3.7～3.4Ga，是南美最古老的岩石，由深变质的片麻岩、麻粒岩和紫苏花岗岩组成。在2.1～1.9Ga的泛亚马孙(Transamazonian)造山作用、1.4～1.3Ga圣伊格纳西奥(San Ignacio)造山作用及1.3～1.0Ga桑萨斯(Sunsas)造山作用下，亚马孙克拉通的周边及内部形成如马罗尼-伊塔卡尤纳斯(Maroni - Itacaiunas)、里奥内格罗-茹鲁埃纳造山带(Rio Negro - juruena)及鲁多尼亚-圣伊格纳西省(Rondonian - San Ignacio)等多条岩浆弧带和构造活动带，多期次复杂的构造岩浆活动不仅为该区铁矿的形成提供了丰富的物质来源，也是形成该区众多大型—超大型铁矿床的前提。

圣弗朗西斯科克拉通位于南美洲中东部，其结晶基底为太古代的中—高级变质地体及花岗岩-绿岩组合，还有早元古代的表壳岩和各种组成的侵入岩。其中部发育有近南北向的裂谷-逆冲构造带，沉积了早-中元古代的艾斯屏纳索超群(Espinhaco)，该套地层多次被后期的侵入岩体所侵入，形成众多变质杂岩体，如米纳斯吉拉斯州(Minas Gerais)的邦芬(Bomfim)、贝洛奥里藏特(Belo Horizonte)及坎波贝洛奥里(Campo Belo)等变质杂岩，这些变质杂岩基本上是以英云闪长岩-奥长花岗岩-花岗闪长岩为主体的岩石组合(TTG岩系)及一些镁铁质和超镁铁质侵入岩和绿岩带组成。这些变质杂岩主要位于铁四角(Iron Quadrangle)地区，构成了里奥达斯维尔哈斯(Riodas Velhas)超群；其受晚太古代的里奥达斯维尔哈斯造山作用影响，表壳岩石发生了中级变质作用，基底花岗质岩体发生了再造。

自巴西利亚造山旋回结束后，广阔的南美前寒武系地块几乎再没有受到其他构造作用的影响，其再次活动仅发生在中生代南大西洋裂开时期，一直持续到三叠纪早期，中生代除部分地区发生一定规模的玄武质火山岩浆活动外，在大西洋海岸带形成一系列沉积裂谷型盆地。新生代，南美地台区相对较平静，地表及浅部铁矿体主要受风化淋滤作用，前寒武纪含铁建造中的硅酸盐原生矿物发生分解，硅强烈淋失，而使铁的氧化物相对富集，因此，在南美洲形成大量铁品位含量极高的富铁矿床。

2. 安第斯成矿区铁矿成矿地质背景

安第斯成矿区是环太平洋成矿域的组成部分，位于环太平洋成矿域的东南部，呈南北向展布于南美洲大陆西缘。其成矿作用和成矿构造环境主要与太平洋板块向南美板块的俯冲碰撞有关，为中-新生代活动陆缘增生造山带。

根据安第斯基底组成、构造-岩浆演化、板块俯冲形式和成矿作用的不同，自北而南将其划分为3段，即北安第斯、中安第斯和南安第斯。

北安第斯伴随洋壳的仰冲作用和安第斯期的变质作用，形成碰撞型安第斯带。以变质作用、中生代—新生代岛弧增生和洋壳残片仰冲堆积为主要特征；中安第斯是洋壳俯冲作用形成的，未发生碰撞作用。在大洋板块向南美板块俯冲过程中，发生了最为剧烈的造山运动和岩浆活动，使该段具有最大的构造叠加和地壳增厚，是安第斯带成矿作用最密集的区域；南安第斯也以广阔的地体增生为特点，出露高压低温变质岩。与中安第斯相比，其中生代—新生代火山活动相对较弱，且岩性较为偏基性，主要以玄武质或玄武安山质为主。这可能与基底组成差异和板块俯冲形态及角度有关。

安第斯铁矿床主要分布在中安第斯海岸科迪勒拉岩浆弧-弧后盆地，盆地内充填的是侏罗纪和早白垩世的火山沉积物及海、陆相沉积物，矿体受区内拉张环境下形成的与海沟近平行的深大断裂控制。

(二)铁矿资源禀赋特征

南美洲铁矿资源丰富，是全球重要的铁矿石生产和销售产地，在世界铁矿石贸易中占有重要地位。

1. 铁矿类型较齐全，且具特色

南美洲铁矿类型齐全，已发现的铁矿床类型除岩浆型铁矿外在南美洲均有发现，并具有一定特色。铁矿资源85.5%来自沉积-变质型，10%来自火山成因型，4.5%来自接触交代-热液型(矽卡岩型)，以上是南美洲最主要铁矿石生产类型。沉积型鲕状赤铁矿(少量)属难选冶类型，本区并未开发，岩浆型铁矿在南美洲还尚未发现。

2. 铁矿分布广泛，矿化比较集中

南美洲铁矿资源也与其他地区一样，分布相对集中，具有分布不均匀性。从大地构造环境看：主要分布在南美地台的地盾区，其次是安第斯造山带海岸科迪勒拉中段的秘鲁中南部—智利北部。从地理位置看，主要分布在巴西的米纳斯吉拉斯州(Minas Gerais)、帕拉州(Para)、北里奥格兰德州(Rio Grande do Norte)、巴伊亚州(Bahia)等，委内瑞拉的玻利瓦尔州(Bolivar)，玻利维亚的圣克鲁斯州(Santa Cruz)，秘鲁的伊卡(Ica)和阿雷基帕(Arequipa)海岸带，智利的阿塔卡玛(Atacama)海岸带等。

3. 铁矿区数量多，大型、超大型矿区数量和资源量均占主导地位

根据SNL数据资料统计，南美洲已发现具有一定规模的铁矿床(点)255处，其中超大型($>10\times10^8$t)矿床有36处，大型[$(1\sim10)\times10^8$t]63处，中小型($<1\times10^8$t)157处。大型、超大型铁矿数量不仅多，占总发现数的38.7%，其资源量更占总量的99.33%，而中小型矿区资源量仅占总量的0.67%。

4. 铁矿石品位高，多数矿石可直接入炉或易选

南美洲铁矿床大部分是赤铁矿，铁品位高，平均为62%，加工后成品粉矿品位一般为65%～66%，

块矿品位一般为 64%～67%，有害杂质少，属可直接入炉的高品位矿石；而磁铁矿矿石一般铁品位也在 45%～60%，易于采用磁选＋浮选获得高品位(>66%)铁精粉。

5. 铁矿伴共生有益组分较多，可综合回收利用

安第斯造山带海岸科迪勒拉中段的秘鲁中南部—智利北部的火山成因型铁矿床中常含有铜、金、铅、锌、钴等伴共生有益组分，地台区的沉积-变质型铁矿中，Mn、Au、Cu 等元素含量也都较高，综合回收利用潜力巨大。

(三)铁矿成因类型

南美洲各种铁矿类型都可见到，铁矿以分布在地盾区的沉积-变质型为主，约占南美洲铁矿总量的 85.5%，其次是分布在秘鲁中南部到智利中部圣地亚哥地区的火山成因型铁矿床，约占 10%；接触交代-热液型约占 4.5%，此外还有少量的海相沉积型铁矿床。以沉积-变质型铁矿床最为重要。

1. 沉积-变质型铁矿

南美地台区的沉积-变质型铁矿有两种亚型，即苏必利尔亚型、阿尔戈马亚型。

(1)苏必利尔亚型。苏必利尔亚型含铁建造主要形成于早太古代时期，沉积在克拉通或大陆边缘的大陆架(从陆盆的浅水盆地到斜坡的深水盆地)上，赋存在包括白云岩、石英岩、黑色片岩、砾岩及部分凝灰岩和火山岩岩石组合中，不整合覆盖在老的、稳定的太古代基底岩层之上，呈层状产出，沿走向延伸数百千米，厚度从零点几米到数百米不等，矿床通常形成于远离火山口的地方。铁以氧化物相、硅酸盐相和碳酸盐相状态存在，氧化物相由磁铁矿、赤铁矿及其氧化物的混合物组成；硅酸盐相矿物受变质作用程度不同而变化，从硅铁矿到水硅铁石，直到黑硬绿泥石、镁铁闪石、铁闪石和紫苏辉石等；碳酸盐相主要由菱铁矿组成。层状的铁矿在断裂和褶皱构造作用下，在褶皱核部富集增厚；此外，沿褶皱轴线方向的塑性流动也可能使铁质富集增厚，进而提高其冶金品位。巴西铁四角地区的含铁建造就属于典型的苏必利尔亚型铁矿。

(2)阿尔戈马亚型。阿尔戈马亚型含铁建造多形成于太古代远离海岸的岛弧区，与各种火山岩(包括枕状安山岩、凝灰岩、火山碎屑岩、流纹岩流)及硬砂岩、灰绿色板岩或黑色碳质板岩密切相关。含铁建造的铁硫化物相和碳酸盐相分布在火山活动的中心或者在其附近，而铁氧化物相则分布在很远的地方。该亚型铁矿有时含有铁锰建造这一具有特殊意义的层位，只是比富含铁的层位较少见到，铁锰建造是与形成阿尔戈马含铁建造相同条件下形成的。该亚型铁矿在南美地台区广泛分布。

对于含铁建造的成因，总体看还是属于沉积成因。从变质程度来看，含铁建造中可见到从绿片岩相到麻粒岩相的各种变质岩。由于矿物成分和原始结构受到变质改造作用，形成复杂的岩石系列，但不管变质程度如何，含铁建造的岩石都不同程度地保留了条带状构造。

南美地台沉积-变质型铁矿按形成时代可以划分为 3 组：①早太古代(3.7～3.4Ga)，如圭亚那地盾伊玛塔卡杂岩体内的铁矿床；②晚太古代(2.8～2.5Ga)，如巴西米纳斯—吉拉斯和卡拉加斯地区；③新元古代，如巴西和玻利维亚交界处的穆通—乌鲁库姆地区的铁矿床。

2. 火山成因型铁矿

在安第斯海岸带，从秘鲁中南部到智利中部的圣地亚哥长约 2000km 的狭长地带分布包括马尔科纳铁矿、科罗拉多铁矿、罗梅拉尔铁矿等。这些矿床形成时代为中-晚侏罗世到早白垩世，尤以早白垩世占多数，矿床主要赋存于古生代海相碳酸盐岩、泥质岩或中生代海陆交互相的火山岩-火山碎屑岩-沉积岩系列中。围岩蚀变主要以碱性蚀变为特征并呈明显分带，矿物组合为钠长石-磁铁矿-阳起石-磷灰石；矿床受一系列区域性左旋走滑北西—北北东—南北向、脆韧性次级断裂控制明显，矿体定位于区域扩张或转换扩张期间。岩浆活动与矿床形成有密切时空关系，矿床一般产出于深成岩体 1～2km 范围内，侵入岩主要有辉长岩、闪长岩、石英闪长岩、石英二云闪长岩、英云闪长岩和花岗闪长岩组合。铁矿体整体呈层状或似层状，与围岩地层为整合关系。矿石矿物以磁铁矿为主，其次是黄铁矿、磁黄铁矿、黄

铜矿，偶见方铅矿、闪锌矿；脉石矿物以阳起石、透闪石为主，其次是石英、长石、绿帘石、绿泥石、方解石、石膏等。

(四)重要铁矿区

南美洲铁矿资源在南美地台区和安第斯造山带都有分布，地台区以沉积-变质型铁矿为主，主要赋存在南美地台的3个地盾区：圭亚那地盾有委内瑞拉的玻利瓦尔(Cerro Bolivar)等铁矿床、中巴西地盾有卡拉加斯(Carajas)铁矿区及巴西与玻利维亚交界处的穆通-乌鲁库姆(Mutun - Urucum)等铁矿；大西洋地盾有铁四角铁矿区。此外，哥伦比亚、乌拉圭和阿根廷也有少量分布；而在安第斯造山带的秘鲁中南部—智利北部靠近海岸的科迪勒拉带有与火山成因有关的铁矿床，如秘鲁的马尔科纳(Marcona)、邦沟(Pampa de Pongo)铁矿和智利的科罗拉多(Los Colorados)、罗梅拉尔(El Romeral)和埃尔拉科(El Laco)铁矿等。南美洲最主要铁矿床(区)见表10－3。

表10－3　南美洲主要超大型铁矿床(区)(铁矿石储量＞20×10^8 t)

国家	矿床(区)名称	矿床类型	铁矿石储量($\times10^8$ t)	TFe品位(%)	成矿时代	相关铁矿企业
巴西	铁四角	BIF	300	35～69	新太古代	淡水河谷公司、MBR公司
	卡拉加斯	BIF	180	60～67	新太古代	淡水河谷公司
	乌鲁库姆	BIF	100	50～53	新元古代	交通不便未开发
玻利维亚	穆通	BIF	400	50～53	新元古代	交通不便未开发
委内瑞拉	玻利瓦尔	BIF	40	45～69	古太古代	国有委内瑞拉圭亚那公司
秘鲁	马尔科纳	火山成因	22.5	45～67	侏罗纪—白垩纪	首钢秘鲁铁矿公司
	邦沟	火山成因	37.5	40～55	侏罗纪—白垩纪	金兆矿业秘鲁有限公司
智利	智利海岸带	火山成因	30	35～60	侏罗纪—白垩纪	智利太平洋铁矿公司等

资料来源：世界钢铁协会、全球金属网等。

二、时空分布规律

(一)空间分布规律

1. 不同类型铁矿空间分布

沉积-变质型铁矿主要分布在南美地台区或其边缘：委内瑞拉伊玛塔卡杂岩体成矿带、巴西卡拉加斯成矿带、巴西铁四角成矿带、巴西乌鲁库姆成矿带、玻利维亚穆通成矿带。

火山成因型铁矿主要分布在安第斯秘鲁中南部-智利北部的海岸科迪勒拉带：以马尔科纳铁矿和邦沟铁矿为代表的秘鲁中南部海岸科迪勒拉成矿带、以洛斯科罗拉多斯及埃尔罗梅拉尔等铁矿代表的智利北部海岸科迪勒拉成矿带。

接触交代-热液型(矽卡岩型)铁矿主要分布在秘鲁安第斯带库斯科-阿普里马克成矿带，产于白垩纪碳酸盐岩地层，规模较大。

海相沉积型(鲕状赤铁矿)铁矿主要分布于阿根廷西北部(形成于早志留世海侵时期)和哥伦比亚与委内瑞拉中部边界一带(形成于始新世早期的海侵时期)，规模不大。

2. 不同时代铁矿的空间分布

南美洲不同时代铁矿的空间分布规律性非常明显。古太古代—古元古代铁矿为沉积-变质型铁矿，主要分布在地台区，古太古代铁矿分布在委内瑞拉伊玛塔卡杂岩体成矿带；新太古代铁矿主要分布在巴西卡拉加斯成矿带和巴西铁四角成矿带；新元古代铁矿分布在巴西乌鲁库姆成矿带和玻利维亚穆通成矿带。古生代海相沉积型铁矿主要分布在阿根廷西北部。中生代早侏罗世—晚白垩世铁矿主要分布在安第斯秘鲁中南部—智利北部的海岸科迪勒拉带，为火山成因型铁矿。中生代末期铁矿为接触交代-热液型（矽卡岩型），主要分布在秘鲁安第斯带库斯科-阿普里马克成矿带。新生代始新世早期铁矿为海相沉积型，分布在哥伦比亚与委内瑞拉中部边界一带。第四纪更新世铁矿是位于智利北部的埃尔拉科（El Laco）铁矿，为火山成因型。

（二）时间分布规律

1. 与铁矿成矿有关的重大地质事件

（1）古太古代—古元古代火山喷发-沉积事件。古太古代—新元古代时期，亚马孙克拉通和圣弗朗西斯科克拉通遭受多期次造山旋回作用，在克拉通内部或周边形成多条岩浆弧带和构造活动带，受来自地幔的基性—超基性岩浆大面积喷发或侵入影响，形成众多条带状铁建造（BIF）等变质杂岩体，后经区域变质改造，形成沉积-变质型铁矿，该类铁矿常常形成众多大型或超大型矿床。如卡拉加斯成矿区铁矿主要产于太古代 Itacaiunas 超群的 Grao Pará 群中，而 Grao Pará 群是由玄武岩、沉积岩、铁矿建造和流纹岩所组成的变质杂岩体。

（2）元古代克拉通裂解事件。元古代，受全球性裂解事件的影响，在圣弗朗西斯科克拉通中部产生了规模不一的裂谷、裂陷槽或坳拉槽，沉积了巨厚的碎屑岩和碳酸盐岩，并伴随有不同规模的火山喷发，形成各种规模的含铁建造。如铁四角成矿区铁矿主要产于米纳斯（Minas）超群，而米纳斯超群则是由下部的 Caraca 群火山碎屑沉积、Itabira 群化学沉积及上部的 Piracicaba 和 Sabara 群火山碎屑-化学混合沉积组成。Itabira 群下部为 Caue 组，由石英和白云质条带状铁建造（铁英岩）和少量白云岩、页岩组成，是铁矿床最主要的赋矿层位。

古太古代—新元古代时期形成的沉积-变质型铁矿床查明的资源储量占南美洲的 85.5%左右。

（3）古生代海侵事件。古生代早志留世，在阿根廷西北部发生海侵事件，由北向南随海侵方向，含矿层位逐渐升高，鲕状赤铁矿在一定范围内沉积，形成海相沉积型铁矿。

（4）中生代安第斯构造-岩浆事件。中生代早侏罗世—晚白垩世受太平洋板块向南美板块俯冲作用影响，在安第斯秘鲁中南部—智利北部的海岸科迪勒拉发生大规模火山喷发与岩浆侵入活动，形成火山成因型铁矿。秘鲁的马尔科纳铁矿、邦沟铁矿和智利的埃尔罗梅拉尔等铁矿均与这一构造-岩浆事件有关。

秘鲁安第斯带库斯科—阿普里马克的白垩纪碳酸盐岩受中生代末期酸性侵入岩作用，形成的接触交代-热液型（矽卡岩型）铁矿也与该构造-岩浆事件有关。

（5）新生代早期海侵事件。新生代始新世早期在哥伦比亚与委内瑞拉中部边界一带发生一次海侵事件，有鲕状赤铁矿沉积，形成海相沉积型铁矿。

（6）新生代安第斯构造-岩浆事件。智利北部的埃尔拉科铁矿形成于第四纪更新世，其与新生代安第斯带发生的大规模构造-岩浆活动关系密切。

2. 不同时代的铁矿床类型

南美洲铁矿床从太古宙一直到新生代均有生成，但不同时代的铁矿床类型具有明显特点（图 10－1），与不同时代的地质构造背景有密切的成因联系。从图 10－1 可以看出，沉积-变质型铁矿主要形成于早前寒武纪的太古宙和古元古代，其次是中-新元古代，其他时代的该类铁矿则很少或没有发现。太古宙和元古代是全球沉积-变质型铁矿重要成矿期，具有全球性。

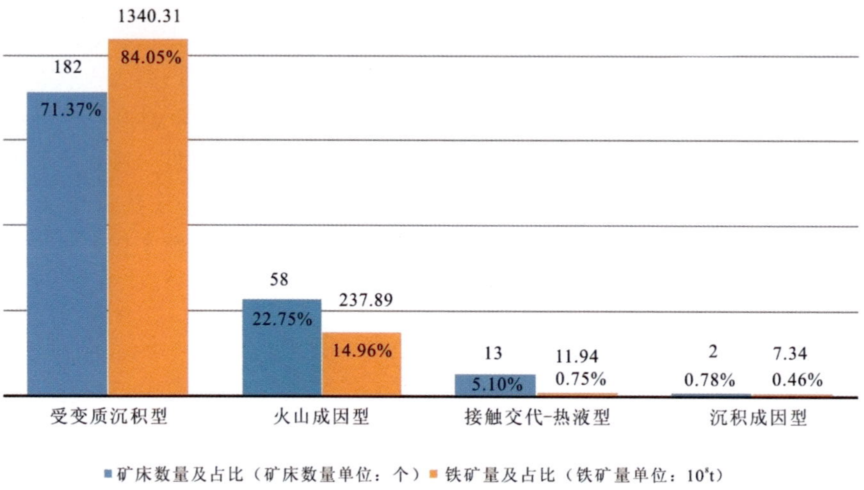

图 10-1　南美洲不同成因类型铁矿床分布图

火山成因型铁矿主要形成于中生代，接触交代-热液型铁矿也以中生代占绝对优势，这与安第斯带大规模岩浆活动有关。

海相沉积型铁矿在阿根廷西北部主要形成于古生代早志留世，而在哥伦比亚与委内瑞拉中部边界一带主要形成于新生代始新世早期。

在南美洲还尚未发现有岩浆型铁矿。

从时间演化来看(图 10-2)，太古宙—元古代是南美洲铁矿的最主要形成期，但矿床类型单一，为沉积-变质型铁矿；古生代有少量沉积型铁矿生成；中生代是南美洲铁矿成矿的又一重要时期，铁矿以火山成因和接触交代-热液型为主，与中生代大规模构造-岩浆活动有关；新生代有少量的沉积型和火山成因型铁矿形成。

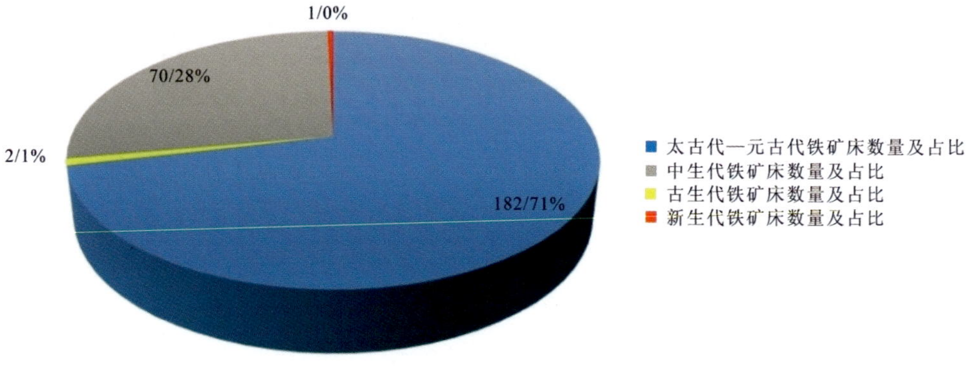

图 10-2　南美洲不同时代铁矿床分布情况图

3. 不同时代的铁矿规模

根据 SNL 资料，南美洲已发现具有一定规模的铁矿床(点)255 个，按不同时代统计的大型—超大型铁矿床如图 10-3 所示。太古宙—元古代的超大型、大型铁矿在数量上是最多的，为沉积-变质型铁矿床，超大型矿达 30 个，查明资源量最大，达 1162.42×10^8t，占南美洲铁矿资源总量的 73.1%，大型矿有 45 个，资源量为 174.47×10^8t，占南美洲铁矿资源总量的 10.97%，太古宙—元古代形成的大型、超大型铁矿占南美洲铁矿总资源量的 84.07%；其次为中生代，超大型、大型铁矿达 23 个，主要为火山成因型和接触交代-热液型铁矿床，查明资源量为 240.92×10^8t，占南美洲铁矿资源总量的 15.15%；第四纪有1个大型铁矿床，其他时代几乎没有形成大型铁矿床。中小型矿床也与上面的情况相似。因此，南美洲铁矿床的时代分布规律以太古宙—元古代最多，其次是中生代。

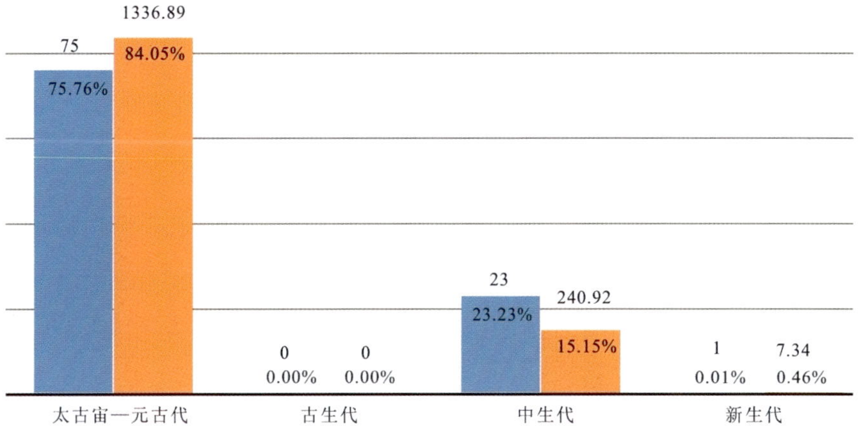

图 10－3 南美洲不同时代大型超大型铁矿床数量及资源量柱状图

4. 不同时代的铁矿石类型

总体而言，南美洲铁矿石类型以赤铁矿石为主，其次是磁铁矿石和混合铁（赤铁矿石、镜铁矿石、褐铁矿石、磁铁矿）矿石。

赤铁矿矿石在南美洲以太古宙—元古代最多，主要产于沉积-变质型铁矿的上部，是目前主要开发的矿石类型，查明的资源量也最大，古生代和新生代形成的沉积型鲕状赤铁矿分布局限，量也较少。

磁铁矿矿石主要产于太古宙—元古代沉积-变质型铁矿的下部，目前开发的较少；中生代火山成因型和接触交代-热液型铁矿床以磁铁矿为主，查明的资源量较大，是目前主要开发的矿石类型。

含有赤铁矿石、镜铁矿石、褐铁矿石、磁铁矿等的混合铁矿石形成于氧化环境的淋滤带，在各时代均有产出。

三、控矿因素

南美洲铁矿床无论从规模上，还是从大型—超大型铁矿的数量上沉积-变质型都占据主导地位，其次是火山成因型和接触交代-热液型，其他类型的铁矿几乎可以忽略不计。以下仅对这两种类型铁矿的控矿因素进行论述。

(一)沉积-变质型铁矿控矿因素

1. 含铁沉积建造控矿

南美洲沉积-变质型铁矿主要形成于古太古代—元古代的含铁建造中。

卡拉斯加铁矿主要产于太古代 Itacaiunas 超群的 Grao Pará 群中。Grao Pará 群是由变质玄武岩、变质沉积岩、铁矿建造和变质流纹岩所组成。容矿岩石为300～400m厚的条带状燧石-赤铁矿碧玉铁质岩单元，其与上下巨厚的火山岩单元构成三明治式结构。下部火山岩单元（Parauapebas 组）厚4000～6000m，由双峰式火山岩所组成，主要有块状、气孔状和斑状岩流和砾岩质角砾岩所组成；上部火山岩与 Parauapebas 组相似，只是夹有更多的沉积变质岩（细粒凝灰岩、凝灰质粉砂岩、泥岩、燧石和灰瓦岩）；容矿的 Carajas 组由变形的条带状铁矿建造夹变质基性火山岩所组成。该含铁建造应形成于岛弧区，与各种火山岩(包括枕状安山岩、凝灰岩、火山碎屑岩、流纹岩流)关系密切,含铁建造的铁硫化物相和碳酸盐相分布在火山活动的中心或者在其附近,而铁氧化物相则分布在较远的地方,很多情况还存在铁锰建造。

铁四角地区铁矿主要赋存在元古代米纳斯(Minas)超群含条带状铁建造中。米纳斯超群是不整合在片麻岩(3.2～2.9Ga)、里奥达维汉斯(Riodas Velhas)超群火山沉积岩(2.8～2.7Ga)和花岗岩侵入岩(2.7～2.6Ga)之上。米纳斯超群由下部的Caraca群碎屑沉积、Itabira群化学沉积岩及上部的Piracicaba和Sabara群碎屑-化学混合沉积岩组成。Itabira群下部的Caue组由石英和白云质条带状铁建造(铁英岩)和少量白云岩、页岩组成,是铁矿床最主要赋矿层位。铁矿石主要为磁铁矿、赤铁矿,还有部分菱铁矿。含铁建造主要是沿着地盾边缘分布,范围较广,可长达数百千米,厚度达数十米到数百米,形态稳定。

2. 大地构造与区域构造控矿

关于卡拉加斯铁矿区含铁建造形成的大地构造环境,存在3种观点:①认为其形成于与裂谷有关的俯冲带演化的盆地中,发育于裂谷带的陆壳之上;②认为是克拉通内盆地的产物;③认为是俯冲带演化的岛弧环境。总之,是与太古代陆块碰撞、岛弧演化或克拉通内裂谷活动有关。

而铁四角地区位于圣弗朗西斯科克拉通的南端,其核部为克拉通,周围则为巴西利亚旋回(0.8～0.6Ga)形成的造山带。

南美洲沉积-变质型铁矿床共同的构造特点是都经受了多次地质构造事件,形成了复杂的褶皱系和断裂系,这些褶皱和断裂控制着铁矿体的分布。

卡拉加斯地区为一轴面倾向北西西褶皱系,倾角平缓到中等,褶皱系为数条与轴面近于平行的走滑断层所切割。南东东—北西西向的脆性-韧性剪切带与东西向褶皱的轴面近于平行,巨型的Serra Norte矿床就发育在延伸10km长的背斜枢纽带中,Serra Sul矿床发育在延伸数百到上千米的一些次级褶皱中。

铁四角地区的区域构造是两个变形事件叠加的结果:第一个事件是泛亚马孙造山作用,使区域发生褶皱和片麻岩穹丘上升;第二个事件是巴西利亚造山作用,形成西延的逆冲断层带。全区分为两个构造域,一个是东部高应变域,具有宽阔的剪切带和区域逆冲,而西部为低应变域,为一大向斜。致密块状或条带状矿石受泛亚马孙造山作用期间发育的褶皱和断层控制,而产在剪切带中的片状矿石受穿切早期构造的构造所控制。

(二)火山成因型铁矿控矿因素

南美洲安第斯造山带,火山成因型铁矿主要分布在中安第斯海岸科迪勒拉成矿带,特别是秘鲁南部—智利北部一带,呈狭长的带状展布。矿体的产出受岩相、区域构造和侵入岩的共同控制。

1. 岩相控矿

安第斯带火山岩型铁矿床主要有两个成矿期:中-晚侏罗世和早白垩世,尤以早白垩世占多数,其中,前者主要分布于靠近海岸地区,形成于中生代岩浆弧内,后者分布在更东部的中生代弧后盆地(图3-1),如马尔科纳铁矿(137～118Ma)、坎德拉里亚(116～114Ma)铁矿、曼陀贝尔德(Mantoverde,117～123±3Ma)铁矿等,少数形成于晚白垩世—古新世,如Dulcinea矿床形成于65～60Ma,埃尔拉科铁矿形成于第四纪更新世。总的来说,成矿时代自西向东逐渐变新。

矿床主要赋存在火山-沉积岩岩系中,该岩系以钙碱性火山岩为主,局部发育蒸发岩相,这些蒸发岩为盆地流体形成提供了物源和硫源。在弧后盆地中火山熔岩相→安山质火山角砾岩-集块岩相→火山碎屑岩相→海相薄层碳酸盐岩等构成的岩相序列,对于形成似层状火山岩型铁矿十分有利。

秘鲁的马尔科纳铁矿主要赋存在古生代马尔科纳组和中生代塞里托斯组两套地层中,马尔科纳地层是一套以海相白云质灰岩、泥质灰岩、砂页岩等经热变质而形成的大理岩、角页岩、角岩、千枚岩、石英岩岩系,塞里托斯地层是一套由砂岩、泥灰岩、角砾岩、凝灰岩、安山熔岩组成的火山-沉积岩系。

智利的罗梅拉尔等铁矿床主要赋存于白垩纪浅海相玄武岩、玄武质安山岩、安山质熔岩、凝灰岩和薄层沉积岩系中。

2. 构造控矿

安第斯火山岩型铁矿受构造控制明显。受太平洋板块向南美洲板块俯冲作用影响，在海岸科迪勒拉形成一系列平行于海沟（海岸带）的区域深大断裂，铁矿主要受这些深大断裂（或其次级断裂）控制。

秘鲁的马尔科纳铁矿就受区域性的北西-南东向深大断裂的控制，矿体主要沿次级断裂——雷佩替松（NE30°～60°）断裂运移，呈顺层贯入，形成层状、似层状矿体。

智利海岸带铁矿主要受近南北向阿塔卡玛断裂构造系统控制，该断裂构造系统由一系列左旋走滑的北西向、北北东向和南北向脆韧性断裂组构成，断裂系统伴随主岛弧带和弧后盆地的构造反转不断增强且规模增大，并使区内火山-沉积岩系发生强烈构造变形，而同期大型钙碱性侵入体沿脆韧性剪切带侵位，形成含较高铜金等元素的铁矿床，成矿作用主要发生在脆韧性转换或脆性构造变形过程。如坎德拉里亚铁铜金矿床，北西向次级断裂控制含铜镜铁矿型矿体，北东向次级断裂控制含铜磁铁矿型矿体。

叠加构造对于海岸带火山成因型铁矿的形成十分有利，受多期次断裂叠加和不同类型次级构造叠加控制，富矿体常定位在断裂产状变化处、构造交汇处、断裂构造扩容带、强劈理化等构造空间。

3. 侵入岩体控矿

安第斯海岸科迪勒拉发育与海岸带近平行展布的侏罗纪—白垩纪深成侵入岩体，而火山成因型铁矿一般产出于深成侵入岩体外围1～2km。以含磷灰石透辉角闪石岩、铁纤闪透辉石岩、铁质辉长岩、角闪闪长岩、石英闪长岩、二长闪长岩、二长斑岩和花岗闪长岩等为主。这些深成侵入岩体一般以岩基形式为主，出露面积大，受区域深大断裂控制；岩基内部或附近有大量岩枝、岩脉、岩墙和隐伏岩体相伴，多期岩浆侵入形成的复式岩体和岩浆角砾岩发育对于形成超大型铁矿有利；侵入岩岩体早期为铁质安山岩系列，对于形成铁氧化物矿层有利。成矿期以铁质辉长岩类、含磷灰石透辉角闪石岩和铁纤闪透辉石岩为主，对磁铁矿型铁氧化物矿体形成有利。

第三节 典型矿床

南美洲铁矿资源丰富，以沉积-变质型为主，其次是火山成因型铁矿。

一、巴西卡拉加斯铁矿区

卡拉加斯铁矿位于巴西北部的帕拉州（Para），亚马孙克拉通东南部，欣古河和托坎廷斯河之间，地理坐标：南纬5°50′—6°35′，西经49°30′—52°0′，矿区东西长100km，宽50km，面积5000km^2，区内分布的铁矿众多，储量超过200×10^{8}t，以北岭、南岭为主体，东岭和南费里斯岭次之。卡拉加斯地区的铁矿以品质好、品位高著称，是目前世界上巨型富铁成矿区之一。

（一）大地构造背景

卡拉加斯铁矿区位于巴西太古宙亚马孙克拉通东南部边缘，其东邻托坎廷斯-巴西利亚褶皱带和马拉尼昂盆地，南部与里奥玛丽亚似花岗岩-绿岩地体相接，西部被广泛分布的元古宙地层覆盖，北部被中元古代和新生代沉积岩覆盖。铁成矿区内有2个太古宙构造单元：北部伊塔卡尤纳斯构造省和南部里奥玛丽亚似花岗岩-绿岩地体，铁矿床主要赋存在靠近北部的伊塔卡尤纳斯成矿带。

该区在太古代和元古代时期，先后经历了4次与成矿作用有关的地质事件：一是高温韧性变形期，主要是对基底岩石（2.8Ga）组成造成影响；二是火山岩的喷出、侵入和铁成矿期（帕拉群）以及随后遭受的低级变质作用影响（2.76Ga）；三是卡拉加斯和欣森托（Cinzento）碰撞走滑断层体系的发展时期，发育正断层，有岩体侵入(2.6Ga)；四是花岗质深成岩和岩墙群的侵入期(1.9Ga)。卡拉加斯和欣森托碰撞走滑体系的发展在形成卡拉加斯富铁矿过程中起了决定性作用，其不但改变了岩性(如增加了孔隙度)，同时该构造活动也增加了热液流动的通道，使铁质沿着断层带再次富集。

(二)区域与矿床地质

1. 区域地质

(1)区域地层。卡拉加斯铁矿区前寒武纪地层出露广泛，以太古宙地层分布最广，其次为古、中元古界地层，盆地边缘及中部则为时代较新的中元古界后期和晚古生界地层。

新太古代早期兴谷杂岩：广泛分布在卡拉加斯地区，是该区的结晶基底，由混合花岗岩-片麻岩组成，包括超镁铁质变辉长岩、辉石岩、闪长岩和变质(枕状)玄武岩及钙质变石英岩及富镁铁闪石、富硫和富锰的变沉积岩、大理岩和石墨片岩的火山-沉积岩系，呈不规则的带状分布。卡拉加斯南部的里奥玛丽亚地区的科马提岩、拉斑玄武岩及长英质火山岩、沉积岩等组成的绿岩组合，是兴谷杂岩的一部分，也是亚马孙太古宙陆核的基底岩石。

新太古代晚期伊塔卡尤纳斯超群：为卡拉加斯地区的褶皱基底，由萨罗博群(Igarape Salobo)、波露卡群(Igarape Pojuca)、帕拉群(Grao Para)和巴伊亚群(Igarape Bahia)组成，为火山-沉积岩序列，受多期变质作用影响，形成由南低绿片岩相向北到角闪岩/麻粒岩相变质递增带。低变质的帕拉群火山岩含铁建造广泛发育，赋存有多个大型铁矿体，如北岭、南岭等矿床。

新太古代晚期里奥弗雷斯克组/阿瓦斯克拉拉斯群：为浅海-河流相沉积的砂岩和粉砂岩，不整合覆盖于之前的地层及岩石之上，在东部的阿拉瓜亚(Araguaia)地区被早古生代的沉积地层不整合覆盖。

(2)区域岩浆岩。卡拉加斯地区经历了多期不同组分的岩浆的侵入作用：新太古代早期侵入岩以具有韧性剪切条带的英云闪长岩-奥长花岗岩-花岗闪长岩为特点；新太古代晚期的侵入岩主要有紫苏花岗岩、花岗闪长岩、云英闪长岩及铁镁质-超铁镁质等杂岩；古元古代侵入岩有超基性岩、碱性岩和伟晶岩，中酸性岩主要有花岗岩、石英二长岩、花岗闪长岩、云英闪长岩等；新元古代伴随强烈的褶皱，产生了大量的同褶皱期花岗岩和伟晶岩，并沿区域褶皱构造线呈线性延伸。整个古生代该区都较平静，只是在中生代—新生代有一些超基性和碱性碳酸岩侵入。

(3)区域构造。区内断裂构造发育，主体构造线方向为北西向，发育北东—北东东向断裂，褶皱构造比较简单，多呈向邻近陆台倒转的单向褶皱构造形式。

伊塔卡尤纳斯超群和其上覆岩系发育有东西—北北西向的卡拉加斯和欣森托断层系(图 10-4)，在新太古代和新元古代时期，岩层受挤压、拉伸作用发生构造变形；而巴西利亚造山旋回使该区发生大规模褶皱和构造叠加作用，断层系具有走滑性质。

(4)区域变质作用。区内变质作用差异较大，从高级变质作用的麻粒岩相、超变质的混合岩化到角闪岩相、绿片岩相，中元古界还有非变质的地层单元。

2. 矿区地质

卡拉加斯地区铁矿床均发育于一长近 200km，宽约 50km 的北西西-南东东向的断裂带内，矿体受构造控制具有不同的产出形态，矿床赋存于新太古代伊塔卡尤纳斯超群下部的帕拉群中部火山岩-火山沉积岩系(卡拉加斯铁建造)中。

含铁建造为海底拉斑玄武质火山岩石，部分为响岩和粉砂岩，出现绿帘石化、绿泥石化和碳酸盐化蚀变。铁矿层在褶皱核部具显著增厚特点，矿层的展布总体上受北西西向的卡拉加斯复向斜制约，后期又受南北向褶皱叠加，矿体普遍存在早期塑性流变的同斜褶曲。

矿体的长度从数百米到数千米不等，厚度 50～300m，规模巨大。铁矿床普遍经历了风化、淋滤和去硅富集过程，分 3 层(图 10-5)：矿体上部为受强烈风化淋积作用后(局部为冲、坡积)形成的含铁角砾岩及蜂窝状铁帽，厚约 20m，矿物为赤铁矿、针铁矿等；矿石含铁 60%左右，由于含碱偏高(0.2%～

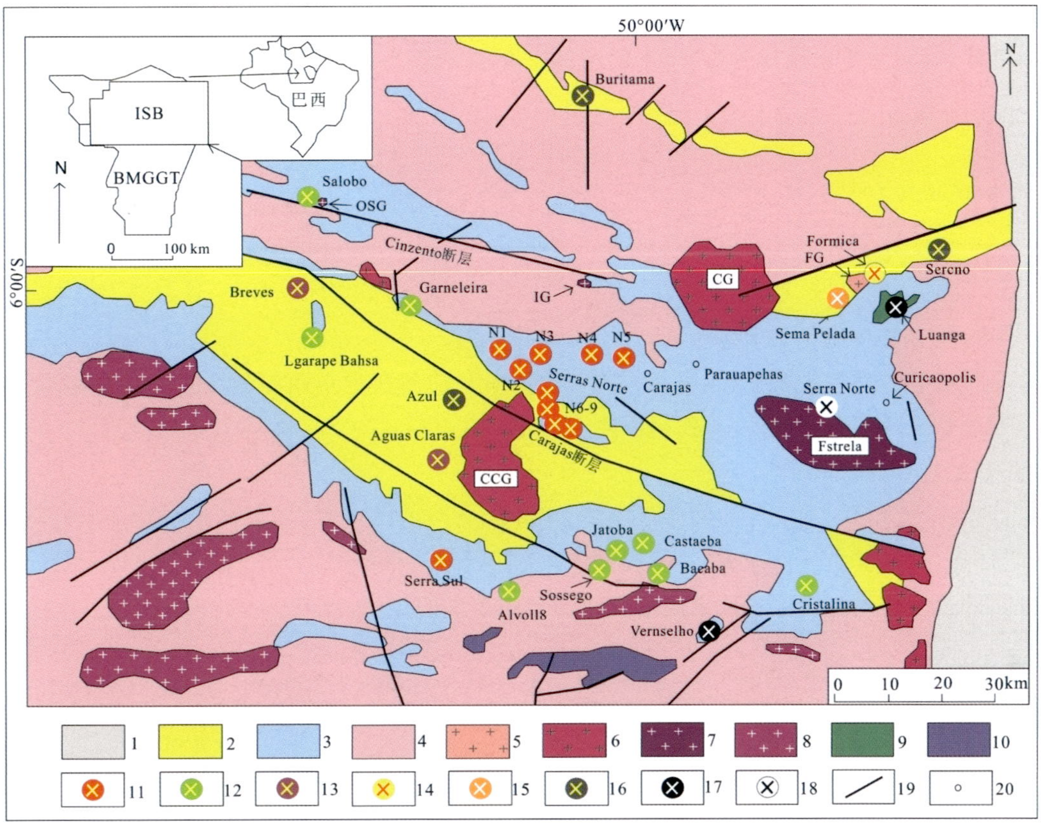

图 10-4 巴西卡拉加斯地区 Itacaiúnas 成矿带主要矿床分布图(据曾勇等.2013)

1.早古生代 Araguaia 带;2.新太古代 Rio Fresco 组/Aguas Claras 群;3.新太古代 Itacaiúnas 超群;4.新太古代兴谷杂岩;5.600Ma 花岗岩;6.1.88Ga 花岗岩;7.2.57Ga 花岗岩;8.2.76～2.74Ga 花岗岩;9.镁铁质-超镁铁质杂岩;10.花岗绿岩带杂岩体;11.沉积-变质型铁矿床;12.铁氧化物铜-金-稀土矿床;13.与花岗岩有关的铜-金-钨-锡矿床;14.脉状铜-金矿床;15.浅成低温热液型金-铅-磷矿床;16.沉积变质锰矿床;17.与超基性岩有关的铬-镍矿 18.暂不明类型矿床;19.断裂构造;20.城镇

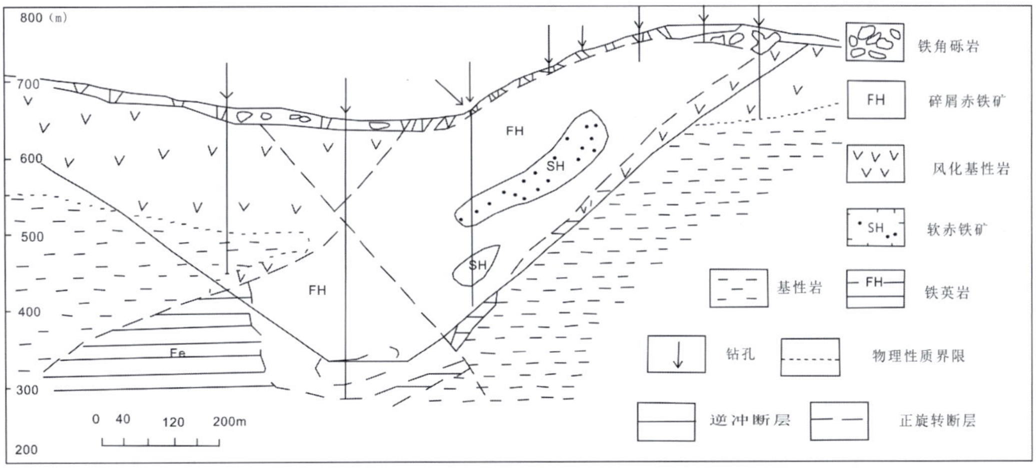

图 10-5 巴西卡拉加斯地区 Norte N4 铁矿床剖面图(据曾勇等.2013)

0.45%),暂未利用;第二层为矿床的主体部分,厚度数十米至 200m,延伸 200～400m,与下部铁英岩界线明显。由赤铁矿组成,多小孔洞,矿石片理发育,片理面上可见小片状镜铁矿,磁铁矿含量较少,为赤铁矿的交代残余物。该层矿石含铁 66% 以上，是目前主要开采对象。矿层上、下盘之间基性火山岩受表生作用成为铝质黏土岩；第三层为深部的胚胎矿——铁英岩，由毫米级赤铁矿、石英（碧玉）互层组成，有少量磁铁矿，并见赤铁矿围绕其生长，本层铁英岩含铁 35%～45%，目前尚未开发利用。

（三）控矿条件

1. 含铁建造控矿

铁矿体赋存于新太古代伊塔卡尤纳斯超群下部的帕拉群中部火山岩-火山沉积岩系（卡拉加斯铁建造）中。

2. 褶皱、断裂构造控矿

矿体受褶皱和断裂控制明显，北西西向的卡拉加斯复向斜及近东西向的卡拉加斯断裂和欣森托断裂系不仅控制铁矿体的空间展布，还控制矿体的形态。

3. 变形变质作用控矿

含铁建造都遭受较强烈的变质和变形作用，从铁矿的产出层位看，铁矿的富集程度与构造剪切、变形、变质强度成正比，其对铁质活化、迁移和富集起积极作用。

此外热液蚀变作用对该区富铁矿的形成起到至关重要的作用。

（四）成矿模式与找矿标志

1. 成矿模式

Figueiredo 和 Silva 等（2013）通过对卡拉加斯地区含铁建造矿物学、地球化学及同位素分析等的研究，对该区富铁矿成因提出岩浆水-大气降水热液成矿模式（图 10－6）：认为从低品位的碧玉铁英岩（母岩）到高品位赤铁矿的富集过程中有岩浆流体和大区降水的共同参与。流体富矿过程分为 3 个热液蚀变期：早期，在岩浆流体作用下，碧玉铁英岩中的硅被淋滤出来，同时出现方解石、石英、磁铁矿和硫化物的沉积；中期，在大气降水和岩浆流体共同作用下，继续以强烈脱硅为特征，形成多孔的碧玉条带，早期蚀变沉积的碳酸盐被溶解，磁铁矿被氧化成假象赤铁矿，微板状赤铁矿在石英晶洞中析出；晚期，在循环大气降水作用下，假象赤铁矿被氧化成自形赤铁矿晶簇团块。该模式不但很好地解释了成矿带内广泛分布的热液作用和具有特征性的构造（褶皱和断裂），而且对区内隐伏（深部）矿体的勘查也有重要指示作用。

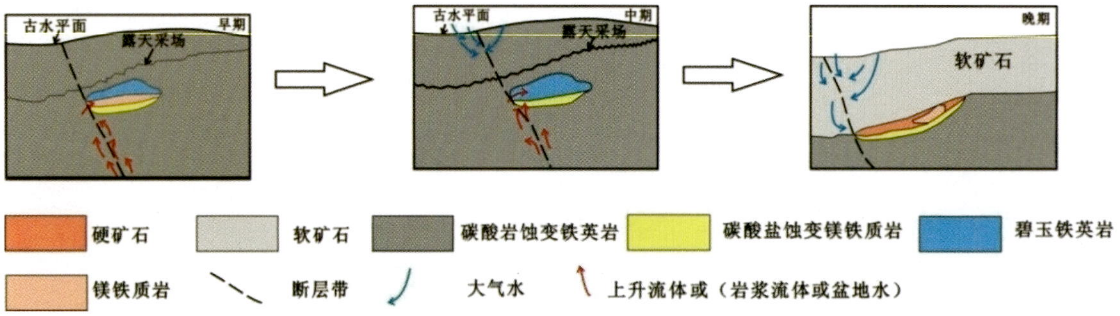

图 10－6　卡拉加斯地区北矿带铁矿的岩浆水-大气降水热液成矿模型（据姚春彦等，2014）

2. 找矿标志

巴西卡拉加斯地区铁矿找矿模型如下，见表 10－4。

表 10-4　巴西卡拉加斯地区铁矿找矿模型

成矿关键控制要素	(1)新太古代帕拉群火山岩-火山沉积岩系为本区含铁建造
	(2)北西西向的褶皱及近东西向的断裂系对矿体控制明显
	(3)变形、变质作用对铁质活化、迁移和富集起积极作用
	(4)热液蚀变作用对该区富铁矿的形成起到至关重要的作用
找矿地质标志	(1)碧玉铁英岩是本区铁矿床的母岩
	(2)褶皱核部、断裂破碎带是富大矿体主要赋存部位
	(3)绿泥石化、赤铁矿化、碳酸盐化和滑石化是主要矿化蚀变
	(4)富铁矿常产在铁建造底部与黑色页岩(不透水层)接触带上
	(5)矿床受强烈风化作用在地表形成玻璃状针铁矿硬帽
物探信息	(1)磁异常明显,但有时在较大厚度富矿地段磁场强度会较低
	(2)重力异常非常明显
化探信息	蚀变岩中,铁、镁含量显著增高,硅、钙、钠、钾含量降低
找矿方法技术组合	矿床模型+物化探异常+钻孔验证

二、巴西铁四角铁矿区

铁四角矿区位于巴西东南部米纳斯吉拉斯州贝洛奥里藏特(Belo Horizonte)市南部,地理坐标:南纬 19°～20°,西经 43°～44°,面积约 15 000km^2。区内发现的铁矿床有数十个,资源量达 250×10^8t,是巴西最大的铁矿区之一。

(一)大地构造背景

铁四角地区位于圣弗朗西斯科克拉通的南端,其核部为克拉通,周围是巴西利亚旋回形成的造山带。铁四角地区构造演化复杂,至少遭受古元古代的泛亚马孙和新元古代—早古生代的巴西利亚-泛非两次造山运动的影响。泛亚马孙造山早期使该区形成北东-南西走向的褶皱,之后又叠加了近北西-南东向的构造,形成大规模走滑、逆冲断裂及褶皱。太古宙花岗质刚性地体在泛亚马孙造山时期没有受到褶皱作用的影响,但经历了再活化作用,有年轻的花岗岩体侵入,形成穹隆构造;巴西利亚造山作用在区域上主要发育逆冲、走滑断裂构造,其次为紧闭、等倾褶皱和韧性剪切带,并对古老的大型向斜构造进行改造。

(二)区域与矿床地质

1. 区域地质

(1)区域地层。铁四角地区位于圣弗朗西斯科克拉通的南端,出露的地层主要是克拉通结晶基底,包括太古代的中—高级变质地体及花岗岩-绿岩组合,另外还有古元古代的表壳岩及各种不同组成的侵入岩。区内存在 3 个变质杂岩:邦芬(Bomfim)、贝洛奥里藏特(Belo Horizonte)及坎波贝洛奥里(Campo Belo),均由 TTG 岩系及一些镁铁质和超镁铁质侵入岩和绿岩带组成。这些变质杂岩体构成了里奥达斯维尔哈斯(Riodas Velhas)超群;米纳斯吉拉斯(Minas Gerais)超群不整合上覆于里奥达斯维尔哈斯超群之上。

米纳斯吉拉斯超群由下部的卡拉卡(Caraca)群碎屑沉积岩、伊塔比拉(Itabira)群化学沉积岩及上部的皮拉西卡巴(Piracicaba)和撒巴拉(Sabara)群碎屑-化学混合沉积岩组成。伊塔比拉群下部为卡维(Caue)组,由石英和白云质条带状铁建造(铁英岩)和少量白云岩、页岩组成,是本区铁矿床最主要的赋矿层位。卡维组在垂向及侧向上过渡为巨厚白云岩和叠层石岩组成的甘达列拉(Gandarela)组(图 10-7)。

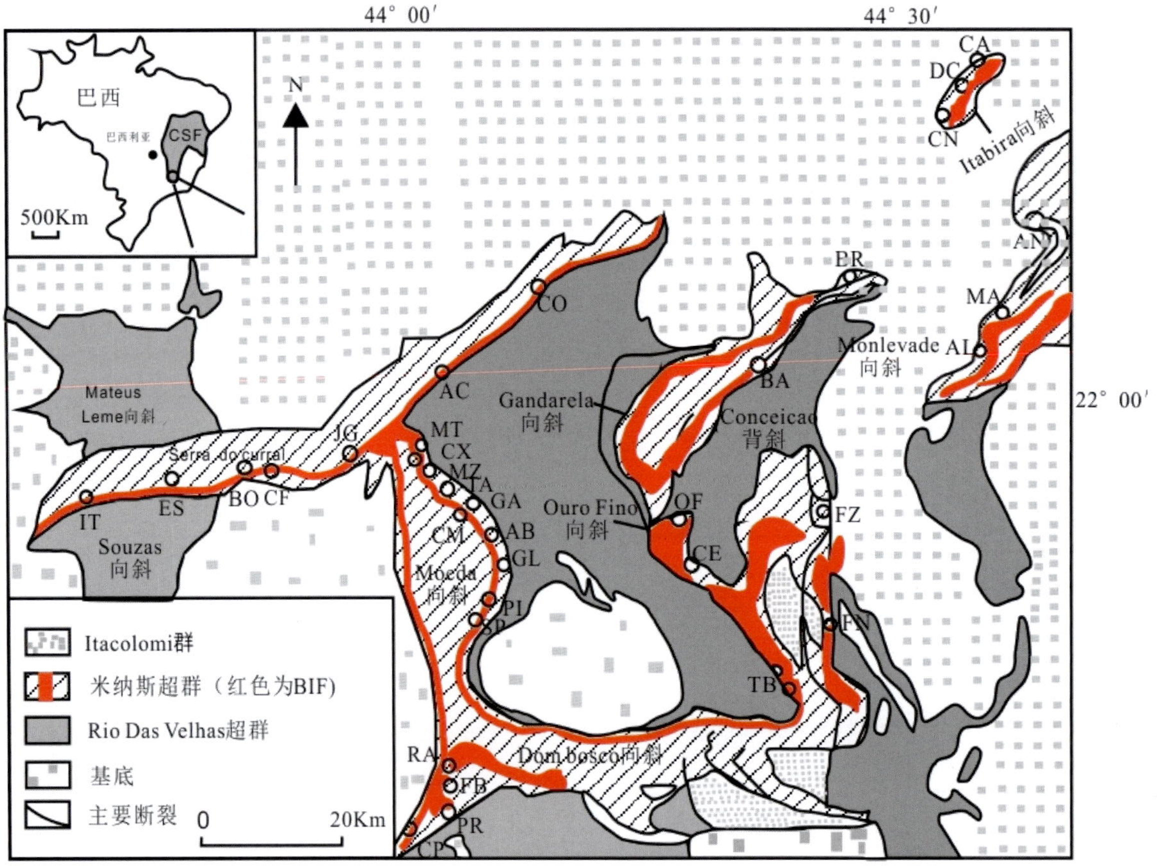

图 10-7　巴西铁四角地区地质简图(据郭维民等,2013 修改)

主要铁矿:AB. Aboboras;AC. Aguas Claras;AL. Agua Limpa;AN. Andrade;BA. Bau;BO. Bocaina;CA. Caue;CF. Corregodo Feijao;BR. Brucutu;CM. Capitaodo Mato;CE. Capanema;CN. Conceicao;CO. Corregodo Meio;CP. Casade Pedra;CX. Capao Xavier;DC. Dois Corregos;ES. Esperanca;FB. Fabrica;GL. Galinheiro;FN. Fabrica Nova;FZ. Fazendao;IT. Itatiaiucu;JG. Jangada;MA. Morro Agudo;MT. Mutuca;MZ. Mar Azul;OF. Ouro Fino;PI. Pico;PR. Pires;RA. Retiro Das Almas;SP. Sapecado;TA. Tamandua;TB. Timbopeba

(2)区域岩浆岩。铁四角地区遭受多期岩浆的侵入作用:新太古代早期岩浆以英云闪长岩-奥长花岗岩-花岗闪长岩 TTG 岩系为特点,晚期以铁镁质-超铁镁质杂岩为特征;古元古代晚期受泛亚马孙造山作用影响,在陆核碰撞过程中,本区又发育了大量的花岗质岩石。

(3)区域变形变质作用。铁四角地区东部和西部,无论从变质作用程度,还是变形强度来看,都存在明显差异。从北西到南东,变质程度逐渐增强,在变质泥岩和铁英岩中,矿物颗粒逐渐增大,变质作用从低级绿片岩相逐渐过渡到中-低级角闪岩相。因此,铁四角地区又划分为两个构造区:西部低应变区和东部高应变区。低应变区主要为铁闪石和镁铁闪石变质带,表现为保存完好的巨型向斜构造;高应变区主要为阳起石、透闪石-直闪石变质带,主要为逆冲、走滑剪切带,形成紧闭等斜褶皱和糜棱岩带。

(4)区域构造。区内褶皱、断裂构造发育，主体构造线方向为北西-南东向，也发育一些北东-南西向次级褶皱和断层，在西部低应变区以巨型向斜构造为主，而东部高应变区则主要发育逆冲、走滑剪切带和紧闭等斜褶皱和糜棱岩带。

2. 矿区地质

铁四角地区铁矿均产于米纳斯吉拉斯超群中部伊塔比拉群下部的卡维组铁英岩中，根据铁英岩中矿物成分、变质程度不同又将其划分为石英铁英岩、白云质铁英岩和角闪质铁英岩3种类型。石英铁英岩分布最为广泛，主要由互层的石英和赤铁矿组成，石英多由燧石重结晶而成；白云质铁英岩也呈细条带状，由互层的红—白色碳酸盐岩和灰黑色赤铁矿组成，主要矿物为白云石、赤铁矿和少量石英、方解石、滑石、绿泥石等；角闪质铁英岩分布局限，露头以大量的针铁矿和假象角闪石、绿泥石为特征，角闪石分布具定向性，平行于层理分布，显示构造变质叶理和矿物线理。

在西部低应变区铁矿床主要分布在毛叶达(Moeda)向斜东翼和库拉尔(Curral)山脉西侧。毛叶达向斜东翼的大型铁矿床，包括Tamandua、Capitaodo Mato、Aboboras和Sapecado等，主要受沿穆图卡(Mutuca)断裂展布的北西-南东向褶皱控制；在库拉尔山脉西侧分布的大型高品位铁矿床有Jangada、Esperanca和Itatiaiucu等，这些矿床受沿库拉尔山脉展布的北东-南西向褶皱和断层控制。

东部高应变区铁矿床主要有Timbopeba、Alegria、Fazendao、Brucutu、Andrade及Itabira矿床等。矿床分布受东部主要构造Gua Quente断裂及相关次级断裂控制。

铁四角地区铁品位大于62%的铁矿石为高品位矿石，TFe为30%～60%称为低品位矿石，高品位矿石依物理特性划分为硬矿石和软矿石。高品位硬矿石的外观特征变化较大，从块状、条带状到片状，块状矿石致密，而条带状矿石多发育孔洞，矿石呈灰色—蓝色，由赤铁矿、假象赤铁矿、假象磁铁矿和少量镜铁矿组成。硬铁矿体形态受条带状铁建造和构造控制明显，呈不规则状产于褶皱核部，或以透镜状呈层状分布；软矿石多产出在硬矿石的外围，呈残余条带状、角砾状或粉状，由高品位赤铁矿形成软的、多孔、易碎矿体，该类型矿体多由白云质铁英岩中碳酸盐矿物的风化淋滤作用形成。

(三)控矿条件

1. 含铁建造控矿

铁四角地区铁矿均产于米纳斯吉拉斯超群中部伊塔比拉群下部的卡维组石英铁英岩、白云质铁英岩和角闪质铁英岩中。

2. 褶皱、断裂构造控矿

矿体受褶皱和断裂控制明显，总体沿北西-南东向展布，但区内发育的北东-南西向次级褶皱和断层对矿体的定位也起着重要作用，决定矿体的形态和空间展布。

3. 变形变质作用控矿

铁四角地区变形变质作用分区明显，西部低应变区和东部高应变区分别控制区内铁矿体的空间展布和形态。

4. 表生风化淋滤控矿

在铁四角地区，表生风化淋滤作用对石英质铁英岩和白云质铁英岩铁质富集起决定作用，是本区高品位铁矿石形成的最重要成矿作用。

(四)成矿模式与找矿标志

1. 成矿模式

铁四角地区大型铁矿床的形成经历了多阶段的成矿作用。第一阶段，在新太古代—古元古代形成原始的条带状铁建造(卡维组石英铁英岩、白云质铁英岩和角闪质铁英岩)；第二阶段，受与泛亚马孙等造山运动有关的热液流体作用、变质作用等影响，条带状铁建造原岩发生脱水、矿物发生重结晶、铁质等发生活化、迁移，进行再富集，形成部分高品位铁矿体；第三阶段，石英质铁建造和白云质铁建造在地下水、大气降水等表生风化淋滤作用下，硅质和碳酸盐物质被淋滤带走，致使高品位赤铁矿-假象赤铁矿矿体的形成。

2. 找矿标志

结合前面介绍，总结巴西铁四角地区铁矿找矿模型如下，见表 10－5。

表 10－5　巴西铁四角地区铁矿找矿模型

成矿关键控制要素	(1)新太古代—古元古代伊塔比拉群下部的卡维组铁英岩为本区含铁建造
	(2)总体受北西-南东向褶皱和断层控制，但区内发育的北东-南西向次级褶皱和断层对矿体的定位也起着重要作用
	(3)变形、变质作用对铁质活化、迁移和富集起积极作用
	(4)表生风化淋滤作用对富铁矿的形成起到至关重要的作用
找矿地质标志	(1)卡维组铁英岩是本区铁矿床的母岩
	(2)褶皱核部、渗透性深大断裂破碎带是富大矿体主要赋存部位
	(3)富铁矿体的形成与碳酸盐交代作用关系密切
	(4)软的富铁矿常产在白云质铁英岩中
物探信息	(1)磁异常明显，但有时在较大厚度富矿地段磁场强度会较低
	(2)重力异常非常明显
化探信息	蚀变岩中，铁、镁含量显著增高，硅、钙、钠、钾含量降低
找矿方法技术组合	矿床模型＋物化探异常＋钻孔验证

三、秘鲁马尔科纳铁矿区

秘鲁马尔科纳(Marcona)铁矿区位于首都利马东南 520km 处，行政隶属伊卡大区纳斯卡省，圣胡安市管辖，矿区地理坐标：南纬 15°08′—15°26′，西经 74°55′—75°18′。矿区分布在一东西长 15km，南北宽 10km 范围内，矿区海拔 800m 左右，为滨海荒漠区。已发现铁矿体、矿化点 117 个，截至 2012 年底，矿区铁矿资源量近 22.5×10^8t。

(一)大地构造背景

秘鲁马尔科纳铁矿位于安第斯造山带中北部的海岸科迪勒拉带，形成于大洋板块向南美板块俯冲背景下的岛弧造山带的拉伸环境。

秘鲁中南部-智利北部的海岸科迪勒拉带，位于安第斯山脉西侧与东太平洋海岸岩基带的过渡部位，为与中酸性岩浆有关的大陆边缘弧。安第斯山脉是中新生代太平洋板块向南美板块俯冲作用形成的造山带，带内构造岩浆活动强烈，成矿条件优越，属于环太平洋多金属成矿带的重要组成部分。在该海岸科迪勒拉带，包括马尔科纳铁矿在内已发现数十个大型火山成因型的矿床。

(二)区域与矿床地质

1. 区域地质

(1)区域地层。秘鲁中南部的海岸岩基带,出露最古老的地层为前寒武纪结晶基底,以片岩、片麻岩、花岗岩和混合岩为主,上覆新元古界和古生界的沉积岩,再向上是中生界火山岩和沉积岩。

古生代奥陶纪的马尔科纳组是铁矿的主要赋矿母岩,岩石成分是厚度超过 1500m 的千枚岩和角(页)岩,原岩为粉砂岩、灰岩、白云岩等海相沉积岩。

中生界地层主要有侏罗纪的塞里托斯组和白垩纪的 Copara 组。早-中侏罗世塞里托斯组地层以断层接触覆盖在古生代马尔科纳组地层之上,两者产状基本一致。为一套由安山岩、凝灰岩、凝灰质杂砂岩夹大理岩、页状、片状泥灰岩组成的火山-沉积岩系,分布于本区的中北部,厚度大于 2000m,也是本区的赋矿母岩;白垩纪的 Copara 组与下层岩石为不整合接触,由互层状的泥质页岩、钙质沉积岩、凝灰岩和安山质熔岩组成,厚度约 1000m,主要分布在本区东北部。

古近系—新近系由黏土岩、砂岩和浅黄色砾岩组成的 Pisco 组地层以角度不整合覆盖在其他地层之上。

(2)区域岩浆岩。该区岩浆活动强烈,火山岩主要为侏罗纪喷发的基性—中基性—中酸性火山岩,岩石类型为玄武岩、玄武安山岩、英安岩、安山玢岩和英安斑岩。岩浆岩分布范围广泛,为多期侵入作用形成。奥陶纪早期—泥盆纪主要为侵位于前寒武纪结晶基底的粗粒黑云母钾长花岗闪长岩、辉长岩墙、岩脉等;早中侏罗世和白垩纪—古近纪以大规模的中性闪长岩岩基、中酸性岩脉和辉长岩脉为主。

(3)区域构造。受纳斯卡大洋板块向南美板块俯冲作用影响,区内断裂构造发育,主体构造线方向与安第斯山脉走向一致,主要由巨大的北西向断裂带组成,这些北西向断裂一般倾向北东,倾角较陡,是大洋板块向南美板块俯冲的强烈挤压应力作用下形成的,早期为挤压性质,造山期后受伸展构造控制,又具有张性特征。此外,区内还发育一系列北东—北东东向及近东西向断裂,铁矿体受断裂控制明显。

2. 矿区地质

秘鲁马尔科纳铁矿主要赋存在古生代马尔科纳组和中生代塞里托斯组两套地层中,马尔科纳组地层是一套以海相白云质灰岩、泥质灰岩、砂页岩等经热变质而形成的大理岩、角页岩、角岩、千枚岩、石英岩岩系,塞里托斯组地层是一套由砂岩、泥灰岩、角砾岩、凝灰岩、安山熔岩组成的火山-沉积岩系。铁矿沿断裂或层间断裂贯入,呈层状和似层状产出,与围岩整合接触。单个矿体走向延长最大可达 2000~2700m,厚度 100~300m,倾向延伸长度为 200~1000m。矿体主要受北东、北东东向的雷佩替松断裂控制,走向北东或近东西向,倾向北西或北(图 10-8)。

铁矿矿石矿物以磁铁矿为主,其次是黄铁矿、磁黄铁矿、黄铜矿,偶见方铅矿、镁菱铁矿;脉石矿物以阳起石、透闪石为主,其次是石英、长石、绿帘石、绿泥石、方解石、石膏等。矿石结构多为中细—中粒粒状变晶结构,少数为细粒结构。矿石构造为块状构造。

一般矿体上部有 10~20m 厚的氧化带,以赤铁矿、假象磁铁矿、褐铁矿及孔雀石为主,是原生矿石表生风化作用的产物。

(三)控矿条件

秘鲁马尔科纳铁矿区有以下几方面控矿因素。

1. 大地构造背景控矿

秘鲁马尔科纳铁矿位于海岸科迪勒拉带,属于陆缘弧后盆地区,随着弧后盆地的发育,受大洋板块向南美板块俯冲作用影响,形成一系列平行海沟的左旋走滑脆韧性断裂带,而同期富含铁质的钙碱性侵入体沿脆韧性剪切带侵位,形成铁矿体。

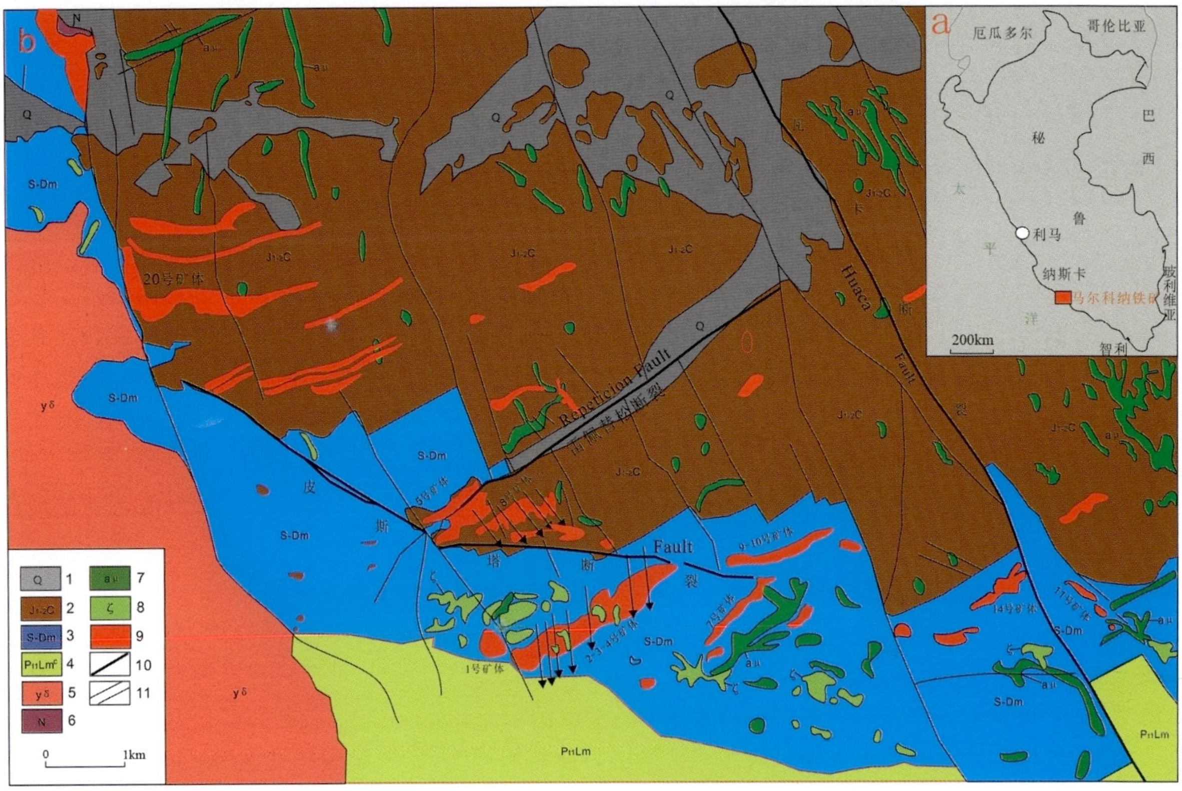

图 10-8 首钢秘鲁马尔科纳铁矿地质图(据尚潞军等,2017)

a. 矿区位置图;b. 矿区地质构造图 1. 第四系;2. 下—中侏罗统塞里托斯组($J_{1-2}c$);3. 志留系—泥盆系马尔科纳组(S—Dm);4. 古元古界洛马斯杂岩(Pt_1Lm^c);5. 花岗闪长岩;6. 基性岩;7. 安山玢岩;8. 英安岩;9. 铁矿体;10. 主干断裂;11. 一般断裂

2. 岩性控矿

该区铁矿主要赋存在古生代一套海相沉积岩序列和中生代火山-沉积岩序列中,海相沉积岩序列中铁矿品位较高,TFe 平均在 50%以上,而中生代火山-沉积岩序列中铁矿品位相对低些,TFe 平均为 35%~45%。

3. 构造控矿

铁矿体主要产在北西向深大断裂旁侧的北东-南西向次级断裂带内,断裂对矿体控制作用明显。

(四)成矿模式与找矿标志

1. 成矿模式

秘鲁马尔科纳铁矿成矿模式大致经历以下 3 个阶段:第一阶段是板块俯冲,地壳深部发生重熔,产生大量岩浆熔融体,沿俯冲带的深大断裂上升,大量火山物质喷溢到地表;第二阶段深部重熔岩浆侵位上移,形成大规模的花岗闪长岩体,作为矿质和热液载体,沿围岩层间或断裂带贯入,形成层状矿体;第三阶段是岩浆演化后期,随着成矿物质进一步迁移、活化,铁质得以相对富集,以贯入、充填等方式形成规模矿体,同时,富含挥发分的多金属成矿物质和残余岩浆沿不同期次的断裂和裂隙侵位,形成类型各异的岩脉群和铜等多金属硫化物矿床。

2. 找矿标志

结合前面介绍,总结秘鲁马尔科纳铁矿区铁矿找矿模型如下,见表 10-6。

表 10-6　秘鲁马尔科纳铁矿区铁矿找矿模型

成矿关键控制要素	(1)海岸科迪勒拉带陆缘弧后盆地区大地构造背景控矿
	(2)古生代一套海相沉积岩序列和中生代火山-沉积岩序列和富含铁质的钙碱性侵入体
	(3)北西向深大断裂旁侧的北东-南西向次级断裂带内，断裂对矿体控制作用明显
找矿地质标志	(1)古生代马尔科纳组和中生代塞里托斯组地层是本区铁矿赋矿层位
	(2)成矿与钙碱性侵入体关系密切
	(3)明矾石化、孔雀石化发育且与铁矿体关系密切
物探信息	磁异常明显，但有时在较大厚度富矿地段磁场强度会较低
找矿方法技术组合	矿床模型＋物探异常＋钻孔验证

第四节　勘查开发

一、勘查开发现状

南美洲铁矿资源丰富，一直是世界铁矿勘查开发的热点地区之一，特别是从21世纪初到2012年，受以中国、印度、巴西等国为代表的新兴经济体工业化对资源的超常需求，尤其是中国经济的迅猛发展，对以铁为主的矿产资源的需求暴增，强烈地刺激了铁矿资源蕴藏丰富的国家在勘查开发中热情投入；2013年后，受国际石油、煤炭、铁矿石和金、铜价格暴跌影响，全球矿业市场开始陷入低迷，南美洲铁矿的勘查开发与全球其他地区相似，也都经历着冰火两重天的考验。

由于铁矿的勘查方法相对简单，主要利用物探方法，特别是航空和地面的磁法测量是铁矿勘查的主要技术手段，成本相对较低。而且全球的铁矿资源极其丰富，目前已经探明的资源可供开采近百年，因此，铁矿勘查的投入并不大，主要集中在现有探明铁矿的矿山建设和矿石开采上。

由于铁矿开发项目一般都是投资时间较长，投资金额较大，前期开始的铁矿投资项目，这两年已陆续达产，扭转了全球铁矿石供不应求的紧张局面。而受全球经济增速放缓，特别是中国经济增长明显减速，西方发达国家经济体恢复不及预期，一些新兴经济市场出现衰退影响，全球钢铁行业表现出明显的产能过剩，对铁矿石的需求降低。尽管如此，南美洲铁矿石的产量并未有明显的下降。

如果不考虑中国开采的低品位铁矿石矿量，巴西在2008年以前一直是全球最大的铁矿石生产国（从2008年开始，澳大利亚铁矿石产量超过巴西成为全球铁矿石生产第一大国）。巴西铁矿床大部分是赤铁矿，铁矿石的特点是：品位高，平均为62%，加工后成品粉矿品位一般为65%～66%，块矿品位一般为64%～67%，属高品位矿石。巴西以生产高品位的富粉矿为主，其次是球团矿，块矿所占比重较小。巴西铁矿石的化学性能优良，具有氧化铝含量低、有害杂质少、烧结性能好的特点，是优质的炼铁原料。

巴西国内的钢铁工业不发达，铁矿石总产量中75%以上用于出口，出口的主要方向是亚洲和欧洲，其中亚洲约占50%，欧洲约占40%。由于中国市场对于铁矿石的需求增长异常强劲，亚洲市场在巴西出口铁矿石的比重也呈逐步上升的趋势。

表10-7是近两年南美洲主要铁矿石生产国产量及出口量统计情况，从表中可以看出，巴西铁矿石产量和出口量不论在南美洲，还是在世界上都位居前列。

表 10－7 2013—2014年南美洲主要铁矿石生产国产量及出口量统计表

项目 \ 国别 / 年	巴西		委内瑞拉		智利		秘鲁	
	2013年	2014年	2013年	2014年	2013年	2014年	2013年	2014年
铁矿石产量(10^6 t)	384.5	410.4	16.8	12	15.8	17.7	12.1	12.2
占南美洲总产量(%)	89.6	90.7	3.9	2.65	3.68	3.91	2.82	2.7
占全球总产量(%)	18	17.5	0.8	0.5	0.7	0.8	0.6	0.5
铁矿石出口量($\times10^6$ t)	329.6	344.4	5.8	2.9	12.2	14.1	11.5	11.6
占南美洲总出口量(%)	91.8	92.33	1.62	0.78	3.40	3.78	3.2	3.11
占全球总出口量(%)	24.8	24.7	0.4	0.2	0.9	1.0	0.9	0.8

二、矿业公司

1. 巴西淡水河谷公司

巴西淡水河谷公司(Vale of Brazil,简称Vale,全称Companhia Vale do Rio Doce)被誉为巴西"皇冠上的宝石"和"亚马孙地区的引擎",私营跨国公司,其业务遍布世界30多个国家和地区,是全球最大的铁矿石和球团生产商,也是全球最大的镍生产商之一,同时还生产铜、锰、铁合金、铝矾土、氧化铝、铝和煤等多种矿产品。

巴西淡水河谷公司成立于1942年6月1日,除经营铁矿砂外,还经营锰矿砂、铝矿、金矿等矿产品及纸浆、港口、铁路和能源。该公司于1997年5月7日开始推行私有化并大举兼并铁矿砂企业。2000年初,淡水河谷不仅收购了SOCOIMEX公司,还收购了萨米特里矿业的全部股份。

现在,淡水河谷铁矿石产量占巴西全国总产量的80%,其铁矿主要产自两个区域:北部区域和南部区域。北部区域在巴西北部Para州的卡拉加斯(Carajas)地区,主要由N4W、N4E、N5W、N5E－N共4个采场组成,生产的产品有块矿、烧结粉、造球粉等;南部区域主要位于巴西南部的米纳斯吉拉斯州,由Itabira、Mariana、Centrais、Western和Purchase 5个采场组成。由于Western和Purchase比较小,就将这两个算为一个,叫作Minas Oeste采场,和其他3个采场构成了众所周知的铁四角地带。其保有铁矿储量约40×10^8 t。

淡水河谷公司业务经营额在世界各个国家和地区所占比重:欧洲29.0%,巴西27.5%,中国12.4%,日本8.9%,美国4.4%,亚洲其他国家4.8%,世界其他国家13.0%。

淡水河谷公司在世界设有5个办事处,其中1994年在中国设立了办事处;在15个国家(地区)有业务经营和矿产开采活动。

淡水河谷公司矿产开采开发规划着眼全球,其中包括:在委内瑞拉开采煤、铝矾土、铜、铁和钻石;在秘鲁开采铝和铜;在智利开采铝和铜;在阿根廷开采钾、铝和铜;在加蓬开采锰;在莫桑比克开采煤、铝和铜;在安哥拉开采钻石、铝、铜、钾和铁;在巴西开采铝、铜、镍、白金族矿及锰、钻石、高岭土和铝矾土;在蒙古开采铝、铜和煤;在中国开采煤、铜、铝和铝矾土。

在巴西国内,淡水河谷公司已形成了3大矿山—铁路—港口一体化供应体系,可提供烧结矿、块矿、球团矿和用于直接还原的特殊粉矿。除了将铁矿石从米纳斯吉拉斯州运往伊塔瓜伊港(Itaguaí)和瓜伊巴港(Guaíba)的铁路之外,公司还拥有包括铁矿石生产在内的全部物流系统。

目前，淡水河谷公司拥有9家独资矿山(伊塔拉比铁矿、马里亚纳铁矿、中米纳斯铁矿、科伦巴铁矿、红木铁矿、米纳斯铁英岩铁矿、格兰德瓦尔任铁矿、巴拉奥贝巴斯铁矿、卡拉加斯铁矿)和两家控股铁矿石企业[巴西联合矿业公司(Mineracoes Brasileiras Reunidas S A，简称MBR)和萨马科公司(Samarco)]及4家球团厂[分别为Hispanobras(占股50.89%)、Itabrasco(占股50.90%)、Nibrasco(占股51%)和Kobrasco(占股50%)]。

表10-8是淡水河谷公司近年来铁矿石产量情况，从表中可以看出，该公司年产铁矿石在3.1×10^8t以上，随着前期矿山扩产陆续完成，目前，铁矿石生产矿山有48个，预生产的有2个，已进入可行性研究阶段的有2个，还对一些矿体进行勘探。2015年产量预计将达到3.4×10^8t，到2017年，全面投产后该公司铁矿石年产能有望达到4.6×10^8t。因此，淡水河谷公司未来铁矿石产量仍存在显著的发展空间。

表10-8 2007—2014年淡水河谷公司铁矿石产量

年份	2007	2008	2009	2010	2011	2012	2013	2014
铁矿石($\times10^6$t)	303.1	301.6	237.9	307.7	322.6	319.5	307.3	319
增长率(%)		−0.5	−21.1	29.3	4.8	−1.0	−4.0	4.0

资料来源：Vale生产年报。

2. 巴西MBR联合矿业公司

巴西MBR联合矿业公司(Mineracoes Brasileiras Reunidas S A)是巴西第二大、世界第六大铁矿公司，其92.99%的股份由淡水河谷公司持有，该公司拥有卡庞沙维尔铁矿等矿山，具有年产铁矿石4500×10^4t能力。

3. 萨马科矿业公司

萨马科矿业公司(Samarco Mineracao S A)是一家仅生产球团矿的铁矿公司，总部位于巴西第四大城市——贝洛奥里藏特市。该公司由澳大利亚的必和必拓公司和巴西淡水河谷公司合资设立(双方各占50%的股份)，拥有完善的矿业生产及物流体系，矿山位于巴西米纳斯吉拉斯州的铁四角矿区，临近淡水河谷公司的采矿区，球团厂和运输港口则位于圣埃斯皮里图州，通过长达396km的输送管道与矿山相连。在圣埃斯皮里图州首府维多利亚港附近，该公司拥有自营码头，可停靠最大18×10^4t的大型船舶。

萨马科矿业公司旗下拥有铁矿石储量达到11.2×10^8t，有四座球团厂，具有年产铁精粉2400×10^4t，球团矿2200×10^4t的能力。目前该公司的产品主要供应欧洲、东亚、美洲及中东地区，其中欧洲地区占其总销量的1/3。近年来该公司开始加大对亚洲，尤其是中国市场的开拓力度，并在香港设立了子公司，其在中国市场的影响力正迅速提升。

4. 巴西国家黑色冶金公司

巴西国家黑色冶金公司(CSN)是一家在圣保罗和纽约证券交易所上市的钢铁公司，拥有Casa de Pedra矿山(简称CDP矿)，资源总量为57×10^8t，平均含铁42%，CDP矿是一个露天开采的矿山。2008年CSN与日韩联合体达成协议，以30.8亿美元向日韩联合体出让40%的股份。其将通过开发一系列的铁矿项目，使其铁矿石年产量从1500×10^4t提高到3700×10^4t。产品主要供应位于里约州CSN的Presidente Vargas钢厂，同时有部分剩余产量用于出口。

5. 委内瑞拉奥里诺科铁矿公司

奥里诺科铁矿公司(CVG Ferrominera Orinoco C A)是委内瑞拉国有企业——圭亚那公司的全资子公司，目前拥有塞罗玻利瓦尔、圣伊西德罗、洛斯巴兰科斯、阿尔塔米拉和拉斯帕伊拉斯铁矿石矿山，详情见表10-9。

表 10-9　奥利诺科铁矿公司旗下矿山储量及铁品位情况

矿山名称	铁矿石储量($\times10^4$t)	铁品位(%)
塞罗玻利瓦尔铁矿	20 000	35～65
圣伊西德罗铁矿	18 000	45～66
洛斯巴兰科斯铁矿	50 000	45～65.5
阿尔塔米拉铁矿	16 000	43.5～63.2
拉斯帕伊拉斯铁矿	1467.8	41.5～63.2

奥里诺科铁矿公司的产品主要为粉矿、块矿和球团矿，其中粉矿品位为64%～66%；块矿品位为64%～65%；球团矿品位为67%。该公司产品主要供应国内市场，约40%出口。

6. 智利太平洋矿业公司

智利的太平洋CMP矿业公司(Compania Minera de Pacifico)成立于1981年，是该国最大的铁矿石生产企业，其铁矿产品占智利总产量的90%以上，该公司铁矿石以出口为主，出口量占销量的85%以上，中国市场为其主要市场，主要客户有济钢集团有限公司、莱芜钢铁集团有限公司、杭州钢铁集团公司、新余钢铁集团有限公司和昆明钢铁控股有限公司等。公司的铁矿产品主要有球团矿、块矿、粉矿及烧结矿。CMP公司的铁矿产品产量及销量情况见表10-10。

目前该公司在智利境内拥有大量铁矿资源，其中规模较大的矿山或矿区有科罗拉多(Los Colorados)铁矿、罗梅拉尔(El Romeral)铁矿、黑山北(Cerro Negro Norte)铁矿、Tofo铁矿、埃尔拉科(El Laco)铁矿、阿尔加罗沃(El Algarrobo)铁矿、阿尔加罗沃铁矿区和科罗拉多铁矿区及克里斯达雷斯(Cristales)铁矿。

表 10-10　CMP公司2009—2014年铁矿石的产量及出口量

年份	2009	2010	2011	2012	2013	2014
铁矿石产量($\times10^6$t)	8.5	10.4	12.0	12.0	11.6	12.9
出口量(%)	10.1	10.2	11.5	11.7		

资料来源：CMP网站。

7. 首钢秘鲁铁矿股份有限公司

首钢秘鲁铁矿股份有限公司(简称首钢秘铁公司)是首钢在秘鲁的全资公司。公司总部在秘鲁首都利马。首钢于1992年12月1日购买了当时濒临破产的秘鲁铁矿公司98.4%的股份及其所属670.7km^{2}矿区的开采权、勘探权和经营权。

首钢秘铁马尔克纳(Marcona)矿区位于秘鲁首都利马以南520km处，行政隶属伊卡大区纳斯卡省，圣胡安市管辖。矿山采场距离城市生活区32km。自然条件得天独厚，矿区公路与泛美高速公路直接相连。首钢秘铁公司自有的小型客机可在附近的秘鲁海军机场起降。圣尼古拉斯港是首钢秘铁公司的自有码头，为天然良港，可停泊装载20×10^4t、最大吃水深度为17.5m的货轮。首钢秘铁矿区交通十分便利，形成了一个海陆空的立体交通网(图10-9)。

首钢秘铁公司包括采矿、选矿、球团、码头装船四大主体生产工艺，最终产品有高炉球团、直还球团、细精粉、粗精粉和粗颗粒矿，产品销往美洲、亚洲等国家和地区，中国市场是秘铁产品的主要用户，占总销量的62.5%。公司同时拥有一座总装机容量为68MW的电厂和可停靠20×10^4t级船舶的深水码头。

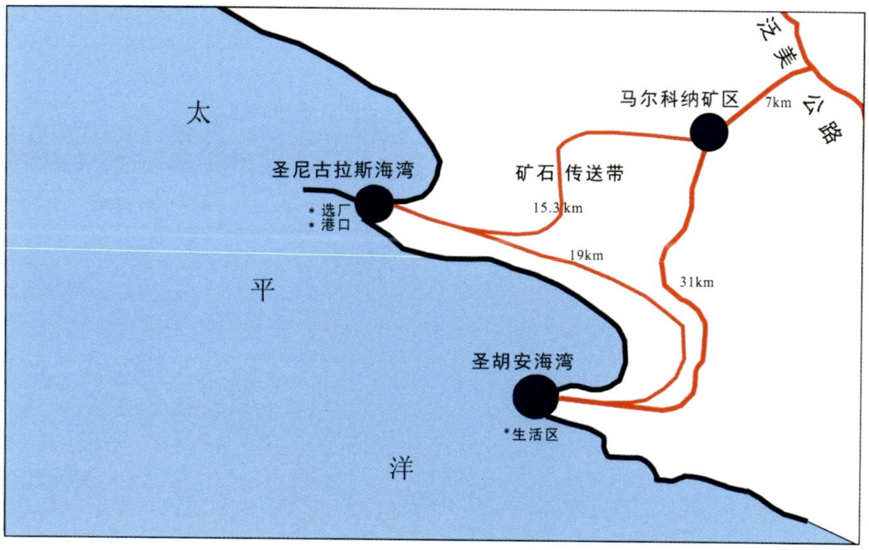

图 10－9　首钢秘鲁铁矿采场、选厂及生活区位置图

首钢秘铁马尔克纳铁矿主要分布在一东西长 15km，南北宽 10km 范围内，矿区海拔 800m 左右(图 10－10)，为滨海荒漠，地势起伏不大，无任何植被，终年无雨或少雨，常年气温 10～30℃。从矿山采场采出的铁矿石是通过一条长 15.3km 的皮带运送到圣尼古拉斯选厂，这条皮带运力每小时 2000t 左右矿石，经 9 次转运，落差 770m，时起时伏，重载下坡时，还可发电，其在设计、工艺、长度等方面均创世界采矿史奇迹。

首钢秘铁马尔克纳铁矿区共发现 117 个铁矿体(矿化点)，截至 2012 年底，矿区铁矿资源近 22.5×10^8t，其中证实储量为 16.5×10^8t，可能储量 6×10^8t。目前首钢秘铁公司开采利用的都是赋存在马尔科纳地层中的铁矿石，矿石的工业指标是铁品位大于 50%。2014 年首钢秘铁生产铁精粉、球团、块矿等产品近 10.7×10^6t。产品销往美洲、亚洲等国家和地区，表 10－11 是首钢秘铁公司近年来铁矿石产量情况。

目前，首钢秘铁公司正进行老区改造和新区建设，预计到 2016 年公司生产铁矿产品将达到 2000×10^4t 的能力。

表 10－11　首钢秘铁股份有限公司 2011—2014 年铁矿石的产量

年份	2011	2012	2013	2014
铁矿石产量(10^6t)	7.1	9.9	11.5	10.7

三、铁矿项目

南美洲铁矿资源丰富，铁矿勘查开发的项目较多，详见表 10－12。

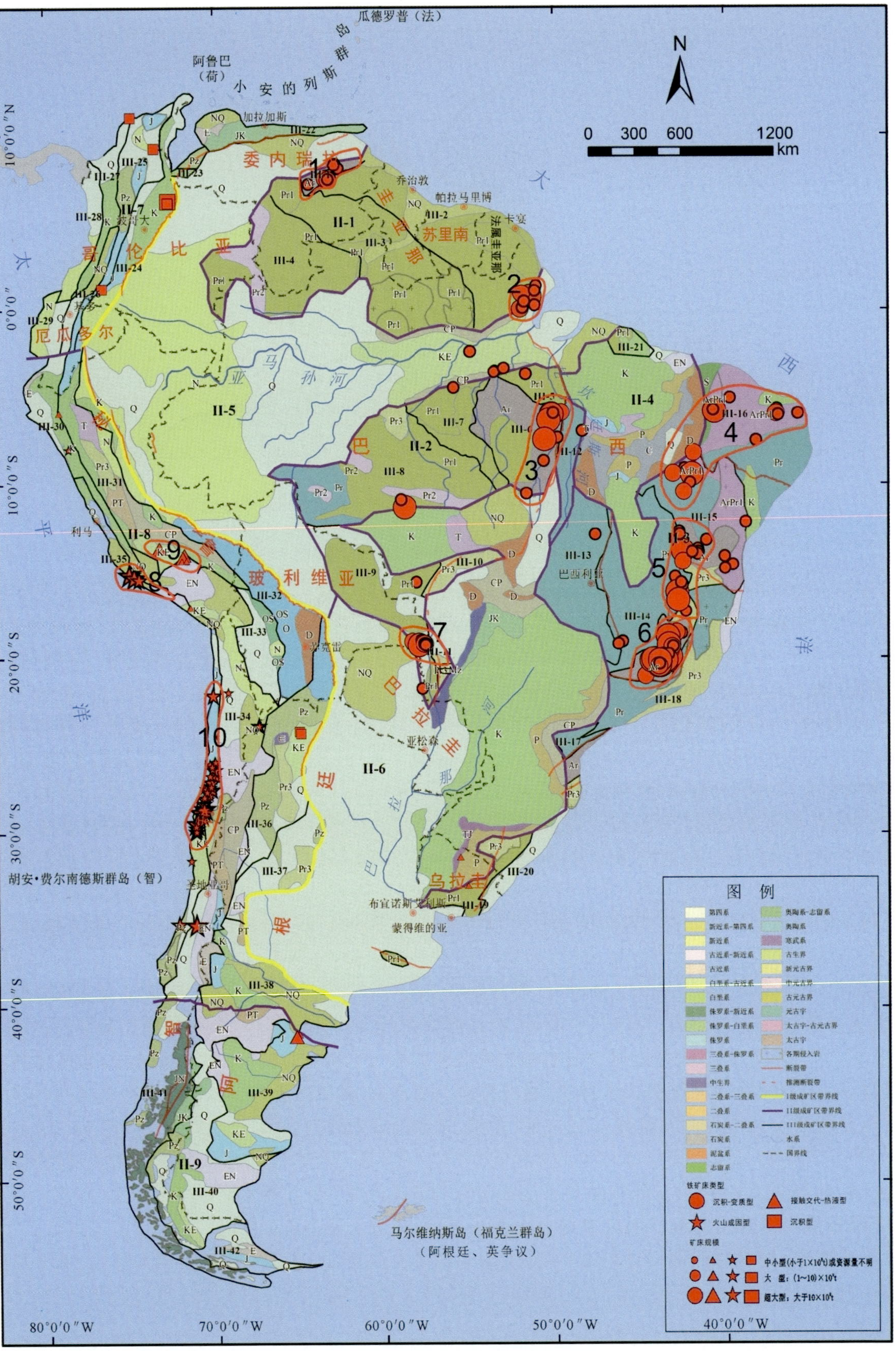

图 10-10　南美洲铁矿成矿远景区分布图

表 10-12　南美洲主要铁矿项目

序号	项目名称	勘查开发阶段	所有权人	所属国家	所属州/省	纬度(°)	经度(°)	资源量(t)
1	9 de Octubre	可研	Hierro Patagonico Rionegrino SA	阿根廷	Jujuy	(24.209170)	(65.077780)	—
2	Fierro	目标区	Iron South Mining Corp.	阿根廷	Río Negro	(41.551940)	(65.205000)	—
3	Sierra Grande	生产	Metallurgical Corporation of Chi - Limited	阿根廷	Río Negro	(41.677000)	(65.369000)	275 000 000
4	Unchime	资源储备	Un - med Company	阿根廷	Jujuy	(24.330830)	(64.999720)	—
5	Cerro Rojo	资源储备	Ferrum Americas Mining Inc	玻利维亚	Santa Cruz	(19.069170)	(58.311670)	286 900 000
6	El Mutun	生产	Government of Bolivia	玻利维亚	Santa Cruz	(19.266670)	(57.916670)	40 000 000 000
7	Puerto Suarez	预生产	EBX Group	玻利维亚	Santa Cruz	(18.997780)	(57.788060)	—
8	Aboboras	生产	Vale SA	巴西	Minas Gerais	(20.155730)	(43.876360)	910 100 000
9	Agua Limpa	生产	Vale SA	巴西	Minas Gerais	(19.945810)	(43.231280)	20 500 000
10	Alegria	生产	Vale SA	巴西	Minas Gerais	(20.163930)	(43.499710)	345 100 000
11	Alterosas	目标区	Brasroma Mineração	巴西	Minas Gerais	(20.151390)	(44.189440)	—
12	Amapa	生产	Zamin BM NV	巴西	Amapá	0.815200	(51.867570)	243 900 000
13	Amapa	勘探	Ecometals LTD	巴西	Amapá	0.727000	(51.435000)	—
14	Amazon	基建	HJH Nominees Pty LTD	巴西	Pará	(2.459000)	(54.904000)	—
15	Amplus	资源储备	Mineral Development Corporation Limited	巴西	Amapá	0.704440	(51.409440)	1 500 000 000
16	Andorinhas Iron	资源储备	Mineracao Floresta do Araguaia	巴西	Pará	(7.399258)	(49.842106)	6 500 000
17	Andrade	生产	Arcelor Mittal	巴西	Minas Gerais	(19.783060)	(43.187500)	471 000 000
18	Angico	勘探	DuSolo Fertilizers Inc	巴西	Piauí	(9.182992)	(42.406756)	—
19	Apolo	可研	Vale SA	巴西	Minas Gerais	(20.019470)	(43.703700)	670 200 000
20	Bahia	普查	Cleveland Mining Company Limited	巴西	Bahia	(14.033590)	(42.389090)	—
21	Bahia	基建	Tecstones Geologia Ltda.	巴西	Bahia	(14.699000)	(39.566000)	—
22	Bahia Mineracao	可研	Eurasian tural Resources Corporation Limited	巴西	Bahia	(13.924331)	(42.507784)	2 071 500 000

续表 10-12

序号	项目名称	勘查开发阶段	所有权人	所属国家	所属州/省	纬度(°)	经度(°)	资源量(t)
23	Baratintha	普查	Bemisa Brasil Exploracao Mineral SA	巴西	Minas Gerais	(19.083000)	(46.048000)	—
24	Bau	生产		巴西	Minas Gerais	(20.008000)	(43.573000)	—
25	Bom Sucesso	资源储备	MMX Mineração e Metálicos SA	巴西	Minas Gerais	(21.048650)	(44.714630)	331 100 000
26	Borborema	基建	Latin Resources Limited	巴西	Rio Grande do Norte	(5.777300)	(36.983160)	—
27	Brucutu	生产	Vale SA	巴西	Minas Gerais	(19.865320)	(43.384110)	432 400 000
28	Camaleao Deposits	资源储备	Camaleao Mineracao	巴西	Bahia	(9.348610)	(42.325560)	—
29	Campo Alegre de Lourdes	资源储备	Largo Resources Limited	巴西	Bahia	(9.461110)	(43.087220)	132 000 000
30	Ca - brava	基建	CPS Capital Group Pty LTD	巴西	Bahia	(13.793040)	(41.609880)	—
31	Canavial	资源储备	Centaurus Metals Limited	巴西	Minas Gerais	(18.634387)	(42.969783)	27 600 000
32	Candonga	可研	Ecosinter - Indústria de Beneficia mento de Resíduos Ltda.	巴西	Minas Gerais	(18.841827)	(42.951861)	9 394 000
33	Capanema	可研	Vale SA	巴西	Minas Gerais	(20.189170)	(43.618060)	610 700 000
34	Capao Xavier	遥感普查	Vale SA	巴西	Minas Gerais	(20.051240)	(43.977780)	57 700 000
35	Capitao do Mato	生产	Vale SA	巴西	Minas Gerais	(20.119660)	(43.920590)	1 171 900 000
36	Carrapato	目标区	Larf Consultoria e Administracao Ltda.	巴西	Minas Gerais	(20.096390)	(44.128610)	—
37	Casa de Pedra	扩产	Companhia Siderúrgica - cional	巴西	Minas Gerais	(20.469440)	(43.916390)	3 021 000 000
38	Catuti	目标区	Unnamed Company	巴西	Minas Gerais	(15.388610)	(42.977220)	—
39	Caue	遥感普查	Vale SA	巴西	Minas Gerais	(19.599480)	(43.228670)	—
40	Cia De Fomento Mineral	遥感普查	Companhia Siderúrgica Nacional	巴西	Minas Gerais	(20.433100)	(43.839800)	170 000 000
41	Cofersul	生产	Oculus Mining SA	巴西	Minas Gerais	(20.238890)	(44.558060)	—
42	Colomi	资源储备	Brasil Exploracao Mineral	巴西	Bahia	(9.500000)	(41.966670)	1 360 000 000

续表 10-12

序号	项目名称	勘查开发阶段	所有权人	所属国家	所属州/省	纬度(°)	经度(°)	资源量(t)
43	Conceicao	遥感普查	Vale SA	巴西	Minas Gerais	(19.659250)	(43.275280)	549 900 000
44	Conquista	目标区	Centaurus Metals Limited	巴西	Minas Gerais	(18.854730)	(42.949860)	—
45	Conta Historia	资源储备	Vale SA	巴西	Minas Gerais	(20.237130)	(43.521310)	515 900 000
46	Corrego do Feijao	生产	Vale SA	巴西	Minas Gerais	(20.105000)	(44.129720)	—
47	Corrego do Meio	闭坑	Vale SA	巴西	Minas Gerais	(19.861000)	(43.791000)	—
48	Corumba	生产	Vale SA	巴西	Mato Grosso do Sul	(19.211190)	(57.566130)	310 800 000
49	Corumba	生产	MMX Mineração e Metálicos SA	巴西	Mato Grosso do Sul	(19.194720)	(57.613890)	192 000 000
50	Curionopolis	勘探	Vertical Mineracao Ltda.	巴西	Pará	(6.064720)	(49.645830)	—
51	Curral Velho	勘探	Centaurus Metals Limited	巴西	Paraíba	(7.570000)	(38.210000)	—
52	Eloi	勘探	Unnamed Company	巴西	Rio Grande do Norte	(6.045000)	(35.782000)	—
53	Esperanca	生产	Ferrous Resources Do Brasil Ltda.	巴西	Minas Gerais	(20.125924)	(44.236051)	294 500 000
54	F1	勘探	Pegran Comercio de Pedras Ltda.	巴西	Bahia	(14.216000)	(40.054000)	—
55	Fabrica Nova	生产	Vale SA	巴西	Minas Gerais	(20.204320)	(43.444130)	1 139 200 000
56	Fazenda Da Mata	基建	Private Interest	巴西	Bahia	(13.963000)	(41.582000)	—
57	Fazendao	生产	Vale SA	巴西	Minas Gerais	(20.125680)	(43.416750)	605 800 000
58	Febra	普查	Mineracao Cruzeiro Ltda.	巴西	Bahia	(12.805000)	(42.738000)	—
59	Ferradura	资源储备		巴西	Amapá	(0.027140)	(51.970520)	300 000 000
60	Ferteco Mineracao SA	遥感普查	Vale SA	巴西	Minas Gerais	(20.428330)	(43.874440)	—
61	Friaveis	扩产	Usinas Siderúrgicas de Minas Gerais SA	巴西	Minas Gerais	(20.113330)	(44.280280)	10 886 217
62	G100	勘探	Centaurus Metals Limited	巴西	Minas Gerais	(18.461940)	(42.964170)	—
63	Gemma Verde	资源储备	Gema Verde Comercio Exportacao de Minerais and Servicos Ltda.	巴西	Minas Gerais	(16.291390)	(42.730560)	458 500 000
64	Goalink	生产	Prosperity International Holdings (H K) Limited	巴西	Ceará	(5.142880)	(39.724720)	—

续表 10 - 12

序号	项目名称	勘查开发阶段	所有权人	所属国家	所属州/省	纬度(°)	经度(°)	资源量(t)
65	Gongo Soco	生产	Vale SA	巴西	Minas Gerais	(19.960090)	(43.598940)	—
66	Greystone	资源储备	Zamin BM NV	巴西	Bahia	(14.516764)	(42.516925)	147 000 000
67	Guanhaes	目标区	GME4	巴西	Minas Gerais	(18.616870)	(42.583090)	—
68	Guanhaes	勘探	Centaurus Metals Limited	巴西	Minas Gerais	(18.448000)	(42.952000)	—
69	GVA Mineração	预生产	MMX Mineração e Metálicos SA	巴西	Minas Gerais	(20.114440)	(44.289440)	—
70	Ilha Redonda	基建	Tau Capital Brasil Mineracao LTD	巴西	Amapá	0.178000	(51.134000)	—
71	I - ja South	目标区	Talon Metals Corporation	巴西	Pará	(8.728090)	(50.643300)	—
72	Irongates Brasil	目标区	Irongates Pty LTD	巴西	Minas Gerais	(20.114720)	(44.316110)	—
73	Itabira	生产	Vale SA	巴西	Minas Gerais	(19.605260)	(43.219680)	800 300 000
74	Itacolomy	生产	Nacional Minérios SA	巴西	Minas Gerais	(20.434270)	(43.847150)	—
75	Itaituba	基建	Lara Exploracion Limited	巴西	Pará	(4.515000)	(55.864000)	—
76	Itambe	普查	Centaurus Metals Limited	巴西	Minas Gerais	(19.565821)	(43.443249)	10 000 000
77	Itaminas	生产	East China Mineral Exploracion and Development Bureau	巴西	Minas Gerais	(20.090252)	(44.123063)	1 390 000 000
78	Itaquarai	基建	CPS Capital Group Pty LTD	巴西	Bahia	(14.089000)	(41.631000)	—
79	Itatiaiucu	遥感普查	Arcelor Mittal	巴西	Minas Gerais	(20.183330)	(44.366670)	1 058 000 000
80	Itatiaiucu	扩产	Usinas Siderúrgicas de Minas Gerais SA	巴西	Minas Gerais	(20.111880)	(44.278820)	2 400 000 000
81	Itauna	生产	Minerios Itauna Ltda.	巴西	Minas Gerais	(20.124170)	(44.377220)	117 229 397
82	Jacuipe	普查	Ferrous Resources Do Brasil Ltda.	巴西	Bahia	(12.258000)	(38.813000)	—
83	Jambreiro	建设规划	Centaurus Metals Limited	巴西	Minas Gerais	(18.573890)	(42.891670)	128 000 000
84	Jangada	生产	Vale SA	巴西	Minas Gerais	(20.091530)	(44.091560)	113 400 000
85	Jiboia	普查	Eurasian Natural Resources Corporation Limited	巴西	Minas Gerais	(16.250000)	(42.833330)	2 865 000 000
86	Juina	可研	IMS Mineracao	巴西	Mato Grosso	(11.373060)	(58.748890)	5 290 000 000

续表 10 - 12

序号	项目名称	勘查开发阶段	所有权人	所属国家	所属州/省	纬度(°)	经度(°)	资源量(t)
87	Liberdade	资源储备	Mineracao Marsil Ltda.	巴西	Minas Gerais	(19.551170)	(43.020574)	5 310 000
88	Macaubas	勘探	BrazIron Limited	巴西	Bahia	(12.960000)	(42.704000)	—
89	Mar Azul	生产	Vale SA	巴西	Minas Gerais	(20.057010)	(43.958930)	—
90	Maraba	基建	Puma Metals Mineracao Ltda.	巴西	Mato Grosso do Sul	(21.757000)	(57.739000)	—
91	Mariana	生产	Vale SA	巴西	Minas Gerais	(20.209390)	(43.443650)	3 216 700 000
92	MBR	生产	Vale SA	巴西	Minas Gerais	(19.954630)	(43.900700)	—
93	Miguel Burnier	生产	Gerdau SA	巴西	Minas Gerais	(20.443530)	(43.788910)	6 300 000 000
94	Minas Centrais	生产	Vale SA	巴西	Minas Gerais	(19.947830)	(43.232960)	1 123 100 000
95	Minas do Meio	生产	Vale SA	巴西	Minas Gerais	(19.627820)	(43.250350)	250 400 000
96	Minas Itabirito	生产	Vale SA	巴西	Minas Gerais	(20.237000)	(43.864000)	2 931 200 000
97	Minas Novas	勘探	Cleveland Mining Company Limited	巴西	Minas Gerais	(17.362000)	(42.337000)	—
98	Minas Rio	生产	Anglo American PLC	巴西	Minas Gerais	(18.800000)	(43.400000)	6 349 900 000
99	Mineral do Brasil	生产	Mineral do Brasil Ltda.	巴西	Minas Gerais	(20.109000)	(44.163000)	—
100	Mirassol D'Oeste	目标区	GME4	巴西	Mato Grosso	(15.671390)	(58.071110)	—
101	Morro do Gergelim	目标区	CPS Capital Group Pty LTD	巴西	Bahia	(13.961940)	(41.951390)	—
102	Morro do Pilar	资源储备	Manabi SA	巴西	Minas Gerais	(19.249891)	(43.336997)	1 216 000 000
103	Morro Escuro	资源储备	Manabi SA	巴西	Minas Gerais	(19.393411)	(43.169225)	251 000 000
104	N4E	生产	Vale SA	巴西	Pará	(6.055370)	(50.173020)	301 700 000
105	N4W	生产	Vale SA	巴西	Pará	(6.050110)	(50.183700)	1 345 800 000
106	N5	生产	Vale SA	巴西	Pará	(6.080610)	(50.146840)	887 900 000
107	Namisa	生产	Companhia Siderúrgica Nacional	巴西	Minas Gerais	(20.463610)	(43.902440)	1 430 000 000
108	Northern System	扩产	Vale SA	巴西	Pará	(6.054490)	(50.176870)	—
109	O2iron	基建	Geobraz Exploracion Ltda. Me	巴西	Tocantins	(7.015000)	(48.375000)	—

续表 10－12

序号	项目名称	勘查开发阶段	所有权人	所属国家	所属州/省	纬度(°)	经度(°)	资源量(t)
159	Vargem Grande	生产	Vale SA	巴西	Minas Gerais	(20.178480)	(43.875400)	2 479 400 000
160	Vetria	扩产	America Latina Logistica SA	巴西	Mato Grosso do Sul	(19.261390)	(57.535000)	—
161	Viga	扩产	Ferrous Resources Limited	巴西	Minas Gerais	(20.503780)	(43.916810)	542 000 000
162	Viga Norte	初期勘探	Ferrous Resources Do Brasil Ltda.	巴西	Minas Gerais	(20.357000)	(43.885000)	—
163	Vila Nova Iron	生产	Eldorado Gold Corporation	巴西	Amapá	0.400000	(51.750000)	22 713 000
164	Vulcano	基建	Vulcano Mineradora SA	巴西	Tocantins	(12.955520)	(47.651990)	—
165	Xingu	基建	Un－med Company	巴西	Pará	(3.750000)	(51.680000)	—
166	Xingu	勘探	BrazIron Limited	巴西	Pará	(3.417000)	(52.940000)	—
167	Xique Xique	资源储备	BrazIron Limited	巴西	Bahia	(10.515000)	(42.450830)	430 600 000
168	Zamapa	生产	Zamin BM NV	巴西	Amapá	1.011670	(51.126110)	—
169	Adrianitas	生产	JSW Steel Limited	智利	Atacama	(27.450000)	(70.216670)	3 500 000
170	Aguas Claras	资源储备	Unnamed Owner	智利	Maule	(35.255830)	(71.280090)	1 990 565 000
171	Algarrobo	生产	CAP SA	智利	Atacama	(28.812150)	(70.990000)	1 402 800 000
172	Antonio	生产	Hierro Tal Tal SA	智利	Atacama	(25.920000)	(70.150000)	—
173	Atacama	可研	Sociedad Minera GuangDa Atacama Ltda.	智利	Atacama	(27.600000)	(70.300000)	—
174	Atacama Desert Iron Ore Mine	目标区	Iron Mining Group Inc	智利	Atacama	(27.366110)	(70.332500)	—
175	Bella Ester	预生产	Desierto de Hierro	智利	Atacama	(26.904720)	(70.213890)	696 000
176	Bellavista	生产	JSW Steel Limited	智利	Atacama	(27.255310)	(70.401310)	—
177	Boqueron Chanar	资源储备	Corporacion de Fomento de la Produccion	智利	Atacama	(28.065280)	(70.697780)	137 000 000
178	Burritas	可研	Jiangsu Huitai	智利	Atacama	(27.423330)	(70.765000)	3 300 000
179	Candelaria Tailings	生产	CAP SA	智利	Atacama	(27.504560)	(70.309620)	339 100 000
180	Carmen Iron	资源储备	JSW Steel Limited	智利	Atacama	(26.346610)	(70.142820)	—
181	Cerro Iman	生产	JSW Steel Limited	智利	Atacama	(27.258330)	(70.416670)	1 000 000

续表 10-12

序号	项目名称	勘查开发阶段	所有权人	所属国家	所属州/省	纬度(°)	经度(°)	资源量(t)
182	Cerro Negro Norte	生产	CAP SA	智利	Atacama	(27.100000)	(70.343330)	343 200 000
183	Chanco	基建	Southern Hemisphere Mining Limited	智利	Maule	(35.217000)	(72.348000)	—
184	Chile Yilong	资源储备	Shunde Rixin Development Co	智利	Atacama	(28.575830)	(70.757220)	5 000 000 000
185	Cojin	勘探	Admiralty Resources NL	智利	Atacama	(28.909000)	(70.974000)	—
186	Desvio Norte	可研	Mitsubishi Corporation	智利	Coquimbo	(29.900000)	(71.266670)	5 000 000
187	Dominga	目标区	Minera Andes Iron	智利	Coquimbo	(29.366670)	(71.250000)	—
188	Don Daniel	目标区	JSW Steel Limited	智利	Atacama	(26.294170)	(70.268060)	—
189	Don Eduardo	可研	San Francisco	智利	Atacama	(26.106980)	(70.260570)	60 300 000
190	El Laco	资源储备	CAP SA	智利	Antofagasta	(23.843330)	(67.500000)	733 900 000
191	El Romeral	生产	CAP SA	智利	Coquimbo	(29.716670)	(71.233330)	450 600 000
192	Hacienda Castilla	资源储备	Inversiones Copper Mining	智利	Atacama	(26.814720)	(70.050000)	—
193	Hanos de el Tofo	可研	CAP SA	智利	Coquimbo	(29.446900)	(71.234490)	3 036 800 000
194	Harper South	普查	Admiralty Resources NL	智利	Atacama	(28.766670)	(70.783330)	360 700 000
195	Hermotita	预生产	Minera Monte Grande	智利	Atacama	(26.394440)	(70.178890)	500 000 000
196	Huentelauquen	普查	Unnamed Company	智利	Coquimbo	(31.587000)	(71.563000)	—
197	IGP	资源储备	Trulan Resources Inc	智利	Coquimbo	(29.906800)	(71.250580)	247 000 000
198	Javiera	可研	Sociedad Minera Varry Ltda.	智利	Atacama	(27.455420)	(70.679870)	65 000 000
199	La Higuera	勘探	Peregrine Metals Limited	智利	Coquimbo	(29.451000)	(71.216000)	—
200	La Serena Beach	目标区	Iron Mining Group Inc	智利	Coquimbo	(29.906390)	(71.250280)	—
201	Laco Sur	闭坑	Unnamed Company	智利	Antofagasta	(23.843300)	(67.491700)	—
202	Los Colorados	生产	CAP SA	智利	Atacama	(28.298790)	(70.808790)	943 900 000
203	Marianas	普查	Condor Blanco Mines Limited	智利	Atacama	(27.351940)	(70.366670)	11 000 000
204	Meteoritica	目标区	Southern Hemisphere Mining Limited	智利	Antofagasta	(21.951620)	(69.290540)	—

续表 10 - 12

序号	项目名称	勘查开发阶段	所有权人	所属国家	所属州/省	纬度(°)	经度(°)	资源量(t)
205	Oso Negro	勘探	Hebei Wenfeng Industrial Company Limited	智利	Atacama	(27.844170)	(70.431940)	—
206	Osorni	预生产	Jiangsu Huitai	智利	Atacama	(27.634440)	(70.616110)	3 300 000
207	Pampa Tololo	目标区	Admiralty Resources NL	智利	Atacama	(28.317220)	(70.764720)	—
208	Putu	生产	South American Iron and Steel Corporation Limited	智利	Maule	(35.213060)	(72.308330)	903 198 340
209	Quince	勘探	South American Iron and Steel Corporation Limited	智利	Atacama	(26.050000)	(70.433330)	—
210	Renacer - Ornella	预生产	Jiangsu Huitai	智利	Atacama	(27.949440)	(70.771670)	6 600 000
211	Resguardo	勘探	Inversiones Barriga SA	智利	Atacama	(26.739250)	(70.245680)	—
212	Salitrosa	可研	All Grade Mining Inc	智利	Atacama	(26.734170)	(70.421390)	3 600 000
213	San Francisco	可研	Minera Carmen Bajo	智利	Atacama	(26.348330)	(70.278060)	—
214	San Gabriel	资源储备	Hierro Tal Tal SA	智利	Atacama	(25.922000)	(70.105010)	60 500 000
215	Santa Rosa	目标区	Wise Top Holdings	智利	Coquimbo	(29.615000)	(71.270830)	—
216	Tocopilla Beach	可研	Iron Mining Group Inc	智利	Antofagasta	(22.126670)	(70.214720)	100 000 000
217	Vallenar	资源储备	Australis Mining Corp LTD	智利	Atacama	(28.630000)	(70.793610)	254 857 000
218	Xavier	可研	Essex Holdings	智利	Atacama	(26.187220)	(70.313330)	—
219	Acerias Paz del Rio	扩产	Votorantim Industrial SA	哥伦比亚	Boyacá	6.183330	(72.716670)	150 000 000
220	Curumani		Un - med Company	哥伦比亚	Cesar	9.216000	(73.531000)	—
221	El Uche	生产	Votorantim Industrial SA	哥伦比亚	Boyacá	6.027880	(72.722060)	—
222	Mocoa	生产	Un - med Company	哥伦比亚	Putumayo	1.174000	(76.642000)	—
223	Mariela	勘探	Junefield High Value Metals Investments Limited	秘鲁	Arequipa	(17.097780)	(71.536670)	—
224	Mariela	勘探	Total Genius Iron Mining SAC	秘鲁	Arequipa	(17.097000)	(71.515000)	—
225	Pampa Colorada	基建	Origen Group SAC	秘鲁	Cajamarca	(5.941000)	(79.220000)	—

续表 10－12

序号	项目名称	勘查开发阶段	所有权人	所属国家	所属州/省	纬度(°)	经度(°)	资源量(t)
226	Pampa de Pongo	可研	Nanjinzhao Group Co LTD	秘鲁	Arequipa	(15.360000)	(74.837220)	3 700 000 000
227	Pampa el Toro Iron Sands	资源储备	Minera Ataspascas SA	秘鲁	Arequipa	(15.488161)	(74.559270)	871 712 000
228	Trujillo	基建	Cuervo Resources Incorporated	秘鲁	La Libertad	(7.998510)	(78.671770)	—
229	Altamira 2	生产	Corporacion Venezolana De Guayana	委内瑞拉	Bolivar	7.501000	(63.416000)	—
230	Cerro Altamira	生产	Corporacion Venezolana De Guayana	委内瑞拉	Bolivar	7.484000	(63.238000)	—
231	Cerro Arimagua	生产	Corporacion Venezolana De Guayana	委内瑞拉	Bolivar	7.679000	(63.094000)	—
232	Cerro Bolivar (La Parida)	生产	Corporacion Venezolana De Guayana	委内瑞拉	Bolivar	7.457000	(63.385000)	—
233	Cerro Frontera		Unnamed Company	委内瑞拉	Bolivar	7.461100	(63.331900)	—
234	Cerro La Estrella	生产	Unnamed Company	委内瑞拉	Bolivar	7.474000	(63.137000)	—
235	Cerro Redondo	生产	Corporacion Venezolana De Guayana	委内瑞拉	Bolivar	7.495000	(63.074700)	—
236	Comsigua	生产	Complejo Siderurgio De Guyana Ca	委内瑞拉	Bolivar	8.303540	(62.781470)	—
237	El Pao	闭坑	Corporacion Venezolana De Guayana	委内瑞拉	Bolivar	8.035000	(62.660000)	—
238	El Trueno	生产	Corporacion Venezolana De Guayana	委内瑞拉	Bolivar	7.133000	(64.370000)	—
239	Ferrominera Orinoco	扩产	Corporacion Venezolana De Guayana	委内瑞拉	Bolivar	8.048890	(62.602500)	—
240	Las Pailas	生产	Corporacion Venezolana De Guayana	委内瑞拉	Bolivar	7.385000	(63.231000)	—
241	Los Barrancos	生产	Corporacion Venezolana De Guayana	委内瑞拉	Bolivar	7.400000	(63.212000)	—
242	Posven	闭坑	Posven CA	委内瑞拉	Bolivar	8.254600	(62.850440)	—
243	San Isidro	生产	Corporacion Venezolana De Guayana	委内瑞拉	Bolivar	7.389000	(63.230000)	—
244	San Joaquin	生产	Corporacion Venezolana De Guayana	委内瑞拉	Bolivar	7.417000	(63.218000)	—
245	Valentines	可研	Zamin BM NV	乌拉圭	Durazno	(33.050000)	(55.116670)	50 000 000
246	Zapucay	普查	Gladiator Resources Limited	乌拉圭	Rivera	(31.433330)	(55.566670)	3 600 000

第五节 远景区分析

一、远景区划分

铁矿资源远景区的划分依据主要包括以下几方面：已知铁矿床（点）类型及分布特征；容矿岩体或火山-沉积岩展布特点；大地构造背景；铁矿成矿地质条件连续性；找矿标志分布特点；遥感、航磁、地球化学异常分布特点等。据此将南美洲铁矿资源划分为4个成矿远景大区（即西北部圭亚那地盾成矿远景大区、中巴西地盾成矿远景大区、大西洋地盾成矿远景大区和安第斯远景大区），在此基础上，又划分出10个成矿远景区（伊马塔卡杂岩体铁成矿远景区、卡拉加斯铁成矿远景区、阿马帕铁矿远景区、北里奥格兰德-巴拉伊巴铁矿远景区、巴伊亚东北部铁成矿远景区、铁四角及周边铁成矿远景区、木通-乌鲁库姆铁成矿远景区及秘鲁中南部安第斯海岸铁成矿远景区、智利中北部安第斯海岸铁成矿远景区和秘鲁安第斯中部铁成矿远景区）（表10－13，图10－10）。

二、远景区分析

1. 委内瑞拉伊玛塔卡杂岩体铁矿成矿远景区

伊马塔卡杂岩体铁矿成矿远景区位于委内瑞拉南部，沿奥里诺科河南岸东西向长约500km，宽80～100km，所处的大地构造单元是圭亚那地盾的北西边缘。伊玛塔卡杂岩体形成于古太古代，是南美洲最古老的地体，条带状铁建造（BIF）赋存在杂岩体角闪岩和麻粒岩带内，铁矿为沉积-变质型，远景储量146×10^{8}t，已发现的大型超大型铁矿有Cerro Bolivar、San Isidro、Las Pailas、Los Barrancos Ⅰ和Ⅱ等。Cerro Bolivar铁资源量达到18.55×10^{8}t，铁的品位达到63%；San Isidro铁资源量为117×10^{8}t，铁品位在44%左右。

该区铁矿体均沿着杂岩体近东西向分布，成矿条件十分有利。

2. 巴西阿马帕铁矿成矿远景区

巴西阿马帕铁矿成矿远景区位于巴西阿马帕州东南部，亚马孙河入海口的北岸，近东西向长约500km，宽约200km，所处的大地构造单元是圭亚那地盾的东南缘与马罗尼-伊塔卡尤纳斯（Maroni－Itacaiunas）造山带的结合部，该造山带是泛亚马孙造山旋回产物。

区内广泛发育的是新太古代晚期伊塔卡尤纳斯超群，主要为火山-沉积岩序列，受多期变质作用影响，形成褶皱基底，由萨洛博群、波露卡群、帕拉群和巴伊亚群组成，帕拉群火山岩含铁建造广泛发育，铁矿远景储量23×10^{8}t，已发现多个大型超大型铁矿体，如Amplus（15×10^{8}t）、Amapa、Ferradura等矿床。

该区成矿条件优越，虽交通便利，但属于亚马孙雨林地带，对铁矿开发有一定影响。

3. 巴西卡拉加斯铁成矿远景区

巴西卡拉加斯铁成矿远景区位于巴西中部帕拉州东南部，呈近南北向带状展布，长约700km，宽约100km。该区远景储量122×10^{8}t，前面已对该区进行了较详细的介绍，这里就不再赘述。

该区是巴西重要铁矿生产地，淡水河谷公司有完备的铁路运输系统，其他公司由于受制于铁路运输，开采量不大。

表 10-13 南美洲铁矿重要远景区

序号	远景区名称	所在地区	简要地质特征	矿床成因类型	成矿时代	规模		参考文献
						范围(km)	资源量(亿 t)	
1	委内瑞拉伊玛塔卡铁成矿远景区	位于委内瑞拉玻利瓦尔州，沿奥里诺科河南岸东西向展布	处于圭亚那地盾的北西边缘，条带状含铁建造(BIF)赋存在伊玛塔卡杂岩体角闪岩和麻粒岩带(古太古代)内，大部分露头表现为薄层、连续的纹层状构造，具有典型化学沉积的特征。一般地表形成由细粒赤铁矿和硬的次生针铁矿组成的盖帽，高品位铁矿床的形成一般都经历了断层、褶皱构造作用及后期表生风化淋滤作用，矿石矿物主要为赤铁矿和磁铁矿	沉积-变质型(苏必利尔型)	古太古代—早元古代	长约 500，宽 80～100	146	姚春彦等，2014；SNL 数据库
2	巴西阿马帕铁成矿远景区	位于巴西阿马帕州东南部，亚马孙河入海口的北岸，近东西向展布	处于圭亚那地盾的东南缘与马罗尼-伊塔卡尤纳斯(Maroni-Itacaiunas)造山带的结合部，铁矿赋存在一套主要为火山-沉积岩组成的伊塔卡尤纳斯超群中的帕拉群中部含铁建造中，含铁建造上、下部为海底拉斑玄武质火山岩，铁矿层的展布受近东西向的复向斜制约，高品位铁矿体经历了风化、淋滤和去硅富集作用，矿石矿物以赤铁矿组成的红富矿石为主，仅含少量磁铁矿；本区还存在铁氧化物铜-金-铀矿床(IOCG)，但并未按铁矿开发	沉积-变质型(阿尔戈马型)	新太古代晚期	长约 500，宽约 200	23	Zappettini et al，2005；SNL 数据库
3	巴西卡拉加斯铁成矿远景区	位于巴西中部帕拉州东南部，呈近南北向带状展布	处于亚马孙克拉通东南部边缘，其东邻托坎廷斯-巴西利亚褶皱带和马拉尼昂盆地，南部与里奥玛丽亚似花岗岩-绿岩地体相接，西部被广泛分布的元古宙地层覆盖，北部被中元古代和新生代沉积岩覆盖。铁矿床主要赋存在靠近北部的伊塔卡尤纳斯构造省的伊塔卡尤纳斯超群下部的帕拉群中部火山岩-火山沉积岩系(卡拉加斯铁建造)中，矿层的展布受北西西复向斜控制。高品位铁矿体经历了风化、淋滤和去硅富集作用。矿体表部为受强烈风化淋积(局部为冲、坡积)形成的铁角砾岩及蜂窝状铁帽，矿物为赤铁矿、针铁矿等，下部为赤铁矿组成的红富矿石，多空洞，矿层厚度数十米至200m，再向下为由赤铁矿、石英(碧玉)毫米级互层组成，含少量磁铁矿的铁英岩层。本区还存在铁氧化物铜-金-铀矿床(IOCG)，但并未按铁矿开发	沉积-变质型(以苏必利尔型为主，还有阿尔戈马型)	古元古代	长约 700，宽约 100	122	姚春彦等，2012 曾勇等，2015；SNL 数据库

续表 10-13

序号	远景区名称	所在地区	简要地质特征	矿床成因类型	成矿时代	规模		参考文献
						范围(km)	资源量(亿 t)	
4	巴西北里奥格兰德-巴拉伊巴铁成矿远景区	位于巴西东部的北里奥格兰德州、巴拉伊巴州和塞阿拉州，呈弧形展布	处于圣弗朗西斯科克拉通与博尔博雷马造山带的结合部，铁矿床赋存在一套以长英质的变火山岩和泥质变沉积岩组成的片麻岩为主，且有双峰弧火山岩和花岗质岩石侵入的互层片岩中，矿体上部以受风化淋滤而成的赤铁矿为主，下部为层纹状的赤铁矿和磁铁矿	沉积-变质型(苏必利尔型)	新元古代	长约 1000，宽约 150	26	周尚国等，2013；SNL 数据库
5	巴西巴伊亚中部铁成矿远景区	位于巴西东南部的巴伊亚州中部，近南北向展布	处于圣弗朗西斯科克拉通中东部，受区域裂谷-逆冲构造影响，在一些盆地或地堑内充填有古-中元古代 Espinhaco 超群及各种中基性侵入杂岩，铁矿体就赋存在这套火山-沉积岩中	沉积-变质型(苏必利尔型)	古元古代	长约 700，宽约 150	112	Zappettini et al，2005；SNL 数据库
6	巴西米纳斯吉拉斯州"铁四角"及邻区铁成矿远景区	位于巴西东南部米纳斯吉拉斯州贝洛奥里藏特(Belo Horizonte)市南部，呈北东向展布	处于弗朗西斯科克拉通的南端，受早期泛亚马孙造山运动影响，形成北东-南西向的褶皱，之后又叠加了巴西利亚造山运动近北西-南东向的构造，形成大规模走滑、逆冲断裂及褶皱。铁矿体赋存在米纳斯吉拉斯(minas Gerais)超群，其是由下部的卡拉卡(Caraca)群碎屑沉积岩、伊塔比拉(Itabira)群化学沉积岩及上部的皮泣西卡巴(Piracicaba)和撒巴拉(Sabara)群碎屑-化学混合沉积岩组成。伊塔比拉群下部为卡维(Caue)组，由石英和白云质条带状铁建造(铁英岩)和少量白云岩、页岩组成，是本区铁矿床最主要的赋矿层位。矿体受褶皱和断裂控制明显，总体沿北西-南东向展布，但区内发育的北东-南西向次级褶皱和断层对矿体的定位也起着重要作用，决定矿体的形态和空间展布。表生风化淋滤作用对石英质铁英岩和白云质铁英岩铁质富集起决定作用，是高品位铁矿石形成的最重要成矿作用	沉积-变质型(苏必利尔型)	古元古代	长约 400，宽约 150	586	郭维民等，2013；SNL 数据库

续表 10-13

序号	远景区名称	所在地区	简要地质特征	矿床成因类型	成矿时代	规模		参考文献
						范围(km)	资源量(亿t)	
7	玻利维亚-巴西边界木通-乌鲁库姆铁成矿远景区	位于玻利维亚的圣克鲁斯省与巴西南马托格罗索省交界处	处于亚马孙克拉通西南部。铁矿主要赋存层位为新元古代 Jacadigo 群的 Corrego das Pedras 组(粒状含铁建造)和 Banda Alta 组(条带状含铁建造)。Banda Alta 组由含碧玉铁质岩和锰矿夹层组成,厚约 300m,含铁层为条带状氧化物相岩石,由极细粒赤铁矿的薄层与氧化硅的薄层组成	沉积-变质型(苏必利尔型)	新元古代	长约 300 多,宽约 40	458	周尚国等,2013;SNL 数据库
8	秘鲁中南部安第斯海岸带铁成矿远景区	位于秘鲁中南部纳斯卡省-莫克瓜省安第斯海岸带,呈北西-南东走向,与海岸带平行	位于秘鲁中南部安第斯海岸带,受太平洋板块向南美板块俯冲作用影响,铁矿与中生代晚侏罗纪-早白垩纪构造岩浆活动关系密切,铁矿床主要赋存于古生代海相沉积岩及中生代的海陆交互相沉积岩-火山碎屑岩系列中,受断裂构造控制明显。矿体呈层状、似层状产出,走向上连续稳定。铁矿体普遍具有明显的垂直分带特点,由地表到深部分为氧化带、过渡带和原生带,氧化带和过渡带一般不超过 40m 厚。原生带矿石以磁铁矿为主,富含有铜、钴、镍、锌等多种金属元素。有学者将其称为接触交代-热液型铁矿或 IOCG 型矿床	火山成因型铁矿	晚侏罗世—早白垩世	长约 600,宽约 50	68	卢民杰等,2013;尚潞军等,2017;SNL 数据库
9	秘鲁安第斯造山带中部铁成矿远景区	位于秘鲁安第斯高原区中部,从 Ancash 延伸到 Puno,呈北西-南东走向	位于秘鲁安第斯造山带中部,受太平洋板块向南美板块俯冲作用影响,形成的呈北西-南东走向的铁矿带。铁矿与中-新生代中酸性岩浆活动关系密切,矿体主要赋存在古生代碳酸盐岩与酸性侵入岩接触带中,矿床规模较大,矿体呈似层状、透镜状,铁矿石以磁铁矿为主,硫化物较少	接触交代-热液型铁矿床	中生代	长约 600,宽约 150	8	卢民杰等,2013;席振,2011;SNL 数据库
10	智利中北部安第斯海岸带铁矿成矿远景区	位于智利首都圣地亚哥以北至卡拉马安第斯海岸带,近南北走向	位于智利中北部安第斯海岸带,受太平洋板块向南美板块俯冲作用影响,铁矿与中生代晚侏罗纪-早白垩纪构造岩浆活动关系密切。铁矿床的围岩多为安山岩和安山粗面岩,磁铁矿含量较高,矿石的常见组合为阳起石-方柱石-磷灰石-磁铁矿,富含铜、金等多金属元素。有学者将其称为 IOCG 型矿床	浅成低温热液	晚侏罗世—早白垩世	长约 1000,宽约 100	170	卢民杰等,2013;方维萱等,2014;SNL 数据库

4. 巴西北里奥格兰德-巴拉伊巴铁成矿远景区

巴西北里奥格兰德-巴拉伊巴铁成矿远景区位于巴西东部的北里奥格兰德州、巴拉伊巴州和塞阿拉州，呈弧形展布，延续长约1000km，宽约150km，所处的大地构造单元是圣弗朗西斯科克拉通与博尔博雷马造山带的结合部，该造山带是新元古代时期巴西利亚造山旋回产物，以长英质的变火山岩和泥质变沉积岩组成的片麻岩为主，发育与双峰弧火山岩互层的低级片岩和花岗质岩石的侵入。该区远景储量 26×10^8t，已发现多个大型超大型铁矿体，如 Rio Grande do Norte、Planalto Piaui 及 Borborema 等铁矿床。

该区成矿条件优越，但目前由于基础设施还不完善，铁矿开发相对滞后。

5. 巴西巴伊亚中部铁成矿远景区

巴西巴伊亚中部铁成矿远景区位于巴西东南部的巴伊亚州中部，近南北向展布，南北长约700km，宽约150km。所处的大地构造单元是圣弗朗西斯科克拉通中东部，广泛发育的是太古代中—高级花岗绿岩带，在古元古代，该区受裂谷-逆冲构造影响，在一些盆地或地堑内充填有古-中元古代 Espinhaco 超群及各种中基性侵入杂岩。区内构造、变形变质发育，铁矿远景储量 112×10^8t，已发现的大型超大型铁矿床有：Bahia Mineracao(20.7×10^8t)、Colomi(13.6×10^8t)、Xique Xique(4.3×10^8t)等。

该区成矿条件优越，但目前由于基础设施还不完善，铁矿开发相对滞后。

6. 巴西米纳斯吉拉斯州铁四角及邻区铁成矿远景区

巴西米纳斯吉拉斯州铁四角及邻区铁成矿远景区位于巴西东南部米纳斯吉拉斯州贝洛奥里藏特(Belo Horizonte)市南部，呈北东向展布，长约400km，宽约150km。该区远景储量 586×10^8t，前面已对该区进行了较详细的介绍，在此不再赘述。

该区是巴西最重要的铁矿生产地，淡水河谷公司有完备的铁路运输系统，拥有多数优质铁矿权区，其他公司由于受制于铁路运输，铁矿石多卖给淡水河谷公司，开采量受限。

7. 玻利维亚—巴西边界木通-乌鲁库姆铁矿成矿远景区

玻利维亚—巴西边界木通-乌鲁库姆铁矿成矿远景区位于玻利维亚与巴西交界处，该成矿远景区长约300多千米，宽约40km(图10-12)，所处的大地构造单元是亚马孙克拉通西南部。铁矿主要赋存层位为新元古代 Jacadigo 群的 Corrego das Pedras 组(GIF，粒状含铁建造)和 Banda Alta 组(BIF，条带状含铁建造)。自北向南，Jacadigo 群被 Coruma 群碳酸盐覆盖。该区远景储量 458×10^8t，区内发现的大型超大型铁矿床：玻利维亚的木通铁矿(400×10^8t，含铁量高达60%)、Cerro Rojo(2.87×10^8t)，巴西的 Corumba(5.0×10^8t)、Juina(5.29×10^8t)等铁矿。

玻利维亚—巴西边界木通-乌鲁库姆铁矿成矿远景区由于地处内陆，运输是该区铁矿开采的最大问题，往西要翻越安第斯高山，往东也路途遥远，运输成本都很巨大。目前巴西段乌鲁库姆铁矿区已进行了少量的开采，而玻利维亚段木通铁矿区因基础设施薄弱，暂还未开发。

8. 秘鲁中南部安第斯海岸带铁矿成矿远景区

该铁矿成矿远景区位于秘鲁中南部安第斯海岸带，呈北西-南东走向，与海岸带平行，长约600km，宽约50km。铁矿与中生代晚侏罗世—早白垩世构造岩浆活动关系密切，铁矿床主要赋存于中生代火山岩-火山碎屑岩及老的沉积岩系列中，受断裂构造控制明显。矿石以磁铁矿为主，富含有铜、钴、镍、锌等多种金属元素。该区远景储量 68×10^8t，已发现的超大型铁矿有马尔科纳铁矿(资源量 22.5×10^8t)、邦沟铁矿(资源量 37.5×10^8t)。

该区成矿条件优越，交通便利，有利于铁矿开发。

9. 秘鲁安第斯造山带中部铁矿成矿远景区

该铁矿成矿远景区位于秘鲁安第斯造山带中部，呈北西-南东走向，与安第斯造山带总体走向平行，长约600km，宽约150km。铁矿与中生代中酸性岩浆活动关系密切，铁矿床主要赋存于古生代碳酸盐岩

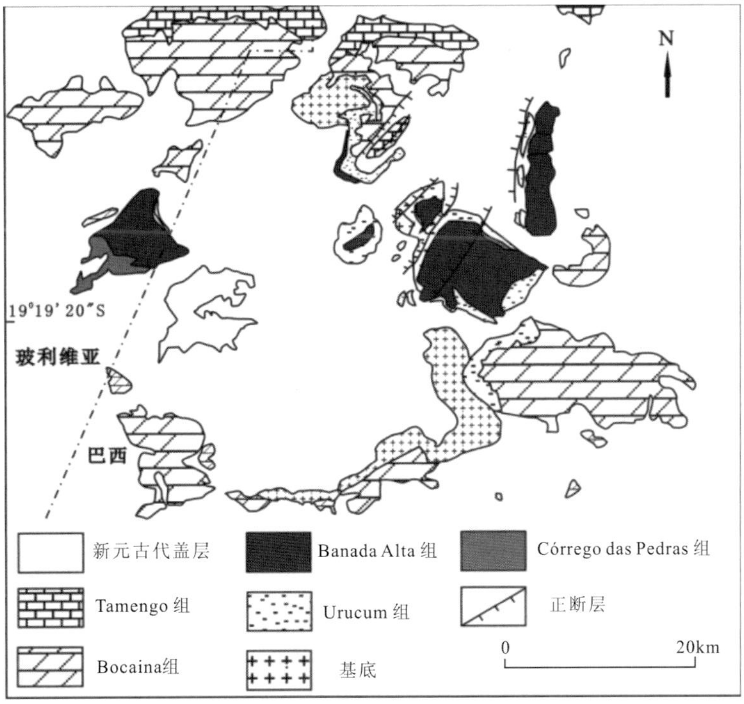

图 10-12 木通—乌鲁库姆地区区域地质图(据卢民杰等,2013)

与酸性侵入岩接触带中,形成接触交代-热液型铁矿床,矿床规模较大。该区远景储量 8×10^8t,已发现的大型铁矿床有 Apurimac(2.69×10^8t)、Cusco(4.99×10^8t)等。

该区成矿条件优越,但位于安第斯造山带高山区,基础设施薄弱,开发难度大。

10. 智利中北部安第斯海岸带铁矿成矿远景区

该铁矿成矿远景区位于智利中北部安第斯海岸带,近南北走向,与海岸带平行,长约 1000km,宽约 100km。铁矿与中生代晚侏罗世—早白垩世构造岩浆活动关系密切,铁矿床主要赋存于中生代火山岩-火山碎屑岩及老的沉积岩系列中,受断裂构造控制明显。矿石以磁铁矿为主,富含有铜、金等金属元素。该区远景储量 170×10^8t,已发现的大型—超大型铁矿有 Algarrobo(资源量 14.0×10^8t)、Aguas Claras(资源量 19.9×10^8t)、Chile Yilong 及 Hanos de el Tofo(资源量 30.6×10^8t)。

该区成矿条件优越,交通便利,有利于铁矿开发。

南美洲铁矿资源丰富,在地台区以沉积-变质型铁矿为主,主要分布在巴西、委内瑞拉和玻利维亚等国;在安第斯造山带以与火山成因有关的铁矿为主,主要分布在秘鲁中南部—智利北部靠近海岸的科迪勒拉带。

南美洲是世界铁矿石重要生产地,巴西是世界第二大生产国,年产量占世界的 1/5,委内瑞拉、玻利维亚、智利等国铁矿资源也十分丰富,均有广阔的开发前景。

第十一章 锂 矿

全球近70%的探明锂矿资源分布在南美洲安第斯高原盐湖中，其盐湖卤水中锂平均浓度为(100～900)$\times10^{-6}$，资源禀赋良好，开采条件优良。同时，其勘查程度较低，除智利和阿根廷极少数大型盐湖卤水型锂矿床正在开采外，超过2/3的盐湖尚未进行详细调查。近年来，美国、加拿大、德国、澳大利亚、日本和韩国等国家的锂业公司纷纷进入南美洲开展工作，使该地区已然变成全球锂矿勘查开发的焦点地区。

第一节 资源概述

一、资源储量与全球地位

全球已发现的锂矿资源主要分为两大类，卤水型锂矿资源和固体型锂矿资源，分别占总储量的80%和20%。固体锂矿床又主要以两种形式产出：一种是产出于交代伟晶岩脉中，主要赋矿矿物为锂辉石、透锂长石和锂云母等；另一种是产出于富锂的沉积地层中，主要赋矿矿物为锂蒙脱石和贾达尔石(Jaderlite)。在锂矿产开发进程中，长期以来围绕锂辉石、透锂长石及锂云母等含锂矿物的加工和提纯进行，20世纪80年代以前，经济上可采的及次经济资源85%为固体型锂矿资源；20世纪70～80年代以来，从含锂卤水中提取和回收锂、生产碳酸锂的技术不断提高，应用范围也不断扩大，使得卤水提锂成为生产碳酸锂、氧化锂及各种锂化合物的更重要的原材料来源。目前，在经济上可开采的及次经济资源的锂总量中，伟晶岩只占9%，而卤水占91%(表11-1)。

表11-1 全球锂矿资源开发方向变化表(汪镜亮，1999)

类型	矿床数	20世纪80年代以前可开采的资源($\times10^4$t)	所占比例(%)	20世纪80年代以后可开采的及新发现的次经济资源($\times10^4$t)	所占比例(%)
固体型	34	132	85.0	108	8.8
卤水型	6	23.2	15.0	1143.6	91.2
合计	40	155.2	100.0	1251.6	100.0

南美洲锂资源主要分布在安第斯高原赋锂盐湖群中，即智利、阿根廷和玻利维亚交界的沙漠中，位于18°～28°S之间，该地区被称为锂三角地区。该区气候条件干燥，日照充足，蒸发量大，在100多万平方千米范围内发育有100多个盐湖。此外，巴西西南部地区有少量伟晶岩型锂辉石矿床，但资源量较小。根据全球知名矿业咨询机构SNL Financial(后文简称SNL)的统计，截至2015年底，南美洲锂矿探明储量为1588$\times10^4$t，全部为盐湖卤水型锂矿资源，占世界探明锂矿储量的68.8%，其中玻利维亚锂储量居首位，该国的乌尤尼盐湖有着“盐漠”之称，占世界锂储量的39%；其次是智利，主要分布在阿塔卡玛盆地，占据了世界总储量的23%；阿根廷盐湖群锂储量占世界总储量的6.8%(表11-2，图11-1)。

表 11-2 南美锂矿资源量、储量统计表 （单位：以氧化锂当量计）

国家	储量（$\times 10^4$ t）	占世界比例（%）	产量（t）	占世界比例（%）
玻利维亚	900	39	—	—
智利	530	23	12 900	35.83
阿根廷	158	6.8	2900	8.06
巴西	—	—	400	1.11
合计	1588	68.8	16 200	45

储量数据来源：SNL Financial Commodity Profile - Lithium，2015。产量数据来源：USGS Mineral Commodity Summary，2015。

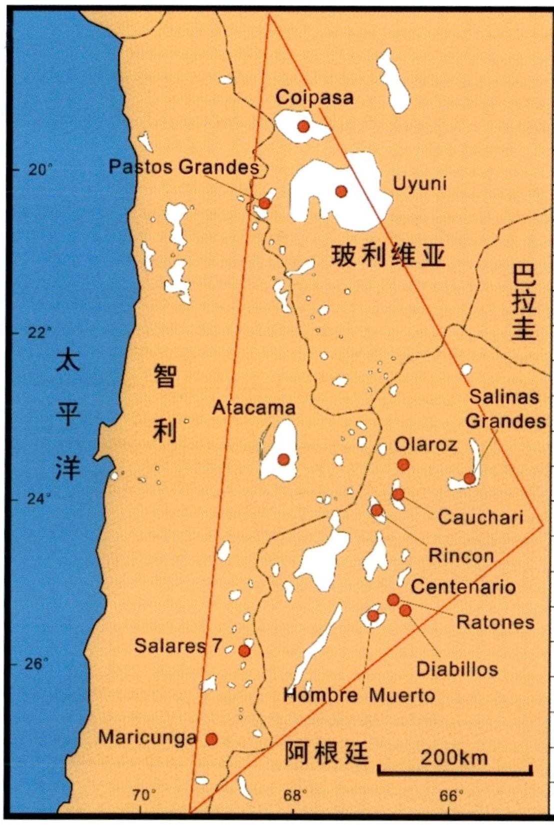

矿床名称	国家	勘查阶段	资源量（$\times 10^4$ t）
Uyuni	玻利维亚	可行性研究	1800.1
Atacama	智利	扩建	530.0
Cauchari-Olaroz	阿根廷	可行性研究	274.0
Vida	阿根廷	可行性研究	157.3
Rincon	阿根廷	限制生产	140.0
Nx Uno	智利	预生产	140.0
Hombre Muerto	阿根廷	生产	85.0
Diablillos	阿根廷	可行性研究	53.3
Litio	智利	生产	50.2
Maricunga	智利	储量评估	11.9
Laguna Verde	智利	储量评估	9.9
Cuenca Centenario-Ratones	阿根廷	勘查	8.7
Salinas Grandes	阿根廷	储量评估	4.5
Vida Extension	阿根廷	勘查	NA
SLM Bongo	智利	勘查	NA
Salta	阿根廷	勘查	NA
Salares Regional	阿根廷	勘查	NA
Rio Grande	阿根廷	勘查	NA
Ratones	阿根廷	勘查	NA
Pocitos	阿根廷	勘查	NA
Pastos Grandes	玻利维亚	勘查	NA
Mina Sisifo	阿根廷	勘查	NA

图 11-1 南美锂矿床分布图

二、资源国概况

1. 智利

智利是世界锂储量第二大的国家，根据 2015 年 SNL 的统计，该国锂储量为 530×10^4 t（以氧化锂当量计），占世界总储量的 22.9%，潜在资源量为 212×10^4 t。智利锂资源主要集中在北部的阿塔卡玛盆地中，该盆地中主要分布有弧后挤压盆地大陆型赋锂盐湖，其中阿塔卡玛盐湖（Salar de Atacama）是世界第二大干盐湖，碳酸锂产量世界第一。

2. 阿根廷

阿根廷是世界上卤水锂资源最丰富的国家之一，根据 2015 年 SNL 的统计，该国锂储量为 158×

10^4t(以氧化锂当量计),占世界总储量的6.8%,潜在资源量为694×10^4t。但阿根廷锂总体的勘查开发水平较低,其潜在资源量巨大。阿根廷境内的锂资源主要分布在西北部普纳高原的盐湖区。其中,翁布雷穆埃尔托(Salar de Hombre Muerto)盐湖是世界第四大盐湖卤水型锂矿床,该盐湖是除阿塔卡玛盐湖以外目前在南美又一个开始工业化生产的盐湖。

3. 玻利维亚

玻利维亚是世界最大的锂储量国,根据2015年SNL的统计,该国锂储量900×10^4t(以氧化锂当量计),占世界总储量的39%,潜在资源量为900×10^4t。主要锂资源集中在西南部中央高原,相对高度较低的中央高原由两个宽的盐壳构成:乌尤尼盐湖(Salar de Uyuni)和科伊帕萨盐沼(Coipasa)。其中,乌尤尼盐湖总资源量为1800×10^4t,结合目前锂资源的年消费量,仅这一个盐湖就可供全世界使用数百年。但基于政治原因,玻利维亚的锂资源尚未得到开发利用。

4. 巴西

巴西锂资源主要以伟晶岩锂矿床为主,根据2015年SNL的统计,该国锂矿储量尚未探明,潜在资源量为22×10^4t。主要矿床有:阿拉苏阿伊州(Aracuaí)圣若昂德尔雷伊(Cachoeira)伟晶岩矿床、塞阿拉州(Ceará)基金拉莫宾市(Quixeramobim)以锂云母为主的锂资源和索洛诺波利州(Solonópole)以锂磷铝石为主的锂资源。此外,在帕拉伊巴州(Paraiba)、北里奥格兰德州(Rio Grande do Norte)也有少量的锂辉石和锂磷铝石产出。

第二节　成矿规律

一、区域成矿背景

南美洲锂资源主要产出于安第斯山脉西侧高原型内陆盆地,平均海拔4000m。具体可分为阿塔卡玛盆地区、玻利维亚高原区和普纳高原区。

1. 阿塔卡玛盆地区

阿塔卡玛盆地位于智利北部,为新生代断陷盆地,其东西边界均为深大断裂,新生代的断裂活动,把盆地分割为百余个地形洼地,其中面积大于$1km^2$以上的干盐湖有75个,总面积达$7252km^2$。大多数干盐湖在雨季时维持几天到几周出现卤水。盆地从中新世以来一直极度干燥,地形基本上没有发生大的变化。安第斯山脉自渐新世到现在一直在隆升,伴随有大量火山物质的喷发。盆内的填充物厚度超过沿岸山脉的高度,主要由冲洪积物和湖相沉积物组成(Ide et al,1989;Warren,2010)。

2. 普纳高原区

普纳高原位于阿根廷西北部,主要由新生代陆相火山作用形成,随着山体的不断抬升,夷平作用产生的碎屑物质被水流搬运至山间盆地低洼处沉积下来,淡水湖泊沉积一直延续至更新世晚期,更新世末期普纳高原大体形成。古气候证据表明,进入全新世,气候转为持续干旱,湖泊水体逐渐萎缩咸化,至全新世逐渐干涸直至完全枯竭(Omarini,1999;Bosio,2009)。

3. 玻利维亚高原区

玻利维亚高原位于玻利维亚西南部,是一个$200\ 000km^2$的封闭盆地,海拔4000m,位于东部和西部安第斯山脉之间。东部山脉主要由古生代沉积岩(砂岩、页岩)和花岗质深成岩体构成,西部山脉中存在大量火山岩,包括从安山岩到流纹英安岩的各种类型,熔岩流和熔灰岩覆盖在第三系之上。高原基底由古生代地层构成,之上为厚层的白垩纪和三叠纪陆相沉积岩(砂岩、泥岩、黏土岩、页岩和蒸发岩)。高原西部和南部的上新世至第四纪受强烈的火山活动影响(Ericksen,1976)。

二、矿床类型

就南美洲锂资源而言,主要为卤水型锂矿,伟晶岩型锂矿仅在巴西有所产出,但规模均较小。卤水型锂矿床根据地质构造背景,可将其进一步划分为:弧后挤压盆地大陆型盐湖、弧后扩张克拉通盆地盐湖以及前陆和山间槽地和盆地地区的盐湖(表 11-3)。

表 11-3 卤水型锂矿床按构造特征分类表

	弧后挤压盆地大陆型	弧后扩张克拉通盆地型	前陆和槽地盆地型
分布特征	分布在大陆型地壳上,属于陆缘延伸部分	分布在年轻的变质杂岩中心带和崩落带间的外延半地堑系统	分布在碰撞形成的断裂系统,在原有的弧后盆地和火山弧上发展而来的山间槽地或盆地中
物质来源	新生代含盐岩系中的锂和火山活动形成的含锂地热水	新生代火山岩风化和含锂地热水	碰撞阶段形成的酸性含锂的深部再熔岩浆
成矿特征	存在浅层含锂卤水,拥有巨厚的石盐沉积	由酸性火山岩风化或地热活动等化学沉积作用形成	酸性再熔岩浆以地热形式携出地表
典型矿床	安第斯高原盐湖群	美国西南部盐湖群	青藏高原盐湖群

资料来源:据郑绵平院士观点整理。

在表 11-3 中可以看出,南美洲卤水型锂矿床均产出于弧后挤压盆地大陆型富锂盐湖中。具体特征如下:南美洲安第斯高原盐湖群沿安第斯聚合边缘造山带分布,高原地势较高且内部渗透率高,新生代火山活动频繁,且新生代含盐岩系发育,与岩浆活动有关的含锂地热水以及含盐岩系的风化淋滤,成为盐湖特有成分的双重补给。这使得安第斯盐湖群中的赋锂盐湖几乎都存在浅层含锂卤水,且拥有巨厚的石盐沉积。

三、控矿因素

1. 干旱的气候条件

南美洲赋锂盐湖群位于安第斯山脉的高寒气候区,安第斯山脉构成雨水隔离带(Garrett,2004),使得盆地内年蒸发量是年降水量的 17 倍。锂在整个化学风化过程中都是可溶解的,在封闭的盆地中,尤其是高蒸发区,锂大部分残留在卤水中,并随着蒸发浓缩富集成矿。

成矿区周围一般高山环绕,例如,阿塔卡玛盐湖所处的智利北部阿塔卡玛盆地,东西两侧分别分布有安第斯山脉及太平洋海岸山脉,山区与盆地之间的高程差达到了 2000m 以上(Warren,2010)。数千米的高程差形成了水文气候的差动效应,高耸的山脉阻隔季风,高山迎风区雨量较多,而盆地内背风区因雨影效应极度干旱。同时,来自山区的季节性水流汇聚入盆地,在盆地中进行强烈蒸发,卤水中的溶质锂在封闭系统中进行自然浓缩,数万年以上的循环往复,富集成矿。

2. 丰富的物质来源

安第斯高原第四纪盐湖群中盐类物质来源主要有 3 个:一是周边山体风化淋滤使成盐元素向盆地汇聚;二是古近纪—新近纪湖水蒸发沉积形成的岩盐和石膏的溶解再富集;三是密集而且持续的热液活动的带入,热液活动在整个第四纪没有停止过,并与区域断裂密切相关,这些热液水或间歇泉带来大量成分复杂的离子，形成了各种盐类矿产，尤其是钾、锂、硼等(陈玉明，2013)。

高原地区的含锂原岩是盐湖卤水型锂矿床成矿物质的重要来源。高原地区的山系中广泛分布着各个时期的花岗岩、花岗斑岩、长英质凝灰岩、含锂伟晶岩和黏土岩等，在岩石的风化过程中锂被淋滤溶解，随着河流汇聚入成矿盆地。同时，周边火山系统及地下岩浆体所产生的地热活动带出的成矿物质，随着河流和地下水系统携带进入盆地，构成了盐湖卤水型锂矿床的又一主要物质来源，使该湖群中的大部分富锂盐湖都存在浅层含锂卤水，且拥有巨厚的石盐沉积(Risacher et al，2003)。例如，阿塔卡玛盐湖近 1/10 的锂来自于 Ei Tatio 地区的间歇泉，安第斯高原地区分布有众多的新生代火山和地热泉，地热水将近期火山活动形成的地热流体或岩石中的锂、硼等成矿元素淋滤浸出，沿断层上涌形成间歇泉，该间歇泉从盆地北部汇入里约圣佩德罗河，最终流入盐湖中，河水中的锂浓度达到了(26～47)$\times 10^{-6}$(Jordan et al，2002)。

3. 地质构造形成封闭盆地

新生代构造运动活跃是南美洲盐湖卤水型锂矿床重要的成矿特征。安第斯山脉高原形成于白垩纪末至古近纪，目前地壳活动仍然比较剧烈。构造运动及沿断裂展布的火山活动形成系列封闭盆地，为成矿物质提供了良好的容矿场所。

四、成矿模型

晚白垩世开始，沿着大陆边缘发育了大量边缘盆地，并伴有海相火山作用。此时，盆地作为物质沉降中心，盐类物质开始向盆地汇聚，卤水中锂含量也趋于富集；随后，古新世开始，该区域进入挤压隆升阶段，以至于区域内古湖水开始定向迁移，汇集于由构造的隆升形成的封闭盆地中；同时，盆地中的断层活动引起的沉降提供了足够高的卤水渗透率，从而具备了盐湖卤水型锂矿床形成的地理条件。随着安第斯山脉的继续隆升，山区与盆地之间数千米的高程差形成的雨影效应使盆地内的气候条件极度干燥，从而来自山区的季节性河流汇流入湖后进行强烈蒸发浓缩，这是形成盐湖卤水型锂矿床的重要气候条件。盆地附近新生代的火山活动形成的岩浆热液、富锂火山岩和盐湖周围古老含锂岩层的风化等提供了多种形式的成矿物质的补给，加之锂较高的溶解度，大部分残留在卤水中，且在持续干旱的气候条件下，其浓度得以不断地升高，形成盐湖卤水型锂矿床。

第三节　典型矿床

安第斯高原盐湖群中，玻利维亚乌尤尼盐湖(Salar de Uyuni)、智利阿塔卡玛盐湖(Salar de Atacama)和阿根廷翁布雷穆埃尔托盐湖(Salar de Hombre Muerto)均为世界级超大型盐湖卤水型锂矿床(表 11-4)，该区盐湖供应了全球一半以上的锂矿产品。

表 11-4　南美主要盐湖卤水型锂矿床

盐湖	位置	海拔(m)	面积(km^2)	降雨(mm/a)	蒸发(mm/a)	锂浓度($\times 10^{-6}$)	镁锂比	类型	储量($\times 10^4$t)	所有者	参考资料
乌尤尼	玻利维亚	3650	10 582	100	1700	81～115	9.28	MS	900	Comibol	Garrett，1998
阿塔卡玛	智利	2300	2229	30	3833	1000～4000	6.225	MS	530	SQM	Ide et al，1989
翁布雷穆埃尔托	阿根廷	4300	565	20	2300	220～1000	1.37	NS	85	FMC	Garrett，1998

数据来源：SNL Financial Commodity Profile－Lithium，2015。MS. 硫酸镁亚型；NS. 硫酸钠亚型。

一、阿塔卡玛盐湖卤水型锂矿床

阿塔卡玛盐湖(Atacama)是世界第二大干盐湖，位于智利北部安托法加斯塔省东部，盐湖地表海拔2300m，面积222 900km²，地表盐类沉积范围达1400km²，盐层平均深度360～400m，长为85km，最大宽度为50km，在它的南部中央区域是一个1700km²的含有大量盐的“岩盐核心”，由于该地区蒸发速度高达3300mm/a，降水稀少导致汇水不足，目前该盐湖绝大部分地区已变为干盐滩。锂浓度的变化范围为(1000～4000)×10^{-6}，其探明储量为530×10^4t(以氧化锂当量计)，以目前的生产水平，该盐湖还可以持续开发30年。

阿塔卡玛盆地基底为海相沉积岩系深成侵入岩和流纹质、玄武质火山岩，地表覆盖有较厚的冲积物和湖相沉积物。盆地西北部海岸山系中广泛分布着多个时期的花岗岩、花岗斑岩、长英质凝灰岩、含锂黏土矿物及伟晶岩，这些岩石中含有锂辉石、锂云母等矿物，在岩石的风化过程中锂被溶解，随着河流携带进入盆地，使得西部汇入盆地的河水中一般含有Li^+，且含量一般较高(图11-2)。

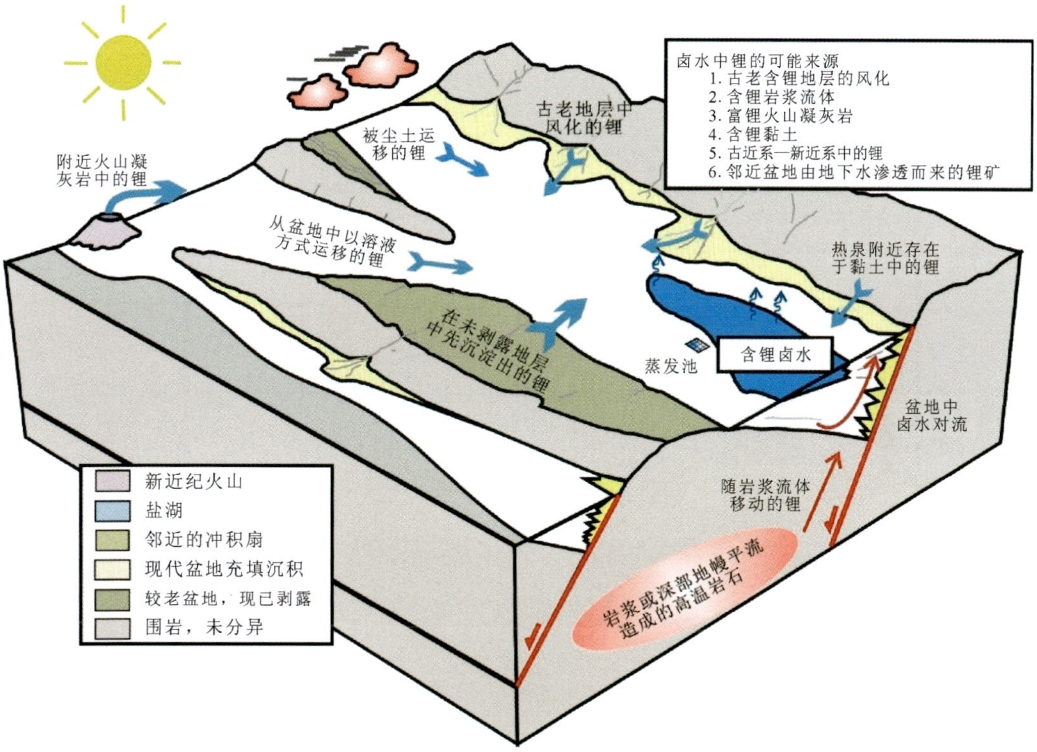

图11-2 南美盐湖卤水型锂矿床成矿模型图

阿塔卡玛盐湖位于盆地北部，属于硫酸镁亚型盐湖，矿化年龄为第四纪。盐类沉积中富含晶间卤水，卤水中富含锂、硼、钾组分，盐壳上部的孔隙度从地表到地下35m可从30%降至接近零。在地下50～70cm充填这些空隙的卤水有着异常高的锂含量，可达1000n×10^{-6}。在这个多孔带之下，含锂带是蒸发岩和沉积岩的复杂序列，一直延伸至至少360m，很可能深至1400m，与复杂的断层作用相关。该盐湖未有关于盐盆中赋存含锂蒸发岩的报道，这一点不同于其他盐盆。具体成矿特征如下：

1. 构造特征

阿塔卡玛盐湖在其盆地沉积期间经历了严重的断层，形成大的悬崖，悬崖很快被多余的盐充填。主断层起始于盐湖底部，并向北北西方向延伸，穿越了许多岩盐核心。它形成的悬崖导致了在断层东部形成深层区域，使得岩盐东部平均深度比西部厚约 240m，主断层西部厚 640～960m，东部厚 1400～620m（图 11－3）。

2. 成矿时代

阿塔卡玛盆地基岩的年龄为 5.1 万年，同时 25.1 万年的熔结凝灰岩分布在盆地内部及边缘，呈北北东向延伸。Jordan et al(2002)对阿塔卡玛盐湖的 3 个钻孔进行了取样并测年（图 11－4），结果显示阿塔卡玛盐湖卤水的形成时间为（5.3～3.3）万年，卤水富集一直持续到现代。

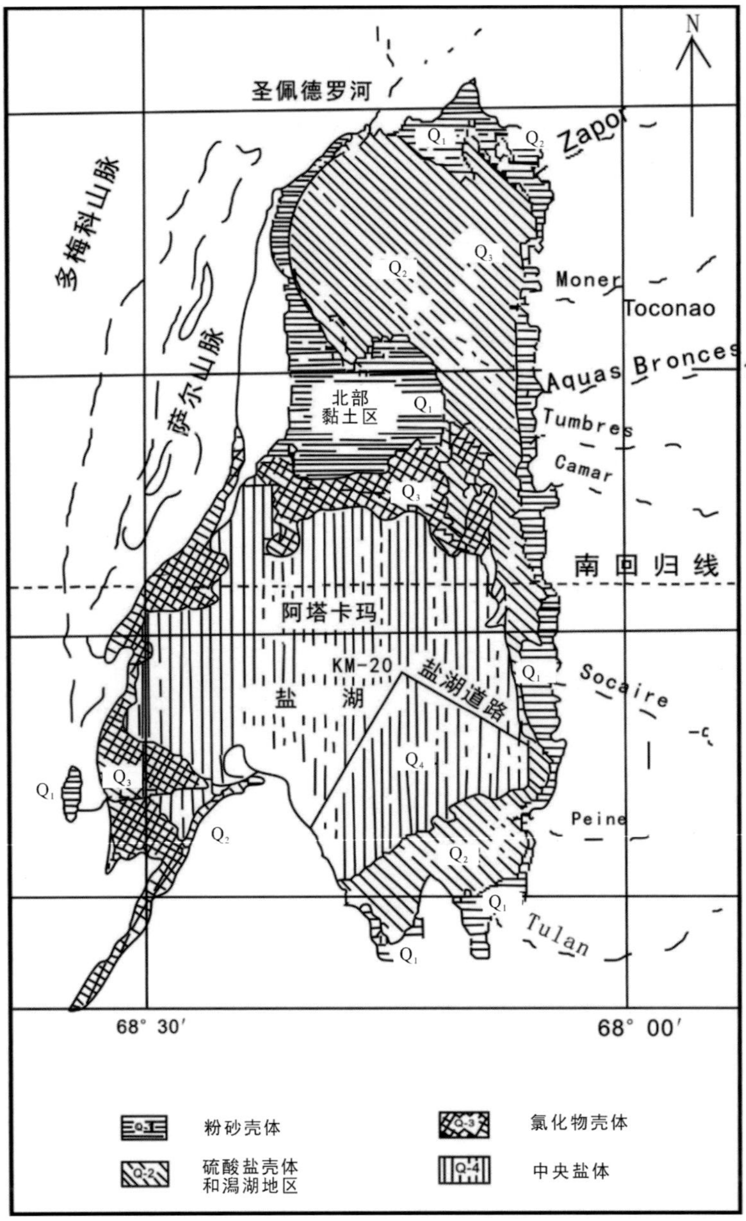

图 11－3　阿塔卡玛盆地地质简图（Ide et al,1983 编译）

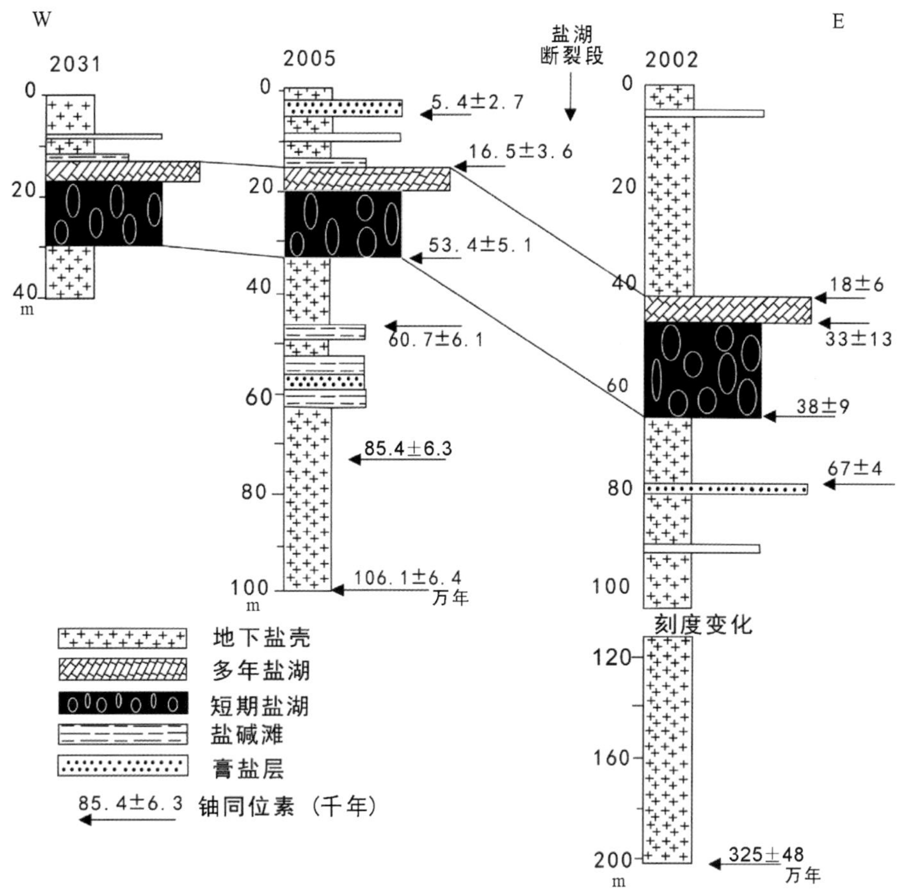

图 11-4　阿塔卡玛盐湖钻孔剖面和测年数据(Jordan et al,2002 编译)

二、翁布雷穆埃尔托盐湖卤水型锂矿床

翁布雷穆埃尔托盐湖(Hombre Muerto)是世界第四大盐湖卤水型锂矿床,位于阿根廷西北部萨尔塔省,卤水湖面积 565km^2,海拔 4300m,年降水量为 60～80mm,年蒸发量为 1500mm。盆地内沉积岩以湖相沉积为主,盐湖中的卤水通常产出于盐湖表面以下 20m 以内,并在 15m 深处保持相对稳定的含量,该深度的岩盐平均孔隙度为 15%,可开采深度至少 30m。其锂浓度的变化范围为(190～900)×10^{-6},探明储量为 85×10^{4}t(以氧化锂当量计)。

翁布雷姆埃尔托盐湖由两个次坳陷组成,东部次坳陷,即 Sal de Vida 盐沼,低镁卤水存在于相对深的地层,而西部次坳陷是目前锂产品获得区域,钻深度为 1m 的孔即可发现锂浓度为(220～1080)×10^{-6}卤水(图 11-5),浅层含锂卤水层的存在与阿塔卡玛盐湖相似。岩盐蒸发岩在西部子坳陷延伸较深,但暂无信息显示岩盐蒸发岩具有空隙卤水。盐湖的主要物质来源罗帕托河(Los Patos)流经盐湖边缘的卡托湖(Catal),河水中的钙质、镁质和硫酸根成分在卡托湖中沉降析出,这使得盐湖卤水中的杂质含量极低,镁含量也较低,浓度变化范围为(220～1700)×10^{-6}(图 11-5),仅为阿塔卡玛盐湖中镁含量的 1/8。

盐湖矿化年龄为新生代,主要矿物组合为岩盐、钠硼解石。在一个 40m 深的岩芯样品里运用铀-钍法测得的一层灰岩的年龄表明盐湖底部年龄为 8.2 万年,6.4m 深处的年龄为 8000 年,(26～8)万年期间岩盐中泥的含量表明了这一期间的气候相对来说较干燥,就如现在一样,紧接着是一个短期的较潮湿的气候时期,在(82～64)万年期间气候更加潮湿,可认为盐湖当时曾经是一个咸水湖。

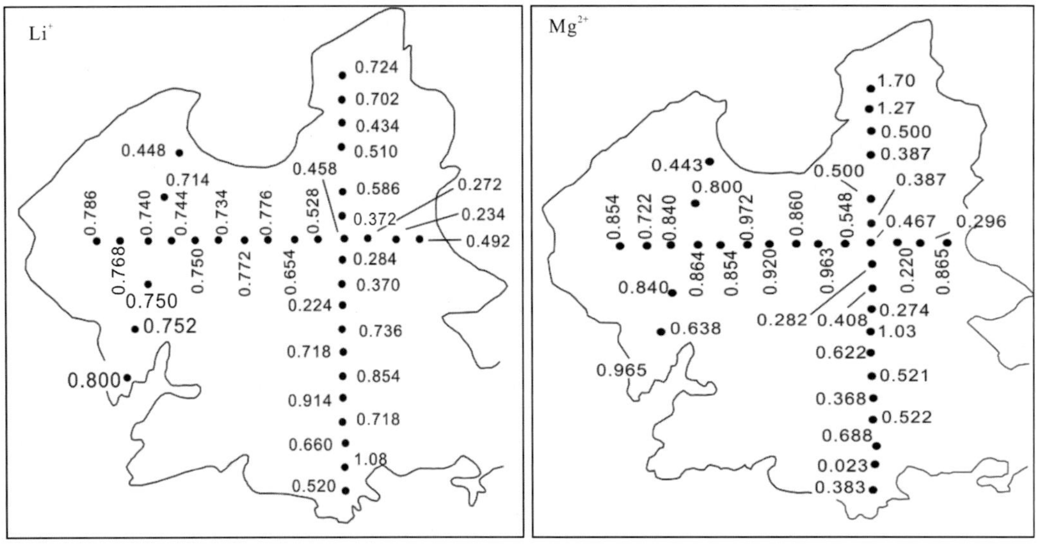

图 11-5　翁布雷穆埃尔托盐湖 Li^+ 和 Mg^{2+} 浓度分析(单位:10^{-3})(Garrett,1998 编译)

三、乌尤尼盐湖卤水型锂矿床

乌尤尼盐湖(Salar de Uyuni)是世界上最大的盐滩,面积达 10 582km^2(最大宽度为 120km),位于玻利维亚西南部波托西省,距铁路 600km。其探明储量为 900×10^4t(以氧化锂当量计),资源量为 1800×10^4t。

乌尤尼盐湖位于安第斯山脉的高寒气候区,海拔 3650m,年蒸发量是年降水量的 17 倍。乌尤尼盐湖北部表面的大部分地区非常硬,光滑平坦。这里有一些特殊的藻礁,高达 75m,以及一些非常低的海藻阶地,表明这里曾经是非常大非常深的湖泊。基于近地表的有机物分析得出,乌尤尼盐湖在 10 万年前开始缩减面积,约在 3520 年前变成干盐湖。在南部区域,有一个面积较小的常年湖,表面壳层非常不规则,接近表面的沉积物含有大量的硼钠钙石(Garrett,1998)。

里奥格兰德河(Rio Grande)从南方流入乌尤尼盐湖,形成广泛的三角洲区域和常年湖。有许多温泉流入里奥格兰德河(因此也流入盐湖),里奥格兰德河的锂和硼含量均较高,锂浓度为$(4\sim30)\times10^{-6}$,它们可能是乌尤尼盐湖矿物的主要来源。在雨季,乌尤尼盐湖被水淹没,水深达 0~75cm,但是大多数时间干盐湖在夏季通常完全干旱。然而,在表面的下方,乌尤尼盐湖包含一层岩盐,盐层平均深度 121m,中心部分有 0.1~20m 厚的富卤水层(平均 3~6m),这些富卤水层以 11 层多孔盐岩层的形式出现,孔隙卤水中锂浓度变化范围为$(80\sim4700)\times10^{-6}$,平均浓度为 321×10^{-6}。由于乌尤尼盐湖仅经历了一个强烈的蒸发循环,因此锂离子浓度相对其他盐湖较低,但是在南东地区一个有限区域其平均锂含量高达 625×10^{-6}(图 11-6)。

第四节　勘查开发

全球 68.8%的探明锂矿资源分布在智利、阿根廷、玻利维亚三国。整体而言,安第斯高原盐湖区的资源禀赋良好,地质工作程度较低,目前只有智利的阿塔卡玛盐湖和力拓奥(Litio)盐湖,以及阿根廷的翁布雷穆埃尔托盐湖正在开采,其余大部分盐湖属于未勘查或未开发的处女地。近年来,美国、加拿大、

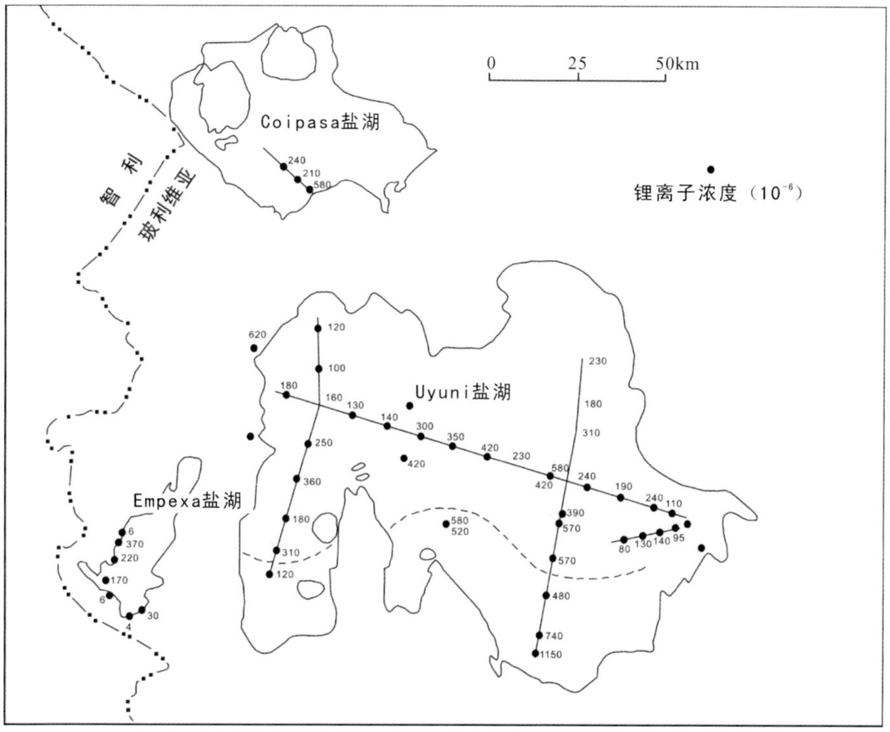

图 11－6 乌尤尼盐湖卤水浓度图(Ericksen et al,1978 编译)

德国、澳大利亚、日本和韩国等国家的锂业公司纷纷进入锂三角地区开展工作，该地区已然成为全球锂矿勘查开发的热点地区。

一、资源国家

1. 智利

智利目前是世界重要碳酸锂生产国，2014 年以氧化锂当量计算产量为 1.29×10^4t，占世界总产量的 36%。智利的碳酸锂主要来自阿塔卡玛沙漠盐湖的两个锂卤水处理厂和安托法加斯塔的两个碳酸锂厂。

智利是全球唯一将锂作为战略矿产限制为只能由政府或国有企业开采的国家，按照智利现行法律，公司只能开采自己新找到的矿床，不能开发已知的成熟矿山。但 2014 年，政府正计划成立一个国有机构，管理和开发本国盐湖锂资源，同时也正在寻求业内领军企业作为参与合作方。

截至 2014 年，只有 3 家公司允许进行锂矿开采：智利化学矿业公司(Sociedad Quimica Minera，简称 SQM)、智利新百力集团(Simbalik Group)和美国洛克伍德(Rockwood)子公司智利锂公司(Sociedad Chilena del Litio)。这 3 家公司都是在新矿业法禁令生效前拿到采矿许可证并一直持续开发到现在，因为智利自出台矿业法后，便禁止了授予锂矿开采权。洛克伍德子公司的加工厂 2013 年碳酸锂的年生产能力为 33 000t，计划在 2015 年生产能力增加到 40 000t，2020 年达到 50 000t；而氢氧化锂的生产能力 2015 年也将达到 5000～10 000t，2020 年达到 15 000t。该公司在智利工厂生产的碳酸锂用作其美国国内化学制品厂的生产原料以及其在德国和中国台湾的公司原料。智利化学矿业公司为智利的另一家碳酸锂生产公司，该公司 1997 年开始生产碳酸锂，2013 年生产能力为 48 000t(碳酸锂当量)，是世界上最大的碳酸锂生产商和供应商，2014 年在世界碳酸锂市场所占份额为 27%。

截至 2014 年，在智利从事锂资源勘查的公司主要是澳大利亚泰利森(Talison)锂业公司，其董事长 Peter Robinson 表示“智利是我们投资南美洲的首选国家，阿根廷和玻利维亚各有各的问题，Salares 7 项目初步勘查成果比较理想”。其他的矿业公司，如加拿大的 Li3 能源公司、加拿大第一钾盐公司、韩国三星集团、韩国资源公司和智利伊拉苏(Errazuriz)公司，均为 2011 年以后开始投资智利锂矿勘查(表 11-5)。

表 11-5 2014 年智利主要锂矿项目概况及所属公司

项目名称	开发公司	生产阶段	资源量($\times 10^4$ t)
Atacama	智利化学矿业公司	生产	530.00
Nx Uno	智利伊拉苏(Errazuriz)公司、韩国三星集团、韩国资源公司	预生产	140.00
Litio	美国洛克伍德子公司智利锂业公司	生产	50.20
Maricunga	加拿大 Li3 能源公司	储量评估	11.90
Laguna Verde Salar	加拿大第一钾盐公司	储量评估	9.85
Salares 7	澳大利亚泰利森矿业公司	靶区优选	NA
Salt Lake of Maricunga	智利新百力集团	可行性研究	NA
SLM Bongo	加拿大 Li3 能源公司	勘查	NA
Pedernales Salar	西星(Weststar)资源集团	勘查	NA
Llanta	Sociedad Gareste 有限公司	勘查	NA

数据来源：SNL Financial Commodity Profile - Lithium(截至 2014 年 12 月)；NA. 无数据。

2. 阿根廷

阿根廷是世界上卤水锂资源丰富的国家，2014 年以氧化锂当量计算产量为 2900t，占世界总产量的 8%。

阿根廷的锂资源勘查远比南美洲其他国家活跃，阿根廷盐湖分布地区位于阿根廷西北部的高原荒漠区，海拔大于 3500m，这里人烟稀少，人为干扰少，有利于矿业开发；由于以往地质工作程度低，阿根廷盐湖中的锂仅有少量被开发利用，大部分属于没有勘查和开发的处女地，矿业权取得容易，环保要求低，是目前世界锂资源开发的最热点地区。近年来在阿根廷政府的支持和鼓励下，美国、加拿大、德国、澳大利亚、日本和韩国公司纷纷加入阿根廷锂矿勘查和开发的行列，阿根廷已然成为全球锂矿资源勘查开发的焦点地区(表 11-6)。

全球第三大锂生产商 FMC 公司从 1997 年开始在翁布雷穆埃尔托盐湖卤水中提取碳酸锂，锂平均品位为 744mg/L。2012 年锂化合物生产能力达到 2.3×10^4 t/a，其中碳酸锂 1.58×10^4 t/a，氯化锂 0.72×10^4 t/a，这是阿根廷从事锂资源新项目的标志。同在翁布雷穆埃尔托盐湖开发锂矿的公司还有第一锂矿公司(Lithium One Inc)，该公司拥有矿权总面积 386km^2，这个项目于 2011 年第四季度完成可行性研究报告，地表卤水锂平均品位为 765mg/L。

世界上最大的锂生产公司之一的澳大利亚奥诺科比公司(Orocobre)在南美地区拥有 15 个盐湖，总面积 300km^2，其中包括重点开发的项目阿根廷的奥拉罗斯(Olaroz)盐湖。奥拉罗斯盐湖项目目前已完成 NI43 101 报告，推测级别的资源量为 150×10^4 t 碳酸锂和钾盐 440×10^4 t，锂品位为 800mg/L，评价深度约为 55m，深部有进一步找矿的潜力，2015 年该项目处在生产阶段，碳酸锂年产能达到 17 500t。

表 11-6 2014年阿根廷主要锂矿项目概况及所属公司

项目名称	开发公司	生产阶段	资源量($\times 10^4$ t)
Mariana	中国赣锋锂业子公司国际锂业公司	靶区优选	NA
Salinas Grandes	加拿大 Dajin 资源集团	靶区优选	NA
Cauchari	澳大利亚 Orocobre 公司	储量评估	8.74
Salinas Grandes	澳大利亚 Orocobre 公司	储量评估	4.50
Cachi	澳大利亚 Sentient 集团公司	勘查	NA
Catamarca	英国 Marifil 矿业公司	勘查	NA
Centenario Lake	加拿大美洲锂业公司	勘查	NA
Cuenca Centenario - Ratones	Pilbara 矿业有限公司	勘查	8.70
Mina Patilla	非洲 Highland 矿业有限公司	勘查	NA
Mina Sisifo	加拿大 Rock Tech 锂业公司	勘查	NA
Pocitos	加拿大 Li3 能源公司	勘查	NA
Centenario	加拿大 Rodinia 锂业，力拓	勘查	NA
Ratones	加拿大 Rodinia 锂业	勘查	NA
Salinas Grandes	加拿大 Rodinia 锂业	勘查	NA
Salta	地方财政	勘查	NA
Cauchari - Olaroz	加拿大美洲锂业公司	可行性研究	274.02
Vida	澳大利亚银行资源公司、韩国资源公司、LG 集团、GS Caltex 集团	可行性研究	157.30
Diablillos	加拿大 Rodinia 锂业，力拓	可行性研究	53.30
Hombre Muerto	美国 FMC 集团	生产	85.00
Rincon	阿根廷 Rincon 锂业公司	预生产	140.00
Olaroz	澳大利亚 Orocobre 公司，日本丰田集团	预生产	120.90

数据来源：SNL Financial Commodity Profile - Lithium，2015；NA. 无数据。

林孔锂矿公司(Rincon Lithium Limited)是阿根廷本国企业，锂资源开发项目位于阿根廷萨尔塔省林孔(Rincon)盐湖，该盐湖的锂探明资源量为 140×10^4 t(以氧化锂当量计)，该公司的开发目标是生产碳酸锂 1×10^4 t/a，氯化锂 0.3×10^4 t/a，氢氧化锂 0.4×10^4 t/a，锂化合物生产能力合计 1.7×10^4 t/a，钾盐生产能力 0.8×10^4 t/a，2015 年该项目处于预生产阶段。

美国锂矿公司(Lithium American Corp.)主要的锂矿项目为 Cauchari Olaroz 盐湖项目，总面积为 434km^2，三年内支付 250 万美元获得 100%的权益。2009 年完成了 9 个钻孔，完成了 NI43 101 报告，提交资源量 490×10^4 t 碳酸锂，锂品位 580mg/L，2011 年完成 40 个钻孔工作。该项目的卤水中锂的浓度为 488～871mg/L，镁与锂含量之比 2.8∶1。在 Jujuy 和 Salta 两省，该公司探矿权所覆盖的面积近 2000km^2。

在阿根廷勘查锂的其他公司还有 Rodinia 公司、Marfll 矿山有限公司、韩国矿业振兴公社和 Rock Tech 锂业公司等。但总体上，大部分项目都处于勘查阶段。

3. 玻利维亚

玻利维亚政府严格控制乌尤尼锂矿的开发，只允许外国公司和科学家以科学顾问的形式协助研究。2011年，玻利维亚政府宣布计划乌尤尼盐湖锂资源开发将分为3个阶段，投资计划分别为0.17亿美元、4.85亿美元和4亿美元，到第三阶段，外资企业可以通过技术转让的形式参与开发。预计到2020年，玻利维亚碳酸锂的年产量可达到3×10^4 t。同时，政府鼓励国际先进技术的引进，鼓励发展矿产资源的深加工等高附加值产业。目前玻利维亚境内只有3个正在活动的锂矿项目，均处于前期勘查阶段。

中信集团国安公司（中国）2012年与玻利维亚政府就玻利维亚境内第二大盐湖——科伊帕萨盐湖（Salar de Coipasa）的锂矿开发项目签署了合作协议，2013年该项目进入了储量评估阶段，预计勘查大约持续两年时间。同时，中信集团国安公司将与来自日本、法国、韩国和澳大利亚、俄罗斯的公司共同参与竞标参与乌尤尼盐湖锂矿项目的开发，玻利维亚政府还没有公布最终的合作伙伴人选（表11-7）。

表11-7 2014年玻利维亚主要锂矿项目概况及所属公司

项目名称	开发公司	生产阶段	资源量（$\times10^4$ t）
Coipasa盐湖	中信国安公司、玻利维亚政府	储量评估	NA
Uyuni盐湖	玻利维亚国家矿业（Comibol）公司	可行性研究	1800.10
Pastos Grandes	加拿大新世界资源公司	勘查	NA

数据来源：SNL Financial Commodity Profile - Lithium，2015；NA.无数据。

二、矿业公司

由于自然矿藏条件的限制，全球锂加工行业分布格局已经基本定型，智利化学矿业公司（SQM）、澳大利亚泰利森矿业公司（Talison，天齐锂业占股51%）、美国洛克伍德公司（Rockwood）和美国富美实公司（FMC）控制着全球超过80%的供应量，同时中国也占据全球锂市场较大的供应量。其中，Talison公司（天齐锂业占股51%）占全球锂矿石供应的65%，SQM、Rockwood和FMC公司占全球盐湖锂供应92%。上述锂业巨头除Talison公司以外主要的矿山资源均分布在南美洲，而Talison公司也正在智利积极投入锂矿勘查。此外，澳大利亚诺科比公司（Orocobre）近年来也跻身于世界大型锂业公司之列，目前是在阿根廷拥有锂矿勘查项目最多的矿业公司。

1. 智利化学矿业公司

智利化学矿业公司（Sociedad Quimicay Minera de Chile S A，简称SQM）成立于1968年，总部设在智利首都圣地亚哥，是集特制植物营养素、工业化学品、碘和碳酸锂生产、销售为一体的联合企业，在全球市场上处于领导地位，是影响世界锂价格的主要因素。SQM公司主要利用智利阿塔卡玛盐湖卤水和天然优质生硝矿来生产各种产品，公司在全球20多个国家设有商业办事处，产品销往110多个国家。由于智利政府采用“锂矿操作特殊合同”方式限制该国锂矿的开采，目前，SQM公司是在智利从事锂矿生产的三家公司之一。

1994年，SQM与Corfo公司（智利政府企业）签订了阿塔卡玛盐湖租赁合约。内容为：在2030年12月31日合同到期之前，SQM公司持有阿塔卡玛盐湖约147 000km^2陆地矿产资源唯一的开采权；Corfo公司不能单方面修改该租赁合约，且此矿产开采权不能转让；租赁费要按照对盐湖卤水资源提炼的产品价值的比率支付。此外，SQM公司还拥有约60 200km^2的勘查权。

阿塔卡玛盐湖距离智利第二大城市安托法加斯塔港(Antofagasto)约280km,位于内陆跨越南回归线地区,锂储量位居世界第二位,锂平均浓度为1400×10^{-6},镁锂比为6.2。该盐湖的镁含量低,使加工成本降低;同时,相比于其他盐湖,具有更高的蒸发率。该地区气候条件干旱,无人居住,故使盐湖能够全年生产。

SQM公司锂产品的综合毛利率、综合净利率均处于行业第一,生产成本为2500美元/t左右。原因包括:①阿塔卡玛盐湖品质很好;②SQM生产碳酸锂或氯化锂的原料是生产氯化钾或硫酸钾后的母液,其开采、浓缩的成本已计入钾盐产品当中;③SQM对卤水中各种资源的利用率最高,通过合理设计规划生产链,降低了生产总成本。

SQM公司近年来锂盐产量稳步增长,增速呈下滑状态,2014年锂供应量占世界总产量的27%,锂产品销售量为4×10^{4}t,碳酸锂未来几年处于逐步达产期。

2. 美国洛克伍德控股公司

美国洛克伍德控股公司(Rockwood Holdings Inc)是美国特种化学品和先进材料制造商,业务覆盖碳酸锂、表面处理、合成颜料等多个领域,是全球锂化合物市场的领导者,也是最大的锂原料生产商之一。2004年,公司在美国纽约证券交易所上市,同年,公司收购德国科米托公司(Chemetall)进军钾盐和锂产业。2013年,公司收购澳大利亚泰利森锂业49%的股份,并协议获得泰利森公司工业级锂精矿中国地区外销售权和化学级锂精矿50%产量的优先采购权。2014年,美国雅宝(Albemarle)公司以现金加换股的方式出资62亿美元并购洛克伍德控股公司新成立的合资公司,Albemarle占股70%,Rockwood占股30%。

公司目前共有3个锂矿项目,分别为Kings Mountain项目、Litio项目和Silver Peak项目。其中,Kings Mountain项目和Silver Peak项目分别位于美国北卡罗莱纳州金斯山和内华达州克莱顿谷,Silver Peak项目探明资源量为3.4×10^{4}t(以氧化锂当量计),锂含量230×10^{-6};2009年,公司曾获得美国能源部资助2840万美元,用于在Kings Mountain和Silver Peak项目的锂动力电池产品的扩建与升级;2012年8月,洛克伍德锂业公司投资7500万美元进行锂产品加工工程的扩建,新建的工厂将每年生产电池级高纯度氢氧化锂5000t和碳酸锂1.8×10^{4}t,2015年完成扩建。Litio项目位于智利的La Negra,位于Atacama盐湖高浓度片区,2011年,公司投资修建新的碳酸锂生产厂,已在2015年建成投产,碳酸锂产能为3×10^{4}t/a。目前,剩余合同开采量12.5×10^{4}t,未来开采合同延期状况不明,该区与SQM开采区域位于同一地点,资源禀赋较好。

洛克伍德公司分别在智利和美国两处盐湖建有碳酸锂产能5.7×10^{4}t/a和6000t/a的加工厂,2014年碳酸锂产能3.3×10^{4}t/a。同时,公司各类锂衍生产品丰富,电池级氢氧化锂产能9000t/a,是全球目前最大的氢氧化锂生产商。除了上述产能之外,Rockwood在中国、德国、美国北卡罗莱纳和台湾设有正丁基锂、氢氧化锂和氯化锂加工工厂,相关产能已经满产。Rockwood正在论证使用Talison拥有的锂辉石资源生产氢氧化锂的相关方案。

3. 美国富美实公司

美国富美实(FMC Corporation)是一家全球性的跨国化学品公司,创立于1928年,前身是1883年成立的皮恩喷雾泵公司,总部位于美国宾夕法尼亚州费城,于1931年在美国纽约证券交易所上市,是一家多元化的化学公司,主营农业化学、特殊化学、工业化学3个方面的产品,锂业务隶属工业化学品部,是全球四大锂产品供应商之一,为能源、工业制造、高分子橡胶以及化合物等领域提供不同类型的锂化合物产品。

目前,FMC公司拥有两个锂矿项目:Hallman-Beam项目和Salar del Hombre Muerto项目。主要开采的项目是阿根廷Salar del Hombre Muerto项目,该盐湖锂平均浓度620×10^{-6},镁锂比为1.37。盐湖整年可以进行天然蒸发且蒸发速度高、湿度很小,这些都是非常有利的经济开发因素。同时,该地区年平均降水仅20～25mm,附近有两条河流流入该盐湖,可以提供生产所需的大量淡水。公司锂盐业务息税前利润率约为12%。2013年末阿根廷卤水浓缩工厂扩产完成，营业收入恢复增长。2014年Salar del Hombre Muerto项目年产碳酸锂2.3×10^4t。

FMC公司拥有世界级的盐湖资源，可利用晒盐池面积比Chemetall还要大，未来碳酸锂产能还有较大的提升空间。同时，公司定位于高端锂产品，在高纯碳酸锂和复杂锂化合物领域具备较强的竞争，公司2015年开始投资建设一条天然气管道，从而降低阿根廷矿区的能源成本。但公司短期无产能扩张计划，基础锂盐业务或将被拆分独立运营。FMC公告其基础锂盐业务仍将作为公司核心业务，占比收入的比重为20%左右。但实际上公司未将锂盐业务与FMC化工整体出售是由于公司盐湖开采合同的条款限制。管理层称不排除拆分农业和营养品业务后，整体出售公司的可能性。

4. 澳大利亚奥诺科比公司

澳大利亚奥诺科比公司(Orocobre)是一家在澳大利亚和加拿大两地同时上市的初级勘查公司，主营业务是建设和运营锂、钾和硼的矿产项目。公司立足于阿根廷北部萨尔塔省(Salta)、卡塔马卡省(Catamarca)和胡胡伊省(Jujuy)的盐湖卤水资源，是阿根廷境内最大的从事锂矿勘查开发的公司，拥有15个盐湖卤水锂矿的勘查开发权，未来产能上升空间巨大。重点开发的项目主要有4个，Olaroz盐湖、Cauchari盐湖、Cangrejillo盐湖及Salinas Grandes盐湖。

其中，Olaroz盐湖项目在资源禀赋、基础设施、气候条件等多个方面优势明显。资源禀赋方面，矿权区覆盖面积$14.8\times10^4 km^2$，盐湖锂保有储量121×10^4t，可采储量28.4×10^4t，开采片区卤水平均浓度690×10^{-6}，镁锂比为2.8。基础实施方面，项目位于从阿根廷北部通往智利安托法加斯塔港的公路边，离港口很近，交通便利。气候条件方面，Olaroz - Cauchari盐湖海拔约3900m，平均温度约8℃，年平均降水量小于100mm，平均风速约为25km/h，这些条件，非常有利于利用太阳能蒸发浓缩卤水。目前，该公司拥有着Olaroz - Cauchari盐湖项目66%的股份，日本丰田通商株式会社(Toyota Tsusho Corporation)和JEMSE作为该项目的战略合作伙伴，同时瑞穗实业银行(Mizuho)提供低成本融资方案，日本石油天然气金属矿产资源机构(JOGMEC)提供担保。目前，该项目已达产，到2015年第三季度项目月生产电池级碳酸锂为492t，第四季度其月产量已达到1450t，2016年年产量预计为1.75×10^4t，其中Orocobre公司占11 638t产量份额。可行性报告认为，该项目以预计速度开采，40年内只开采矿藏资源的15%。

2012年8月，Orocobre公司宣布以850万美元收购Borax Argentina S A公司。Borax Argentina开展业务已有50多年时间，在Tincalayu、Sijes和Porvenir运营有3个露天矿山，在Tincalayu、Sijes和Porvenir拥有精矿加工厂且在Campo Quijano拥有精炼设施。所收购的业务每年的收入约达2300万美元，且每年以硼为主产品和精矿的产量约达3.5×10^4t。

Orocobre公司拥有85%权益的阿根廷西北部Salta省的Salinas Grandes锂钾盐项目，2012年完成首次资源量评估以及首次抽取检测结果，预计推断资源量$5650\times10^4 m^3$卤水，锂浓度795mg/L，钾浓度9550mg/L，合23.92×10^4t锂碳酸盐和103×10^4t钾盐(氯化钾)。

三、锂矿项目

根据SNL机构2014年的统计，南美洲锂矿项目数量占据全球正在活动中的锂矿项目数量的18%。具体而言，从项目所处阶段来看，南美洲68.6%的锂矿项目均处于可行性研究以前的前期勘查阶段，由此可以看出南美洲锂矿的勘查开发整体较低，后续产能增长空间巨大；智利锂矿的勘查开发程度相对较高，前期勘查阶段和后期生产阶段的项目各占一半，阿根廷和玻利维亚相对落后。从项目数量来看，阿根廷是南美洲锂矿勘查开发的热点地区，项目数量占据了南美锂矿项目的近2/3(表11 - 8)。

本文选取了10个大型锂矿项目(以Li_2O当量计，资源量50×10^4t以上)进行详细介绍，具体如下。

表 11-8　南美洲锂矿项目所处阶段分布情况

所属国家	前期勘查阶段			后期生产阶段			总计
	勘查	储量评估	靶区优选	可行性研究	预生产	生产	
阿根廷	12	2	2	3		3	22
智利	3	2	1	1	1	2	10
玻利维亚	1	1		1			3
总计	16	5	3	5	1	5	35
全球总计	110	34	16	10	2	21	193

数据来源：SNL Financial Commodity Profile - Lithium，2015。

1. 生产阶段——智利阿塔卡玛项目

位置：阿塔卡玛（Atacama）项目位于智利安托法加斯塔省，距圣佩德罗南 55km，安托法加斯塔东 250km。

开采类型：盐湖提锂。

储量产量：截至 2013 年，阿塔卡玛盐湖氧化锂储量为 530×10^4t，卤水锂的浓度的变化范围为$(1000\sim4000)\times10^{-6}$，平均浓度为 1400×10^{-6}，平均深度为 800m，最深区域达到 1400m。其钾和锂的浓度是世界上最高的，镁锂比为 6.4。该盐湖具有一系列的优点，由于镁的含量低，使加工成本降低；相比于其他盐湖，具有更高的蒸发率；由于特殊的气候条件，它能够全年生产。

开发状态：生产阶段。

开发进展：Salar de Atacama 项目为盐湖型锂矿。SQM 公司拥有该项目全部的经营权。1994—1999 年，SQM 公司投资 3 亿美元用于开发本项目，兴建了氯化钾、碳酸锂、硫酸钾和硼砂加工厂；1996 年，该项目开始生产碳酸锂，第二年 SQM 公司开始出售碳酸锂产品；2008 年 SQM 公司完成了碳酸锂加工工程的扩建，产量从 2.7×10^4t 增加到 4×10^4t；2010—2011 年，SQM 公司共投资了 3 亿美元用于该项目钾盐加工的扩建，投资了 7.5 亿美元用于改善矿区基础设施、优化碘及硝酸盐产业。2014 年，SQM 公司碳酸锂产能为 4.2×10^4t，实际产量为 3×10^4t。

2. 生产阶段——阿根廷翁布雷穆埃尔托项目

位置：翁布雷穆埃尔托（Hombre Muerto）项目位于阿根廷卡塔马卡省，距萨尔塔西南偏西 180km，距首都布宜诺斯艾利斯 1370km。

开采类型：选择性净化吸附法盐湖提锂。

储量产量：截至 2013 年，翁布雷穆埃尔托盐湖氧化锂储量为 85×10^4t（折合 448.8×10^4t 碳酸锂当量），浓度为$(190\sim900)\times10^{-6}$，镁锂比为 1.37，提取深度至少达 30m。盐湖周围的环境、气候和地质特点对于项目的经济可行性是关键因素。整年可以进行天然蒸发且蒸发速度高、湿度很小都是非常有利的。该地典型的年平均降水仅 20～25mm。附近有两条河流流入该盐湖，可以提供生产所需的大量淡水。该盐湖年产碳酸锂 2.3×10^4t。

开发状态：生产阶段。

开发进展：翁布雷穆埃尔托项目为 FMC 公司全资所有。1997 年，FMC 公司开始对翁布雷穆埃尔托盐湖进行开发；2010 年 3 月，FMC 公司公布了该盐湖的碳酸锂储量为 450×10^4t（相当于 85×10^4t Li），平均浓度为 0.06%～0.065%。以年产 1×10^4t 碳酸锂和 7600t 氯化锂的产量计算，该盐湖可持续生产 70 年；2010 年 8 月，FMC 公司投资 250 万美元进行碳酸锂加工工程的扩建和氯化钾加工工程的建设，已于 2012 年 5 月完成，碳酸锂年产量提高了 30%，达到 2.3×10^4t；2012 年，由于阿根廷冬天气温较低且降水较多，影响了卤水蒸发浓缩，这限制了产能的继续提高，导致了 2012 年最后一个季度生产成本的上升，当年碳酸锂产量达到了 2.3×10^4t。

3. 生产阶段——智利力拓奥项目

位置：力拓奥(Litio)项目位于智利安托法加斯塔省，向东距安托法加斯塔 200km，向北距圣地亚哥 1.7km。

开采类型：盐湖提锂。

储量产量：该项目推断资源量为 3.2×10^8 m^3，含锂 50.2×10^4t，锂矿品位为 0.157%。

开发状态：生产阶段。

开发进展：1984 年，Rockwood 锂业公司开始从事 Litio 盐湖的开发，并拥有该项目全部的运营权；2011 年，Rockwood 锂业公司提交了环评报告，计划投资 1.3 亿美元，到 2013 年底使碳酸锂年产量由 3×10^4t 提高到 4.54×10^4t；2012 年 2 月，Rockwood 公司宣布投资 1.4 亿美元来建设一个年产 2×10^4t 碳酸锂的加工厂，工厂在 2013 年底陆续投产。

4. 预生产阶段——阿根廷林孔项目

位置：林孔(Rincon)项目位于阿根廷萨尔塔省，靠近智利边境。

开采类型：盐湖提锂。

储量产量：林孔盐湖位于阿根廷西北部，三条河流携带附近火山岩淋滤出的成矿物质汇入盐湖中。盐湖海拔 3700m，卤水湖地表面积较小，只有 250km^2，但其卤水的含水层有相对高的孔隙度和厚度，可开发卤水 14.5×10^8t，最深 60m，浓度(200～2400)×10^{-6}。其卤水中锂含量较低，有较高的镁锂比值。根据 2010 年数据，推测该项目含锂 140×10^4t。

开发状态：生产阶段。

开发进展：Rincon 公司拥有该项目全部的经营权，Rincon 公司 2008 年投资 2217 万美元从 Admiralty 公司收购了该项目；2010 年，Rincon 公司开始进行小规模的碳酸锂试生产，产量为 1000t/月；2011 年 9 月，该项目进入到了商业生产阶段，工厂调试完成并进入到了早期稳定生产阶段，2012 年正式投产。

5. 预生产阶段——智利 Nx - Uno 项目

位置：Nx - Uno 项目位于智利安托法加斯塔省，距智利 Calama 东南方向 131km 处。

开采类型：盐湖提锂。

储量产量：该项目推测资源量含锂 140×10^4t，项目于 2013 年启动，年产碳酸锂 2×10^4t，并且通过加工厂的扩建可使碳酸锂年产量达到 4×10^4t。

开发状态：生产阶段。

开发进展：智利伊拉苏(Errazuriz)公司占该项目 70%的股份，为该项目的最大所有者。Samsung C 和 Korea Resources 公司分别占 18%和 12%的股份。这两家公司的股份是在 2010 年 11 月获得的，两家公司为 30%的股份共支付了 1.9 亿美元。Samsung C 和 Korea Resources 公司计划投资(2～3)亿美元开发 Nx - Uno 盐湖，一期开采工程 2013 年投入生产，年产量达到 2×10^4t 碳酸锂，二期扩建工程设计产能为 4×10^4t。

6. 可行性研究阶段——阿根廷奥拉罗斯项目

位置：奥拉罗斯(Olaroz)项目位于阿根廷胡胡伊省，向西距离阿根廷北部到智利安托法加斯塔港口的高速公路 550km，向东距圣萨尔瓦多和萨尔塔分别 270km 和 400km。

开采类型：盐湖提锂。

储量产量：Olaroz 盐湖位于一个深 650m(重力数据显示)的沉积盆地中，盆地边缘有一组南北向的逆断层，盆地基底为白垩系，盆地内由新生代沉积物填充，上新世沉积物中含有大量的含水层，经过数万年的演变，会聚形成盐湖，钻孔数据表明，含水层平均深度为 200m，可行性研究表明，边界品位以

1.1gm/cc计算，Olaroz盐湖的可采深度平均为197m。截至2013年，奥拉罗斯盐湖探明资源量为$17.52\times10^8m^3$，其中锂、钾盐、硼的平均浓度分别为690mg/L、5730mg/L和1050mg/L，以碳酸锂当量计储量为640×10^4t，含氧化锂120.9×10^4t，该盐湖的镁锂比为2.4，SO_4^{2-}/Li^+为25。

开发状态：可行性研究阶段。

开发进展：该项目最大的所有者为Orocobre公司（占66.5%的股份），Toyota Tsusho公司和JEMSE公司分别占25%和8.5%的股份，同时瑞穗实业银行（Mizuho）提供低成本融资方案，日本石油天然气金属矿产资源机构（JOGMEC）提供担保。截至2012年底，Orocobre公司投资2.29亿美元完成了该项目的可行性研究，以年产1.64×10^4t电池级碳酸锂、10×10^4t钾肥的产量计算，矿山寿命大于40年。同时，该项目的生产成本为1512美元/t碳酸锂，目前该项目处于预生产阶段，项目已于2014年第三季度正式开始运作，设计2016年碳酸锂年产能可达到1.75×10^4t。

7. 可行性研究阶段——玻利维亚乌尤尼项目

位置：乌尤尼（Uyuni）项目位于玻利维亚波托西省，与智利的西部边界非常接近，距智利伊基克和太平洋（距铁路600km）1900km。

开采类型：盐湖提锂。

储量产量：乌尤尼盐湖是世界上最大的含盐干盐湖，卤水距表面在5～20cm之间，含锂$(80\sim1150)\times10^{-6}$，平均为$321\times10^{-6}$。2010年，玻利维亚政府宣布根据最新的钻探结果，乌尤尼盐湖的卤水总资源量为1.8×10^8t，探明的锂资源量为900×10^4t锂。

开发状态：可行性研究阶段。

开发进展：玻利维亚国家矿业公司（Comibol）目前拥有该项目全部的经营权。2011年2月，Comibol公司投入3亿美元开始建设碳酸锂工厂。目前项目已进入可行性研究阶段。据2012年4月预测，Uyuni Salt Flat锂矿项目的碳酸锂产量将在2020年达到年产3×10^4t。至2013年1月，Comibol公司完成了试点加工厂的建设，工厂建设共花费1900万美元。目前，该工厂产能可达到每月40t。

8. 可行性研究阶段——阿根廷高查理-奥拉罗斯项目

位置：高查理-奥拉罗斯（Cauchari - Olaroz）项目位于阿根廷胡胡伊省，向东距离智利边界100km，向北东距离圣萨尔瓦多250km。

开采类型：盐湖提锂。

储量产量：奥拉罗斯和高查里盐湖位于胡胡伊省南部的高原地区，海拔高度3800～3950m，两个盐湖的汇水流域面积是$2350km^2$，盐湖面积分别是$160km^2$和$350km^2$。这两个盐湖本是一个大盐湖，但因阿齐巴卡峡谷的冲积堆将它们分隔开。两个盐湖卤水中元素含量也很接近，奥拉罗斯盐湖卤水中锂平均含量0.09%，镁锂比值为2。高查里盐湖卤水中锂平均含量0.09%，镁锂比值为2.2。该项目总资源量为$45.75\times10^8m^3$，共包含锂2 740 240t，总储量为$77.1\times10^8m^3$，锂矿品位为0.067%。

开发状态：生产阶段，已在2015年投产。

开发进展：Cauchari - Olaroz项目91.5%的股份由加拿大美洲锂业集团勘查公司（Lithium Americas）所有，JEMSE公司占8.5%的股份。加拿大美洲锂业集团勘查公司2011年完成了阿根廷高查理-奥拉罗斯盐湖项目的初步经济评价。根据项目的初步经济评价，项目分两个阶段进行开发建设，第一阶段计划在2012年开始建设年产2×10^4t的生产能力，2016年再扩建年产2×10^4t的生产能力。2012年11月，该公司在加拿大建了一个电池级碳酸锂试验选厂并开始试验生产，技术成熟后把该选厂移到高查理-奥拉罗斯盐湖项目。加拿大汽车零件生产商玛格纳国际公司和日本三菱公司分别购买了加拿大美洲锂业集团勘查公司13.3%和4.1%的普通股票，以便用更低的价格获得锂资源。2012年12月，美洲锂业公司获得了Cauchari - Olaroz项目的建设批准。2013年8月，美洲锂业公司开始与韩国浦项钢铁公司谈判，并于1月份签订了盐湖提锂试验委托协议。2015年1月，美洲锂业公司宣布浦项钢铁公司的提锂试验工厂已成功生产出6t锂化合物，并适合进行商业化生产。

9. 可行性研究阶段——阿根廷维达项目

位置：维达（Vida）项目位于阿根廷卡塔马卡省，距布宜诺斯艾利斯西部 1400km，向西南偏西方向距萨尔塔 170km，基础设施完善。

开采类型：盐湖提锂。

储量产量：Vida 盐湖是全球最大尚未开发的盐湖卤水型锂矿床之一，海拔 4035m，卤水的平均浓度为 1.19g/m^3，镁锂比平均为 2.19，硫酸根锂比值平均为 10.76，65%的卤水赋存在砂岩含水层中，13%存在于岩盐中。矿区主要岩性为粉砂岩、钙华、黏土和少量砾石。该项目锂总资源量为 157.3×10^4t（以 Li_2O 当量计），其中锂储量为 21.4×10^4t，探明资源量 76.2×10^4t（98×$10^8$$m^3$ 卤水），品位为 0.077%；推测资源量为 59.7×10^4t（83×$10^8$$m^3$ 卤水），品位为 0.072%。按年产 2.5×10^4t 碳酸锂计算，可持续生产 40 年，生产成本为 2200 美元/t 碳酸锂，总投资预计为 3.692 亿美元。该项目已于 2015 年投产。

开发状态：2013 年 4 月，完成了可行性研究，已于 2015 年投产。

开发进展：银河资源公司（Galaxy Resources）占该项目 70%的股份，Korea Resources 公司、G S Caltex 公司、LG 集团分别占 10%的股份。2012 年 9 月，该项目已进行到了最终可行性研究阶段，银河资源公司提出了环评申请，并开始进行电池级碳酸锂的生产试验及抽水试验，并分别获得成功。2013 年 4 月，公司宣布了可行性研究的结果。Vida 盐湖的开发利用成本低、寿命长，同时，计划建立蒸发池、碳酸锂和钾肥的加工厂。2014 年 12 月，银河资源公司宣布加工厂碳酸锂年产能为 6000～8000t，总投资额预计为 1.2 亿美元。2015 年 6 月，该项目工业化生产试验中的锂回收率达到了 68.7%。10 月，该项目通过了环评，2016 年实现生产。

10. 可行性研究阶段——阿根廷戴博雷诺项目

位置：戴博雷诺（Diablillos）项目位于阿根廷萨尔塔省，距萨尔塔南西向 145km。

开采类型：露天开采。

储量产量：该盐沼产出于高海拔蒸发盆地中，盆地基底是古生代结晶变质岩，硼钠钙石矿化覆盖了整个盆地，厚度从 20cm 到几米不等。经钻探结果验证，硼酸盐岩层下，1～5m 处从上到下依次为黏土层、蒸发岩层、碳酸盐岩层和冲积扇形成的粗粒碎屑沉积物。再向下为薄层黏土岩、泥岩和砂岩。该项目推测资源量为 9.525 53×$10^8$$m^3$，含氧化锂 53.3×$10^4$t，锂矿品位为 0.056%。

开发状态：已于 2015 年投产。

开发进展：Rodinia 锂业公司拥有该项目全部的运营权。2011 年 11 月，Rodinia 公司宣布初步经济评估的结果。Diablillos 盐湖以年产 1.5×10^4t 碳酸锂和 5.1×10^4t 氯化钾的产能，可持续生产 20 年。同时，随着生产规模的扩大，该矿床的年产能可增加到 2.5×10^4t 碳酸锂和 8.5×10^4t 氯化钾。基地建设所需投资为 1.44 亿美元，生产工程建设所需投资为 2.2 亿美元。运营成本为 0.32 美元/磅碳酸锂。已于 2015 年投产。2013 年 2 月，Rodinia 公司与 Aberdeen 公司签订了 200 万美元的备用信贷。2013 年 6 月，Rodinia 宣布进行碳酸锂的小规模试点生产，碳酸锂的纯度提高到了 99.79%。下一步的可行性研究工作重点将放在提高产量、技术研发和降低原材料成本上。

第五节　远景区分析

南美锂矿资源远景区位于安第斯山脉西侧高原型内陆盆地，主要包括 3 个远景区，玻利维亚高原远景区、阿塔卡玛盆地远景区和普纳高原远景区，涉及到玻利维亚、智利和阿根廷 3 个国家（图 11－7），主要产出盐湖卤水型锂资源，该地区供应了世界上 50%的锂矿产品，是全球最大的锂矿资源潜力区，潜在资源量（测算数据）为 1806×10^4t（以氧化锂当量计）。

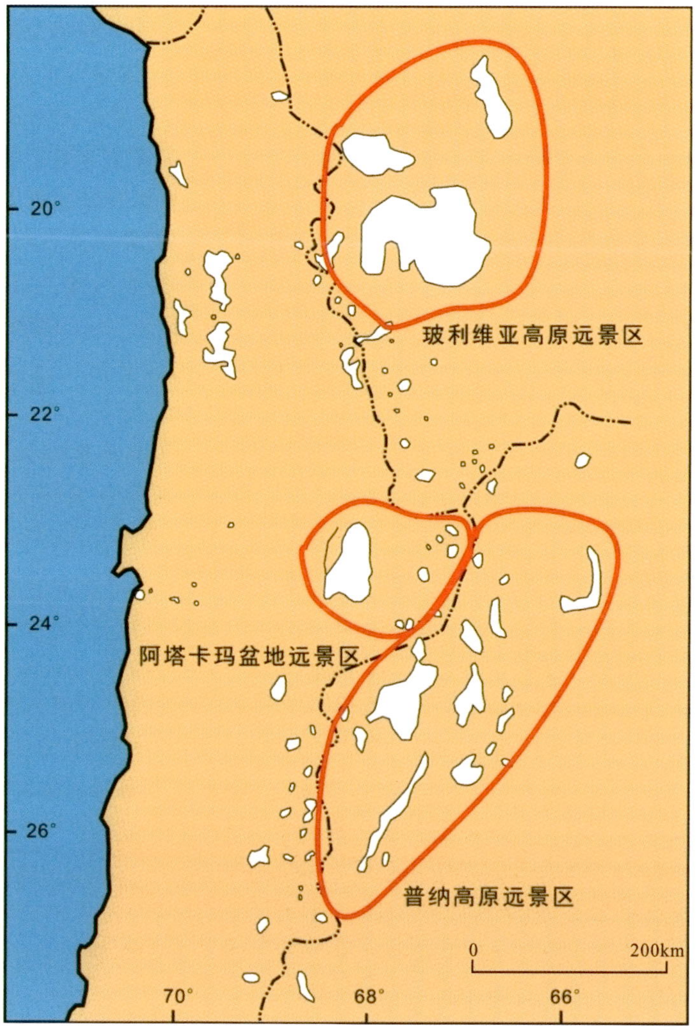

图 11-7 南美锂矿资源远景区分布图

一、远景分析

1. 成矿地质背景

新生代早期由于纳斯卡板块俯冲到南美板块之下导致安第斯山的隆起和陆相火山作用，形成了安第斯高原，在东、西科迪勒拉带之间呈楔形分布，主要由具类似弧后钙碱性化学特征的新近纪—第四纪的中酸性火山岩成分的火山层、火山口和破火山口构成，直到现在该高原仍在扩张中。晚白垩世开始，沿着大陆边缘发育了大量边缘盆地，并伴有海相火山作用。夷平作用产生的碎屑物质被水流搬运至山间盆地低洼处沉积下来，淡水湖泊沉积一直延续至更新世晚期，形成了该区赋锂盐湖群的雏形。进入全新世，该区气候转为持续干旱，湖泊水体逐渐萎缩咸化，至全新世逐渐干涸至形成盐湖。火山作用造成了密集而且持续的赋含成盐离子的热液大规模转移至盆地内，加之周边老地层乘盐离子的迁入和热液中盐类组分的注入以及新生代蒸发作用形成的岩盐和石膏的直接溶解，使得该地区具有丰富的盐湖卤水型锂矿床的成矿物质来源。

综上，该区位于安第斯聚敛大陆边缘沉积盆地，造山作用形成了众多封闭盆地，构造上经历了大量的断层和沉降作用，加之新生代火山热活动及周围含锂源岩、蒸发岩溶解，提供了大量的成矿物质来源。同时雨影效应使该区具有干燥的气候条件，一层或多层充足的含水层、足够的卤水浓缩时间，使得锂三角地区的大量盐湖和盐沼中产出了丰富的锂资源。

2. 资源潜力情况

安第斯高原的盐湖卤水主要赋存于盐体晶间孔隙和盐层之下的碎屑层中，卤水中锂浓度为(100～900)$\times10^{-6}$，几乎全部卤水都具有经济开采价值，是世界上卤水锂资源最丰富的地区，约占世界锂资源的68.8%，潜在资源量(测算数据)为1806$\times10^4$t，约占世界锂潜在资源量的35.8%，是全球最大的锂矿资源潜力区。

其中，阿根廷是锂三角地区资源产业政策最开放及锂矿勘查开发最活跃的国家，潜在资源量为694$\times10^4$t，尚有70%以上的锂矿资源未得到勘查，以目前的年开采量计算，其已探明储量还可以开采69年；智利是锂三角地区勘查开发程度和锂矿利用程度最高的国家，潜在资源量为212$\times10^4$t，尚有30%的锂矿资源未得到勘查，以目前的年开采量计算，其已探明储量还可以开采75年。玻利维亚的锂矿资源由于政治因素尚处于初级勘查和可行性研究阶段，潜在资源量为900$\times10^4$t，尚有50%的锂资源未得到勘查，预计乌尤尼盐湖投产后，以3$\times10^4$t/a碳酸锂的产量计其已探明储量还可以开采300年。

二、勘查开发分析

从锂矿资源情况来看，锂三角地区是全球最大的锂资源地区，阿根廷、智利、玻利维亚占据了目前已知锂资源的68.8%；从勘查开发现状来看，锂三角地区，地质工作程度较低，仅有少量的盐湖被开发利用，大部分属于没有勘查和开发的处女地，资源潜力巨大；从投资成本来看，普纳高原的气候条件适于盐湖资源开发的工艺要求，盐湖卤水的镁锂比值低，资源禀赋条件好，开采条件优越，生产成本低。从投资环境来看，锂三角地区的3个国家，目前纷纷出台优惠政策积极吸引投资，努力扩大锂金属的产量，目的是使其在国际市场形成垄断能力，然后通过控制产量和销售，为这3个国家的锂出口创造最大收益，近年来，美国、加拿大、德国、澳大利亚、日本和韩国等国家的锂业公司纷纷进入锂三角地区从事锂的勘查和开发，抢占资源的争夺战已经开始，并会越来越激烈。

综上，在表11-9中看出，阿根廷是南美洲地区最理想的投资国，智利次之。这2个国家资源潜力巨大，投资成本低，且拥有漫长的海岸线以及较发达的基础设施与港口，在发展中国家里经济发展较好，如果能在这2个国家实施筹备一些锂矿项目，并建设一定的产能，不仅能为企业的可持续发展助力，而且能做大做强国内锂产业，参与国际化竞争。而玻利维亚由于政策限制，不利于企业直接进入，但可以通过技术合作、联合勘查等方式进入该国的锂矿资源开发利用。

表11-9　南美锂矿资源国投资优劣势分析表

国家	资源情况	勘查开发	投资成本	投资环境
阿根廷	卤水型，储量255$\times10^4$t	70%为未开发矿床	镁锂比低，开采条件优越，生产成本低	政府鼓励外资投资；海岸线长，交通运输发达
智利	卤水型，储量750$\times10^4$t	50%为未开发矿床		限制开采，但政府正积极改善投资政策；海岸线长，交通运输发达
玻利维亚	卤水型，储量550$\times10^4$t	控制开采		限制外资进入；电力缺乏

1. 阿根廷

阿根廷卤水资源镁锂比值低，开发提前成本较低。境内盐湖仅有一小部分被勘查，个别盐湖被开采，未被开发利用的锂矿资源潜力巨大。阿根廷盐湖分布于西北高原荒漠区，人烟稀少，矿权易获取，环保要求低。相对智利和玻利维亚，政府积极鼓励外资进入开发锂矿资源。总体上来看，阿根廷是全球首选的战略选区，企业可对处女地投入草根勘查，也可通过金融手段和技术合作的形式介入已有的项目合作开发。

2. 智利

智利国家政局稳定，矿业开发政策法规健全，根据智利的税收政策，无权利金，无出口关税，这样的政策有利于外商在智利进行合理的矿产开采，而且智利的盐湖锂储量巨大，一般大型和巨型矿山的寿命为 20 年以上，因此，如果我国进入智利进行锂矿床开发，可在长期内获得稳定的高收入。但现阶段，智利将锂矿作为战略型矿产，在现有法律规定下，获得特许权或开采锂矿的许可存在一定困难，但智利政府正在研究修正相关的法律事宜，其他的渠道，也将在不远的将来面临巨大的变化，随之也会给从事锂矿勘查开发的企业带来更多的投资机会，影响世界锂矿供应格局，建议中国企业持续关注。

3. 玻利维亚

玻利维亚政府目前严格控制该国锂矿的开采，至今全球著名的乌尤尼盐湖一直未进行全面开采。对待外资合作者的态度也只准许以合作研究的形式进入，并强调外资只能参与最后阶段产品的生产。由于该国盐湖锂矿床储量大、均未开采，一直是众多企业感兴趣的一个锂矿床，我国也已经有企业在进行投资，虽然只停留在勘查技术的合作，但这对于我国规模开发该国的锂资源是一个值得注意的信息。此外，政府宣布了乌尤尼盐湖的锂资源开发计划，第三阶段外资企业可以通过技术转让的形式参与开发，预计到 2020 年，玻利维亚碳酸锂的年产量可达到 3×10^4 t。

第十二章 铀 矿

第一节 资源概述

世界铀资源虽然总量巨大，但分布并不均衡。根据2014年铀矿红皮书的统计数据，世界铀资源丰富的国家为澳大利亚、哈萨克斯坦、美国、加拿大、南非、尼日尔、纳米比亚、俄罗斯、巴西和乌克兰，其铀资源量均在10×10^4t以上，合计占世界铀资源量的88.1%。

南美洲除了巴西以外，其他国家的铀矿资源相对来讲规模并不大，相对而言阿根廷、秘鲁、玻利维亚和智利有一定的铀矿资源。巴西、阿根廷、秘鲁和智利成本在130美元/kgU的已经探明的铀矿资源占全球的5%，成本在130美元/kgU的可靠资源占全球的4.5%；成本小于等于130美元/kgU的推断资源占全球的6%，详细情况如表12-1～表12-3。

表12-1 南美主要铀资源国家已探明铀资源储量

国家	成本范围			
	<40美元/kgU	<80美元/kgU	<130美元/kgU	<260美元/kgU
阿根廷	2400	9100	18 500	19 600
巴西	137 300	228 700	276 100	276 100
智利	0	0	0	1500
秘鲁	0	2900	2900	2900
全球合计	682 900	1 956 700	5 902 900	7 635 200

资料来源：Uranium 2014：Resources，productionand demand。截至2013年1月1日数据，单位：t，取整到100t。

表12-2 南美主要铀资源国家铀可靠资源(RAR)

国家	成本范围			
	<40美元/kgU	<80美元/kgU	<130美元/kgU	<260美元/kgU
阿根廷	0	5100	8600	8600
巴西	137 300	155 100	155 100	155 100
智利	0	0	0	600
秘鲁	0	1400	1400	1400
全球合计	507 400	1 211 600	3 698 900	4 587 200

资料来源：Uranium 2014：Resources，productionand demand。截至2013年1月1日数据，单位：t，取整到100t。

表 12-3　南美主要铀资源国家铀推断资源(IR)

国家	成本范围			
	<40 美元/kgU	<80 美元/kgU	<130 美元/kgU	<260 美元/kgU
阿根廷	2400	4000	9900	11 000
巴西	0	73 600	121 000	121 000
智利	0	0	0	900
秘鲁	0	1500	1500	1500
全球合计	175 500	745 100	2 204 000	3 048 000

资料来源：Uranium 2014：Resources，productionand demand。截至 2013 年 1 月 1 日数据，单位：t，取整到 100t。

第二节　成矿规律

一、区域成矿背景与主要矿床类型

1. 区域成矿背景

南美洲包括安第斯成矿区和南美地台成矿区两个一级成矿区带，其下又可进一步划分为更多的二级成矿省和三级成矿带。从南美铀洲矿的矿床类型、成矿作用、成矿过程和分布规律上看，不同成矿区带影响铀矿成矿作用的区域成矿背景也不一致。

在安第斯造山带，铀矿主要与新生代火山带的长英质火山岩有关，该火山带沿着东科迪勒拉山脉的西侧，从秘鲁东南部经玻利维亚一直延伸至阿根廷西北部和智利。这个地区的铀矿规模都比较小，铀矿品位在 0.02%～0.17%之间。

在南美地台特别是巴西-圭亚那前寒武纪地盾地区，铀矿床大多与元古代 Espinhaço 和/或巴西造山运动相关，矿床类型多样，但具有经济价值的主要为脉型、浸染型或交代岩型，矿体与古元古代钠长石岩、大理石和片麻岩，元古代花岗岩等密切相关。矿床规模较大，到目前为止巴西发现的所有大型矿床均为此种类型。

在 Austral - Extra Andino 地区，铀矿主要产在石炭纪—第三纪陆相碎屑岩和火成碎屑物岩石序列中。此处的矿床通常规模较小，或者品位较低。

2. 主要矿床类型

(1)交代岩型矿床。交代岩型矿床主要分布在巴西东北部前寒武纪地盾构造岩浆活动地区，巴西 Borborema(造山带)成矿带(Pt_1、Pt_2、Pt_3、J、K)和巴西 Aracuai - Ribeira(造山带)成矿带。矿床局限于前寒武纪地盾构造岩浆活动地区，且受到强烈的钠交代或钾交代，沿深断裂形成钠长石化、伊利石化蚀变。这类矿床发育在各种基底岩石中，包括花岗岩、混合岩、片麻岩和含铁石英岩经蚀变后形成的钠长岩、霓石岩、碱性角闪岩及碳酸盐岩和含铁岩石的含铁石英岩。主要铀矿物有晶质铀矿、钛铀矿和其他含钛-铀矿物、铀石等铀矿物。矿床规模一般为中到大型。实例包括巴西的 Lagoa Real 矿床和 Espinharas矿床、圭亚那的 Kurupung 矿床，铀矿规模中到大型(图 12-1)。

(2)砂岩型铀矿床。砂岩型铀矿床分布在玻利维亚西南部与阿根廷西北部地区，产于陆相河流或边缘海沉积环境的中—粗粒砂岩中。铀在还原条件下由砂岩中的各种还原剂[含碳的物质、硫化物(黄铁矿)、碳氢化合物和铁镁矿物(绿泥石)等]、细菌活动、来自地下碳氢化合物储藏，及其他物质的还原而沉淀。铀矿规模小，成矿时代为石炭纪—新近纪(图 12-2)。

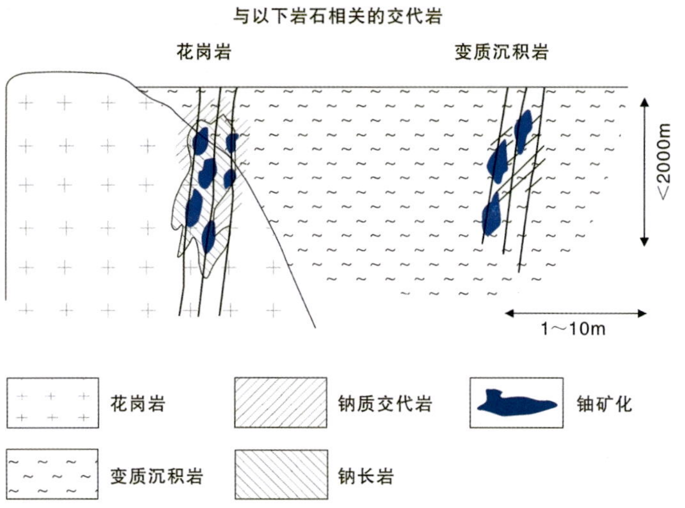

图 12-1　交代岩型铀矿床(赋存在矿脉和网状脉中)(Dahlkamp,2009)

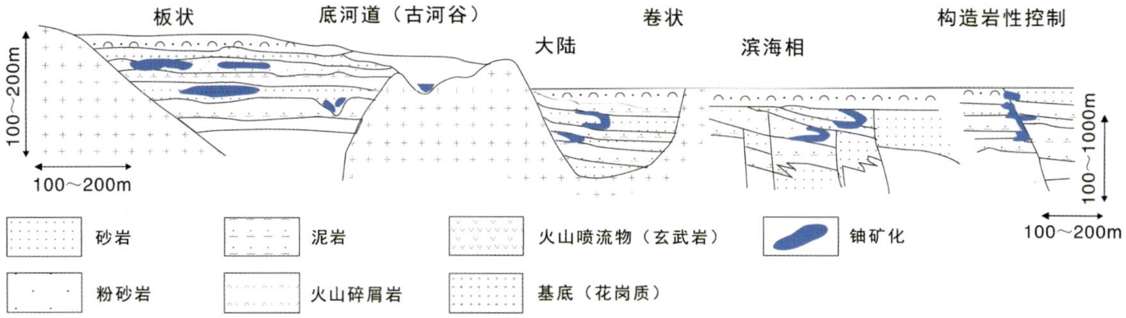

图 12-2　砂岩型铀矿(Dahlkamp,2009)

(3)火山岩型铀矿床。火山岩型铀矿床主要分布在东科迪勒拉成矿带,从秘鲁中南部、经玻利维亚一直到智利的北部。火山岩型铀矿床产于由镁铁质至长英质火山岩和沉积岩碎屑夹层充填的破火山口及其附近地区。铀矿化主要受构造控制,形成脉状和次要的层状网脉状矿体。矿化发生在火山岩和沉积层系的若干层位中并延伸到破碎花岗岩和变质岩基底中。铀矿物(沥青油矿、铀石、六价铀矿物、少量钛铀矿)与含钼硫化物和黄铁矿共生,其他共生元素有 As、Bi、Ag、Li、Pb、Sb、Sn 和 W。共生的脉石矿物有紫色萤石、碳酸盐、重晶石和石英。此种类型铀矿在南美规模不大(图 12-3)。

二、时空分布规律

1. 主要成矿时代

目前在南美洲的阿根廷、巴西、玻利维亚和秘鲁等多个国家都发现了铀矿床,矿床类型多样,成矿时代不一。在南美洲不同区域的铀矿床,其矿床类型和成矿时代都有各自的特点。

在安第斯造山带,铀矿床主要为规模较小的火山岩型铀矿,成矿时代为新生代。典型矿床包括秘鲁的 Macusani、玻利维亚的 Sevaruyo、阿根廷的 Aquiliri 以及智利的 El Laco。智利还报道有一些低品位的地表型铀矿点,例如 Salar Grande 和 Quillagua,变质岩铀矿点,例如 Estacion Romero 和 Cerro Carmen(REE)等。

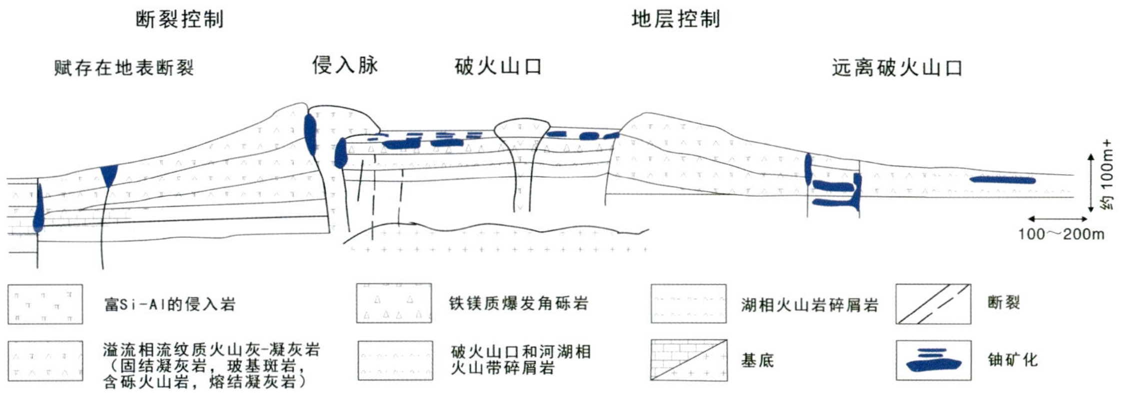

图 12-3　火山岩型铀矿(Dahlkamp,2009)
(赋存在岩脉、网状脉和层状矿脉中)

在南美地台区,铀矿类型多样,目前而言最重要的是交代岩型矿床,其成矿时代为元古代。这与元古代 Espinhaço 和/或巴西造山运动密切相关。铀矿包括巴伊亚州的 Lagoa Real,铀矿石矿体在古元古代正片麻岩伴生的钠长石岩中;塞阿拉州的 Itataia,这是一个大型的铀-磷矿床,在大理石和片麻岩中,属上古元古代;以及帕拉伊巴州的 Espinharas,铀矿在钠长石片麻岩以及元古代花岗岩中。

在 Austral - Extra Andino 地带,主体位于阿根廷西部的前科迪勒拉(Pre - Cordillera)带,矿床类型主要为砂岩型,成矿时代在石炭纪—新近纪,如阿根廷的 Sierra Pintada 砂岩型铀矿,产在二叠纪砂岩中。

2. 空间分布规律

从南美成矿带上看,南美洲铀矿主要分布在Ⅱ-3 大西洋地盾成矿省[在本成矿省中,铀矿主要分布在Ⅲ-16 博尔博雷玛(Borborema)钨-金-铌钽铁矿-菱镁矿-绿柱石-海蓝宝石-电气石-祖母绿成矿带(Pt_1、Pt_2、Pt_3、J、K)和Ⅲ-18 亚拉库阿-里贝拉(Aracuai - Ribeira)铬-金-铁-钨-钼-铜-锡-铅-锌-钡-银-锂-铍-钽-铝土矿-金刚石-磷酸盐-石墨-滑石-祖母绿-金绿宝石成矿带(Ar、Pt_1、Pt_3)内],Ⅱ-8 中安第斯成矿省、Ⅲ-39 东巴塔哥尼亚(Eastern Patagonia)钨-金-铁-银多金属-萤石-盐类成矿带(J,K?)。

从分布地区上看,南美地区铀矿主要分布在巴西东北部北里奥格兰德州、巴伊亚州和东南地区。秘鲁的铀矿主要分布在中南部地区,铀矿在阿根廷主要分布在东北部地区,以砂岩型铀矿为主,此外,在内乌肯省等地区也有分布。智利的铀矿主要分布在北部地区。

三、控矿因素

根据南美洲铀矿的成矿作用、时空分布规律和主要典型铀矿床的矿床地质特征与成矿模式(图 12-4),该地区铀矿的主要控矿因素如下。

(1)铀矿的成矿作用主要与不同历史时期的造山运动有关,特别是元古代 Espinhaço 和/或巴西造山运动以及新生代安第斯造山运动,在这些运动中形成的断裂构造主导和控制了交代岩型和火山岩型铀矿的成矿作用。

(2)砂岩型铀矿主要受在石炭纪—新近纪陆相碎屑岩和火成碎屑物岩石序列控制。这种类型的铀矿主要产于陆相河流或边缘海沉积环境的中—粗粒砂岩中,主要分布在阿根廷西北部和玻利维亚西南部地区。

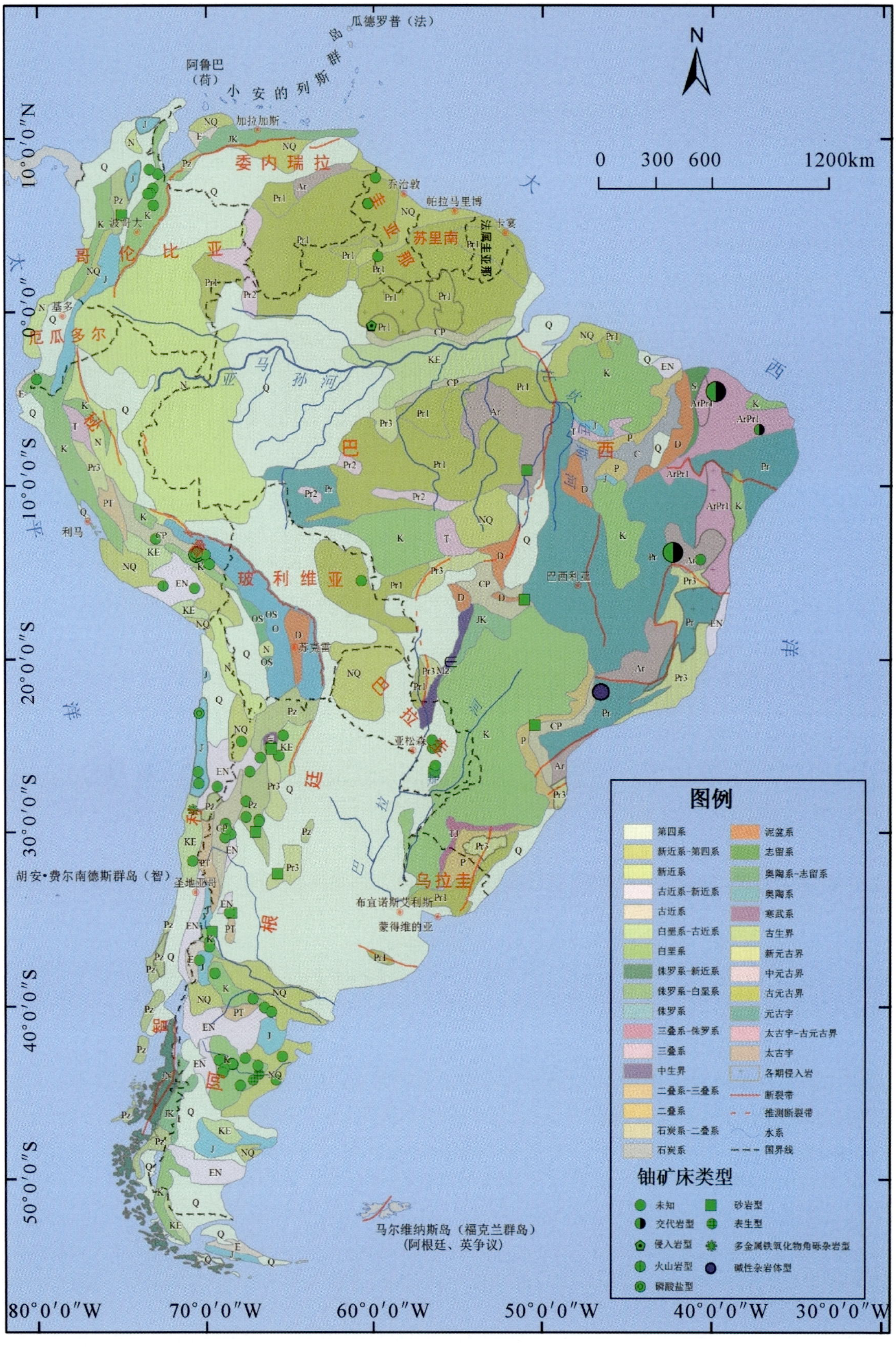

图 12-4　南美构造单元和大型铀矿分布图（据 Dahlkamp，2010 修改）

第三节 典型矿床

一、巴西 Lagoa Real 矿床

Lagoa Real 矿床位于巴西中南部巴伊亚州 Caetité 地块，Lagoa Real 和 Lagoa Grande 是该地区的两个小镇。到目前为止，已在 Lagoa Real 矿床附近发现了十余个矿床，这些矿床和矿点，以及类似的多数航测和地面勘测发现的铀异常都在 Espinhaço 带的东部，与一个长度大约为 600km 的区域性南北走向的断层平行。铀资源量超过 10.0×10^4t。

1. 大地构造背景

Lagoa Real 地区位于圣弗朗西斯科克拉通的中南部，Gurié Jequíe（约 30 亿年）、Transamazonian [(22～18)亿年]、Espinhaço[(18～11)亿年]以及 Brazilian[(65 000～45 000)万年]等造山运动叠加使得圣弗朗西斯科克拉通呈现出复杂的构造格局。Caetité 地块是 Espinhaço 铀矿地质省的一部分，对应于一个北北西-南南东拉长的活化带，该区域南北长约 80km，东西宽 30～50km，被称为 Espinhaço Setentrional 带。这一地质带是 Transamazonian 造山事件影响的太古代基底在中古生代造山事件中形成。这一地区在 Espinhaço 板块蚀变事件期间曾经出现过褶皱、逆冲断层和蚀变。

2. 区域与矿床地质

Lagoa Real 矿床位于帕拉米林（Paramirim）山谷，埃迪卡拉—前寒武纪 Araçuaí 造山带的北部。Araçuaí 造山带北部的基底是由太古代和古元古代花岗片麻岩和麻粒岩以及变质火山-沉积带组成的地体。

帕拉米林山谷西部为 Espinhaço 山脉（ES，图 12－5），东部为 Chapada Diamantina 高原（CD，图 12－5）。元古代盖层包含古元古代到中元古代的 Espinhaço 超组（图 12－5、图 12－6）和新元古代 Sao Francisco 超组。这两个超组与 Espinhaço－Macaubas 盆地多阶段的演化密切相关。在构造伸展期，中元古代和新元古代铁镁质岩脉侵入到 Espinhaço 超组岩石中。岩脉的年龄包括两组：①Ⅰ组，U－Pb 年龄为 1492±16Ma（Loureiro et al，2008）和 1492±3.2Ma（Guimaraes et al，2005），这些年龄与 Babinski 等 1999 年获得的约 1514Ma 的年龄接近；②Ⅱ组，U－Pb 年龄为 934±14Ma（Loureiro et al，2008）和 854±23Ma（Danderfer Filho et al，2009）。显生宙沉积岩在帕拉米林山谷大面积出露（图 12－5）。

Araçuaí 造山带北部的基底岩石被不同时期的构造变质作用所影响：①晚太古代（Jequie 事件）；②古元古代（21～18Ga）；③Espinhaço 时期（13～10Ga）；④新元古代，Brasiliano 事件（6～5Ga）。根据传统观点，Espinhaço 事件造成了（14～11Ga）Espinhaço 超组和其硅铝质基底的变质变形（Cordanı 等，1992）。然而，也有学者认为 San Francisco 克拉通北部的 Espinhaço 岩石和新元古代盖层（San Francisco 超组）经历了相同的变形历史；因此，Espinhaço 岩石在 6～5Ga 前没有经历变形和区域变质作用。此外，Cruz & Alkmin（2006）及 Cruz 等（2007）认为影响 Lagoa Real 含铀花岗片麻杂岩体和新元古代 Sao Francisco 超组的构造要素为同一期次。

Lagoa Real 花岗闪长杂岩体在花岗闪长岩基底中封闭，东部为 Espinhaço 山脉，西部为 Chapada Diamantina（图 12－5、图 12－6）。出露在 Lagoa Real 北部和东部的片麻岩基底包含晚太古代和古元古代的变质花岗岩和混合岩（Jardim，1978；Bastos et al，1998）。

Lagoa Real 地区最明显的地质特征是存在一些斑状侵入岩，也即 San Timoteo 花岗岩（图 12－7a），包括粗粒的钠长石化正长花岗岩、碱长石花岗岩和正长岩。它们原地转化为同一成分的初糜棱岩、眼球状糜棱岩和超糜棱岩，具有片麻状构造，在此处统称为钠长石化片麻岩（图 12－7b；Lobato、Fyfe，1990；

Cruz、Alkmim，2006；Cruz et al，2007，2008）。Sao Timoteo 花岗岩最丰富的相对应于一个钾质、富铁钠闪石、黑云母、二长到正长花岗岩的偏铝质相和高钾钙碱质相（Teixeira，2000）。Maruejol et al(1987)指出这些都是陆内环境的富铁质、偏铝质、亚碱性火成岩。

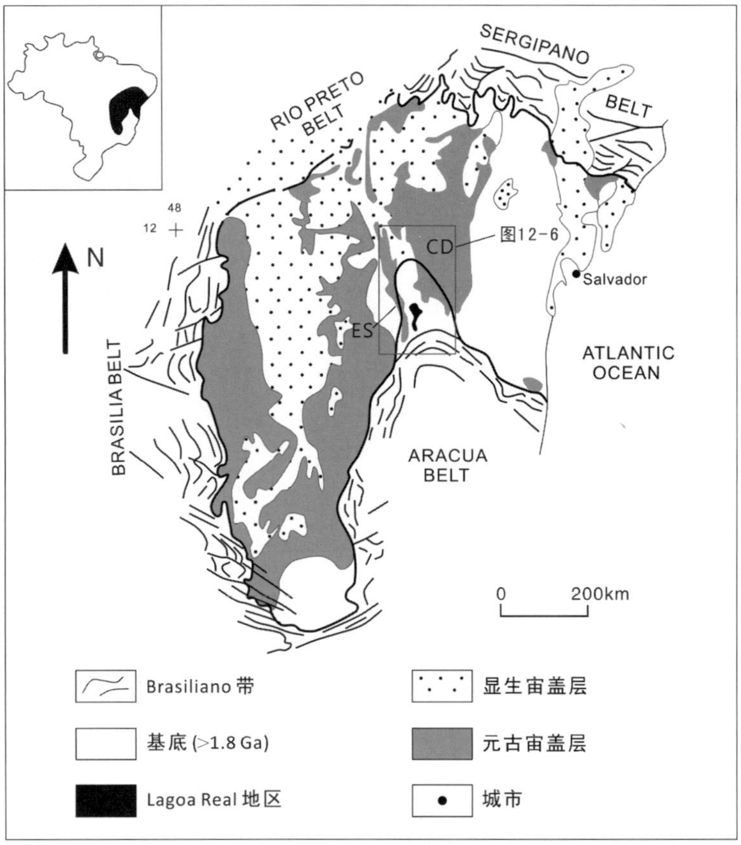

图 12-5 圣弗朗西斯科克拉通地质简图（Lobato，2015，略有修改）
CD. Chapada Diamantina；ES. Western Espinhaço 范围

3. 控矿条件

从前面的论述可以看出，Lagoa Real 铀矿区有以下几方面控矿因素：

(1)造山运动控矿。太古代—古生代的造山运动以及后期巴西造山运动对成矿具有重要的影响。

(2)褶皱、断裂构造控矿。矿体受褶皱和断裂控制明显，总体沿着区域性褶皱轴和大型断层展布。

(3)变形变质作用控矿。铀矿区有强烈的钠交代变质作用，这些变质作用与褶皱和断层分布相吻合。

二、阿根廷 Sierra Pintada 矿床

Sierra Pintada 是一个砂岩型铀矿，位于阿根廷中西部的次安第斯区域。20 世纪 80 年代和 20 世纪 90 年代早期，Sierra Pintada 曾是阿根廷最重要的铀矿开采地区。这一地区在门多萨省北中部，位于门多萨市南部 250km，在 San Rafael 镇西南 30km。

1. 大地构造背景

矿床所在区域位于 Rafael 板块北部的南北走向长 100km，宽 30～50km 的 Sierra Pintada 山脉上。在这片南北走向约长 80km，宽 50km 的区域内分布着数个砂岩型铀矿，矿床主要集中在 El Tigre 短轴背斜的西侧。

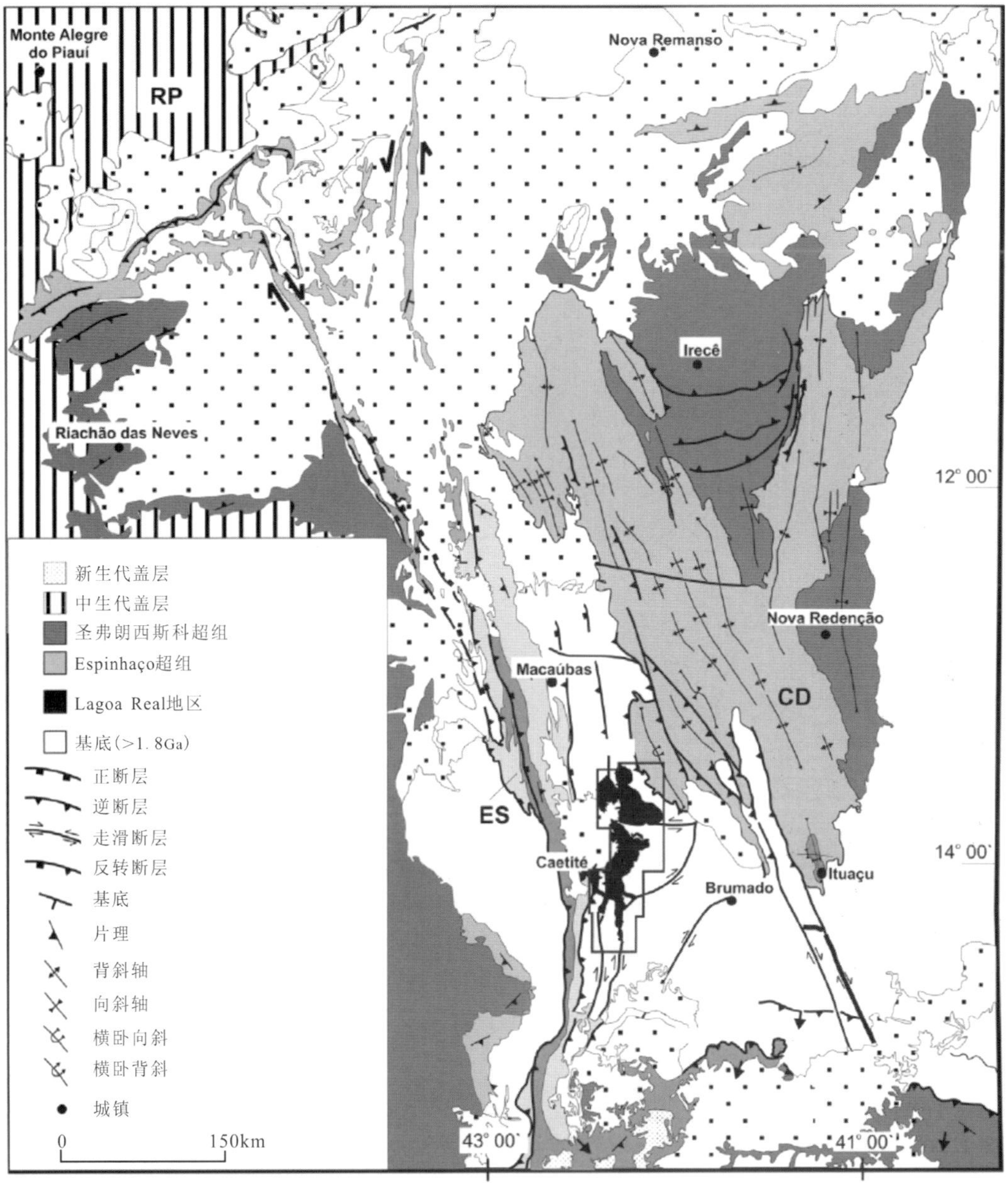

图 12-6 巴西巴伊亚州中部区域地质图(Lobato,2015)

2. 区域与矿床地质

San Rafael 板块是 Sierra Pintada 地区的主要构造单元,其中有古生代—三叠纪岩石出露。本板块边界有些部分被古近纪和新近纪陆相沉积物和一些时代更新的沉积物所覆盖,直至下石炭统沉积都主要是海相沉积,上石炭统之后则只有陆相沉积。

二叠系 Cochico 群的 Los Reyunos 组中 Areniscas Atigradas 段岩石,是最重要的铀矿成矿母岩。本段的厚度为 70～100m,细粒至粗粒砂岩,推测是河相沉积或者风成沉积岩。在基底上方 50m 处的层间有一个薄凝灰岩层。新鲜的砂岩是绿灰色,在上层以蚀变后的砂岩为主,受铁氧化物的影响,颜色为粉红色至红棕色,横向和纵向常见有一些变化。石英是成矿的 Atigradas 砂岩的主要成分。石英粒为菱角至近圆形,特点类似于斑岩流纹岩的斑晶。长石主要是斜长石,包括钠长石和钠钙长石等,也有一些钾长石,长石已普遍被蚀变为高岭石。其他岩石还有磷灰石、金红石、锆石、菱铁矿和重晶石。

Sierra Pintada 矿除了铀矿以外也有一些伴生的其他金属矿物,但是量都非常小。主要的铀矿是沥

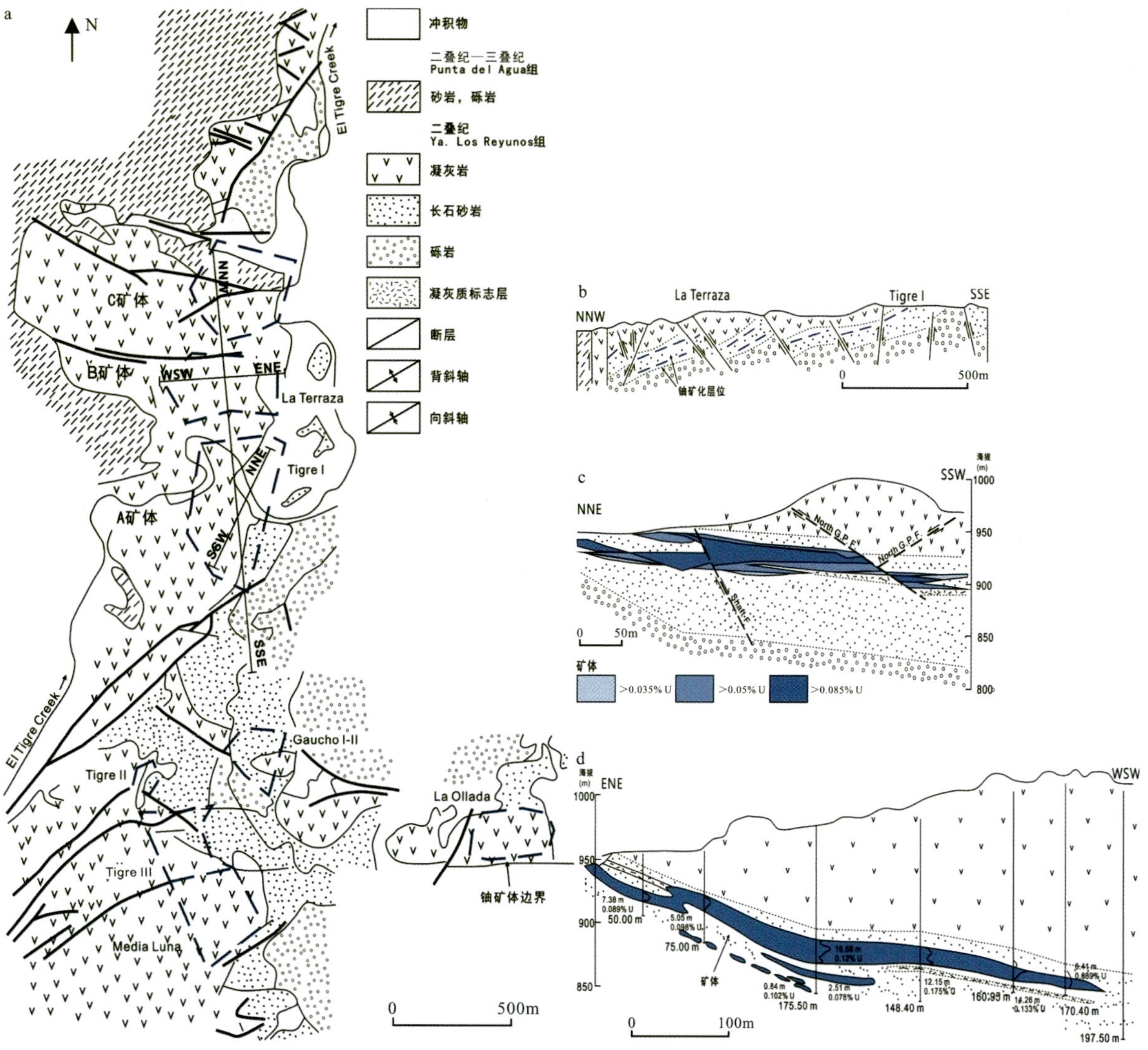

图 12-7　Sierra Pintada 铀矿床的地质简图

a. 地质图，注明有主要铀矿床的矿体的大体轮廓；b. La Terazza 和 Tigre I 矿床，北北西-南南东段，显示矿石透镜体的岩石和结构背景；c. Tigre I 矿床，北北东-南南西段，有铀矿品位分布情况说明；d. La Terazza 矿，地质上的东北东-西南西段，显示钻探交叉的品位和铀成矿间隔的厚度

青铀矿，另有少量的水硅铀矿和钛铀矿。氧化带含有铀钙石和硅钙铀矿。铀矿伴生有一些有机物，另外有极少量的黄铁矿、砷黄铁矿、白铁矿、黄铜矿、斑铜矿、赤铁矿和针铁矿，此外还有方解石和白云石。由于氧化、泥化/高岭石化、绢云母化、绿泥石化、黄铁矿化和碳酸盐化的影响，母岩已发生蚀变。绿泥石和铁氧化物常出现在砂岩接触面上。

二叠系 Los Reyunos 组的 Areniscas Atigradas 段是主要的铀矿母岩。铀矿分布在两个主要地层中。主要的成矿区域在凝灰岩层上方，但是在凝灰岩层下方也有矿化。绢云母化、方解石化和高岭石化是主要的蚀变形式。

3. 控矿条件

Sierra Pintada 地区的成矿是不整合面砂岩型成矿，主要是受地层控制，二叠系 Los Reyunos 组的 Areniscas Atigradas 段是其成矿母岩，另外含铀火山岩可能对成矿也有一定影响。

4. 成矿模式与找矿标志

在 Sierra Pintada 铀矿研究过程中，对于铀矿来源和成矿过程存在各种假说。Toba Vieja Gorda 段[(2～3)×10^{-6}铀]流纹凝灰岩和安山凝灰岩，或者 Cerro Carrizalito 组的流纹岩[高达(50～100)×10^{-6}铀]等二叠系—三叠系长英质火山岩可能是铀的源岩。Rodrigo & Belluco(1981b)认为，在晚中生代和第三纪早期强烈的剥蚀作用对该地区产生了很大影响，铀可能是当时从源岩中被浸出。由于母岩中存在大量的自生方解石，因此推断铀转移可能是以铀酰碳酸盐离子的形式出现。由于沥青铀矿和磁赤铁矿以及富铁绿泥岩之间有很明显的伴生关系，因此亚铁矿物和/或有机物可能是使铀沉积下来的还原剂。由于很少发现有机物，因此其作为还原剂、对铀成矿的影响可能很小。

Ferreyra 等人(1984)认为蚀变和成矿(泥化、绿泥石化、黄铁矿化、铀成矿和伴生的碳酸盐化)的共生关系以及有机物、硫化物和绿泥石的分布可能与成矿过程中的稳定地下水位状况是一致的。成矿是在二叠纪砂岩沉积之后较短时间内完成，铀来自成矿砂岩上方的凝灰岩层。

Labenski 等人(1982)认为此处的铀品位较高，宏观上这与粉红—棕色岩层而不是灰色的未氧化岩层有关。为查找这种特点的原因，他们通过 Mössbauer 技术研究了绿泥石相，根据 Fe^{2+} 和 Fe^{3+} 的比例以及与一些铁氧化物(纤铁矿、磁赤铁矿/赤铁矿)之间的伴生关系，确认了 4 种绿泥石。多种绿泥石和铁氧化物常明显出现在岩石界面上，可能与铀矿有伴生关系。两种绿泥石出现在砂岩段中，这些岩石仅受到风化的影响而未受到成矿溶液的影响。局部的还原现象受到这些层面生物活动的影响。

Labenski 等人(1982)根据这些情况和其他矿物化学数据，提出铀是从上层临近的夹层凝灰岩中被浸出，然后进入地下水系统，并且与钙、铁等其他元素再次被分配在 Atigradas 砂岩中。当时只有初期的成岩作用影响了沉积物的状况，因此砂子实际上并未被压实，且透水性很好。红色的砾岩层带有泥质夹层，在 Atigradas 砂岩下方，是地下水系统的隔水层。这种环境提供了良好的透水性，另外提供了碳酸根离子，形成了铀酰碳酸盐和三碳酸盐，促进了铀的迁移。在 pH 低于 6.5 的环境中铀酰碳酸盐很稳定，超过 6.5 时三碳酸盐也很稳定，但是如果 pH 发生显著变化则可能变得不稳定，Eh 和二氧化碳分压可能导致铀沉积。纤铁矿形成的情况显示，要求的条件假定曾在 Atigradas 砂岩的上层占主导地位。由于假设上层是含水层，当有足够的氧气但是二氧化碳分压较低时，水合铁氧化物会沉淀下来。另一方面，二氧化碳分压较低时细菌发育的环境更好，生物活动可以在局部产生还原性环境，因此可以提供铀沉积要求的条件。由于纤铁矿并不稳定，且可能转化为磁赤铁矿，之后缓慢地转化为赤铁矿，这会导致容矿砂岩变成粉红—红棕色。总之，最高的铀浓度位于 Atigradas 砂岩的上层；这些岩石已被成矿流体高度蚀变，宏观上反映为铁氧化物的粉红色，且局部有生物活动的还原作用。

三、玻利维亚 Mina Cotaje 矿床

Mina Cotaje 位于玻利维亚拉巴斯南部约 400km，属 Sevaruyo 矿区，在 Meseta de Los Frailes 的西部边缘地带，铀矿产生于第三纪火山岩中。

1. 大地构造背景

从南美洲成矿区带上看，该矿床位于中科迪勒拉锡-钨-多金属-盐类成矿带(J、E—Q)成矿带，该带呈条带状分布，从秘鲁中南部一直延伸到玻利维亚。区域断裂构造发育，主要为北北西向断裂构造控矿。

2. 区域与矿床地质

Mina Cotaje 是构造控制(热液)成矿的矿床(图 12-8)。铀矿位于一个接近垂直的、西北-东南走向的断层带，铀矿矿体长度大约为 350m，宽度为 1～10m，在深处可能达到大约 30m。母岩的断裂和剪切程度很高，包括一些已被强烈漂白的凝灰角烁岩和下层的流纹-英安质熔灰岩。矿区未发现黑云母，铁氧化物和烟水晶有所发育。成矿带在 Los Frailes 火成碎屑物的构造接触带附近，白垩纪的泥屑岩被形成 Cerro Cotaje 的英安岩侵入。控矿断裂穿切了凝灰岩和熔灰岩。

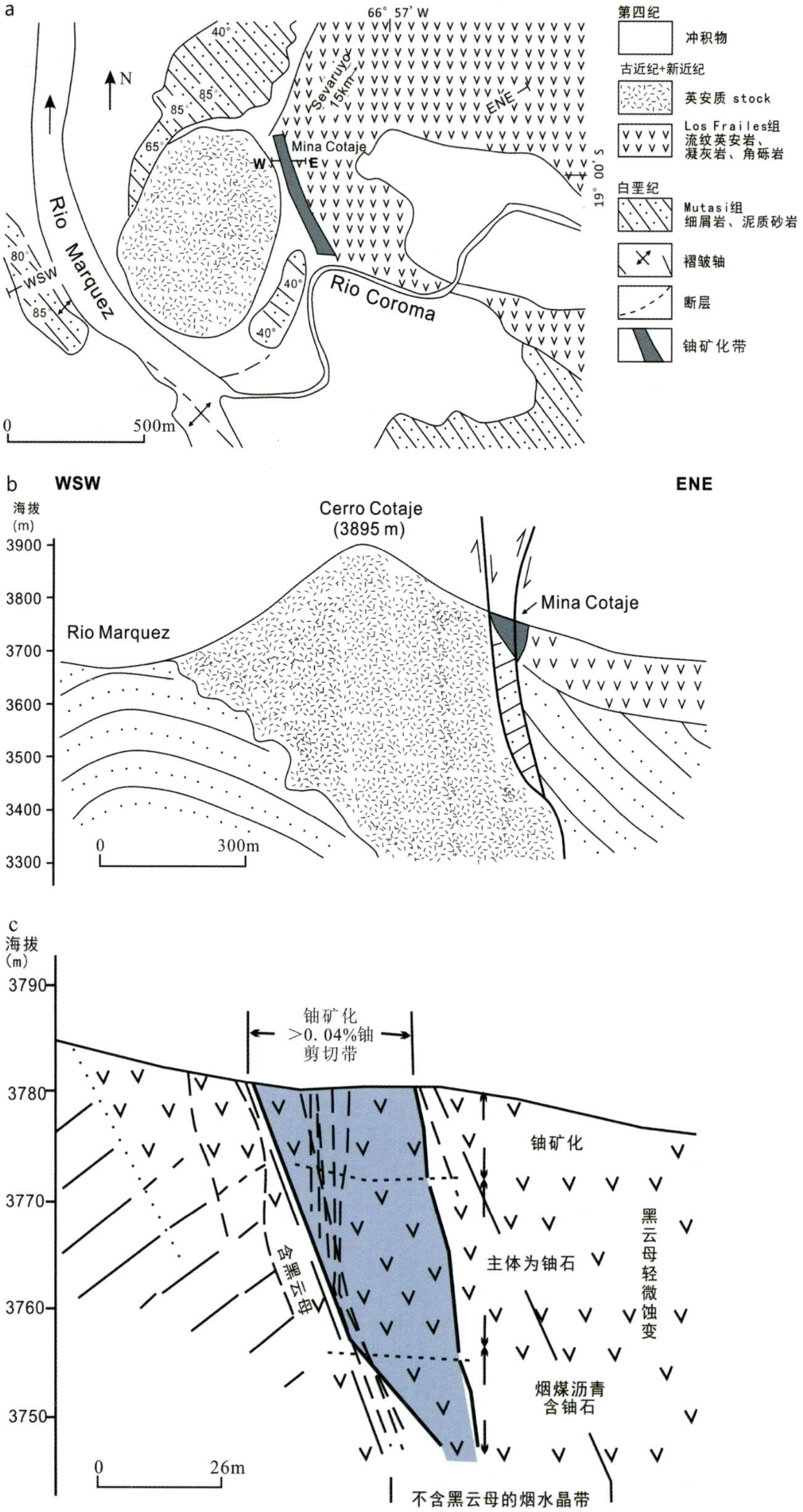

图 12-8 玻利维亚 Mina Cotaje 矿床(Dahlkamp,2010,略有修改)

a. 综合地质图,铀矿成矿区的位置;b. 南西西-北东东段显示铀矿点的岩性-结构背景;
c. 东西段,详细地说明铀矿的分布/分区和围岩蚀变状况

铀矿物质包括沥青铀矿、水硅铀矿和铀酰磷酸盐。铀酰磷酸盐在地面到地下8m深的地方居于主导地位，伴生有菱铁矿和石膏。在8～30m深处，水硅铀矿占主导地位，伴生有重晶石和石膏。30m以下，除了水硅铀矿以外沥青铀矿开始出现，伴生有重晶石和很少量的白铁矿、黄铁矿、闪锌矿、方铅矿、黑硫铁矿等。铀和伴生的矿物不规则地分布在露天断裂处，都是一些狭窄的矿体。在强烈剪切的区域内，铀矿物分散在破碎的岩石中(Michel，Schneider，1978)。

3. 控矿条件

Los Frailes组的两个基底层由凝灰岩和大量的斑晶组成(30%)，是铀矿的主要母岩。

断裂控矿，矿床受近垂直的、西北-东南走向的断裂带控制。

4. 成矿模式与找矿标志

关于Mina Cotaje的形成以及其他结构控制的铀矿富集等成矿假设仍有很多争议，深成、浅成假说都有。这些假说认为成矿可能涉及中低温的岩浆热液，或者有大气水体将铀从含铀火成碎屑岩中浸出，并且重新富集在更有利于沉积的地方。比如红色岩层成矿(如Mina Amistad)可能是温泉在一个近地面环境中形成的。根据矿物的共生关系，有人认为两种流体的混合是导致矿物沉积的原因；上升的含硫化物流体中富集有铜、铁等元素，这种流体与来自Los Frailes火山岩的富集碳酸氢盐的流体相遇。

Michel(1980)进行了大量的地球化学和矿物学研究，希望研究铀和钍在Los Frailes组中的分布情况。他的研究结果显示U/Th比例几乎是恒定的，这说明Los Frailes火山岩中没有任何差异化铀损失。根据这些数据和次火山英安岩中的所有重要铀矿点的空间关系，Michel倾向于支持Cotaje矿床是深成中温来源。

第四节 勘查开发

一、勘查开发现状

南美洲铀矿勘查开发活动并不多，勘探费用不足全球的1%，主要勘查费用集中在阿根廷和巴西(表12-4、表12-5)。

表12-4 国内企业和政府的铀勘查费用(1000美元/a)

国别	2006年以前	2006年	2007年	2008年	2009年	2010年	2011年	2012年	2013年
阿根廷	53 581	649	439	7153	6854	12 222	14 296	10 647	10 733
玻利维亚	9343	NA	NA	NA	NA	NA	NA	NA	NA
巴西	186 577	0	0	0	0	223	126	1198	1705
智利	7113	100	113	−180	540	1272	NA	NA	NA
哥伦比亚	19 946	0	6000	NA	NA	NA	NA	NA	NA
厄瓜多尔	1945	NA	NA	NA	NA	NA	NA	NA	NA
秘鲁	4776	NA	NA	NA	NA	NA	NA	NA	NA
世界总计	13 991 006	708 605	1 332 498	1 701 567	1 593 492	1 580 723	1 952 154	1 918 344	1 973 243

数据来源：国内勘查和开发费用为每个国家本年度国内和国外总费用；NA.无数据。引自Uranium 2014 - Resources，production and demand。

表 12－5 铀矿历史产量 (单位:tU)

国家	2010 年以前	2010 年	2011 年	2012 年	截至 2012 年合计	2013 年
阿根廷	2582				2582	
巴西	3186	148	265	326	3925	340
合计	2 541 225	54 653	54 740	58 816	2 708 434	59 531

数据来源:Uranium 2014－Resources,production and demand。

南美洲目前唯一在产的铀矿山是巴西的 Lagoa Real(Caetité)矿山,其年产能为 340tU/a,巴西核工业公司(INB)拟在 2017 年以后提高产能到 1200t/a。

二、矿业公司

根据南美洲目前铀矿项目的状态,南美洲主要的铀矿公司包括巴西核工业公司(INB)、U_3O_8 公司和 Plateau Uranium 公司,这 3 个公司在全球铀矿公司中并不处于重要地位。

1. 巴西核工业公司

巴西核工业公司为巴西政府拥有的国有公司,其国内铀工业 100%归本公司所有。目前该公司的 Lagoa Real(Caetité)矿山是巴西唯一在产的矿山,另外还有 4 个铀矿项目处于不同的阶段(表 12－6)。

表 12－6 巴西核工业公司矿山资源量

矿山(床)	实测和推定资源量			推测资源量	合计
	<40 美元/kgU	<80 美元/kgU	合计	<80 美元/kgU	
Caldas(MG)		500t	500t	4.000t	4.500t
Lagoa Real/Caetité(BA)	24.200t	69.800t	94.000t	6.770t	100.770t
Santa Quitéria(CE)	42.000t	41.000t	83.000t	59.500t	142.500t
其他				61.600t	61.600t
合计	66.200t	111.300t	177.500t	131.870t	309.37t

数据来源:INB 公司官网。

2. U_3O_8 公司

U_3O_8 公司是一个公司总部位于加拿大主要从事铀矿勘查的初级矿业公司,主要业务范围在南美的阿根廷和哥伦比亚,此外在圭亚那也有铀矿项目。2015 年在阿根廷和哥伦比亚的勘探投入为 40 万美元,每个国家为 20 万美元(表 12－7)。

表 12－7 U_3O_8 公司矿山资源量

矿山(床)	资源量(磅)	阶段
Berlin(哥伦比亚)	21 400 000	预可研
Laguna Salada(阿根廷)	10 200 000	预可研
Kurupung(圭亚那)	15 695 147	储量评估

数据来源:SNL 公司官网。

据 SNL 数据资料，截至 2015 年底公司在南美洲共有 15 个项目，有 2 个项目处于预可研状态，1 个处于储量评估阶段。

3. 高原铀业公司(Plateau Uranium)

高原铀业公司(Plateau Uranium)是一家总部位于加拿大的从事铀矿勘查开发的初级矿业公司。其主要业务范围在秘鲁，在秘鲁南部地区拥有 6 个项目，140 个矿权。2015 年勘探经费 410 万美元。目前在秘鲁的铀矿项目主要是 Macusani Plateau，公司拥有该矿 99.5%的权益，铀矿资源量 123 431 649 磅(U_3O_8)。

三、铀矿项目

南美洲铀矿勘查开发投入不高，目前在多个国家发现比较有潜力的铀矿项目(表 12-8)。

表 12-8　南美洲主要铀矿项目信息表

项目名称	所有者	国家	开发阶段	项目状态	储量与资源量 U_3O_8(磅)
Lagoa Real	INB	巴西	生产	运行中	207 270 000
Macusani Plateau	Plateau Uranium Inc，Local Interest	秘鲁	预可研	运行中	124 051 909
Yuty	Uranium Energy Corp.	巴拉圭	预可研	运行中	11 140 000
Kurupung	U_3O_8 Corp.	圭亚那	储量评估	暂停等待高价	15 695 148
Berlin	U_3O_8 Corp.	哥伦比亚	预可研	运行中	21 400 000
Itataia	Galvani Mineracao	巴西	储量评估	运行中	314 171 951
Cerro Solo	Commission Nacional de Energia	阿根廷	储量评估	运行中	20 062 065
Laguna Salada	U_3O_8 Corp.	阿根廷	预可研	运行中	10 200 000
Rodeo de Los Molles	Wealth Minerals LTD	阿根廷	储量评估	运行中	2 469 177
Sierra Pintada	Commission Nacional de Energia	阿根廷	可研	暂停	22 046 226

数据来源：SNL 公司官网。

部分中外文对照表

外文地名	中文地名
Bahia	巴伊亚州
Ceara	塞阿拉州
Paraiba	帕拉伊巴州
Pre-Cordillera	前科迪勒拉
Borborema	博尔博雷玛
Aracuai-Ribeira	亚拉库阿-里贝拉
Eastern Patagonia	东巴塔哥尼亚
Rio Grande do Norte	北里奥格兰德州
Neuquén	内乌肯省
San Francisco	圣弗朗西斯科
Paramirim	帕拉米林
Mendoza	门多萨省
La Paz	拉巴斯
Plateau Uranium	高原铀业公司
INB	巴西核工业公司

第五节 远景区分析

一、远景区划分

铀矿潜力区的圈定主要基于南美洲铀矿成矿带分布、南美洲铀矿产地数据库、铀成矿地质构造背景和成矿条件等的研究，根据地质类比方法，并考虑已有矿产勘查开发程度，综合圈定铀矿潜力区。

具体考虑如下一些因素：①铀矿成矿条件有利；②有较多铀矿产地分布；③有重要铀矿床正处在勘查开发之中；④正在进行勘查发现较好的矿化现象和找矿线索，仍有较好的找矿空间。

二、远景区分析

南美洲铀矿资源勘查工作也比较薄弱，有很好的找铀前景，主要潜力国家包括巴西、阿根廷、智利、秘鲁和玻利维亚等。

1. 巴西

巴西铀矿资源丰富，其塞阿拉-帕拉伊巴铀矿潜力区和巴伊亚铀矿潜力区有良好的铀矿资源潜力。应以寻找交代岩型和火山岩型铀矿为重点。

2. 阿根廷、智利

阿根廷和智利具有较好的铀资源潜力，其阿根廷西部—智利中东部铀矿潜力区具有寻找砂岩型铀矿的潜力。

3. 秘鲁、玻利维亚

在秘鲁和玻利维亚的环太平洋成矿带铀矿潜力区具有寻找火山岩型铀矿的潜力(表 12－9)。

表 12－9 潜力区信息描述

潜力区编号	潜力区名称	所属国家	潜力区描述
1	塞阿拉-帕拉伊巴铀矿潜力区	巴西	位于巴西塞阿拉州和帕拉伊巴州，铀矿类型为交代岩型，铀矿资源勘查程度低
2	阿根廷-智利铀矿潜力区	阿根廷、智利	位于阿根廷西部和智利中东部，铀矿类型为砂岩型，铀矿资源勘查程度低
3	巴伊亚铀矿潜力区	巴西	位于巴西巴伊亚州，主要铀矿类型为火山岩型
4	环太平洋成矿带铀矿潜力区	秘鲁、玻利维亚	位于秘鲁东南部普诺省和玻利维亚西部地区，主要铀矿类型为火山岩型

第十三章　铝土矿

第一节　资源概述

一、资源储量与全球地位

全球铝土矿资源丰富，目前保有储量为 280×10^8 t，资源量为 $(550\sim750)\times10^8$ t，主要集中分布在西非、大洋洲、南美洲和加勒比地区及亚洲，其中，非洲占 32%，大洋洲占 23%，南美洲和加勒比地区占 21%，亚洲占 18%，其他地区占 6%。

据美国地质调查局资料，2015 年南美洲铝土矿储量为 43.5×10^8 t，占世界铝土矿总储量的 15.54%，在世界铝土矿储量大洲排名中列第四位，主要分布在巴西、圭亚那、苏里南和委内瑞拉 4 国。

二、资源国概况

南美洲铝土矿的主要资源国为巴西、圭亚那、苏里南和委内瑞拉 4 个国家，该地区铝土矿的储量、产量及出口量在世界上占有重要地位(表 13－1)。

表 13－1　2015 年南美洲主要国家铝土矿储量、产量和出口量及占世界比例

国　家	储量 $(\times10^4$ t)	占世界比例 (%)	产量 $(\times10^4$ t)	占世界比例 (%)	出口量 $(\times10^4$ t)	占世界比例 (%)
巴　西	260 000	9.29	3500	12.77	835.29	18.83
圭亚那	85 000	3.04	170	0.62	163.29	3.68
苏里南	58 000	2.07	220	0.80	—	—
委内瑞拉	32 000	1.14	150	0.55	—	—
南美总量	435 000	15.54	4040	14.74	—	—
全球总量	2 800 000	—	27 400	—	4436.43	—

数据来源：储量和产量数据引自美国地质调查局 Mineral Commodity Summaries 2016，出口量数据引自 World Metal Statistics Yearbook 2015。

1. 巴西

巴西铝土矿资源十分丰富，近年来巴西发现了大量的铝土矿资源，使其成为世界铝土矿主要生产国，2015 年铝土矿储量为 26×10^8 t，占全球储量的 9.29%，列南美第一位，全球第三位。铝土矿主要分

布在亚马孙河流域所在的亚马孙州和帕拉州以及东南部的米纳斯吉拉斯州(Minas Gerais),以帕拉州为主,巴西90%以上的铝土矿资源分布在帕拉州。在亚马孙流域地区产有特龙贝塔斯、雅尔和戈米纳斯等铝土矿床;在米纳斯吉拉斯州分布有基阿米基纳、谢劳、诺洼利马、阿乌劳-波列特、马利亚纳和阿列格利阿等铝土矿床,矿床类型以红土型为主。铝土矿产量主要来自北河矿业公司(MRN)、巴西利亚铝业公司(Companhia Brasileira de Aluminio,CBA)、美国铝业公司和诺夫利斯公司(Novelis)4个矿业公司。

目前,巴西主要铝土矿矿山有15座,其中,朗多为巴西最大的铝土矿矿山储量 9.838×10^8t,处于可行性研究阶段。

2. 圭亚那

圭亚那铝土矿资源也比较丰富,铝土矿是圭亚那主要的矿业支柱,为南美第二大铝土矿资源国,也是世界主要的铝土矿生产国,2015年铝土矿储量 8.5×10^8t,占全球的3.04%,列南美第二位,全球第七位。圭亚那铝土矿资源主要分布于东北部,铝土矿产区从埃塞奎博(Essequibo)河一直延伸到海岸线的30km宽的带状区域,并向南—东南延伸,包括夸夸尼(Kwakwani)矿区,通过林登(Linden)城到达苏里南的国界,其中林登是圭亚那重要的铝土矿生产地。

圭亚那铝土矿矿石杂质少、品位高,品质较高,但一些铝土矿矿体埋藏较深,开采成本较高。目前,圭亚那不断加大铝土矿的勘探投入,在圭亚那西部的帕卡赖马等地区蕴藏着丰富的铝土矿资源,但勘查开发程度较低。

目前,圭亚那主要铝土矿矿山为阿若艾玛(Aroaima),年产量 120×10^4t。

3. 苏里南

苏里南铝土矿资源十分丰富,2015年铝土矿储量 5.8×10^8t,占全球2.07%,列南美第三位,全球第九位,为继巴西、圭亚那之后,南美洲地区第三大铝土矿生产国。苏里南铝土矿主要分布在沿海和内陆地区,在沿海地区,铝土矿主要分布在帕拉马里博附近的苏里南河两岸以及蒙戈(Moengo)附近丘陵地区。由于地层向北轻微倾斜,大型铝土矿床时常发现于帕拉马里博西北方向的表层土下。目前只有沿海地区的铝土矿(主要为晚始新世—渐新世)被开发;内陆地区的铝土矿主要产出在被切割的高原的侧翼平缓或陡斜的边坡之上,母岩为麻粒岩、辉长岩、钙长岩等。矿体平均厚度4~6m,在斜坡处有时也可达27m,斜坡处的矿体由铝矾土化碎屑、岩石和土壤、砾石堆积组成,这一构造也指示了碎屑铝矾土化成矿过程,矿体表面有0.5~1m厚的腐殖质土壤盖层。

苏里南铝土矿产业主要由美铝(Alcoa)和澳铝(BHP-billiton)两家矿业公司垄断经营,美铝主要负责氧化铝的提炼,年产氧化铝 220×10^4t,100%出口;澳铝主要负责铝土矿的开采,年采铝土矿 4700×10^4t,占世界3%。矿石类型主要为三水铝石,一水软铝石含量极少。

目前,苏里南主要铝土矿矿山有5座,最大矿山为巴克赫伊斯(Bakhuis)铝土矿,储量 3.07×10^8t。

4. 委内瑞拉

铝土矿是委内瑞拉较丰富的矿产之一,2015年铝土矿储量为 3.2×10^8t,占全球1.14%,列南美第四位,全球第十位。矿床类型主要为红土型,矿石类型以三水铝石型为主,矿石品位均高于54%。

目前,委内瑞拉已知的铝土矿矿山几乎全部分布在圭亚那地盾区北部的玻利瓦尔州,代表性矿床主要有洛斯皮希瓜奥斯(Los Pijiguaos)、拉塞瓦塔纳、乌帕塔、努里亚等。其中,洛斯皮希瓜奥斯矿山为南美洲第三大铝土矿矿山(按产量排名),产于前寒武纪花岗岩基的风化面上,矿体平均厚7.6m,成矿时代为晚白垩世—新近纪,储量近 2×10^8t,资源量达 58×10^8t;乌帕塔矿床矿体呈囊状、平伏状,分布于黏土、砂、碎屑中,成矿时代为古近纪和新近纪;努里亚矿床矿体呈平伏状、囊状,产于风化壳的黏土、砂和碎屑中,具有豆状、致密状结构,探明储量2400多万吨,远景资源量 5×10^8t,这些矿床均为风化红土型矿床,主要矿石矿物均为三水铝石。

总体而言，委内瑞拉铝土矿资源储量大、分布相对集中，有利于规模开发，但勘探程度低，具有较好的找矿前景。

第二节　成矿规律

一、区域成矿背景和主要矿床类型

1. 区域成矿背景

从南美洲铝土矿的成矿作用、成矿过程和分布规律看，影响该地区铝土矿成矿作用的区域成矿背景主要有3个方面：①该地区拥有比较适宜的地理条件，南美洲处于南北纬30°线之间的热带—亚热带地区，这类地区为铝土矿成矿母岩的风化作用提供了良好的气候条件；②南美洲分布有大量的前寒武纪铝硅酸盐和沉积变质岩，这些岩石即为铝土矿的成矿母岩，为铝土矿的形成提供了成矿物质；③南美地台分布有大陆边缘的近海平原、中低高地、台地、岛屿和坳陷盆地，这些地质环境为铝土矿的形成提供了良好的赋矿空间和保存条件。

综上所述，南美洲分布的大量前寒武纪铝硅酸盐和有利的近海平原、坳陷盆地等地质环境为该地区铝土矿的形成提供了良好的成矿背景。

2. 主要矿床类型

南美洲铝土矿的矿床类型以红土型为主，该类型铝土矿主要是由下伏的铝硅酸盐岩(如玄武岩、花岗岩、粒玄岩、长石砂岩、麻粒岩等)在热带和亚热带气候条件下，经深度化学风化作用形成的与基岩呈渐变过渡关系的残积矿床。该类型铝土矿矿石类型以三水铝石为主，矿石以高铁、中铝、低硅、高硅铝比为特征，易采易熔，成本低。从地貌上看，红土型铝土矿在南美地区主要赋存于大陆边缘的近海平原、中低高地、台地和岛屿上。

巴西铝土矿几乎全部是红土型，矿石属于三水铝石型，含矿的红土风化壳覆盖在前寒武纪变质岩及火成岩之上，构成表面平坦的、各种形状和大小不一的高地，高地的地表是一系列的侵蚀面。含矿的红土风化壳剖面从上到下分为黏土盖层、结核层、铁质层、主要的铝土矿层及腐泥煤层。黏土盖层呈黄色到浅红褐色可作为找矿标志。成矿时代主要为中新世。

苏里南铝土矿也几乎全部为红土型，含矿的红土风化壳的母岩是古元古代(20～18Ga)的花岗岩、中酸性火山变质岩、辉长岩及超基性杂岩和沉积变质岩，成矿时代为古近纪。巴克赫伊斯山矿床是该国主要的红土型铝土矿，矿区南北长约425km，东西宽约130km，储量约2.88×10^8t。

圭亚那红土型铝土矿主要分布在“圭亚那海岸平原”铝土矿矿集区，该矿集区产有埃塞奎博、林登、伊图尼及夸夸尼等主要铝土矿矿床，总储量大于3×10^8t。矿体产在前寒武纪变质岩及火山岩的红土风化壳中。

二、时空分布规律

1. 主要成矿时代

南美洲铝土矿主要形成于晚白垩世—新近纪，以古近纪和新近纪为主，主要为前寒武纪花岗岩、中酸性火山变质岩、辉长岩及超基性杂岩和沉积变质岩的风化产物。南美洲重要的铝土矿床均形成于晚白垩世—新近纪，如巴西著名特龙贝塔斯铝土矿床群中铝土矿主要形成于晚白垩世—古近纪，巴西朗多铝土矿床和圭亚那上德梅拉拉-伯比斯铝土矿床形成于古近纪和新近纪。

2. 空间分布规律

南美洲铝土矿分布广泛，从分布地区上看，可以大致划分为以下几个区域：①委内瑞拉的洛斯·皮希瓜奥斯(Los Pijiguaos)；②圭亚那和苏里南境内的伯比斯(Berbice)盆地；③东亚马孙盆地；④巴西的中东部地区；⑤巴西的东南地区。总体看，南美地区的铝土矿主要集中在巴西亚马孙盆地的特龙贝塔斯矿区和帕拉格米纳斯矿区以及北部苏里南、圭亚那沿海平原(图 13－1)。

从南美洲成矿带看，铝土矿主要分布于Ⅲ－2 泛亚马逊(Transamazon)金-锰-铁-镍-铬-铀-铝土矿-金刚石成矿带(Pt_1、Mz、Kz)、Ⅱ－4 帕那伊巴(Parnaiba)坳陷盆地铁-盐类-铝土矿-石膏成矿省(O、K)、Ⅱ－5 索里莫斯-亚马孙(Solimoes－Amazonas)坳陷盆地铁-铝土矿-高岭土-盐类-石膏成矿省(O、K?)和Ⅲ－4 里奥内格罗(Rio Negro)金-铁-铝土矿成矿带(Pt_1、Pt_2)4 个成矿带中。

三、控矿因素

根据南美洲铝土矿的成矿作用、时空分布规律和主要典型铝土矿矿床的地质特征与成矿模式，该地区铝土矿的主要控矿因素如下。

(1)从成矿作用看，南美洲铝土矿的形成主要与前寒武纪铝硅酸盐和沉积变质岩有关，主要包括富铝的玄武岩、花岗岩、粒玄岩、麻粒岩、辉长岩及超基性杂岩、中酸性火山变质岩、沉积变质岩和长石砂岩等，这些岩石为铝土矿的形成提供了成矿物质，在一定程度上控制了该地区铝土矿的禀赋程度、赋存空间和矿床规模。

(2)从分布看，南美洲铝土矿主要分布在前寒武纪铝硅酸盐和沉积变质岩出露区域及其周边分布的近海平原、中低高地、台地、岛屿和坳陷盆地(亚马孙盆地)等地区，这些地质环境为铝土矿的形成提供了良好的赋矿空间和保存条件，从而在一定程度上控制着该地区铝土矿的空间分布范围。

(3)从矿床类型看，南美洲地区铝土矿的矿床类型以红土型为主，该类型铝土矿床主要是由下伏的铝硅酸盐岩(如玄武岩、花岗岩、粒玄岩、长石砂岩、麻粒岩等)在热带和亚热带气候条件下，经深度化学风化作用形成的与基岩呈渐变过渡关系的残积矿床。矿体主要赋存于红土风化壳中。南美洲红土型铝土矿的成矿时代主要为中新世。

第三节 典型矿床

一、巴西特龙贝塔斯矿床群

该矿床位于巴西的帕拉州，矿区海拔高度 180～220m，铝土矿资源量为 600×10^6t，平均品位 Al_2O_3 50%。铝土矿原矿的洗选回收率为 73%。该矿床的所有权属北里奥矿业股份公司，持股人为淡水河谷公司(CVRD)(46%)、加拿大铝业公司(Alcan)(24%)、巴西铝业公司(CBA)(10%)、比利顿公司(10%)、西雷诺铝业公司(5%)和诺尔斯克水力资源工业股份有限公司(5%)。

铝土矿剖面从上至下可分为如下几层。

土壤层：呈黄色层或黏土层，可细分为渐变过渡的 3 个带。

浅灰黄色黏土带：呈浅灰黄色，主要由腐殖质和松软土组成，厚度可达 0.5m。

黄色黏土带：厚可达 14m，土状但相当致密，能使探坑壁和探槽壁保持 10～15 年而不倒塌，上部为浅绿黄色渐变至下部的浅橙黄色，其唯一的结构是直径小于 0.3mm 的显微管状结构，它大量出现在主要由高岭石组成的、向下三水铝石含量渐增(5%～30%)的显微孔隙性物质之中；在此层位的中部，三水

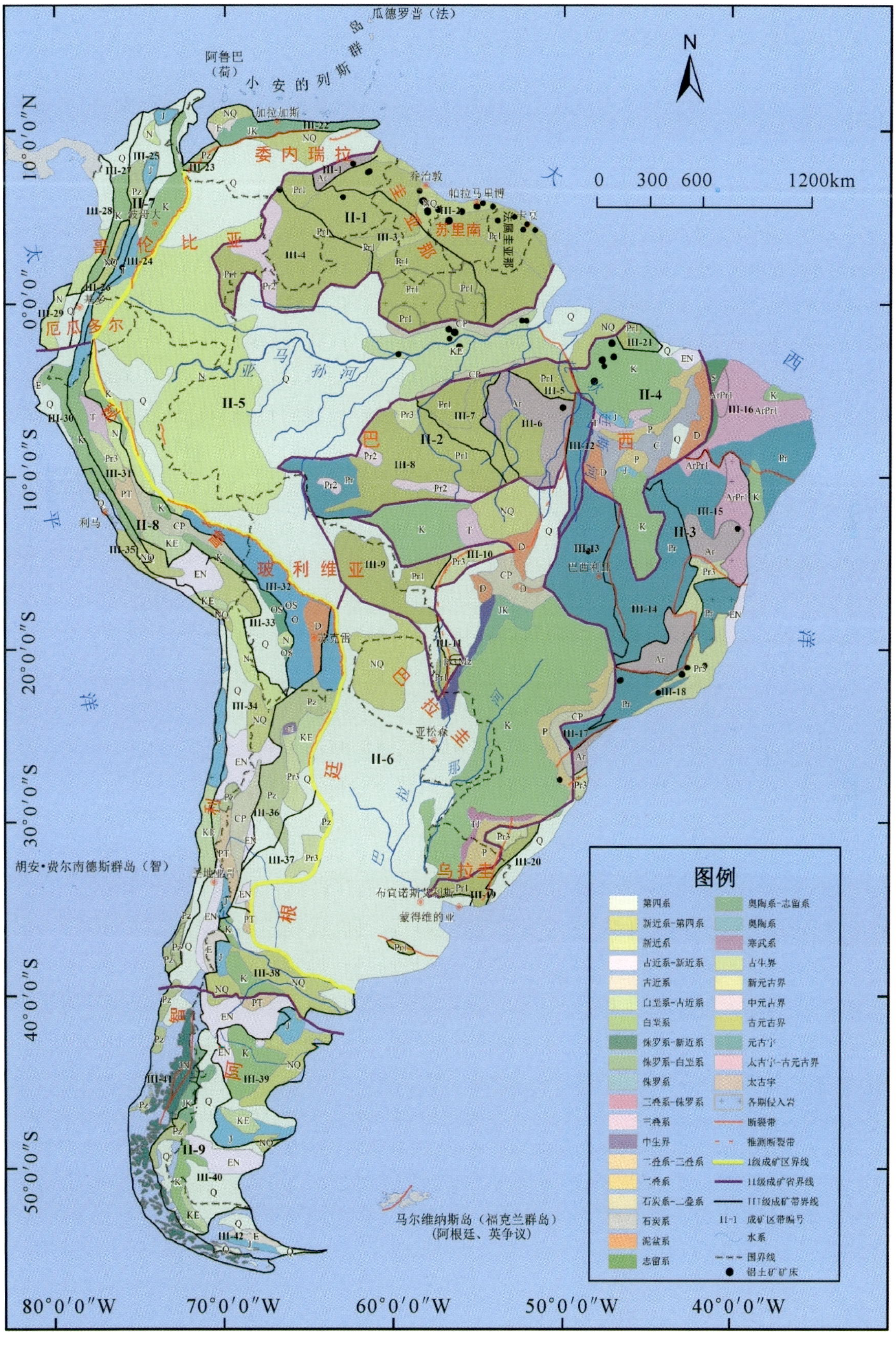

图 13-1　南美洲铝土矿矿床分布图(底图据 Schobenhaus & Bellizzia,2001 修编)

铝石成分的小团块开始出现，越向下这些团块数量越多、粒径越大(可达 15mm)，最后聚集成不规则的浑圆状至疙瘩状聚合体，直径可达 10cm。

团块状铝土矿：厚 0.05～2.5m(平均厚 1.3m)，向下随基质数量减少变成橘红色—粉红色、坚硬的隐晶质胶结物，它包裹着铁质和三水铝石质坚硬团块。这一胶结层的上部边界非常不规则，高出硬结层 0.5～3m，水平延伸距离 2～10m。三水铝石团块含 SiO_2 可达 5%，含很少的(氢)氧化铁。铁质团块由细粒针铁矿、赤铁矿和高岭石组成，夹有一些石英颗粒和很小的三水铝石"杏仁体"，呈浅红色—深紫褐色，并通常略呈球形。

硬结层：也称为"铁质红土"，厚 0.05～2m(平均 1.2m)，坚硬；深红褐色，其上部与上覆团块状铝土矿带分界清楚，多处具有假砾岩结构(铁质团块之间略有胶结物)，向下渐变为含铁质较高的较大块状红土岩块和碎屑的坚硬带。岩块和碎屑分布在铁质胶结物中，带内的孔穴被浅黄色黏土所充填。

铝土矿层：厚 1～7m(平均厚 5m)，硬度不等，颜色变化多样，从红褐色—橙红色，顶部 1～2m 因铁含量相对较高而极坚硬，呈块状，向下铁含量渐低。矿层下部的 2/3，硬度较低且含有多种多样的结构：孔隙状、砂糖状、土状、细砾状和多孔状，后者带有结晶三水铝石隔层和被三水铝石或高岭石黏土所充填的空隙或孔眼。

过渡带：厚可达 5m，上部和下部边界波状起伏呈渐变形式，成分及结构与上面的铝土矿层相似，如多孔状结构及各色高岭石黏土中的内嵌结构。

腐泥土层：厚度至少为数米，韧性的高岭石质黏土成分，颜色变化多样或为杂色，常为紫色，多出现残余层理。

母岩：开采和钻探期间均未触及母岩。

矿石矿物主要为三水铝石，其次有针铁矿和赤铁矿，上部以赤铁矿为主，下部以针铁矿为主。矿床类型属于红土型。

二、委内瑞拉洛斯皮希瓜奥斯(Los Pijiguaos)矿床

洛斯皮希瓜奥斯铝土矿位于委内瑞拉博利瓦尔州加拉加斯(Caracas)市以南 500km 处加奈村附近，是委内瑞拉目前唯一开采的铝土矿，发现于 1976 年，目前铝土矿储量为 168×10^6t，矿石品位一般不均匀，在垂向和横向上都有较大变化，平均品位 Al_2O_3 49%，SiO_2 10.2%，铝土矿矿化带走向长约 29km，宽 150～850m，平均厚度 10.8m，地表矿化面积约 15km²，矿体主要分布于平均海平面以上 500～600m 的山顶和背斜的一翼，矿石不需洗选。

从构造上看，洛斯皮希瓜奥斯铝土矿位于圭亚那地盾北西部中元古库奇韦罗(Cuchivero)构造区，区域出露地层主要为苏帕玛群和波利马群，铝土矿体主要分布于苏帕玛群和库奇韦罗群中，区域出露的岩浆岩主要为帕尔瓜萨环斑花岗岩基和苏帕玛杂岩体。帕尔瓜萨环斑花岗岩基侵位于苏帕玛群中(图 13-2)，矿体主要分布于帕尔瓜萨花岗岩岩基之上。

矿区所处地形属遭受河流深切的高原，高原面积约 350km²，海拔 600～700m，在海拔标高 600m 的高度处发育一个被称为努里亚(Nuria)面的特殊界面，努里亚面代表着圭亚那地盾晚白垩世—第三纪时期强烈侵蚀时期的最后阶段，洛斯皮希瓜奥斯铝土矿矿体主要分布于努里亚面之上(图 13-3)。

帕尔瓜萨花岗岩基分布范围超过 30 000km²，是区域上最大的环斑花岗岩，成岩时代为中元古代。帕尔瓜萨花岗岩为准铝质花岗岩，具有高碱、低 CaO 特征。

帕尔瓜萨花岗岩遭受风化作用，形成了分布十分广泛的红土覆盖物，铝土矿体就赋存于红土覆盖物中，具有经济价值的铝土矿层一般厚约 7.6m。

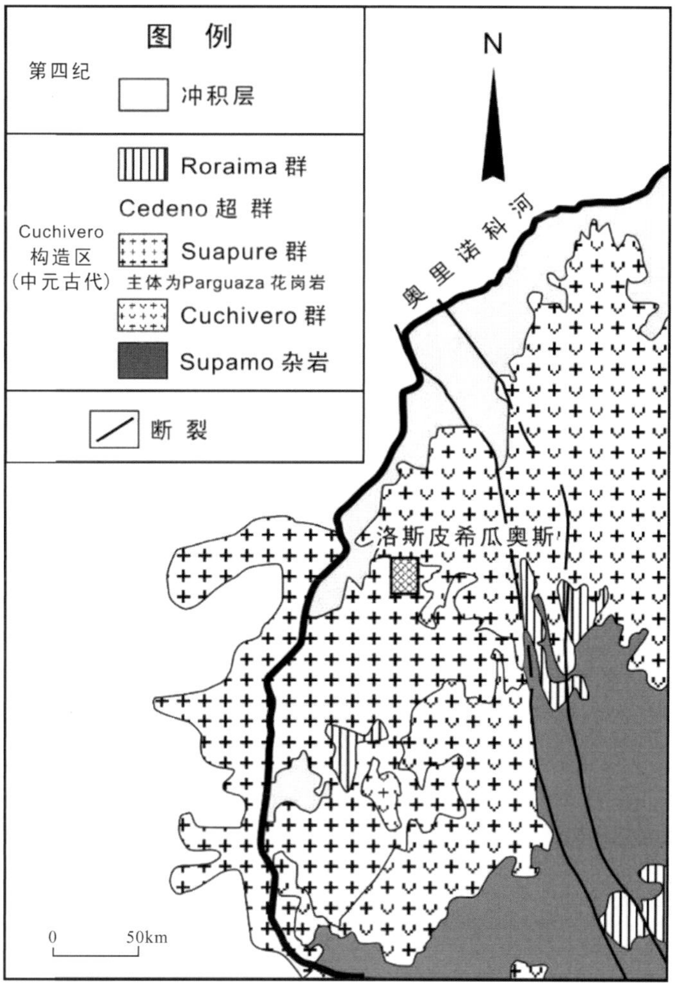

图 13-2 洛斯皮希瓜奥斯地区地质简图(Meyer et al,2002)

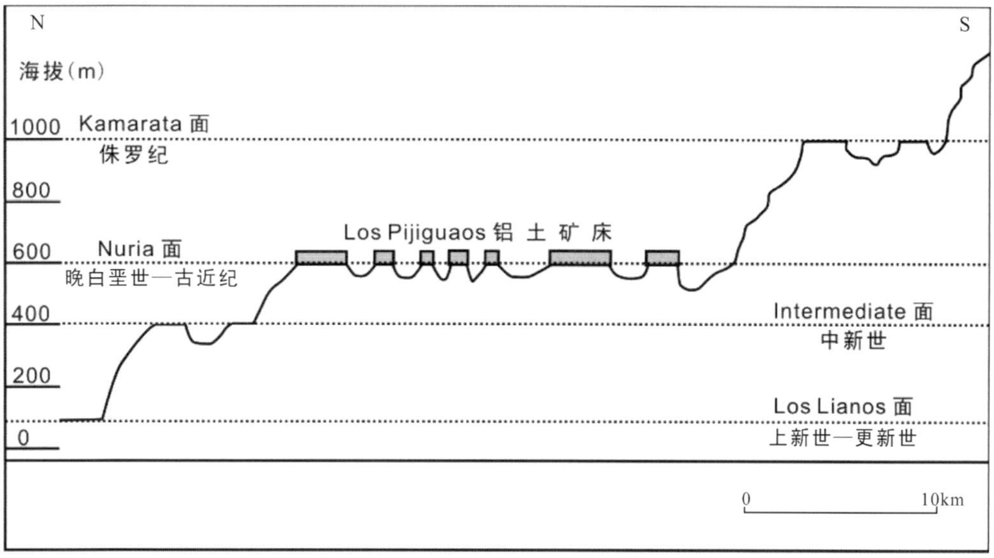

图 13-3 洛斯皮希瓜奥斯地区均夷面示意图(Meyer et al,2002)

赋存矿体的风化壳自上而下划分为如下几部分(图 13-4)。

土壤层:土壤覆盖层一般较薄(<1m),最大厚度可达 2m,主要由植物腐殖质、红土碎屑物及一些砂岩碎屑组成,碎屑物磨圆度较好,多呈浑圆状。土壤层地表形态呈不太规则状。

硬结层:最大厚度可达 4m,浅红褐色至浅紫黑色,呈不规则状分布,发育结核状、蠕虫状和晶洞结构。

铝土矿层:铝土矿层不连续,即矿体不连续,这些孤立的可开采的矿体为高原被侵蚀后的残余物,而矿体之间为陡深的河谷。矿物成分主要为三水铝石、赤铁矿、针铁矿,其次为一水软铝石、钛铁矿、高岭石、方解石和磁铁矿。铝土矿层可细分为上、下两个分矿层:①上部铝土矿层为浅红色—橙褐色含黏土质铝土矿带,矿体呈层状、似层状、透镜状,厚 2~4m,孔隙度大,密度低,发育粒玄岩的残余结构;②下部铝土矿层为褐色—黄色含黏土质铝土矿带,矿体呈层状、不规则状、似层状、透镜状,厚 1~2m,发育少量孔隙,具残余结构,发育白色三水铝石斑块。

腐泥土:主要由泥土、黏土组成,呈橙色至黄色,最大厚度可达 5m,局部多孔隙,发育残余结构,多处发育白色高岭石条带。

母岩:主要为深绿色粒玄岩,局部地段发育厚约 1m 的过渡带,过渡带内腐泥土黏土中发育部分分解的粒玄岩。

该矿床成矿时代为晚白垩世—古近纪,矿床类型属红土型。

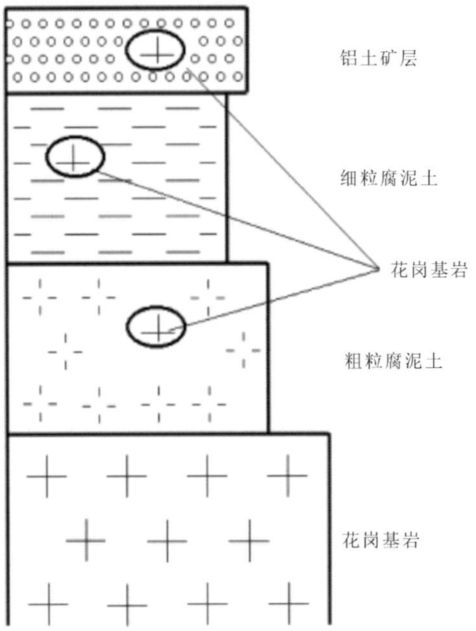

图 13-4 洛斯皮希瓜奥斯铝土矿剖面示意图(Meyer et al,2002)

三、苏里南纳索山(Nassau Mts)矿床

该矿床位于苏里南马罗尼地区,地理坐标:北纬 4°46′—4°54′,西经 54°30′—54°38′,矿区海拔高度为 537~570m。铝土矿资源量为 1980×10^4t,矿石不需洗选,平均品位 Al_2O_3 54.6%,SiO_2 3.0%,Fe_2O_3 12.1%。目前,该铝土矿床为苏里南铝业公司所有。

矿区地表几乎全部被热带雨林覆盖,森林下面是红土层。矿区铝土矿剖面从上至下可以分为如下几层。

土壤层：主要由含有数量不定的红土结核的高岭土质黏土组成，厚0～1m，该层的顶部可见红土或铝土矿，或者是两者的松散岩块。

硬结层：呈深褐色—黑色，厚0～5m，硬度达坚硬或极坚硬，铁含量可高达65%，部分硬结层直接分布在腐泥土下面。

铝土矿：颜色呈白色、乳白色、粉红色、(浅)红色、深红褐色至黑褐色，厚0～10m，平均厚度为2.5m，硬度不等。铝土矿以块状产出，或以由松软基质中大小各异、比例不同的岩块和结核所构成的层状产出，主要矿石结构有鲕状、豆状、砾状和角砾状等，孔隙度较高，局部可见2.5m高的隐伏洞穴。

矿石矿物主要为三水铝石、赤铁矿和针铁矿等。一水软铝石只含百分之几，但在豆状铝土矿中能达10%。

过渡带：一般在铝土矿层与下伏腐泥土层间存在0.5～2m的渐变带，在局部地带存在突变现象。

腐泥土层：主要由松软的褐色、红色、黄色和淡紫色的黏土质矿物组成，厚度大于15m，与上覆铝土矿相比，腐泥土的含铁量可高可低。

母岩：主要由帕拉马卡组的变安山岩、变玄武岩和角闪岩组成。

据推测，该铝土矿床的成矿时代为晚白垩世—古近纪，矿床类型属于红土型。

四、苏里南翁弗达赫特(Onverdacht)矿床

该矿床位于苏里南的帕拉地区，矿区海拔高度为10～330m，矿区面积约为23km^2。铝土矿床剖面可分为如下几层。

土壤层：土壤层较不发育，南部的可能是在覆盖层形成之前就被剥蚀了，北部的可能是夷平面截去了铝土矿剖面的较上部分。

硬结层：厚0～0.5m，通常为坚硬至极硬，深红色至蓝黑色，块状构造，在很多地方具角砾状结构，铁含量可达60%，垂向和横向界线明显。

铝土矿层可分以下几个带：①结核状至团块状铝土矿带，浅褐色、淡黄褐色、浅橙色，厚1～5m，坚硬至易碎或像潮湿的混凝土状，结核和团块嵌埋在稀疏的、细粒至黏土级基质中；②多孔状铝土矿，厚0～3m，坚硬至脆性，易碎，乳白色至浅黄褐色至近于白色，孔洞被一水矿石、高岭石所充填；③层状铝土矿带，厚0～3m，坚硬，灰色、白色、浅橙色、浅黄褐色、褐色至砖红色，块状，具有明显的分层或平行于分带边界的层理，还具有类似层理面上虫孔之类的沉积构造残余；④塑性铝土矿带，厚0～3m，塑性如黏土，灰色，可由其颗粒(粒径<1mm)与高岭土质黏土相区别，矿物成分几乎是纯三水铝石。

过渡带：厚0～3m，坚硬至易碎，土状或未固结，通常为米色、灰白色至浅粉红色，带内只有部分高岭石变为三水铝石。该带矿石属三水铝石。

腐泥土：厚10m以上，坚韧但可切开，大多数为白色，但有铁染处为浅红和紫色，块状具有隐晶质结构，多处呈干燥裂开的岩块状，通常为极其纯净的高岭石黏土。

母岩：由于全部变为铝土矿，故母岩基本不发育。

晚白垩世夷平面向北倾斜20°，在高出此夷平面10～40m以上部位，铝土矿层覆盖在圆顶形的残留山丘上。矿体呈凸透镜状，中部最厚(可达12m)，向下部的边缘处逐渐变薄至小于1m。铝土矿矿化之后，古苏里南河和帕拉河的环形沙洲外侧河流侵蚀使得矿床的东部和东南部边缘成为几乎是垂直的或陡峭的边坡。

铝土矿化作用发生于中-晚始新世至早-中渐新世之间的沉积间断期。

矿床储量约为100×10^{6}t，所有权归苏里南铝业公司。

第四节 勘查开发

一、勘查开发现状

(一)总体概况

2015 年,南美洲铝土矿矿山产量为 4040×10^4t,主要生产国为巴西、圭亚那、苏里南和委内瑞拉,其中巴西产量最高,2015 年达到 3500×10^4t,占全球产量的 12.77%,其次是苏里南、委内瑞拉和圭亚那,产量分别为 220×10^4t、170×10^4t 和 150×10^4t,分别占全球产量的 0.8%、0.62%和 0.55%。

总体看,2015 年南美铝土矿矿山产量较 2014 年减产 50×10^4t;与 2014 年相比,2015 年巴西和圭亚那的铝土矿产量分别增产 20×10^4t 和 10×10^4t,增幅分别为 0.57%和 6.25%,委内瑞拉产量未变,苏里南矿山产量减产 80×10^4t,减产 26.67%。

(二)勘查开发现状

1. 巴西

巴西是世界第三大铝土矿生产国,南美洲最大的铝土矿生产国,铝土矿主要分布在米纳斯吉拉斯州和圣保罗州。最近几年,在帕拉州和亚马孙州也进行了大量的投资,开展地质勘探,希望在那里找到尚未发现的矿产资源。随着投资的加大,巴西的采矿工业在今后几年可望出现较快的增长。帕拉州茹鲁蒂(Juruti)地区的铝土矿经勘探工作探明资源量达到280×10^6t,美国铝业公司正计划在该地区投资 14 亿美元建厂;CBA 公司也正在计划对米纳斯吉拉斯州的卵达马塔区的米莱铝土矿矿山进行开发,并将修建一个新的选矿厂。

目前,巴西主要铝土矿矿床有 15 个,储量大于 2000×10^4t 的有 4 个;15 个矿山中有 1 座处于可行性研究阶段,9 个处于生产阶段,5 个处于勘查阶段。朗多为巴西最大的铝土矿矿山,铝土矿储量 9.838×10^8t,目前处于可行性研究阶段。

2. 苏里南

苏里南是世界第十大、南美洲第二大铝土矿生产国,铝土矿的开采和加工是苏里南的主要工业支柱。目前,苏里南的主要铝土矿矿山有 5 座,巴克赫伊斯(Bakhuis)为苏里南最大的铝土矿矿山,目前处于生产阶段,储量达 3.07×10^8t。

在苏里南从事铝土矿开发的有矿业巨头必和必拓和美国铝业公司,前者在巴克乎伊斯(Bakhuys)地区发现的铝土矿储量巨大,进行包括开采、加工及氧化铝生产的一体化产业发展;美国铝业公司在帕拉地区建有一个氧化铝精炼厂,2009 年 8 月,美国铝业买入必和必拓在苏里南的铝土矿股份,并对纳索山和帕拉北部地区进行勘探工作,使该区矿山至少能维持开采十年。

目前,苏里南主要铝土矿矿床有 5 个,其中,1 个处于可行性研究阶段,3 个处于生产阶段,1 个处于停产阶段。

(三)矿业公司

1. 巴西沃特兰亭工业公司(Votorantim Industrial S A)

(1)公司简介。巴西沃特兰亭工业公司创立于 1918 年,总部在巴西圣保罗,是巴西较大的综合性私人工业集团之一,也是拉丁美洲较大的企业集团之一。业务包括水泥和混凝土、矿产及冶金、纸浆和造纸、特种化工、自营发电及金融，并拥有自己的银行。同时，集团在生物科技和IT领域也有相关的投资。集团的国际化进程自2001年开始至今，水泥、金属、纸浆及造纸、农用工业和金融等业务都已开始在国外运作。

巴西沃特兰亭工业公司最近发布了业绩报告：2014年，公司营业收入同比增长了7%，达到了93亿美元(2013年为87.4亿美元)。净利润也由2013年的7920万美元增至了6亿美元。水泥、金属、钢铁、能源、纸浆和农产品售价的增长是公司业绩增长的主要原因。

该公司2014年铝土矿产量为177×10^4t，占世界铝土矿产量的0.756%。目前，该公司在南美地区拥有铝土矿储量为3358×10^4t，铝土矿资源量达$15\ 268\times10^4$t。

(2)控股矿山/矿区。巴西沃特兰亭工业公司(Votorantim Industrial S A)在南美地区控股的主要铝土矿矿山/矿区见表13-2。

表13-2 Votorantim Industrial S A矿业公司在南美地区控股的矿山/矿区

矿山名称	所在国	开采矿种	开采类型	实施阶段
朗多	巴西	铝土矿	露天开采	可行性研究
北河矿业	巴西	铝土矿	露天开采	开发

数据来源：SNL网站(截至2016年6月)。

(3)所控矿产量。巴西沃特兰亭工业公司2015年世界所控铝土矿产量为177×10^4t，占世界比例0.756%。

(4)主要铝土矿项目。目前，巴西沃特兰亭工业公司在南美地区主要项目有2个。

北河矿业项目：该项目区位于巴西帕拉州，目前正处于生产阶段，截至2015年6月30日，探测储量为8300×10^4t，品位Al_2O_3 49.8%，资源量达$54\ 300\times10^4$t。2014年生产铝土矿1770×10^4t。沃特兰亭工业公司拥有该项目10%的股份，另外90%的股份由其他5个矿业公司持有。

朗多项目：该项目位于巴西帕拉州朗多市北北西方向30km处，目前处于可行性研究阶段。截至2013年2月20日，该矿山铝土矿储量2528×10^4t，品位Al_2O_3 43.7%，资源量达9838×10^4t，目前处于可行性研究阶段。沃特兰亭工业公司拥有该项目100%的股份。

2. 巴西淡水河谷公司(Vale S A)

(1)公司简介。巴西淡水河谷矿业公司(Vale of Brazil，简称：Vale，全称：Companhia Vale do Rio Doce)成立于1942年6月1日，被誉为巴西“皇冠上的宝石”和“亚马孙地区的引擎”，私营跨国公司，其业务遍布世界30多个国家和地区。淡水河谷公司业务经营额在世界各国家和地区所占比重为：欧洲29.0%，巴西27.5%，中国12.4%，日本8.9%，美国4.4%，亚洲其他国家4.8%，世界其他国家13.0%。淡水河谷公司在世界设有5个办事处，并于1994年在中国设立了办事处；在15个国家(地区)有业务经营和矿产开采活动。

淡水河谷公司除经营铁矿砂外，还经营铝土矿，其铝土矿开采开发规划着眼全球，在南美涉及的国家和地区包括委内瑞拉、秘鲁、智利、阿根廷和巴西。

(2)控股矿山/矿区。淡水河谷矿业公司在南美地区控股的主要铝土矿山为北河矿业矿山，目前处于开发阶段，采用露天开采方式开采。

(3)所控矿产量。淡水河谷矿业公司2015年世界所控铝土矿产量为708×10^4t，占世界比例3.026%。

(4)主要铝土矿项目。目前淡水河谷矿业公司在南美地区主要项目有MRN 1个项目，淡水河谷矿业公司拥有该项目40%的股份。

3. **美国铝业公司**(Alcoa Inc)

(1)公司简介。美国铝业公司(Alcoa)简称美铝，是最大的制铝公司，1888 年建于匹兹堡，是继力拓集团(Rio Tinto Group)及俄罗斯铝业集团(Rusal)之后世界的第三大铝材生产商，其业务遍布 44 个国家或地区。

该公司 1907 年采用美国铝业公司之名。1910 年开发出铝箔新产品，并将铝应用到新兴的航空和汽车工业。1913 年在田纳西州东部建立阿尔考镇，把它规划为工业区。1945 年因违反联邦反托拉斯法，不得不卖掉加拿大子公司(现为加拿大铝业公司，是其最大的竞争对手)。1998 年并购阿鲁玛克斯(Alumax)公司，合并的公司拥有十万名员工，每年生产近 400×10^4 t 的铝。

美国铝业公司被公认为全球最大的铝业公司，在 36 个国家和地区有超过 400 个运营机构，在全球共有 12.7 万名雇员。2015 年美国铝业公司年销售收入 239 亿美元，在全球企业 500 强中，排名 495 位。美国铝业公司总部及其主要的研究和发展中心均设在美国宾夕法尼亚州的匹兹堡市。美国铝业公司生产并销售从铝原材料到各种铝初级产品、半成品及铝制品。美国铝业公司于 1993 年 9 月在中国北京设立常驻代表机构，先后在中国地区建立 5 家合资企业或独资企业，主要生产铝箔产品，其生产能力占中国铝箔产品市场的 25%～30%。美国铝业公司已经是中国最大的铝产品进口商和贸易伙伴，也是中国铝工业最大的国外投资者。

该公司 2015 年铝土矿产量 2433×10^4 t，占世界的 10.36%。目前，该公司在南美地区拥有铝土矿储量为 6280×10^4 t。

(2)控股矿山/矿区。美国铝业矿业公司在南美地区控股的主要铝土矿山/矿区见表 13-3。

表 13-3　美国铝业公司在南美地区主要控股的矿山/矿区

名　称	所在国	开采矿种	开采类型	实施阶段
北河矿业	巴西	铝土矿	露天开采	开发
巴克赫伊斯	苏里南	铝土矿	露天开采	开发
茹鲁蒂	巴西	铝土矿	露天开采	开发
卡达斯	巴西	铝土矿	露天开采	开发

数据来源：SNL 网站(截至 2016 年 6 月)。

(3)所控矿产量。美国铝业公司 2015 年世界所控铝土矿产量为 2423.7×10^4 t，占世界比例的 10.358%。

(4)主要铝土矿项目。目前美国铝业公司在南美地区主要项目有 4 个。

北河矿业项目：该项目区位于巴西帕拉州，目前处于生产阶段，美国铝业(Alcoa Inc)公司拥有该项目 18.2%的股份。

巴克赫伊斯项目：该项目区位于苏里南的丝帕里维尼(Sipaliwini)地区，目前处于生产阶段，截至 2007 年 9 月 26 日，探明储量为 30700×10^4 t，品位 Al_2O_3 38%。美国铝业公司拥有该项目 60%的股份，另外 40%的股份由澳大利亚铝业公司(Alumina LTD)持有。

茹鲁蒂项目：该项目区位于巴西帕拉州，目前处于生产阶段，截至 2013 年底，探明储量为 4630×10^4 t，品位 Al_2O_3 48.1%。2013 年生产铝土矿 390×10^4 t。美国铝业公司拥有该项目 60%的股份，另外 40%的股份由澳大利亚铝业公司持有。

卡达斯项目：该项目区位于巴西米纳斯吉拉斯州，目前处于生产阶段，截至 2013 年底，探明储量为 1500×10^4 t，品位 Al_2O_3 38.6%。2013 年生产铝土矿 80×10^4 t。美国铝业公司拥有该项目 100%的股份。

4. 挪威海德鲁矿业公司

(1)公司简介。挪威海德鲁公司(Norsk Hydro A S A)创建于1905年，现为挪威最大的工业公司，51%的股本为挪威政府所有，总裁斯文·斯汀·托马森(Svein Steen Thomassen)。主要经营石油、能源、轻金属(铝、镁)、石化产品、水电及设备、工业用化学品等。公司注册资金49.81亿克朗，在近60个国家和地区共有雇员38 000多人，2000年营业额为1568.61亿克朗，净收入139.81亿克朗。

(2)控股矿山/矿区。挪威海德鲁矿业公司在南美地区控股的主要铝土矿山/矿区见表13-4。

表13-4　挪威海德鲁矿业公司在南美地区主要控股的矿山/矿区

名称	所在国	开采矿种	开采类型	实施阶段
北河矿业	巴西	铝土矿	露天开采	生产
戈米纳斯	巴西	铝土矿	露天开采	生产

数据来源：SNL网站(截至2016年6月)。

(3)所控矿产量。挪威海德鲁矿业公司2015年世界所控铝土矿产量为1036.6×10^4t，占世界比例的4.43%。

(4)主要铝土矿项目。目前挪威海德鲁矿业公司在南美地区主要项目有2个。

北河矿业项目：该项目区位于巴西帕拉州，目前处于生产阶段，截至2015年6月30日，探测储量为8300×10^4t，品位Al_2O_3 49.8%，资源量达$54\ 300\times10^4$t。2014年生产铝土矿1770×10^4t。挪威海德鲁矿业公司拥有该项目5%的股份，另外95%的股份由其他5个矿业公司持有。

戈米纳斯项目：该项目位于巴西帕拉州戈米纳斯市西南方向35km处，目前处于生产阶段。2014年生产铝土矿948.1×10^4t，品位Al_2O_3 48.683%。挪威海德鲁矿业公司拥有该项目100%的股份。

二、铝土矿项目

1. 巴西北河矿业(MRN)铝土矿

位置：位于帕拉州奥里希米纳(Oriximiná)市西北西方向65km。

开采类型：露天开采。

现状：生产阶段。

概况：该项目始于1979年，2015年世界排名第三位，目前资产为310 408百万美元。2014年生产铝土矿1770×10^4t，占世界铝土矿产量的7.56%。矿山位于巴西帕拉州的奥里希米纳市。截至2015年6月30日，该矿山铝土矿储量8300×10^4t，资源量达$54\ 300\times10^4$t，目前处于生产经营阶段，矿权持股人为淡水河谷公司(40%)、加拿大铝业公司(Alcan)(18.2%)、力拓集团公司(12%)及其他公司所有(表13-5)。

地质概况：该矿床位于巴西的帕拉州，矿区海拔高度150～220m。

铝土矿剖面从上至下可分为如下几层。

土壤层呈黄色层或黏土层，可细分为渐变过渡的3个带：浅灰黄色黏土带呈浅灰黄色，主要由腐殖质和松软土组成，厚度可达0.5～1m；黄色黏土带厚可达10多米，土状但相当致密，上部为浅绿黄色渐变至下部的浅橙黄色，主要由高岭石组成的，向下三水铝石含量渐增(5%～30%)。

团块状铝土矿：平均厚1m左右，向下随基质数量减少变成橘红色—粉红色、坚硬的隐晶质胶结物，它包裹着铁质和三水铝石质坚硬团块。

硬结层：也称为“铁质红土”，平均厚1.3m，坚硬，深红褐色，其上部与上覆团块状铝土矿带分界清楚，向下渐变为铁质较高的较大块状红土岩块和碎屑的坚硬带。

铝土矿层：平均厚 5m，硬度不等，颜色变化多样，从红褐色至橙红色，呈块状，向下铁含量渐低。

过渡带：厚可达 5～7m，上部和下部边界波状起伏呈渐变形式，成分及结构与上面的铝土矿层相似。

腐泥土层：厚度至少为数米，主要由高岭石质黏土组成，常为紫色，多出现残余层理。

母岩：花岗岩。

矿石矿物主要为三水铝石组成，矿床类型属于红土型。

表 13－5 巴西北河矿业铝土矿矿权所有者

矿权所有者	类型	股份(%)
淡水河谷	股份、经营	40
美国铝业	股份	18.2
澳大利亚南第 32 有限公司	股份	14.8
力拓	股份	12
巴西沃特兰亭工业公司	股份	10
挪威海德鲁	股份	5

数据来源：SNL 网站(截至 2016 年 6 月)。

2. 巴西帕拉戈米纳斯(Gominas)铝土矿

位置：位于帕拉州戈米纳斯市西南方向 35km。

开采类型：露天开采。

现状：生产阶段。

概况：该项目始于 2007 年，2015 年世界排名第六位，目前资产为 16 167.2 百万美元。2014 年生产铝土矿 948.1×10^4t。根据该公司公布的最新数据，截至 2009 年 12 月 31 日，该矿山铝土矿储量 288.7×10^6t，目前处于生产经营阶段。矿权所有者为挪威海德鲁公司。

地质概况：从地理位置上看，戈米纳斯铝土矿位于巴西亚马孙河下游流域的下亚马孙盆地，矿区面积约 1000km^2。成矿时代为第三纪中新世。

该铝土矿属风化红土型铝土矿，矿石属于三水铝型。

铝土矿剖面：铝土矿被称为贝尔特拉的高岭土巨厚(可达 20m)盖层覆盖。该矿床被认为是外来成因，在湖泊相环境中沉积形成；或原地成因，为风化剖面原地演化形成。

在两个铝土矿带间夹结核状含铁带，表明存在由气候多样性引起的多相演化，可能是潮湿与干旱时期的交替，又或是在形成中性含铁风化壳过程中风化剖面中铁的迁移。这些观察导致两种截然不同的模式：外来成因模式支持气候差异引起的演化过程；而本地成因模式支持原地多相蚀变过程，位于圭亚那地盾的铝土矿的形成提出了相似的模式。

3. 圭亚那铝土矿

位置：位于圭亚那的上德梅拉拉－伯比斯省夸夸尼市北北东方向 18km。

开采类型：露天开采。

现状：生产阶段。

概况：该项目始于 2010 年，2015 年世界排名第十六位，目前资产为 4883.2 百万美元。2014 年生产铝土矿 123.7×10^4t。截至 2014 年 12 月 31 日，该矿山铝土矿储量 4430×10^4t，资源量达 8720×10^4t，目前处于生产经营阶段。矿权所有者见表 13－6。

表 13-6　圭亚那铝土矿矿权所有者

矿权所有者	类型	股份(%)
俄罗斯铝业联合公司	股份、经营	90
圭亚那政府	股份	10

数据来源：SNL 网站(截至 2016 年 6 月)。

地质概况：从大地构造位置上看，该铝土矿位于圭亚那高原。成矿时代为古近纪—新近纪，为前寒武纪花岗岩、辉绿岩及相关片麻岩和云母片岩风化产物。

成矿模式：在沿海气候条件下，大辫状水系侵蚀了前寒武纪花岗岩、辉绿岩及相关片麻岩和云母片岩，并将其碎屑物质携带到河床等沉积环境，进行再沉积，之后由于大陆隆升，被抬升至地表，遭受风化，发生红土型铝土矿成矿作用，被风化淋滤掉了部分铁质矿物和硅酸盐类矿物，形成了现今的铝土矿。但铝土矿中仍含有少量的砂石、土壤和黏土。

铝土矿呈囊状，厚度 1.8～13.0m，铝土矿带多位于高岭土层之上。铝土矿层上覆厚达 30～70m 的泥质黏土及少量砂石，下伏为厚达 20～50m 的浅棕色砂。地表覆盖厚 10～20m 的白色砂。铝土矿下盘通常为厚可达 20m 的高岭石黏土层，再向下为厚达 20m 的腐泥土层，最下层为花岗岩基底。

4. 巴西朗多铝土矿

该项目位于帕拉州朗多市北北西方向 30km，开采类型为露天开采，目前处于可行性研究阶段。计划于 2019 年投产，目前资产为 55 092.8 百万美元。截至 2013 年 2 月 20 日，该矿山铝土矿储量 2528×10^4t，资源量达 9838×10^4t，目前处于可行性研究阶段。矿权所有者为沃特兰亭工业公司。

第五节　远景区分析

一、远景区划分

1. 划分原则

基于南美洲铝土矿成矿带分布、铝土矿成矿地质构造背景和成矿条件等的研究，根据地质类比方法，结合已有矿产勘查开发程度，综合圈定铝土矿资源远景区。

(1)基础地质条件：地质背景符合铝土矿床成矿特征，有利于成矿；有规模较大、数量较多的铝土矿矿产地分布。

(2)勘查开发条件：有重要矿床正处在勘查开发之中；已有的勘查程度较低，仍有较好的找矿空间；正在进行勘查，发现了较好的矿化现象和找矿线索。

2. 主要远景区

根据美国地质调查局发布的数据资料，目前全球铝土矿资源总量为$(550\sim750)\times10^8$t，其中南美洲及加勒比海地区铝土矿资源总量为$(115.5\sim157.5)\times10^8$t，资源潜力巨大。

南美洲的铝土矿主要集中在巴西亚马孙盆地的特龙贝塔斯矿区和帕拉格米纳斯矿区以及北部苏里南、圭亚那沿海平原。其中，巴西特龙贝塔斯矿区和帕拉戈米纳斯矿区集中了巴西铝土矿储量的80%～90%，为$(20\sim22)\times10^8$t，其中高品位的矿石$(8\sim10)\times10^8$t，潜力较大，其余 10%～20%的铝土矿大部分分布在米纳斯吉拉斯州。苏里南的铝土矿全部为风化红土型，主要是早元古代(20～18Ga)的花岗岩、中酸性火山变质岩、辉长岩及超基性杂岩和沉积变质岩风化产物，产有巴克赫伊斯山铝土矿，该矿区

总储量约 2.88×10^8 t。圭亚那海岸平原铝土矿包括埃塞奎博、林登、伊图尼及夸夸尼等 6 个矿床，总储量大于 3×10^8 t，而且部分地区勘查程度较低，找矿潜力较大。

依据上述划分原则，根据南美洲地区的铝土矿资源的分布规律、成矿特征和成矿条件，可划分出委内瑞拉帕尔瓜萨、圭亚那沿海平原和巴西东亚马孙盆地等 3 个铝土矿远景区（图 13－5）。

二、远景区分析

巴西、苏里南和圭亚那等一些铝土矿资源较丰富的国家勘查工作程度差别很大，许多铝土矿潜力区勘查工作程度很低或完全未进行勘查工作，具有很大的找矿潜力。随着铝土矿勘查的深入开展、勘探投资的增加和勘查技术水平的提升，铝土矿资源量也将继续不断增加。根据铝土矿成矿地质条件、分布规律和各主要铝土矿国家的铝土矿勘查开发程度与投资环境，对南美洲主要的铝土矿远景区进行了分析。

1. 委内瑞拉帕尔瓜萨铝土矿远景区（A）

从南美洲构造单元上看，该远景区位于圭亚那地盾；从成矿带上看，该远景区位于Ⅲ－4 里奥内格罗（Rio Negro）金-铁-铝土矿成矿带（Pt_1、Pt_2）内。区内已发现了委内瑞拉洛斯皮希瓜奥斯大型铝土矿矿床，在该远景区内出露大面积的与铝土矿成矿作用关系密切的帕尔瓜萨花岗岩岩基，帕尔瓜萨花岗岩岩基出露面积超过 30 000km^2，是目前所知道的最大的环斑花岗岩。帕尔瓜萨花岗岩岩基的风化产物形成了分布十分广泛的红土覆盖物，这些红土覆盖物中蕴藏着丰富的铝土矿资源，但由于所处地理位置和基础设施落后，开发程度低，导致该地区铝土矿勘查投入未受重视，该远景区勘查程度低，仍然有很大的找矿潜力，预测进一步找矿潜力在 30×10^8 t 以上。

2. 苏里南-圭亚那沿海平原铝土矿远景区（B）

从南美洲构造单元上看，该远景区位于圭亚那地盾；从成矿带上看，该远景区位于Ⅲ－2 泛亚马孙（Transamazon）金-锰-铬-高岭土成矿带（Pt_1、N）内，具体位于圭亚那和苏里南的伯比斯沿海盆地，在伯比斯沿海盆地已发现了世界上最大储量的高品位三水铝石型铝土矿。目前，在该远景区内已发现了纳索山铝土矿、翁弗达赫特铝土矿、莫恩戈铝土矿和圭亚那阿艾若玛铝土矿等铝土矿矿床。在圭亚那，铝土矿矿床主要分布在伯比斯和德拉梅梅流域；在苏里南，铝土矿矿床主要分布在蒙戈、翁弗达赫特和帕拉南，这些铝土矿可能形成于古近纪，部分被渐新世沉积物覆盖。

该远景区广泛分布有变安山岩、变玄武岩、花岗岩等铝硅酸盐，具备有利的成矿地质条件。但由于基础设施落后，目前勘查开发程度低，找矿潜力大。

3. 巴西东亚马孙盆地铝土矿远景区（C）

从南美洲构造单元上看，该铝土矿远景区位于巴西亚马孙坳陷盆地；从成矿带上看，该远景区位于Ⅱ－4 帕那伊巴（Parnaiba）坳陷盆地铁-盐类-石膏成矿带（O、K）和Ⅱ－5 索里莫斯-亚马孙（Solimoes－Amazonas）坳陷盆地铁-高岭土-盐类-石膏成矿省（O、K?），主体位于Ⅱ－4 帕那伊巴（Parnaiba）坳陷盆地铁-盐类-石膏成矿省（O、K）内。该远景区内已发现了巴西特龙贝塔斯矿区和帕拉格米纳斯矿区等大型铝土矿矿床，矿床都是以红土型三水铝石为主，成矿时代为中新世。预测该远景区内铝土矿资源潜力在 20×10^8 t 以上，矿石平均品位 Al_2O_3 43.5%，其中高品位的矿石（8～10）$\times10^8$ t。该远景区所处地区是巴西工业最发达的区域，铝土矿资源潜力巨大，勘查程度低，铝土矿资源尚未得到充分、有效开发，勘查开发潜力大。

综上所述，南美洲铝土矿资源较丰富，分布广泛，主要分布在委内瑞拉的皮西瓜奥斯、圭亚那和苏里南境内的伯比斯盆地、东亚马孙盆地、巴西的中东部地区和巴西的东南部地区等区域。尤其是集中分布在巴西亚马孙盆地的特龙贝塔斯矿区和帕拉格米纳斯矿区以及北部苏里南、圭亚那沿海平原。

南美洲铝土矿矿床类型以红土型为主，成矿时代主要为晚白垩世—新近纪，代表型矿床有巴西北河矿业铝土矿、帕拉戈米纳斯（Gominas）铝土矿、特龙贝塔斯铝土矿床群，圭亚那上德梅拉拉-伯比斯省铝

图 13-5　南美洲铝土矿远景区分布图(底图据 Schobenhaus & Bellizzia,2001 修编)

土矿和苏里南纳索山(Nassau Mts)铝土矿、翁弗达赫特(Onverdacht)矿床、莫恩戈铝土矿等。

2015年,南美洲铝土矿储量43.5×10^8t,占世界铝土矿总储量的15.4%。巴西为南美洲铝土矿资源最丰富的国家,2015年储量为26×10^8t,占全球已查明资源的9.28%,其次为圭亚那、苏里南和委内瑞拉3个国家。

2015年,南美洲铝土矿矿山产量3920×10^4t,主要分布在巴西、圭亚那、苏里南和委内瑞拉,其中巴西为南美洲主要铝土矿生产国,其次是苏里南、委内瑞拉和圭亚那。

南美洲铝土矿勘查开发潜力较大,目前在南美洲开发铝土矿的主要矿业公司有巴西沃特兰亭工业公司、巴西淡水河谷公司、美国铝业公司和挪威海德鲁矿业公司四大国际矿业公司,涉及的项目主要有巴西北河矿业铝土矿、巴西帕拉戈米纳斯(Gominas)铝土矿、圭亚那铝土矿和巴西朗多铝土矿等主要项目。

总体看,南美洲的苏里南-圭亚那沿海平原铝土矿远景区和东亚马孙盆地铝土矿远景区两个远景区具有较大的找矿潜力,投资前景较好。

第十四章 矿业投资环境

第一节 矿业管理机构

南美洲 12 个独立国家都设有与矿业有关的矿产部(包括能源矿产、自然资源部等,表14-1),矿业管理体系比较健全,管理体制比较完备。从一个侧面说明了矿业在南美洲各国的重要地位。矿产部的主要职能是负责制定国家的矿业政策和矿业发展规划,颁布、监督和执行相关的法律和法规,审查和颁发矿业权证书,代表国家进行矿业勘查和开发的管理,负责基础性地质矿产调查工作的实施和社会服务等。阿根廷的矿业管理在 2016 年以前归联邦计划、公共投资和服务部,下设副部级的国家矿业秘书总局进行国内矿业管理。2016 年,阿根廷新设能源矿产部,统一管理国家的地质、能源和矿产。大部分国家的油气与其他矿产是统一管理的,但在玻利维亚和智利是分别由油气能源部和采矿冶金部分开管理。在矿业管理体系上,南美洲国家可以分成两大类:一是单一体制,中央政府设置管理机构对全国矿产进行统一管理,如秘鲁、智利等;另一类是联邦体制,如阿根廷,矿业管理权集中于地方,主要是联邦省和地区,中央政府为辅助管理。

表 14-1 南美洲主要矿产资源国家矿业管理机构及其职责

国家	矿业管理机构	
	名 称	职 责
阿根廷	能源矿产部	负责制定矿业政策,促进矿业的发展,创造条件并吸引矿业投资;制定矿业有关的法规和规范,代表政府进行国内和国际协议的谈判;负责进行旨在规划利用该国矿产资源的地质和矿业研究
智利	能源部与矿业部	制定并实施国家矿业政策;颁布、监督和执行法律和相关法规;制订矿产勘查开发计划;审批矿产勘查和开发许可证;有权代表国家签署与矿业有关的合同和协议;汇集和管理地质、矿产资源和矿业有关的信息;监督矿山安全和环境保护工作
巴西	矿产和能源部	是矿产和能源归口管理部门,成立于 1960 年 7 月,主要负责国家基础地质(地质、地球物理、地球化学等)填图、矿产资源、地热和海洋地质调查;下设的水文与环境局主要负责水(包括地表水和地下水)资源的调查和监测,以及环境灾害研究,提供灾害预警服务等
秘鲁	能源矿业部	负责制定能源和矿业开发政策,对矿业开发活动进行宏观管理及协调下属企事业单位的关系等
委内瑞拉	石油与矿业部	统一管理金属、非金属、煤炭、碳氢化合物等全部矿产资源,对委内瑞拉境内现存矿井及矿产资源的勘查和开采、选冶加工、存储、持有、流通、运输和销售进行规范
哥伦比亚	矿业和能源部	根据有关规定长期或临时委托省长或市长履行职能、签订合同等,授权专业人员或知名公司进行技术评估工作。矿产、环境和核地质科学信息调查委员会是地下矿产资源调查的主管部门,负责对区域和全境地下矿产资源进行调查

续表 14－1

国家	矿业管理机构	
	名　称	职　　责
玻利维亚	采矿冶金部	除石油及其他碳氢化合物以外的金属和非金属矿产资源进行管理，主要负责制定、实施、评估和监督矿产及金属勘探、开发及采矿、选矿、铸造和精炼、交易和工业化方面政策发展情况
	油气能源部	主要对国家的石油及其他碳氢化合物进行管理，负责制定、推广、监督政府油气资源方面的政策及执行情况
厄瓜多尔	不可再生自然资源部	为厄瓜多尔政府矿业管理机构，下设区域管理局为厄瓜多尔矿业的领导及规划机构。矿业调节与监管局是技术管理机构，负责对国内矿业活动进行监督、审核，干预和控制；国家地质、矿业、冶金调查局负责地质、采矿和冶金方面的技术开发和创新
乌拉圭	工业能源矿业部	制定和筹划工业、能源、矿产、电信和微型、小型及中型企业政策，致力于国家产业体制、主要能源和通讯体制的强化和转型，在区域一体化和全球化的背景下，促进法治社会的稳健发展
巴拉圭	矿产和能源部	根据最新的地质理论更新基础地质图等资料，制定与国际接轨的矿业法规，为国际社会提供在该国全国范围内开展勘探和采矿活动的机会
苏里南	自然资源部	对该国矿业进行总体管理，主管采矿事务的部长负责境内矿业权登记申请的审批。苏里南将境内的石油勘探和开采权授予国家石油公司，该公司为完全国有企业，外国投资者只有与国家石油公司通过谈判，达成勘探和开采分享协议，才能参与苏里南的石油的勘探开发
圭亚那	自然资源和环境部	圭亚那的主要矿业管理机构为自然资源和环境部下的地质和矿业委员会(GGMC)，该委员会包括地质服务、矿业、环境、石油、土地管理和石油等技术部门。主要职责是：代表政府规范矿业活动；提供勘探、地质和矿产资源的资料和信息，提供咨询服务，矿业权授予、管理及监督，代表国家根据矿业法对矿业企业收取矿权使用费等。

一、中央政府设置统一管理机构

中央政府设置管理机构对全国矿产进行统一管理，采用这种管理方式的资源大国有智利、巴西和秘鲁等，而在具体的机构设置和管理方式上，这 3 个国家又各有特色。

1. 智利

智利政府设立了能源部和矿业部，分别管理能源资源和其他矿产资源。矿业部下设 3 个矿业主管机构，分别为矿产委员会、国家地质矿产管理局(相当于地质调查局)和企业管理办公室。具体管理工作由该部的矿业国务秘书负责。

矿产委员会下设 3 个委员会，即智利铜委员会(Cochilco)、核能委员会、能源委员会(分别设执行委员会)。其中，铜委员会是于 1976 年根据 1349 号总统法令组建的，主要职能是为政府提供各种咨询，执行对国家铜公司、矿业公司的监督职能；核能委员会负责监督控制非军事目的放射性矿产采矿权的获得、转让、产品销售，并为矿山企业提供咨询服务；能源委员会负责起草能源矿产有关部门政策、法规，协调部门之间关系，提供煤炭、石油、天然气、地热等资源勘查、开发方面的咨询服务。

企业管理办公室下设 4 个国家的矿业公司，即国家铜公司、国家矿业公司、国家石油公司、国家煤炭公司。

国家地质矿产管理局(Sernageomin)的主要职能是为国家提高地质调查程度和促进矿业协调发展而进行管理的行政管理机构,主要任务是:①为矿业部提供咨询;②编制全国地质图和矿产资源、地球物理、地球化学、地质灾害、地下水等其他基础图件;③根据法律为采矿权转让提供技术咨询;④负责采矿权登记,列出并公布当前采矿权转让的清单;⑤更新和发布国家采矿权的统计资料;⑥对矿业开发中使用的爆炸用品的供应、分布、储存、使用等进行监督;⑦对矿山安全、环境保护、尾矿坝选址和处理等进行监督管理;⑧协调安排有关科研项目。地质分局设区域地质处、经济地质处、应用地质处、地球物理处、实验管理处。矿业分局设采矿统计处、采矿和环境安全管理处、采矿权管理处(分管地质测量、采矿权登记、采矿租让等)。国家地质矿产管理局的另一项重要职能是为社会公众服务,共设5个公共服务机构,即公共关系办公室、图书馆、博物馆、地质采矿信息中心、出版处等,负责向社会公众发布基础地质资料、矿产储量信息、矿业年报、矿产分布图、矿区租让图、政府保护区域图、安全法规、新技术新方法信息等。

2. 巴西

巴西矿产和能源部是矿产和能源归口管理部门,下设巴西地质调查局、巴西国家石油管理局和巴西全国能源政策委员会3个主要矿业管理机构。

(1)巴西地质调查局。负责为政府提供高品质的地质信息,监督矿产和水资源公共政策的实施。任务是为该国可持续发展提供基本的地质和水文资料。目标是鼓励人们发现矿产和水资源,加强对其利用;与私人和公共组织合作开展矿产勘查和地下水方面的地质调查和研究;为私人组织的矿产和地下水资源找矿及地质调查活动提供支撑;为隶属于矿产和能源部的行政机构提供管理和技术帮助;为社会的健康发展提供鼓励和帮助;鼓励和促进国内和国际科技合作和交流;在地质、地球物理、地球化学、水资源、土地管理、地质数据处理、技术资料制图方法、实验室分析等领域提供技术支持。巴西地质调查局下设财务和行政管理部、地质与矿产资源部、水文地质与环境部和发展研究中心4个部门。

(2)巴西国家石油管理局。主要职能是制定石油天然气国家政策,保证石油供应和保护消费者权益;对石油天然气勘探、开发和生产进行研究;提高地质学和地球物理学的技术水平,规范其在石油勘探领域的应用和服务,发展服务贸易;对特准勘探、开采和生产进行招标。签订合同,并监督检查执行;对冶炼、加工、运输、进口和出口业务进行审批;估算管道运输的费率,制订有关的价格;直接或通过与各州协议的形式对石油工业的全部活动进行监督检查,对发现的问题按有关法律、规定或合同条款实施行政和经济处罚;制订勘探、开发和生产石油天然气计划或建设提炼厂计划、运输管道或码头用地的审批程序;制订对石油、天然气及其产品的保存及合理使用、保护环境的措施;积极开展科研,在勘探、开发、生产、运输、提炼和加工中采用新技术;组织和收集石油工业的信息和技术资料;编制石油天然气全国储备年报;对全国燃料油储备系统的运转情况和执行燃料油年度战略储备计划情况进行监督检查;与其他能源管理部门沟通协作,管理和批准有关全国燃料供应活动,直接或通过与联邦、各州、县、市协议形式,对全国燃料供应活动进行监督检查。

(3)巴西全国能源政策委员会。巴西全国能源政策委员会对总统负责,由矿产和能源部部长主持工作。其主要职能是根据已经制定的能源政策,促进合理使用国家能源资源;根据各地区特点,保证偏远地区的能源供给,向国会提交建立补贴的特别措施;定期检查全国各地区能源供应情况,重视常规能源和替代能源及必要技术;制订特殊计划措施,例如使用天然气、乙醇、煤炭和核能的计划措施;制订进出口计划,满足国内对石油及其产品和天然气的需求,保证国家燃料油储备系统的正常运行,履行燃料油年度战略储备计划。

3. 秘鲁

秘鲁能源矿业部(Ministerio de Energia Y Mines)是秘鲁全国地矿工作的政府主管部门,下设矿业、电力、计划、石油天然气4个总局,还有直属的国家能源委员会、能矿咨询委员会、投资委员会、内部警察办公室以及公共关系办公室、法律顾问办公室等下设机构。其中,矿业总局的任务是协调、规划和执行矿业项目的咨询活动;监督执行政府总体的矿业发展计划;负责控制和监督法律的实施,并保证矿业活动安全等。该总局还归口管理下设的企事业单位，有秘鲁地质矿业冶金研究院、秘鲁国家矿业特许权和矿业地籍协会、秘鲁矿业银行等。石油天然气总局和电力总局归口管理单位有秘鲁能源研究所、核能研究所、利马电力公司等企事业单位。

(1)秘鲁国家矿业特许权和矿业地籍协会隶属于秘鲁能源矿业部，是负责矿业权登记和矿产资源开发管理的机构，主要职能是：在秘鲁矿业总法的制约下，受理矿业特许权的申请和审批矿业权，并监督矿业权所有人所有人按规定和计划履行业务；负责矿业地籍的登记和管理；维护矿业开发秩序，保护矿业权持有人的利益；收取和管理“矿业权维护费”等。

(2)秘鲁地质矿业冶金研究院(秘鲁地质调查局)是秘鲁能矿部矿业总局所属的一个重要单位，主要职能是规划、指导和执行与秘鲁地质、采矿和冶金科研有关的一切活动，负责对国家矿产资源进行勘查和评价，以及对地质资料的汇交和管理等工作；是国家公益性、战略性和基础性地质调查的管理和执行单位。它既是官方的地调机构，也是全国地质、采矿和冶金科研的中心。该院下设国际技术处、采矿处、地矿处、冶金处及计划和技术服务办公室等单位，其中地矿处是从事地质工作和地质科研的主要机构，其主要任务除进行地质填图外，也从事矿产资源勘查、成矿预测、水文和工程地质勘查及火山岩区的地热工作等，并承担地质科学研究项目。该院的主要工作之一是进行 1∶10 万的区域地质填图，在一些重点地区也开展了 1∶5 万的地质填图。

除上述机构外，秘鲁还有一些民间的地学组织，如秘鲁采矿工程师协会、秘鲁地质学会等，这些民间的地矿组织主要是通过举办各种培训班、专题讨论会或出版地质、采矿专业科技杂志等，为国内地矿工作提供咨询和服务等。

二、地方为主中央为辅助的管理机构

这类国家的矿业管理权在省级政府，而中央政府只是辅助的管理机构，典型的国家是阿根廷。阿根廷是联邦制国家，在国家矿法框架内，由所在省根据自己的法律和法规进行矿业管理，各省的矿业管理方法和程序都不尽相同(表 14-2)。放射性矿产属于特殊的战略矿种，虽然矿业权也由各省授予，但必须经过国家原子能委员会(Comision Nacional de Energia Atomica)备案才能生效。

表 14-2　阿根廷各省的矿业权主管机构一览表

省　份	管理类型	省矿业权主管机构	省矿业法律	省矿业程序法
布宜诺斯艾利斯	行政管理	矿业局(Dirección de Minería)	968/97	省行政法规 No. 14.700
卡塔马卡	司法主导	矿业法院(Juzgado de Minas)	1.318/97	省法律 No. 2233
恰科	行政管理	商业、合作、工业和矿业副秘书处(Subsecretaría de Comercio, Cooperativa, Industria Y Minería)	1.842/97	省法律 No. 4889
楚布特	行政管理	地质矿产总局(Dirección General de Minas Y Geología)	84/97	省行政法规 No. 3166/71
科罗多巴	其他类型	矿业法院(Juzgado de Minas)	067/98	省法律 No. 5436
科林德	行政管理	农业、牧业、工业和矿业部(Ministerio de Agricultura, Ganadería, Industria Y Minería)	1.012/97	省法律 No. 3805； 省行政法规 No. 155/83

续表 14-2

省　份	管理类型	省矿业权主管机构	省矿业法律	省矿业程序法
恩德里奥	行政管理	科学技术和矿业总局(Dirección General de Ciencia,Tecnología Y Minería)	2.495/97	省法律 No.5005
福勒莫萨	行政管理	工业、油气和矿业局(Dirección de Industrias,Hidrocarburos Y Minería)		省行政法规 No.2196/88
胡胡伊	其他类型	矿业管理法院(Juzgado Administrativo de Minas)	724/96	省法律 No.5186
拉邦巴	行政管理	矿业局(Dirección de Minería)	1.24/97	省行政法规 No.2242/58
拉里奥哈	行政管理	矿业局(Dirección de Minería)	068/96	省法律 No.7277
门多萨	行政管理	矿业和油气总局(Dirección General de Minería E Hidrocarburos)	1.939/97	省行政法规 No.299/45
密肖内斯	行政管理	地质和矿业总局(Dirección General de Geología Y Minería)	1.602/96	省法律 No.1572 和 1673;省行政法规 No.235/75 和 2113/83
内乌肯	行政管理	环境和可持续发展总局(Dirección Gral. de Medio. Ambiente Y Desarrollo Sustentable)	0330/97	省法律 No.604 和 902
里约内格罗	行政管理	生态与环境委员会(Consejo de Ecología Y Medio Ambiente)	3.266	省法律 No.3673
萨尔塔	司法主导	矿业法院(Juzgado de Minas)	1.342/97	省法律 No.7141
圣胡安	行政管理	矿业副秘书处(Subsecretaría de Minería)	0589/96	省法律 No.7199
圣鲁易斯	行政管理	矿业局(Dirección de Minería)	201/97	省法律 No.5186
圣达可鲁斯	行政管理	矿业局(Dirección de Minería)	681/96	省法律 No.990
圣达菲	行政管理	环境与生态副秘书处(Subsecretaría de Medio Ambiente Y Ecología)	2.737/99	省法律 No.4831,6382 和 6705;省行政法规 No.3257/57 和 4795/57
圣地亚哥艾代罗	行政管理	矿业总局(Dirección General de Minería)	0537/99	省法律 No.2738
土库曼	行政管理	矿业局(Dirección de Minería)	联邦矿法	联邦矿法
火地岛	行政管理	矿产资源局(Dirección de Recursos Mineros)		省行政法规 No.10/04

根据省矿业主管部门的性质,各省的矿业管理方式主要有以下几种形式:

1. 行政管理型

矿业管理机构是省的行政管理机构,即每个省的矿业管理局,各省的名称不同,常见的是省矿业秘书处(Secretaria de Mineria)和省矿业局(Direccion de Mineria)等,如拉里奥哈省、圣胡安省和圣达克鲁斯省等。

2. 司法主导型

矿业管理机构是司法机构——通常是矿业法院,该法院独立于政府之外,而政府的矿业管理局只是一个支撑及辅助的机构,如萨尔塔省和卡塔马卡省等。

3. 其他类型

不同于上述两种类型之外的其他类型，例如科罗多巴省的矿业管理机构虽然是矿业法院，但是该法院是由省政府和省公证处共同管理的，而胡胡依省的矿业法院不是独立的，由省矿产局管理。

阿根廷的矿业权受理、批准、管理、收费和备案等在不同的省均不完全相同，每个省都有相应的矿业程序法，详细地规定了各类矿业权的申请、受理、批准程序和时限。各省的矿业权设置、分布和控制归各省的矿业管理处管理，所有矿业权信息都是公开的。每个矿业权的所有人、矿权状况、环保报告、矿业权期限是否有效或是否有纠纷等具体矿业权信息多在各省的矿业法院，没有矿业法院的由矿业权批准部门管理。

第二节　矿业立法

一、基本情况

南美洲地区绝大多数国家均制定有国家矿业法。如玻利维亚 1997 年制定的矿业法，委内瑞拉 1999 年制定的矿业法等。该地区大多数国家还依据自身的资源特点就其一些特殊矿产制定专门的法律，最普遍的是为油气资源制定专门的法律。如秘鲁 1997 年碳氢化合物法（Hydrocarbon law No. 26844 of May 1997），玻利维亚、厄瓜多尔、阿根廷、委瑞内拉等国也制定有此类法律。此外各国还制定有一些与矿业法配套的法律法规：如智利 1983 年修订的《宪制矿业特许权基本法》、2002 年的矿业安全法，哥伦比亚 2002 年的权利金法，阿根廷的矿业投资条例（Decree No. 2.686/93）、采矿工业的环境保护法（24.585）、权利金法（25.161），2013 年巴西新修订的《矿业法》等（表 14－3）。

表 14－3　南美洲主要矿产资源国家法律法规概览

国家	主要法律和法规
阿根廷	《矿业法（1997）》《矿业投资法（2001）》《矿业调整法（1993）》《联邦矿业协定（1993）》《矿业改革法（1995）》《矿业投资条例（1995）》《采矿工业的环境保护法（1997）》《权利金法（1999）》《油气开采和投资促进法（2013）》
巴西	2013 年新修订的《矿业法》及配套《矿业法典规章》等
智利	《矿业法典（1983）》《宪制矿业特许权基本法（1983）》《外汇管制细则》《环境法》等
玻利维亚	《2012 年矿业法（草案）》等
哥伦比亚	《矿产法》《商法典》《保税区法》《对外贸易法》等
厄瓜多尔	《厄瓜多尔宪法》《矿业法（1991）》以及《矿业法实施细则》《矿业安全法》及实施细则、《矿业活动环境法规》及实施细则、《矿业特许经营条例》《国家森林遗产区域矿业特许经营》等
秘鲁	1995 年《矿业总法》及其实施细则、第 1002 号法令“关于推动使用可再生能源发电投资的法规”、第 1058 号法令“关于推动水利发电投资的法令”、第 1001 号法令等
乌拉圭	2013 年矿业法提案等
委内瑞拉	1999 年《矿业法》等
圭亚那	《石油（勘探与生产）法（1986）》《环境保护法（1996）》《矿业法（1998）》《投资法（2004）》

与其他地区的发展中国家相比，南美洲地区国家的矿业立法历史相对久远。许多国家的矿业立法可以追溯到19世纪，这些国家正是这一时期先后摆脱了西方殖民者的统治，独立后各国便制定了自己专门的矿业法，如智利1874年的《矿业法典》、阿根廷1886年的《矿业法》。此后随着经济的发展和政治的变迁各国对原矿法做过多次修改或重新制定，以顺应时代的潮流。20世纪90年代开始，为促进矿业健康发展，南美洲大多数国家先后制定了新矿业法或修改了原矿业法，如厄瓜多尔1991年出台的《矿业法》、秘鲁1992年的《矿业总法》、玻利维亚1997年的《矿业法》等。阿根廷、巴西和委内瑞拉等国也在这一时期先后制定或修改了矿业法，其主要目的在于建立和完善本国的矿业法律体系，规范矿业管理制度。采用现代矿业立法，使矿业法为国际矿业界和矿业投资者所接受，既保护国家利益，又充分保障投资者权益，创造更有吸引力的矿业投资环境，吸引矿业投资，促进矿业发展，让矿产资源最大限度地服务于经济与社会。许多国家在制定或修改矿业法这一过程中，充分考虑了当时的国际矿业形势与矿业界的国际通则，基本上得到了国际矿业投资者的认可。

在20世纪70年代之前，南美洲国家在经济和政治上较普遍地采取了国家资本主义的工业化体制和战略，在对外贸易上，则主要采取进口替代的贸易政策，各国经济保持了一段增长时期。然而，到20世纪70年代末，这种体制已经危机四伏，其中包括大规模的国有企业严重亏损，政府负有沉重的外债，加上严重的通货膨胀，经济增长已经趋于停滞。20世纪90年代之后，南美洲国家大力推行了所谓的"新自由主义"的经济改革措施，其中包括国有经济的私有化、贸易的自由化、开放资本市场、减少政府干预等。一些矿产资源丰富的南美洲国家，急于想通过矿产资源开发来促进国家经济发展，但由于自身的经济发展落后，资金和技术严重不足，非常需要外部的支持。因此，许多国家在修改或制定新矿业法中，对投资者特别是外资采取了非常宽松、开放和友好的态度，包括放开股权限制，对外资实行国民待遇；减少政府的参与程度；私人可以拥有控股权；减少矿业权的审批环节，提高工作效率；减少对矿业权转让和抵押的限制，降低权利金费率等相关税收优惠规定。例如阿根廷1993年对1886年颁布的矿业法第一次进行重大修改时规定，政府不再直接开采矿产资源。巴西1996年对1967年矿业法进行重新修订，为在巴西矿业投资提供了较大的灵活性。1995年哥伦比亚通过第226号法(哥伦比亚私有化法)，为哥伦比亚国有矿业企业私有化建立法律基础，为外资与当地矿业企业合作创造了必要的条件。智利1993年重新修订外国投资法，对外国投资创收利润征收的固定税率从49.5%减至42%。这使智利在吸引外资方面具有更大的竞争力。厄瓜多尔2000年对1991年出台的矿业法进行了大规模的修改，主要变化包括：①建立了单一矿业权(矿业许可证)制度，取代了以前分离的矿产勘探和矿产开采权。公司只要持有矿业许可证，就可在许可证规定的范围内从事从矿产勘查、开采和销售的各项活动。从一个阶段到另一个阶段并不需要得到政府更多的许可。②取消了矿产生产的权利金收费。③放开矿产勘查活动的地区限制，包括一些过去的军事管辖区。④简化许可证审批程序，提高工作效率等。这些改变取得了不小的成效，吸引了较多的国际矿业投资。

进入到21世纪以后(2002年以来)，国际矿产品价格进入上升周期，特别是21世纪第一个10年的后半程，国际矿产品价格大幅度上升，矿业投资热情高涨。面对矿业投资商获得的巨大利益，南美洲一些国家开始感觉到，在矿业处于低谷时期所提供的引资条件过于优惠，政府由此失去很多收入，同时火热的国际矿业形势也刺激了新一轮的资源民族主义热潮的蔓延，国家的资源主权意识不断增强，原本对外敞开的大门开始收窄，对外资增加了限制。有不少国家再次修改或制定新的矿业法，以法律的形式来保护本国的利益，其中有些规定开始变得对矿业投资，特别是对外资不利，如国家持股比例、当地人比例、外汇收入等限制措施和规定。

二、主要国家矿业法的变动情况

近年来南美洲地区大幅度修改矿业法或制定新矿业法的国家主要有智利、厄瓜多尔、哥伦比亚、玻利维亚、委瑞内拉和秘鲁。

智利早在1983年对1874年的《矿业法典》进行过较大修改，2005年再次修改，其主要特征是建立矿业特别税（权利金），2006年生效。2010年10月13日，智利议会通过新矿业税法：决定自2018年起提高大型矿企矿业特别税（Royalty）税率5%～14%，并根据企业规模浮动。目前智利政府正考虑修改《矿业法典》，修改的主要目的是：更好地体现矿产资源国家所有的原则，保护投资者利益，解决矿业纠纷等。

厄瓜多尔原矿业法是1991年出台的，2000年8月，厄瓜多尔政府对其矿业法进行了大规模的修改。新的矿业法在2001年4月生效。新矿业法的最大变化是政府为矿业投资者提供了更多的法律保障。减少了管理方面的风险，使矿业风险主要集中在项目的地质环境和工程方面。取消了矿产生产的权利金；建立了单一矿业权（矿业许可证）制度；简化许可证审批程序，提高工作效率等，对外国投资者具有较大的吸引力，也促进了该国的矿业投资。随着国际矿产品价格持续上涨，厄瓜多尔2009年再次颁布新矿业法，恢复征收权利金，其费率不能少于销售额的5%；矿业特许权期限也由原来的30年减少为25年，对矿业投资带来了负面影响。

2013年6月，厄瓜多尔又对新的矿业法进行了修改，新条款有利于小型矿业公司，主要有：超额盈利税要在矿山投资收回成本后实施；出口的金、银和铜的资源使用费率以8%封顶，小矿山的资源使用费为3%，中型矿山为4%，而且中小型矿山现在可以有矿权协议的选择权，即实际实施要比现有的规定更加灵活。

21世纪初，国际原油价格持续上涨，委内瑞拉针对该国的石油生产法律和法规开始了不断地修改。2006年5月国会通过了对《石油法》部分条款的修改，决定增设新的税种并调高石油开发税费的收取比例，新增加了石油矿产税和石油出口税两个税种，并将委内瑞拉国家石油公司、合资石油公司和奥里诺科石油带4家重油开发合资公司的石油矿产税统一定为总收益的33.3%。2008年4月15日委内瑞拉国会通过一项《石油高价特殊贡献法》法案，批准委内瑞拉政府对在该国运营的石油公司征收暴利税。2009年5月委内瑞拉通过了《国家掌管石油行业基础活动相关资产和服务法》，对从事石油服务的私人公司进行国有化，允许政府用债券替代现金进行补偿。2011年4月查韦斯总统签署法令，将对原油价格在每桶40美元以上的部分开征暴利税。根据法令规定，当委内瑞拉当地原油价格上升至每桶40～70美元期间，政府将征收20%的暴利税。当原油价格上升到每桶70～90美元区间时，税率将提高到80%。当原油价格进一步上升到90～100美元时，暴利税将提高到90%。当原油价格超过每桶100美元时，税率将提高到95%。据测算，如果2011年委内瑞拉产石油价格保持目前每桶90多美元价格，委内瑞拉政府将有望征收90亿美元暴利税；如果价格保持每桶110美元，则将可征收163亿美元税收。征收的税收将不被用于继续投资石油业，而被用于旨在改善健康、教育、住房、农业和基础设施等社会项目和工程。但上述法案不适用于专门为拉美和加勒比国家以优惠价格提供油气供应而开发的新油井发展项目。该法案也不适用于中国和委内瑞拉2010年签署200亿美元10年期以委内瑞拉每天10万桶原油交换中国商品和服务的项目。2011年6月23日委内瑞拉总统查韦斯签署行政命令，正式将国内所有金矿收归国有，目的是防止“黑道分子”染指国家自然资源。该国黄金产量的60%来自非法开采。

2012年委内瑞拉开始修改矿业法，计划增加鼓励投资，促进经济发展，注重技术转让和在社会与环境可持续发展原则下发展矿业等方面的规定。

玻利维亚2007年修改矿业法，调整权利金和相关税费，主要包括：①如果矿产品价格超出了政府规定的限额（特别是单个矿种），矿山企业需要交纳附加所得税（12.5%）；②调整权利金费率和从私人公司征收的权利金和税收的分配比例（地方、州和国家）。2009年颁布新宪法，规定矿业企业产生的利润必须在玻利维亚境内进行投资。

玻利维亚2009年提交新矿法草案，计划取代1997年矿法（Mining Code of 1997），但条款争议较大并未通过。2011—2012年间继续修订新矿业法，新《矿业法》草案提出赋予国家更大的权力。国家所有的矿业公司与本国私企或外国企业开展合作，占股必须51%以上，不低于51%的生产利润将收归玻利维亚政府所有。新《矿业法》草案中还计划增加国有及私营企业的利润税，并建立只针对私营企业的一项名为“收入汇寄税”的新税种。新法案中提出将采用新的方法计算利润税，这将使目前矿业公司支付的37.5%的利润税增加至40%。此外，针对私企的“收入汇寄税”将设定在12.5%左右。一旦实施，私营矿业税负担率将提高至55%，即5%的开采税、37.5%的利润税和12.5%的收入汇寄税。

为了使新《矿业法》尽快通过，2014年玻利维亚政府和矿业合作社就修改矿业法达成一致意见。新的矿业法将允许玻利维亚的国有和私营矿业公司都能够在玻利维亚继续开展采矿活动。但是政府将会撤销那些在一定期限内不进行勘查或开发的公司的矿权，并且不给予任何赔偿。该项政策针对的是该国2454个私人矿业公司持有的、总面积为$100\times10^4hm^2$的矿业权没有任何勘查行动的现状。新的矿业法唯一有利于矿业公司的条款是在计算企业所得税时，允许勘查费的双倍抵扣。现存的私人持有矿山的税率和矿产资源使用费率不变。

哥伦比亚2010年对2001年矿法重新修订，缩短了特许权的总期限，初期最长年限仍为30年，主要是将原来的可延期限30年缩短为20年。

2008年6月秘鲁政府通过国家立法的方式，对1992年矿业总法进行了修改，新法令旨在规范小型矿业企业的矿业开发活动。根据该法令，地方政府将可以对小型企业的生产设备能力、利润和矿山面积进行检查和处罚。根据法令，地方政府负责小矿业生产者和矿权人之间的协议或开采合同的规范化工作，提高这些小矿的开采技术和管理水平，使其对矿产资源进行合理开发。

秘鲁议会于2011年9月23日批准了3个新的与矿业相关的法案，由此形成了新的矿业税收框架，旨在提高政府收入。新的法案中的两个法案涉及权利金的修改以及特别矿业税实施，都是针对没有固定合同的矿业公司而设定的。新权利金制度将根据营业利润征收，根据营业利润率的不同而按照1%～12%收取，而目前的权利金是按照收入的1%～3%征收。特别矿业税有17个税级，根据营业利润率按照2%～8.40%征收。利润率在0%～10%的按照最低标准征收，而利润率在85%以上的按照最高标准征收。第3个法案针对持有固定合同的公司，按照营业利润率的4%～13.1%征收。新税制将把没有固定合同公司的税收水平从42.8%提升至46.5%，而拥有固定合同的公司税率则从35.6%上升至40.2%。矿业部门总体税率则从38.5%上升至42.7%。上述3个法案实施后，每年秘鲁政府将从矿业公司手中增加10.8亿美元的收入，新税制获取的资金将用于改善秘鲁最贫困地区的基础设施，以减少目前国际宏观经济形势动荡带来的压力。上述变化对矿业投资环境的负面影响较多。

2013年，圭亚那完成了矿业法的修改，主要修改内容是：为降低成本，把公司税从35% 降到30%，把其主要矿产品——铝土矿的税率从铝价格的0.55% 降低到0.15%，以便能吸引更多的投资。圭亚那的新矿业法规规定国家有权持有15%的附带权益，以及最高相当于35%矿权的现金参与选择权，而且国家在出售其现金参与权时不必考虑其他股东的优先权。

巴西现行矿业法规于1967年出台，2009年进行过修订。2011—2012年矿产品高价位时，该国又提出了矿业法规修改议案，把最高矿产资源使用费定为4%的年收益，并且设置对矿权地的最低投资要求，但因为议会选举、国内政治动荡等诸多原因，使得修改议案被搁置。新法规未得批准，这种悬而未决的情况极大地挫伤了投资者勘查和开发的积极性。

第三节　矿业权管理制度

南美洲各国均为发展中国家，其中不少国家(地区)矿产资源丰富，开发潜力巨大，与中国有较强的互补性，是中国矿山企业“走出去”的重点目标国，如委内瑞拉、秘鲁、巴西和智利等。

一、矿业权管理概况

南美洲大多数国家在政体上大多属于单一体制，矿业法中大多规定矿产资源归国家所有，其矿业权主要由中央政府负责统一管理，地方政府为辅助管理。中央政府设有专门的管理部门，如巴西矿产和能源部(Ministry of Mines and Energy)、智利矿业部、秘鲁的能源矿业部等。

在南美洲少数联邦制国家，矿产所有权主要归州或省政府所有，矿业权管理主要在地方政府(州/省一级)，如阿根廷。阿根廷相关法律规定，除少数在私人土地发现的砂石、黏土和石材等矿产归土地主所有外，其他矿产均属于国家(实际上是各省所有)。联邦政府负责管理油气资源，各地方省政府负责非油气资源管理，包括向私营企业授予非油气资源的特许开发权限，并向特许经营者征收矿产权利金。私人土地所有者拥有其土地范围内的砂石、黏土和石材的使用以及开采权。

大多数国家对普通矿产资源和能源矿产设有统一的管理机构，但也有例外，玻利维亚和智利分别设有矿业部和油气能源部，对矿产资源和能源矿产进行分别管理。

二、矿业权设置

南美洲各国根据自身的情况设置了各类矿产许可证。不同的活动阶段，不同的规模，甚至不同的矿种都有不同的许可证。国家不同，方式各异。各国的矿业权设置虽然有所不同，但就非能源矿产而言，许多国家主要包括这样两种许可证：勘探许可证和采矿许可证，如巴西、智利。乌拉圭将矿业权设成踏勘许可证、勘探许可证和采矿租约。

有些国家制订了勘探和开采为一体的矿业权制度，如厄瓜多尔、哥伦比亚、玻利维亚、委瑞内拉、秘鲁。矿业权人拥有在规定范围内进行矿产勘探和开采的双重权力。不过通常情况下，矿山项目从勘探转入到开采阶段时矿业权人还需向政府矿业行政管理部门进行登记备案方可转入开采，另有些国家需要与政府签订合同，如厄瓜多尔。上述国家单一矿业权的权力范围也有所区别。有些国家的单一矿业权仅包括矿产勘探和开采权，如秘鲁，进行选冶还需要申请取得选矿特许权：主要包括机械处理、冶金和精炼 3 个部分。另一些国家除拥有探采权外，还包括了选、冶加工权及销售权，如厄瓜多尔。

还有些国家将矿产资源分成多种类型，分别设置了不同的矿业权。如阿根廷，对矿产资源实行分类管理，按管理需要将矿产资源分成油气矿产、非油气矿产和放射性矿产 3 种矿产资源，其中非油气矿产资源又分成 3 个大类的矿产。

1. 非油气矿产

非油气矿产包括了除油气矿产和放射性矿产外所有其他矿产，又被细分成 3 类：第一类矿产和第二类矿产在法律上属于国家所有，由各联邦省通过一定的法律程序转让给个人或公司进行勘探和开发；第三类矿产的所有权通常属于土地主。

第一类矿产：由重要金属矿产(金、银、铂、汞、铜、铁、铅、锡、锌、镍、钴、铋、锰、锑、钨、铝、铍、钒、镉、钽、钼、锂和钾)，固体燃料矿产(煤、褐煤、无烟煤及固态烃)，非金属和工业矿物(砷、石英、长石、云母、萤石、磷酸盐、钙、硫、硼酸盐、硅灰石)，宝石和地热组成。

第二类矿产：主要由砂矿、尾矿和第一类矿产中没有包括的其他矿产组成。包括河床、溪流、海滩、沙滩中的金属砂矿、宝石；以前矿山开采的废石、尾矿、尾渣等；硝石、盐矿、煤泥；以及在第一类当中没有包括的其他矿产(黄铁矿、铝土矿、风化物、赭土、树脂、滑石、重晶石、水绿矾、黏土碱、石墨、高岭土、盐碱、石棉、硅藻土、沸石、置换矿物、水软化矿物)。

第三类矿产：由用于建筑材料和装饰材料的天然岩石、砂土和黏土矿物等组成。

2. 放射性矿产

主要包括铀和钍等天然放射性矿产。

放射性矿产的勘探和开采按照非油气矿产中的第一类和第二类矿产的相关规定进行管理，此外，还要在各省依法指定一个专业技术机构，由省矿管部门与该机构签订技术服务协议，由该机构作为本省的权威机构，为本省范围内开展的放射性矿产勘探和开采活动提供技术、采矿和防御风险方面的咨询和服务。

开采放射性矿产必须遵守所在省的有关规定，若省内无此类规定，则遵守其与矿业当局或依法指定专业技术机构达成的协议。开采企业需要向矿业当局提交恢复受矿山废弃物对自然空间影响的计划，对具有放射性元素或酸性元素的尾矿、液体或固体残留物以及其他副产品进行无害化处理，并予以封存或保护。国家在以市场价格和同等条件购买国内生产的放射性矿石、精矿及其产品方面拥有优先选择权。放射性矿产品、精矿及其产品的出口，需要国家原子能委员会或省级以上的授权机构对每份合同进行审批，国家要对出口的放射性矿石和制品的最终目的地进行管控。

3. 油气矿产

油气矿产属于国家或所在的省所有，国家有权勘探、开采、运输油气资源，当国家行使上述权利的时候，通常是通过国有石油公司来具体执行。油气资源所在的省政府也有权利勘探、开发和运输油气资源，当省政府行使这一权利时，通常是成立一个独立的法人机构。企业可以参照非油气矿产资源的相关管理规定申请油气资源的探矿特许权和采矿特许权。在紧急情况下，或是为保证公共利益，国家可以禁止油气和产品的出口。

三、矿业权证的有关规定

通常情况普查或踏勘许可证不具排他性，勘探许可证和采矿许可证均为排他的。勘探许可证持有者被允许在规定区域内进行矿产勘探活动，但不允许进行矿产开发。但采矿许可证持有者除有权进行正常的矿产开发外，一般也被允许进行进一步的矿产勘探活动。

为有效地保护找矿者的利益，大多数国家矿业法中明确规定，普查或勘探许可证持有者对在规定区内发现的矿床拥有取得采矿许可证的优先权。通常情况下，各类矿业权都有一个最大面积限制。各国根据自己的情况制订了不同的标准（表 14－4）。随着勘查和开采工作阶段的不断深入，其限制的面积会逐步变小。如智利勘探权最大面积为 5000hm^2，可续延一次，延期前退回 50％。通常陆地面积较小，而海上面积较大，如秘鲁矿业特许权陆地最大面积 100hm^2，海洋最大 1000hm^2。阿根廷的探矿特许权的规定更复杂，每个探矿特许权由 1～20 个基本面积单位（500hm^2）构成。探矿特许权（含 1 个基本面积单位）的最短有效期是 150 天，此后每增加一个基本面积单位，有效期将增加 50 天，最长期限是 1100 天。在矿业权的有效期间内，如果矿业权所有人没有把所有的探矿特许权转成采矿特许权，那么就必须按规定时限主动放弃一定面积的探矿特许权：300 天期限届满时，将超过 4 个基本面积单位以上的探矿特许权释放出一半的面积，满 700 天时再释放出所剩面积一半的探矿特许权，直到最后期限放弃所有的探矿特许权。例如，如果某个探矿特许权包括 20 个基本面积单位，那么到 300 天期限的时候，就要将 16 个基本面积单位的一半的探矿特许权放弃，满 700 天时再将剩余的 12 个基本面积单位放弃一半，直到 1100 天最后期限，如果不将探矿特许权转成采矿权，将全部放弃。这样做的目的是迫使探矿权所有人加快勘探投入，尽快确定需要保留的成矿有利区，并尽快释放出所占用的不再进行勘探的区域供其他公司申请矿业权。

各类许可证基本上都有一个最初批准年限，到期后可申请一定的延长期限。许多国家的普查许可证或勘探许可证到期后可申请延长期限。其中一些国家在延期时要求持有者退回部分矿地，一般在 10％～50％之间，如智利和阿根廷等。

大多数国家的矿业权经政府主管部门批准可以转让，有些国家还可以用作抵押，如秘鲁等国。

表 14-4　南美洲主要国家矿业权管理规定比较

国家	主要矿业权种类	最大面积限制	最初批准年限	延期次数和年限	退地要求	转让
阿根廷	探矿权	非油气探矿权至少含有一个面积单位（$500hm^2$）。一个探矿权最多可以拥有 20 个面积单位，最大面积 $10\ 000hm^2$，油气最大面积 $6000hm^2$	探矿权有效期与探矿权的面积有关，最短是 150 天，每增加一个面积单位，有效期增加 50 天。探矿权最长 1100 天		满 300 天时，保留 4 个基本面积单位，超过 4 个基本面积以上的探矿权释放出一半的面积，满 700 天时再释放出所剩探矿权区面积的一半	可以
	采矿权	$3500hm^2$	无限期			可以
巴西	探矿权	金属、煤、金刚石等 $2000hm^2$；砂石、黏土等 $50hm^2$；用于装饰的石料矿物 $1000hm^2$	3 年	可延期一次，最长 3 年		可以
	采矿权	$10\ 000hm^2$	一般没有固定期限，可以持续到矿山资源枯竭			可以
智利	探矿权	$5000hm^2$	初始期限为 2 年	可续延一次	延期前退回 50%	可以
	采矿权	$1000hm^2$	没有时间限制			
秘鲁	矿业特许权	陆地最大 $100hm^2$，海洋最大 $1000hm^2$	无期限			可以
	选矿特许权	陆地最大 $10hm^2$，海洋最大 $100hm^2$	无期限			可以
玻利维亚	矿业权（勘探开采一体化）	不超过 2500 个方格（边长 500m 的正方形，即 $25hm^2$）	无时间限制，只要按规定支付矿业权证费			可以
乌拉圭	踏勘许可证		3 年			
	勘探许可证		4 年			
	采矿租约		无时间限制，直到矿床采完			
委内瑞拉	特许探采一体许可证	$6156hm^2$	20 年	20		可以
	特许勘查许可证	$6156hm^2$	3 年	1		可以
	特许采矿许可证	$6156hm^2$	7 年	1		可以
	小型矿山采矿许可证	$10hm^2$	10 年	无		否

续表 14-4

国家	主要矿业权种类	最大面积限制	最初批准年限	延期次数和年限	退地要求	转让
厄瓜多尔	矿业特许权（探采合一，含销售权）	1～5000hm²	25 年	25		可以
	矿产品交易许可证		3 年	3 年		否
哥伦比亚	探采合一矿业特许权（合同）	最大为 100km²	30 年，其中勘查期 3 年，基建期 3 年	勘探可延期 2 年，基建可延期 1 年。另外总合同期限还可延期 20 年		可以
苏里南	预查特许权					否
	勘查特许权					可以
	开采特许权					可以
	小规模开采特许权					否
圭亚那	探矿执照		3 年	可以延期两次，每次 1 年		
	探矿许可证		1 年	1 年		否
	采矿执照		20 年	7 年		
	采矿许可		5 年	5 年		
	所有权证		当年	1 年		
	露天采矿许可证		最长 15 年	最长 5 年		否

四、矿业权的获得

投资者要取得矿业权，通常有两种方式：行政授予和签订合同。

1. 行政授予

申请人采用通常渠道向政府主管部门直接提出申请，由主管部门授予许可证；一般国家对申请者有一定要求，包括资本的属性（内资、合资或外资）等。探矿权申请时通常需要递交包含申请地区的经纬度的示意图、相关工作费用支出、申请者的技术力量和财政能力的证明等。采矿权申请时通常需提交包括以下内容的申请书：标明区域边界经纬度的示意图和说明，该区域不可超过进行开采作业合理需要面积的下限，或者申请人的勘探许可证届时所含地区的面积；一份调查报告；所要从事的作业计划，或与采矿租约有关的工作计划；以及申请者的技术和资金能力的证明书等。只要符合条件，就可在规定期限内授予许可证。

以阿根廷为例：阿根廷的探矿特许权除了所在地区或上级部门工作的法官、受雇于政府部门的工程师、与矿业有关的政府官员及其配偶和子女外，所有具有行为能力的人都可以申请矿业权，无论是阿根廷人还是外国人。

省矿业权管理部门或矿业法院：①登记申请；②通知土地所有者；③在当地的政府公告中发布官方公告。

任何人都可以在政府公告发布后的20天内提出对将要勘查的土地拥有权益。如果没有人反对，那么管理部门将授予申请者探矿特许权，并从发文之日起，所有的矿产发现都属于探矿特许权人，即使实际上是由第三方发现的。

阿根廷的采矿特许权：如果探矿特许权人在批准的区域内发现了矿产资源，那么他们必须提交书面申请（被称为“发现声明”），矿业管理部门或矿业法院肯定会将采矿特许权授予探矿特许权人。

采矿特许权授予矿产发现者对该矿的永久财产权，但该权利有两个先决条件：

（1）交付了每年的矿权使用费。从取得采矿特许权3年后开始。第一类矿产：如果是分散分布的矿，每个基本面积单位是$100hm^2$，每年每百公顷800比索。如果是脉状矿床，基本面积单位从$6hm^2$到$9hm^2$，每基本面积单位每年为80比索。第二类矿产的费用为第一类矿产的一半，支付方式可以是月付或是每年付两次。如果不交矿业权使用费，采矿特许权将被依法撤销。

（2）完成了法定的测量程序。没有完成法定的测量程序，采矿特许权是有瑕疵的。

只有满足上述两个条件，采矿特许权才转变为私有财产，受相关的法律保护，采矿特许权人可以出售、租赁或其他方式处置采矿特许权。

2. 签订合同

有些国家（地区）并不是直接授予矿业权而是以签订合同的方式授予矿业权。申请人除同上述方式提出申请外，在取得矿业权的同时或之后必须与所在国（地区）政府或代理机构签订合同，这又可分为两种。

（1）同时签订合同。以哥伦比亚为例，该国实行矿山特许合同（探采合一矿业特许权）制度，该合同是一个国家与私人之间签订的合同，根据合同由私人出资并承担风险，对可能位于一个特定区域的国家所有的矿产进行勘查、研究、实施工程作业，并根据规定的期限和条件进行开采。特许合同中包括由特许权人出资并承担风险的技术勘查、经济开采和选矿等阶段，以及关闭或放弃有关工程及作业，并确立了国际惯例通行的原则，即“无成果，无补偿”原则。矿业特许合同是一种附加合同，其内容需用西班牙文写成文件，由各方同时签订。为使其生效并得到证明，合同需在国家矿业注册局登记。在符合法律法规等相关规定的条件下，与哥伦比亚政府签订矿业许可合同便获得了矿业权。

（2）进入开采阶段再签订合同。如厄瓜多尔，先到人提出申请后取得矿业特许权（探采合一）。但在宣布进入开采阶段后的6个月内，矿业特许权人必须与国家（通过相关行业的主管部门）签署开采合同。合同应当包括建设、安装、采掘、运输和销售在矿业特许区域内获得矿物的期限和条件。同时，在合同中应该规定环境管理、提交担保、社区关系、支付开采税和全部或部分采矿方面的义务，并包括支付特许权期间所有对环境造成的赔偿金。采矿合同还规定，如果是由于技术条件和市场条件的原因，特许权所有人不能再按照已有规定的期限内进行各个阶段的工作，则应该支付给国家经济赔偿金。

此外，投资者还可以通过从许可证持有者手中购买股份，或与许可证持有者共同注册新公司，间接获得矿业权。

五、近年来南美洲国家矿业权管理方面的一些重要变化

1. 简化程序使矿业权的获得更加便捷

这主要表现在矿业权的设置上，设立探采合一的矿业权，使探矿权自动具有了采矿权的权利，对矿业公司来说简化了审批流程。南美洲地区应当是世界上实行探采一体矿业权制度国家最为集中的地区。目前厄瓜多尔、哥伦比亚、玻利维亚、委内瑞拉、秘鲁等国已经实施了这一制度，对吸引矿业投资有积极的意义。

2. 矿业权期限缩短

一些国家为加强对矿业权的管理，在近年来的矿业法的修改中对矿业权的有效期限进行了缩减。例如哥伦比亚，2010 年重新修订的矿业法，特许权的总期限由过去的 60 年缩短到 50 年。厄瓜多尔 2009 年颁布的新矿业法将矿业特许权的初始期限也由原来的 30 年减少为 25 年，对矿业投资环境有一定的负面影响。

3. 更多的自主权

随着近年来矿产品价格的暴跌，开始于 21 世纪初的矿业盛宴已经结束，矿业面临一个新的低潮期。针对这一情况，一些南美洲国家对矿业高潮时出台的矿业限制政策进行了不同程度的松绑，给予矿业企业更多的自主权，以便吸引国际矿业资金投资于本国的矿业开发中。例如，2013 年 7 月 15 日阿根廷政府出台 929 号法令规定：为阿根廷能源自给的企业开发价值 10 亿美元以上油气开采项目，可以自项目投产后第五年起享受对外自由出口其 20%所产油气产品的权利。

4. 对外资获得矿业权的限制有增加的趋势

近年来，随着南美洲一些国家的资源民族主义思潮在逐年加强，面对外来的矿业资本已有所限制，更多的是考虑本国的资源主权是否会被削弱，一些国家先后出台了一些规定，对外资加强了限制，其中影响最大的是国有化政策，玻利维亚、委内瑞拉和厄瓜多尔等国资源国有化表现较为突出。

玻利维亚自 2006—2009 年通过修改宪法，规定本国一切自然资源属于人民，2007—2015 年，玻利维亚政府曾分别将嘉能可公司的两家矿业加工厂和科尔基里矿业公司实行国有化。2012 年，玻利维亚制定的新《矿业法》规定国家所有的矿业公司与本国或外国企业开展合作，占股必须不低于 51%，即不低于 51%的生产利润将收归玻利维亚政府所有。

委内瑞拉是另一个国有化进程较快的国家，2006—2010 年，先后发生了“将奥里诺科重油带项目国有化、收回国内最大钢铁公司奥里诺科钢铁公司的控制权、将国内 60 家石油服务公司全部交由委内瑞拉国家石油公司（PDVSA）接管、将国内最大的私营钢铁生产商赛德图尔收归国有”等一系列国有事件。

阿根廷和厄瓜多尔也有类似的行动，2012 年 4 月阿根廷总统正式宣布对西班牙石油巨头 Repsol 旗下的子公司 YPF（阿根廷最大的石油公司）国有化。

5. 提高矿业权相关费用

近年来，南美洲一些资源国通过制定相关法律法规提高矿业权相关费用以增加政府收入。智利是拉美地区在矿业税收方面最为低调的国家之一，但 2005 年出台相关法律，从 2006 年开始，对矿业企业征收矿业特别税（权利金）；2009 年厄瓜多尔颁布新矿业法，恢复征收权利金。

第四节　与矿业活动有关的税费

一、基本情况

南美洲矿业涉及的主要税费包括企业所得税和权利金，以及超额利润税、个人所得税、红利税、矿地租金、环境保证金、工业产品税、社会安全费和社会保险金等。例如巴西矿业涉及的主要税费包括企业所得税和权利金，以及个人所得税、工业产品税、商品流通服务税、临时金融流通税、法人盈利捐、社会安全费、社会一体化计划费和社会保险金等（表 14－5）。

表 14-5　南美洲各国矿业税费简况

国家	矿业权使用费		资源税(费)	其他税费
	探矿权	采矿权		
智利	探矿权,矿产勘查特许权的最大申请面积为 5000hm²,初始期限为 2 年,到期可续延一次,但要缩减一半面积,每公顷收费 1 美元	采矿持许权税,包括两项收费:一是应特许权要求而付的法律费、勘查收费,面积在 300hm² 以内的,每公顷 0.19 美元;超过 300hm² 的申请地,每公顷 1.50 美元。对于采矿,申请在 100hm² 以内的每公顷为 0.38 美元,超过 600hm² 的为 1.87 美元;二是年度执照费,勘查活动,每公项 0.83 美元,采矿活动,每公顷 4.18 美元,非金属及河流沉积矿产开采每公顷 1.38 美元	年销售额超过相当于 5×10^4t 精铜价值的矿业企业缴纳 5%的矿产资源税;年销售额高于 1.2×10^4t 但低于或等于 5×10^4t 精铜价值的矿业企业,矿产资源税按销售额分为 7 档,税率分别为 0.5%、1%、1.5%、2%、2.5%、3%、4.5%	2010 年议会通过的新矿业法规定:自 2018 年起,将大型矿业企业的资源税率提高到 5%~14%
巴西	探矿权每年每公顷交费 0.31 美元,不同地区有所差异	采矿许可证可以申请的最大面积为 10 000hm²,采矿许可证不交费,但需按矿产品销售收入的 1%~3%交矿产勘探财务补偿费	按矿产品销售收入的 1% ~3%缴纳:铝土矿、锰矿、钾盐、岩盐为 3%,金为 1%,宝玉石为 0.2%,煤炭、肥料、铁矿及其他矿产为 2%。上述补偿费在地方政府、州政府和联邦政府间分别按 65%、23%和 12%的比例进行分配。在联邦政府的份额中,9.8%分配给矿产生产局,2%分给巴西国家科学技术发展基金会(FNDCT),0.2%分配给巴西环保机构(IBAMA)	企业所得税实行 15%的统一税率。此外,如果法人应纳税所得额超过 240 000 雷亚尔(约合 110 000 美元),还需要就超出部分按照 10%的税率缴纳附加税
阿根廷	探矿特许权费:每 500hm² 400 比索,一次交清。油气探矿特许权每公顷 1 比索的探矿特许权使用费	从取得采矿特许权 3 年后开始。第一类矿产:如果是分散分布的矿,每个基本面积单位是 100hm²,每年百公顷 800 比索。如果是脉状矿床,基本面积单位从 6~9hm²,每基本面积单位每年为 80 比索。第二类矿产的费用为第一类矿产的一半,支付方式可以是月付或是每年付两次。油气采矿特许权每年每公顷 10 比索的采矿特许权使用费	由每个联邦省自行决定,但最高不得超过矿产品坑口价格的 3%。开采油气资源收取 12%的油气资源税,可以协商减免,但最低不得低于 8%	企业所得税实行 35%的统一税率。增值税的一般税率为 21%,在某些特定情况下根据适用规则确定的差异税率为 10.5%~27%。存款、借款及其他银行业务税税率为 0.6%
秘鲁	通常按每公顷 2 美元支付年租地费。日生产能力低于 350t 的小矿山为每公顷 1 美元		有固定合同的矿业公司按照营业利润率的 4%~13.3%	企业所得税每年征收一次,对企业征收纯收入的 30%,对年收入 156 600 新索尔(相当于 44 742 万美元)以下的自然人按 15%的税率征收,超过该金额的部分按 30%征收

续表 14－5

国家	矿业权使用费		资源税(费)	其他税费
	探矿权	采矿权		
玻利维亚	玻利维亚矿业权没有探矿权、采矿权之分	每个标准方格(边长 500m 的正方形)前 5 年每年每个方格 125 玻利瓦尔,以后每年 250 玻利瓦尔	铁矿中铁精粉和块矿费率为 4%,球团矿为 3%,海绵铁和生铁为 2%;宝石和贵金属的税率在 3%～6%之间,其他金属矿物和非金属矿物的税率在 1%～5%	公司所得税率为 25%,从 2007 年起,对矿山企业征收 12.5%的附加所得税
委内瑞拉		石油 33.33%,其他矿产 16.6%,超出矿产合同约定部分的产量,矿区使用费从 16.6%增加到 30%	金、银和铂族金属矿产税率为加拉加斯市场商品价值的 3%,金刚石和宝石为 4%,其他矿产征税以矿山矿产品价值的 3%税率计算,在具体执行时,可视经济条件需要,生产税率可减少到 1%等	2008 年 4 月 15 开始征收石油暴利税:当北海布伦特原油的月平均价格超过每桶 70 美元时,征收高出该价格部分 50%的收益;当月平均价格超过每桶 100 美元时,征收比例将提高至 60%。2011 年 4 月对原油价格在每桶 40 美元以上的部分全部开征暴利税
厄瓜多尔	取得许可证之后 0～3 年每年每公顷交费 1 美元;4～6 年每公顷交费 2 美元;7～9 年每公顷交费 4 美元;10～12 年每公顷交费 8 美元;13 年开始每公顷 16 美元	如果矿山开始投产,矿业许可证持有者按所申报已投入生产的面积缴纳固定的每年每公顷 16 美元的矿地专利费	不少于销售额的 5%	从 2007 年起,对外国石油公司征收 99%的暴利税
圭亚那		金矿 5%,金刚石 3%,铝土矿 1.5%	矿业实行的是特种营业税收政策,少于 15 年采矿周期的矿业需要相对较稳定的财政担保,矿业公司总的矿业税率为 35%,通常的税率为 2%～45%	矿业企业所得税为 35%,红利税 6.5%

二、涉矿企业相关税费率的重大变化

进入 21 世纪以来,随着矿业的繁荣和矿产品价格的大幅度上升,提高相关的税费便成为南美洲资源国政府的普遍共识,纷纷通过制定相关法律法规提高相关税费率以增加政府收入和为当地经济做出更多的贡献。其中委内瑞拉表现最为突出,先后多次出台相关法令提高矿业税费。2005 年 6 月委内瑞拉政府出台规定,超出矿产合同约定部分的产量,应征收的矿区使用费从 16.6%增加到 30%。2006 年 5 月委内瑞拉政府将所有石油项目的矿区使用费统一到 33.33%。2008 年 4 月 15 日委内瑞拉国会通过一项《石油高价特殊贡献法》法案,批准委内瑞拉政府对在该国运营的石油公司征收暴利税。该法案规定,当北海布伦特原油的月平均价格超过每桶 70 美元时,委内瑞拉政府将向在该国运营的各石油公司征收高出该价格部分50%的收益；当月平均价格超过每桶100美元时，征收比例将提高至60%。这项法案还规定，这部分新征的税款将全部划拨给国家发展基金，用于国家基础设施建设和社会发展项目等。2011年4月查韦斯总统再次颁布法律，将对原油价格在每桶40美元以上的部分开征暴利税，该措施有望从委内瑞拉国有石油公司及在委外国石油公司征收(90～160)亿美元税收。智利是南美洲在矿业税收方面最为优惠的国家之一，但在巨大的利益面前也放开了提高税费的闸门。2005年出台相关法律，建立矿业特别税(权利金)，2006年生效(此前的矿业法服从于该法)，从此结束了智利不收矿业权利金的时代。2010年10月13日，智利议会通过新矿业税法：决定自2018年起提高大型矿企矿业特别税(Royalty)税率5%～14%，并根据企业规模浮动。厄瓜多尔、玻利维亚、秘鲁也有类似的行动。2007年10月，厄瓜多尔政府出台一项法令，对在该国投资的外国石油公司征收99%的暴利税。2009年厄瓜多尔颁布新矿业法，恢复征收权利金；玻利维亚2007年修改矿业法，对矿山企业增设附加所得税(12.5%)；秘鲁议会2011年9月批准的与矿业相关的法案形成了新的矿业税收框架，旨在提高政府收入，每年将从矿业公司手中增加10.8亿美元的收入。新税制获取的资金将用于改善秘鲁最贫困地区的基础设施，以减少目前国际宏观经济形势动荡带来的压力。上述改变的最终目的是最大限度保护本国利益，使国家从矿产资源的开发中得到更多的收益。但除少数规定外，大多数新政策相对而言对其矿业投资环境的负面影响偏大，矿业投资的成本和不确定明显增加。

第五节　矿业投资的机遇与风险

一、矿业投资的有利条件

南美洲矿产资源非常丰富，许多矿产与我国有较强的互补性。大多数国家法律制度相对完善，特别是智利、巴西、秘鲁、阿根廷几个矿产资源大国法律法规比较稳定。此外，各国政府还制定有许多鼓励优惠政策。

(一)政府补贴

巴西政府于1988年制定了一项对勘查矿产资源的公司提供财政补贴的政策，巴西联邦政府、州政府和市政府补贴份额分别占12%、23%和65%。

(二)减免税收

1. 巴西

为吸引外资，在矿业领域鼓励中小矿业企业私有化，即对中小企业改制，鼓励外国资金进入。中央政府可给予外国投资者税收优惠，优惠程度视外国投资对巴西贡献而异，此外，巴西各州、市均有不同的税收优惠措施。例如，以优惠条件提供生产所需基础设施(土地、厂房)、水、电、燃料，减免商品流通服务税，提供低息贷款等；对来自拉美一体化协会其他成员国的产品实行优惠关税，与欧共体也签有共同合作协议。1995年1月起正式生效的南方共同市场对成员国之间的物品、服务和生产要素的流动一律免税，并实行对外共同关税。为鼓励开发巴西北部和东北部地区，巴西联邦政府和地方政府对外国投资(必须是合资形式，而且巴西方面投资要占大股)实行免征10年企业所得税，从第11年起的5年内减征50%；免征或减征进口税及工业制成品税；免征或减征商品流通服务税等地方税。

2. 圭亚那

(1)政府鼓励几乎所有行业的外国直接投资。

(2)对新地区和新产品投资免征企业所得税。

(3)免征选择目录内的企业机器、设备、车辆及办公用品的进口关税和消费税。

(4)免征注册企业的生产用原材料进口关税和消费税。

(5)可享用出口到加勒比共同体、加勒比盆地计划、欧洲计划和加拿大计划成员国的优惠待遇。

(6)政府出资帮助改善企业所处地点的基础设施条件。

(7)允许结转先前经营年度的亏损。

(8)允许企业对机器设备加速折旧。

(9)给予非传统产品向加勒比共同体以外国家出口以补贴。

(三)长期稳定的税收合同

1. 阿根廷

30年的财税稳定期:阿根廷矿业投资法规定,任何矿业开发计划,按照法律规定递交其可行性报告并获通过后,即从其递交文件之日起30年内,享有稳定的税收政策。所谓税收政策的稳定,指的是采矿公司除在其递交文件之日确定的关税和税率以外,不再受后来税率和税种的变动或增加的影响。此外,除汇率变动和出口退税之外的外汇政策也将保持稳定,但增值税(IVA)不包括在内。

2. 苏里南

苏里南矿业的主管部门与企业签订标准矿产协定,签订协定后,允许矿产品在公开市场中无限制的生产和销售、以具竞争性的汇率获取外汇、再投资的减税和利润的返还等。这些规定能带来的好处包括特许权使用费下调利率至2.25%、勘探与生产许可费用的减免以及对矿业投资者进口材料、设备的减免税,矿业开发前期费用的抵扣和矿业再投资准备金等税收优惠政策。

(1)从建立之日起,可连续6年免征企业所得税,6年期满,或者和投资法规定相符,仍可延长5年。

(2)首期投资的折旧可据经营情况自由分摊。

(3)进口用于首期资本投资的物资免征关税,生产所需的原料、辅料、包装材料,3年内免税。

(4)扩大投资时,房产部分,折旧率可提高至30%;其他财产,根据经营状况可允许自由折旧。

(5)保险、投资和股份公司,减税后只相当于团体有效所得税率的1/12。

(6)有专利权的公司可申请免缴所得税。

(7)公司所得税方面:赢利在5万苏盾以内税率为35%;(5～15)万苏盾范围内为40%;(15～25)万苏盾范围内为43%;25万苏盾以上税率为45%;大企业的所得税率可经协商签订付税协议等。

(四)其他

南美洲国家为鼓励企业投资矿业,还采用了勘查费用双倍减免、加速折旧和简化办事手续等一系列措施来促进矿业投资,例如在阿根廷投资矿业有如下的优惠政策。

(1)勘查费用的双倍减免:矿业投资法规定,在矿业投资登记部门注册的公司用于项目可行性研究和勘查的费用可以200%的减免公司所得税(包括考察、勘探、调研、可行性研究等)。在计算所得税应纳额时,上述费用可以分两期抵扣,初期抵扣被视为矿山购置成本部分,可与矿山折耗一并摊销,二期抵扣是矿山投产后,上述费用还可以按折耗减免的方式进行处理,每年按所采储量占原始总储量的百分比计算。

(2)加速折旧政策:矿业投资法规定,对于用于矿业开发的投资可以选择加快折旧的政策。这些包括用于设备、建筑、基础设施方面的投资可以按照60%、20%、20%的比率在获得运营许可后的3年内完成折旧。其他机械设备、汽车和基础设施等固定资产可以按照年均1/3的速度完成折旧。

(3)储量评估值的资本化。

(4)所得税免除:股东获得的源于矿山或矿权的资本性利润免交所得税。

(5)矿业企业进口用于生产的机器设备和材料免进口税及附加税。

(6)矿产品出口退税:如阿根廷对产自不发达地区的金属和建筑用矿产品出口享受额外5%的出口退税。

近年来,巴西不断修改外国投资法,制定出有利于外国资本进入本国开采的法律法规和优惠政策,简化了办事程序。

二、南美矿业投资的不利因素

1. 政治风险

政局稳定度对矿业投资动态活动来说是关键因素。政局稳定直接影响到社会秩序,影响到政府及公众对外资的态度、对外关系、外交冲突、战争可能性等。目前,投资南美洲最主要的风险是政策风险。不同届的政府对投资政策可能会有改变,即使是在同一政府任期内,现有政策也可能发生改变,尤其是近年来玻利维亚和厄瓜多尔等左翼政府实行国有化政策,造成大量国外企业撤资。而委内瑞拉总统查韦斯的离世,对于南美洲整体的政局将有不可预测的影响,委内瑞拉是南美政局不稳定国家之一,政治局势充满动荡。

总体看,智利和阿根廷为南美洲政局最稳定的国家,其次为巴西、秘鲁、哥伦比亚,最次为委内瑞拉、玻利维亚和厄瓜多尔。

2. 环保要求高

南美洲一些国家的环境管理遵循ISO14000和ISO26000两项国际认证标准,且突出强调,经济发展固然重要,但政府更看重环境,政府会按照世界银行的参考数据严格管控,并按照环保要求的规定来约束企业行为。政府非常希望外国企业开展矿业投资项目,但是矿山的生产经营一定要达到对环境及整个生态环境的保护标准,否则都将不予支持,表现出政府对环境保护的责任与决心。

南美洲国家通常都是小政府、大社区、高度民主化的国家,环保意识极强的社区民众和非政府组织,常常采取罢工、堵路、游行抗议和暴动等偏激手段反对矿业企业对当地资源的勘探和开发。也有不同的政客和组织,为达到不同的政治和经济目的进行虚假宣传和夸大事实,欺骗和蒙蔽舆论和社会,最常用的借口就是环保问题,而南美洲各国政府在解决具体问题上所起的作用有限。

3. 资源的民族主义

资源民族主义的主要表现是强调资源的国家所有和全民所有,通过国家对资源的控制和管理,进行市场干预的行为,以达到特定的政治和经济利益的目的。资源民族主义在南美洲有着深厚的基础,拉美国家经济实际上都经历了20世纪70年代的国有化、90年代的私有化和21世纪开始后的再国有化的过程。在20世纪六七十年代,一些拉美国家为了维护民族经济权益,对包括自然资源在内的重要领域实行国有化政策。由于政府身兼管理者和生产者的双重角色,企业运转效率较低、腐败现象丛生,管理和技术水平难以达到市场要求,国有企业亏损严重:委内瑞拉国际航空公司在1990年亏损4700万美元;巴西国营企业的亏损额甚至相当于国内生产总值的2.4%。尽管拉美国家也曾试图通过加强管理来扭转被动局面,但效果不佳。国有化成为这些国家经济发展的包袱。20世纪80年代是拉美经济"失去的十年",到了20世纪90年代,拉美不少国家的经济陷入了债务危机。在此大背景下,拉美国家在"华盛顿共识"框架下全面实行私有化,YPF石油公司和秘鲁铁矿公司等国有公司相继实行了私有化。

20年桑田沧海,经过多年私有化洗礼的拉美国家在21世纪资源民族主义再度抬头,2006年莫拉莱斯就任玻利维亚总统后就开始着手在能源和电信等多个行业实施国有化。2008年5月,玻利维亚政府将3家石油公司、1家石油运输企业收归国有。2009年初,玻利维亚通过的新宪法规定,本国一切自然资源属于人民,国家代表集体利益管理这些资源。2009年5月,委内瑞拉政府宣布对39家从事石油服务的公司进行国有化。2011年8月,查韦斯签署法律,宣布对黄金矿业实行国有化,如今委内瑞拉大部分实体经济处于国家控制中。厄瓜多尔也不甘落后。2007 年 1 月，厄瓜多尔当选总统拉斐尔·科雷亚在总统就职典礼上说，厄瓜多尔将摒弃“新自由主义”发展模式，反对大量财富集中在少数人手里，在经济上将推行能源国有化。2007 年 10 月，厄瓜多尔政府出台一项法令，对在该国投资的外国石油公司征收 99%的暴利税。2011 年 6 月，厄瓜多尔政府又将美国能源发展公司在厄瓜多尔的分公司诺布莱公司的友谊油田国有化。2011 年成功连任的阿根廷总统克里斯蒂娜及其政府在最后的任期内，经济管控越来越激进，政策变动越来越随意，资源领域的民族主义色彩越来越浓厚。2012 年 4 月 16 日克里斯蒂娜总统向议会提交了《阿根廷石油主权》议案，提出阿根廷境内的石油资源为“国家公共利益”，阿根廷政府开始对阿根廷最大的石油公司 YPF 公司第一大股东、西班牙雷普索尔公司强行收购 YPF 公司 51%的股份，实现对这家石油公司控股，进而实现国家对石油资源的控制。随着巴西发现大型深海油田，其国内资源民族主义情绪正在日益增长。连续两任总统卢拉和罗塞夫修改了过去与外资企业签订的权益分成合同，转而由国营企业拥有 30%以上的权益，且由国营企业担任主开采商，加强了国家对石油资源的管理。这些短视行为虽然在短期内能博得民众喝彩，而对国家的投资环境和经济发展带来长期的负面影响。

4. 基础设施相对落后

南美洲普遍存在基础设施落后的问题，港口和铁路都需要新建。如玻利维亚的基础设施比较落后，公路和铁路交通基础设施条件较差，电力供应不足，通讯电网覆盖率低，整个国家现代化进程缓慢。南美洲东、西海岸的货物平均日吞吐能力仅为 8000 个标准箱，缺乏港口竞争力和物流能力。

5. 缺少专业技术人员

南美洲国家的人员整体素质偏低，受过高等教育的人口比例相对低，专门从事矿业的技术人才少。很多进入南美洲的中国矿业企业必须从国内引进大量的地质类如钻探、勘查、选矿等方面的专业人才。南美洲多数国家语言为西班牙语和葡萄牙语，在我国属于小语种，用人成本也要稍高些。

6. 罢工事件频发、治安较差

南美洲国家工会组织非常健全，各种工会组织繁多，由工会组织的罢工事件较为频繁。2011 年 7～8 月，全球第一大铜矿智利艾斯贡迪达矿发生工人罢工事件，罢工持续两个月。

南美洲的一些国家社会治安不尽如人意。如哥伦比亚周边、墨西哥等国枪支泛滥，枪击和抢劫事件时有发生。

综上所述，从资源禀赋程度、政治风险、基础设施条件、法律法规体系的健全完善程度、税收与市场经济发达程度、环境保护主义等多个要素综合起来看，南美洲政局比较稳定的国家有智利、巴西、哥伦比亚、阿根廷等；经济环境自由的国家有智利、乌拉圭、秘鲁、巴拉圭等；资源潜力较大的国家有智利、秘鲁、委内瑞拉、玻利维亚、巴西、阿根廷、哥伦比亚、厄瓜多尔等；基础设施条件较好的国家有智利、巴西等；法律制度保障较好的国家有智利、巴西、秘鲁等国。

三、矿业投资环境评价

南美洲曾经是矿业政策环境较好的地区之一，进入 21 世纪以后，国际矿业投资者对南美洲矿业政策环境的评价呈下降趋势，近年来评价总体偏低。

南美洲矿业投资环境评价明显降低的主要原因是近几年火热的国际矿业形势刺激了新一轮的资源民族主义热潮的蔓延，国家的资源主权意识不断增强，原本对外敞开的大门开始收窄，对外资增加了限制。有不少国家先后出台了一些新的政策和法规，其中有些规定开始变得对矿业投资，特别是对外资不利。例如，委内瑞拉政府出台了一系列石油和矿山企业国有化的政策，对外资进行较多的限制，包括 2005 年宣布委内瑞拉政府决定不再向外国公司和本国私人公司招标开采金矿和金刚石矿；2007 年发布法令把外国公司在委内瑞拉石油开采的合作方式从合同开采变成组建合资公司。新合资公司由委内瑞拉国家石油公司控股，其股份不低于60%。查韦斯总统曾表示，过去与一些外国公司签订的开采合同对外国公司条件太优惠，从而损害了国家利益。正是上述原因，致使委内瑞拉近几年的政策潜力指数排名一直居世界倒数第几位。本年度已下降到倒数第一。资源民族主之势抬头较猛的另一个国家是玻利维亚。2007年5月1日，继能源矿产国有化一年以后，玻利维亚政府发布了29117号令，命令玻利维亚所有地区，除当时为矿权地的地区外，均为国家采矿储备区。将由国家监督和控制所有非金属、金属、宝石、半宝石等矿产。所有的矿产资源将只授予给玻利维亚的国有矿业公司。根据该项法令，所有尚在办理中的特许权被搁置，法令公布时在履行的矿业协议仍然有效。玻利维亚副总统阿尔瓦罗·加西亚·林拉称，这是"21世纪风格的国有化"。厄瓜多尔和巴西等国也有类似的情况。2008年6月，厄瓜多尔的新矿业法提案中通过国家矿业公司的方式为国家开展矿业活动开绿灯，厄瓜多尔政府还发布法令收回外国公司的特许经营权。这是由于历届政府已发放的矿业特许经营权累计已达到4000多个，其中大部分被加拿大和美国的大型私人矿业集团获得，政府指责一些外国矿业集团获得该国矿业经营权后长期不进行投资，而是通过转手买卖牟取利益，从而损害了厄瓜多尔国家利益，厄瓜多尔制宪大会将在近期举行投票，一旦该法令获得通过，厄瓜多尔政府将控制80%的矿业特许经营权。

上述改变的最终目的是最大限度地保护本国利益，使国家从矿产资源财富的升值中得到更多的收益，但对其矿业投资环境产生了较多的负面影响。正是由于上述原因，近年来南美洲的矿业政策环境逐渐变差，特别是玻利维亚、委内瑞拉和厄瓜多尔，在过去几年加拿大弗雷泽研究所发布的年度全球矿业投资环境评价调查结果中，政策潜力指数排位常位于后10位中。

加拿大Fraser研究所2015年对全球矿业投资环境的调查结果表明，在南美洲主要矿产资源国家中，智利的矿业投资环境最好，位列南美第一；其次为秘鲁和乌拉圭，分别位列南美洲第二位和第三位；其余国家按矿业投资环境由好到相对较差，依次为圭亚那、巴西、哥伦比亚、阿根廷、法属圭亚那、苏里南、巴拉圭、厄瓜多尔、玻利维亚和委内瑞拉。

2016年初，在世界著名矿业咨询公司——贝里多贝尔公司发布的全球25个主要矿产资源国进行矿业投资风险评估排名中，智利列第四位，秘鲁排第六位，巴西列第11位，阿根廷列第22位。

总之，目前到南美洲进行矿业投资的成本和不确定明显增加，矿业投资的风险正在加大。

第六节　需要注意的几个问题

近年来，中国企业"走出去"在南美洲矿业投资取得了较大的成绩，已经在南美拥有了31个矿业开发项目，其中不乏非常有竞争力的项目。但是，中资企业还处于境外资源勘探开发的初期阶段，对南美洲这个离中国最远的大洲并不完全熟悉，缺乏相应的知识和能力，导致部分项目失败，尤其是项目并购后的资源整合和经营管理更是面临更大的考验。南美洲国家在政治、经济、经营理念和历史文化等方面的差异为我国在该地区的项目带来了巨大的风险和不确定性。所以，了解当地的政策方向，熟悉当地的政治环境（包括国家的政体、政府、政党、军队等国家机构和立法司法等）、经济法律和法规、风俗习惯等对于项目的成败具有重要作用。

一、国有化和对外资的限制有增加的趋势

在南美洲投资必须考虑的一个问题是国家政策风险，南美洲国家都有着相似的历史和文化，在16世纪被西班牙人和葡萄牙人所征服并被殖民统治了300年，19世纪开始纷纷独立。现代南美洲国家经济政策也有许多相似之处，都经历了20世纪70年代的国有化、90年代的私有化和21世纪开始后的再国有化的过程。南美洲国家具有国有化和私有化反复更替的历史传统，往往并不是针对某个国家和某个企业的，而是所在国的政治、经济和党争的需要。中资企业一定要把南美洲国家这种国有化风险考虑

在内，通过合作、合资、股份等方式规避国有化的风险。

二、高度重视环境问题

南美洲的资源丰富，资源的禀赋好，与我国资源相对短缺是完全不同的。中资企业初到南美洲考察，无不被当地矿产资源的丰富和闲置所震撼。例如，在巴西含量大于60%的而没有被开发的铁矿很多，在首钢秘鲁铁矿伴生的铜含量0.11%～0.12%，全部作为尾矿排掉而没有得到利用，选矿后的尾矿中铁含量为25%～28%，高于我国铁矿的工业品位。在南美洲国家，资源开发不仅是资源禀赋本身，更是受制于交通运输和环境保护。

南美洲各国对环境的保护都很严格，国内企业在南美洲进行矿业勘探和开发过程中，要特别重视环境保护，重视矿山生态构建，力争矿业生产与生态环境保护协同发展。做到在矿业项目规划、立项、设计、施工建设、生产、闭坑全过程将生态环境保护和环境治理、生态恢复融为项目有机组成部分，保障各阶段资金投入。对一个新建的矿业开发项目，做到在项目开始前，首先研究实现无废开采的可能性，立足强化资源综合利用，发展循环经济及废料资源化，争取不建尾矿库、不设废石场、无外排不达标废水，进而实现无废开采。基于此，最后选择真正符合资源—经济—环境相协调的开采方案，避免追求短期效益而给企业发展埋下隐患。

三、社区也是影响矿业投资的重要因素

在南美洲进行矿业投资仅仅拿到合法的开发合同，或得到中央政府的支持是不够的，地方政府和社区关系也是影响矿业投资的重要因素之一。近年来，在南美洲部分国家的一些社会团体以保护环境为名，在矿业和石油项目所在地竭力鼓动当地不知情民众聚众闹事，阻止矿业和石油项目按合同规定时间落实投资开发。当地居民反对开矿的抗议示威活动影响矿业合同的正常执行。例如2007年9月16日，秘鲁北部皮乌拉省首先出现反对矿产开发的大规模游行示威活动。此后在秘鲁其他省份也出现类似的抗议示威活动，甚至还出现阻挠正常的矿产开采活动。目前当地矿区居民确实面临矿业污染问题，但是，这些污染主要来自“黑矿”。在秘鲁有不少无证开采的“黑矿”，矿主们总是最大限度地开采，随意排放污水，从不顾忌环境。秘鲁政府虽然也对这些“黑矿”进行干预，但大多“黑矿”主打一枪换一地，当地民众只能把污染问题加罪于大公司。此外，一些大型矿业公司对当地的社会福利支持不够，不注意与当地居民搞好关系，这也是导致示威抗议活动的一大原因。这类活动实际上也得到了地方政府的支持。在这种情况下，有不少外国公司正在考虑压缩在秘鲁矿业方面的投资，甚至有矿业公司在考虑撤出秘鲁。从英国人手中收购秘鲁北部白河铜钼矿项目的中国紫金等中国公司也面临上述急需解决的问题与困难。该项目虽然得到中央政府的支持，秘鲁总统加西亚曾亲自表态，但仍然面临当地一些团体或个人的反对，甚至暴力威胁。该项目原定2010—2011年投产，铜的年产量为19.1×10^4t，但因种种缘由投产时间一推再推。总之，在进行矿业投资时，仅考虑资源和价格是远远不够的，地方政府和社区关系必须高度重视。

四、远离政治

南美洲国家政体和管理与我国有非常大的差异，前面已经介绍了南美洲国家的政治情况，国家权力机构构成，目的是使国内企业对南美洲国家政体有个明确的概念和理解。南美洲国家的政府与我国不同，属于小政府大社会，除了少数偏左的国家外，其他国家政府在具体的经济建设中发挥作用非常有限，是弱势政府，政府的支持和允诺通常是无法兑现的，在具体项目中有时会起反作用。而我国企业在进入南美洲时首先寻求的是政府的支持，会见了哪个高官，得到了哪些承诺。这里的政客常常信口开河，民

众也习以为常，不能当真。实际上这里的政府和官员通常是解决不了具体的商务问题，政府和官员的承诺只能理解成是他们的良好愿望或个人私利的表现，而不能作为投资决策的依据，更不要指望这些承诺会兑现。中冶集团在收购阿根廷铁矿项目时，所在的省政府承诺在投产前接通淡水，但直到投产的几年后，才通过企业自己的努力解决淡水问题。相信政府和政府官员是中国企业在南美洲遇到最多的问题，中资矿业企业在这里已经为此付出了巨大的代价。

南美洲国家都实行民主选举体制，政党斗争十分激烈，政府更迭更是经常发生，而矿业企业是需要长期经营的。不同政党之间有时仅仅是由于党派不同为了反对而反对。执政党和政府更是众矢之的，反对党、媒体、公众都对政府的行为进行监督和批评。所以，作为企业与政府正常交往是应该的，但一定要远离政治，不介入党派之争，不与政府过度交往，保持企业的独立性，维护企业长期发展战略。

五、深入了解当地的文化，避免盲目

1．熟悉当地的法律法规

南美洲国家由于传统上是殖民国家，国家独立后在经济上还受外资的影响较大，所以各国对雇员的保护非常严格，大部分国家对外来雇工占公司比例有限制，大多为不超过公司员工总额的20％。部分国家还有同工同酬问题和外国雇员工资总额比例的限制，如秘鲁外国雇员的工资总额不能超过公司总额的20％。阿根廷是南美洲唯一对外籍雇工没有特殊限制的国家，但雇佣当地员工也应慎重，劳资纠纷是经常发生的，而且产生纠纷后往往员工会胜诉。阿根廷法律允许外国劳工进入阿根廷工作，但所有工作人员都必须缴纳养老保险，各种保险大概占工资的50％。

2．潜规则

除了正规的法律和法规，南美洲国家还有一些潜规则，这是在南美洲国家进行矿业投资最难把握的，矿业公司初次进入南美洲资源国家一定要通过各种渠道来提前了解这些潜规则。例如，阿根廷矿法规定，探矿特许权最长期限是1100天。在矿业权的有效期间内，如果矿业权所有人没有把所有的探矿特许权转成采矿特许权，那么就必须按规定时限释放出一定面积的探矿特许权：300天期限届满时，将超过4个基本面积单位以上的探矿特许权释放出一半的面积，释放出所剩面积一半的探矿特许权，直到最后期限放弃所有的探矿特许权。例如，如果某个探矿特许权包括20个基本面积单位，那么到300天期限的时候，就要将16个基本面积单位的一半的探矿特许权放弃，满700天时再将剩余的12个基本面积单位放弃，直到1100天最后期限，探矿特许权全部放弃。探矿特许权持有者必须在每个期限届满前提出要放弃和要继续持有的探矿特许权区的拐点坐标，如不遵守，矿业管理部门可按照规定标准释放出部分探矿特许权，并处以所交探矿特许权使用费等额的罚款。但由于这项规定在实际操作中比较复杂，给矿管部门增加了大量的工作，所以大部分省实际上都不执行这条规定，而是在探矿特许权最后期限一次性地转成采矿特许权或放弃。但也有个别的时候，矿业管理部门利用这个规定来合法地惩罚矿业企业。

3．风俗习惯

中国企业在南美洲面对的挑战之一就是了解和尊重当地的文化习俗和文化禁忌，处理好与当地居民的关系。聘请当地人员参与企业管理，增加当地就业。企业要适应经济全球化的趋势，增强竞争力，就必须积极承担社会责任。企业的发展离不开社会资源，企业反哺社会越多，越能获得社会的尊重，越能提升企业的公信度和美誉度，有利于企业自身的持续发展。社会责任是多方面的，包括在自身发展的同时，帮助当地增加就业、发展经济；具有良好的经营操守，遵守当地各项法律法规；对当地雇员进行技术培训，提高就业者技能，并支持当地教育事业的发展；摆正提高经济效益与环境保护的关系，走可持续发展之路；适当参加当地公益性活动，对当地社区做出力所能及的贡献等。

南美洲的工会势力一直比较强大，阿根廷现有官方承认的工会1660个，近60％的经济自立人口参加了工会组织。罢工抗议在南美洲是非常普遍的，已经是他们日常生活的一部分。哥伦比亚和秘鲁的工会拥有相当大的权力，职工的利益受到工会的保护。尤其复杂的是，企业的高级管理人员、中层管理人员、高级技工和一般工人可能分属不同的工会组织，由于要维护不同的利益，需要协调各个工会之间的关系，给企业管理增加了很大难度。欧美发达国家的跨国公司因在南美洲开发多年，加上其在本国也面临同样的问题，所以具有解决这方面问题的丰富经验和手段。而对于我国企业来说尚无成熟经验，需要妥善处理。企业在南美洲进行矿业活动一定要有思想准备，把罢工等因素考虑到企业的成本之中。

4. 原居民问题

南美洲是印第安人的传统居住区，由于西方的入侵和殖民统治，土著居民人口锐减。进入21世纪以来，南美洲各国都加强了对土著历史传统和文化遗产的保护，弥合不同族群之间的矛盾。在土著居民居住地区，同西方国家一样，进行矿业勘探开发势必受到诸多限制。而历史上，从16世纪南美印第安人被西方列强侵入后，其历史就一直伴随着土地的被剥夺，所以现在的土著居民对外来的人和采矿具有天然的抵触，导致很多矿业开发项目无法进行，有些成为死矿。

5. 腐败问题

腐败问题在南美洲一些国家还很严重，根据"透明国际"组织最新公布的2015年全球廉洁指数报告，南美洲国家中智利是最廉洁的国家，在168个国家中排名第24位，南美洲第一大国巴西排在76位，委内瑞拉是南美洲最腐败的国家，排名第161位。腐败问题的存在增加了矿业投资的风险和成本。

六、不能用国内的经验来处理海外的劳资矛盾

劳资矛盾一直是外国投资商在南美洲所面临的一大问题。我国有些企业最初试图用在国内的经验来处理在当地的劳资矛盾，但适得其反，首钢就有着沉痛的教训。首钢接手秘鲁马尔科纳铁矿后，为搞好劳资关系，第一年便邀请部分工会领导人到中国参观访问，"了解中国工人如何当家做主"。结果这些工会领导人一返回秘鲁，就要求按照中国国有企业的模式处理劳资问题，要求增加当地员工的福利。在劳资矛盾最激烈的1996年，工会曾发动全面罢工达42天，直至政府干预才复工。首钢秘鲁马尔科纳铁矿工会"全盛时期"，曾拥有会员900多人，另外，职员工会的会员有400多人。两个工会共有41名脱产人员，这些脱产人员在被选为工会工作人员后，不仅享受原工作岗位的待遇，公司还需为其支付出差费和交通费，并且这些人在担任工会工作期间不能被解雇等。中方在劳资谈判中的每一次让步，都使得工人进一步支持其工会领导人。一些工会领导为了参与全国性政治活动，大肆宣传其与中方的"斗争经验"。连续数年的教训使得首钢秘铁痛思应对之法。他们专门组织力量研究当地法律、法规，以其为武器与对方据理力争，并拒绝了工会提出的一些无理要求，修改了以前一些不合理的劳资协议，抑制了工会势力的过分膨胀。目前首钢秘铁正式员工总数已由开始时的2900多人，精简到1400多人，个人工资水平虽有所提高，但整体人工成本却有所下降。与工会的斗争策略和水平不断提升，虽然罢工还是不可避免，但一切都是正常的合理范围内，生产经营稳定有序。

总之，在准备投资南美洲矿业项目之前，必须做好充分的项目前期准备工作，要多进行实地调查，把所有的相关因素都考虑进去，进行项目的可行性研究。对项目的资源情况以及所在国的矿业市场、矿业法及相关法律法规、政策环境等做充分的调研和科学分析，权衡利弊，制订出一套完整的投资计划，才能较好地规避矿业投资的风险。

参考文献

《应对全球化：全球矿产资源信息系统数据库建设之十九，南美洲卷：南美洲部分国家矿业法汇编》(上、下)

阿根廷地质调查局官网 http://www.segemar.gov.ar/

巴西淡水河谷公司(VALE)http://www.vale.com/china/CH/Pages/default.aspx

巴西地质调查局官网 http://www.cprm.gov.br/

巴西国家石油公司(PETROBRAS)http://www.petrobras.com/en/home.htm

巴西核工业公司(INB)http://www.inb.gov.br/pt-br/WebForms/default.aspx

白国平，秦养珍. 南美含油气盆地和油气分布综述[J]. 现代地质，2010，24(6)：1102-1112.

白国平. 波斯湾盆地油气分布主控因素初探[J]. 中国石油大学学报：自然科学版，2007，31(3)：28-32.

必和必拓 http://www.bhpbilliton.com/

财富杂志，世界 500 强 http://www.fortunechina.com/fortune500/c/2016-07/20/content_266955.htm

陈俊楠. 我国境外矿业投资面临的形势、现状与建议[J]. 中国矿业，2014(11).

陈荣魁. 玻利维亚波托西市岗鲁蒂约斯矿区锡矿床地质特征与成矿模式的探讨[J]. 福建地质，2015，(2)：118-124.

陈秀法，等. 应对全球化：全球矿产资源信息系统数据库建设之二十三(南美洲卷)：秘鲁[R]. 中国地质调查局发展研究中心内部报告，2010.

陈玉明，邓小林. 阿根廷锂资源潜力及开发利用[J]. 盐湖研究，2013，21(4)：67-72.

陈玉明，陈秀法，赵宏军. 秘鲁的矿产资源和矿业开发[J]. 中国矿业，2015，(11)：33-38，112.

陈玉明，王靓靓，等. 应对全球化：全球矿产资源信息系统数据库建设之十七(南美洲卷)：阿根廷、巴西[R]. 中国地质调查局发展研究中心，2009.

陈玉明，王开天. 秘鲁胡斯塔铜矿原生晕地球化学特征及找矿效果[J]. 物探与化探，2008，32，(2)：126-130.

陈玉明，夏休展，甘秋玲，等. 阿根廷西北部米纳比格塔斯地区 1：25 万水系沉积物地球化学测量采样粒度试验研究[J]. 地质找矿论丛，2016，(2).

陈玉明，杨汇群，陈岚. 阿根廷的矿产资源和矿业开发[J]. 国土资源情报，2015，(2)：22-27.

陈玉明. 阿根廷石油国有化及其影响[J]. 中国石油和化工，2013(9)：39-40.

陈玉明. 秘鲁胡斯塔铜矿的发现[J]. 地质与勘探，2007，43(3)：56-59.

陈毓川，王登红，陈郑辉，等. 重要矿产和区域成矿规律研究技术要求[M]. 北京：地质出版社，2010.

陈毓川，叶天竺，张洪涛，等. 中国主要成矿区带矿产资源远景评价[M]. 北京：地质出版社，1999.

程洪，张庆文. 试论拉丁美洲国家现代化进程中的国家重建[M]. 拉丁美洲研究，2012，(34)：23-28.

戴自希，盛继福，白治，等. 世界铅锌资源的分布与潜力[M]. 北京：地震出版社，2005.

董永观，曾勇，姚春彦，等. 南美地台地质构造演化与主要金属矿产成矿作用[J]. 资源调查与环境，2015，36(2)：116-122.

董永观，姚春彦，曾勇，等. 南美地台地质演化与成矿特征[J]. 矿物学报，2013，Sl：1014-1042.

法贵方，康永尚，王红岩，等. 东委内瑞拉盆地成矿条件和成矿模式研究[J]. 特种油气藏，2010，17(6)：42-47.

方思傑，刘芸. 中国企业境外矿业投资存在的问题及建议[J]. 中国矿业，2014(4)：47-49.

高波. 变化的世界 迷茫的拉美——2016 年拉美地区形势回顾与前瞻[J]. 拉丁美洲研究，2017，1(39)：1-18.

高光明，田茂军，席振，等. 安第斯巨型成矿带中段(秘鲁及其南北邻国)成矿构造背景、成矿作用和找矿潜力研究[R]. 2016：1-120.

哥伦比亚国家石油公司(ECOPETROL)http://www.ecopetrol.com.co/wps/portal/es

郭存海，中共“十八”大以来中国对拉美的政策与实践[J]. 拉丁美洲研究，2017，2(39)：1-16.

郭建宇,郝洪文,李晓萍.南美洲被动大陆边缘的油气地质特征 [J].现代地质,2009,23(5):916-923.

郭维民,董永观,邢光福,等.巴西铁四角地区铁矿床研究进展[J].地质科技情报,2013,32(5):79-85.

国土资源部信息中心.世界矿产资源年评(2015)[M].北京:地质出版社,2015.

何承伟 ,王世中,周义琴. 安第斯的传说——秘鲁[M].上海:锦绣文章出版社,2010.

互动百科.http://www.baike.com/wiki/巴西

黄希娜.中国在阿根廷的石油投资现状、反思与前景[D].杭州:浙江大学硕士论文,2013,http://www.doc88.com/p-0018016143156.html

嘉能可斯特拉塔 http://www.glencore.com/

金平,柳彦.比较优势、竞争优势与产业政策:智利经验研究[J].拉丁美洲研究,2013,1(35):14-20.

琚亮,张光亚,温志新,等.南美西部次安第斯弧后前陆盆地分段特征[J].新疆石油地质,2011,32(4):431-441.

雷岩,张志,宋菲,等.矿产资源"走出去"进入南美洲的形势及对策建议[J].中国矿业,2014,23(11):35-39.

李金玺,刘树根,戴国汗,等.南美洲沉积盆地类型及油气富集规律[J].新疆石油地质,2013,34(3):369-373.

李强,王建平,徐千琰.世界铀资源概况及供需形势展望[J].中国矿业,2013,22(11):13-18.

李文汉.国外沉积学期刊文献摘要选登[J].岩相古地理,1998,33(1):49.

力拓 http://www.riotinto.com/

刘深艳,胡孝林,李进波.巴西桑托斯盆地盐下大发现及其勘探意义[J].海外勘探,2011,4:74-83.

楼项飞.中拉机制化整体合作的进程及特点解析——以地区间主义为视角[J].拉丁美洲研究,2015,6(37):62-66,73.

卢民杰,曾勇 赵宏军,等.拉美地区安第斯成矿带成矿规律与优势矿产资源潜力分析综合研究报告[R].中国地质科学院地质研究所,2013.

卢民杰,朱小三,郭维民.南美安第斯地区成矿区带划分探讨[J].矿床地质,2016,35(5):1073-1083.

卢民杰,曾勇,赵宏军,等.拉美地区安第斯成矿带成矿规律与优势矿产资源潜力分析综合研究报告[R].中国地质科学院地质研究所,2013.

马中振,谢寅符,耿长波,等.巴西坎波斯(Campos)盆地石油地质特征与勘探有利区分析[J].吉林大学学报:地球科学版,2011,41(5):1389-1396.

毛景文,张作衡,王义天,等.国外主要矿床类型、特点及找矿勘查[M].北京:地质出版社,2012.

梅燕雄,裴荣富,杨德凤,等.全球成矿域和成矿区带[J].矿床地质,2009,28(4):383-389.

秘鲁矿业冶金研究院官网 http://www.ingemmet.gob.pe/

南美洲 1∶500 万成矿图,2005.

庞正炼,樊太亮,何辉,等.巴西圣弗朗西斯科盆地石油地质特征[J].科技导报,2012,30(10):34-38.

裴荣富,梅燕雄,毛景文,等.中国中生代成矿作用[M].北京:地质出版社,2008.

裴荣富,吴良士,熊群尧,等.中国特大型矿床成矿偏在性与异常成矿构造聚敛场[M].北京:地质出版社,1998.

任纪舜,王作勋,陈炳蔚,等.从全球看中国大地构造——中国及邻区大地构造图简要说明[M].北京:地质出版社,1999.

沈承珩,王守伦,陈森煌,等.世界黑色金属矿产资源[M].北京:地质出版社,1995.

施俊法,唐金荣,周平,等.世界找矿模型与矿产勘查[M].北京:地质出版社,2010.

世界能源理事会,2014.http://www.worldenergy.org/about-wec/brochure/zh/

宋国明,刘伟.浅析美洲国家/地区矿业权管理制度[J].国土资源情报,2013,(12).

宋国明.巴西矿产资源开发与管理[J].资源与人居环境,2011,(5).

陶崇智,邓超,白国平,等.巴西坎波斯盆地和桑托斯盆地油气分布差异及主控因素[J].吉林大学学报:地球科学版,2013,43(6):1753-1761.

天津地质矿产研究所.国外前寒武纪地质[J].1983,90-104.

田纳新,陈文学,殷进垠,等.安第斯山前典型前陆盆地油气成藏特征及主控因素[J].新疆石油地质,2011,(6):692-695.

汪镜亮.锂矿产资源开发方向的变化[J].化工矿物与加工,1999,11:1-5.

汪新伟,孟庆强,邬长武,等.巴西大坎波斯盆地裂谷体系及其对盐下成藏的控制作用[J].石油与天然气地质,2015,(2):193-202.

王安建，王高尚．能源与国家经济发展[M]．北京：地质出版社，2008.

王秋舒，邱景智，卲鹤楠，等．全球盐湖卤水型锂矿床成矿特征与资源潜力分析[J]．中国矿业，2015，24(11)：82－88.

王秋舒，元春华，许虹．全球锂矿资源分布与潜力分析[J]．中国矿业，2015，24(2)：10－17.

委内瑞拉国家石油公司(PDVSA)http://www.pdvsa.com/

魏翔．南美矿业投资环境研究[D]．西安：长安大学，2012.

温志新，童晓光，张光亚，等．巴西被动大陆边缘盆地群大油气田形成条件[J]．西南石油大学学报：自然科学版，2012，34(5)：1－9.

吴白乙，刘维广，等．拉丁美洲和加勒比发展报告(2014—2015)[M]．北京：社会科学文献出版社，2015.

谢文泽．南美洲基础设施一体化倡议：规划项目多，实施难度大，拉丁美洲和加勒比发展报告(2014—2015)[M]．北京：社会科学文献出版社，2016.

谢寅符，马中振，刘亚明，等．南美洲常规油气资源评价及勘探方向[J]．地学前缘，2014，21(3)：101－111.

谢寅符，马中振，刘亚明，等．南美洲油气地质特征及资源评价[J]．地质科技情报，2012，31(4)：61－67.

谢寅符，赵明章，杨福忠，等．拉丁美洲主要沉积盆地类型及典型含油气盆地石油地质特征[J]．中国石油勘探，2009(1)：65－73.

熊利平，邬长武，郭永强，等．巴西海上坎波斯与桑托斯盆地油气成藏特征对比研究[J]．石油实验地质，2013(4)：419－425.

徐志刚，陈毓川，王登红，等．中国成矿区带划分方案[M]．北京：地质出版社，2008.

杨杰．采掘业同名度倡议(EITI)的新自由主义实质及中国的应对[J]．国土资源情报，2016：150－56.

杨金华，郭晓霞．世界深水油气勘探开发态势与启示[J]．石油科技论坛，2014，(5)：49－55.

姚春彦，董永观，曾勇，等．巴西帕拉州卡拉加斯成矿带北矿带高品位铁矿床的热液成因[C]．中国地球科学联合会学术年会，2014.

叶德燎，徐文明，陈荣林．南美洲油气资源与勘探开发潜力[J]．中国石油勘探，2007，12(2)：70－75.

叶锦华，朱裕生，李小鹏．全国固体矿产成矿区带划分[J]．中国地质，1997，238：34－37.

余文林，葛文胜，张伟，等．全球铀资源勘查开发现状及对我国“走出去”战略的建议[J]．资源与产业，2015，17(3)：45－50.

袁东振，杨建民．拉美国家政党执政的经验与教训研究[M]．北京：中国社会科学出版社，2016.

曾勇，郭维民．南美地台优势矿产资源成矿规律与潜力分析[R]．中国地质调查局南京地质调查中心，2014.

曾勇，郭维民，项红莉，等．西卡拉加斯地区大规模铁-铜-金多金属矿床的成矿作用[J]．矿床地质，2015，34(4)：828－841.

曾勇，郭维民，姚春彦，等．巴西卡拉加斯地区氧化铁型铜-金矿床研究进展[J]．地质科技情报，2013，32(5)：72－78.

翟裕生，彭润民，向运川，等．区域成矿研究法[M]．北京：中国大地出版社，2004.

张春宇，卫士加，朱鹤．中国在拉美的直接投资对中拉双边贸易的影响[J]．拉丁美洲研究，2017，1(39)：41－59.

张凡．略谈拉丁美洲的移民问题[J]．拉丁美洲研究，1997，(6)：52－55.

赵晨阳．拉美国家贸易限制分析及中拉双边贸易限制[J]．拉丁美洲研究，2017，1(39)：60－77.

赵宏军，等．应对全球化：全球矿产资源信息系统数据库建设之二十八(南美洲卷)：智利[R]．中国地质调查局发展研究中心内部报告，2011.

赵宏军，等．应对全球化：全球矿产资源信息系统数据库建设之三十一(南美洲卷)：玻利维亚[R]．中国地质调查局发展研究中心内部报告，2012.

赵雪梅，周璐．南美洲国家出口结构调整与经济转型的困境[J]．拉丁美洲研究，2015，6(37)：9－14.

郑绵平．全球盐湖地质研究与展望[J]．国外矿床地质，1998，3：1－34.

中国地质调查局．国内外斑岩型铜矿研究进展 [R]．2002.

中国钢铁工业协会．官方：中国铁矿石对外依存度已达历史峰至 84%，http://news.cngold.com.cn/20160414d1703n67816768.html

中国国家统计局．中国统计年鉴(2015)．http://www.stats.gov.cn/tjsj/ndsj/2015/indexch.htm

中国银行股份有限公司，社会科学文献出版社．文化中行国别文化手册——智利[M]．北京：社会科学文献出版社，2015.

朱晓金．2012 年以来阿根廷宏观经济问题与政策分析[J]．拉丁美洲研究，2017，2(39)：77－91.

朱裕生，肖克炎，马玉波，等. 中国成矿区带划分的历史与现状[J]. 地质学刊，2013，37(3)：249－357.

佐藤兴平，白桦. 安第斯山中部智利的埃尔印第奥金矿床[J]. 地质科技情报，1984，(1).

2014 ranking of Countries for mining investment，http：//www. dolbear. com /_literature_209687/2014_Ranking_of_Countries_for_Mining_Investment

"智利铜业公司"(CODELCO)https：//www. codelco. com/. Morris R C. Magnetite－hematite relations in the banded iron formation in the Hamersley iron province of Western Australia[J]. Economic Geology，1980，75：184－209.

Abrahao D，Warme J E. Lacustrine and Associated Deposits in a Rifted Continental Margin——Lower Cretaceous Lagoa Feia Formation，Campos Basin，Offshore Brazil：Chapter 18[J]. 1990.

Abrantes F R，Nogueira A C R，Soares J L. Permian paleogeography of west－central Pangea：Reconstruction using sabkha－type gypsum－bearing deposits of Parnaíba Basin，Northern Brazil [J]. Sedimentary Geology，2016，341：175－188.

Aguirre－Urreta B，Tunik M，Naipauer M，et al. Malargüe Group (Maastrichtian－Danian) deposit in the Neuquén Andes，Argentina：Implication for the onset of the first Atlantic transgression related to weaternGondwana break－up [J]. Gondwana Research，2011，19：482－494.

Aleman A and Ramos V A. Northern Andes[J]. Tectonic evolution of South America. Rio de Janeiro：International Geological Congress，2000：453－480.

Aleman A and Ramos V A. The Northern Andes[J]. Tectonic evolution of south America. Milani E J and Thomaz F (Eds). Rio de Janeiro：International Geological Congress，2000.

Atherton M P and Petford N. Plutonism and the growth of Andean crust at from 100 to 3Ma[J]. J. South Am. Earth Sci，1996，9：1－9.

Atherton M P and Plant J A. High heat production granites and the evolution the Andean and Caledonian continental margins[J]. Christopher H (Eds). High heat production (HHP) granites，Inst，Min. and Metal，London，1985，459－479.

Babinski M，Boggiani P C，Trindade R I F，et al. Detrital zircon ages and geochronological constraints on the Neoproterozoic Pugadiamictites and associated BIFs in the southern Paraguay Belt，Brazil [J]. Gondwana Research，2013，23：988－997.

Babinski M，Monteiro L V S，Fetter A H，et al. Isotope geochemistry of the mafic dikes from the Vazante nonsulfide zinc deposit，Brazil[J]. Journal of South American Earth Sciences，2005，18(3)：293－304.

Badoux V，Moritz R，Fontboté L，et al. The Mississippi Valley－type Zn－Pb deposit of San Vicente，Central Peru：an Andean syntectonic deposit[C]// A Piestrzynski et al，2001.

Bahiburg H，Breitkreuz C. Paleozoic evolution of active mragin basins in the southern Central Andes(northweatern Argentina and northern Chile). Journal of south American Earth Sciences，1991，4(3)：171－188.

Baumgartner R，Fontbote L，Vennemann T. Mineral Zoning and Geochemistry of Epithermal Polymetallic Zn－Pb－Ag－Cu－Bi Mineralization at Cerro de Pasco，Peru[J]. Economic Geology，2008，103(3)：493－537.

Behre Dolbear Group Inc. 2015 Ranking of Countries for Mining Investment. http：//www. dolbear. com/news－resources/documents.

Bellizzia A and Pimentel N. Terreno Mérida：Uncinturónalóctono Herciniano en la Cordillera de Los Andes de Venezuela：Sociedad Venezolano de Geólogos，V Simposio Bolivarano Exploración Petrolera enlas Cuencas Subandinas，Memoria，1994，271－299.

Benavides V. Orgenic evolution of the Peruvian Andes：The Andean cycle[J]. Skinner B J (Eds). Geology and ore deposit of the Central Andes. Soc. Economic Geologist，Littleton，CO，Special Publication，1999，7：61－108.

Bendezú A，Kouzmanov K and Ovtcharova M，et al. Timing of porphyry emplacement in the Miocene Morococha district，central Peru：U－Pb and Ar－Ar geochronological record[J]. 34th International Geological Congress，Brisbane，Australia，2012.

Bendezú R，Fontboté L，Cosca M. Relative age of Cordilleran base metal lode and replacement deposits，and high sulfidation Au－(Ag) epithermal mineralization in the Colquijirca mining district，central Peru[J]. Mineralium Deposita，2003，38(6)：683－694.

Beuchat S. Geochronological，structural，isotopes and fluid inclusion constraints of the polymetallic Domo de Yauli

District, Peru [J]. Terre Environ. ,2003,41:130.

Beukes N J, Gutzmer J, Mukhopadhyay J. The geology and genesis of high - grade hematite iron ore deposits[J]. Applied Earth Science, 2003, 112:18 - 25.

Bissig T, Ullrich T D, Tosdal R M, et al. The time - space distribution of Eocene to Miocene magmatism in the central Peruvian polymetallic province and its metallogeneticinplications[J]. J. S. Am. earth Sci. ,2008,26:16 - 35.

Bissig T, Ullrich T D and Tosdal R M, et al. The time - space distribution of Eocene to Miocene magmatism in the central Peruvian polymetallic province and its metallogenetic implications [J]. J. S. AM. Earth Sci. ,2008,26:16 - 35.

Bosio P P, Powell J, Hong N F. Middle Eocene deformation sedimentation in the Luracatao Valley: Tracking the beginning of the foreland basins of northwestern Argentina [J]. Journal of South America Earth Sciences, 2009, 28(2): 142 - 154.

BP Statistical Review of World Energy, 2015. http://www. bp. com/content/dam/bp/dpf/Energy - economics/statistical - review - 2015/bp - statisticalreview - of - world - energy - 2015 - full - report. pdf

Brian W. Jaskula, Lithium, U. S. Geological Survey, Mineral Commodity Summaries[J]. January 2013.

Camus F. GeologÍay análisis de da los sistemasporf Íricos en los Andes de Chile[J]. Servico Nacional de GeologÍay Mineria, Santiago, 2003, 267.

Carlos H L B. Reservoir architecture of deep - lacus - trine Sandstones from the Early Creaceous rift basin, Brazil[J]. AAPG Bulletin, 1999, 83(9):1502 - 1525.

Carlotto V, Jailard E, Cárlier G, et al. Las Cuencasterciariassinorogenicas en el Altiplano y la Cordillera Occidental del surperu, Arce J (eds). Alberto Gieseckematto Soc Geol. Peru. Lima. Vol. Especial. ,2005,6:103 - 126.

Catchpole H, Kouzmanov K and Bendezú A, et al. Timing of porphyry (Cu - Mo) and base metal (Zn - Pb - Ag - Cu) mineralisation in a magmatic - hydrothermal system - Morococha district, Peru [J]. Miner Deposita, 2015, 50:895 - 922.

Chen H. The Marcona - Mina Justa District, South - Central Perú: implications for the genesis and definition of the iron oxide - copper(- gold)ore deposit Clan[D]. Ph. D Thesis, Queen's University, Kingston, Intario, 1998, 1 - 266.

Chen Y C, Wang D H, Chen Z H, et al. Technical requirements of the study of regularity of major mineral resources and regional metallogenic regularity in China [M]. Beijing: Geological Publishing House. 2010, 1 - 175 (in Chinese).

Chen Y C, Ye T Z, Zhang H T, et al. Mineral resources assessment of major metallogenic provinces in China [M]. Beijing: Geological Publishing House. 2008, 1 - 536(in Chinese with English abstract).

Cheney E S. Structure and age of the Cerro de Pasco Cu - Zn - Pb - Ag deposit, Peru[J]. Mineralium Deposita, 1991, 26(1):2 - 10.

Chernicoff C J, Zappettini E O, Santos J O S, et al. Identification and isotopic studies of early Cambrian magmatism (El Carancho Igneous Complex) at the boundary between Pampiaterrane and the Río de la Plata craton, La Pampa province, Argentina [J]. Gondwana Research, 2012, 21:378 - 393.

Chew D W, Schaltegger U, Kosler J, et al. U - Pb geochronologic evidence for the evolution of the Gondwanan margin of the northcentral Andes [J]. Geol. Soc. Amer. Bull. ,2007,119:697 - 711.

Cioffi C R, Neto M C C, Möller A, et al. Tectonic significance of the Meso - to Neoarchean complexes in the basement of the southern Brasília Orogen [J]. Precambrian Research, 2016, 287:91 - 107.

Clark A H, Kontak D J and Farrar E. The San Judas Tadeo W(- Mo, Au) Deposit: Permian lithophile mineralization in southeastern peru. Econ. Geol. ,1990,85:1651 - 1668.

Clark A H, Farrar E, Kontak D J, et al. Geologic and geochronologic constraints on the metallogenic evolution of the Andes of southeastern Peru. Econ. Geol. ,1990,85:1520 - 1583.

Cobbing E J. The andean geosyncline in Peru and its distinction from Alpine Geosynclines[J]. J. Geol. Soc. London, 1978, 135:207 - 218.

Cordani U and Sato K. Crustal evolution of the South American platform based on Nd isotopic systematics on granitoidrocks[J]. Episodes, 2000, 22:167 - 173.

Cordani U G, Milani E J, ThomazFilho A, et al. Tectonic evolution of South America[R]. Rio de Janerio: 31# International Geological Congress, 2000, 1 - 856.

Cordani U G, Milani E J, Thomaz A, et al. Tectonic Evolution of South America[J]. International Geological Congress,2000:854.

Cunha I D A,Misi A,Babinski M,et al. Lead isotope constraints on the genesis of Pb - Zn deposits in the Neoproterozoic Vazante Group,Minas Gerais,Brazil[J]. Gondwana Research,2007,11(3):382 - 395.

Cunningham C G,Zartman R E,Mckee E H,et al. The age and thermal history of Cerro Rico de Potosi,Bolivia[J]. Mineralium Deposita,1996,31(5):374 - 385.

Dahlkamp,Franz J. Uranium Deposits of the World:USA and Latin America,Springer,2010.

Dalziel I W D,Dalla S L and Gahagan L M. Paleozoic Laurentia - Gondwana interaction and the origin of the Appalachian - Andean mountain system[J]. Geological Society of America Bulletin,1994,106:243 - 252.

Deng J,Liu X F,Wang Q F,et al. Origin of the Jiaodong - type Xinli gold deposit,Jiaodong Peninsula,China:Constraints from fluid inclusion and C - D - O - S - Sr isotope compositions[J]. Ore Geology Reviews,2015b,65:674 - 686.

Deng J,Wang CM,Bagas L,et al. Cretaceous Cenozoic tectonic history of the Jiaojia Fault and gold mineralization in the Jiaodong Peninsula,China:Constraints from zircon U - Pb,illite K - Ar,and apatite fission track thermochronometry [J]. Mineralium Deposita,2015a,50:987 - 1006.

Deng J,Wang QF. Gold mineralization in China:Metallogenic provinces,deposit types and tectonic framework[J]. Gondwana Research,2016,36:219 - 274.

Dengo C A and Covey M C. Structure of the Eastern Cordillera of Colombia:Implications for traps and regional tectonics[J]. American Association of Petroleum Geologists Bulletin,1993,77:1315 - 1337.

Deposit Z,Babinski B M,Monteiro L V S,et al. Isotope geochemistry of the mafic dikes from the Vazante nonsulfide [J]. Journal of South American Earth Sciences,2005,18(18):293 - 304.

Ding J H,Chen Z H,Yang G J,et al. Metallogeny and resource potential of magnesite deposits in China[J]. Geology in China,2013,40(6):1699 - 1711(in Chinese with English abstract).

Dong Y G,Yao C Y,Zeng Y,et al. The geologival tectonic evolution and metallogeniccharacteristic [J]. Acta Mineralogica Sinica,2013,Suppl:1041 - 1042(in Chinese).

Dong Y G,Zeng Y,Yao C Y,et al. Geologival tectonic evolution and mineralization of metallic minerals in the South America platform [J]. Resources Survey and Enviroment,2015,36(2):116 - 122(in Chinese with English abstract).

Dreher A M,Roberto P,Xavier B E. New geologic,fluid inclusion and stable isotope studies on the controversial Igarape Bahia Cu - Au deposit,Carajas Province,Brazil[J]. Mineralium Deposita,2008,43:161 - 184.

Egeler C and De Booy T. Preliminary note on the geology of the Cordillera Vilcabamba(SE Peru),with emphasis on the essentially pre andean origin of the structure[J]. Geol. Mijinb,1961,40:319 - 325.

Eichler J. O enriquecimento residuale supergenico dos itabiritos atraves do intemperismo[J]. Geologia,1968,1:29 - 40.

Ericksen G E,Chong D G,Vila G T. Lithium resources of salars in the central Andes[M]//Vine D. Lithium Resources and Requirements by the year 2000,U S Geological Survey Professional Paper 1005,Reston:U S Geological Survey,1976:66 - 74.

Ericksen G E,Vine J D,Ballon R A. Chemical Composition of Brines in the Salar de Uyuni and Nearby Bolivian Salars [J]. Energy and Resource,1978,3:335 - 363.

Erlich R N,Barren S E. Petroleum geology of the Eastern Venezucla Foreland Basin[J]. In:Macquen R W,Leckie D A. Foreland Basins and Fold Belts. AAPG Memoir,1992,55:341 - 362.

F Michael Meyer,Uwe Happel,Joachim Hausberg,et al. The geometry and anatomy of the Los Pijiguaos bauxite deposit,Venezuela[J]. Ore Geology Reviews,2002,20:27 - 54.

Figueiredoe Silva R C,Lobato L M,Rostere C A,et al. Hydrothemal fluid processes and evolution of the giant Serra Norte jaspilite - hosted iron ore deposits,Carajas Mineral Province,Brazil[J]. Economic Geology,2013,108,739 - 779.

Fontbote L,Gorzawski H,Gorzawski H. Genesis of the Mississippi Valley - Type Zn - Pb Deposit of San Vincente, Central Peru:Geologic and Isotopic (Sr,O,C,S,Pb) evidence[J]. Economic Geology,1990,85(7):1402 - 1437.

Fournier R O and Thompson J M. Composition of steam in the system NaCl - KCl - H_2O - quartz at 600°C[J]. Geochim Cosmochim Acta,1993,57:4365 - 4375.

Franceschinis P R,Rapalini A E,Escayola M P,et al. Paleomagnetic studies on the late Ediacarane Early Cambrian

Puncoviscana and the late Cambrian Campanario formations, NW Argentina: New paleogeographic constraints for the Pampiaterrane [J]. Journal of South American Earth Sciences, 2016, 70: 145 - 161.

Franz J. Dahlkamp, Uranium Deposits of the World: USA and Latin America[M]. Springer, 2010.

Franz J. Dahlkamp, Uranium Deposits of the World: Asia[M]. Springer, 2009.

G Siddeley, R Araneda, 田书文. 智利的埃尔印第奥-坦博金矿床[J]. 地质调查与研究, 1989(1): 61 - 74.

Gansser A. Facts and theories on the Andes[J]. Journal of the Geological Society of London, 1973, 129: 93 - 131.

Garrett Donald E. Handbook of lithium and natural calcium chloride[M]. Great Britain: Elsvier Academic Press, 2004.

Garrett D E Borates. Handbook of deposits, processing, properties and use[M]. San Diego, CA. Academic Press, 1998.

Garrison J, Davidson J, Reid M, et al. Source versus differentiation controls on U - series disequilibria: Insights from Cotopaxi Volcano, Ecuador [J]. Earth and Planetary Science Letters, 2006, 244: 548 - 565.

Gavin M Mudd. The future of Yellow cake: A global assessment of uranium resources and mining[J]. Science of the total environment, 2017, (472): 590 - 607.

Gemmell J B, Zantop H, Meinert L D. Genesis of the Aguilar zinc - lead - silver deposit, Argentina, contact metasomatic vs. sedimentary exhalative[J]. Economic Geology, 1992, 87(8): 2085 - 2112.

Giulio A D, Ronchi A, A Sanfilippo A, et al. Detrital zircon provenance from the Neuquén Basin (South - central Andes): Cretaceous geodynamic evolution and sedimentary response in a retroarc - foreland basin [J]. Geology, 2012, 40(6): 559 - 562.

Giustina M E S D, Oliveira C G, Pimentel M M, et al. Neoproterozoic magmatism and high - grade metamorphism in the Goiás Massif: New La - MC - ICMPS U - Pb and Sm - Nd data and implications for collisional history of the Brasília Belt[J]. Precambrian Research, 2009, 2(1 - 2): 67 - 79.

Gonçalves L, Farina F, Lana C, et al. New U - Pb ages and lithochemical attributes of the Ediacaran Rio Docemagmatic arc, Araçuaí confined orogen, southeastern Brazil[J]. Journal of South American Earth Sciences, 2014, 52: 129 - 148.

Grainger C J, Groves D I and Tallarico F H B, et al. Metallogenesis of the Carajas Mineral Province, Southern Amazon Craton, Brazil: Varying styles of Archean through Paleoproterzoic to Neoproterozoic base - and precious - metal mineralization[J]. Ore Geology Review, 2008, 33: 451 - 489.

Grainger C J, Groves D I, Tallarico F H B, et al. Metallogenesis of the Carajas Mineral Province, Southern Amazon Craton, Brazil: Varying styles of Archean through Paleoproterozoic to Neoproterozoic base - and precious - metal mineralization[J]. Ore Geology Reviews, 2008, 33(3/4): 451 - 489.

Groves D I, Bierlein F P, Meinert L D, et al. Iron Oxide Copper - Gold(IOCG) Deposits through earth history: Implications for origin, lithospheric setting, and distinction from other epigenetic Iron Oxide Deposits[J]. Economic Geology, 2010, 105: 641 - 654.

Groves D, Goldfarb R, Da Silva C. Gold deposits of Brazil [J]. Mineralium Deposita, 2001, 36(3 - 4): 205 - 376.

Guardado L R, Gamboa L A P, Lucchesi C F. Petroleum geology of the Campos Basin, Brazil, a model for a producing Atlantic type basin[J]. 1990, 48: 3 - 79.

Gubert M L, Philip R P, Basei M A S. The Bossoroca Complex, Sao Gabriel Terrane, Dom Feliciano Belt, southernmost Brazil: U - Pb geochronology and tectonic implications for the neoproterozoic S~ao Gabriel Arc[J]. Journal of South American Earth Sciences, 2016, 70: 1 - 17.

Haederle M, Atherton M P. Shape and instruction styleof the Coastal batholith, Peru[J]. Tectonophysics, 2002, 345: 17 - 28.

Hannington M D. Volcanogenic massive sulfide deposits[J]. Treatise on Geochemistry, 2014, 47(5): 463 - 488.

Harrington H J. Paleogeographic development of South America[J]. AAPG Bulletin, 1962, 46(10): 1773 - 1814.

Hartmann L A, Savian J F, Lopes W R. Airborne geophysical characterization of geotectonic relationships in the southern Ribeira Belt, Luís Alves Craton, and northern Dom Feliciano Belt, Brazilian Shield[J]. International Geology Review, 2016, 58: 471 - 488.

Hatcher R D, Thomas W A, Geiser P A, et al. Alleghanian orogeny[J]. Hatcher R D, Thomas W A, Thomas W A and

Viele G W (eds). The Appalachian - Ouachita orogen in the united states[C]. The Geology of North America, 1989, F - 2: 233 - 318.

Hezarkhani A, Williams - Jones A E and Gammons C H. Factors controlling copper solubility and chalcopyrite deposition in the Sungun porphyry copper deposit, Iran[J]. Miner Depos. , 1999, 34: 770 - 783.

Hildebrand R S, Buchwaldt R, Bowring S A. On the allochthonous nature of auriferous greenstones, Guayana shield, Venezuela[J]. Gondwana Research, 2014, 26: 1129 - 1140.

HIS Energy, Basin Monitor, South America[D]. 2010.

HIS Energy, Basin Monitor, South America[D]. 2015.

Hitzman M W. Classification, genesis, and exploration guides for nonsulfide zinc deposits[J]. Economic Geology, 2003, 98(4): 685 - 714.

Houston John. Technical report on the Cauchari Project, Jujuy Province, Argentina[R]. National Instrument 43 - 101 report prepared for Orocobre LTD: Milton, Queensland, Orocobre, LTD, 2010, 70.

http://www. bp. com/

http://www. cprm. gov. br/aero/aero. htm

http://www. cprm. gov. br/geoq/geoq. htm

Huayong Chen, Alan H Clark, T Kurtis Kyser, et al. Evolution of the Giant Marcona - Mina Justa Iron Oxide - Copper - gold District South - Central Peru[J]. Economic Geology, 2010, 105: 155 - 185.

Huhn S R B, Santos A B S, Amaral A F, et al. O terreno "granito - greenstone" da regiao de Rio Maria - sul do Para [C]. Congresso Brasileirode Geologia, 35th, Sociedade Brasileira de Geologia, Belem, Brazil, 1438 - 1452.

Ide F Y, Kunasz I A. Origin of Lithium in Salar de Atacama, Northern Chile[J]. Geol. Andes 2, 1989: 165 - 172.

Ifpenergiesnouvelles. 2016, Investment in exploration/Production: the end of an upward cycle, www. ifpenergiesnouvelles. com

Ifpenergiesnouvelles. 2016, New conventional oil and gas discoveries, www. ifpenergiesnouvelles. com

Ifpenergiesnouvelles. 2016, Oil situation in 2015 and trends, www. ifpenergiesnouvelles. com

INB公司官网: http://www. inb. gov. br/

Jacques J M. The influence of intraplate structural accommodation zones on delineating petroleum provinces of the Sub Andean foreland basins[J]. Petroleum Geoscience, 2004, 10(1): 1 - 19.

Jaillard E, Soler P, Carlier G, et al. Geodynamic evolution of the Northerm and Central Andes during early to middle Mesozoic times: A Terhyan model[M]. J. Geol. Soc. London, 1990, 147.

Jannas R R, Beane R E, Ahler B A, et al. Gold and copper mineralization at the El Indio deposit, Chile[J]. Journal of Geochemical Exploration, 1990a, 36(s 1 - 3): 233 - 266.

Jannas R R. Gold and copper mineralization in the El Indio deposit, Chile, Epithermal Gold Mineralization of the Circum - Pacific: Geology, Geochemistry, Origin and Exploration II[J]. Jour. geochem. explor. , 1990b, 36: 233 - 266.

Jordan T E, Munoz N, Hein M C, et al. Active faulting and folding without topographic expression in an evaporite basin, Chile [J]. Geological Society of America Bulletin, 2002, 114(11): 1406 - 1421.

Jost H, Chemale J F, Dussin I A, et al. A U - Pb zircon Paleoproterozoic age for the metasedimentary host rocks and gold mineralization of the Crixás greenstone belt, Goiás, Central Brazil [J]. Ore Geology Reviews, 2010, 37: 127 - 139.

Kamenov G D, Macfarlane, et al. Sources of lead in the San Cristobal, Pulacayo, and Potosi mining districts, Bolivia, and a reevaluation of regional ore lead isotope provinces[J]. Economic Geology, 2002, 97(3): 573 - 592.

Kay S M, Ramos V A, Mpodozis C, et al. Late Paleozoic to Jurassic silicic magmatism at the Gondwana land margin: Analogy to the Middle Proterozoic in North America[J]? Geology, 1987, 17(4): 324 - 328.

Keppie J D, Bahlburg H P. Formation of northwestern and central Argentina: Passive margin or foreland basin deposits[J]? Ramos V A and Keppie J D(eds). Laurentia - Gondwana connections before Pangea: Geological Society of America, Special Paper, 1999, 336: 139 - 143.

King Mark. Measured, indicated and inferred resource estimation of lithium and potassium at the Cauchari and Olaroz Salars, Jujuy Province, Argentina[C]. Prepared for Lithium Americas Corporation, Toronto, Canada: Halifax, Nova Scotia, Groundwater Insight, 2010, 202.

Klein E L, Lucas F, Queiroz J, et al. Metallogenesis of the Paleoproterozoic Piabaorogenic gold deposit, São Luíscratonic fragment, Brazil[J]. Ore Geology Reviews, 2015, 65: 1 - 25.

Kotschoubey B, Villas R N, Aires B. Chloritites of the Tocantins Group, Araguaia fold belt, central - northern Brazil: Vestiges of basaltic magmatism and metallogenetic implications[J]. Journal of South American Earth Sciences, 2016, 69: 171 - 193.

Kouzmanov K, Ovtcharova M, von Quadt A, et al. U - Pb and $^{40}Ar/^{39}Ar$ age constraints for the timing of magmatism and mineralization in the giant Toromocho porphyry Cu - Mo deposit, Central Peru[C]. In: XIII Congreso Latinoamericano de Geología, Lima, Peru, 2008.

L M Lobato, et al. U - Pb geochronology of the Lagoa Real uranium district, Brazil: Implications for the age of the uranium mineralization[J]. Journal of South American Earth Sciences, 2015, (58): 129 - 140.

Laznicka P. Giant Metallic Deposits Future Sources of Industrial Metals[M]. 2010.

Lenharo S L R, Pollard P J, Born H. Petrology and textural evolution of granites associated with tin and rare - metals mineralization at the Pitinga mine, Amazonas, Brazil [J]. Lithos, 2003, 66: 37 - 61.

Lesage G, Richards J P, Muehlenbachs K, et al. Geochronology, Geochemistry, and Fluid Characterization of the Late Miocene Buriticá Gold Deposit, Antioquia Department, Colombia[J]. Economic Geology, 2013, 108: 1067 - 1097.

Lic, Ana Méndez. Complejo Minero: Litio[M]. MECON Ministerio de Economía y Finanzas Públicas Argentina, 2011.

Litherland M, Aspden J A and Jemielita R A. The metamorphic belts of Ecuador[J]. British Geological Survey, Overseas Memoir, 1994, 1 - 117.

Lobato L M, Santos J O S, Mcnaughton N J, et al. U - Pb SHRIMP monazite ages of the giant Morro Velho and Cuiabá gold deposits, Rio das Velhas greenstone belt, Quadrilátero Ferrífero, Minas Gerais, Brazil[J]. Ore Geology Reviews, 2007, 32(3): 674 - 680.

Love D A, Clark A H, Glover J K. The lithologic, stratigraphic, and structural setting of the giant antamina copper - zinc skarn deposit, ancash, peru[J]. Economic Geology, 2004, 99(5): 887 - 916.

Lu M J, Zhu X S, Guo W M. Division of andean metallogenic domain in South America[J]. Mineral Deposits, 2016, 35(5): 1073 - 1083(in Chinese with English abstract).

Luis Oviedo, 黄俊杰. 智利亚特卡玛拉库页巴贵金属矿床的地质特征[J]. 国外火山地质, 1993, (2).

Machado N, Lindenmayer Z, Krogh T E, et al. U - Pb geochronology of Archean magmatism and basement reactivation in the Carajas area, Amazon shield, Brazil[J]. Precambrain Research, 1991, 49: 329 - 354.

Machado N, Noce C M, Ladeira E A, et al. U - Pb geochronology of Archean magmatism and proterozoic metamorphism in the Quadrilatero Ferrifero, southern Sao Francisco Craton, Brazil[J]. Geological Society of America Bulletin, 1992, 104: 1221 - 1227.

Magoon L B, Dow W G. The petroleum system from source to trap[J]. AAPG Memoir, 1991, 14(95): 627 - 627.

Martinelly Zeballos E A. Litio: Porque reciclarlo estan importante como producirlo[A]. Petropress No. 23. [M]Cedib/Broederjlik Denle/ASTM. Cochabamba. Bolivia: 16 - 26, 2010.

Mathalone J M P and Montoya M. Petroleum geology of the subandean basins of Peru[J]. Tankard A J, Suárez R and Welsink H J (eds). Petroleum Basins of South America[M]. American Association of Petroleum Geologists Memoir, 1995, 62: 423 - 444.

Mei Y X, Pei R F, Yang D F, et al. Global metallogenic domains and districts [J]. Mineral Deposits, 2009, 28(4): 383 - 389.

Mello E F, Xavier R P, McNaughton N J, et al. Age constraints on felsic intrusions, metamorphism and gold mineralisation in the Palaeoproterozoic Rio Itapicuru greenstone belt, NE Bahia State, Brazil [J]. Miner. Deposita, 2006, 40: 849 - 866.

Mello M R, Koutsoukos E A M, Mohriak W U, et al. Selected petroleum systems in Brazil[M]//The Petroleum System - from Source to Trap, 1994: 499 - 512.

Mello M R, Maxwell J R. Organic, geochemical, and biological marker characterization of source rocks and oils derived from Lacustrine environments in the Brazillian continental margin[J]. 1990, 133: 77 - 98.

Mello, Rocha M. Geochemical and molecular studies of the depositional environments of source rocks and their derived oils from the Brazilian marginal basins[D]. University of Bristol, 1988.

Mišković A, Spikings R A, Chew D M, et al. Tectonomagmatic evolution of Western Amazonia: Geochemical characterization and zircon U - Pbgeochronologic constraints from the Peruvian Eastern Cordilleran granitoids [J]. GSA Bulletin, 2009, 121(9 - 10): 1298 - 1324.

Mišković M, Spikings RA, Chew DM, et al. Geochemical characterization and zircon U - Pb geochronologic constraints from the Peruvian Eastern Cordilleran granitoids[J]. GSA Bulletin, 2009, 121(9/10): 1294 - 1324.

Ministerio de Energia y Minas de Peru. LEGISLACION: 044 - 2015 - MEM/DM / DISPONEN QUE EL ESTADO ASUMA LA REMEDIACIÓN DE PASIVOS AMBIENTALES MINEROS CALIFICADOS DE MUY ALTO RIESGO Y DE ALTO RIESGO UBICADOS EN LA REGIÓN TACNA. http://www.minem.gob.pe/minem/archivos/file/Mineria/LEGISLACION/2015/febrero/RM044 - 2015 - MEM - DM.pdf, 2015

Ministerio de Energia y Minas de Peru . PRODUCCIÓN MINERA 2014[EB/OL]http://www.minem.gob.pe/_estadistica.php? idSector=1&idEstadistica=8670, 2014

Ministerio de Energia y Minas. EN NOVIEMBRE, SE INCREMENTÓ PRODUCCIÓN DE ORO, ZINC Y PLOMO - Lima 2014[EB/OL]. http://www.minem.gob.pe/minem/archivos/ file/Mineria/ESTADISTICA/PRODUCCION/2014/NOVIEMBRE/NOVIEMBRE.pdf

Ministerio de Energia y Minas, Mapa de Proyectos Mineros Principales Unidades Mineras en Producción y Proyectos de Exploración - Abril 2013[EB/OL]. http://www.minem.gob.pe/images/publicaciones/MAPA_DE_PROYECTOS_(FINAL_baja)- 9zr6z9855z.jpg, Lima 2014

Misi A, Iyer S S, Tassinari C C G, et al. Geological and isotopic constraints on the metallogenic evolution of the proterozoic sediment - hosted Pb - Zn (Ag) deposits of Brazil[J]. Gondwana Research, 1999, 2(05): 47 - 65.

Mohriak W U, Hobbs R, Dewey J F. Basin - forming processes and the deep structure of the Campos Basin, offshore Brazil[J]. Marine & Petroleum Geology, 1990, 7(2): 94 - 122.

Monteiro L V S, Bettencourt J S, Juliani C, et al. Geology, petrography, and mineral chemistry of the Vazante non - sulfide and Ambrósia and Fagundes sulfide - rich carbonate - hosted Zn -(Pb) deposits, Minas Gerais, Brazil[J]. Ore Geology Reviews, 2006, 28(2): 201 - 234.

Monteiro L V S, Xavier R P, Emerson R C, et al. Spatial and temporal zoning of hydrothermal alteration and mineralization in the Sossego iron oxide - copper - gold deposit, Carajas Mineral Province, Brazil: Paragenesis and stable isotope constraints[J]. Mineralium Deposita, 2008, 43: 129 - 159.

Monteiro L V S, Xavier R P, Hitzman M W, et al. Mineral chemistry of ore and hydrothermal alteration at the Sossego iron oxide - copper - gold deposit, Carajas Mineral Province, Brazil[J]. Ore Geology Reviews, 2008, 34(3): 317 - 336.

Moreto C P N, Lena V S and Monteiro R P. Mesoarchean (3.0 and 2.86Ga) host rocks of the iron oxide - Cu - Au Bacaba deposit, Carajas Mineral Province: U - Pb geochronology and metallogenetic implications [J]. Mineralium Deposita, 2011, 46: 789 - 811.

Moreto C P N, Monteiro L V S, Xavier R P, et al. Mesoarchean (3.0 and 2.86Ga) host rocks of the iron oxide - Cu - Au Bacaba deposit, Carajas Mineral Province: U - Pb geochronology and metallogenetic implications [J]. MineraliumDeposita, 2011, 46(7): 789 - 811.

Moreto C P N, Lena V S, Monteiro R P. Mesoarchean (3.0 and 2.86Ga)host rocks of the iron oxide - Cu - Au Bacaba deposit, Carajas Mineral Province: U - Pb geochronology and metallogenetic implications[J]. Mineralium Deposita, 2011, 46: 789 - 811.

Moya M C. El Paleozoico Inferior en el Noroeste Argentino Evidencias, incógnitas, propuestas para la discusión[A]. Coira B, Zappettini E O. Geología y Recursos Naturales de la Provincia de Jujuy[M]. Relatorio 17° Congreso Geológico Argentino, 2008: 74 - 84.

Mukasa S B. Zircon U - Pb ages of superunits in the coastal batholith of Peru: implications for magmatic and tectonic processes[J]. Geol. Soc. Am. Bull., 1986, 97: 203 - 207.

Muller G, Schuster A K, Hoefs J. The metamorphic grade of banded iron formations: Oxygen isotope and petrological constraints[J]. Fortschritte der Mineralogie, 1986, 64: 163 - 185.

Mégard F. The andean orogenic period and its major structures in central and northern Peru[J]. J. Geol. Soc. Lond. ,1984,141:893 - 900.

Narváez P L,Sabino I F. Palynology of the Las Curtiembres Formation (Late Cretaceous,Salta Group Basin),Las Conchas creek area,northwestern Argentina[J]. Ameghiniana,2008,(45):473 - 482.

Neves S P,Bruguier O,Vauchez A,et al. Timing of crust formation,deposition of supracrustal sequences,and Transamazonian and Brasiliano metamorphism in the East Pernambuco belt (Borborema Province,NE Brazil):Implications for western Gondwana assembly[J]. Precambrian Research,2006,197 - 216.

Noce C M,Tassinari C,Lobato L M. Geochronological framework of the Quadrilátero Ferrífero,with emphasis on the age of gold mineralization hosted in Archean greenstone belts[J]. Ore Geology Reviews,2007,32:500 - 510.

OECD & IAEA,2014,Uranium 2014:Resources,Productionand demand.

Oliveros V. Les formations magmatiques jurassiques et mineralisation du nord Chili,origine,mise en place,alteration,metamorphisme:etude geochronologique et geochemie[D]. Universite de Nice - Sophia Antipolis,France,2005,1 - 285.

Omarini R H,Sureda R J,Göize H J,et al. Puncoviscana fold belt in Northwestern Argentina testimony of Late Proterozoic Rodinia fragmentation and pre - Gondwana collisional episodes[J]. International Journal of Earth Sciences,1999,88 (1):76 - 97.

Oriolo S,Oyhantçabal P,Basei M,et al. The Nico Pérez Terrane (Uruguay):From Archean crustal growth and connections with the Congo Craton to late Neoproterozoic accretion to the Río de la Plata Craton[J]. Precambrian Research,2016,280:147 - 160.

Orocobre Limited. Olaroz Lithium project [EB/OL]. http:/ /www,orocobre. Com. au /Proiects Olaroz. htm,2014 - 10 - 28/2015 - 01 - 15

Orocobre Limited. The Lithium market [EB/OL]. http://www. orocobre. com. au /Lithium Market. htm,2014 - 10 - 28/2015 - 01 - 15

Oviedo L,Fuster N,Tschischow N,et al. General geology of La Coipa precious metal deposit,Atacama,Chile[J]. Economic Geology,1991,86(6):1287 - 1300.

Parada M,Palacios C and Lahsen A. Jurassic extensional tectono - magmatism and associated mineralization of the El Faldeo polymetallic district,Chilean Patagonia:geochemical and isotopic evidence of crustal contribution [J]. Miner. Depos. ,1997,32:547 - 554.

Parnaud F,Gou Y,Pascual J C,et al. Stratigraphic synthesis of Western Venezuela[J]. In:Tankand A J,Soruco R S,Welsink H J. Petroleum Basins of South Ameirca. Menoir American Association of Petroleum Geologis,1995,62:681 - 698,741 - 756.

Pei R F,Mei Y X,Mao J W,et al. Mesozoic mineralization in China[M]. Beijing:Geological Publishing House,2008,1 - 339 (in Chinese).

Pei R F,Wu L S,Xiong Q Y,et al. Metallogenic preferentiality and exceptional metallotect convergence of giant ore deposits in China[M]. Beijing:Geological Publishing House,1998,1 - 418(in Chinese).

Peixoto E,Pedrosa - Soares AC,Alkmim F,et al. A suture - related accretionary wedge formed in the Neoproterozoic Araçuaíorogen (SE Brazil) during Western Gondwana land assembly[J]. Gondwana Research,2015,27:878 - 896.

Petford N and Atherton M P. Granitoid emplacement and deformation along a major crustal lineament:The Cordillera Blamca,Peru[J]. Tectonophysics,1992,205:171 - 185.

Phillipson S E,Romberger S B. Volcanic stratigraphy,structural controls,and mineralization in the san cristobal Ag - Zn - Pb deposit,southern bolivia[J]. Journal of South American Earth Sciences,2004,16(8):667 - 683.

Pindell J L. Alleghenian reconstruction and subsequent evolution of the Gulf of Mexico,Bahamas,and Proto - Caribbean[J]. Tectonics,1985,4(1):1 - 39.

Pires F R M. Textural and mineralogical variations during metamorphism of the Proterozoic Itabira iron formation in the Quadrilatero Ferrifero,Minas Gerais,Brazil[J]. Anais da Academia Brasileira de Ciencias,1995,67:77 - 105.

Pitcher W S. A multipe and compositbatholith[J]. Picher W S,Atherton M P ,Cobbing E J and Beckinsale R D (eds). Magmatism at a plate edge:the Peruvian andes. Blakie Glasgow,1985,93 - 101.

Plateau Uranium CO http://plateau uranium. com/

Pollard P J. An intrusion - related origin fon Cu - Au mineralization in iron oxide - copper - gord(IOCG) provinces [J]. Mineralium Deposita,2006,41:179 - 187.

Quang C X,Clark A H and Lee J K W. Response of Supergene processes to Episodic Cenozoic uplift,pediment erosion,and ignimbrite eruption in the porphyry copper province of southern Peru[J]. Econ. Geol. ,2005,100:87 - 114.

Racuchle S K,Hamilton D S,Uzcategui M. Integrating 3 - D seismic imaging and seismic attribute analysis with genetic stratigraphy:implications for infield reserve growth and field extension,Budare Field,Venezucla[J]. Geophysics,1997,62(5):1510 - 1523.

Rafaerl A A. Depositos de sulfato de sodio de Jujuy,Salta y Catamarca[A]//Eduardo O Zappettini,Recursos Minerale de la Republica Argentian[M]. Publicado con la colaboracion de la Fundacion Empremin,Buenos Aires,Instituto de Geologia y Minerales - SEGEMAR,1999,1922 - 1925

RamÍrez L E,Townley P B,Parada M A,et al. The Mantos Blancos copper deposit:an upper Jurassic breccia - style hydrothermal system in the Coastal Range of Northern Chile[J]. Miner Deposita,2006,41:245 - 258.

Ramírez L E,Townley P B,Parada M A,et al. The Mantos Blancos copper deposit:an upper Jurassic breccia - style hydrothermal system in the Coastal Range of Northern Chile[J]. Miner Deposita,2006,41:246 - 258.

Ren J S,Wang Z X,Chen B W,et al. The tectonics of China from a global view——A guide to the tectonic map of China and adjacent regions[M]. Beijing:Geological Publishing House,1999,1 - 50(in Chinese).

Restrepo - Pace P A,Cediel F. Northern South America basement tectonics and implications forpaleocontinental reconstructions of the Americas[J]. Journal of South American Earth Science,2010,29:764 - 771.

Ricardo N. Alonso,Boratos terciarios de la Puna,Jujuy,Salta y Catamarca[A]//Eduardo O Zappettini,Recursos Minerale de la Republica Argentian[M]. Publicado con la colaboracion de la Fundacion Empremin,Buenos Aires,Instituto de Geologia y Minerales - SEGEMAR,1999,1779 - 1826.

Ricardo N. Alonso,Los Salares de la Puna y sus recursos evaporiticos,Jujuy,Salta y Catamarca[A]//Eduardo O Zappettini,Recursos Minerale de la Republica Argentian[M]. Publicado con la colaboracion de la Fundacion Empremin,Buenos Aires,Instituto de Geologia y Minerales - SEGEMAR,1999,1905 - 1921.

Ricci S M. Mapa minero de las Provincias de Jujuy y Salta[Mineral map of the Jujuy and Salta Provinces]:Ministerio de Economica de Reoublica Argentina,1973,scale 1 : 750 000.

Risacher F,Alonso H,Salazar C. The origin of brines and salts in Chilean salars——A hydrochemical review[J]. Earth - Science Reviews,2003,63(3):249 - 293.

Romeuf N, Aguirre L, Carlier G, et al. Present knowledge of the Jurassic vocanogenicfoemations of the southern coastalperú[M]. II International Symposium on andean Geodynamics,Oxford,extended abstracts,1993,437 - 440.

Roperch P, Mégard F, Laj C, et al. Rotated oceanic blocks in weastern Ecuador[J]. Geophysical Research Letters,1987,14:558 - 561.

Rosas S,Fontboté L,Tankard A. Tectonic evolution and paleogeography of the Mesozoic Pucará Basin,central Peru [J]. J. S. Am. Earth Sci. ,2007,24:1 - 24.

Rosiere C A,Quade H,Brokmeier H G,et al. Microstructures,textures and deformation mechanisms in hematite[J]. Journal of Structural Geology,2001,23:1429 - 1440.

Rosiere C A,Rios F J. The origin of hematite in high - grade ores based on infrared microscopy and fluid inclusion studies:The example of Conceigao Mine,Quadrilatero Ferrifero,Brazil[J]. Economic Geology,2004,99:611 - 624.

Rosiere C A,Spier C A,Rios F J,et al. The itabirites of the Quadrilatero Ferrifero and related high - grade iron ore deposits:An overiew[J]. Reviews in Economic Geology,2008,15:223 - 254.

Sangster A,Zentilli M. Latin American Mineral Deposits[J]. Journal of the Geological Society of CIM,1999,8(1 - 2):1 - 147.

Santos J O S. Geotectonica dos escudos das Guianas e Brasil - Central[C]//Bizzi L A,Schobbenhaus C,Vidotti R M, et al (ed.). Geologia,tectonica e recursosminetais do Brasil,Companhia de Pesquisa de RecursosMinerais,Brasilia,2003,169 - 226.

Scandolara J E,Fuck R A,Dantas E L,et al. Geochemistry of Jamari complex,central - eastern Rondônia:Andean - type magmatic arc and Paleoproterozoic crustal growth of the southwestern Amazonian Craton,Brazil[J]. Journal of South American Earth Sciences,2013,46:35 - 62.

Schobbenhaus C,Bellizzia A. Geological Map of South America,1 : 5 000 000[BD]. CGMW - CPRM - DNPM - UNESCO,Brasilia,2001.

Sempere T. Phanerozoic evolution of Bolivia and adjacent regions[J]. Tankard A J,Suárez R and Welsink H J (eds). Petroluem Basins of South America[M]. American Association of Petroleum Geologist Memoir,1995,62:207 - 230.

Sillitoe R H,Perello J. Andean Copper Province:Tectonomagmatic Settings,Deposit Types,Metallogeny,Exploration,and Discovery [J]. Economic Geology,2005,100:845 - 890.

Sillitoe R H. Iron oxide - copper - gold deposits:An Andean view [J]. Mineralium Deposita,2003,38:787 - 812.

Sillitoe R H. Major gold deposits and belts of the North and South American Cordillera:Distribution,tectonomagmatic settings,and metallogenic considerations[J]. Economic Geology,2008,103:663 - 678.

Silva R C F,Lobato L M,Rosiere C A,et al. A hydrothermal origin for the Jaspilite - hosted,giant Serra Norte iron ore deposits in the Carajas Mineral Province,Para State,Brazil[J]. Reviews in Economic Geology,2008,15:255 - 290.

Singer D A,Berger V I and Menzie W D,et al. Porphyry copper deposit density[J]. Economic Geology,2005,100:491 - 514.

SNL Financial LC. SNL:Commodity Profile - Lithium[EB/OL]. https://www. snl. com/SNLWebPlatform/Content/Commodities/Mining/CommodityProfile. aspx,2014 - 12 - 31/2015 - 01 - 15.

SNL 数据库 http://www. snl. com/

SNL 数据库:www. snl. com

Sobolev S V,Babeyko A Y. What drives orogeny in the Andes[J]. Geological Society of America,2005,33(8):617 - 620.

Soler P. Contribution àl'étude de magmatismeassocié aux marges actives pétrograhie,géochimieetgéochimieisotopique de magmatismecreétacé a pliocéne le long d'unetransversale des andes du pérou central - implications géodynamiques et métallogéniques[J]. Thésedoct,Pierre et Marie curie,1991,Paris VI ,1 - 846.

Spangenberg J,Sharp Z D,Fontboté L. Apparent stable isotope heterogeneities in gangue carbonates of the Mississippi Valley - type Zn - Pb deposit of San Vicente,central Peru[J]. Mineralium Deposita,1995,30(1):67 - 74.

Spier C A,Oliveira S M B,Rosière C A. Geology and geochemistry of the Águas Claras and Pico Iron Mines,Quadrilatero Ferrífero,Minas Gerais,Brazil [J]. Mineralium Deposita,2003,38:751 - 774.

Spier C A,Oliveira S M B,Rosiere C A,et al. Mineralogy and trace element geochemistry of the high - grade iron ores of the Aguas Claras Mine and comparison with the Capao Xavier and Tamandua iron ore deposits,Quadrilatero Ferríero,Brazil[J]. Mineral Deposita,2008,43:229 - 254.

Spier C A,Oliveira S M B,Sial A N,et al. Geochemistry and genesis of the banded iron formations of the Caue Formation,Quadrilatero Ferrifero,Minas Gerais,Brazil[J]. Precambrian Reserch,2007,152:170 - 206.

Spikings R A,Crowhurs P V. (U - Th)/He thermochronometric constraints on the late Miocene - Pliocene tectonic development of the northern Cordillera Real and the interandean depression,Ecuador[J]. Journal of South American Earth Sciences,2004,17:239 - 251.

SQM S A. Sociedad Química y Minera de Chile SA 2014 Annual Report [EB/OL]. http://www. sqm. com/ aspx/ Investor,2014 - 12 - 31/2015 - 01 - 15.

Sugaki A,Kojima S,Shimada N. Fluid inclusion studies of the polymetallic hydrothermal ore deposits in bolivia[J]. Mineralium Deposita,1988,23(1):9 - 15.

Summaa L L,Goodman E D,Richardson M,et al. Hydrocarbon systems of Northeastern Venezuela:Plate through molecular scale——Analysis of the genesis and evolution of the Eastern Venezuela basin[J]. Marine and Petroleum Geology,2003,20:323 - 349.

Survey of mining companies: 2014, http://www. fraserinstitute. org/uploadedFiles/ fraser - ca/Content/research - news/research/publications/survey - of - mining - companies - 2014. pdf

Sánchez A. Edades Rb - Sr en los segmentosarequipa - toquepaladelbatolito de la costa del perú. V Congreso Latinoamericano de Geología[J]. Actas,1982,3:487 - 504.

Teal L,Benavides A. History and geologic overview of the Yanacocha Mining District,Cajamarca,Peru[J]. Economic

Geology,2011,105(7):1173 - 1190.

Technically Recoverable Shale Oil and Shale Gas Resources:An Assessment of 137 Shale Formations in 41 Countries Outside the United States[R]. EIA,2013.

Teixeira W,Geraldes M C,Matos R,et al. A review of the tectonic evolution of the Sunsás belt,SW Amazonian Craton[J]. Journal of South American Earth Sciences,2010,29:47 - 60.

Thournout F V,Saleminк J,Valenzuela G,et al. Portovelo:A volcanic - hosted epithermal vein - system in Ecuador, South America[J]. Mineralium Deposita,1996,31(4):269 - 276.

Tosda R M,Farrar E,Clark A. K - Argeochronlogy of the late cenozoic volcanic rocks of the cordillera occidental, Southernmost Peru[J]. Journal of Volcanology and Geothermal Research,1981,10:157 - 173.

Toussaint J F. Evolution Geologica de Colombia,Precambrico - paleozoico[D]. Universidad Nacional de Colombia,Medellin,1993,229.

Townley B K,Godwin C I. Isotope characterization of lead in galena from ore deposits of the Aysén Region,southern Chile[J]. Mineralium Deposita,2001,36(1):45 - 57.

U S Geological Survey,2015,Mineral commodity summaries 2015:U S Geological Survey,196,http://dx. doi. org/10. 3133/70140094.

U S Geological Survey,2016,Mineral commodity summaries 2016:U S Geological Survey,202,http://dx. doi. org/10. 3133/70140094.

U_3O_8 CO http://www. $u_3o_8$corp. com/

Uliana M A and Biddle K T. Mesozoic - Cenozoic paleogeographic and geodynamic evolution of southern South America. Revista Brasileira de Geoaencias,1988,18:172 - 190.

Uranium 2014 - Resources,Production and Demand,OECD

USGS,Mineral Commodity Summaries,2015

USGS. Copper Statistics and Information[R]. 2007,https://minerals. usgs. gov/minerals/pubs/commodity/copper/mcs - 2017 - coppe. pdf

USGS. Mineral Commodity Summaries[R]. 2015.

USGS. Quantitative mineral resource assessment of copper,molybdenum,gold,and silver in undiscovered porphyry copper deposits in the Andes Mountains of South America[R]. 2008.

Vial D S,Dewitt E,Lobato L M,et al. The geology of the Morro Velho gold deposit in the Archean Rio das Velhas greenstone belt,Quadrilatero Ferrifero,Brazil[J]. Ore Geology Reviews,2007,32(32):511 - 542.

Vidal C E. Kuroko - type deposits in the middle cretaceous marginal basin of central Peru[J]. Economic Geology, 1987,82(6):1409 - 1430.

Voland V B. The geochemistry of metasomatism tin deposits of the Potosi Type,Bolivia[J]. Chem. Erde. ,1982,41: 18 - 32.

Von H R,Scholl D W. Observations at convergent margins concerning sediment subduction,subduction erosion and the growth of continental crust[J]. Review Geophysique,1991,29(3):279 - 316.

Wang J P,Shang P Q,Xiong X X,et al. Metallogenic regularities of fluorite deposits in China[J]. Geology in China, 2015,42(1):18 - 32(in Chinese with English abstract).

Warren J K. Evaporites through time——Tectonic,climatic and eustatic controls in marine and nonmarine deposits [J]. Earth - Science Reviews,2010,98(3):217 - 268.

Williams W C. Magmatic and structural controls on mineralization in the Paleocene magmatic arc between 22°44′ and 23°45′ south latitute,Antofagasta[D]. University of Arizona,Tucson,1992,1 - 182.

Winter L S,Tosdal R M,Mortensen J K,et al. Volcanic Stratigraphy and Geochronology of the Cretaceous Lancones Basin,Northwestern Peru:Position and Timing of Giant VMS Deposits[J]. Economic Geology,2010,105(4):713 - 742.

Winter L S. The gensis of giant copper - zinc - gold - silver volcanogenic massive sulphide deposits at tambogrande, Perú:Age,tectonic setting,Paleomorphology,lithogeichemistry and radiogenic isotopes[D]. University of Birtishcolumbia,Vancouver,2008,1 - 274.

Winter L. The Tambogrande VMS deposit,PerÃº:size matters[J]. Atlantic Geology,2008,44:67.

Wittmann H, Blanckenburg F, Guyot J L, et al. From source to sink: Preserving the cosmogenic ^{10}Be - derived denudation rate signal of the Bolivian Andes in sediment of the Beni and Mamoré foreland basins[J]. Earth and Planetary Science Letters, 2009, 288: 463 - 474.

World Bureau of Metal Statistics. World Metal Statistics Yearbook 2015[R]. 2015, 24 - 36.

World Trade Organization, International Trade Statistics 2015, www. wto. org/statistics

Xu Z G, Chen Y C, Wang D H, et al. The Scheme of the Classification of the Minerogenetic Units in China[M]. Beijing: Geological Publishing House. 2008, 1 - 128 (in Chinese).

Ye J H, Zhu Y S, Li X P. The division of solid mineral metallogenic Units in China[J]. Geology in China, 1997, 238: 34 - 37.

Zappettini E O, Kilibarda C R, Schobbenhaus C, et al. Metallogenic map of South America at the scale of 1 : 5 000 000 [C]//Anon. The Commission for the Geological Map of the Word[M]. Buenos Aires: [s. n.], 2005, 1 - 274.

Zappettini E O. Metallogeny of South America[M]. Beenos Aires: Servico Geologico Minero Argentino, 2005, 1 - 274.

Zappettini E O, Miranda Angles V, Rodriguez S C, et al. Mapa metalogenico de la region fronteriza entre Argentina, Bolivia, Chile y Peru (14° ~28° S)[J]. Servicio Nacional de Geologia y Mineria, 2001, 222, scale 1 : 1 000 000.

Zhai Y S, Peng R M, Xiang Y C, et al. Research method of Regional Metallogeny[M]. Beijing: China Land Press, 2004, 1 - 183(in Chinese).

Zhang C, Chen Y M, Zhao H J. The overview of copper resources and actuality of exploration in South America[J]. China Mining Magazine, 2016, 25(s2): 9 - 11(in Chinesewith English abstract).

Zhu Y S, Xiao K Y, Ma Y B, et al. Review and status of mineralization belt study in China[J]. Journal of Geology, 2013, 37(3): 249 - 357(in Chinesewith English abstract).

Zweng P L, Clark A H. Hypogene evolution of the Toquepala porphyry copper - olybdenum deposit, Moquegua, Southeastern Peru, Arizona Geological Society Digest, 1995, 20: 566 - 612.

附表 1 南美洲主要油气田表

序号	国家	油气田名称	类型	位置	石油储量（$\times10^8$t）	天然气储量（$\times10^8m^3$）	勘查开发阶段	油气藏类型	产层时代	开发时间（年）	数据来源
1	委内瑞拉	拉古尼斯(Lagunillas)	油气田	马拉开波盆地	0.93	—	开发	地层尖灭、断鼻	中新世	1926	油气中心*《全球油气地质综合研究与区域优选》项目
2	委内瑞拉	托莫波罗 Tomoporo)	油田	马拉开波盆地	>349	—	开发	断块	始新世	1958	油气中心《全球油气地质综合研究与区域优选》项目
3	委内瑞拉	马拉(Mara)	油田	马拉开波盆地	0.68	—	开发	背斜	白垩纪	1945	油气中心《全球油气地质综合研究与区域优选》项目
4	委内瑞拉	巴德尔(Budare)	油气田	东委内瑞拉盆地—马图林次及盆地	0.27	—	开发	断背斜	渐新世—中新世	1958	油气中心《全球油气地质综合研究与区域优选》项目
5	委内瑞拉	瓜非塔(Guafita)	油气田	雅诺斯-巴里纳斯盆地	1.39（油气当量）		开发	断层	渐新世	—	油气中心《全球油气地质综合研究与区域优选》项目
6	哥伦比亚	卡诺利蒙(Cano Limon)	油气田	雅诺斯-巴里纳斯盆地	—	—	开发	断背斜、断块	白垩纪	—	油气中心《全球油气地质综合研究与区域优选》项目
7	哥伦比亚	库西亚那(Cusiana)	油气田	雅诺斯-巴里纳斯盆地	2	—	开发	断背斜	晚白垩世—始新世	1992	油气中心《全球油气地质综合研究与区域优选》项目
8	厄瓜多尔	萨夏(Sacha)	油气田	普图马约盆地	1	—	开发	逆冲背斜	白垩纪	—	油气中心《全球油气地质综合研究与区域优选》项目
9	巴西	埃斯特雷图(Estreito)	油田	波蒂瓜尔盆地	0.59	0.56	开发	断背斜（重质油）	白垩纪	1982	油气中心《全球油气地质综合研究与区域优选》项目
10	巴西	阿拉戈巴达(Lagoa Parda)	油田	圣埃斯皮里图盆地	—	—	开发	构造-地层	全新世	1980	油气中心《全球油气地质综合研究与区域优选》项目
11	巴西	帕姆普(Pampo)	油田	坎波斯盆地	1.5	—	开发	构造-地层	白垩纪	1980	油气中心《全球油气地质综合研究与区域优选》项目
12	巴西	马利姆(Marlim)	油田	坎波斯盆地	3.92	—	开发	地层-构造	渐新世	1985	油气中心《全球油气地质综合研究与区域优选》项目

* 油气中心:国土资源部油气战略中心。

续附表 1

序号	国家	油气田名称	类型	位置	石油储量（$\times10^8$t）	天然气储量（$\times10^8m^3$）	勘查开发阶段	油气藏类型	产层时代	开发时间（年）	数据来源
13	巴西	图皮(Tupi)	油田	桑托斯盆地	6.82～10.91	—	开发	地层尖灭	白垩纪	2006	油气中心《全球油气地质综合研究与区域优选》项目
14	巴西	天秤座(Libra)	油田	桑托斯盆地	10.78	—	开发早期	盐下（具体未知）	白垩纪	2010	道琼斯通讯社，2010.12.30
15	巴西	弗兰克(Franco)	油田	桑托斯盆地	6.18	0	开发早期	盐下（具体未知）	白垩纪	2010	华尔街日报，2010.5.12
16	巴西	木星(Jupiter)	气田	桑托斯盆地	—	393.86	开发早期	盐下（具体未知）	白垩纪	2008	《南美洲含油气盆地》
17	巴西	龙卡多尔(Roncador)	油气田	坎波斯盆地	4.09	—	开发	—	晚白垩世	1996	Subsea I Q
18	巴西	伊拉塞玛(Iracema)	油田	桑托斯盆地	—	—	开发早期	地层尖灭	白垩纪	2008	—
19	巴西	艾拉(Iara)	油气田	桑托斯盆地	5.46（油气当量）		开发早期	盐下-深水	白垩纪	2008	维基百科
20	秘鲁	卡巴胡阿里(Capahuari S)	油田	马拉尼翁盆地	0.16	—	开发	—	白垩纪	1973	油气中心《全球油气地质综合研究与区域优选》项目
21	秘鲁	圣马丁(San Martin)	油气田	乌卡亚利盆地	4.93	1911.4	开发	逆冲断层	白垩纪	2004	油气中心《全球油气地质综合研究与区域优选》项目
22	秘鲁	坎达莫(Candamo)	气田	玛德莱德迪奥斯盆地	0.05（凝析油）	290	开发	逆冲断层	二叠纪、晚白垩世	1998	油气中心《全球油气地质综合研究与区域优选》项目
23	阿根廷	拉莫斯(Ramos)	油田	圣克鲁斯-塔里哈盆地	0.9，0.02（凝析油）	—	开发	逆冲背斜	泥盆纪	1979	油气中心《全球油气地质综合研究与区域优选》项目
24	阿根廷	力拓内乌肯(Rio Nequen)	油气田	内乌肯盆地	0.11	272	开发	构造-地层	晚侏罗世—早白垩世	1972	油气中心《全球油气地质综合研究与区域优选》项目
25	阿根廷	圣贝尔纳多构造带(San Bernardo)	油田	圣豪尔赫盆地	<0.02	—	开发	构造	早白垩世	—	油气中心《全球油气地质综合研究与区域优选》项目
26	秘鲁	波尔丘埃洛(Portachuelo)	油田	塔拉拉盆地	—	—	开发	断块	始新世	1951	油气中心《全球油气地质综合研究与区域优选》项目

附表 2　南美洲主要铜矿床表

序号	国家	矿床名称	矿种(主/伴)	位置		铜资源量($\times10^4$t)	铜品位(%)	勘查开发阶段	矿床类型	成矿时代
				经度(°)	纬度(°)					
1	阿根廷	阿瓜瑞卡(Agua Rica)	Cu/Au、Mo、Ag	−66.28	−27.38	742	0.42	可研	斑岩型	新近纪
2	阿根廷	阿勒塔尔(Altar)	Cu/Au、Ag	−70.48	−31.48	841	0.321	开采	斑岩型	中新世
3	阿根廷	阿鲁姆波列拉(Alumbrera)	Cu/Au、Ag	−66.61	−27.33	50	0.206	开采	斑岩型	古近纪—新近纪
4	阿根廷	埃尔帕丘(El Pachon)	Cu/Mo、Ag	−70.43	−31.72	1493	0.48	可研	斑岩型	古近纪—新近纪
5	阿根廷	艾吾列卡(Eureka)	Cu/Au	−66.10	−21.93	62	1	开采	未知	
6	阿根廷	费罗德尔索尔(Filo del Sol)	Cu/Au、Ag	−69.63	−28.50	150	0.394	开采	斑岩型	
7	阿根廷	何塞玛利亚(Josemaria)	Cu/Au、Ag	−69.55	−28.44	433	0.285	勘查	斑岩型	
8	阿根廷	罗斯阿苏雷斯(Los Azules)	Cu/Au、Ag	−70.23	−31.23	894	0.5	勘查	斑岩型	
9	阿根廷	帕拉米罗斯(Paramillos)	Cu/Au、Ag	−69.22	−32.66	108	0.58	勘查	斑岩型	古近纪—新近纪
10	阿根廷	圣乔治(San Jorge)	Cu/Au	−69.44	−32.24	93	0.476	勘查	斑岩型	
11	阿根廷	塔卡塔卡(Taca Taca)	Cu/Au、Mo	−67.74	−24.56	1293	0.386	勘查	斑岩型	古近纪—新近纪
12	巴西	阿勒毛(Alemao)	Cu/Au	−50.62	−6.07	209	1.3	勘查	IOCG 型	
13	巴西	博阿埃斯贝拉恩萨(Boa Esperanza)	Cu/Co	−51.44	−6.87	56	0.8	开采	IOCG 型	
14	巴西	博列维斯(Breves)	Cu/Au、Ag	−50.53	−5.97	61	1.22	开采	IOCG 型	
15	巴西	恰帕达(Chapada)	Cu/Au、Ag	−49.37	−14.23	206	0.11	开采	IOCG 型	
16	巴西	克里斯塔利诺(Cristalino)	Cu/Au	−49.62	−6.48	240	0.77	可研	IOCG 型	新太古代
17	巴西	卡梅列拉(Gameleira)	Cu/Au、Mo	−50.37	−5.95	300	1	开采	IOCG 型	
18	巴西	118 目标区(Project 118)	Cu	−50.13	−6.40	68	0.87	可研	IOCG 型	
19	巴西	萨罗博(Salobo)	Cu/Au、Ag	−50.52	−5.80	767.8	0.26	开采	IOCG 型	新太古代
20	巴西	塞罗德达拉黑(Serrote da Laje)	Cu/Au、Fe	−36.52	−9.78	79	0.487	可研	IOCG 型	
21	巴西	索塞戈(Sossego)	Cu/Au	−50.07	−6.42	89	0.7	开采	IOCG 型	新太古代
22	智利	安达科尤(Andacollo)	Cu/Au	−71.10	−30.25	196	0.34		斑岩型	白垩纪
23	智利	安迪纳蒂维休(Andina Division)	Cu/Mo、Au	−70.26	−33.15	11 890	0.6	开采	斑岩型	
24	智利	安图苟亚-布宜姆埃尔多(Antucoya - Buey Muerto)	Cu	−69.88	−22.64	368	0.31	开采	斑岩型	

续附表 2

序号	国家	矿床名称	矿种(主/伴)	位置		铜资源量($\times10^4$t)	铜品位(%)	勘查开发阶段	矿床类型	成矿时代
				经度(°)	纬度(°)					
25	智利	巴列亚尔塞苟(Barreal Seco)	Cu	−70.06	−25.94	57	0.517	开采	斑岩型	
26	智利	坎德拉里亚(Candelaria)	Cu/Au、Ag	−70.29	−27.52	484	0.667	开采	IOCG 型	
27	智利	卡门德安达苟友(Carmen de Andacollo)	Cu/Au	−71.09	−30.25	210	0.312	开采	斑岩型	
28	智利	卡塞罗内斯(Caserones)	Cu/Mo	−69.52	−28.19	432	0.32	开采	斑岩型	
29	智利	卡斯皮切(Caspiche)	Cu/Au、Ag	−69.30	−27.68	283	0.177	勘查	斑岩型	
30	智利	卡素阿里大(Casualidad)	Cu/Au、Fe	−69.94	−25.84	283	0.407	开采	IOCG 型	
31	智利	卡乌契内斯泰陵(Cauquenes Tailings)	Cu/Mo	−70.69	−34.29	84	0.28	可研	斑岩型	
32	智利	森斯内拉奥西德(Censnela Oxide)	Cu/Mo、Au	−69.07	−22.95	159	0.403	开采	斑岩型	
33	智利	森斯内拉硫化物(Censnela Sulfide)	Cu/Au、Ag	−69.06	−22.97	1279	0.379	开采	斑岩型	
34	智利	塞罗卡萨尔(Cerro Casale)	Cu/Au、Ag	−69.30	−27.79	405	0.204	可研	斑岩型	中新世
35	智利	塞罗科罗拉多(Cerro Colorado)	Cu/Mo	−69.26	−20.05	233	0.576	开采	斑岩型	古近纪—新近纪
36	智利	塞罗内格罗(Cerro Negro)	Cu	−70.26	−26.19	88	0.46	开采	未知	
37	智利	塞罗内格罗(Cerro Negro)	Cu/Mo、Au	−70.26	−33.14	697	0.7	开采	未知	
38	智利	契姆博拉索(Chimborazo)	Cu	−69.08	−24.17	119.9	0.54	开采	斑岩型	
39	智利	楚基卡马塔(Chuquicamata)	Cu/Mo、Au	−68.91	−22.29	6960	0.45	开采	斑岩型	古近纪—新近纪
40	智利	科亚瓦西(Collahuasi)	Cu/Mo、Ag	−68.72	−20.97	8071	0.808	开采	斑岩型	古近纪—新近纪
41	智利	艾尔阿博拉(El Abra)	Cu/Ag	−68.83	−21.92	1144	0.436	开采	斑岩型	古近纪—新近纪
42	智利	艾尔博罗塞(El Bronce)	Cu/Au	−68.92	−22.43	80	1.6	开采	IOCG 型	古近纪—新近纪
43	智利	艾尔埃斯皮诺-皮努斯(El Espino - Venus)	Cu/Au	−71.10	−31.38	103	0.447	勘查	IOCG 型	
44	智利	埃尔莫罗(El Morro)	Cu/Au	−69.89	−28.63	411.4	0.53	可研	斑岩型	
45	智利	艾尔索尔达斗(El Soldado)	Cu/Ag	−71.11	−32.65	159	0.67	开采	IOCG 型	
46	智利	埃尔特尼恩特(El Teniente)	Cu/Mo、Au	−70.38	−34.08	8730	0.56	开采	斑岩型	古近纪—新近纪
47	智利	恩昆特罗(Encuentro)	Cu/Mo、Au	−69.10	−23.11	544	0.414	开采	斑岩型	
48	智利	艾斯卡罗内斯(Escalones)	Cu/Au、Ag	−69.97	−34.13	253	0.332	开采	斑岩型	

续附表 2

序号	国家	矿床名称	矿种(主/伴)	位置		铜资源量(×10^4t)	铜品位(%)	勘查开发阶段	矿床类型	成矿时代
				经度(°)	纬度(°)					
49	智利	艾斯贡迪达(Escondida)	Cu/Au、Ag	−69.07	−24.27	14 037	0.518	开采	斑岩型	古近纪—新近纪
50	智利	北艾斯贡迪达(Escondida Norte)	Cu	−69.04	−24.21	1986	0.7	勘查	斑岩型	古近纪—新近纪
51	智利	艾斯贡迪达淋滤硫化物项目(Escondida Sulfide Leach Project)	Cu	−69.07	−24.27	750	0.5	勘查	斑岩型	古近纪—新近纪
52	智利	南艾斯贝拉萨(Esperanza Sur)	Cu/Au、Mo	−69.07	−22.95	635.5	0.37	可研	斑岩型	
53	智利	嘎博烈拉米斯特拉(Gabriela Mistral)	Cu/Mo	−68.81	−23.42	360	0.35	开采	斑岩型	
54	智利	金印加(Inca de Oro)	Cu/Au、Mo	−69.89	−26.76	188	0.409	可研	斑岩型	
55	智利	美洲人(La Americana)	Cu/Mo、Au	−70.25	−33.16	536	0.7	开采	斑岩型	
56	智利	雅诺(Llano)	Cu	−69.05	−22.94	53	0.46	开采	斑岩型	
57	智利	洛马斯巴亚斯(Lomas Bayas)	Cu	−69.51	−23.43	601	0.27	开采	斑岩型	古近纪—新近纪
58	智利	罗斯博罗塞斯(Los Bronces)	Cu/Mo、Ag	−70.28	−33.15	2722	0.424	开采	斑岩型	古近纪—新近纪
59	智利	罗斯艾拉朵思(Los Helados)	Cu/Au、Ag	−69.59	−28.34	1061	0.36	勘查	斑岩型	
60	智利	罗斯贝拉姆波雷斯(Los Pelambres)	Cu/Mo、Au	−70.49	−31.72	3190	0.51	开采	斑岩型	古近纪—新近纪
61	智利	罗斯苏尔法朵思(Los Sulfatos)	Cu/Mo	−70.24	−33.20	1752	1.46	勘查	斑岩型	
62	智利	罗斯波尔卡内斯(Los Volcanes)	Cu	−68.68	−21.98	596	0.467	开采	斑岩型	
63	智利	曼托斯布兰科斯(Mantos Blancos)	Cu/Ag	−70.06	−23.43	147	0.448	开采	IOCG 型	白垩纪
64	智利	曼陀得拉鲁娜(Mantos de la Luna)	Cu	−70.20	−22.41	55	1.26	开采	IOCG 型	
65	智利	曼陀贝尔德(Mantoverde)	Cu/Ag	−70.32	−26.56	305	0.474	开采	斑岩型	中生代
66	智利	米奇亚/林森(Michilla/Lince)	Cu	−70.17	−22.68	101	1.62	开采	未知	
67	智利	米娜米尼斯特罗阿列斯(Mina Ministro Hales)	Cu/Ag、Mo	−68.91	−22.38	1390	0.82	开采	斑岩型	
68	智利	南米娜(Mina Sur)	Cu	−68.90	−22.32	120	1.39	勘查	斑岩型	
69	智利	曼陀型铜矿山(Minas Mantos de Cobre)	Cu	−70.07	−27.53	110	1	勘查	斑岩型	
70	智利	中央山谷矿业(Minera Valle Central)	Cu/Mo	−70.68	−34.25	231	0.155	开采	斑岩型	

续附表 2

序号	国家	矿床名称	矿种(主/伴)	位置		铜资源量	铜品位	勘查开发	矿床类型	成矿时代
				经度(°)	纬度(°)	($\times10^4$t)	(%)	阶段		
71	智利	摩卡(Mocha)	Cu	−69.26	−19.80	113	0.5	开采	斑岩型	
72	智利	摩卡(Mocha)	Cu/Mo、Au	−69.28	−19.82	218	0.435	开采	斑岩型	
73	智利	艾斯贡迪达潘帕斯(Pampa Escondida)	Cu/Au、Ag	−69.07	−24.24	3368	0.45	开采	斑岩型	古近纪—新近纪
74	智利	丽娜潘帕斯(Pampa Lina)	Cu/Mo	−69.30	−22.80	53	0.7	开采	斑岩型	
75	智利	白色羽毛(Penacho Blanco)	Cu/Mo、Au	−69.17	−23.16	125	0.422	开采	斑岩型	
76	智利	品塔贝尔德(Pinta Verde)	Cu	−69.08	−24.23	113	0.65	开采	斑岩型	
77	智利	博罗苏尔(Polo Sur)	Cu/Mo、Au	−69.27	−23.22	465	0.346	开采	斑岩型	
78	智利	博罗杜克都拉(Productora)	Cu/Au、U	−70.81	−28.72	147	0.323	勘查	IOCG 型	
79	智利	克里多尔项目(Project Corridor)	Cu/Au、Mo	−69.89	−28.63	1391	0.389	勘查	斑岩型	
80	智利	白色谷地(Quebrada Blanca)	Cu/Mo	−68.80	−21.00	1927	0.41	开采	斑岩型	古近纪—新近纪
81	智利	拉多米罗托米克(Radomiro Tomic)	Cu/Mo	−68.88	−22.23	2930	0.36	开采	斑岩型	古近纪—新近纪
82	智利	列林丑(Relincho)	Cu/Mo、Ag	−70.30	−28.50	884.2	0.35	可研	斑岩型	
83	智利	萨尔瓦多(Salvador)	Cu/Mo、Au	−69.56	−26.24	1530	0.43	开采	斑岩型	古近纪—新近纪
84	智利	圣恩利契莫诺利多(San Enrique Monolito)	Cu/Mo	−70.27	−33.16	729	0.81	开采	斑岩型	
85	智利	圣多明戈(Santo Domingo)	Cu/Fe、Au	−70.00	−26.47	173	0.3	可研	IOCG 型	
86	智利	塞拉勾勒达(Sierra Gorda)	Cu/Mo、Au	−69.34	−22.85	704	0.397	开采	斑岩型	
87	智利	斯贝森(Spence)	Cu/Ag、Mo	−69.26	−22.80	1242	0.461	开采	斑岩型	古近纪—新近纪
88	智利	多契克鲁斯特尔(Toqui Cluster)	Cu	−68.95	−22.42	1906	0.432	开采	斑岩型	古近纪—新近纪
89	智利	维斯卡契塔斯(Vizcachitas)	Cu/Mo、Ag	−70.43	−32.41	497	0.366	勘查	斑岩型	
90	智利	韦斯特瓦尔(West Wall)	Cu/Au、Mo	−70.26	−32.62	738	0.5	开采	斑岩型	
91	智利	萨尔迪瓦尔(Zaldivar)	Cu	−69.07	−24.22	306	0.525	开采	斑岩型	
92	哥伦比亚	巴特罗-契奇亚(Batero - Quinchia)	Cu/Au、Ag	−75.71	5.29	55	0.33	勘查	斑岩型	古近纪—新近纪
93	哥伦比亚	莫克亚(Mocoa)	Cu/Mo	−76.65	1.24	105	0.37	开采	斑岩型	侏罗纪
94	厄瓜多尔	费罗乌尔科(Fierro Urco)	Cu/Au、Ag	−79.38	−3.90	53	0.56	勘查	斑岩型	
95	厄瓜多尔	胡宁(Junin)	Cu/Mo、Ag	−78.66	0.32	223	0.7	开采	斑岩型	古近纪—新近纪

续附表 2

序号	国家	矿床名称	矿种(主/伴)	位置		铜资源量($\times 10^4$ t)	铜品位(%)	勘查开发阶段	矿床类型	成矿时代
				经度(°)	纬度(°)					
96	厄瓜多尔	米拉多尔(Mirador)	Cu/Au	−78.43	−3.58	350	0.53	开采	斑岩型	侏罗纪—白垩纪
97	厄瓜多尔	巴纳特撒(Panantza)	Cu/Au、Ag	−78.48	−2.85	660	0.62	可研	斑岩型	侏罗纪—白垩纪
98	厄瓜多尔	瓦林特萨(Warintza)	Cu/Mo	−78.30	−3.18	82	0.42	开采	斑岩型	
99	秘鲁	阿齐雅(Aguila)	Cu/Mo、Ag	−77.67	−8.58	88	0.362	开采	斑岩型	古近纪—新近纪
100	秘鲁	安塔科瑞(Anta Kori)	Cu/Ag、Pb、Zn	−78.67	−6.72	142	0.481	开采	斑岩型	
101	秘鲁	安塔米纳(Anta Mina)	Cu/Ag、Zn、Pb	−77.05	−9.54	2146	0.904	开采	矽卡岩型	中新世
102	秘鲁	安塔巴盖(Anta Paccay)	Cu/Au、Mo、Ag	−71.38	−14.96	409	0.48	开采	斑岩型	古近纪—新近纪
103	秘鲁	安迪亚(Antilla)	Cu/Mo、Au	−72.97	−14.34	116	0.348	勘查	矽卡岩型	
104	秘鲁	卡丘尤(Cachuyo)	Cu/Mo、Au	−72.02	−16.99	50	0.5	开采	斑岩型	
105	秘鲁	北卡纳里亚克(Canariaco Norte)	Cu/Au、Ag	−79.28	−6.09	504	0.389	可研	斑岩型	中新世
106	秘鲁	塞罗林多(Cerro Lindo)	Cu/Ag	−75.99	−13.08	81	0.79	开采	斑岩型	
107	秘鲁	塞罗贝尔德(Cerro Verde)	Cu/Mo、Ag	−71.61	−16.53	1547	0.369	开采	矽卡岩型	古新世
108	秘鲁	查皮(Chapi)	Cu	−71.36	−16.78	123.9	0.5	开采	斑岩型	古近纪—新近纪
109	秘鲁	康加(Conga)	Cu/Au、Ag	−78.38	−6.91	223	0.124	开采	斑岩型	
110	秘鲁	公斯塔西娅(Constancia)	Cu/Mo、Ag	−71.71	−14.51	312	0.261	开采	斑岩型	
111	秘鲁	克罗克瓦伊克(Coroccohuayco)	Cu	−71.26	−14.96	293.9	0.92		矽卡岩型	
112	秘鲁	科塔巴姆巴斯(Cotabambas)	Cu/Au、Ag	−72.37	−13.74	238	0.33	勘查	斑岩型	
113	秘鲁	夸霍内(Cuajone)	Cu/Mo、Ag	−70.71	−17.04	1027	0.492	开采	斑岩型	古近纪—新近纪
114	秘鲁	加莱诺(Galeno)	Cu/Au、Ag	−78.32	−6.97	430	0.444	可研	斑岩型	古近纪—新近纪
115	秘鲁	阿契拉(Haquira)	Cu/Mo、Ag	−72.35	−14.17	531	0.544	勘查	斑岩型	
116	秘鲁	拉阿列纳(La Arena)	Cu/Au、Ag	−78.14	−7.89	92	0.229	开采	斑岩型	
117	秘鲁	拉格兰哈(La Granja)	Cu/Au、Ag	−79.12	−6.36	2206	0.51	勘查	斑岩型	古近纪—新近纪

续附表 2

序号	国家	矿床名称	矿种(主/伴)	位置		铜资源量($\times 10^4$t)	铜品位(%)	勘查开发阶段	矿床类型	成矿时代
				经度(°)	纬度(°)					
118	秘鲁	拉斯班巴斯(Las Bambas)	Cu/Mo、Au	−72.47	−14.09	1276	0.653	开采	矽卡岩型	
119	秘鲁	利马玛尤(Limamayo)	Cu/Zn、Ag	−71.84	−14.30	750	1.5	开采	斑岩型	
120	秘鲁	罗斯卡拉多斯(Los Calatos)	Cu/Mo、Au	−70.99	−16.90	268	0.76	勘查	斑岩型	
121	秘鲁	罗斯茶卡思(Los Chancas)	Cu/Mo、Au	−73.20	−14.48	386	0.532	可研	斑岩型	
122	秘鲁	马斯特拉尔(Magistral)	Cu/Mo、Ag	−77.77	−8.22	127	0.56	可研	矽卡岩型	古近纪—新近纪
123	秘鲁	马尔科纳(Marcona)	Cu/Au、Ag	−75.07	−15.13	243	0.681	可研	IOCG 型	
124	秘鲁	米奇切亚(Michiquillay)	Cu/Au、Ag	−78.32	−7.04	375	0.69	可研	斑岩型	古近纪—新近纪
125	秘鲁	莫罗科查(Morococha)	Cu/Ag	−76.33	−11.58	704	0.51	开采	斑岩型+矽卡岩型	中新世
126	秘鲁	帕士帕博(Pashpap)	Cu/Mo	−77.98	−8.79	65	0.64	开采	斑岩型	
127	秘鲁	普卡恰恰(Pukaqaqa)	Cu/Au、Ag	−75.06	−12.77	133	0.49	可研	矽卡岩型	
128	秘鲁	切瓦(Quechua)	Cu	−71.25	−15.00	159	0.61	可研	矽卡岩型	
129	秘鲁	科亚维克(Quellaveco)	Cu/Mo、Ag	−70.62	−17.10	1322	0.46	可研	斑岩型	古近纪—新近纪
130	秘鲁	白河(Rio Blanco)	Cu/Mo、Au	−79.37	−4.91	711	0.565	可研	斑岩型	古近纪—新近纪
131	秘鲁	坦博格兰德(Tambo Grande)	Cu/Zn、Pb	−80.34	−4.94	87.8	1.31	可研	斑岩型	
132	秘鲁	坦塔华泰(Tantahuatay)	Cu/Au、Ag	−78.67	−6.73	256.7	0.51		未知	
133	秘鲁	蒂雅玛利亚(Tia Maria)	Cu	−71.77	−17.02	265	0.347	可研	斑岩型	
134	秘鲁	丁大亚(Tintaya)	Cu/Au、Ag	−71.32	−14.90	354	1.05	开采	矽卡岩型	古近纪—新近纪
135	秘鲁	托克帕拉(Toquepala)	Cu/Mo、Ag	−70.61	−17.25	1792	0.324	开采	斑岩型	古近纪—新近纪
136	秘鲁	特罗莫克(Toromocho)	Cu/Ag、Mo	−76.14	−11.61	1000	0.448	开采	斑岩型	古近纪—新近纪
137	秘鲁	特拉皮奇(Trapiche)	Cu/Mo、Ag	−72.88	−14.49	361	0.39	勘查	斑岩型	
138	秘鲁	萨弗拉纳尔(Zafranal)	Cu/Au	−72.24	−16.04	261	0.352	勘查	未知	
139	委内瑞拉	波利萨斯(Brisas)	Cu/Au	−61.47	6.17	85	0.126	可研	绿岩带型	
140	玻利维亚	克罗克罗(Corocoro)	Cu	−68.46	−17.17	53	3	开采	砂页岩型	中新世—上新世
141	玻利维亚	查卡里亚(Chacarilla)	Cu	−68.12	−16.58	50	2.67		砂页岩型	中新世—上新世

附表 3 南美洲主要金矿床表

序号	国家	矿床名称	矿种(主/伴)	位置		金储量(t)	金品位(10^{-6})	勘查开发阶段	矿床类型	成矿时代
				经度(°)	纬度(°)					
1	阿根廷	阿瓜瑞卡(Agua Rica)	Cu/Au、Mo、Ag	−66.28	−27.38	307.89	0.18	可行性研究	浅成低温热液型	新近纪
2	阿根廷	阿勒塔尔(Altar)	Cu/Au、Ag	−70.48	−31.48	196.57	0.075	勘查	斑岩型	中新世
3	阿根廷	塞罗格罗(Cerro Negro)	Au/Ag	−70.25	−46.90	193.77	8.3	开采	浅成低温热液型	中新世
4	阿根廷	塞罗范加迪亚(Cerro Vanguardia)	Au/Ag	−68.29	−48.40	119.44	2.79	开采	浅成低温热液型	侏罗纪
5	阿根廷	费洛德尔索尔(Filo del Sol)	Cu/Au、Ag	−69.63	−28.50	124.41	0.329	勘查		
6	阿根廷	瓜尔卡玛奥(Gualcamayo)	Au	−68.63	−29.72	218.44	1.3	开采	矽卡岩型	中新世
7	阿根廷	何塞玛利亚(Josemaria)	Cu/Au、Ag	−69.55	−28.44	307.86	0.204	勘查		
8	阿根廷	林德罗(Lindero)	Au/Cu	−67.75	−25.10	107.84	0.463	可行性研究		
9	阿根廷	罗斯阿苏雷斯(Los Azules)	Cu/Au、Ag	−70.23	−31.23	106.37	0.06	勘查	斑岩型	
10	阿根廷	塔卡塔卡(Taca Taca)	Cu/Au、Mo	−67.74	−24.56	288.76	0.086	勘查		
11	阿根廷	贝拉德罗(Veladero)	Au/Ag	−69.95	−29.37	270.35	0.395	开采	浅成低温热液型	晚中新世
12	巴西	阿勒毛(Alemao)	Cu/Au	−50.62	−6.07	138.47	0.86	勘查	IOCG 型	
13	巴西	阿萨帝矿业(Ashanti Mineracao)	Au/Ag	−43.83	−19.97	422.91	6.149	开采	绿岩带型	太古代
14	巴西	恰帕达(Chapada)	Cu/Au、Ag	−49.37	−14.23	211.84	0.23	开采	斑岩型	晚元古代
15	巴西	古鲁皮(Gurupi)	Au	−46.27	−2.29	114.61	0.762	可行性研究	造山型	新元古代
16	巴西	雅科比纳(Jacobina)	Au	−40.52	−11.25	195.05	2.71	开采	浅成低温热液型	晚古元古代
17	巴西	莫罗韦洛(Morro Velho)	Au	−43.51	−19.59	400	—	闭坑	造山型	太古代
18	巴西	帕拉卡图(Paracatu)	Au/Ag	−46.87	−17.19	420.95	0.4	开采	石英脉型	太古代
19	巴西	皮拉尔(Pilar)	Au	−49.59	−14.78	102.08	3.17	开采		
20	巴西	萨罗博(Salobo)	Cu/Au、Ag	−50.52	−5.80	557.99	0.35	开采	岩浆型/斑岩型/SEDEX 型	太古代
21	巴西	塞拉格兰德(Serra Grande)	Au/Ag	−49.97	−14.57	102.64	4.512	开采		
22	巴西	托卡诺(Tucano)	Au	−51.89	0.85	186.65	1.641	开采		
23	巴西	沃尔塔格兰德(Volta Grande)	Au	−51.93	−3.59	209.98	1.041	可行性研究	石英脉型	白垩纪
24	厄瓜多尔	康多尔(Condor)	Au/Ag	−78.58	−4.09	330.07	0.41	勘查		
25	厄瓜多尔	波特沃勒(Portovelo)	Au/Ag	−79.61	−3.72	465	0.9	开采	浅成低温热液	新生代

续附表 3

序号	国家	矿床名称	矿种(主/伴)	位置		金储量(t)	金品位(10^{-6})	勘查开发阶段	矿床类型	成矿时代
				经度(°)	纬度(°)					
26	厄瓜多尔	弗鲁塔北(Fruta del Norte)	Au/Ag	−78.50	−3.76	305.12	8.03	可行性研究	斑岩型	晚侏罗世
27	厄瓜多尔	加比(Gaby)	Au/Ag、Cu	−79.72	−3.06	303.63	0.608	可行性研究		
28	厄瓜多尔	米拉多尔(Mirador)	Cu/Au	−78.43	−3.58	112.19	0.17	开采		
29	法属圭亚那	保罗伊那德(Paul Isnard)	Au/Ag、Cu	−53.95	4.73	155.76	1.475	可行性研究		
30	哥伦比亚	安戈斯图拉(Angostura)	Au/Ag、Cu	−72.89	7.38	109.58	4.386	勘查	浅成低温热液型	侏罗纪—白垩纪
31	哥伦比亚	布瑞蒂卡(Buritica)	Au/Ag、Zn	−75.91	6.71	282.42	9.913	可行性研究	浅成低温热液型	中新世
32	哥伦比亚	格拉马洛特(Gramalote)	Au	−74.92	6.52	189.08	0.453	勘查		
33	哥伦比亚	拉博德加(La Bodega)	Au/Ag、Cu	−72.91	7.38	107.83	3.88	勘查	浅成低温热液型	上新世
34	哥伦比亚	拉卡洛萨(La Colosa)	Au	−75.55	4.45	1031.06	0.83	勘查	斑岩型	中新世
35	哥伦比亚	马麦托(Marmato)	Au/Ag	−75.60	5.48	465.21	0.9	开采	浅成低温热液型	中新世
36	哥伦比亚	魁布拉多纳(Quebradona)	Au/Ag	−75.74	5.75	190.66	0.31	勘查	斑岩型	中新世
37	哥伦比亚	蒂蒂里维(Titiribi)	Au/Cu	−75.81	6.06	329.79	0.519	勘查	斑岩型	中新世
38	圭亚那	奥罗拉(Aurora)	Au	−59.75	6.78	259.40	3.265	开采		
39	圭亚那	托罗帕鲁(Toroparu)	Au/Cu、Ag	−60.05	6.45	310.53	0.84	可行性研究		
40	秘鲁	安塔科瑞(Anta Kori)	Cu/Au、Ag	−78.67	−6.72	105.87	0.359	勘查	斑岩型	
41	秘鲁	康加(Conga)	Cu/Au、Ag	−78.38	−6.91	543.68	0.304	开采	斑岩型	
42	秘鲁	科塔巴姆巴斯(Cotabambas)	Cu/Au、Ag	−72.37	−13.74	131.70	0.182	勘查	斑岩型	
43	秘鲁	加莱诺(Galeno)	Cu/Au、Ag	−78.32	−6.97	130.69	0.135	可行性研究	斑岩型	中新世
44	秘鲁	拉阿列纳(La Arena)	Cu/Au、Ag	−78.14	−7.89	106.00	0.264	开采		
45	秘鲁	拉古纳斯诺尔特(Lagunas Norte)	Au/Ag	−78.24	−7.95	102.61	1.657	开采	浅成低温热液型	中新世
46	秘鲁	梅萨东达(Mesa Redonda)	Au	−77.04	−12.05	119.16	6.62	勘查		
47	秘鲁	萨亚波罗(Sayapullo)	Au/Ag、Cu	−78.47	−7.59	108.86	0.067	勘查		
48	秘鲁	沙胡因多(Shahuindo)	Au/Ag	−78.22	−7.61	134.36	0.576	开采	浅成低温热液型	
49	秘鲁	特雷斯克鲁塞斯(Tres Cruces)	Au	−78.27	−8.03	100.18	1.171	勘查		
50	秘鲁	亚纳科查(Yanacocha)	Au/Ag、Cu	−78.53	−6.99	354.57	0.478	开采	浅成低温热液型	中新世
51	苏里南	梅里安(Merian)	Au	−54.55	5.13	209.32	1.09	开采		

续附表 3

序号	国家	矿床名称	矿种(主/伴)	位置		金储量 (t)	金品位 (10^{-6})	勘查开发阶段	矿床类型	成矿时代
				经度(°)	纬度(°)					
52	苏里南	罗斯贝尔(Rosebel)	Au	−55.16	5.08	197.32	0.97	开采	造山型	早古元古代
53	委内瑞拉	波利萨斯(Brisas)	Cu/Au	−61.47	6.17	389.04	0.65	可行性研究	绿岩带型	
54	委内瑞拉	乔科(Choco)	Au	−61.95	7.31	346.46	1.74	开采	绿岩带型	太古代
55	委内瑞拉	拉斯克里斯蒂纳斯(Las Cristinas)	Au/Cu	−61.48	6.20	841.68	0.979	可行性研究		
56	智利	坎德拉里亚(Candelaria)	Cu/Au、Ag	−70.29	−27.52	113.06	0.156	开采	斑岩型	侏罗纪
57	智利	卡斯皮切(Caspiche)	Cu/Au、Ag	−69.30	−27.68	780.11	0.487	勘查	斑岩型	渐新世
58	智利	森蒂内拉(Centinela Sulfide)	Au	−69.06	−22.97	414.03		开采		
59	智利	塞罗卡萨尔(Cerro Casale)	Cu/Au、Ag	−69.30	−27.79	1014.18	0.51	可行性研究	斑岩型	中新世
60	智利	塞罗马里昆加(Cerro Maricunga)	Au/Cu	−69.21	−27.00	182.01	0.37	勘查	浅成低温热液型/斑岩型	中新世
61	智利	科里多尔(Corridor)	Au	−69.89	−28.63	518.18		勘查		
62	智利	埃尔印迪奥(El Indio)	Au/Ag、Cu	−69.98	−29.77	140	10.9	闭坑	斑岩型	新生代
63	智利	埃尔莫罗(El Morro)	Cu/Au	−69.89	−28.63	516.00		可行性研究		
64	智利	埃尔佩尼翁(El Penon)	Au/Ag	−69.50	−24.41	128.21	6.17	开采	浅成低温热液型	始新世
65	智利	拉佩帕(La Pepa)	Au	−68.76	−26.99	105.13	0.56	勘查		
66	智利	拉科伊帕(La Coipa)	Au	−69.26	−26.83	992	—	开采	浅成低温热液	第四纪
67	智利	郎博-马尔特(Lobo - Marte)	Au/Cu	−69.03	−27.23	220.30	1.18	勘查	浅成低温热液型	新生代
68	智利	罗斯艾拉朵思(Los Helados)	Cu/Au、Ag	−69.59	−28.34	398.12	0.14	勘查		
69	智利	洛斯佩兰布雷斯(Los Pelambres)	Au/Cu、Mo	−70.49	−31.72	342.13	0.06	开采	斑岩型	晚中新世
70	智利	马里昆加(Maricunga)	Au/Ag、Cu	−69.30	−27.55	209.35	0.7	开采	浅成低温热液型	中新世
71	智利	艾斯贡迪达潘帕斯(Pampa Escondida)	Cu/Au、Ag	−69.07	−24.27	375.57	0.05	勘查		
72	智利	帕斯卡拉马(Pascua Lama)	Au/Ag	−70.02	−29.32	709.71	1.415	开采	浅成低温热液型	中新世
73	智利	塞拉勾勒达(Sierra Gorda)	Cu/Mo、Au	−69.34	−22.85	101.61	0.057	开采	斑岩型	古新世
74	智利	博尔坎(Volcan)	Au/Cu	−69.17	−27.38	297.00	0.689	可行性研究		

附表 4 南美洲主要银矿床表

序号	国家	矿床名称	矿种(主/伴)	位置		银储量(t)	银品位(10^{-6})	勘查开发阶段	矿床类型	成矿时代
				经度(°)	纬度(°)					
1	阿根廷	阿瓜瑞卡(Agua Rica)	Cu/Au、Mo、Ag	−66.28	−27.38	5243.03	3	可行性研究	斑岩型	新近纪
2	阿根廷	阿勒塔尔(Altar)	Cu/Au、Ag	−70.48	−31.48	2441.27	0.934	勘查		中新世
3	阿根廷	塞罗摩罗(Cerro Moro)	Ag/Au	−66.56	−48.03	2346.75	241.9	开采	浅成低温热液型	侏罗纪
4	阿根廷	塞罗内格罗(Cerro Negro)	Au/Ag	−70.25	−46.90	1588.74	62.34	开采	浅成低温热液型	侏罗纪
5	阿根廷	塞罗范加迪亚(Cerro Vanguardia)	Au/Ag	−68.29	−48.40	2613.90	62.4	开采	浅成低温热液型	侏罗纪
6	阿根廷	金吉拉丝(Chinchillas)	Ag/Zn、Pb	−66.26	−22.51	4385.52	67	勘查		
7	阿根廷	迪亚布利洛斯(Diablillos)	Ag/Au	−66.83	−25.30	2593.99	109.4	勘查		
8	阿根廷	埃尔帕丘(El Pachon)	Cu/Mo、Ag	−70.43	−31.72	6762.41	2	可行性研究	浅成低温热液型	
9	阿根廷	埃尔魁瓦尔(El Quevar)	Ag/Pb、Zn	−66.81	−24.32	1934.92	146.476	可行性研究	浅成低温热液型	侏罗纪
10	阿根廷	埃尔特伦尤拉(El Tranquilo)	Ag/Au	−70.45	−47.94	1124.56	48.778	勘查		
11	阿根廷	费罗德尔索尔(Filo del Sol)	Cu/Au、Ag	−69.63	−23.50	4659.23	12.249	勘查	浅成低温热液型	
12	阿根廷	杰奎因(Joaquin)	Ag/Au	−69.76	−43.04	1771.28	170.4	可行性研究		
13	阿根廷	何塞玛利亚(Josemaria)	Cu/Au、Ag	−69.55	−28.44	1463.55	1.005	勘查		
14	阿根廷	纳维达德(Navidad)	Ag/Pb、Zn	−68.82	−42.42	23 380.13	116.263	可行性研究		
15	阿根廷	皮奎塔斯(Pirquitas)	Ag/Zn、Sn	−66.50	−22.70	3536.41	136.943	开采		奥陶纪
16	阿根廷	圣何塞(San Jose)	Ag/Au	−70.30	−46.67	2827.26	454	开采		
17	阿根廷	贝拉德罗(Veladero)	Au/Ag	−69.95	−29.37	4895.30	6.74	开采	浅成低温热液型	晚中新世
18	巴西	阿卡西(Aripuana)	Ag/Zn、Pb、Au、Cu	−59.49	−10.06	1265.15	34.75	勘查		
19	玻利维亚	塞罗里科(Cerro Rico)	Ag/Sn	−65.74	−19.62	54 741.28	—	开采	浅成低温热液型	新生代
20	玻利维亚	尤拉帕(Illapa)	Ag/Pb、Zn	−65.98	−19.81	1519.07	166.753	开采		
21	玻利维亚	马尔库科塔(Malku Khota)	Ag/Zn、Pb、Cu	−66.20	−18.15	11 512.34	23.737	勘查		
22	玻利维亚	普拉卡约-帕卡(Pulacayo - Paca)	Ag/Zn、Pb、Cu	−66.70	−2C.38	1278.33	444	可行性研究	浅成低温热液型	志留纪
23	玻利维亚	圣巴托洛梅(San Bartolome)	Ag/Tin、Zn	−65.75	−19.62	1852.71	93.943	开采	浅成低温热液型	渐新世

续附表 4

序号	国家	矿床名称	矿种(主/伴)	位置		银储量(t)	银品位(10^{-6})	勘查开发阶段	矿床类型	成矿时代
				经度(°)	纬度(°)					
24	玻利维亚	圣克里斯托巴(San Cristobal)	Zn/Ag、Pb	−67.21	−21.10	15 120.81	53	开采		
25	玻利维亚	圣维森特(San Vicente)	Ag/Zn、Cu、Pb	−66.32	−21.27	2562.89	361.327	开采		
26	玻利维亚	塔塔西(Tatasi)	Ag/Zn、Pb	−67.92	−21.63	1707.37	68.57	闭坑	浅成低温热液型	中新世
27	玻利维亚	乌尼费卡达(Unificada)	Ag/Tin	−65.71	−19.37	108 070.27	135.09	闭坑		
28	厄瓜多尔	康多尔(Condor)	Au/Ag	−78.58	−4.09	1171.65	1.455	勘查		
29	哥伦比亚	马麦托(Marmato)	Cu/Ag	−75.60	5.48	2824.90		开采	浅成低温热液型	晚中新世
30	哥伦比亚	魁布拉多纳(Quebradona)	Au/Ag	−75.74	5.75	2649.66	4.34	勘查	斑岩型	晚中新世
31	秘鲁	安塔科瑞(Anta Kori)	Cu/Au、Ag	−78.67	−6.72	2993.76	10.157	勘查	斑岩型	
32	秘鲁	安塔米纳(Anta Mina)	Cu/Ag、Zn、Pb	−77.05	−9.54	26 064.31	10.926	开采	矽卡岩型	中新世
33	秘鲁	安塔巴盖(Anta Paccay)	Cu/Au、Mo、Ag	−71.38	−14.96	1177.87	1.29	开采	浅成低温热液型	中新世
34	秘鲁	阿克塔(Arcata)	Ag/Au	−72.31	−14.97	3455.54	363	开采	浅成低温热液型	中新世
35	秘鲁	阿塔科查(Atacocha)	Ag/Zn、Pb、Cu	−76.21	−10.57	1511.85	67.184	开采		
36	秘鲁	阿祖卡(Azuca)	Ag/Au	−72.40	−14.65	2506.90	179.124	可行性研究		
37	秘鲁	贝伦格拉(Berenguela)	Ag/Cu	−70.80	−15.86	2727.73	116	勘查	浅成低温热液型	古近纪—新近纪
38	秘鲁	北卡纳里亚克(Canariaco Norte)	Cu/Au、Ag	−79.28	−6.09	2133.85	1.646	可行性研究	斑岩型	中新世
39	秘鲁	凯洛马(Caylloma)	Ag	−71.86	−15.17	1110.38		开采	浅成低温热液型	中新世
40	秘鲁	塞罗德帕斯科(Cerro de Pasco)	Ag/Zn、Pb	−76.25	−10.67	16 173.56	87.712	开采		中新世
41	秘鲁	赛罗林多 (Cerro Lindo)	Cu/Ag	−75.99	−13.08	2082.94	25.816	开采	浅成低温热液型	
42	秘鲁	塞罗贝尔德(Cerro Verde)	Cu/Mo、Ag	−71.61	−16.53	6222.01	1.471	开采	斑岩型	古新世
43	秘鲁	查文(Chavin)	Ag/Cu、Au、Zn	−78.02	−8.89	5630.45	703.81	勘探		
44	秘鲁	丘加(Chungar)	Ag/Zn、Pb、Cu	−76.42	−11.03	1990.59	90.822	开采	浅成低温热液型	中新世
45	秘鲁	康加(Conga)	Cu/Au、Ag	−78.38	−6.91	1629.80	0.921	开采	浅成低温热液型	

续附表 4

序号	国家	矿床名称	矿种(主/伴)	位置		银储量(t)	银品位(10^{-6})	勘查开发阶段	矿床类型	成矿时代
				经度(°)	纬度(°)					
46	秘鲁	康斯坦西亚(Constancia)	Ag/Cu、Mo、Au	−71.71	−14.51	3051.11	2.505	开采		
47	秘鲁	克拉尼(Corani)	Ag/Pb、Zn、Au	−70.71	−14.05	11 162.87	40.48	可行性研究	浅成低温热液型	
48	秘鲁	科里坎查(Coricancha)	Ag/Au、Zn、Pb	−76.30	−11.79	1251.12	216.84	开采		
49	秘鲁	科塔巴姆巴斯(Cotabambas)	Cu/Au、Ag	−72.37	−13.74	1731.69	2.397	勘查	浅成低温热液型	
50	秘鲁	埃尔布罗克(El Brocal)	Ag/Zn、Pb、Cu	−76.30	−10.82	2697.28	12.967	开采	浅成低温热液型	中新世
51	秘鲁	埃尔波韦尼尔(El Porvenir)	Ag/Zn、Pb、Cu	−76.17	−10.55	2470.78	58.475	开采		
52	秘鲁	加莱诺(Galeno)	Cu/Au、Ag	−78.32	−6.97	2551.78	2.637	可行性研究	浅成低温热液型	中新世
53	秘鲁	阿契拉(Haquira)	Cu/Mo、Ag	−72.35	−14.17	1132.27	1.161	勘查	浅成低温热液型	白垩纪
54	秘鲁	伊拉里翁(Hilarion)	Ag/Zn、Pb、Cu	−77.01	−9.98	2027.97	1.01	勘查		
55	秘鲁	瓦龙(Huaron)	Ag/Zn、Pb、Cu	−76.41	−11.01	3626.61	163.678	开采	浅成低温热液型	渐新世
56	秘鲁	因马库拉达(Inmaculada)	Ag/Au	−73.25	−14.96	2709.07	151	开采		
57	秘鲁	拉斯班巴斯(Las Bambas)	Cu/Mo、Ag	−72.47	−14.09	5821.81	2.909	开采	浅成低温热液型	
58	秘鲁	洛斯魁努雷斯(Los Quenuales)	Ag/Zn、Pb、Cu	−76.23	−11.63	4627.19	112	开采		
59	秘鲁	米奇切亚(Michiquillay)	Cu/Au、Ag	−78.32	−7.04	1087.98	2	可行性研究	浅成低温热液型	中新世
60	秘鲁	莫罗科查(Morococha)	Cu/Ag	−76.15	−11.60	3032.54	209.945	开采	矽卡岩型	侏罗纪
61	秘鲁	巴夏帕奇(Pachapaqui)	Ag/Pb、Zn	−77.05	−9.93	2255.90	198.115	开采		
62	秘鲁	帕兰卡塔(Pallancata)	Ag/Au	−73.18	−14.74	2843.93	307.988	开采		
63	秘鲁	皮拉利卡(Pilarica)	Ag/Zn、Pb	−74.26	−14.57	1100.98	68	详查		
64	秘鲁	劳拉(Raura)	Ag/Zn、Pb、Cu	−76.73	−10.65	1430.74	102.33	开采	浅成低温热液型	中新世
65	秘鲁	圣尼古拉斯(San Nicolas)	Ag/Au、Cu	−78.63	−6.75	1155.35	150.048	勘查		
66	秘鲁	圣塔安娜(Santa Ana)	Ag/Pb、Zn	−69.32	−15.67	5108.57	41.388	可行性研究		
67	秘鲁	萨亚唐科(Sayaatoc)	Ag/Au、Cu、Zn、Pb	−78.47	−7.60	1379.19	7.602	闭坑	SEDEX 型	古近纪—新近纪

续附表 4

序号	国家	矿床名称	矿种(主/伴)	位置		银储量(t)	银品位(10^{-6})	勘查开发阶段	矿床类型	成矿时代
				经度(°)	纬度(°)					
68	秘鲁	沙胡因多(Shahuindo)	Au/Ag	−78.22	−7.61	2822.47	12.093	开采	浅成低温热液型	
69	秘鲁	坦博格兰德(Tambo Grande)	Cu/Au、Ag	−80.34	−4.94	1925.93	29.175	勘查	VMS	白垩纪
70	秘鲁	坦塔华泰(Tantahuatay)	Cu/Au、Ag	−78.72	−6.71	1435.25	7.92	开采	浅成低温热液型	中新世
71	秘鲁	丁大亚(Tintaya)	Cu/Au、Ag	−71.32	−14.90	1161.70	3.51	勘查	矽卡岩型	古近纪—新近纪
72	秘鲁	特罗莫克(Toromocho)	Cu/Ag、Mo	−76.14	−11.61	13 779.79	7.06	开采	浅成低温热液型	晚中新世
73	秘鲁	乌丘查夸(Uchucchacua)	Ag/Zn、Pb	−76.69	−10.62	4138.25	448.512	开采	矽卡岩型	白垩纪
74	秘鲁	亚纳科查(Yanacocha)	Au/Ag、Cu	−78.53	−6.99	2346.10	3.171	开采	浅成低温热液型	中新世
75	秘鲁	尧利(Yauli)	Ag/Zn、Pb	−76.01	−11.74	9393.11	97.354	开采	SEDEX 型	二叠纪
76	秘鲁	尧里科查(Yauricocha)	Ag/Cu、Pb、Zn	−75.71	−12.31	1133.33	82.513	开采	卡林型	中新世
77	智利	坎德拉里亚(Candelaria)	Cu/Au、Ag	−70.29	−27.52	2035.60	2.814	开采	斑岩型	侏罗纪
78	智利	卡斯皮切(Caspiche)	Cu/Au、Ag	−69.30	−27.68	1868.20	1.167	勘查	斑岩型/浅成低温热液型	渐新世
79	智利	赛罗卡萨尔(Cerro Casale)	Cu/Au、Ag	−69.30	−27.79	2655.82	1.34	可行性研究	浅成低温热液型/斑岩型	中新世
80	智利	查亚科约(Challacollo)	Ag/Au、Pb、Zn	−69.36	−20.96	1151.43	182.54	可行性研究		
81	智利	艾尔阿博拉(El Abra)	Cu/Ag	−68.83	−21.92	2647.46	1.081	开采	浅成低温热液型	侏罗纪
82	智利	埃尔佩尼翁(El Penon)	Au/Ag	−69.50	−24.41	4536.84	214.4	开采	浅成低温热液型	始新世
83	智利	罗斯艾拉朵思(Los Helados)	Cu/Au、Ag	−69.59	−28.34	3968.74	1.36	勘查	浅成低温热液型	
84	智利	努埃瓦埃斯佩兰萨(Nueva Esperanza)	Ag/Au	−69.17	−26.64	2589.95	65.815	可行性研究		
85	智利	帕斯卡拉马(Pascua Lama)	Au/Ag	−70.02	−29.32	24 949.33	49.743	开采	浅成低温热液型	中新世
86	智利	萨拉雷斯诺尔特(Salares Norte)	Ag/Au	−68.89	−26.01	1057.50	48.9	勘查		

附表 5　南美洲主要铅锌矿床表

序号	国家	矿床名称	矿种(主/伴生)	位置		Pb/Zn 储量 (×10^4t)	Pb/Zn 品位 (%)	开发状态	成因类型	成矿时代
				经度(°)	纬度(°)					
1	阿根廷	纳维达德(Navidad)	Ag/Pb、Zn	−68.82	−42.43	Pb(159)	0.79	开采	陆相火山岩型	
2	阿根廷	阿吉拉尔(Aguilar)	Pb/Ag、Zn	−65.70	−23.20	Pb(209)/Zn(273)	8/6.5	开采	喷流沉积型	古生代
3	巴西	莫罗阿古多(Morro Agudo)	Pb/Zn	−46.82	−17.51	Pb+Zn(917)		开采	密西西比河谷型	元古宙
4	巴西	瓦赞蒂(Vazante)	Zn	−46.86	−17.99	Zn(513)	18	扩大规模	密西西比河谷型	古元古代
5	玻利维亚	埃尔阿斯昂多(El Asiento)	Pb/Zn、Ag	−66.56	−20.01			停产	陆相火山岩型	
6	玻利维亚	楚卡亚(Chocaya)	Pb/Ag、Zn	−66.03	−20.96			开采	陆相火山岩型	
7	玻利维亚	科尔克查卡(Colquechaca)	Sn/Pb、Zn	−66.00	−18.68				陆相火山岩型	
8	玻利维亚	瓦努尼(Huanuni)	Sn/Pb、Zn	−66.82	−18.27			扩大规模	陆相火山岩型	
9	玻利维亚	圣克里斯托巴(San Cristobal)	Zn/Ag、Pb	−67.21	−21.10	Pb(137)/ Zn(402)	0.48/1.41	开采	陆相火山岩型	中新世
10	秘鲁	安塔米纳(Antamina)	Cu/Ag、Zn、Pb	−77.06	−9.20	Zn(1520)	1.0	开采		中新世
11	秘鲁	卡萨帕尔卡(Casapalca)	Zn/Ag、Pb	−76.25	−11.65	Pb(28)/ Zn(88)	3.8/1.2	开采	陆相火山岩型	
12	秘鲁	塞罗德帕斯科(Cerro de Pasco)	Ag/Pb、Zn	−76.25	−10.70	Pb(280)/ Zn(736)	9.2/3.5	开采		中新世
13	秘鲁	卡尔基卡(Colquijirca)	Zn/Ag、Pb	−76.27	−10.75	Pb(45)/ Zn(237)	7.9/1.5	开采	交代型	中新世
14	秘鲁	马里亚特雷泽(Maria Terese)	Zn/Ag、Cu	−77.25	−11.49			开采	陆相火山岩型	
15	秘鲁	圣格雷戈里奥(San Gregorio)	Zn/Ag、Pb	−76.27	−10.79	Pb(182)/ Zn(582)	6.8/2.1	停产	交代型	中新世
16	秘鲁	坦博格兰德(Tambo Grande)	Cu/Zn、Pb	−80.31	−4.95	Zn(200)	1.1	停产	火山块状硫化物型	早白垩世
17	智利	埃尔托奇(El Toqui)	Zn/Ag、Pb	−71.90	−45.02	Pb(15)/ Zn(80)	8/1.5	开采	火山块状硫化物型	早白垩世

附表 6 南美洲主要锡矿床表

序号	国家	矿床名称	矿种(主/伴)	位置		锡储量($\times10^4$t)	锡品位(%)	勘查开发阶段	矿床类型	成矿时代
				经度(°)	纬度(°)					
1	巴西	皮廷加(Pitinga)	Sn/Nb、Ta	−59.95	−0.68	33.8	0.145	开采	矽卡岩型	中元古代
2	玻利维亚	卡塔维泰凌(Catavi Tailings)	Sn	−66.63	−18.42	16.8	0.52	开采	锡石-硫化物型	中新世
3	秘鲁	圣拉斐尔(San Rafael)	Sn	−70.31	−14.23	10.4	2.3～2.4	开采	锡石-石英脉型	古生代
4	玻利维亚	科尔基里(Colquiri)	Sn/Nb、Ta	−67.12	−17.38	7.6	0.5	开采	锡石-石英脉型	早古生代
5	玻利维亚	塞罗里科(Cerro Rico)	Ag/Sn	−65.74	−19.62	7.2	1	开采		中新世
6	玻利维亚	卡拉威(Colavi)	Sn/Ag、Zn、Cu	−65.54	−19.32	7.2	0.45	开采	锡石-硫化物型	中新世
7	玻利维亚	利亚亚瓜(Liallagua)	Sn、W/Bi、Zn	−56.59	−18.44	5.27	0.5～0.9	开采	锡石-硫化物型	中新世
8	玻利维亚	博尔萨内格罗(Boisa Negra)	W、Sn	−67.79	−16.4	5	0.23	开采	锡石-石英脉型	中新世
9	玻利维亚	科尔克查卡(Colquechaca)	Sn/Zn、Pb	−66	−18.68	5	1.2			
10	巴西	博姆弗图罗(Bom Futuro)	Sn	−63.55	−9.78	3.45	0.8	开采	砂锡矿	中新世
11	玻利维亚	泰勒马欲(Telemayu)	W、Sn	−68.85	−17.32	2.98	0.297	开采	锡石-石英脉型	中新世
12	玻利维亚	圣若泽-德奥鲁罗(San Jose de Oruro)	Sn/Ag、Pb、Au、Sb	−57.12	−17.95	2.59	0.89	开采	锡石-硫化物型	中新世
13	玻利维亚	瓦努尼(Huanuni)	Sn/Pb、Zn	−66.82	−18.27	2.53	1.06	开采		中新世
14	巴西	朗多尼亚(Estanhos de Rondonia SA)	Sn	−63.08	−9.21	2.35	0.1～0.2	开采	锡石-石英脉型	早古生代
15	阿根廷	皮奎塔斯(Pirquitas)	Ag/Zn、Sn	−66.53	−22.68	2.2	0.15	开采		
16	玻利维亚	波波(Poopo)	Sn、Ag/Zn	−65.95	−18.4	2	1.02	开采	锡石-硫化物型	中新世
17	玻利维亚	克罗奎(Chorolque)	Sn、W	−65.03	−20.92	1.66	1.23	开采	锡石-硫化物型	中新世
18	玻利维亚	圣达菲(Santa Fe)	Sn	−56.79	−18.14	0.97	0.6～0.8	开采	锡石-硫化物型	中新世
19	玻利维亚	加拉科耶斯(Caracoies)	Sn、W/Bi	−67.33	−16.93	0.78	1.6	开采	锡石-石英脉型	中新世
20	玻利维亚	法布罗萨(Fabulosa)	Sn、W	−68.23	−16.19	0.43	0.83	开采	锡石-石英脉型	中新世
21	玻利维亚	韦洛克(Viloco)	Sn	−67.63	−16.87	0.34	1.2	开采	锡石-硫化物型	中新世
22	玻利维亚	塔兹纳(Tazna)	W、Sn/Bi	−66.19	−20.62	0.32	1.9	开采	锡石-硫化物型	中新世
23	玻利维亚	加坡(Japo)	Sn	−66.83	−18.05	0.2	1.1	勘查	锡石-石英脉型	中新世
24	玻利维亚	圣尼古拉斯(San Nicolas)	Sn/Cu、Pb、Zn	−67.16	−18.22	<0.5	0.36	勘查	岩浆热液型	新生代
25	玻利维亚	岗鲁蒂约斯(Gangludiyuesi)	Sn/Cu、Pb、Zn	−65.54	−19.34	<0.5	0.26～1.4	开采	锡石-硫化物	新生代

附表 7　南美洲主要铁矿床表

序号	国家	矿床名称	矿种（主/伴）	位置		资源量(t)	品位	勘查开发阶段	矿床类型	成矿时代或时间(Ma)
				经度	纬度					
1	阿根廷	塞拉格兰德(Sierra Grande)	铁	−65.37	−41.68	275 000 000	Fe：51.43%	生产	矽卡岩型	中生代(侏罗纪—白垩纪)
2	巴西	萨玛尔克(Samarco)	铁	−43.51	−20.16	7 300 000 000	Fe：61%	生产	沉积-变质型	新太古代—古元古代
3	巴西	米纳斯里奥(Minas Rio)	铁	−43.40	−18.80	6 349 900 000	Fe：56.25%	生产	沉积-变质型	新太古代—古元古代
4	巴西	米盖尔布尔聂耳(Miguel Burnier)	铁	−43.79	−20.44	6 300 000 000	Fe：64.28%	生产	沉积-变质型	新太古代—古元古代
5	巴西	胡伊纳(Juina)	铁	−58.75	−11.37	5 290 000 000		可研	沉积-变质型	新元古代
6	巴西	塞拉苏尔(Serra Sul)	铁	−50.34	−6.40	4 239 600 000	Fe：63%	生产	沉积-变质型	新太古代—古元古代
7	巴西	巴列杜里奥巴尔多(Vale do Rio Pardo)	铁	−42.78	−16.71	3 671 200 000	Fe：40%	生产	沉积-变质型	新太古代—古元古代
8	巴西	玛丽安娜(Mariana)	铁	−43.44	−20.21	3 216 700 000	Fe：61%	生产	沉积-变质型	新太古代—古元古代
9	巴西	卡萨德裴德拉(Casa de Pedra)	铁	−43.92	−20.47	3 021 000 000	Fe：64.28%	生产	沉积-变质型	新太古代—古元古代
10	巴西	米纳斯伊塔比利都(Minas Itabirito)	铁	−43.86	−20.24	2 931 200 000	Fe：64.28%	生产	沉积-变质型	新太古代—古元古代
11	巴西	吉宝亚(Jiboia)	铁	−42.83	−16.25	2 865 000 000	Fe：40%	勘查	沉积-变质型	新太古代—古元古代
12	巴西	特拉伊劳(Trairao)	铁	−50.58	−7.50	2 616 100 000	Fe：63%	勘查	沉积-变质型	新太古代
13	巴西	塞拉诺尔德(Serra Norte)	铁	−50.17	−6.08	2 535 400 000	Fe：63%	生产	沉积-变质型	新太古代
14	巴西	瓦尔根格拉德(Vargem Grande)	铁	−43.88	−20.18	2 479 400 000	Fe：61%	生产	沉积-变质型	新太古代—古元古代
15	巴西	伊塔提雅秀库(Itatiaiucu)	铁	−44.28	−20.11	2 400 000 000	Fe：65.58%	生产	沉积-变质型	新太古代—古元古代
16	巴西	苏德斯特西斯特姆(Sudeste System)	铁、锰	−44.28	−20.11	2 140 000 000	Fe：65.58%	生产	沉积-变质型	新太古代—古元古代
17	巴西	巴伊亚米内拉考(Bahia Mineracao)	铁	−42.51	−13.92	2 071 500 000		可研	沉积-变质型	古-中元古代
18	巴西	撒贝卡都/卡琳埃罗(Sapecado/Galinheiro)	铁	−43.88	−20.25	1 730 100 000	Fe：61%	生产	沉积-变质型	新太古代—古元古代
19	巴西	安普鲁斯(Amplus)	铁	−51.41	0.70	1 500 000 000		勘查	沉积-变质型	新太古代
20	巴西	纳米撒(Namisa)	铁	−43.90	−20.46	1 430 000 000	Fe：61%	生产	沉积-变质型	新太古代—古元古代

续附表 7

序号	国家	矿床名称	矿种（主/伴）	位置		资源量(t)	品位	勘查开发阶段	矿床类型	成矿时代或时间(Ma)
				经度	纬度					
21	巴西	伊塔米纳斯(Itaminas)	铁	−44.12	−20.09	1 390 000 000	Fe：65.58%	生产	沉积-变质型	新太古代—古元古代
22	巴西	克罗米(Colomi)	铁	−41.97	−9.50	1 360 000 000		勘查	沉积-变质型	古-中元古代
23	巴西	N4W	铁	−50.18	−6.05	1 345 800 000		生产	沉积-变质型	新太古代
24	巴西	毛罗杜皮拉尔(Morro do Pilar)	铁	−43.34	−19.25	1 216 000 000	Fe：42.13%	勘查	沉积-变质型	新太古代—古元古代
25	巴西	赛格列都/浩贝列拉(Segredo/Joao Pereira)	铁	−43.88	−20.43	1 201 100 000	Fe：64.28%	生产	沉积-变质型	新太古代—古元古代
26	巴西	卡皮套杜曼陀(Capitao do Mato)	铁	−43.92	−20.12	1 171 900 000	Fe：64.28%	生产	沉积-变质型	新太古代—古元古代
27	巴西	普拉纳尔杜皮阿韦(Planalto Piauí)	铁	−40.63	−5.92	1 150 000 000	Fe：68%	勘查	沉积-变质型	新元古代
28	巴西	法波利卡诺瓦(Fabrica Nova)	铁	−43.44	−20.20	1 139 200 000	Fe：61%	生产	沉积-变质型	新太古代—古元古代
29	巴西	米纳斯塞恩特拉斯(Minas Centrais)	铁	−43.23	−19.95	1 123 100 000	Fe：65.58%	生产	沉积-变质型	新太古代—古元古代
30	巴西	伊塔提雅秀库(Itatiaiucu)	铁	−44.37	−20.18	1 058 000 000	Fe：61%	勘查	沉积-变质型	新太古代—古元古代
31	巴西	赛琳哈(Serrinha)	铁	−44.01	−20.21	994 700 000	Fe：61%	勘查	沉积-变质型	新太古代—古元古代
32	巴西	阿波波拉斯(Aboboras)	铁	−43.88	−20.16	910 100 000	Fe：64.28%	生产	沉积-变质型	新太古代—古元古代
33	巴西	N5	铁	−50.15	−6.08	887 900 000	Fe：60.9%	生产	沉积-变质型	新太古代
34	巴西	普拉纳尔杜皮阿韦(Planalto Piauí)	铁	−41.88	−8.27	879 043 000		可研	沉积-变质型	新元古代
35	巴西	伊塔比拉(Itabira)	铁	−43.22	−19.61	800 300 000	Fe：65.58%	生产	沉积-变质型	新太古代—古元古代
36	巴西	阿波罗(Apolo)	铁	−43.70	−20.02	670 200 000	Fe：61%	可研	沉积-变质型	新太古代—古元古代
37	巴西	卡巴内玛(Capanema)	铁	−43.62	−20.19	610 700 000	Fe：61%	可研	沉积-变质型	新太古代—古元古代
38	巴西	法森岛(Fazendao)	铁	−43.42	−20.13	605 800 000	Fe：61%	生产	沉积-变质型	新太古代—古元古代
39	巴西	里奥格兰德杜诺尔特(Rio Grande do Norte)	铁	−37.03	−6.03	600 000 000	Fe：60%	生产	沉积-变质型	新元古代
40	巴西	宫塞易考(Conceicao)	铁	−43.28	−19.66	549 900 000	Fe：61%	勘查	沉积-变质型	新太古代—古元古代

续附表 7

序号	国家	矿床名称	矿种（主/伴）	位置		资源量(t)	品位	勘查开发阶段	矿床类型	成矿时代或时间(Ma)
				经度	纬度					
41	巴西	维卡(Viga)	铁	−43.92	−20.50	542 000 000	Fe：61%	生产	沉积-变质型	新太古代—古元古代
42	巴西	贡塔伊斯托利亚(Conta Historia)	铁	−43.52	−20.24	515 900 000	Fe：61%	勘查	沉积-变质型	新太古代—古元古代
43	巴西	安德拉特(Andrade)	铁	−43.19	−19.78	471 000 000	Fe：61%	生产	沉积-变质型	新太古代—古元古代
44	巴西	赫玛贝尔德(Gemma Verde)	铁	−42.73	−16.29	458 500 000	Fe：40%	勘查	沉积-变质型	新太古代—古元古代
45	巴西	普鲁库杜(Brucutu)	铁	−43.38	−19.87	432 400 000	Fe：61%	生产	沉积-变质型	新太古代—古元古代
46	巴西	稀缺稀缺(Xique Xique)	铁、磁铁矿	−42.45	−10.52	430 600 000		勘查	沉积-变质型	古-中元古代
47	巴西	宝特贝尔德(Ponte Verde)	铁	−43.89	−20.26	403 710 000	Fe：61%	生产	沉积-变质型	新太古代—古元古代
48	巴西	塔玛杜亚(Tamandua)	铁	−43.94	−20.09	397 400 000	Fe：62%	生产	沉积-变质型	新太古代—古元古代
49	巴西	阿列哥利亚(Alegria)	铁	−43.50	−20.16	345 100 000	Fe：61%	生产	沉积-变质型	新太古代—古元古代
50	巴西	波姆苏塞索(Bom Sucesso)	铁	−44.71	−21.05	331 100 000		勘查	沉积-变质型	新太古代—古元古代
51	巴西	克伦巴(Corumba)	铁、锰	−57.57	−19.21	310 800 000	Fe：60%；Mn：49%	生产	沉积-变质型	新元古代
52	巴西	塞拉列斯特(Serra Leste)	铁、锰	−49.63	−5.97	305 600 000	Fe：57%；Mn：37%	生产	沉积-变质型	新太古代
53	巴西	N4E	铁	−50.17	−6.06	301 700 000	Fe：60.9%	生产	沉积-变质型	新太古代
54	巴西	费拉杜拉(Ferradura)	铁、锰	−51.97	−0.03	300 000 000	Fe：60%；Mn：55%	勘查	沉积-变质型	新太古代
55	巴西	艾斯贝兰卡(Esperanca)	铁	−44.24	−20.13	294 500 000	Fe：61%	生产	沉积-变质型	新太古代—古元古代
56	巴西	塞拉阿苏尔(Serra Azul)	铁	−44.46	−20.16	267 900 000	Fe：61%	生产	沉积-变质型	新太古代—古元古代
57	巴西	毛罗埃斯库洛(Morro Escuro)	铁	−43.17	−19.39	251 000 000	Fe：42.13%	勘查	沉积-变质型	新太古代—古元古代
58	巴西	米纳斯杜麦奥(Minas do Meio)	铁	−43.25	−19.63	250 400 000	Fe：42.13%	生产	沉积-变质型	新太古代—古元古代
59	巴西	阿玛帕(Amapa)	铁、锰	−51.87	0.82	243 900 000	Fe：48%；Mn：36.5%	生产	沉积-变质型	新太古代
60	巴西	图卡诺(Tucano Iron Ore)	铁、锰	−51.89	0.85	209 100 000	Fe：48%；Mn：36.5%	生产	沉积-变质型	新太古代
61	巴西	奥罗内格罗(Ouro Negro)	铁	−44.44	−20.15	200 000 000	Fe：61%	勘查	沉积-变质型	新太古代—古元古代
62	巴西	克伦巴(Corumba)	铁、锰	−57.61	−19.19	192 000 000	Fe：60%；Mn：49%	生产	沉积-变质型	新元古代

续附表 7

序号	国家	矿床名称	矿种（主/伴）	位置		资源量(t)	品位	勘查开发阶段	矿床类型	成矿时代或时间(Ma)
				经度	纬度					
63	巴西	桑塔内森(Santanense)	铁	−44.37	−20.13	190 000 000	Fe：61%	勘查	沉积-变质型	新太古代—古元古代
64	巴西	帕拉奥贝巴(Paraopeba)	铁	−44.09	−20.09	171 100 000	Fe：64%	生产	沉积-变质型	新太古代—古元古代
65	巴西	西亚德福门都(Cia De Fomento Mineral)	铁	−43.84	−20.43	170 000 000	Fe：64.28%	勘查	沉积-变质型	新太古代—古元古代
66	巴西	格蕾丝托内(Greystone)	铁、锰	−42.52	−14.52	147 000 000	Fe：44%；Mn：34%	勘查	沉积-变质型	古-中元古代
67	巴西	卡姆博阿列格列德洛尔德斯(Campo Alegre de Lourdes)	铁、钒、钛	−43.09	−9.46	132 000 000		勘查	沉积-变质型	古-中元古代
68	巴西	哈姆博雷洛(Jambreiro)	铁	−42.89	−18.57	128 000 000		可研	沉积-变质型	新太古代—古元古代
69	巴西	伊塔乌纳(Itauna)	铁	−44.38	−20.12	117 229 397	Fe：61%	生产	沉积-变质型	新太古代—古元古代
70	巴西	哈恩嘎达(Jangada)	铁	−44.09	−20.09	113 400 000	Fe：64%	生产	沉积-变质型	新太古代—古元古代
71	玻利维亚	穆通(El Mutun)	铁、锰、磷酸	−57.92	−19.27	40 000 000 000	Fe：60%；Mn：49%	生产	沉积-变质型	新元古代
72	玻利维亚	红山(Cerro Rojo)	铁	−58.31	−19.07	286 900 000	Fe：44%	勘查	沉积-变质型	新元古代
73	哥伦比亚	阿赛利亚帕斯德里奥(Acerias Paz del Rio)	铁	−72.72	6.18	150 000 000	Fe：44%	生产	火山成因型	中生代（侏罗纪—白垩纪）
75	秘鲁	邦沟(Pampa de Pongo)	铁、铜、金	−74.84	−15.36	3 700 000 000	Fe：55.3%；Cu：0.12%	可研	火山成因型	中生代
76	秘鲁	马尔科纳(Marcona)	铁、铜、金	−75.12	−15.20	2 250 000 000	Fe：55.3%；Cu：0.12%	生产	火山成因型	中生代
77	秘鲁	埃尔杜罗(Pampa el Toro Iron Sands)	铁	−74.56	−15.49	871 712 000	Fe：45.3%	勘查	火山成因型	中生代(侏罗纪—白垩纪)
78	秘鲁	塞罗科帕内(Cerro Ccopane)	铁、铜	−71.88	−14.08	395 417 000		勘查	矽卡岩型	中生代(侏罗纪—白垩纪)
79	秘鲁	阿普里马克(Apurimac)	铁	−73.34	−13.71	269 430 000		勘查	矽卡岩型	古近系—新近系
80	秘鲁	库斯科(Cusco)	铁	−71.98	−14.23	104 400 000		勘查	矽卡岩型	中生代(侏罗纪—白垩纪)
81	委内瑞拉	罗斯巴兰克斯(Los Barrancos)	铁	−63.21	7.40	487 000 000	Fe：56.68%	生产	沉积-变质型	早太古代

续附表 7

序号	国家	矿床名称	矿种（主/伴）	位置		资源量(t)	品位	勘查开发阶段	矿床类型	成矿时代或时间(Ma)
				经度	纬度					
82	委内瑞拉	塞罗玻利瓦尔（Cerro Bolivar (La Parida)）	铁、钛、锰	−63.39	7.46	200 000 000	Fe：45%	生产	沉积-变质型	早太古代
83	委内瑞拉	圣伊希特罗(San Isidro)	铁	−63.23	7.39	180 000 000	Fe：56.68%	生产	沉积-变质型	早太古代
84	委内瑞拉	塞罗埃塔米拉(Cerro Altamira)	铁	−63.24	7.48	160 000 000	Fe：56.68%	生产	沉积-变质型	早太古代
85	智利	智利亿龙(Chile Yilong)	铁	−70.76	−28.58	5 000 000 000	Fe：48%	勘查	火山成因型	中生代(侏罗纪—白垩纪)
86	智利	阿诺斯德埃尔杜福(Hanos de el Tofo)	铁	−71.23	−29.45	3 036 800 000	Fe：45%	可研	火山成因型	中生代(侏罗纪—白垩纪)
87	智利	阿瓦克拉拉(Aguas Claras)	铁、钛、钒	−71.28	−35.26	1 990 565 000	Fe：63%	勘查	火山成因型	中生代(侏罗纪—白垩纪)
88	智利	艾卡洛玻(Algarrobo)	铁、磁铁矿、铜	−70.99	−28.81	1 402 800 000	Fe：47.5%	生产	火山成因型	中生代(侏罗纪—白垩纪)
89	智利	罗斯科罗拉多 Los Colorados	铁、磁铁矿	−70.81	−28.30	943 900 000	Fe：48%	生产	火山成因型	中生代(侏罗纪—白垩纪)
90	智利	普度(Putu)	铁、钛	−72.31	−35.21	903 198 340		生产	火山成因型	中生代(侏罗纪—白垩纪)
91	智利	埃尔拉科(El Laco)	铁	−67.50	−23.84	733 900 000	Fe：66.58%	勘查	火山成因型	新生代
92	智利	埃尔毛提塔(Hermotita)	铁	−70.18	−26.39	500 000 000	Fe：42.3%	生产	火山成因型	中生代(侏罗纪—白垩纪)
93	智利	埃尔罗梅拉尔(El Romeral)	铁、磁铁矿	−71.23	−29.72	450 600 000	Fe：60%	生产	火山成因型	中生代(侏罗纪—白垩纪)
94	智利	南阿尔贝尔(Harper South)	铁	−70.78	−28.77	360 700 000	Fe：47.5%	勘查	火山成因型	中生代(侏罗纪—白垩纪)
95	智利	北塞罗内格罗(Cerro Negro Norte)	铁	−70.34	−27.10	343 200 000		生产	火山成因型	中生代(侏罗纪—白垩纪)
96	智利	冈德拉利亚泰陵(Candelaria Tailings)	铁、磁铁矿	−70.31	−27.50	339 100 000		生产	火山成因型	中生代(侏罗纪—白垩纪)
97	智利	瓦列纳尔(Vallenar)	铁	−70.79	−28.63	254 857 000	Fe：48%	勘查	火山成因型	中生代(侏罗纪—白垩纪)
98	智利	IGP	铁、金、铂	−71.25	−29.91	247 000 000	Fe：60%	勘查	火山成因型	中生代(侏罗纪—白垩纪)
99	智利	博齐龙查纳尔(Boqueron Chanar)	铁	−70.70	−28.07	137 000 000	Fe：48%	勘查	火山成因型	中生代(侏罗纪—白垩纪)
100	智利	图克皮亚贝阿锲(Tocopilla Beach)	铁	−70.21	−22.13	100 000 000		可研	火山成因型	中生代(侏罗纪—白垩纪)

附表 8 南美洲主要锂矿床表

序号	国家	矿床名称	矿种（主/伴生）	位置		锂资源量（×10⁴t）	锂品位（%）	勘查开发阶段	矿床类型	成矿时代
				经度(°)	纬度(°)					
1	阿根廷	高查理-奥拉罗斯(Cauchari - Olaroz)	Li/K	−66.76	−23.70	222.6	NA	可行性研究	盐湖卤水型	第四纪
2	阿根廷	维达(Vida)	Li/K	−66.98	−25.33	157.3	NA	开采	盐湖卤水型	第四纪
3	阿根廷	林孔(Rincon)	Li/K	−67.12	−24.06	140	0.033	开采	盐湖卤水型	第四纪
4	阿根廷	奥拉罗斯(Olaroz)	Li/K、B	−66.70	−23.45	120.9	NA	开采	盐湖卤水型	第四纪
5	阿根廷	翁布雷穆埃尔托(Hombre Muerto)	Li/K	−67.11	−25.49	85	0.100	开采	盐湖卤水型	第四纪
6	阿根廷	代尔勃利罗(Diablillos)	Li/K、B	−66.75	−25.24	53.3	NA	可行性研究	盐湖卤水型	第四纪
7	阿根廷	高查理(Cauchari)	Li/K	−66.74	−23.77	8.7	NA	勘查	盐湖卤水型	第四纪
8	阿根廷	萨利纳斯兰德斯(Salinas Grandes)	Li/K	−65.98	−23.72	4.5	NA	勘查	盐湖卤水型	第四纪
9	玻利维亚	乌尤尼(Uyuni)	Li/Mg	−67.45	−20.24	1800.1	0.115	可行性研究	盐湖卤水型	第四纪
10	智利	阿塔卡玛(Atacama)	Li/K、B	−68.39	−23.55	530	0.400	开采	盐湖卤水型	第四纪
11	智利	恩乌诺盐湖(Nx Uno)	Li/K	−68.40	−23.55	140	NA	可行性研究	盐湖卤水型	第四纪
12	智利	力拓奥(Litio)	Li/K	−68.33	−23.64	50.2	0.157	开采	盐湖卤水型	第四纪
13	智利	马瑞库瓦(Maricunga)	Li/K	−69.05	−26.89	11.9	NA	勘查	盐湖卤水型	第四纪
14	智利	拉克纳维尔德(Laguna Verde)	Li/K	−68.48	−26.88	9.9	NA	勘查	盐湖卤水型	第四纪

注：NA. 无数据。

附表 9　南美洲主要铀矿床表

序号	国家	矿床名称	矿种	位置		U_3O_8 资源量(t)	铀品位(10^{-6})	勘查开发阶段	矿床成因类型	成矿时代
				经度(°)	纬度(°)					
1	巴西	伊塔塔伊亚(Itataia)	铀、磷	−4.56	−39.78	142 500	0.16	勘查	交代岩型	新元古代
2	巴西	拉戈阿雷亚尔(Lagoa Real District)	铀	−13.83	−42.30	100 770	0.13	开采	交代岩型	新元古代
3	秘鲁	马库萨尼(Macusani Plateau)	铀	−13.97	−70.57	56 000	NA	勘查	火山岩型	
4	秘鲁	塔希提(Kihitian)	铀	−13.95	−70.5	10 000～25 000	0.05～0.10	勘查	火山岩型	
5	巴西	阿拉克萨(Araxa)	Nb、REE、Th	−19.67	−46.94	10 000～25 000	<0.01	开采	侵入岩型	白垩纪
6	阿根廷	塞拉拼塔搭(Sierra Pintada)	铀	−34.67	−68.5	10 000	NA	可行性研究	砂岩型	二叠纪
7	哥伦比亚	柏林(Berlin)	铀、磷、钒等	5.59	−75.007	9700	0.05～0.10	勘查	砂岩型	
8	阿根廷	索洛山(Cerro Solo)	铀、钼	−43.39	−68.78	9100	0.2～0.5	勘查	砂岩型	
9	圭亚那	克鲁布伦(Kurupung)	铀	6.25	−60.32	7119	NA	勘查	交代岩型	
10	巴拉圭	尤蒂(Yuty)	铀	−26.56	−56.37	5000	0.01～0.05	勘查	砂岩型	
11	巴西	菲盖拉(Figueira)	铀	−23.84	−50.45	5000～10 000	0.1～0.2	勘查	砂岩型	
12	阿根廷	拉古纳萨拉达(Laguna Salada)	铀、钒	−44.30	−67.22	4600	NA	勘查	表生型	
13	巴西	巴古斯德卡尔达斯(Pocos de Caldas)	铀	−21.92	−46.57	10 000～25 000	NA	NA	侵入岩型	
14	巴西	阿莫里诺波利斯(Amorinopolis)	铀	−16.6	−51.07	2500～5000	<0.01	勘查	砂岩型	
15	智利	梅希约内斯(Mejillones)	磷、铀	−23.15	−70.42	1000～2500	<0.01	勘查	磷酸盐型	
16	阿根廷	莫耶洛斯罗德奥(Rodeo de Los Molles)	稀土、铀	−32.41	−65.74	1100	NA	勘查	砂岩型	
17	阿根廷	中部高原(Central Plateau)	铀	−43.37	−68.8		NA	勘查		
18	阿根廷	唐奥托(Don Otto)	铀、钒	−25.11	−66.1	300～1000	NA	可行性研究	砂岩型	
19	巴西	爱思皮哈莱斯(Espinharas)	铀	−6.8	−37.25	5000～10 000	0.05～0.10	勘查	交代岩型	
20	阿根廷	K-4(K-4)	钾盐、硫、铅锌、铀	−36.37	−69.82		NA	勘查		
21	秘鲁	马库萨尼(Macusani)	铀	−13.93	−70.53		NA	勘查	火山岩型	
22	秘鲁	马库萨尼(Macusani)	铀	−13.93	−70.62		NA	勘查		

续附表 9

序号	国家	矿床名称	矿种	位置		U_3O_8 资源量(t)	铀品位(10^{-6})	勘查开发阶段	矿床成因类型	成矿时代
				经度(°)	纬度(°)					
23	巴西	皮廷加(Pitinga)	铀	−0.8	−60.13	—	NA	勘查	侵入岩型	元古代
24	巴西	皮廷加(Pitinga)	锡、铌、铀	−0.761	−60.11	—	NA	开采	侵入岩型	元古代
25	智利	普罗达克托拉(Productora)	铜、金、铀等	−28.72	−70.81		0.09	勘查	多金属铁氧化物角砾杂岩型	
26	巴西	里约克里斯塔利诺(Rio Cristalino)	铀	−9.13	−50.92	—	NA	勘查	砂岩型	元古代
27	秘鲁	胜利者(Triunfador)	铀	−13.89	−70.56		NA	勘查	火山岩型	
28	秘鲁	腔区域(Vena Regional)	铀	−14.49	−69.92		NA	勘查		
29	玻利维亚	安娜李斯(Ana Lis)	铀	−15.5	−60.72		NA	勘查		
30	阿根廷	阿尼提(ANIT)	铀、钒	−40.12	−66.52		NA	勘查		
31	阿根廷	阿根廷(Argentinia)	铀	−24.44	−65.40		NA	勘查		
32	阿根廷	巴沙(BASA)	铀	−43.41	−68.42		NA	勘查		
33	阿根廷	新波洛洛(Bororo Nuevo)	铀	−43.26	−68.94		NA	勘查		
34	阿根廷	卡奇(Cachi)	锂、稀土、钍、铀等	−25.1	−66.18		NA	勘查		
35	阿根廷	索洛山(Cerro Solo)	铀	−43.37	−68.69		0.05～0.10	勘查	砂岩型	
36	阿根廷	索洛山东(Cerro Solo East)	铀、钼	−43.41	−68.55		NA	勘查	砂岩型	
37	阿根廷	秃鹰(Condor)	铀、钼	−43.3	−68.97		NA	勘查		
38	秘鲁	库奇马约(Cullquimayo)	铜、银、铀	−13.08	−73.02		NA	勘查		
39	智利	库拉瓜(Cunlagua)	铀	−31.68	−70.82		NA	勘查		
40	阿根廷	迪亚曼特洛杉矶帕托(Diamante - Los Patos)	铀	−25.71	−66.76		NA	勘查		
41	圭亚那	圭亚那(Guyana)	铀	3.20	−59.74		NA	勘查		
42	阿根廷	埃尔韦西亚(Helvecia)	铅锌、银、铀	−29.52	−68.87		NA	勘查		
43	阿根廷	华强荷马(Huaco and Homero)	铀	−30.14	−68.55		NA	勘查		

续附表 9

序号	国家	矿床名称	矿种	位置		U_3O_8 资源量 (t)	铀品位 (10^{-6})	勘查开发阶段	矿床成因类型	成矿时代
				经度(°)	纬度(°)					
44	阿根廷	胡木尔(Huemul)	铀	−35.77	−69.66	300～1000	<0.01	勘查	砂岩型	
45	巴拉圭	玛格丽塔圣罗莎岛 (Isla Margarita - Santa Rosa)	铀	−25.01	−56.21		NA	勘查		
46	阿根廷	易娃娜(Ivana)	铀	−40.38	−66.11		NA	勘查		
47	阿根廷	哈查尔(Jachal)	铀	−30.34	−68.88		NA	勘查		
48	阿根廷	七月(July)	铀	−43.11	−69.12		NA	勘查		
49	阿根廷	K - 3(K - 3)	钾盐、硫、铅锌、铀	−36.62	−69.83		NA	勘查		
50	圭亚那	凯图马(Kaituma)	金、铀	7.73	−59.87		NA	勘查		
51	秘鲁	王项目(King Projects)	铀、锂	−14	−70.05		NA	勘查		
52	阿根廷	拉潘帕(La Pampa)	铀	−43.40	−68.45		NA	勘查		
53	巴拉圭	帕斯托拉卡拉约(La Pastora - Carayao)	铀	−25.16	−56.45		NA	勘查		
54	阿根廷	里奥哈(La Rioja)	铀	−29.3	−66.83		NA	勘查		
55	阿根廷	里奥哈(La Rioja)	铀	−29.42	−66.86		NA	勘查		
56	阿根廷	罗萨达(La Rosada)	铀、钒	−43.97	−66.86	—	—	勘查	表生型	
57	秘鲁	拉古尼亚斯(Lagunillas)	铀	−15.95	−70.68		NA	勘查		
58	智利	拉斯阿尼马斯(Las Animas)	铜、金、铀	−26.54	−70.49		NA	勘查		
59	阿根廷	拉斯玛丽亚斯(Las Marias)	铀、铜、银、金	−29.84	−68.81		NA	勘查		
60	秘鲁	莱昂(Leon)	铀	−13.94	−70.56		NA	勘查		
61	阿根廷	科罗拉多(Los Colorados)	铀	−30.01	−67.07		NA	勘查	砂岩型	
62	阿根廷	马德罗矿产(Madero Minerals)	铀	−25.60	−65.64		NA	勘查		
63	智利	莫纳德斯盆地(Monardes Basin)	铜、铀、金	−27.39	−69.35		NA	勘查		
64	阿根廷	内乌肯盆地(Neuquen Basin)	铀	−38.17	−69.5		NA	勘查		

续附表 9

序号	国家	矿床名称	矿种	位置		U_3O_8 资源量(t)	铀品位(10^{-6})	勘查开发阶段	矿床成因类型	成矿时代
				经度(°)	纬度(°)					
65	哥伦比亚	北桑坦德(Norte de Santander)	铀	7.96	−72.87		NA	勘查		
66	哥伦比亚	奥卡尼亚-阿布里戈(Ocana - Abrego)	铀	8.21	−73.35		NA	勘查		
67	巴拉圭	奥维耶多(Oviedo)	铀	−25.07	−56.27		NA	勘查	砂岩型	
68	阿根廷	潘帕科里亚(Pampa Coria)	铀	−24.77	−67.9		NA	勘查		
69	秘鲁	潘帕科尔卡(Pampacolca)	铀、钼	−15.80	−72.57		NA	勘查	火山岩型	
70	巴拉圭	巴拉那(Parana)	铀	−26.51	−56.31		NA	勘查		
71	巴拉圭	巴拉那盆地(Parana Basin)	铀	−26.18	−56.30		NA	勘查		
72	智利	珀斯卡利萨(Perth Caliza)	铜、铀、金	−27.19	−70.45		NA	勘查		
73	秘鲁	皮卡塔尼(Picotani)	铀	−14.55	−69.8		NA	勘查		
74	厄瓜多尔	布延高(Puyango)	钒、铀	−3.90	−80.08		NA	勘查		
75	阿根廷	拉胡艾高(Rahueco)	铀	−37.40	−70.42		NA	勘查		
76	阿根廷	莱咖捞(Regalo)	金、银、铀	−43.17	−69.25		NA	勘查		
77	阿根廷	里约丘布特(Rio Chubut)	铀	−43.63	−68.95		NA	勘查		
78	阿根廷	里奥科罗拉多(Rio Colorado)	铀、铜、银	−28.23	−67.64		NA	勘查		
79	阿根廷	里约内格罗(Rio Negro)	铀	−39.61	−67.23		NA	勘查		
80	圭亚那	罗赖马盆地(Roraima Basin)	铀	6.25	−60.29		NA	勘查		
81	阿根廷	萨尔塔(Salta)	铀	−25.22	−66.07		0.01～0.05	勘查	砂岩型	
82	阿根廷	圣豪尔赫盆地(San Jorge Basin)	铀	−43.86	−69.05		NA	勘查		
83	哥伦比亚	桑坦德(Santander)	铀	6.16	−73.14		NA	勘查		
84	哥伦比亚	桑坦德(Santander)	铀	7.13	−73.15		NA	勘查		
85	阿根廷	塞拉科洛尼亚(Sierra Colonia)	铀	−43.04	−67.69		NA	勘查		
86	阿根廷	塞拉瓜德拉达(Sierra Cuadrada)	铀、钼	−44.61	−67.99		NA	勘查		
87	玻利维亚	米纳科达海(Mina Cotaje)	铀	−66.95	−19.00		0.04	勘查	火山岩型	古近纪—新近纪

续附表 9

序号	国家	矿床名称	矿种	位置 经度(°)	位置 纬度(°)	U_3O_8 资源量(t)	铀品位(10^{-6})	勘查开发阶段	矿床成因类型	成矿时代
88	阿根廷	塞拉拼塔塔(Sierra Pintada)	铀	−34.63	−68.63		NA	勘查		
89	阿根廷	索姆乌拉(Somunvurah)	铀	−29.14	−67.62		NA	勘查		
90	阿根廷	TC(TC)	铀	−43.48	−66.91		NA	勘查		
91	阿根廷	特罗佩松(Tropezon)	铀	−42.96	−65.47		NA	勘查		
92	巴西	托卡诺(Tucano)	铀钒	−14.28	−40.68		NA	勘查		
93	巴拉圭	塔皮拉库艾联盟(Union - Tapiracuai)	铀	−24.70	−56.5		NA	勘查		
94	阿根廷	瓦雷拉(Varela)	铀	−44.31	−65.82		NA	勘查		
95	阿根廷	维恩托(Viento)	铀	−26.52	−67.40		NA	勘查		
96	哥伦比亚	萨帕托卡(Zapatoca)	铀	6.84	−73.31		NA	勘查		
97	哥伦比亚	萨帕托卡-康特拉塔(Zapatoca - Contratacion)	铀	6.82	−73.45		NA	勘查		
98	巴西	索塞戈(Sossego)	铜、金、铀	−6.42	−50.07	10 000~25 000	< 0.01	开采	多金属铁氧化物角砾杂岩型	
99	巴西	伊加拉佩巴哈伊(Igarape Bahia)	金、铜、银、铀	−6.03	−50.57	25 000~50 000	0.01~0.05	开采	多金属铁氧化物角砾杂岩型	
100	巴西	奥林达(Olinda)	铀、磷	−8.33	−34.33	25 000~50 000	0.01~0.05	勘查	磷酸盐型	
101	巴西	撒洛博(Salobo)	铜、金、银、钼	−5.80	−50.52	25 000~50 000	< 0.01	开采	多金属铁氧化物角砾杂岩型	元古代
102	巴西	塞拉达斯盖瓦达斯(Serra das Gaivotas)				5000~10 000	0.01~0.05	可行性研究	古石英-卵石砾岩型	
103	巴西	卡塔劳阿(Cataloa)	磷、铀	−18.13	−47.80	50 000~100 000	0.01~0.05	勘查	侵入岩型	
104	巴西	坎普斯贝卢斯(Campos Belos)	钒、铀、钍	−19.80	−46.17	300~1000	0.10~0.20	勘查	交代岩型	
105	巴西	甘达雷拉(Gandarela)	铀	−20.114 15	−43.615 62	1000~2500	0.01~0.05	勘查	古石英-卵石砾岩型	

注:NA. 无数据。

附表 10 南美洲主要铝土矿床表

序号	国家	矿床名称	矿种(主/伴)	位置		矿石储量($\times10^4$t)	Al_2O_3 品位(%)	勘查开发阶段	矿床类型	成矿时代
				经度(°)	纬度(°)					
1	巴西	朗多(Rondon)	铝土矿	−48.21	−4.51	2528	43.67	勘查	红土型	古近纪—新近纪
2	巴西	特龙贝塔斯(Porto Trombetas)	铝土矿	−56.78	−1.51	98 000	44	开采	红土型	古近纪—新近纪
3	巴西	北河矿业(MRN)	铝土矿	−56.45	−1.68	54 400	49.5	开采	红土型	古近纪—新近纪
4	巴西	帕拉·戈米纳斯(Paragominas)	铝土矿	−47.73	−3.26	28 870	48.68	开采	红土型	古近纪—新近纪
5	巴西	茹鲁蒂(Juruti)	铝土矿	−56.17	−2.51	4630	47.7	开采	红土型	晚白垩世—古近纪
6	巴西	阿尔梅林(Almeirim)	铝土矿	−52.5	−1	2500	45	开采	红土型	晚白垩世—古近纪
7	巴西	卡达斯(Caldas)	铝土矿	−46.63	−21.82	1500	38.6	开采	红土型	古近纪—新近纪
8	法属圭亚那	蒙塔尼亚(Montagna)	铝土矿	−52.21	4.58	1400	37.7	开采	红土型	晚白垩世—古近纪
9	圭亚那	圭亚那(Guyana)	铝土矿	−58.03	5.37	4430	49.5	开采	红土型	古近纪—新近纪
10	圭亚那	塔拉库里(Tarakulli)	铝土矿	−57.4	5.41	6270	58.6	开采	红土型	古近纪—新近纪
11	圭亚那	欧迈(Omai)	铝土矿	−58.28	5.93	6154	60.2	开采	红土型	古近纪—新近纪
12	圭亚那	博纳斯卡(Bonasika)	铝土矿	−58.5	6.5	1511	57.58	可行性研究	红土型	古近纪—新近纪
13	圭亚那	蓝山(Blue Mountains)	铝土矿	−58.31	5.84	1325	50	开采	红土型	古近纪
14	苏里南	巴克赫伊斯(Bakhuis)	铝土矿	−56.78	4.78	30 700	38	可行性研究	红土型	晚白垩世—古近纪
15	苏里南	蒙戈(Moengo)	铝土矿	−54.22	5.89	13 000	54	开采	红土型	古近纪
16	苏里南	翁弗达赫特(Onverdacht)	铝土矿	−55.2	5.89	6000	57	开采	红土型	古近纪—新近纪
17	委内瑞拉	洛斯皮希瓜奥斯(Los Pijiguaos)	铝土矿/高岭土	−66.75	6.59	100 000	48	开采	红土型	晚白垩世—古近纪
18	委内瑞拉	洛斯奎卡斯(Los Guaicas)	铝土矿	−63	6.13	10 000	36	开采	红土型	晚白垩世—古近纪
19	委内瑞拉	努里亚(Nuria)	铝土矿	−61.55	7.55	2430	45	开采	红土型	古近纪—新近纪
20	苏里南	纳索山(Nassau Mts)	铝矿	−54.57	4.83	1980	54.6	开采	红土型	晚白垩世—古近纪